城市轨道交通工程建设安全管理系列丛书

北京城市轨道交通工程建设矿山法安全风险控制技术及典型案例(第二册)

曹伍富　编著

中国铁道出版社有限公司

2024年·北京

内 容 简 介

本书为“城市轨道交通工程建设安全管理系列丛书”之一。全书共6章,包括北京地铁矿山法应用情况、地下水控制、矿山法安全风险管控案例、近年北京地区矿山法施工风险事件管控案例、北京地铁矿山法施工专项技术总结、思考与展望。

本书可供轨道交通建设领域的管理人员和工程技术人员使用。

图书在版编目(CIP)数据

北京城市轨道交通工程建设矿山法安全风险控制技术及典型案例. 第二册 / 曹伍富编著. —北京:中国铁道出版社有限公司, 2024. 1

(城市轨道交通工程建设安全管理系列丛书)

ISBN 978-7-113-30766-0

Ⅰ. ①北… Ⅱ. ①曹… Ⅲ. ①城市铁路-轨道交通-安全风险-风险管理 Ⅳ. ①U239. 5

中国国家版本馆CIP数据核字(2023)第234311号

书　　名:**北京城市轨道交通工程建设矿山法安全风险控制技术及典型案例**(第二册)

作　　者:曹伍富

责任编辑:朱荣荣　　**编辑部电话**:(010)51873017

封面设计:刘　莎

责任校对:苗　丹

责任印制:高春晓

出版发行:中国铁道出版社有限公司(100054,北京市西城区右安门西街8号)

网　　址:http://www.tdpress.com

印　　刷:北京联兴盛业印刷股份有限公司

版　　次:2024年1月第1版　2024年1月第1次印刷

开　　本:710 mm×1 000 mm 1/16　**印张**:28.25　**字数**:554千

书　　号:ISBN 978-7-113-30766-0

定　　价:182.00元

序

北京市轨道交通建设管理有限公司成立至今已二十周年。二十年来，北京市轨道交通建设管理有限公司牢固树立“安全第一、预防为主”的指导思想，不断探索创新形成了“1+3”安全管理体系架构。“1”指的是安全生产基础管理体系，“3”指的是安全风险管理、隐患排查治理及事故应急管理3个专项管理体系，形成了事前、事中、事后的全周期安全管理体系。

北京市轨道交通建设管理有限公司持续深入开展安全风险管理创新、技术创新、应用创新，通过管理创新配套技术创新指导应用创新，通过应用创新反馈技术创新，进而升级管理创新，形成了一整套标准化安全风险管理体系，一系列规范化安全风险管控技术，一揽子开创性安全风险应用成果。在管理上，建立了轨道交通工程建设安全风险分级管控责任体系和工作体系，首创了安全风险管控动态分级机制和安全风险清单重点整改机制；在技术上，创建了一套多源风险信息融合的安全智慧管控平台，研发应用了即时监测自动化监测及多元数据耦合分析预警系统，构建了地铁盾构施工实时管理系统，创新了盾构施工风险控制技术，实现了安全风险的精准辨识、科学评估和有效控制，有力保障了北京轨道交通工程建设的安全，成效显著。

《北京城市轨道交通工程建设安全风险管理总论（第二册）》对近年来北京轨道交通建设特点、安全风险管控理念、风险动态分级管理和风险清单管理措施、地下水管理、汛期风险管控、风险管控信息化及发展、风险管控成效和展望等方面进行了全面阐述。

《北京城市轨道交通工程建设明挖法安全风险控制技术及典型案例（第二册）》总结了北京地区明挖法工程的总体情况，系统研究了不同围护结构体系明挖基坑工程施工的潜在风险因素和风险控制对策，以及地下水控制面临的主要问题和解决方案，根据大量工程监测数据与现场实际,总结了明挖基坑工程及地层的变形特点,结合近年北京地区基坑应用特点,重点论述了地连墙基坑工程变形特征及规律,系统介绍了典型案例及风险事件,为明挖基坑工程施工提供参考。

《北京城市轨道交通工程建设矿山法安全风险控制技术及典型案例(第二册)》从矿山法在北京市轨道交通建设中的应用入手,分析地下水和周边环境的变化对矿山法施工的影响和应对措施,介绍北京轨道交通建设采用的降水措施和 PBA 工法;浅埋暗挖工法和地层变形规律;介绍了管井降水、真空降水、冻结法止水、深孔注浆止水等处理地下水;结合案例系统总结了浅埋暗挖法下穿构筑物、河湖、道路、桥梁、各种管线等风险管控的经验与教训,通过对风险事件的系统分析提出了矿山法施工的关键技术并对矿山法施工发展进行展望。

《北京城市轨道交通工程建设盾构法安全风险控制技术及典型案例(第二册)》全面、系统、深入总结了北京轨道交通建设中涌现出的盾构法新型技术的风险管控及应用情况,对盾构始发与到达、机械法联络通道、车站出入口顶管施工、先隧后站等新型施工技术进行简要叙述,并以实际工程为案例,对卵石地层中型盾构长距离快速掘进技术、泥水平衡盾构施工技术、小净距下穿既有运营隧道微沉降控制技术、管片上浮控制技术、盾构工程智能化发展进行详细论述,结合风险事件对盾构法施工关键技术做出总结,为类似盾构工程安全风险管理提供借鉴。

2019 年“城市轨道工程建设安全管理系列丛书”首次出版,今年系第二次出版。2019 年以来,北京轨道交通工程建设在安全风险管控方面面临新的形势,其管控技术和管理方法也在持续创新,因此,为总结新近成果推出。本丛书图文并茂,实用性和可参考性强,对北京新一轮城市轨道交通工程建设管理具有重要的参考价值。

北京市轨道交通建设管理有限公司

党委书记、执行董事:

2023 年 11 月

目　录

第1章　北京地铁矿山法应用情况

北京地铁矿山法是1986年北京地铁复兴门折返线工程这一特定工程地质、水文地质、结构断面和长安街正下方的条件下研究开发的配套技术，是以木或钢构件作为临时支撑，待隧道开挖形成后，逐步将临时支撑拆换下来而代之以整体式厚衬砌作为永久支撑的中国人自己创造的适合中国国情的一种隧道修建方法。

近些年，随着经济的发展，城市化进程加快，城市交通得到了迅速的发展，城市轨道交通建设规模不断扩大。随着社会的进步、人们环保意识的增强以及暗挖技术的进一步提高，采用暗挖法修建城市地铁车站越来越广泛。自2018年以来修建的北京地铁3号线、12号线、17号线、19号线一期、22号线、28号线，采用暗挖法修建的车站达到总数2/3左右，绝大多数车站采用洞桩法施工，洞桩法已成为目前北京地铁应用最广泛的施工工法。

1.1　边界条件变化

北京市属于资源型缺水的特大型城市，地下水作为重要的基础资源和战略资源，是北京市常规供水的主要供水水源，平原区大规模开发利用地下水已有约40年的历史。在20世纪70年代以前，北京市平原区地下水开采基本处于均衡状态，随着城市社会经济发展开始过量开采地下水，2000年左右，地下水开采量约占全市总供水量的2/3以上。2014年末，南水北调江水进京，在一定程度上缓解了水资源供需紧张的状况，但地下水仍占全市总供水量的50%左右。多年高强度开采地下水使得地下水位持续下降，局部地区超采严重，引发了水质恶化、地面沉降等资源与生态环境问题，影响了区域可持续发展。近年来，通过实施地下水压采及生态补水等措施，地下水位持续下降的趋势基本得到遏制。

截至2015年9月，北京市地下水位较同年6月份回升15 cm，地下水储量增加超过8 000万m^3。其中，大兴区地下水位回升最多，从-19.89 m到-19.47 m，回升0.42 m。水位回升主要是南水北调缓解了水资源紧张形势，同时也有开源节流、严控地下水开采的成效。

1.1.1　水文背景

北京属海河流域，河网发育，区内共有干、支河100余条，分属五大水系，由东向西依次为蓟运河水系、潮白河水系、北运河水系、永定河水系、大清河水系。

除五大水系外，北京平原上尚有四条较大的人工渠道，即京密引水渠、永定河引水渠、位于大兴区东部的凤港减河及连接北运河与潮白河的运潮减河。

北京平原地区地下水类型按地下水的赋存条件主要为基岩裂隙水和第四系松散岩类孔隙水。第四系松散岩类孔隙水又分为上层滞水、潜水和承压水，主要赋存于第四系砂卵石及砂层孔隙中。

根据搜集的钻孔资料揭露情况，结合区域水文地质资料，北京地铁工程影响范围主要赋存四层地下水。地下水类型分别为上层滞水、潜水和承压水，主要赋存于河流冲洪积形成的砂及砂卵砾石中，各河流第四纪松散沉积物沉积规律大致相同，即从冲洪积扇顶部至下部及冲洪积平原地区，含水层颗粒由粗变细，含水层结构由单一层逐渐过渡到多层，地下水位由深变浅。

1.1.2 地下水埋深动态变化情况

1. 年际变化

地下水位多年动态可直接反映研究区地下水补排条件的变化，埋深从1981年的9.01 m下降到2020年的22.03 m，年均下降0.33 m。地下水埋深变化可分为4个时期：(1)1981—1998年为波动下降期，在1998年之前，丰水年埋深上升，枯水年下降，埋深年均下降0.15 m；(2)1999—2007年为地下水位剧烈下降期，1999年以后遭遇连续枯水年，年均降水量仅为450 mm，补给减少以及地下水开采加大，造成埋深大幅度下降，年均下降达1.36 m；(3)2008—2015年为下降趋缓期，2008年后降水量较枯水期增加，且开展外调水及多水源开发利用工作，开采量减少，年均下降0.37 m，下降趋势明显趋缓，其中，2012年降水量较大，地下水埋深波动回升；(4)2016—2021年为止降回升期，因受连续丰水年和南水北调江水进京、地下水压采及生态补水等因素影响，5年累计回升3.72 m，年均回升0.74 m。

2. 年内变化

2022年1~2月地下水水位相对稳定；3~6月受降水量少、春季灌溉等因素影响，地下水水位呈持续下降态势；7~10月受降水补给增加影响，地下水水位持续回升；11~12月地下水水位基本持平。与上年同期相比，地下水水位平均回升1.24 m(图1.1-1)。

1.1.3 地下水变化因素及措施

影响地下水动态变化的因素主要分为两大方面。一是自然因素，通过降水量、蒸发量及径流量等引起的地下水动态变化；二是人为因素，主要为地下水开采引起的地下水动态变化。二十世纪六七十年代，北京市平原区地下水补排关系基本上处于均衡状态；80年代初期，地下水开采量增加到每年23亿t，地下水资源量开始亏损;1999 年后连续枯水年,地表水可利用量减少,为保障城市供水安全 2003 年起陆续建设了怀柔、平谷等 5 个应急水源地,地下水开采量增大,地下水位剧烈下降,造成地下水储量严重亏损,1999—2011 年年均亏损 4.83 亿 m^3,是 1981—2020 年均亏损量的 2.9 倍。2014 年底南水北调水进京后,地下水开采量逐年减少,到 2020 年开采量降至 13.5 亿 m^3,仅为多年平均的 58%,地下水位止降回升,可见开采是地下水位下降的最主要原因。

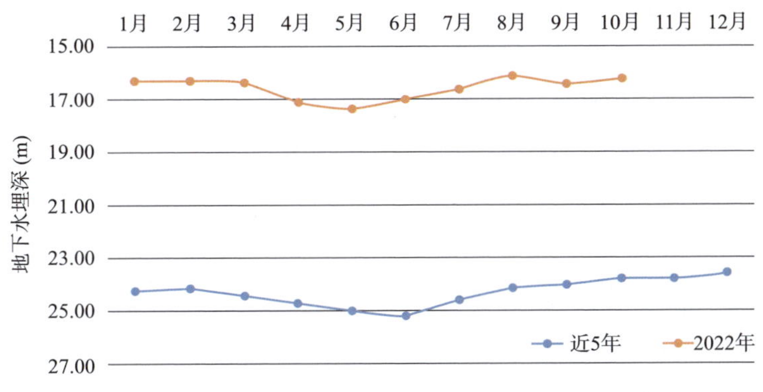

图 1.1-1　地下水埋深变化过程曲线对比图

为了保护地下水资源,2008 年《北京市建设工程施工降水管理办法》开始实施,加强了对施工降水的管理,规定地铁工程的施工降水方案需经专家评审通过后,才能申领城市排水许可证。同时,为加强水资源保护,促进水资源节约与合理开发利用,北京轨道交通领域积极推动不降水(少降水)的施工措施。自 2018 年起,为减少暗挖工程的降水数量,选取在建线路的部分暗挖工点,研究试验应用了洞内超高压旋喷桩、洞内咬合桩、联络通道冻结法、深孔注浆等不降水(少降水)的堵水新工艺。

1.2　PBA 工法的主要应用

1.2.1　PBA 工法原理与发展

1. PBA 工法原理

洞桩法(PBA 法)是在浅埋暗挖法的基础上,结合了盖挖法的理念发展而来,由边桩、中桩(柱)、顶板梁、顶拱共同构成初期受力体系,承受施工过程中的荷载。其核心思想在于尽快形成竖向承载结构。该工法灵活多变,适应性较强。首先形成由侧壁支撑结构和拱部初期支护组成的整体竖向支护体系,以承受施工过程中较大的竖向土体荷载,同时形成侧壁支撑体系,以承受土体侧压力,在此过程中尽量减少结构体系的受力转换,代替传统的预支护和初期支护结构,以保证在进行洞室主体部分开挖时具有足够的安全度。

2. 洞桩法的优点

(1)桩、梁、拱、柱先期形成,首先形成了主受力的空间框架体系,后面的开挖都是在顶盖的保护下进行,施工安全且后期土方开挖施工空间开阔,可采用机械开挖,作业效率高,整体施工速度快,精度高,施工中也便于地下水的处理。

(2)施工化大为小,独立成洞,支撑体系成型后进行后期土方施工,有利于变形控制,对周边环境影响小,适用于复杂条件下大跨暗挖车站施工。

(3)洞桩法施工灵活,施工基本不受层数、跨数的影响,底部承载结构可根据地层条件做成底纵梁(条基)或桩基。

(4)小导洞施工技术成熟、安全可靠,由于各导洞间具有一定距离,故可同步进行导洞施工,施工干扰小,各导洞内的柱、纵梁也可同时作业。

(5)直墙式结构内有效净空大,节省了曲墙及仰拱结构工程投入。

(6)结构二次衬砌分段浇筑,工序简单,作业面宽敞,能较好地保证防水层及二次衬砌混凝土的浇筑质量。

3. 洞桩法的缺点

(1)施工工艺复杂,施工难度大。特别是洞内进行钻孔灌注桩施工难度较大,泥浆排泄比较难,结构力系转换频繁,给设计和施工都增加了不小的难度。

(2)洞桩法在一个十分狭窄的小导洞内完成一系列的钢筋绑扎、立模、浇筑、吊装等操作,作业环境较差。

(3)扣拱施工作业条件差,拱架节点不易连接,操作技术难度大。

(4)施工工序多,工作面多,相互有一定干扰,施工组织复杂。

4. 洞桩法的结构形式及其适应性

洞桩法在传统浅埋暗挖工法的基础上吸收了盖挖逆作法的特点,在此理论前提下,其结构形式灵活多变,可根据不同的环境情况、地层条件及功能需要选用。按照分类方式的不同,可以有不同的分类结果。

按建成规模划分,有单跨双层、单跨多层、双跨双层、双跨多层、多跨双层、多跨多层等结构形式;单层结构一般不采用洞桩法施工。

按洞桩承载方式划分,有边条基 + 中条基类、边桩基 + 中条基类、全桩基类等。

(1)按建成规模划分

①单跨双层结构

单跨双层洞桩法结构,在结构上层开挖两个边导洞,在边导洞内施作边桩,边桩可采用人工挖孔或机械成孔形式。其结构断面如图 1.2-1 所示。

当车站受环境条件的限制(主要是桥桩),需要设计成分离岛式车站时,每个单岛车站主体结构通常采用单跨双层结构形式。此外,净跨较大的区间盾构接收通道、车站风道、区间风道等,一般也采用单跨双层洞桩法结构。

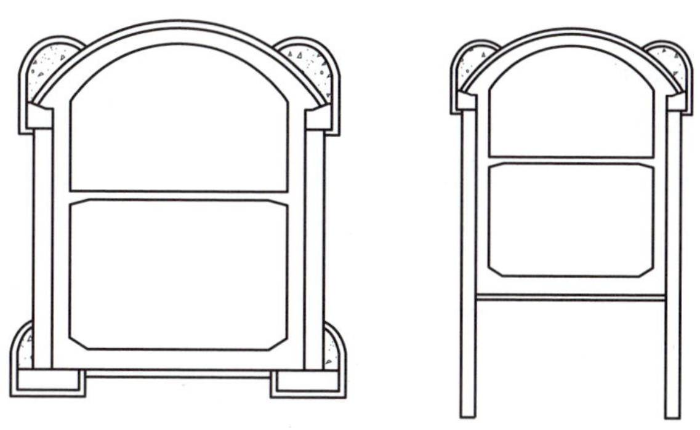

图 1.2-1　单跨双层结构断面

②双跨双层结构

双跨双层洞桩法结构，在结构上层开挖两个边导洞和一个中导洞，在边导洞内施作边桩，在中导洞内施作中柱，边桩和中柱可采用人工挖孔或机械成孔形式。其结构断面如图 1.2-2 所示。

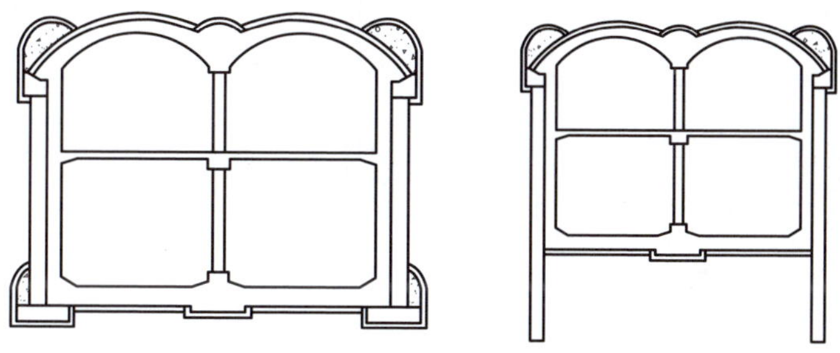

图 1.2-2　双跨双层结构断面

对于站台宽度较小的岛式车站，或侧式车站，车站整体跨度较小，可采用双跨双层结构形式。此外，个别车站附属结构由于建筑功能需要也可采用该结构形式。

③三跨双层结构

三跨双层洞桩法结构，在结构上层开挖两个边导洞和两个中导洞，在边导洞内施作边桩，在中导洞内施作中柱，边桩和中柱可采用人工挖孔或机械成孔型式。其结构断面如图 1.2-3 所示。

目前，大部分的岛式暗挖车站（站台宽度 12 ~ 16 m）均采用三跨双层结构断面。

④三跨三层结构

三跨三层洞桩法结构，在结构上层开挖两个边导洞和两个中导洞，在边导洞内施作边桩，在中导洞内施作中柱，边桩和中柱可采用人工挖孔或机械成孔型式。其结构断面如图 1. 2-4 所示。

当车站轨面埋深很大时(比如需下穿既有线),为充分利用地下空间和换乘的便利性,可将车站设计成三层结构。

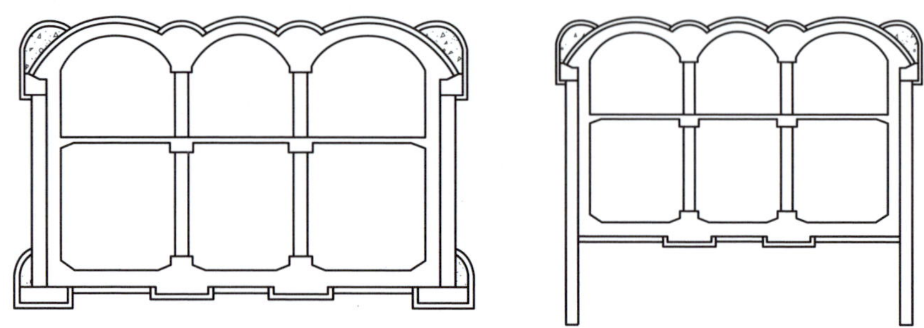

图 1. 2-3　三跨双层结构断面

图 1. 2-4　三跨三层结构断面

⑤四跨双层结构

四跨三层洞桩法结构,在结构上层开挖两个边导洞和三个中导洞,在边导洞内施作边桩,在中导洞内施作中柱,边桩和中柱可采用人工挖孔或机械成孔型式。其结构断面如图 1. 2-5 所示。

当车站主体结构与附属结构或周边开发功能整合设置时,可将车站设计成多跨结构。

图 1. 2-5　四跨双层结构断面

⑥其他结构形式

洞桩法结构可扩展性好，除了上述的几种结构形式外，在横向和竖向可增加跨数和层数，具体结构形式可根据实际需要选用。图1.2-6列出了其他几种典型断面形式，这些断面目前虽尚无较多的工程实例，但根据洞桩法的工法特点及受力计算分析，其对下列断面形式具有较好的适应性。

对于多跨洞桩法结构，应尤为注意结构拱部地层沉降的控制及扣拱顺序对于拱顶不平衡推力的影响；对于多层洞桩法结构，地下水的控制和边桩、立柱竖向稳定性的计算尤为重要。

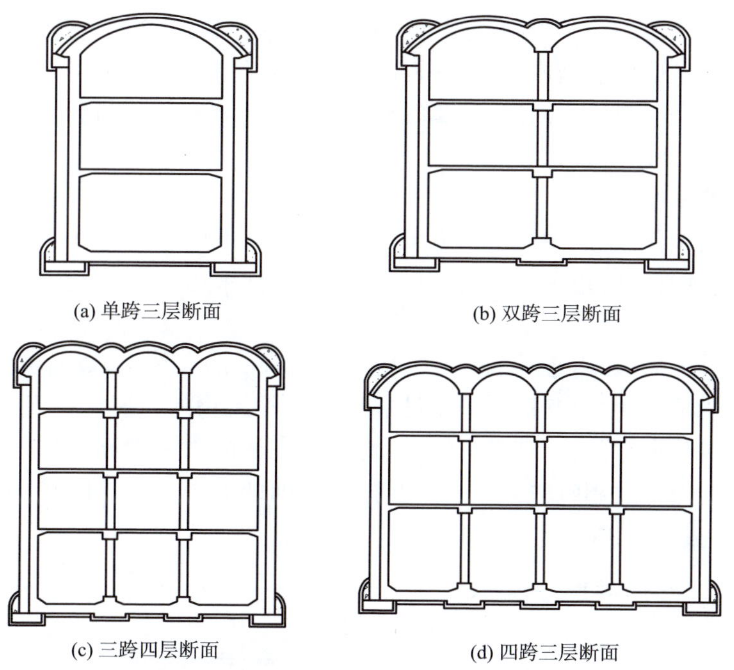

(a) 单跨三层断面

(b) 双跨三层断面

(c) 三跨四层断面

(d) 四跨三层断面

图1.2-6　其他结构形式

(2)按洞桩承载方式划分

洞桩法车站的桩一般都在小导洞内施作，有条件时也可在地面施作，但暗挖法车站一般在地面交通繁忙或者地下管线及建(构)筑物众多的地段施工，因此自地面施作边桩及中桩的案例较少。根据洞桩法边桩与中桩(柱)的承载方式不同以及目前案例应用情况，把洞桩法分为以下三类：边条基+中条基类、边桩基+中条基类、边桩基+中桩基类。

①边条基+中条基类

上导洞内施作边桩、中柱及顶纵梁与桩顶冠梁，下导洞施作底纵梁及条基，上下层导洞可分离或合并设置，边桩及中柱采用人工挖孔施工，如图1.2-7所示。

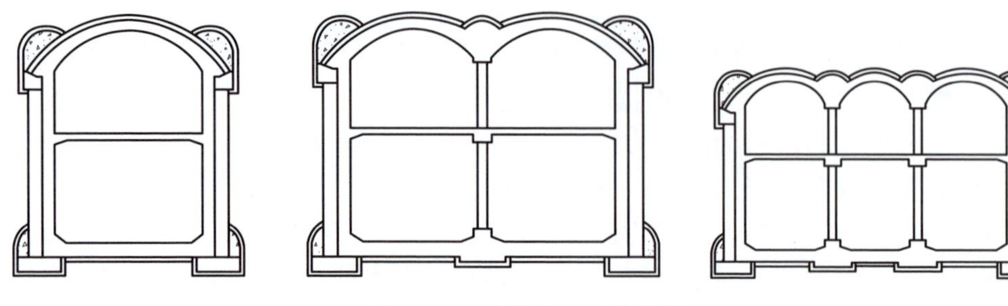

图 1. 2-7　边条基 + 中条基类

选用该结构做法,边桩及中柱护筒采用人工挖孔施作,施工便利且机动性强,基本不受地质条件的限制,应用范围较广。但由于上下层导洞开挖体量较大,相对其他结构做法会引起较大的地层沉降;且由于开挖导洞前即需进行地层降水,地下降水时间较长、降水量较大。

②边桩基 + 中条基类

上导洞内施作边桩、中柱及顶纵梁与桩顶冠梁,下中导洞施作底纵梁,用边桩取代下边导洞内条基,边桩采用机械成孔施工,中柱采用人工挖孔施工,如图 1. 2-8 所示。

选用该结构做法,由于导洞开挖量较小且边桩的隔离作用,对地层沉降及周边建构筑物的影响较小,尤其适用于车站邻近敏感构筑物的情况。然而在导洞内施工钻孔灌注桩作业空间小,施工环境差,对施工机械能力要求高,尤其是遇到大直径卵石地层时对工效影响较大。由于开挖导洞前即需进行地层降水,地下降水时间较长、降水量较大。

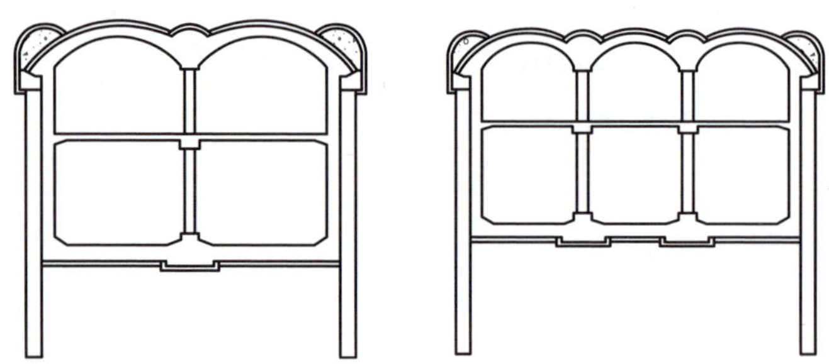

图 1. 2-8　边桩基 + 中条基类

③全桩基类

上导洞内施作边桩、中柱及顶纵梁与桩顶冠梁;取消下层导洞,用边桩取代下边导洞内条基,用桩基作为(临时)中柱承载基础,边桩及中柱均采用机械成孔施工,如图 1. 2-9 所示。

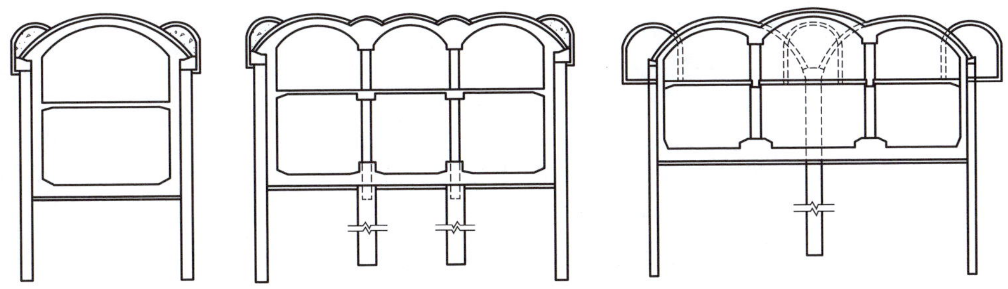

图 1.2-9　全桩基类

选用该结构做法,由于仅开挖上层导洞,对地层沉降的影响最小;且由于边桩的隔离作用,对周边建构筑物的影响也较小,尤其适用于车站临近敏感构筑物的情况。在导洞内施工钻孔灌注桩作业空间小,施工环境差,对施工机械能力要求高,尤其是遇到大直径卵石地层时对工效影响较大。由于未开挖下层导洞,故无需提前将地下水降至底板以下,地下降水时间缩短、降水量减小。

(3)洞桩法的发展历程

洞桩法施工技术首次在北京地铁复八线暗挖车站工程中得到了成功应用,该工法方式灵活,基本不受结构层数、跨数的影响,且对周边环境具有良好的适应能力,特别适合于复杂环境下暗挖车站的施工,后续在北京地铁 4、10、6、7 号线得到了广泛应用和推广。自 2018 年以来在现阶段的北京地铁 3、12、17、19 号线以及昌平线南延暗挖地铁车站施工过程中,洞桩法技术得到了普遍应用,目前在 22 号线、28 号线以及 13 号线扩能提升工程中所有的暗挖车站中均涉及洞桩法,已成为北京地区暗挖法车站施工的主流工法。从其发展来看,洞桩法主要经历了以下几个阶段:

①应用初期(北京地铁复八线,约 1988—1998 年)。

②应用推广期(北京地铁 4 号线和 10 号线,约 2003—2008 年)。

③应用高峰期(北京地铁 6、7、17、19 号线,约 2007—2018 年)。

④应用稳定期(现阶段北京地铁 3、12、22、28 号线,约 2018 年至今)。

1.2.2　PBA 工法应用

现阶段采用 PBA 工法施工的车站及附属优势越加明显,目前在北京地铁建设中采用 PBA 工法施工的车站占总数的 41.44%(表 1.2-1,图 1.2-10)。

表 1.2-1　现阶段北京地铁车站洞桩法施工占比统计

线　　路	矿山法车站	车站总数	占　　比
3 号线一期	6	12	50.00%

续上表

线　　路	矿山法车站	车站总数	占　　比
12 号线	14	17	88.24%
17 号线	6	19	31.58%
19 号线一期	6	9	66.67%
房山线北延	1	4	25.00%
昌平线南延	3	5	60.00%
22 号线(平谷线)	4	21	19.05%
28 号线	2	9	22.22%
13 号线扩能提升工程	4	15	26.67%
合　　计	46	111	41.44%

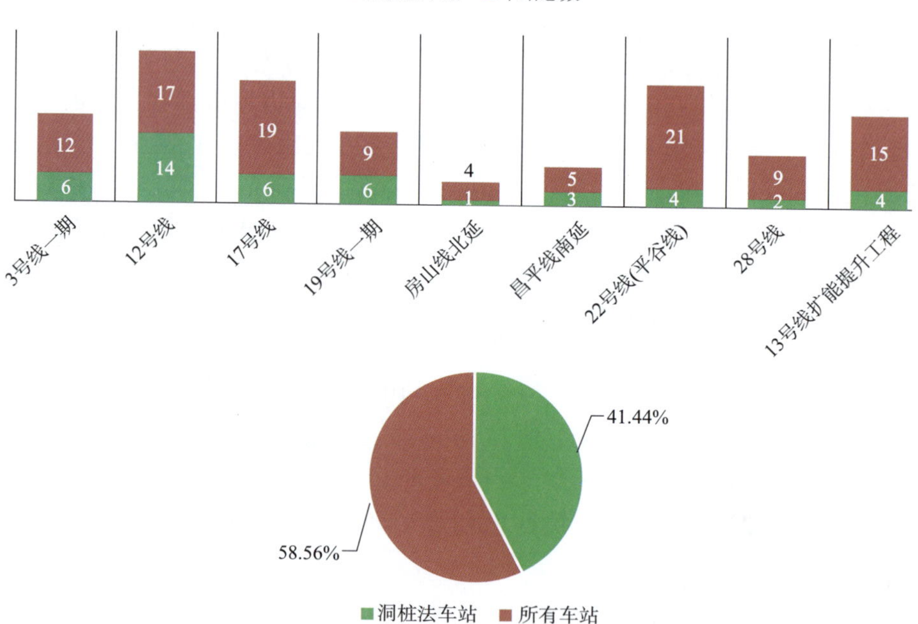

图 1.2-10　现阶段北京地铁洞桩法施工占比

1.2.3　PBA 工法新工艺

1. 洞桩法机械成桩现状

上下双层导洞 PBA 工法将车站化大为小,采用桩柱梁框架结构,实现了沉降的分期分级控制，有效控制了车站的整体沉降变形。但随城市地铁线网的形成，新建地铁线路因受既有线路和周边环境制约，线路埋深越来越深，所处地层越来复杂，加之近年北京市对地下水资源保护意识逐年增强，对地下水的抽排严格限制，与此同时采取了一系列回灌措施，使地下水位明显上升。地下水处理成为地铁车站建设中面临的重大难题。

暗挖 PBA 车站下层导洞开挖及桩柱施工全部位于地下水中，部分甚至进入承压水，在不降低地下水位的情况下无法采用人工实施，传统的上下层导洞 PBA 工法应用受到严重影响。取消下层导洞，采用洞桩法机械施工成为解决该问题的首选方案。

灌注桩的成孔方式主要包括人工挖孔和机械成孔两种，其中机械成孔主要采用螺旋机钻孔、正反循环钻孔、冲击、夯扩及爆破等方法。

北京地铁 16 号线二期施工的车站陆续应用了洞内机械化成桩技术，采用 4 导洞机械法成桩施工的暗挖车站共 8 座。随后在北京地铁 19 号线一期、17 号线、3 号线一期、12 号线、昌平线南延采用机械法成桩施工的车站修建比例逐年提高，占 PBA 工法施工车站的 60%。随着北京地区对降水的严格管控，机械成桩工法进一步得到推广，目前在本轮北京地铁建设中采用机械成桩工法已得到普遍应用（表 1.2-2，图 1.2-11）。

表 1.2-2　现阶段北京地铁机械法成桩施工占比统计

线　　路	人工挖孔桩车站	机械法成桩车站	暗挖车站总数	机械成桩法占比
12 号线	9	5	14	35.7%
17 号线	4	2	6	33.3%
19 号线一期	3	3	6	50.0%
昌平线南延	1	3	4	75.0%
3 号线一期	1	4	5	80.0%
22 号线（平谷线）	0	4	4	100.0%
28 号线	0	2	2	100.0%
13 号线扩能提升工程	0	4	4	100.0%
合　　计	18	27	45	60.0%

2. 机械成桩与人工挖孔桩对比分析

（1）人工挖孔灌注桩施工

人工挖孔灌注桩施工流程，如图 1.2-12 所示。

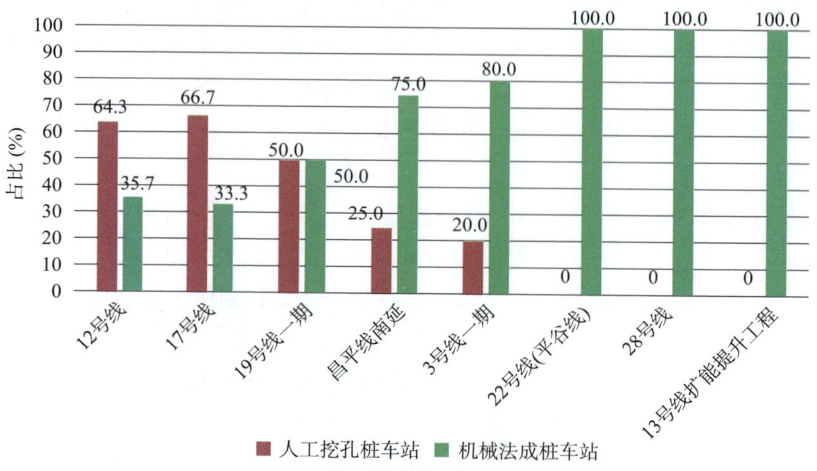

图 1.2-11　洞桩法机械成桩比例统计

人工挖孔桩采用分节挖土,分节支护,人工挖孔应严格遵循挖孔作业规程,杜绝超挖、欠挖。井壁厚 100 mm,上下节护壁的下部应嵌在下一节护壁的上部混凝土中,上下搭接长度宜为 50 mm,根据地质状况,挖孔桩护壁每节进尺 0.5 ~ 1.0 m,当遇到流砂时,护壁进尺可适当缩短,对易塌方段应即挖即壁,随着挖孔加深,需要安装通风、照明、通信等设备,一旦遇到有水情况,设置潜水泵排水,排水量适当控制以防止塌孔。每一节桩孔挖好后应设专人使用桩心点来校正模板安装中心位置及护壁厚度,人工挖孔施工示意图如图 1.2-13 所示。

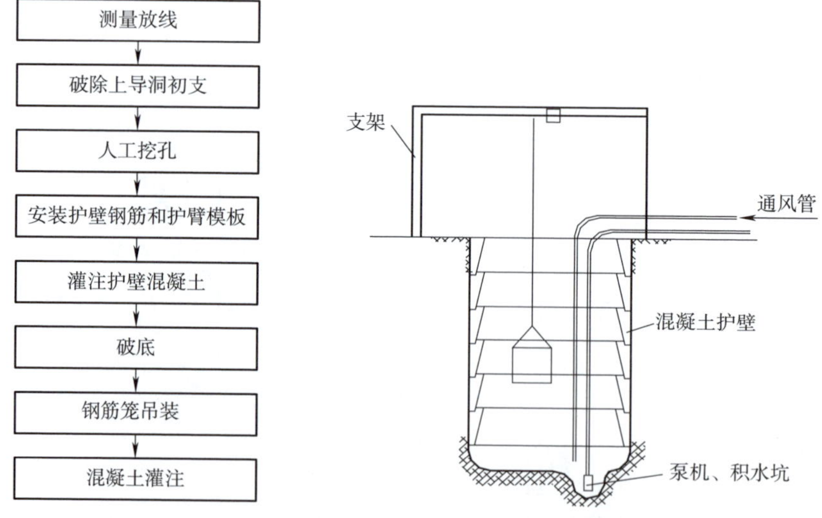

图 1.2-12　人工挖孔灌注桩施工流程　　图 1.2-13　人工挖孔施工示意图

(2)机械成孔灌注桩施工

机械成孔灌注桩施工主要流程,如图 1.2-14 所示。

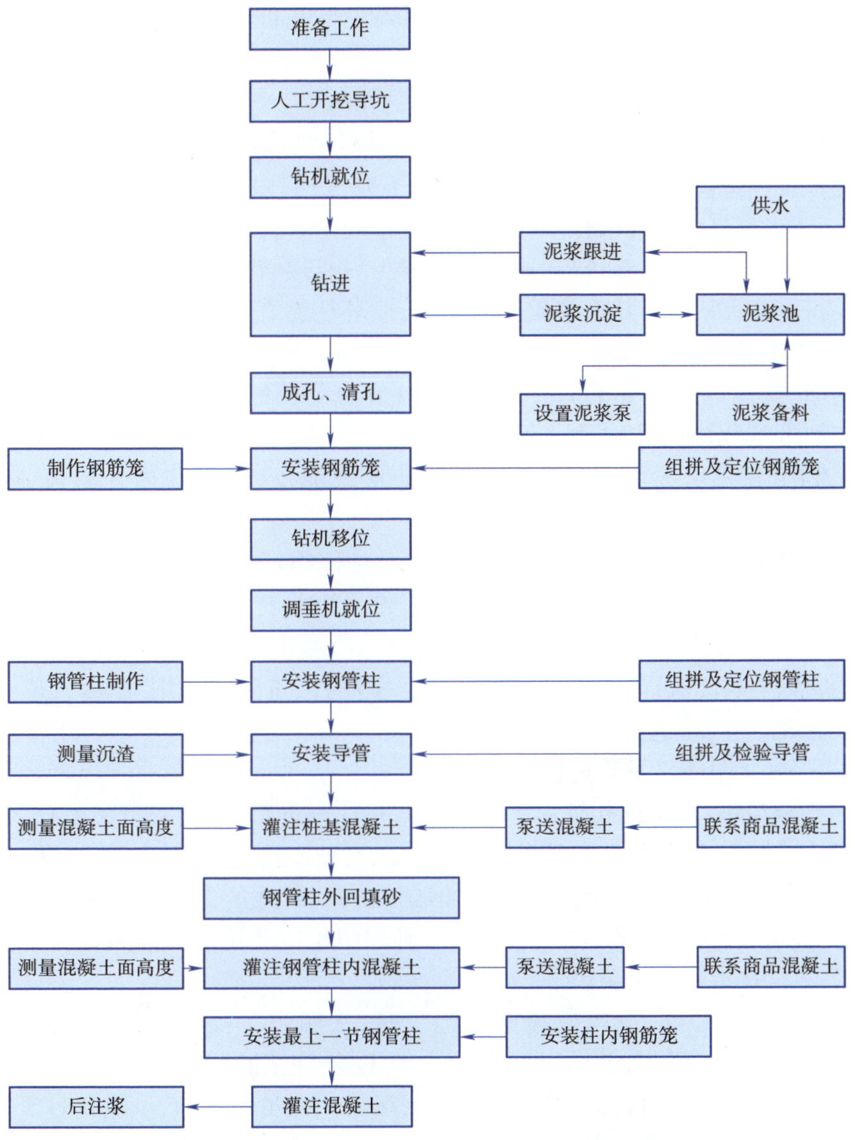

图 1.2-14　机械成孔灌注桩施工主要流程

机械成桩施工流程:进行测量放线,将钻孔灌注桩的位置投点至拱顶;根据桩位进行导坑施工,导坑直径根据桩基直径确定,导坑设置深度应根据地层和地下水情况确定,导坑施工为钻机钻进提供条件;根据地层情况制备不同比例的泥浆并设置泥浆池;选定尺寸和洞径大小匹配的钻机设备钻进成孔;清孔,分节吊装钢筋笼,中桩钢管柱则需吊装钢管柱;进行二次清孔,并浇筑混凝土。

(3)机械成桩与人工挖孔桩对比分析

PBA 工法施工中的桩基工程一般采用人工挖孔桩及洞内机械成桩两种施工形式。

①施工工艺比较

a. 成孔:人工挖孔桩是人工通过使用铁锹、风镐或小型电动工具等进行挖掘,再用简易提升设备把土提出孔外的一种施工方法;洞内机械成桩与地面钻孔桩施工工艺一样,都是在钻杆的扭矩作用和加压系统的合力作用下,通过钻机设备底部带有活门的桶式钻头旋转进尺,回转破碎岩土后直接将其装入钻头内,再由钻机提升装置和伸缩式钻杆将钻头提出孔外卸土,循环往复直至钻至设计深度。

b. 护壁:人工挖孔桩一般分节实施护壁,即开挖 1 节(1 m 左右)后,即绑扎护壁钢筋、支模浇筑混凝土 1 节,是一个以节为单位的循环施工;洞内机械成桩则是在钻进过程中向孔内输入调制好的钻孔泥浆(一般由水、膨润土和添加剂组成),利用泥浆增大静水压力,并在孔壁形成泥皮,隔断孔内外渗流,防止坍孔,形成护壁。

c. 钢筋笼的绑扎安装:人工挖孔桩一般是把钢筋运入洞内,在孔内进行绑扎;洞内机械成桩则是在洞外先加工好钢筋笼,再运至洞内分节安装。

d. 混凝土浇筑:人工挖孔桩既可直接浇筑混凝土,也可等一批桩成孔且钢筋绑扎完成后一起浇筑;洞内机械成桩是水下灌注,浇筑时要使用导管,且成孔后必须立即浇筑。

②安全、文明施工及质量控制比较

a. 安全控制:人工挖孔桩由于需要工人在孔内进行施工,安全隐患较多,主要包括:遇淤泥、孔壁坍塌、孔口坠落、孔内窒息、高处坠落、孔内触电等,因此,也对安全管理工作提出了较高要求。目前,我国国内大部分地区都已限制使用人工挖孔桩工艺,特别是进行深桩(≥16 m)施工时必须组织专家论证。洞内钻孔桩使用机械施工,不存在上述安全隐患。

b. 文明施工控制:洞内机械成桩施工时,文明施工控制点较多,主要包括:(a)保证道路畅通、平坦、整洁;(b)防止尘土飞扬、泥浆洒漏、污水外流及车辆沾带泥土运行。为保持洞内整洁,必须加强对现场施工人员的管理,也因此对项目管理人员提出了更高的要求。人工挖孔桩每组 2 人,施工时占路较少,比较灵活,因而也更容易保持洞内整洁。

c. 质量控制:为保证施工质量,洞内机械成桩必须要特别注意成孔口径、垂直度、钢筋笼加工、运输、安装、泥浆配置、清孔及混凝土灌注等关键工序的施工,而人工挖孔桩则主要控制成孔口径、垂直度、钢筋安装、护壁制作及混凝土灌注等关键工序的施工即可。

③经济比较

以标准的暗挖车站为例，通过对导洞数量的减少，降水周期的缩短，有效降低工程造价，从而确保工程的经济效益，综合经济效益对比见表 1.2-3。

表 1.2-3　洞桩法新工艺经济效益对比

项　目	传统 8 导洞	新型“PBA”洞桩法	备　注
导洞数量	双层导洞	单层导洞	导洞减少 50%
	以标准的暗挖车站为例，车站长约为 250 m，由传统的上下 8 导洞减少为上 4 导洞，可以降低造价约 1 600 万元		
降水周期	20 个月	5 个月	降水周期缩短 75%
	传统 8 导洞施工降水周期约 20 个月；采用 4 导洞新型洞桩法，施工降水周期仅为 5 个月，仅为原来的 1/4，约减少 600 万元		
中桩护壁形式	钢筋混凝土	无	护筒减少 100%
	取消钢护筒约 490 t；共节约 400 万元		
成孔	边桩 1 m，挖孔深度 10 m	边桩 1 m，钻孔深度 22 m	
	边桩费用增加约 700 万元		
合　计	总费用约减少 1 600 + 600 + 400 − 700 = 1 900 万元		

④工期比较

某项目共计施工 350 根桩，设计桩径 1 m、桩长 13 m，土质为粉土、粉质黏土。现以该工程为例，对两种施工方法的工期和造价进行比较。

根据该工程的地质条件及成孔质量要求，采用洞内机械成桩方法施工，其每根桩的施工时间为成孔 10 h，清孔 1 h，下笼 5 h，灌注 2 h，移机 2 h，辅助时间 4 h，共计 24 h/根。考虑现场情况，使用 5 台钻机，按每台钻机每天成桩 1 根计，每天成桩 5 根，考虑其他因素后，350 根桩预计能在 80 d 浇筑完成。

采用人工挖孔桩施工，每组开挖 1 m/(桩 · d)，按 50 组同时施工计算，由于浇筑与安装可同时进行，不占用工期，考虑其他因素后，350 根桩预计需要 100 d 浇筑完成。

由以上分析可以看出，采用传统 8 导洞的施工方法，成孔采用人工挖孔，效率较慢。采用传统 4 导洞的施工工艺，主要是钢管柱定位器的处理及安装时间较长。而新型“PBA”洞桩法将两种方法的优势结合起来，工效大幅增加。

⑤分包管理比较

a. 施工队伍选择：从选择施工队伍的角度考量人工挖孔桩和洞内钻孔桩，两者有很大的区别。由于人工挖孔 2 人 1 组，且挖桩人员多为普通民工，流动性很大，因此很难有组织地对其进行管理，且大部分劳务队伍都是临时组建的班组，难于接受高标准的管理，工作中较难配合；洞内机械成桩是机械成孔，施工人员都是经过培训上岗的产业工人，具有较高的技术素质和职业素养，不仅人员比较固定，易于管理，而且还能在工作中主动提出合理化的建议，对推动整个项目进程具有积极的意义。

b. 现场管理:洞内机械成桩需要施工人员 20 人左右,现场管理比较简单;人工挖孔桩现场需要 100 余人施工,其住宿、饮食、生活、生产等各方面问题较多,管理难度较大,且 100 人的食宿成本明显大于 20 人。

c. 劳务费用:洞内机械成桩遇到复杂地质情况时,发包方与承包方之间不会产生费用分歧,而人工挖孔桩在遇到复杂地质情况时,工人可能要求增加劳务费用。

⑥对比分析

通过以上对比可以看出,无论是洞内还是地面,机械成孔灌注桩都是目前国家积极推广的施工工艺,并已在各类建设工程项目中广泛使用。机械成孔灌注桩的成熟工艺以及在应对各种复杂地质(淤泥、流沙、溶洞等)情况时所表现出的优势也是明显的,这已经在全国各地的高铁、地铁建设中得到了很好的见证。人工挖孔桩在施工中存在比较大的安全隐患,常有人员伤亡事故发生,且易因地质状况变化而产生额外费用(如爆破岩石还需具有爆破专业资质的企业实施等),造价较高,工期也较长。因此,采用 PBA 工法进行地铁车站施工时,采用洞内机械成桩,从施工人员自身安全、施工效率均有很大提升,从本质上规避了风险,解决了安全问题,减小了对社会环境的影响。

第 2 章　地下水控制

自 2007 年至今，北京市陆续发布《北京市建设工程施工降水管理办法》《北京地区城市建设工程地下水控制技术导则》《北京市节约用水办法》《北京市水资源税改革试点实施办法》等文件。但多年以来，北京地铁工程的施工对地下水的处理措施仍以施工降水为主，有关统计数据表明 1 个常规的地铁车站施工日降水量为数万立方米，甚至个别地铁车站估算的日降水量达到 6 万～8 万 m^3（例如北京地铁 8 号线永定门外站和北京地铁 12 号的大钟寺站、蓟门桥站）。北京是一个严重缺水的城市，地下水占全市供水量的 60% 以上，2014 年南水北调江水进京后，地下水仍将占全市供水量的 50% 左右，市民和工业生产和生活用水主要依赖于水库蓄水、抽取地下水以及南水北调的供给，地铁车站全施工周期的降水不仅浪费了大量的水资源，而且大规模抽取地下水对地表建筑物和构筑物也带来极为不利的影响，因此从 2016 年开始，北京市开始逐渐限制在地铁工程施工中采用降水的方式进行地下水控制。

北京地铁施工过程中，如没有降水条件，则需要采取注浆堵水、搅拌与旋喷止水、冻结法堵水等多种止水工艺处理地下水。北京地铁车站含水层主要有：滞水层、潜水层、弱承压水层和承压水层，大部分常规地铁车站施工主要需要解决滞水层、潜水层和弱承压水层的地下水控制问题，本章主要通过案例形式介绍北京地铁常用地下水控制措施。

2.1　咬合桩止水

2.1.1　工法原理

咬合桩止水施工工艺，先进行素混凝土桩的施工，通过专用咬合模板形成弧形凹槽；再进行钢筋混凝土桩的施工，此时混凝土自动流入素混凝土桩的弧形凹槽内，从而实现素混凝土桩与钢筋混凝土桩的咬合，形成帷幕以达到止水、挡水的目的。

“咬合”意为相邻桩之间的相互关系，即相邻桩之间利用两种混凝土的初凝时间差，实现无缝“咬合”。

2.1.2 咬合桩施工工法特点

(1)高承载力:咬合桩的承载能力比传统土钉增强了10~15倍。

(2)抗剪性好:咬合桩具有自锁功能,能很好地抵抗侧向剪力。

(3)防透水性好:混凝土填充孔隙后,可以防止水流进入钻孔内部。

(4)适应性广:适用于各种地质情况下的临时或永久支护工程,如边坡、高速公路、铁路、码头等。

(5)设计方便:咬合桩的尺寸和设计参数都可以根据实际情况灵活调整。

(6)节约成本:咬合桩施工简便、速度快,能节省建设成本和时间。

2.1.3 施工工艺

采用"跳一打一"施工,施工相邻桩位时保证搭接长度为400 mm。咬合桩材料采用塑性混凝土,强度不高。咬合桩为环形布置,施工时可沿一个方向,"跳一打一"施工B桩,完成后再施工A桩,其施工流程为B1→B2→……→Bn→A1→A2→……→An(A桩为无筋桩,B桩为有筋桩),如图2.1-1所示。

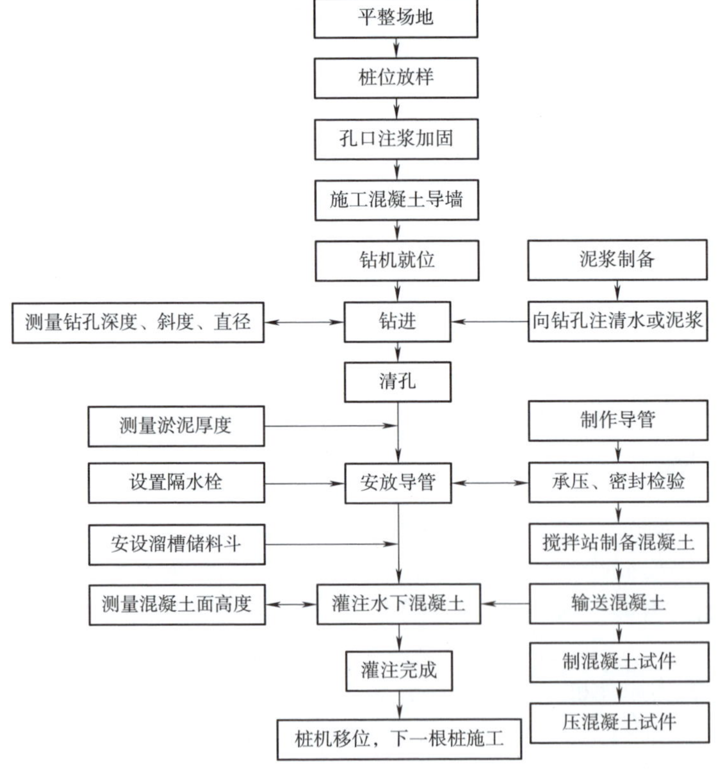

图2.1-1 咬合桩施工工艺流程

2.1.4 试验过程

1. 工程概况

某车站为暗挖两层分离岛式车站，车站长 322.6 m，标准段宽 12.9 m，加宽段宽 14.85 m，有效站台长 186 m，站台宽度为 7.45 m，拱顶覆土厚度约为 6.105 ~ 6.854 m，车站底板埋深 25.635 ~ 26.449 m，车站主体为两个地下两层直墙单拱结构，采用洞桩法施工。

车站站在设计阶段，考虑到地下车站止水施工较少，经验不足，结合重大办及建设单位要求，在 1 ~ 4 号竖井作为止水方案试验，4 个竖井单独封闭基坑，开挖至坑底验证止水效果。竖井止水帷幕在地面打设，完全模拟洞内施工条件。其中 1 号及 4 号竖井采用咬合桩止水，2 号及 3 号竖井采用超高压旋喷桩止水。

1 号施工竖井位于场地西北角，与 1 号活塞风井结合设计，竖井净尺寸 8.24 m × 12.04 m，井深 29.5 m，采用咬合桩 + 内支撑施工，咬合桩为 ϕ1000@1200 钻孔灌注桩，咬合厚度 400 mm(考虑洞内施工条件)，经过计算桩的嵌固深度为 6.5 m，钢筋混凝土桩桩长约 34.2 m，最外层钢筋的混凝土保护层厚度为 50 mm，混凝土桩伸入基坑下2.5 m，桩长约 30.2 m。钻孔桩内设圆形钢筋笼，桩间采用 70 mm 厚网喷混凝土，钢筋网规格为 ϕ6.5@150 × 150，钢筋网搭接约 2 个网格。基坑深度方向布置五道支撑，腰梁采用双榀 45b 工字钢组成，钢支撑预加力应根据现场施工的变形、受力监测情况调整实施(图 2.1-2)。

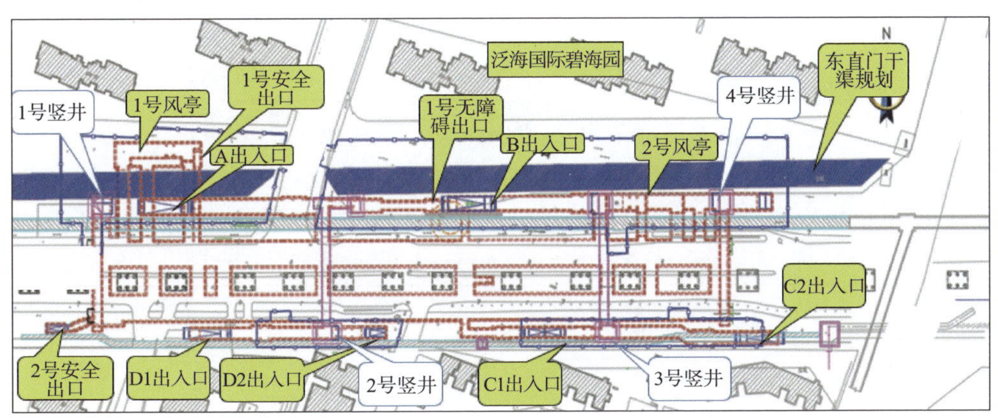

图 2.1-2 车站平面位置图

2. 工程地质及水文

(1)工程地质

1 号竖井冠梁位于杂填土①层，竖井向下依次为黏质粉土，砂质粉土②层，黏质粉土，砂质粉土③$_1$层，粉细砂④层，细中砂⑥层，圆砾，卵石⑥$_1$层，细中砂⑥层，黏质粉土,砂质粉土⑦$_2$层,粉质黏土⑦层;竖井底位于粉质黏土⑦层中,底板开挖面下粉质黏土⑦层最薄处约 4 m。1 号竖井地质剖面如图 2.1-3 所示。

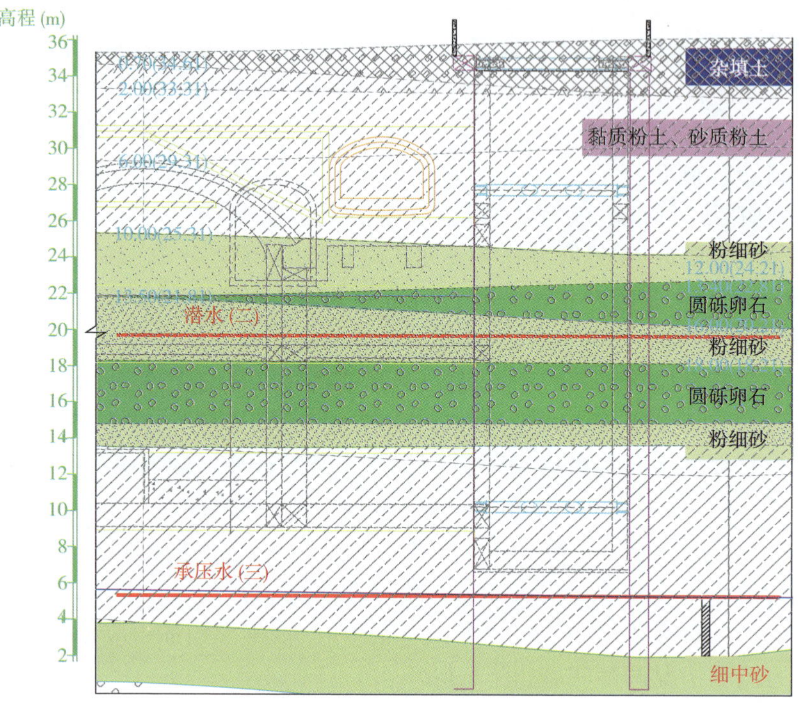

图 2.1-3　1 号竖井地质剖面图

(2)水文地质

施工过程中共涉及三层地下水,为潜水(二)、承压水(三)和承压水(四)。

竖井底板位于承压水(三),采取疏干井坑内降水;开挖过程中有明显渗水,根据渗水量情况,辅以抽排、疏干或堵水措施。各层地下水水位情况及类型见表 2.1-1。

表 2.1-1　地下水水位情况及类型统计

序号	地下水类型	地下水稳定水位(承压水测压水头)		主要含水层
		水位埋深(m)	水位高程(m)	
1	潜水(二)	14.80～15.77	19.03～20.00	细中砂⑥层,圆砾、卵石⑥$_1$ 层,局部为黏质粉土、砂质粉土⑦$_2$ 层
2	承压水(三)	28.87～29.30	5.50～5.93	细中砂⑧层,圆砾、卵石⑨层,黏质粉土、砂质粉土⑩$_3$ 层
3	承压水(四)	30.30～33.80	1.00～4.50	细中砂⑪层,圆砾、砂卵⑪$_1$ 层

3. 工程重难点

(1)自身风险

竖井采用咬合桩+内支撑坑内降水施工,围护结构采用 ϕ1000@1200 钻孔咬合桩,咬合厚度 400 mm。竖井模拟洞内施工条件进行咬合桩施工试验,受洞内施工条件影响,选取的反循环钻机在钻孔过程中无法有效控制垂直度,咬合桩可能会存在侵限、桩间渗水等情况;咬合桩施工中穿越粉细砂层、圆砾卵石层等地层可能存在孔壁坍塌的风险。

(2)环境风险

竖井紧邻热力管沟(4.4 m×2.8 m、钢筋混凝土材质)、热力小室(6 m×9.5 m、钢筋混凝土材质)等重要市政管线,如何安全快速通过、保证施工安全是本工程的难点。

4. 风险工程对策

(1)风险工程概述

工程包含一处自身二级风险工程、两处环境一级风险工程(临近热力管沟、热力小室),根据现场实际施工情况,工程风险主要集中于竖井咬合桩施工阶段,因此主要通过优化咬合桩施工工艺、选取合适的咬合桩配合比系数、严控咬合桩的施工过程及成果检验等对策保证风险工程顺利完工。

(2)管线风险工程对策

对热力管沟及热力小室,有条件的情况下应进入洞内探明管线的现况及渗漏水情况,必要时施工前采取洞内增设防水内衬等措施;导洞开挖前,对竖井与热力小室和管沟之间的土体进行地面超前深孔注浆加固。

施工前针对环境风险工程的特点,对可能出现的事故情况进行预判,制定完善的抢险预案,备足抢险物资,如遇险情立即启动抢险预案并及时上报相关单位。

5. 车站1号竖井咬合桩施工工艺及技术措施

车站1号竖井咬合桩共74根,桩径1 m,分为A序桩(混凝土桩)和B序桩(钢筋混凝土桩);其中A序桩38根,桩长度30.2 m、插入深度为2.5 m,B序桩36根,桩长度34.2 m、插入深度6.5 m,桩间咬合厚度400 mm,桩身垂直度不得大于1/300,咬合桩定位误差不大于50 mm。

咬合混凝土桩、钢筋混凝土桩的材料选取及各项参数对比见表2.1-2。

表2.1-2　咬合桩、钢筋混凝土桩材料对比

对比项	混凝土桩	钢筋混凝土桩
材料	塑性混凝土	HRB400/HPB300 钢筋、C30 混凝土
坍落度	180~200 mm	180~220 mm
抗压强度	不大于5 MPa	C30 标准强度(30 MPa)
抗渗系数	不大于 10^{-6} cm/s	—

在咬合桩施工时，按照车站导洞尺寸搭设一段临时导洞，模拟设备在车站止水施工时的适应性(图 2.1-4)。

图 2.1-4　模拟导洞内施工条件

6. 咬合桩施工工艺

(1)咬合桩施工流程

施工流程如图 2.1-5、图 2.1-6 所示。

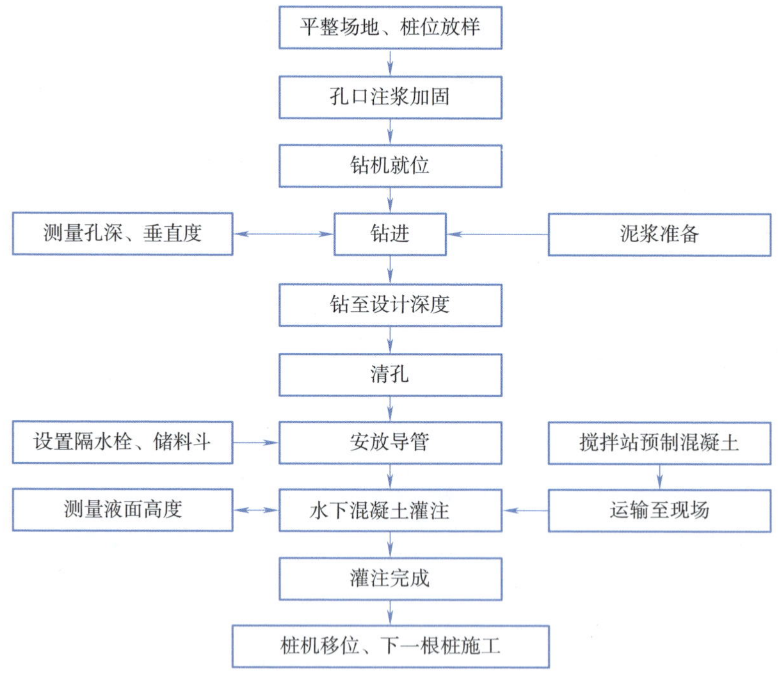

图 2.1-5　咬合桩施工流程-A 序桩

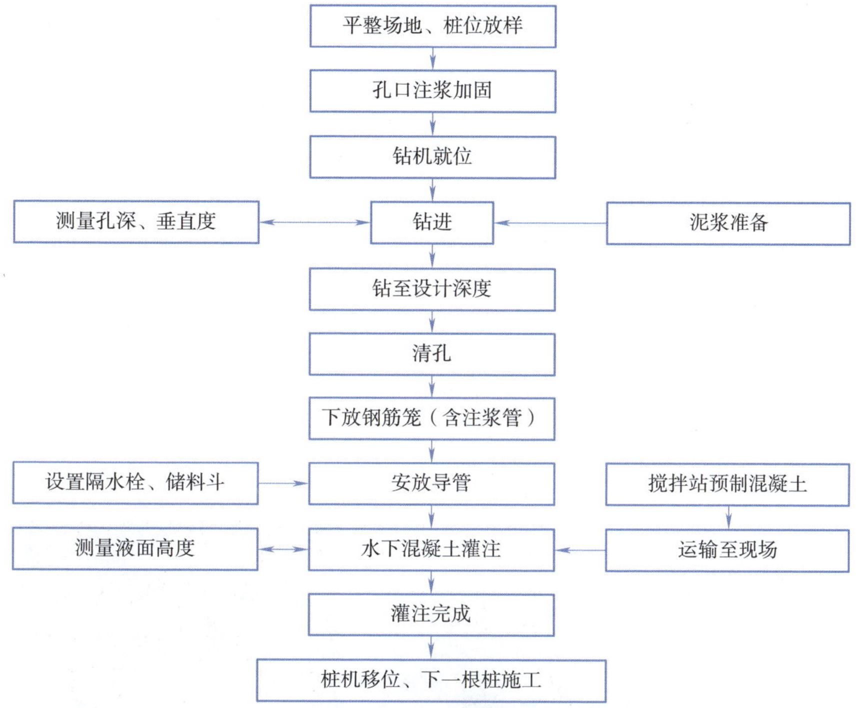

图 2. 1-6　咬合桩施工流程-B 序桩

咬合桩成孔采用改装 8JH-150 型履带式反循环钻机，钻机质量 19 t，改装功能包括：钻杆加重提高切削功能；每 3 m 一道设置扶正钻杆提高垂直度控制能力；针对$⑥_1$卵石层地质特性改进专用钻头，提高成孔效率。

咬合桩施工采用硬咬合法。即采用反循环钻机先期施工混凝土桩，待混凝土桩强度达到设计强度（≤5 MPa）要求后施工钢筋混凝土桩，实现硬咬合施工，最终形成止水帷幕。

咬合桩施工需采用“跳三打一”方法施工，具体施工步序如图 2. 1-7 所示。

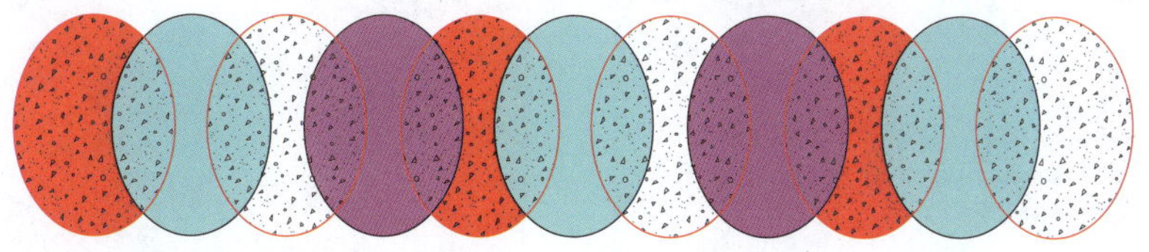

图 2. 1-7　咬合桩施工步序示意图

（2）咬合桩配合比的选定

依照设计文件中对混凝土桩灌注材料技术参数要求，试验室选择 4 种试验配合比分别进行抗压强度和渗透系数试验，混凝土桩塑性材料配合比例情况见表 2. 1-3。

表 2.1-3　混凝土桩塑性材料配合比例

序号	每立方米材料用量									
	水	水泥(kg/m^3)	砂 1(kg/m^3)	砂 2(kg/m^3)	碎石(kg/m^3)	粉煤灰(kg/m^3)	矿粉(kg/m^3)	外加剂(kg/m^3)	水胶比	砂率
1	260	89	548	200	748	80	120	2.02	0.90	50%
2	273	103	562	200	678	80	120	2.12	0.90	50%
3	285	117	676	200	876	80	120	2.22	0.90	50%
4	300	133	583	200	783	80	120	2.34	0.90	50%

通过对试验数据分析,现场选用了抗压强度适中、渗透系数为 0 的第二组(序号 2)作为混凝土桩塑性材料现场施工配合比。

(3)咬合桩施工过程记录

具体施工过程记录如图 2.1-8 ~ 图 2.1-16 所示。

图 2.1-8　洞内专用液压反循环钻机

图 2.1-9　场地硬化

图 2.1-10　引孔作业

图 2. 1-11　钢筋笼分节加工

图 2. 1-12　咬合桩施工

图 2. 1-13　分节安装钻杆

图 2. 1-14　泥浆循环

图 2. 1-15　桩身完整性检测

图 2. 1-16　垂直度检测

(4) 咬合桩垂直度检测

咬合桩成孔后，采用 JL-IDUS(B)智能超声波成孔质量检测仪对咬合桩进行成孔直径、垂直度、孔深进行检测。

7. 专家论证与咨询建议

(1) 2018 年 9 月 4 日针对 1 号竖井咬合桩试验止水材料及工艺组织专家咨询会,意见如下:

①止水帷幕试验方案及材料总体上合理可行,同意按照本方案实施。

②做好关键环节、关键要素的控制,如成桩的垂直度,材料的抗渗性能、抗压强度等,止水材料可根据试验的情况考虑添加聚乙烯等增加韧性的材料。

③进一步优化施工设备,可考虑桶钻等钻头。

④在竖井中部施工试验桩并进行相关原位试验。

⑤系统研究与注浆结合的必要性,将注浆作为关键技术重点研究并应细化相关应急预案。

⑥完善咬合桩止水帷幕相关技术参数及验收标准。

(2)2019 年 5 月 29 日, 1 号竖井开挖阶段存在侵限,进行专家咨询会,专家意见如下:

①初步判断围护桩侵限原因为定位及垂直度偏差引起,偏差形式及程度需待下部土方开挖后界定。

②竖井后续继续向下正常开挖土方,按照设计图纸高程布置内支撑,钢围囹与侵限最大的钢筋混凝土桩密贴,其他钢筋混凝土桩与钢围囹之间空隙采用型钢顶紧,型钢之间采用细石混凝土填充。

③竖井开挖过程中严禁破除侵限钢筋混凝土桩主筋,侵限混凝土桩可局部凿除。

④竖井开挖至潜水上方后需提前对咬合及渗漏情况进行判断,根据现场情况研究是否需要采取注浆堵水措施。

⑤竖井开挖阶段施工单位应密切会同设计单位,根据侵限及处理情况调整相应的设计措施。

(3)2019 年 7 月 31 日,针对咬合桩侵限及渗漏水处理,组织专家咨询会,意见如下:

①建议继续向下开挖竖井,在开挖过程中观察竖井侧壁咬合及渗漏水情况,验证咬合桩止水效果。

②在坑内设置观测井及疏干井,进行抽排并观测地下水位,据此判断后续渗水量,作为地下水处理措施的依据。

③对渗水部位在开挖前应采取斜向深孔注浆堵水措施。

④在坑边有条件的位置设置应急减压降水井。

⑤后续由咬合桩侵限引起的竖井结构调整方案另行研究。

8. 实施过程及风险管控

(1) 施工过程

1 号竖井于 2019 年 5 月 7 日开始进行施工,至 2020 年 8 月 31 日二次衬砌(以下简称“二衬”)结构施工结束,开挖过程中涉及主要环境风险源有 2 处,整个开挖及结构施工过程中管线结构完好,土方开挖和结构施工情况正常(表 2.1-4)。

表 2.1-4　施工过程关键节点统计

工程部位	施工日期	施工过程照片
1 号竖井开挖	2019 年 5 月 7 日	
开挖至 3.3 m 处时开始出现咬合桩侵限	2019 年 5 月 9 日	
开挖至 8.9 m 处,通过两处一级环境风险工程(热力管沟、热力小室)	2019 年 6 月 23 日	
横通道大管棚施工	2019 年 5 月 21 日	

续上表

工程部位	施工日期	施工过程照片
竖井封底	2020 年 1 月 9 日	
竖井二衬完工	2020 年 8 月 31 日	

9. 主要措施落实情况及效果

1 号竖井主要采取咬合桩止水及内支撑施工,后期因大部分咬合桩侵限,未能达到预期止水效果,增加深孔注浆止水(图 2. 1-17 ~ 图 2. 1-20)。

图 2. 1-17　竖井咬合桩

图 2. 1-18　内支撑体系

1 号竖井采用咬合桩止水,施工过程中垂直度控制效果不佳,出现桩体侵限,开挖过程中出现多处渗漏点,咬合桩试验未达到预期止水效果(表 2. 1-5,图 2. 1-21 ~ 图 2. 1-25)。

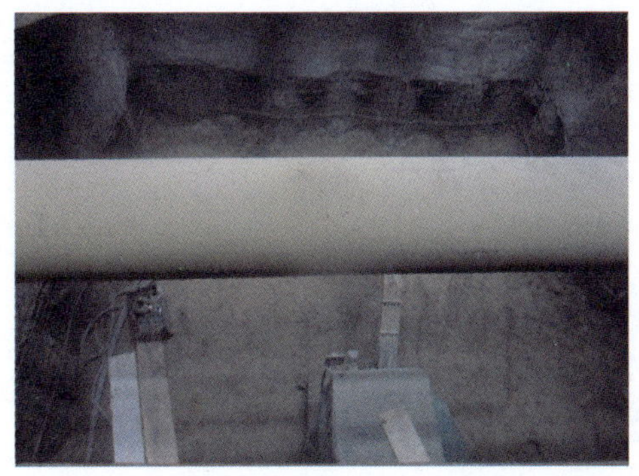

图 2.1-19 竖井咬合桩侵限

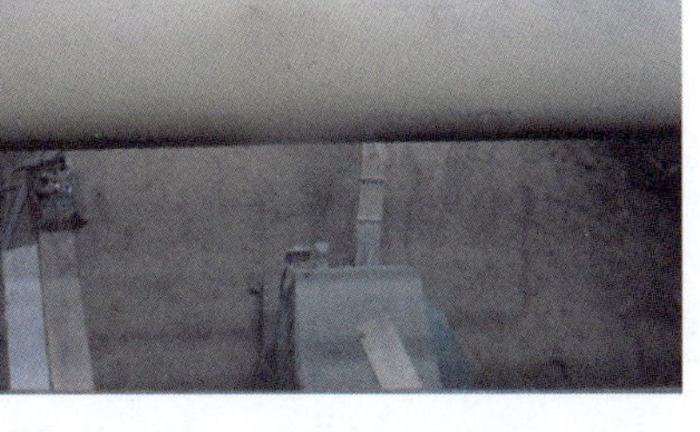

图 2.1-20 深孔注浆

表 2.1-5 侵限情况统计

开挖深度(m)	侵限情况	
	钢筋混凝土桩(根)	混凝土桩(根)
3.3	14	1
6.3	18	4
9.0	19	10
12.0	20	16
15.0	22	17
17.8	22	17
20.5	23	18

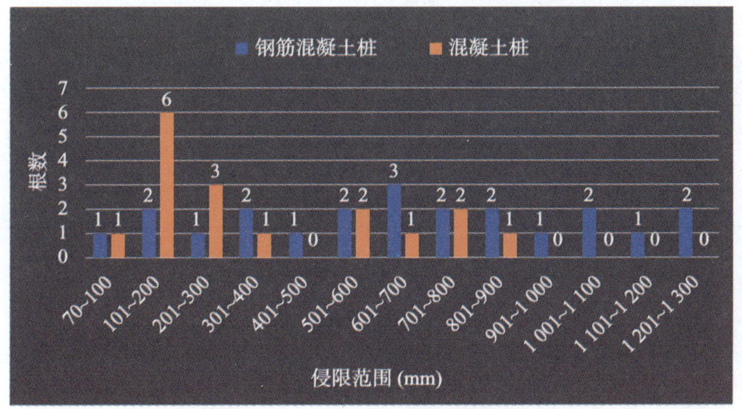

图 2.1-21 咬合桩侵限情况统计

图 2.1-22　竖井 3.3 m 处侵限情况

图 2.1-23　竖井 9.0 m 处侵限情况

图 2.1-24　竖井 15.0 m 处侵限情况

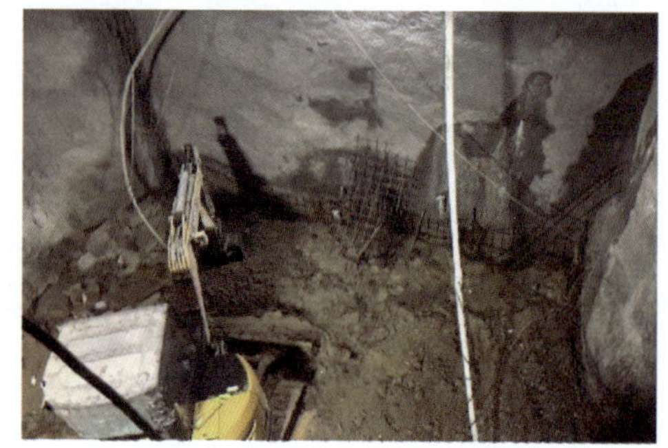
图 2.1-25　竖井 20.5 m 处侵限情况

10. 咬合桩与超高压旋喷桩试验对比分析

(1)施工工期对比

①咬合桩施工工期

1 号竖井咬合桩总计 74 根,投入 1 台钻机,施工周期自 2018 年 7 月 24 日至 2019 年 3 月 20 日,总计 240 d。一序桩(混凝土桩)平均每根桩需用时 19.6 h;二序桩(钢筋混凝土桩)平均每根桩需用时 32 h;具体施工步序及时间统计见表 2.1-6。

表 2.1-6　咬合桩施工步序及时间统计

一序桩施工步序及时间		二序桩施工步序及时间	
施工步序	需用时间(h)	施工步序	需用时间(h)
清孔对位	6.0	清孔对位	6.0
钻进成孔	7.8	钻进成孔	13.5
提钻	2.2	提钻	2.5
钻机移位	0.5	钻机移位	0.5
垂直度检测	1.0	垂直度检测	1.2

续上表

一序桩施工步序及时间		二序桩施工步序及时间	
施工步序	需用时间(h)	施工步序	需用时间(h)
—	—	钢筋笼下放	5.8
塑性材料浇筑	2.1	混凝土浇筑	2.5
合计	19.6	合计	32.0

②超高压旋喷桩施工工期

2 号竖井旋喷桩总计 57 根(含 3 根试验桩),投入设备 1 台,施工周期自 2018 年 6 月 27 日至 2018 年 9 月 27 日,总计 93 d。

根据施工步骤,平均每根桩每米需用时 25.12 min,具体施工步序及时间统计见表 2.1-7。

表 2.1-7　超高压旋喷桩施工步序及时间统计

施工步序	施工步序	需用时间(min/m)
引孔施工	引孔钻机对位	9.73
	钻进成孔	
	提钻	
	钻机移位	
旋喷施工	旋喷钻机对位	15.39
	下钻旋喷	
合　　计		25.12

(2) 取芯试验对比

在施工过程中,分别依据《混凝土物理力学性能试验方法标准》(GB/T 50081—2019)、《透水路面砖和透水路面板》(GB/T 25993—2010)对咬合桩和超高压旋喷桩进行了抗压强度试样检测及渗透系数检测,检测对比结果见表 2.1-8。

表 2.1-8　取芯试验检测对比结果统计

检测对象	抗压强度试验			透水性试验		
	取样数	抗压强度范围(MPa)	合格率	取样数	渗透系数	合格率
咬合桩	6	3.4~4.4	100%	3	0	100%
超高压旋喷桩	3	18.0~21.3	100%	3	0	100%

(3) 止水效果对比

1 号竖井采用咬合桩止水,施工过程中垂直度控制效果不佳,存在 39 根桩体(共 71 根)侵限,咬合桩试验未达到预期止水效果;4 号竖井采用素咬合桩止水,施工过程中垂直度控制效果一般,有 10 根桩体(共 69 根)发生侵限现象,竖井开挖期间未出现明显渗漏水情况。

2 号竖井分为 A、B 两井,采用超高压旋喷桩外圈整体封闭止水,首先开挖 B 井,B 井开挖完成后进行 A 井开挖,B 井开挖时西侧无旋喷桩,A 井内赋存的地下水通过西侧井壁涌入 B 井,造成开挖时发生涌水、涌砂及局部坍塌现象,通过对 2 号竖井旋喷作业分析,旋喷压力不足、提钻速度过快造成 B 竖井北侧出现渗漏点;3 号竖井封闭止水后独立开挖,开挖过程中未发生此类现象。

1 号 ~4 号竖井止水效果对比情况见表 2. 1-9。

表 2. 1-9　止水效果对比

项　　目	1 号竖井	2 号竖井	3 号竖井	4 号竖井
围护结构	钢筋混凝土咬合桩	超高压旋喷桩	超高压旋喷桩	咬合桩
侵限比例	55%	—	—	14%
止水效果	较差	较差	良好	良好

(4)对比结果分析总结

①通过试验研究及过程控制,若能严格控制咬合桩垂直度,两种止水措施均可取得良好效果,可有效降低非降水开挖带来的风险。

②止水帷幕施工及开挖过程中通过取芯试验,表明混凝土桩材料强度均小于 5 MPa,超高压旋喷桩材料 7 d 抗压强度均大于 2 MPa,渗透系数为 0。

③从工期角度考虑,超高压旋喷桩施工工期较短,可节约 1/4 ~1/3。

11. 险情/预警情况处置

1 号竖井从开工到目前共发布 6 个巡视预警,全部为黄色巡视预警。巡视预警分类统计见表 2. 1-10。

表 2. 1-10　巡视预警分类统计

预警类型	地层稳定性	带水作业	施工规范性	管理类
预警数量	0	5	1	0

1 号竖井现场巡视预警主要问题为咬合桩侵限导致的桩间渗水,施工单位对渗水部位进行深孔注浆,针对现场出现问题处理较为及时(图 2. 1-26、图 2. 1-27)。

12. 监测情况分析

1 号竖井共有 36 个监测点(包括沉降测点及结构测点),测点变形量均未超过控制值的 40%,也无变形量超过 10 mm 测点。从整体变形来看,1 号竖井所有监测点沉降值均较小,总体监测情况风险可控。

图2.1-26　预警照片

图2.1-27　处置照片

(1)竖井周边沉降监测情况

1号竖井周边沉降测点整体监测数据稳定,变形值介于-8.51～+4.12 mm之间。施工期间竖井周边沉降测点沉降时程如图2.1-28所示。

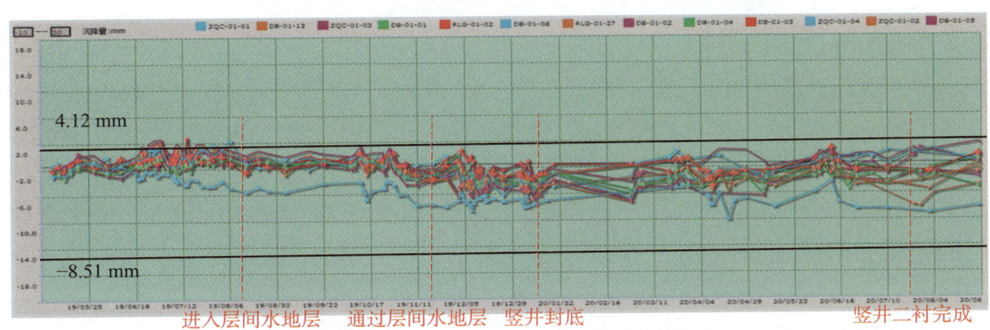

图2.1-28　竖井周边沉降监测点沉降时程图

(2)竖井结构监测情况

竖井桩顶水平位移整体监测数据稳定,最终变形值介于8.68～9.60 mm之间。桩顶水平位移整体呈向内变形趋势,速率平缓,在竖井通过回填土层和层间水层时,受回填地层注浆加固及第五道混凝土围檩施工影响,变形较为平缓;施工期间竖井桩顶水平位移测点沉降时程如图2.1-29所示。

13. 经验总结及建议

(1)对比1、4号竖井,在洞内施工条件下,采用反循环钻机进行咬合桩施工围护结构兼做止水帷幕存在一定风险,二序钢筋混凝土桩侵限可能性较大;采用混凝土咬合桩施工止水帷幕基本可行,但必须在成孔过程中对垂直度严格控制。

(2)建议通过实验进一步限定咬合桩施工时间间隔、优化工艺增加反循环钻机的抱钻能力等方式提高垂直度,并进一步研制随钻检测及纠偏措施,在钻进过程中即对垂直度进行检测及纠偏。

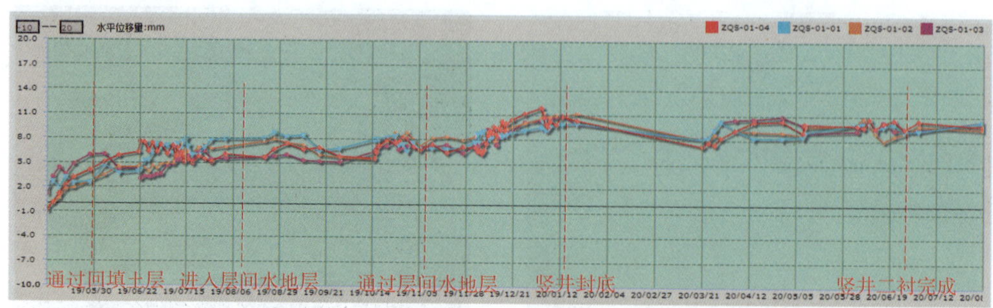

图 2.1-29　竖井桩顶水平位移监测点沉降时程图

(3)建议进一步调整混凝土桩材料及配比,使其在满足抗渗要求的情况下,强度尽量减小。

(4)建议验证低净空全套管全回转钻机替代反循环钻机的可能性。

2.2　超高压旋喷桩

2.2.1　工法原理

高压旋喷桩施工技术是20世纪70年代日本首先提出,它是在静压灌浆的基础上,引进水力采煤技术而发展起来的,是利用射流作用切割掺搅地层,改变原地层的结构和组成,同时灌入水泥浆或复合浆形成凝结体,借以达到加固地基和防渗的目的。

高压喷射注浆法是利用钻机把带有喷嘴的注浆管钻进土层的预定位置后,以高压设备使浆液或水、空气成为20~40 MPa的高压射流从喷嘴中喷射出来,冲切、扰动、破坏土体,同时钻杆以一定速度逐渐提升,将浆液与土粒强制搅拌混合,浆液凝固后,在土中形成一个圆柱状固结体(即旋喷桩),以达到加固地基或止水防渗的目的。

根据喷射方法的不同,喷射注浆可分为单管法、二重管法和三重管法。

单管法:单层喷射管,仅喷射水泥浆(图2.2-1)。

二重管法:又称浆液气体喷射法,是用二重注浆管同时将高压水泥浆和空气两种介质喷射流横向喷射出,冲击破坏土体。在高压浆液和它外圈环绕气流的共同作用下,破坏土体的能量显著增大,最后在土中形成较大的固结体(图2.2-2)。

三重管法:是一种浆液、水、气喷射法,使用分别输送水、气、浆液三种介质的三重注浆管,在以高压泵等高压发生装置产生高压水流的周围环绕一股圆筒状气流,进行高压水流喷射流和气流同轴喷射冲切土体,形成较大的空隙,再由泥浆泵将水泥浆以较低压力注入被切割、破碎的地基中,喷嘴做旋转和提升运动,使水泥浆与土混合,在土中凝固,形成较大的固结体,其加固体直径可达2 m(图2.2-3)。

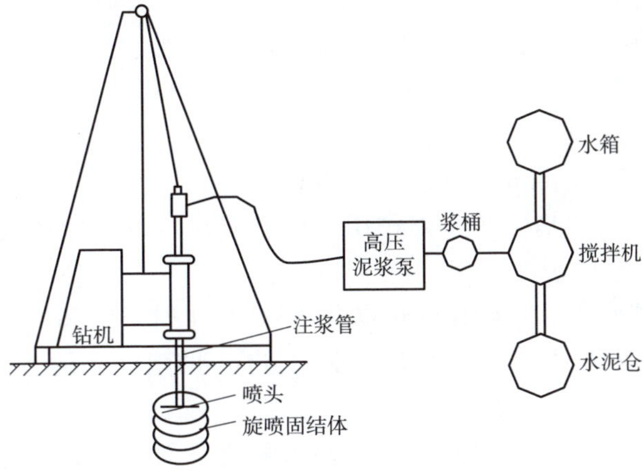

图2.2-1　单管旋喷注浆示意图

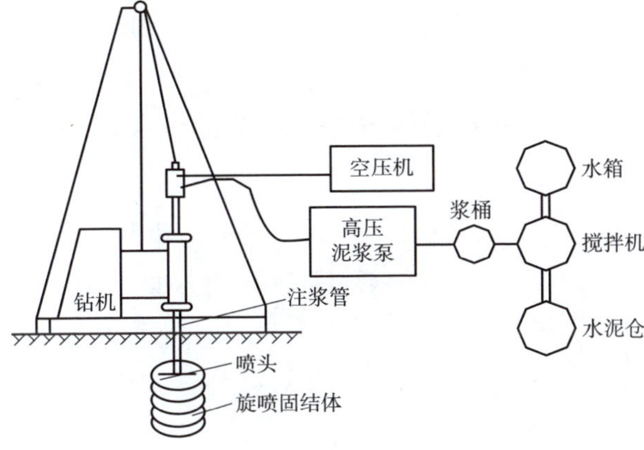

图2.2-2　二重管旋喷注浆示意图

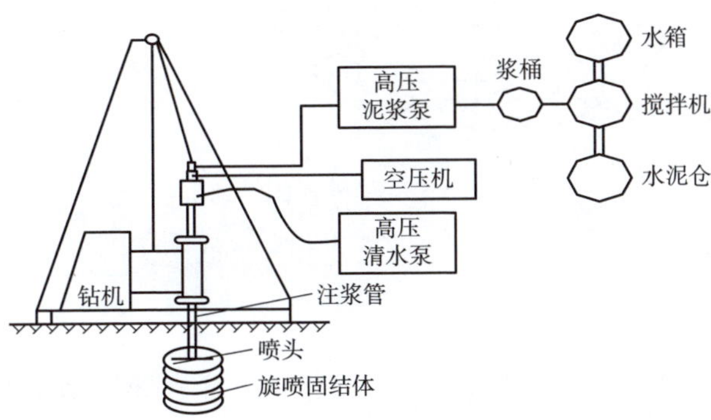

图2.2-3　三重管旋喷注浆示意图

喷射注浆法的加固半径和许多因素有关,其中包括喷射压力 P、提升速度 S、被加固土的抗剪强度 τ、喷咀直径 d 和浆液稠度 B。加固范围与喷射压力 P、喷咀直径 d 成正比,与提升速度 S、土的抗剪强度 τ 和浆液稠度 B 成反比。加固体强度与单位加固体中的水泥掺入量和土质有关。

高压喷射注浆的成桩机理包括以下五种作用:

(1)高压喷射流切割破坏土体作用。喷射流动压以脉冲形式冲击破坏土体,使土体出现空穴,土体裂隙扩张。

(2)混合搅拌作用。钻杆在旋转提升过程中,在射流后部形成空隙,在喷射压力下,迫使土粒向着与喷咀移动方向相反的方向(即阻力小的方向)移动位置,与浆液搅拌混合形成新的结构。

(3)升扬置换作用(三重管法)。高速水射流切割土体的同时,由于通入压缩气体而把一部分切下的土粒排出地上,土粒排出后所留空隙由水泥浆液补充。

(4)充填、渗透固结作用。高压水泥浆迅速充填冲开的沟槽和土粒的空隙,析水固结,还可渗入砂层一定厚度而形成固结体。

(5)压密作用。高压喷射流在切割破碎土层过程中,在破碎部位边缘还有剩余压力,并对土层可产生一定压密作用,使旋喷桩体边缘部分的抗压强度高于中心部分(图 2.2-4)。

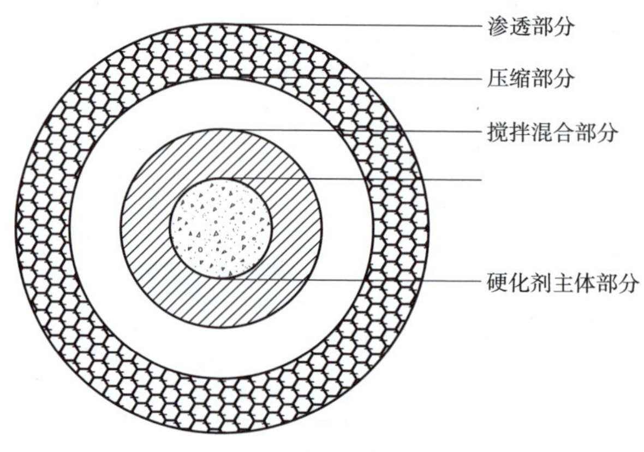

图 2.2-4 旋喷桩体固结情况

2.2.2 试验过程

1. 工程概况

某车站为岛式站台,在 1 号风井南侧设置一座降水导洞施工竖井,该竖井净空尺寸 4 m×6 m,井深 24.8 m,采用倒挂井壁法施工。该降水导洞新增竖井与轨道交通不降水(或少降水)N-JET 工法工程试验相结合,竖井深度增加 8.55 m 作为试验段,试验段周边及底部采用 N-JET 工法桩进行围合及封底,采用阻水施工。

新增竖井四周及底部 N-JET 工法桩均自地面打设施工，工法桩排布参数为 ϕ1600@1000 mm，桩体采用梅花形布置，间距 1 000 mm × 1 000 mm，咬合厚度 600 mm，竖井四周设置单排 N-JET 工法桩，竖井进入水位以下时尺寸由 4 m × 6 m 变成 4 m × 4 m。考虑浮动水位，竖井四周与竖井底部工法桩桩底同深，桩长 38.55 m。侧壁工法桩至水位线上 1 m，有效桩长为 13.75 m；竖井底部工法桩封底厚度为 4.2 m，有效桩长为 4.2 m，封底工法桩加固后土体无侧向抗压强度不小于 0.8 MPa，渗透系数不大于 1×10^{-6} cm/s。竖井底板下设 1 m 厚反滤层（原状土）不喷射搅拌，同时在基底选取 3 根相互咬合桩喷射搅拌至底板高程线上 1 m，开挖过程中检验 N-JET 工法桩在卵石⑦层、卵石⑨层的成桩直径和咬合效果（图 2.2-5 ~ 图 2.2-7）。

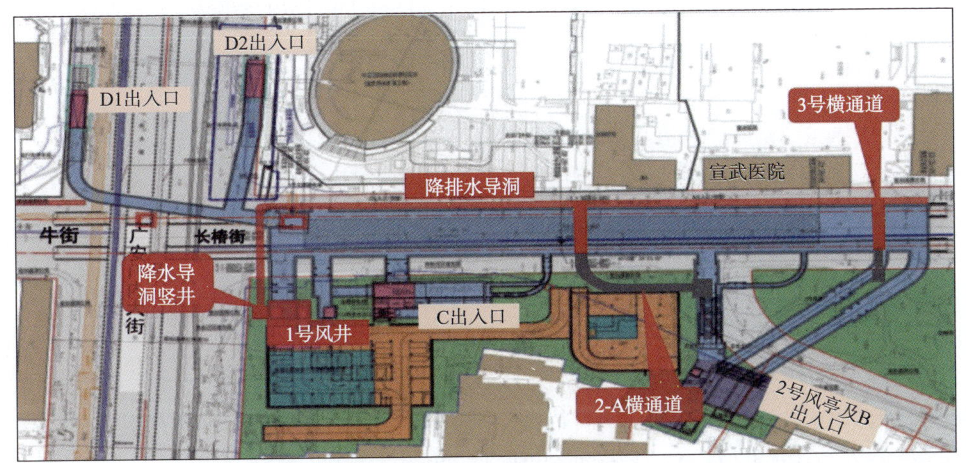

图 2.2-5　车站平面位置图

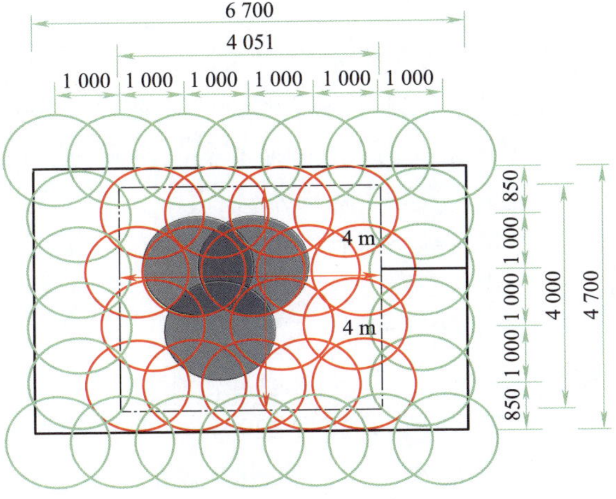

图 2.2-6　新增竖井 N-JET 工法桩平面图（单位：mm）

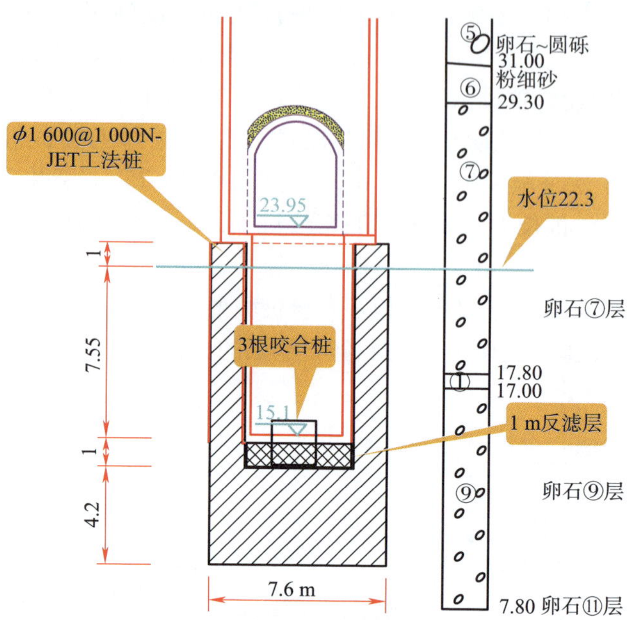

图 2.2-7 新增竖井 N-JET 工法桩剖面图(单位:mm)

2. 工程地质及水文

(1) 工程地质

新增竖井所处地层自上而下依次为杂填土$①_1$层、粉土素填土层①层、粉土②层、粉细砂$③_3$层、卵石、圆砾⑤层、粉质黏土⑥层、粉细砂$⑥_3$层、卵石⑦层、粉细砂$⑦_2$层、卵石⑦层、卵石⑨层、粉细砂$⑨_2$层、卵石⑪层。新增竖井地质纵剖图如图 2.2-8 所示。

(2)水文地质

新增竖井范围内地下水主要为潜水(二)层,水位高程为 22.3 m,含水层主要为卵石⑦层,卵石⑨层,竖井进入地下水 7.55 m,渗透系数 300 m/d,日涌水量约 23 000 m^3。该层水补给来源主要为大气降水和侧向径流补给,以侧向径流和向下越流方式排泄。勘察报告中未发现上层滞水,但市中心地下管道多,局部有存在上层滞水的可能。新增竖井场区地下水特征情况详见表 2.2-1。

3. 工程重难点

(1)卵石地层引孔垂直度难以保证

N-JET 工法桩施工前需进行引孔,引孔直径需在 180 ~ 220 mm,本次施工深度范围均为卵石⑦、⑨层,卵石最大直径超过 220 mm,局部分布大块漂石,其分布随机性较强,漂石含量一般约 10% ~ 20%,采用常规的引孔技术难以控制桩体垂直度。

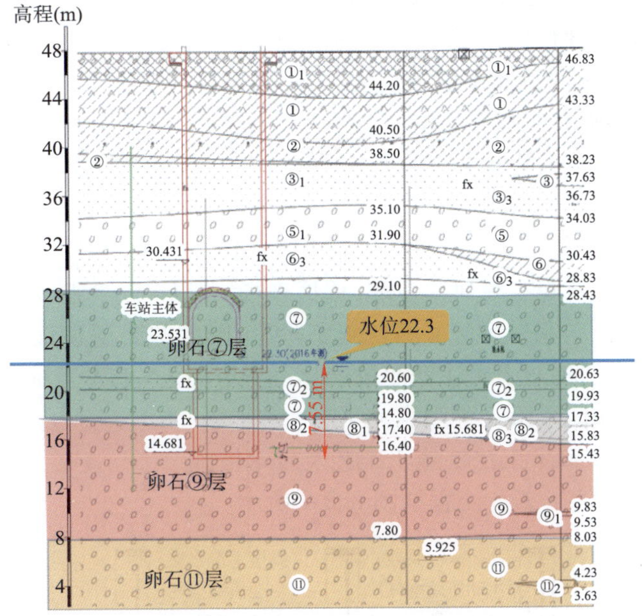

图 2.2-8 新增竖井地质纵剖图

表 2.2-1 新增竖井场区地下水特征

地下水性质	水位埋深(m)	水位高程(m)	含水层及其特征	
			岩性特征	渗透系数(m/d)
潜水(二)	27.1～26.5	21.2～22.3	第⑦层卵石及以下卵石、砂层	300

注:1 表中渗透系数根据收集沿线水文地质资料并结合地区经验进行取值。

2 表中水位埋深及高程为现场实测。

应对措施:引孔采用气动冲击锤外套管跟进引孔,引孔至桩底以下后向套管内灌入稳定液护壁稳压,拔除喷浆段跟管套管,其余部位套管待喷浆完成后拔除。

(2)卵石⑨地层中成桩直径影响大

试桩深度范围的卵石层密实度大,动力触探最大 $N_{63.5}=250$,卵石粒径在 60～100 mm,卵石直径大于 220 mm,卵石含量达 70% 左右,在喷射中较大直径的颗粒物阻隔会影响喷射直径,会造成有效桩径的减少。

应对措施:在开始喷射作业时,在桩底范围原位喷射时间加长,常规施工 1 min,现增加至 5 min,使桩底范围内直径充分打开,然后再开始步距提升,每步距提升时间适当增长,喷射浆嘴采用单喷嘴喷射,桩径 1 600 mm 全圆提升速度 20～25 min/m。

(3)卵石层渗透系数大影响成桩效果

工程喷射浆液部位卵石层最大渗透系数达 330 m/d,当成桩后浆液未凝固前极易渗透流失,造成桩顶部位桩头缺失,无法满足设计要求。

应对措施:当喷浆完成后,向桩孔内插入注浆管,拔除引孔跟管套管后采用双液注浆泵注入水泥浆及水玻璃,使桩身部位水泥土得到快速凝固形成桩体,同时可向桩孔内补充流失的浆液。

4. 风险工程概述

工程包含一处自身二级风险工程,根据现场实际施工情况,工程风险主要集中于 N-JET 工法桩施工完毕后竖井开挖施工阶段,因此主要通过优化 N-JET 工法桩施工工艺、选取合适的 N-JET 工法桩配合比系数、严控 N-JET 工法桩的施工过程及成果检验等对策保证风险工程顺利完工。

5. 新增竖井 N-JET 工法桩施工工艺及技术措施

N-JET 工法桩施工工艺流程如图 2.2-9 所示。

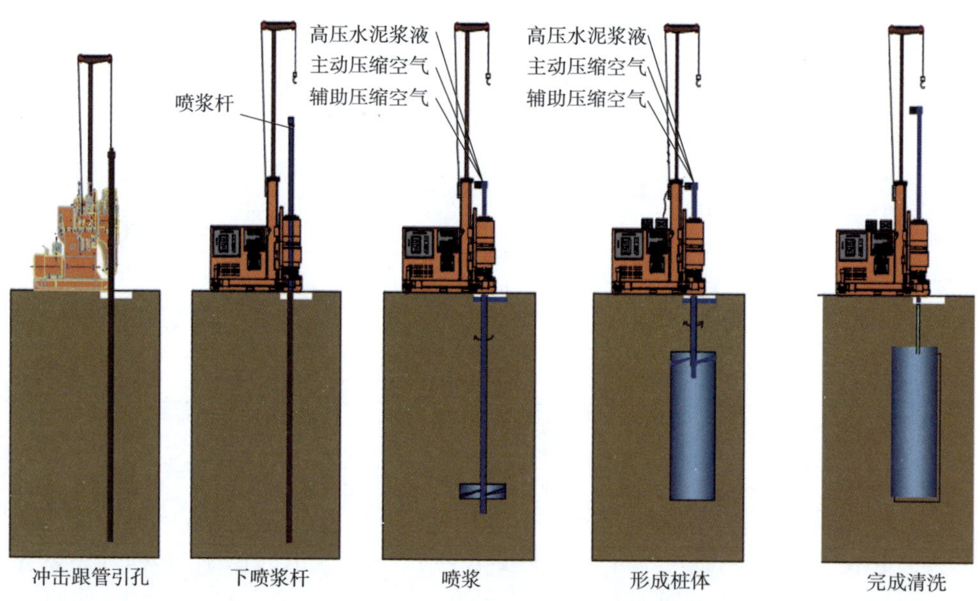

图 2.2-9　N-JET 工法桩施工工艺流程

现场达到施工条件后,按如下步骤逐一施工 N-JET 工法桩。

(1)桩位放样

施工前用全站仪测定喷射桩施工的控制点,埋设标记,经过复测验线合格后,用钢尺和测线实地布设桩位,并打设木桩,保证桩孔中心移位偏差小于 20 mm。

(2)修建排污和灰浆拌制系统

喷射注浆施工过程中将会产生 80%～100% 的返浆量,将废浆液引入沉淀池中,沉淀后的清水根据场地条件可进行无公害排放。沉淀的泥土挖出堆放在集土坑集中外运。沉淀和排污统一纳入全场污水处理系统。

灰浆拌制系统主要设置在水泥仓附近,便于作业,主要由灰浆拌制设备、灰浆储存设备、灰浆输送泵设备组成。

(3)引孔施工

采用GLK-2型气动冲击锤外套管跟进钻机,配以200SDY-21型高风压空压机辅助。钻孔直径为ϕ180~220 mm。钻机就位后,用水平尺校正机身,使钻杆轴线垂直对准钻孔中心位置,孔位偏差不大于20 mm。钻孔达到设计深度后,将钻杆提出,向孔内灌入稳定液护壁,再拔除喷浆段钢套管。确保孔底高程满足设计深度,引孔深度略比设计深度深1 m以上。引孔过程中要加强检测桩孔垂直度,控制钻进速度。

(4)喷浆施工

钻杆下至设计标高后(喷嘴部位),在控制电脑中设定转速、提升时间及步距,开启高压注浆泵及高压空气,缓慢加压开始喷射注浆。采用日本进口SI-50S-220型旋喷机,喷射时采用超高压喷射,为保证桩底端的质量,喷嘴下沉到设计深度时,达到设计压力后在原位置旋转5 min以上,待孔口冒浆正常后再开始喷射提升。为确保桩底部位桩径的要求,可在桩底进行复喷一个行程。

(5)喷射提升

开启高压喷射泵后,由下向上喷射,同时将泥浆清理排出,排出的浆液集中在存浆池内,采用深井污泥泵抽出竖井排放到地面存浆池中。喷射时,先应达到预定的喷射压力、喷射后再逐渐提升喷射管,以防扭断喷射管。钻杆的旋转和提升应连续进行,不得中断,钻机发生故障,应停止提升钻杆以防断桩,并立即检修排除故障,工程试桩拟定提升速度:桩径1 600 mm全圆提升速度20~25 min/m。

(6)钻机移位

为确保桩顶高程及质量,浆液喷嘴提升到设计桩顶高程以上200 mm时停止喷射,提升钻杆逐节拆除出孔口,清洗钻杆、注浆泵及输送管道,然后将钻机移位至下一孔;但考虑到本次试桩大部分桩身在卵石层,浆液流失量较大,为确保桩身质量,在移除钻机后插入注浆管补浆。

(7)回灌补浆

待钻机移除后,向孔内插入双液注浆管至桩顶一下,拔除上部预留的钢套管后采用双液注浆机向孔内注入水泥浆与水玻璃,补充桩底流失的浆液,并使桩身水泥土快速凝固形成桩体,注入的双液浆量根据现场情况确定,直至孔口冒浆。

(8)废浆处理

考虑到N-JET大直径超高压喷射外排泥浆大,需设置泥浆池储存池,施工中产生的废浆统一进行处理。设置的泥浆池便于挖机清理,泥浆池需分两仓设置,由于排放出的泥浆含有水泥浆液,会很快沉淀,储存一仓后待沉淀后抽除上部清水,将沉淀的渣土挖出堆置集土坑晾干后集中外运,单仓浆池容积为日完成工作量的1.3倍。

N-JET 工法桩全部施工完成后,进行竖井开挖验证前,对桩体先进行钻孔取芯,判定 N-JET 工法桩成桩直径以及咬合效果,然后在竖井开挖的过程中检测 N-JET 工法桩的止水效果,最后根据试验总体情况进行分析总结,形成成果。

6. N-JET 工法桩主要技术参数

试验桩设计要求:大直径高压喷射桩采用42.5级普通硅酸盐水泥,当高压喷射泵距离喷射机距离50 m以内时,水泥浆压力大于等于(40±2)MPa;超过50 m时需适当增加喷射压力。主要技术参数见表2.2-2,现场施工拟采取的参数:水灰比为1:1,水泥浆压力为40 MPa,水泥浆流量为170~180 L/min,空气压力为0.9~1.3 MPa,空气流量3~7 m^3/min,转速3~4 r/min,提升步距50 s/50 mm(表2.2-2)。

表2.2-2 N-JET 工法桩主要技术参数

卵石⑦层施工参数								
水灰比	水泥浆压力	水泥浆浆液流量	空气压力	空气流量	提升速度	提升步距	转速	水泥掺量
1:1	(40±2) MPa	160~180 L/min	0.7~1.2 MPa	3~7 m^3/min	13~15 min/m	40~45 s/50 mm	3~4 r/min	≥45%
卵石⑨层施工参数								
水灰比	水泥浆压力	水泥浆浆液流量	空气压力	空气流量	提升速度	提升步距	转速	水泥掺量
1:1	(40±2) MPa	160~180 L/min	0.7~1.2 MPa	3~7 m^3/min	15~18 min/m	45~50 s/50 mm	3~4 r/min	≥50%

7. N-JET 工法桩施工过程记录

N-JET 工法桩施工过程记录如图2.2-10~图2.2-15所示。

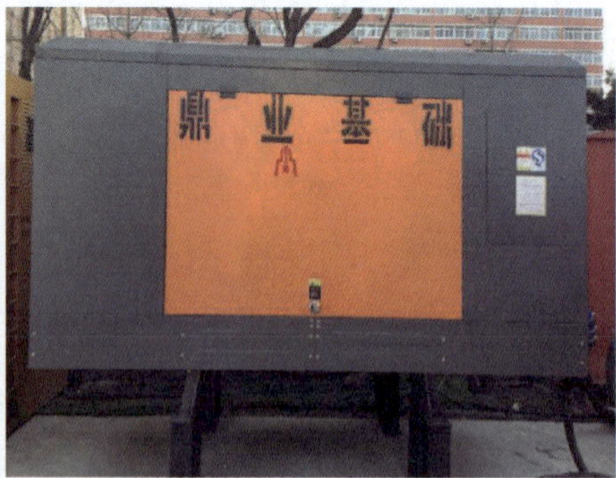

图2.2-10 GLK-2型气动冲击锤外套管跟进钻机

图 2. 2-11　N-JET 旋喷机

图 2. 2-12　超高压注浆泵

图 2. 2-13　DSR-75AZ 型空气压缩机

图 2. 2-14　N-JET 工法桩施作

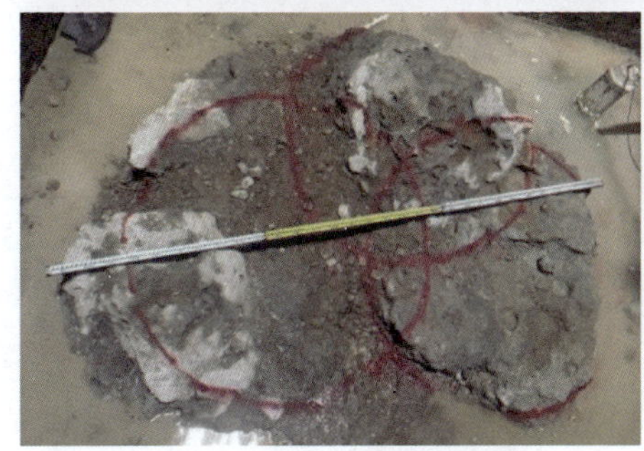

图 2. 2-15　竖井开挖桩体揭露情况

8. N-JET 工法桩垂直度检测

N-JET 工法桩引孔完成后,采用 CX－5C 型测斜仪进行成孔垂直度检测。

9. 风险工程对策

新增竖井周边无环境风险,在竖井开挖过程中要做好各项安全保证措施。具体表现为开挖施工时尽量少扰动周边土体,短进尺,尽快施工初期支护,并使每步断面及早封闭;对初期支护(以下简称"初支")超挖部分采用 C20 混凝土填塞密实,部分不实处塞挤钢板,格栅连接节点处加垫方木,以防格栅出现不均匀下沉,每开挖一循环及时架设格栅钢架并挂网喷射混凝土;初支及时封闭成环,必须及时对初期支护背后进行填充注浆,并严格控制初支背后注浆效果;采用信息化施工,施工过程中加强监控量测,根据量测结果必要时调整施工参数。

施工过程中对可能出现的事故情况进行预判,制定完善的抢险预案,备足抢险物资,如遇险情立即启动抢险预案并及时上报相关单位。

10. 专家论证与咨询建议

2018 年 12 月 7 日,"北京市轨道交通不降水(或少降水)施工 N-JET 工法工程试验项目"专家评审会,形成专家评审意见如下:

(1)N-JET 工法是一种地下工程止水的有效方法,但国内尚无砂卵石地层轨道交通工程的成功案例,在北京地区进行此种工程试验非常有必要。

(2)项目在多个车站开展系统工程试验,针对不同水文地质条件和结构形式,提供的试验目标、路线、方法合理可行。

(3)建议:

①包括多个工程试验,应统一组织协调试验思路和方法,各站点的试验应各有侧重,最终成果应形成体系。

②按照专家意见调整完善试验方案,尽快启动项目。

11. 实施过程及风险管控

1 号竖井于 2019 年 5 月 7 日开始进行施工,至 2020 年 8 月 31 日二衬结构施工结束,竖井开挖施工过程中出现大面积渗漏水(表 2.2-3)。

表 2.2-3 施工过程关键节点统计

工程部位	施工日期	施工照片
新增竖井开挖	2019 年 4 月 10 日	

续上表

工程部位	施工日期	施工照片
开挖至 15.5 m 处时开始出现桩体侵限	2019 年 5 月 19 日	
竖井 4 m×6 m 断面开挖封底	2019 年 5 月 26 日	
竖井 4 m×4 m 断面开挖至 2.5 m 处时开始出现渗漏水	2019 年 6 月 1 日	
竖井 4 m×6 m 断面开挖封底	2019 年 7 月 20 日	

12. 主要措施落实情况及效果

新增竖井四周侧壁及基底采用 N-JET 工法桩施工，后期因个别桩体出现侵限、夹泥现象导致未能达到预期止水效果，增加深孔注浆堵水（图 2.2-16 ~ 图 2.2-19）。

图 2. 2-16　竖井 15. 5 m 处侵限情况

图 2. 2-17　竖井 20. 0 m 处侵限情况

图 2. 2-18　竖井 29. 3 m 处渗漏水情况

图 2. 2-19　竖井 32. 3 m 处侵限情况

13. 险情/预警情况处置

新增竖井从开工到目前共发布 2 个黄色巡视预警,主要问题为 N-JET 工法桩个别桩体侵限、夹泥导致桩间渗水,施工单位对渗水部位进行深孔注浆,针对现场出现问题处理较为及时(图 2. 2-20、图 2. 2-21)。

图 2. 2-20　预警照片

图 2. 2-21　处置照片

14. 监测情况分析

(1)竖井周边沉降监测情况

新增竖井周边沉降测点未发生监测预警,整个施工过程,监测数据较为稳定,未发生突变情况,累计沉降值介于 −13.77 ~ −3.69 mm 之间。竖井施工期间周边沉降监测点沉降曲线如图 2.2-22 所示。

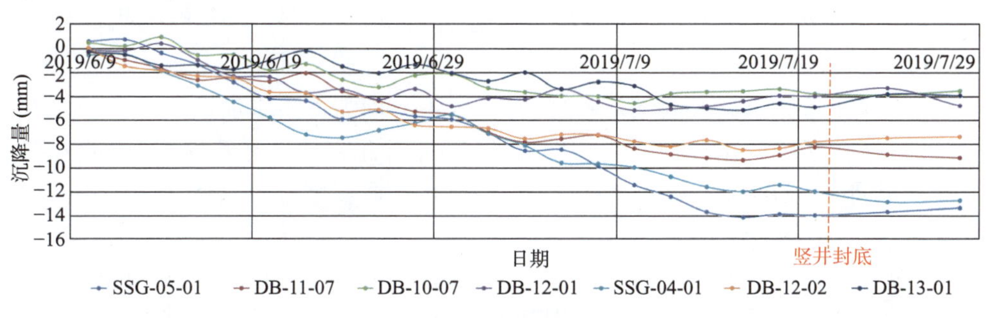

图 2.2-22　竖井施工期间周边沉降监测点沉降曲线

(2)竖井结构监测情况

竖井桩顶水平位移测点未发生监测预警,整体监测数据稳定,变形值较小,最终变形值介于 2.46 ~ 5.09 mm 之间。桩顶水平位移整体呈向内变形趋势,速率平缓;竖井施工期间桩顶水平位移监测点变化曲线如图 2.2-23 所示。

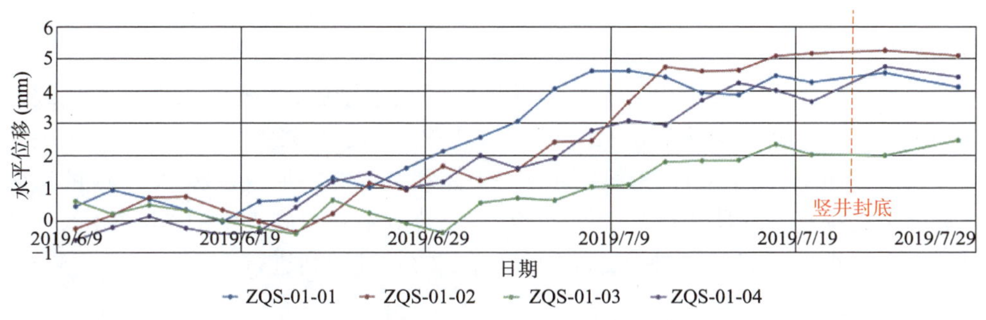

图 2.2-23　竖井施工期间桩顶水平位移监测点变化曲线

15. 风险管控总体评价

新增竖井共有 22 个监测点(包括沉降测点及结构测点),地表监测点累计沉降值未超过控制值,桩顶水平位移测点变形值较小,未超过 6 mm,从整体变形情况来看,新增竖井所有监测点变形值均较小,监测数据稳定,总体监测情况安全风险可控。

16. 经验总结

从开挖过程来看新增竖井四周桩体完好、底部成桩直径较好,中间3根桩开挖后经取芯检测强度、垂直度、咬合厚度以及扩散半径均满足要求。竖井开挖至水位线下时,个别桩体出现夹泥且侧壁局部存在渗漏水点,且渗漏水量及流速状态逐步增加;由开挖初期的局部渗水逐渐转变为片状流水,且渗漏水量及流速随开挖深度递增,严重影响开挖施工;须及时对桩体侧壁渗漏水点进行注浆封堵并对竖井底部积水进行泵排疏干后,才能继续进行开挖施工。

17. 建议

N-JET工法止水试验效果不够理想,在以下方面需进一步加强。

(1)结合新增竖井N-JET工法止水试验,针对北京地区卵石⑦层和卵石⑨层等富水砂卵石地层大力研究N-JET工法桩引孔垂直度检测技术和相关的仪器设备。

(2)重点研究N-JET工法桩止水效果超前检测技术和相关的仪器设备。

(3)针对N-JET工法桩局部出现的渗漏点,研究出一套成熟的堵漏处理措施,加强止水效果。

(4)对N-JET工法桩施工过程中各个施工参数着重把控,形成有效材料,为后续类似止水施工提供技术数据支撑。

2.3 深孔注浆止水

2.3.1 工法原理

深孔注浆技术是最常用的也是效果最好的止水措施,其技术原理是通过改善开挖土体的力学性能来达到止水的目的。具体来说是注浆加固,在压力和相关施工设备的作用下,化学液体在施工周围的土体和岩层之中形成浆脉,新形成的浆脉能够显著的提高开挖段土体的力学性能,可以有效地减少施工中的地表下沉,并使得施工中的地层承载力相对的提高,便于施工的安全顺利进行。

2.3.2 试验过程

1. 工程概况

某区间(图2.3-1)设置渡线及停车线,采用暗挖法施工。区间左、右线长度分别为596.482 m、597.268 m。

2. 地质与水文地质

区间隧道主要穿越地层为粉细砂$③_2$层,圆砾$③_3$层,粉质黏土④层,粉土$④_1$层,细中砂$④_2$层,卵石⑤层;区间风道主要穿越位于粉质黏土④层、细中砂$④_2$层、卵石⑤层、粉质黏土⑥层。

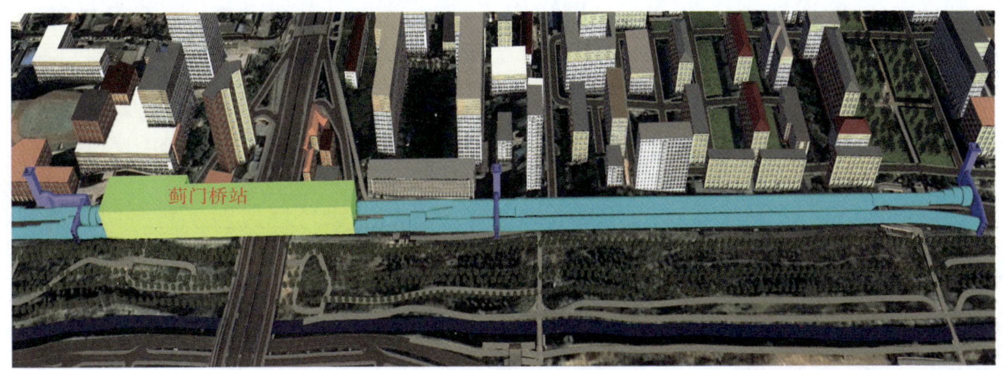

图 2. 3-1　区间平面示意图

区间主要赋存有两层地下水，其类型分别为潜水（二）和层间潜水（三）。由于上层滞水（一）层分布较不规律，且受绿化灌溉、降水等外部环境的影响较大，因此虽然勘察中未发现上层滞水，但不能排除局部存在的可能性。地下水详细情况如下：

潜水（二）：含水层岩性主要为粉细砂③$_2$层、圆砾③$_3$层、细中砂④$_2$层。

层间潜水（三）：含水层岩性主要为卵石⑤层、细中砂⑥$_2$层、卵石⑦层、细中砂⑧$_2$层。区间地质及水文纵剖面如图 2. 3-2 所示。

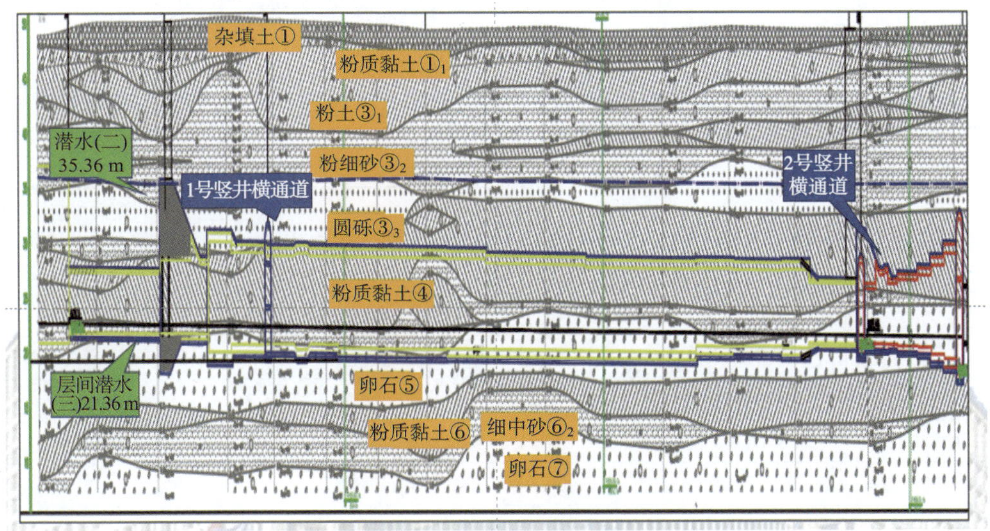

图 2. 3-2　区间地质及水文纵剖面图

3. 工程重难点

（1）自身风险

区间横通道及开横通道马头门处采用拱顶直墙平底结构，其余区间段采用马蹄形断面结构,断面均采用复合式衬砌结构,结构宽度 6.2 ~ 14.6 m,高度为 6.65 ~ 11.9 m;区间隧道覆土厚度约 18.1 ~ 22.7 m,底板埋深约 16.79 ~ 22.67 m。根据跨度和高度采用台阶法、多台阶法、CRD 法、双层壁法进行分部分导洞开挖。停车线、渡线大断面、扩挖段 1 及扩挖段 2 为一级自身风险工程。

(2)环境风险

区间左线大断面及右线挑高段暗挖主要涉及的一级环境风险工程分级具体见表 2.3-1、表 2.3-2,区间风险工程平面及剖面如图 2.3-3、图 2.3-4 所示。

表 2.3-1 环境风险工程分级-建(构)筑物

序号	风险工程名称	风险等级	基础形式	层数	拱顶埋深(m)	拱顶与基础垂直距离(m)	开挖边线与基础水平距离(m)
1	区间侧穿元大都遗址公园	一级	正在调查	—	17.1 ~ 22.6	—	4.8
2	大断面侧穿交通运输部科学研究院地下配电室	一级	筏板基础	地下两层	20.6	13.1	8.7
3	大断面侧穿西土城 8 号院 1 号楼	一级	箱形基础	16	20.5	13.2	8.6
4	大断面侧穿层北邮科技大厦	一级	筏板基础	5/14	19.9	13.9	8.2
5	区间侧穿北邮青年教师公寓	一级	条形基础	6	20.0	17.7	8.6
6	区间侧穿北邮学生宿舍(13 号楼)	一级	条形基础	5	20.1	18.2	9.2
7	侧穿北邮鸿通楼	一级	独立基础	6	20.1	18.8	8.4

表 2.3-2 环境风险工程分级-管线

序号	风险工程名称	风险等级	管底埋深(m)	管线材质	拱顶埋深(m)	拱顶与管线垂直距离(m)
1	区间平行下穿 D800 雨水管	一级	3.6 ~ 5	混凝土	19.4 ~ 22.6	14.4 ~ 19
2	区间平行下穿 D1250 污水管	一级	7.8 ~ 9.2	混凝土	19.4 ~ 22.6	10.2 ~ 14.8
3	区间平行下穿 DN600 煤气管	一级	2.0	钢管	19.4 ~ 22.6	16.4 ~ 19.6
4	区间平行下穿 D1200 雨水管	一级	3.2	混凝土	19.4 ~ 22.6	16 ~ 19.4
5	区间垂直下穿 DN500 煤气管	一级	1.4	钢管	19.8	18.4
6	区间风道平行下穿 ϕ1200 雨水管	一级	3.5	混凝土	—	16.3
7	区间风道平行下穿 ϕ600 中压燃气管	一级	1.6	钢	—	18.46 ~ 19.59
8	区间风道平行下穿 ϕ1250 污水管	一级	7.55	混凝土	—	12.25 ~ 13.37

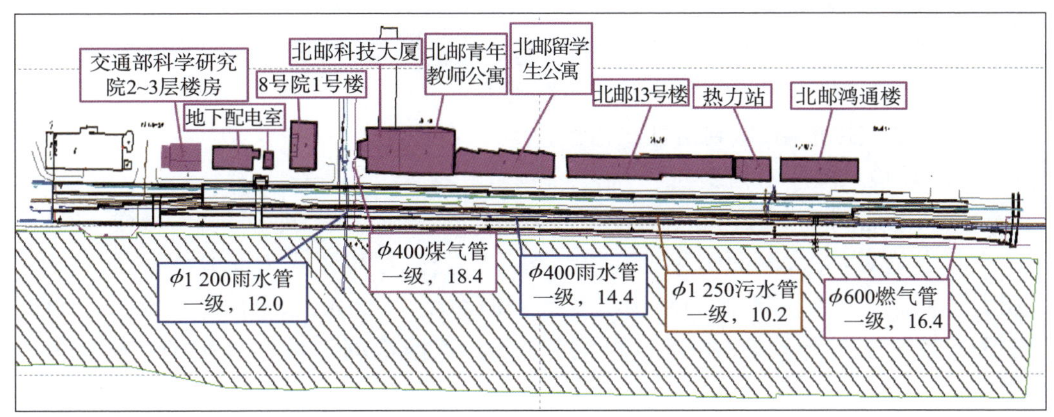

图 2.3-3　区间风险工程平面示意图

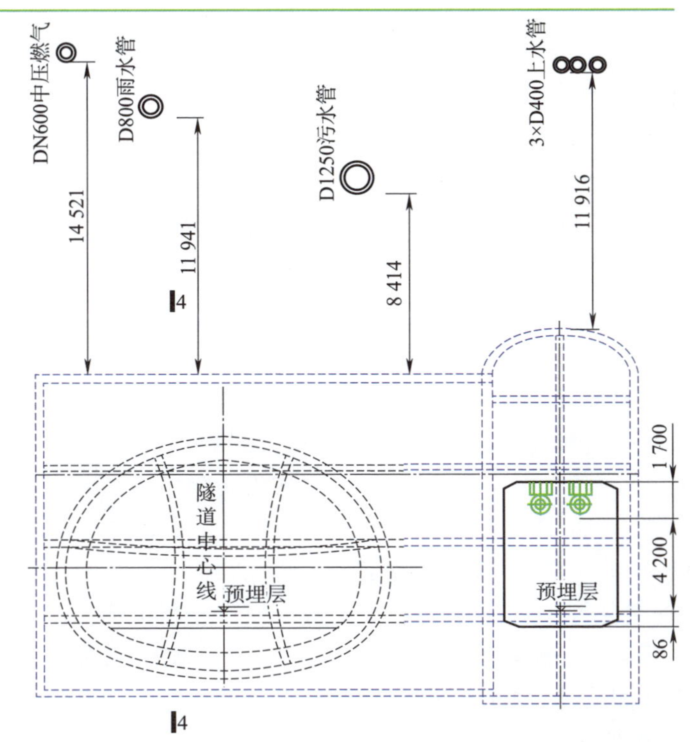

图 2.3-4　区间风险工程剖面示意图(单位:mm)

4. 风险工程对策

(1)自身风险应对措施

①施工前进行注浆止水,确保洞内无水作业。

②施工时,拱部采用超前小导管加密或深孔注浆加固地层,采用 CRD、双侧壁分块分部开挖,严格遵循"十八字"方针,减小分块尺寸,采用短进尺,强支护,开挖掌子面用喷射混凝土封闭,尽快封闭初期支护。

③加强监控量测,做到信息化施工。

(2)环境风险应对措施

①大断面侧穿交通运输部科学研究院地下配电室、西土城 8 号院 1 号楼

a. 状态评估:大断面侧穿西土城 8 号院 1 号楼,结构形式为框剪结构,层数为 16 层,基础为箱形基础,区间结构与基础竖向净距 13.2 m,水平净距 8.58 m。施工前对建筑物进行调查,并进行检测和评估,依据检测评估结果确定变形控制指标。

b. 复合锚杆桩隔离措施:区间大断面与建筑物间采用双排复合锚杆桩进行隔离加固。复合锚杆桩孔径 ϕ200 mm,间距 500 mm,排距 500 mm,孔内安装锚杆(3 根 20 螺纹钢),梅花形布置,浆液扩散直径为 0.8 m。侧穿地下配电室区域孔深 26.301 m,侧穿 8 号院 1 号楼区域孔深 25.477 m。

c. 注浆加固:对区间主体大断面邻近配电室,对大断面开挖轮廓线拱部外侧 3.0 m(仰拱 2.5 m)至轮廓线内侧 0.5 m 之间土体进行深孔注浆止水加固,注浆加固土体时应结合监测反馈,及时调整注浆压力。

d. 分部开挖:采用双侧壁导坑法分块开挖,施工过程中及时进行初支和二衬背后注浆,严格控制注浆压力,必要时进行多次补浆。

e. 信息化施工:加强施工工序控制和监控量测,及时反馈信息,根据监测结果及时调整施工参数。

②大断面侧穿北邮科技大厦、青年教师公寓、学生宿舍(13 号楼)、鸿通楼

a. 状态评估:北邮科技大厦层高 5/14 层,结构形式为框剪结构,基础为平板筏基础;北邮青年教师公寓层高 6 层,结构形式为砖混结构,层数为 6 层,基础为条形基础;北邮学生宿舍(13 号楼)层高 5 层,结构形式为砖混结构,层数为 5 层,基础为条形基础;鸿通楼层高 6 层,结构形式为砖混结构,层数为 6 层,基础为独立基础;施工前对房屋进行评估,根据评估结果确定变形控制指标。

b. 深孔注浆:对大断面开挖轮廓线外侧 1.5 m 至轮廓线内侧 0.5 m 之间土体进行深孔注浆加固,注浆加固土体时应结合监测反馈,及时调整注浆压力。标准断面小导管 180°范围布设,并增加临时仰拱措施。

5. 专家论证及咨询建议

(1)专项方案评审

专项方案评审内容见表 2.3-3。

表 2.3-3　专项方案评审内容

序号	方案名称	评审时间	专家意见
1	区间专项方案评审会	2019 年 7 月 28 日	1. 深孔注浆宜通过试验段确定注浆参数； 2. 细化大小断面转换控制措施； 3. 完善应急预案与监控量测，加强现场巡视，切实做到信息化施工
2	区间应急井工程专项施工方案专家评审会	2020 年 3 月 31 日	1. 根据土建工程筹划细化应急井的打设及应急抽水筹划； 2. 细化土建工程深孔注浆对应急井影响的控制措施
3	正线初支结构变更调整补充施工方案专家评审会	2021 年 3 月 2 日	1. 挑高段长度及坡度大，且挑高穿越粉细砂地层，应适当加大注浆范围； 2. 完善地层界面水的处理措施

(2)专家巡视活动

①2020 年 4 月 1 日，区间正线处于初支施工阶段，受地下水影响明显，存在带水作业情况，拱部出现少量涌水现象，组织专家巡视，意见如下：

a. 加强深孔注浆压力控制，开挖阶段加强地质超前探查，关注地层变化，对地质界面显著变化处应提前采取工程措施，规避工程风险。

b. 1 号竖井区域具备水平辐射井试验条件，建议结合地面管井降水及引渗井综合处理地下水。

施工单位落实情况：

a. 执行专家意见，配备专业的注浆队伍，深孔注浆时严格控制注浆压力在 0.2～0.8 MPa 范围内。暗挖隧道开挖前，首先进行地质超前探查，并对探查的地质界面进行判断，确定掌子面前方地质情况稳定后再进行土方开挖(图 2.3-5)。

图 2.3-5　隧道开挖前超前深孔注浆

b. 执行专家意见，立即准备实施 1 号竖井周边应急降水井的施工，同时研究洞内施作水平辐射井是否具备条件，满足实施条件后立即实施，以确保大断面隧道施工安全(图 2.3-6、图 2.3-7)。

图 2.3-6　地下水治理专家咨询会

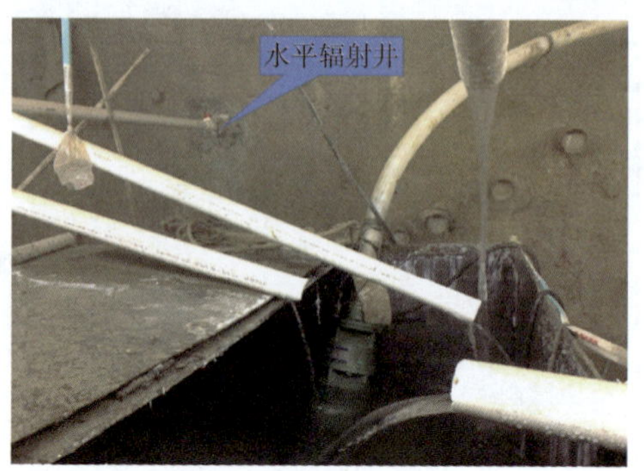

图 2.3-7　水平辐射井

②2021 年 4 月 13 日,区间 2 号井向北左线大断面 D 断面、1 号井向北右线扩大挑高段开挖施工,开挖面位于粉质黏土,粉细砂地层,受地下水影响明显,掌子面存在渗水、流砂情况,地层稳定性较差,组织专家巡视,意见如下:

a. 加强降水井状态检查,适时启动抽水,可设置径向泄水孔,强化对潜水(二)残留水的处理。

b. 进一步优化深孔注浆浆液配比,适当缩短浆液凝结时间,提高注浆压力,增强对地层的挤密效果。

c. 采取深孔注浆、加密小导管等综合措施加强预加固效果;挑高段应尽可能加大核心土留设,加强各工序快速衔接,做到快挖快封闭。

施工单位落实情况:

a. 执行专家意见,每日对应急降水井状态进行检查,安排专人进行抽水,确保潜水(二)残留水对隧道开挖无影响。

b. 执行专家意见,技术部门根据现场土质情况,进一步优化深孔注浆浆液配比,缩短浆液凝结时间,严格控制注浆压力及角度,保证深孔注浆质量(图 2.3-8、图 2.3-9)。

图 2.3-8　深孔注浆配比试验

图 2.3-9　深孔注浆

c. 执行专家意见,对挑高段采取深孔注浆、加密小导管等措施,开挖时加大核心土留设,使用施工效率高的队伍,提高各工序之间的衔接,做到快开挖快封闭(图2.3-10)。

图2.3-10　挑高段土方开挖

6. 施工过程

2019年3月30日,2号左线向北风道9-9断面施作洞门加固,破面开挖(图2.3-11、图2.3-12)。

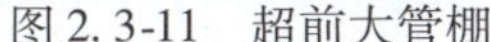

图2.3-11　超前大管棚

图2.3-12　门形框架

2020年3月30日,2号左线大断面自南向北开挖;2020年10月13日,1号左线大断面自北向南开挖(图2.3-13、图2.3-14)。

2021年3月17日,1号右线向北挑高段开挖,8月已全部完成初支结构(图2.3-15、图2.3-16)。

7. 主要措施落实情况及效果

北京市政府提出地下水资源保护要求后,区间采取不降水施工,地下水控制只能采用深孔注浆止水措施。

图 2. 3-13　大断面土方开挖

图 2. 3-14　大断面深孔注浆

图 2. 3-15　挑高段土方开挖

图 2. 3-16　挑高段深孔注浆

(1)止水设计措施

左线大断面拱顶位于粉细砂、粉土地层透水地层,采用深孔注浆止水,范围为外轮廓线外 3. 0 m 至透水层与非透水层分界线下 2 m,对于仰拱位于层间潜水(三)上透水层采用深孔注浆加固止水,范围为水位高程以上 1 m 至结构外轮廓外 2. 5 m,确保施工期间隧道无水作业,同时下穿过街通道采用全断面深孔注浆加固;非下穿段取消边墙注浆。

(2)落实情况及效果

现场落实深孔注浆止水措施,做到先支护后开挖。前期深孔注浆地质改良效果不明显,深孔注浆后仍出现拱部坍塌、流泥等不利地质风险情况。经过多轮开展专家咨询与专家现场巡视活动,施工单位采取优化浆液配比、调整孔位分布及注浆角度、加强控制注浆压力等措施,地质改良效果明显改善,后续施工中拱部坍塌、流泥等不利地质风险明显减少,施工进度明显提升(表 2. 3-4)。

8. 险情/预警情况处置

左线大断面开挖期间,发布 1 个巡视预警,为地层渗水流砂问题(图 2. 3-17、图 2. 3-18)。

表 2.3-4　深孔注浆止水措施效果对比

改良前	改良后
注浆后，仍发生拱部渗水流砂	注浆后，浆脉明显，地层无渗水
注浆后，拱顶坍塌并渗水夹砂	注浆后，浆脉明显，地层无渗水
注浆后，拱部仍存在明流水	注浆后，浆脉明显，地层无渗水

图 2.3-17　拱部渗水、流砂

图 2.3-18　掌子面封闭及回填注浆

9. 监测情况

(1)监测预警统计

自区间开工至2021年8月,共发生监测预警227次,其中红色预警0次,橙色预警213次,黄色预警14次。开挖期间,未发生红色监测预警,上方监测点均处于正常施工沉降范围。

(2)左线大断面施工阶段变形控制分析

选取区间左线大断面深孔注浆改良前、改良后两个阶段上方典型断面监测进行典型横断面沉降对比分析(图2.9-19),深孔注浆工艺改良后较深孔注浆改良前沉降少19.16 mm,地层沉降控制效果明显(图2.3-20、图2.3-21)。

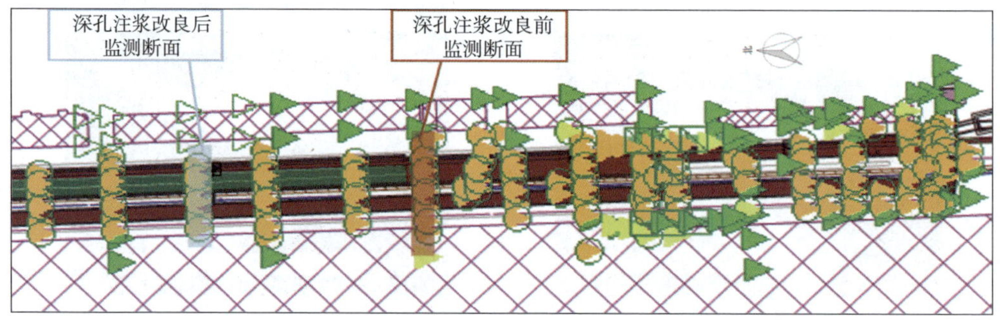

图2.3-19　典型监测点时程沉降曲线图

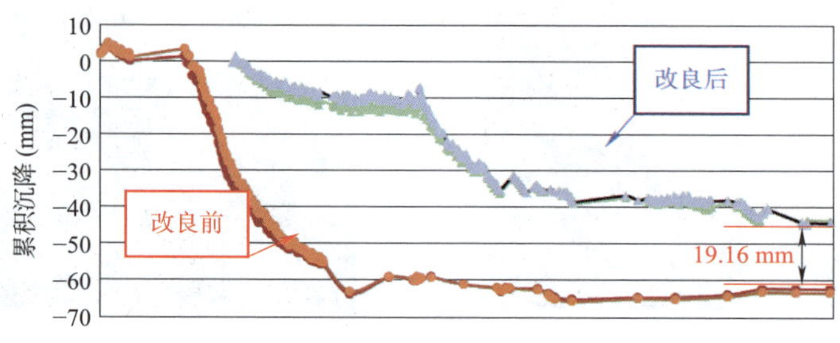

图2.3-20　典型监测点时程沉降曲线图

10. 风险管控总体评价

区间左线大断面拱顶发生多次少量漏水漏砂,业主单位、施工、设计、监理、第三方监测等单位反应迅速,优化注浆止水措施,区间风险总体可控。

11. 经验总结及建议

区间地质条件复杂,隧道拱顶部分地层为稳定性差的黏质粉土、粉土、圆砾、粉细砂等,并且受层间潜水(二)影响较大,施工期间拱顶出现多次漏水流泥流砂等风险事件。经过多轮开展专家咨询与专家现场巡视活动,优化深孔注浆工艺,采取有效措施达到减小沉降的目的。结合日常巡视与数据分析,提出以下几点建议:

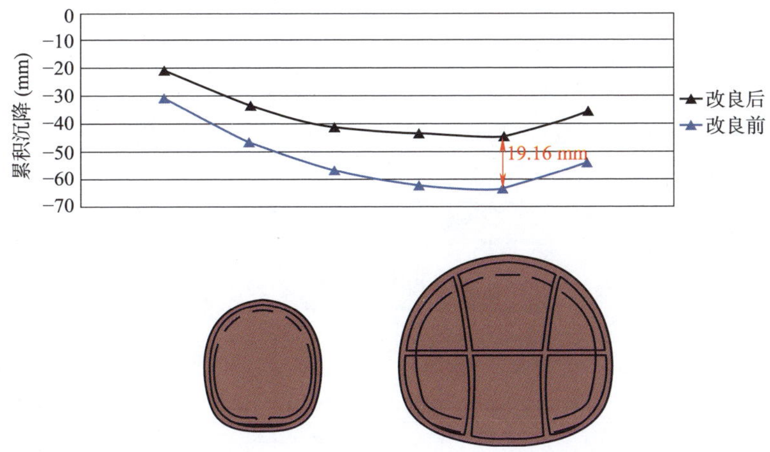

图 2.3-21　典型断面沉降曲线示意图

（1）矿山法区间施工穿越饱和粉质黏土层应采用有效地下水控制措施，尽可能做到无水施工，有效减小"水土合力"。

（2）严格执行暗挖工程施工"管超前，严注浆，短开挖，强支护，快封闭，勤量测"十八字方针，缩短开挖面封闭成环的时间，避免因土体长时间暴露产生过大沉降。

（3）开挖、支护施工过程中，做好超前地质探测，地质描述工作，根据地层变化的趋势，及时调整施工方法以及采取针对性的措施，确保隧道施工的安全。

（4）深孔注浆前，应对注浆浆液进行试验，优化浆液配比，深孔注浆过程中，严格控制注浆压力，加强监控量测工作，及时进行数据分析，做到信息化施工。

2.4　冻结止水

2.4.1　工法原理

地层冻结法（Ground Feezing Method）也叫地层冻结技术（Ground Freezing Technology），是煤矿在含水不稳定地层中凿井最常用的方法，占到将近60%。近年来，其工程应用的范围越来越广，并已成为地铁工程在软弱含水地层中施工联络通道（集水井）、盾构始发、到达以及处理事故加固地层的主要工法之一。对于在富水、破碎、密集建筑区城等复杂环境条件下不良地层的市政工程施工，地层冻结法也被认为是有效的方法。

下面以某线路联络通道冻结法处理地下水的项目为例加以说明（图2.4-1）。

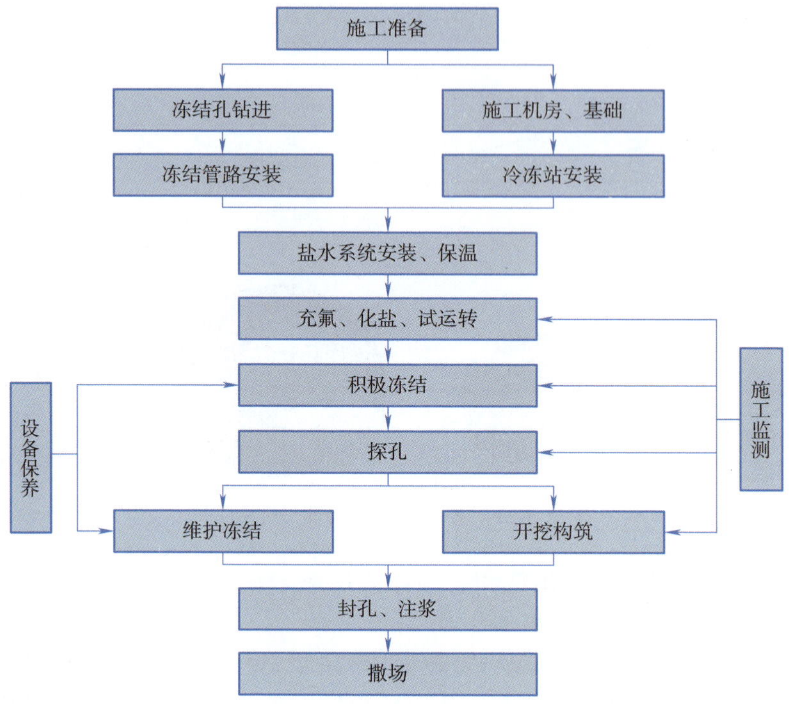

图 2.4-1　冻结法施工流程

2.4.2　冻结施工准备

(1)打钻施工平台:在隧道内搭设 2 ~3 档(每档平台尺寸长 4 m、宽 4.5 m)打钻施工平台。平台由 16 号工字钢等加木板组成,工字钢横向搭设在隧道管片上,每 1.2 m 内架设一道,工字钢底部焊接立管支撑在管片上。钻孔施工平台上主要堆放施工用的设备及冻结管、测温管、孔口管和内箍等材料工具。

(2)钻机平台搭设:钢管规格采用 48.3 mm × 3.6 mm,壁厚最小值不应小于 3 mm。扣件质量和性能应符合现行《钢板冲压扣件》(GB 24910)和《钢管脚手架扣件》(GB 15831)的规定。

纵向扫地杆采用直角扣件固定在距离底座上皮 20 cm 的立杆上。斜杆与立杆连接时必须设扣件连接。作业层脚手板应铺满铺稳。钻机平台搭设应牢固平整,并有利于冻结孔成孔设备移位和固定。

(3)施工设备进场:合理安排施工设备运抵安装地点的时间顺序。

(4)冻结孔定位:严格按照施工设计要求进行冻结孔的定位工作,对于部分与管片缝、手孔重合部分进行适当调整。

2.4.3　冻结钻孔施工

1. 冻结钻孔施工工艺

冻结钻孔施工工艺：定位开孔及孔口管安装→孔口装置安装→钻孔→测量→封闭孔底部→打压试漏。

2. 定位开孔及孔口管安装

依据施工基准点，按冻结孔施工图进行冻结孔孔位放线，孔位布置首先要依据管片配筋图和加强筋的位置，在避开主筋、管缝、螺栓的前提下可适当调整，冻结孔开孔位置误差不大于100 mm。

混凝土管片上，首先注意混凝土管片内受力钢筋干扰时，调整孔位。采用金刚石钻机，配ϕ133 mm金刚石取芯钻头按设计角度开孔，当开到深度250 mm时停止钻进（管片要留50 mm以上的保护层），用钢楔楔断岩心，取出后安装孔口管。孔口管用ϕ133×5 mm无缝钢管加工，头部加工250 mm长的鱼鳞扣。孔口管的安装方法：在孔口管的鱼鳞扣上缠好麻丝或棉丝等密封物，将孔口管砸进去，用膨胀螺丝固定在管片上，装上DN125球阀，再将球阀打开，用ϕ110 mm金刚石钻头从阀内开孔，一直将混凝土管片开穿，这时如地层内的水砂流量大，就及时关好闸门（图2.4-2）。

图2.4-2　冻结开孔实际效果图

3. 孔口装置安装

用螺丝将孔口装置装在闸阀上，注意加好密封垫片。当第一个孔开通后，没有涌水涌砂可继续钻进，但以后钻孔仍要装孔口装置，以防突发涌水涌砂现象；若涌水涌砂较厉害，还应注水泥浆（或双液浆）止水。钻孔时使用高压力、高性能的逆止阀，防止逆止阀失效造成冻结管内涌水涌沙；钻孔施工时需严格按要求安装球阀、压紧装置，安装压紧装置时使用规格合适、质量优良的盘根进行孔口密封，防止钻孔施工时喷砂、涌砂。孔口管及孔口装置安装如图2.4-3～图2.4-5所示。

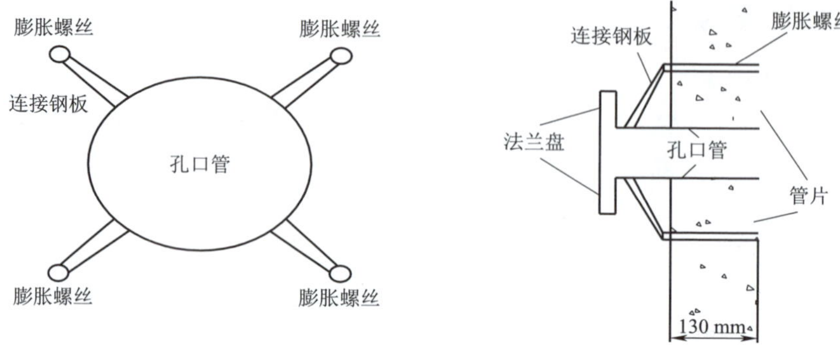

图 2.4-3　孔口管固定图

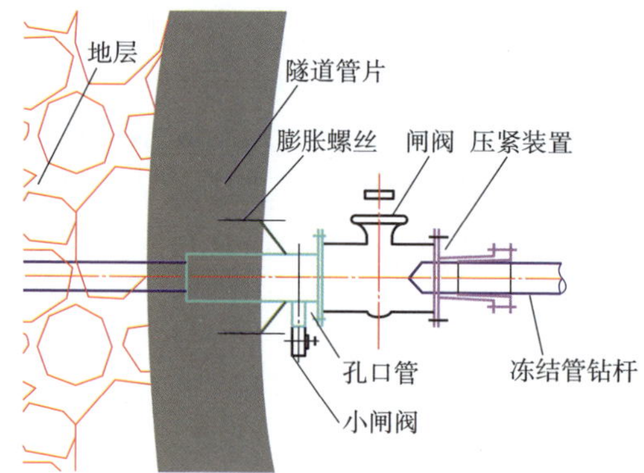

图 2.4-4　口管及防喷装置图

图 2.4-5　防喷装置实际安装效果图

4. 钻孔与冻结器安装

(1)使用 MD-120A 型钻机 1 台,扭矩 4 000 N · m,推力 25 kN。选用 BW-250/50 泥浆泵 1 台,流量为 200 L/min。单台钻机和泥浆泵总功率为 45 kW。

(2)利用冻结管作钻杆,冻结管采用丝扣连接,并进行焊接,确保其同心度和焊接强度,冻结管达到设计深度后用丝堵密封孔底部,是利用接长杆将丝堵安装在冻结管的底部。

(3)按冻结孔施工方位要求调整好钻机位置并固定好,将钻头装入孔口装置内,并用盘根密封。首先采用干式钻进,当钻进费劲不进尺时,从钻机上进行注水钻进,同时打开小阀门观察出水、出砂情况,利用阀门的开关控制出浆量,保证地面安全不出现沉降。

(4)为控制钻孔偏斜,应在钻孔前由盾构掘进测量计算并复核左右线联络通道中线偏差,在钻孔前要应根据中线偏差打设透孔,并根据透孔调整相应钻孔作业面的钻孔偏斜值。

(5)为了保证钻进精度,开孔段是关键。钻进前2 m时要反复校核冻结管方向,调整钻机位置,检测偏斜无问题后方可继续钻进。

(6)冻结管下入孔内前要先配管,冻结管使用公母扣管丝连接并进行焊接,在丝扣连接好后使用钻机先转动两圈,再用水平尺测量接口,保证冻结管同心度后再进行焊接。下好冻结管后,采用经纬仪灯光测斜法检测,对于偏斜值超标的冻结孔应在邻近位置补钻一个冻结孔。然后使用长卷尺复测冻结孔深度,并进行打压试漏。冻结孔试漏压力控制在0.8~1.0 MPa,稳定30 min压力无变化或前30 min压降小于0.05 MPa,后15 min不降为试压合格。

(7)在冻结管内下入供液管,然后安装去、回路羊角和冻结管端盖。

(8)冻结管安装完毕后,用堵漏材料密封冻结管与孔口管之间的间隙,然后拆卸孔口密封装置。

(9)测温孔、卸压孔施工方法与冻结管相同。开孔、安装防喷装置,钻机钻孔,安装测温管或卸压管(图2.4-6)。

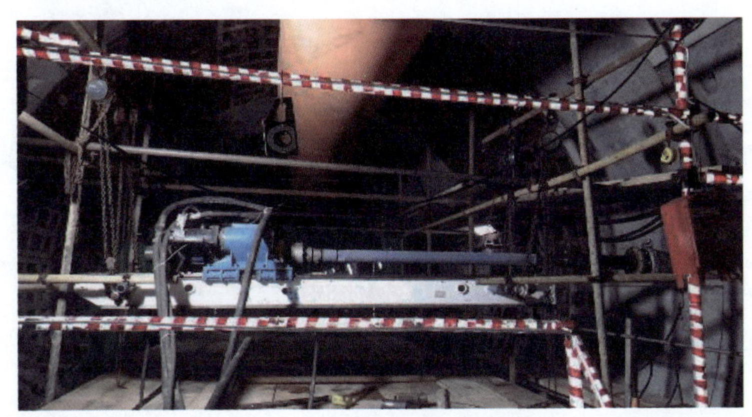

图2.4-6　联络通道钻孔效果图

5. 管漏处理

冻结孔出现断管情况时先观察冻结管是否弯折,未发生弯折的冻结管可下入小一级冻结管(套管)的方式进行处理,如冻结管断裂并弯折,无法下入套管,则在冻结孔旁边进行补孔。试压不合格的冻结管必须进行处理达到密封要求后方可使用。若钻进时无水砂涌出,管漏时可逐根提出孔内管,并用泥浆泵对逐个焊缝打压,找出卸漏焊缝及原因,及时处理并作好记录,二次下入后仍须自检。若在实际施工中地层不允许提出冻结管,管漏时要采用在不合格冻结管内下入小一级冻结管(套管)或打补孔的方法处理此类事故。

6. 钻孔注浆

每个冻结孔钻孔完成后要进行注浆封孔,如果钻孔过程中出沙量较大还应进行补偿注浆,因联络通道上方有燃气、雨水、热力管线及构筑物,钻孔施工时应密切关注地面沉降情况,补偿注浆量根据钻孔时出沙情况及沉降监测数据进行调整。

2.4.4　冻结制冷系统安装

1. 冻结站布置与设备安装

冻结站制冷设备选择 CWZ-290 型冷冻机组,盐水泵选择 ISW150-315 离心泵,清水泵选择 SCW150-125 离心泵。清水冷却系统采用冷却塔或自制喷淋系统。

冷冻站内设备安装主要包括冷冻机组、配电柜、盐水箱、盐水泵、冷却水泵、冷却塔及冷却水池。冻结站安装包括氟系统、盐水系统及冷却水系统安装,根据冻结施工方案要求,按照先设备后管路的安装程序技术要求,将三大循环系统分别进行安装完成,并且试压、检查验收(图 2.4-7)。

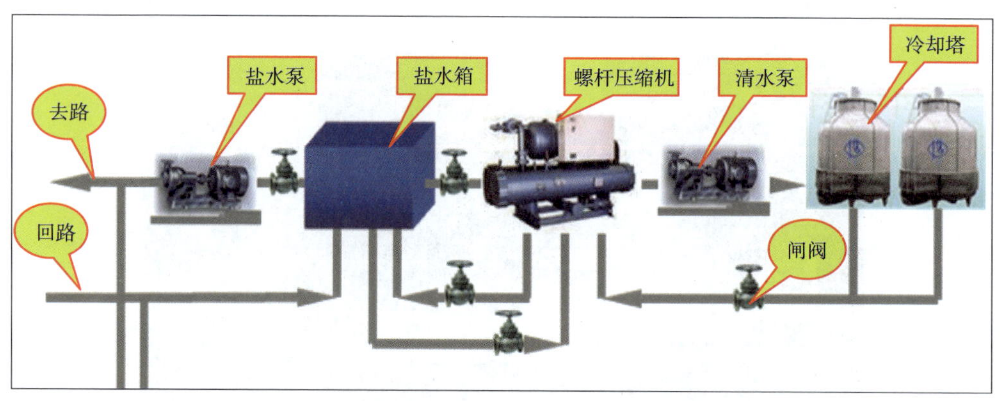

图 2.4-7　冻结站安装示意图

2. 管路连接、保温与测试仪表安装

隧道内的盐水管用管架敷设在隧道管片斜坡上,以免影响隧道通行。在盐水管路和冷却水循环管路上要设置伸缩接头、阀门和测温仪、压力表、流量计等测试元件。盐水管路经试漏、清洗后用橡塑材料保温,保温厚度为 50 mm,保温层的外面用塑料薄膜包扎。集配液管与冻结管的连接用高压胶管,每组冻结管的进出口各装阀门一个,以便控制流量。联络通道四周冻结管每两个串联成一组,其他冻结管每三四个串联成一组,分别接入集配液管。

考虑两侧隧道内管片的散热对冻结效果的影响,在左、右线隧道管片内侧安装冷冻板,加强冻结。在冻结壁附近隧道管片内侧敷设保温层,敷设范围至设计冻结壁边界外 2 m。保温层采用橡塑保温材料,导热系数不大于 0.04 W/(m · K)。

2.4.5　溶解氯化钙和机组充氟、加油

先在盐水箱内注入约 1/4 的清水，盐水箱上部要设过滤网，然后启动泵并逐步加入固体氯化钙，直至盐水浓度达到设计要求。溶解氯化钙时要除去杂质。盐水箱内的盐水不能灌得太满，以免高于盐水箱口的冻结管盐水回流时溢出盐水箱。

机组充氟和冷冻机加油按照设备使用说明书的要求进行。首先进行制冷系统的检漏和氮气冲洗，在确保系统无渗漏后，再充氟加油。

2.4.6　隧道管片保温

冷冻排管应在冻结孔未穿透的隧道管片内表面敷设，以补强冻结壁与隧道管片交界面处的冷量损失，冷冻排管的敷设范围内不应小于冻结壁设计厚度，冷冻排管的内径不小于 30 mm，管间距不大于 500 mm，冷冻排管外侧用保温材料覆盖严实。保温层采用阻燃的软质塑料泡沫材料，导热系数不大于 0.04 W/(m · K)。保温板采用专用胶水密贴在隧道管片上不留空隙，板材之间搭接宽度不小于 150 mm，保温层厚度不小于 40 mm。

2.4.7　冻结施工

全部冷冻系统安装完成后，首先进行盐水系统试运转，清水系统不参与运转、冷冻机处于停机状态运转 12 h 并观察液位，液位无变化方可确认制冷系统密闭无漏点。

盐水系统试漏完成后，检查确认冷冻电路系统、冷却水循环系统参数正常后方能开冷冻机。冷冻机先空转 1 ~ 3 h，观察运转是否异常。在试运转时，要逐步调节能量、压力、温度和电机负荷等各状态参数，使机组在有关设备规程和运行要求的技术参数条件下运行。

冷冻站正常运转 7 d 盐水温度降至 −18 ℃以下，积极冻结 15 d 盐水温度降到 −24 ℃以下。开始冻结后，要巡回检查冻结器是否有断裂漏盐水的情况发生，一旦发现盐水漏失，立即关闭阀门，并根据盐水漏失情况采取补救措施。

在冻结过程中，每天检测去、回路干管盐水温度、冻结器回路盐水温度、盐水箱液位变化、冷却水温度，观察冻结器头部结霜是否有异常融化。在冻结运转初期，检测各冻结器的盐水流量，如发现检测流量小于设计要求，则应用控制阀门进行调节，或者加大盐水泵泵量，使其满足设计要求。

每天必须巡视冻结情况，每天监测测温孔温度，并根据测温数据，分析冻结壁的扩展速度和厚度，预计冻结壁达到设计厚度时间(图 2.4-8)。

图 2.4-8　积极冻结期间工作面

2.4.8　开挖条件判定

因冷量比较集中,根据类似地层施工经验计算,该地层冻土发展速度平均按 28 ~ 33 mm/d 计算,最大孔间距按 1.3 m,联络通道交圈时间约为 23 ~ 28 d,交圈后 10 ~ 15 d(卸压孔压力经过数次泄压)即可实现开挖。

(1)开挖应具备下列条件:

①冻结壁厚度、平均温度满足设计要求。

②积极冻结时间、盐水温度、盐水流量等冻结运转参数达到设计值,冻结系统运转正常。

③开挖前应在联络通道入口未冻区内管片上开设直径 80 ~ 120 mm 的探孔,深度为进入土层不小于 500 mm,检查孔内无泥水连续流出。

(2)联络通道开挖施工前应根据工程质量验收细则逐条进行核查验收,验收条件合格后方可进行施工。

2.4.9　维护冻结

在积极冻结过程中,测温判断冻结帷幕交圈并达到设计厚度且与隧道完全胶结后,可进入维护冻结阶段。维护冻结期温度不高于 -25 ℃,冻结时间贯穿联络通道开挖和主体结构施工始终。

2.4.10　停止冻结及割封冻结管

1. 冻结管充填技术要求

(1)联络通道浇筑完混凝土内衬后,应依据冻结管割除和冻结孔封堵顺序,逐步关闭盐水干管分组阀门,直至冻结孔全部封堵完毕后冷冻机停机。

(2)隧道管片上割除孔口管深度要求进入管片不得小于 60 mm。

(3)混凝土管片上割除孔口管或冻结管后留下的孔口应立即用速凝堵漏剂封堵,并预埋注浆管进行注浆堵漏。

(4)所有冻结孔应用压缩空气吹干管内盐水,用强度不低于 M10 的水泥砂浆压实充填封孔,充填长度应不小于管口以内 1.5 m。

2. 应急处理方法

(1)如割除后的孔口管和冻结管之间有流水、流砂现象,应用棉纱将此处空隙塞填密封后进行下一步施工。

(2)如割除后的孔口管和管片之间有漏水现象,也应在孔口管和管片之间填塞棉纱进行封堵,密封后进行下一步施工。

(3)如以上两种流水、流砂现象比较严重,可进行注双液浆或聚氨酯进行强制封堵(图 2.4-9)。

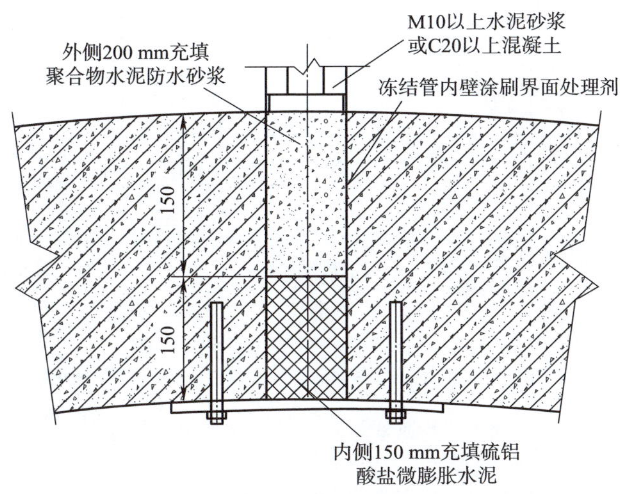

图 2.4-9　冻结孔割孔封堵示意图(单位:mm)

2.4.11　试验过程

1. 工程概况

某工程区间附属共 9 个冻结工点,具体参数见表 2.4-1。

表 2.4-1　冻结法施工台账

线路	工　点	埋深(m)	长度(m)	冻结壁厚度(m)	钻孔数量	冻结温度(℃)	解冻方式
线路 1	黑万 3 号联络通道	19	15	2.2	65	-10	自然解冻
	黑万 4 号联络通道	20.8	13.2	2.2	65	-10	自然解冻
	万云 2 号联络通道	21.5	16	2.2	65	-10	自然解冻

续上表

线路	工　　点	埋深(m)	长度(m)	冻结壁厚度(m)	钻孔数量	冻结温度(℃)	解冻方式
线路1	万云3号联络通道	19.7	16	2.2	65	-10	自然解冻
	云小联络通道	17.06	17	2	99	-10	自然解冻
	小高联络通道	16.40	17	2	99	-10	自然解冻
	施环1号联络通道	18.49	17.5	2	74	-10	自然解冻
线路2	施环1号联络通道	13.50	13.6	2.2	79	-10	自然解冻
	施环泵房	19.1	9	2.2	88	-10	自然解冻

2. 工程地质及水文

冻结法工程地质及水文台账见表2.4-2。

表2.4-2　冻结法工程地质及水文台账

线路	工　　点	埋深(m)	长度(m)	地　　层	地下水
线路1	黑万3号联络通道	19	15	中粗砂⑤$_4$层、粉质黏土⑧层、黏质粉土~砂质粉土⑧$_2$层、细中砂⑨层	层间潜水~承压水(六),水头高出联络通道3.1 m
	黑万4号联络通道	20.8	13.2	粉质粉土~砂质粉土⑧$_2$层、粉质黏土⑧、细中砂⑨层	层间潜水~承压水(六),水头高出联络通道3.6 m
	万云1号联络通道	21.5	16	黏土⑥、粉细砂⑦、粉质黏土⑧层、黏质粉土~砂质粉土⑧$_2$层、细中砂⑨层	承压水(六),水头高出联络通道4.4 m
	万云2号联络通道	19.7	16	粉质黏土⑧层、细中砂⑨层	承压水(六),水头高出联络通道2.6 m
	云小联络通道	17.06	17	⑦细砂、⑧粉质黏土	承压水(四),水头高出联络通道2.1 m
	小高联络通道	16.40	17	⑥粉质黏土、⑦细砂、⑧粉质黏土层	承压水(四),水头高出联络通道2 m
	施环1号联络通道	18.49	17.5	细砂⑤层、黏质粉土⑥$_1$层、黏质粉土⑥层、细砂⑦层、粉质黏土⑧层	承压水(四),水头高出联络通道6.14 m
线路2	施环1号联络通道	13.50	13.6	粉细砂③$_2$层、粉质黏土④$_1$层、粉质黏土④$_3$层	潜水(二)、承压水(三),水头高出联络通道2.2 m
	施环泵房	19.1	9	粉质黏土④$_1$层、黏质粉土④层、粉细砂④$_2$层	承压水(三),水头高出泵房底板3.6 m

3. 风险工程对策

(1)冻结钻孔漏水喷砂风险

①如因孔口管松动或脱落引起孔口管与墙体之间漏水,可通过孔口管旁通阀进行压浆堵漏。

②当漏水涌砂点在联络通道底部时，如遇紧急情况可以用堆压法处理。当堆压体有一定强度和体积后，可逐渐控制导水管的出水量。最后，通过导水管注浆封堵出水点。

③如因冻结管接头断裂和钻头逆止阀失效引起漏水喷砂，可直接通过冻结管注浆。

(2)冻结管断裂盐水漏失风险

①立即切断冻结器盐水供给。

②在渗漏的冻结管中下套管恢复冻结，套管与冻结管之间应灌满清水。

③必要时采用液氮冻结降低冻结壁温度，或延长积极冻结时间和局部补孔冻结增加冻结壁厚度。

(3)开挖期间长时间停冻风险

①排除机电故障，尽快恢复冻结。并密切监测冻结壁与既有隧道管片交界面温度的变化，防止冻结壁局部融化透水。

②加强冻结壁与隧道管片交界面保温。

③快速开挖、及时支护。根据冻结壁和支护层变形情况，增加初期支护的内支撑。

(4)冻结壁失稳及透水风险

①一旦发现冻结壁有失稳破坏危险时必须立即支护，并考虑加强内支撑。如果正在开挖集水井，也可用土袋迅速进行回填。同时，要加强冻结，降低盐水温度。

②如果在施工完初期支护后发生冻结壁与隧道管片交界面渗水的情况，可先用液氮喷洒出水点附近，并观测渗水量是否有增大趋势。如果渗水小且没有增大趋势，可尽快浇筑混凝土衬砌。

4. 监控量测

(1)监测重点分析

冻结系统监测目的是为冻结施工及时反馈信息，是完善设计和指导施工的重要手段，是判断冻结壁是否达到设计标准的重要依据。由于冻结地质条件的复杂性和施工过程的多变性，对于在设计计算中未能计入的各种因素，通过监测结果进一步修改和完善施工技术措施；施工现场根据监测数据及时调整冻结施工参数，经监测数据分析、判断冻结壁是否交圈，确定井筒开挖和施工中冻结壁厚度和强度，以保证构筑施工安全，并为以后的冻结工程提供较为可靠的技术参数。

冻结法施工联络通道上方地表，盾构隧道穿越道路过程中，上方地层已受施工扰动导致沉降，冻结期间及土方开挖期间控制不当，可能对穿越道路安全带来较大影响。

(2)监测对象、项目及精度

冻结系统监测见表2.4-3,地面沉降监测见表2.4-4。

表2.4-3 冻结系统监测

序　　号	冻结系统监测内容
1	测温孔温度监测
2	冻结站制冷系统运转指标监测
3	盐水温度、盐水流量、盐水水位监测
4	盐水回路温度监测
5	冻结壁温度场监测
6	卸压孔压力监测
7	开挖面温度监测

表2.4-4 地面沉降监测

监测对象	监测项目	控制指标
联络通道顶部地表及路面	地面沉降	30 mm,2 mm/d

5. 实施过程及风险管控

(1)施工过程

冻结施工工序时间台账见表2.4-5,施工过程如图2.4-10~图2.4-21所示。

表2.4-5 冻结施工工序时间台账

序号	工　　点	钻孔(d)	积极冻结(d)	开挖及二衬施作(d)	总工期(d)
1	黑万3号联络通道	23	74	31	128
2	黑万4号联络通道	39	92	37	168
3	万云1号联络通道	40	68	27	135
4	万云2号联络通道	56	39	30	125
5	云小联络通道	47	35	48	130
6	小高联络通道	38	45	64	147
7	施环1号联络通道	41	62	59	162
8	施环1号联络通道	37	58	62	157
9	施环泵房	22	59	57	138
10	平均值	38	59	46	143

图2.4-10　钻孔施工

图2.4-11　冻结孔角度控制

图2.4-12　冻结孔焊接

图2.4-13　冻结孔测斜

图2.4-14　冻结孔测斜图

图2.4-15　冻结法泄压孔安装

图 2. 4-16 安装盐水管道

图 2. 4-17 集配液管连接(管路标识)

图 2. 4-18 安装管片支撑

图 2. 4-19 下台阶开挖

图 2. 4-20 二衬浇筑完毕

图 2. 4-21 拆除冻结管

6. 主要措施落实情况及效果

冻结壁形成应对下列项目进行检测及判定见表 2. 4-6。

表 2. 4-6　冻结壁形成应对下列项目进行检测及判定

检查项目	满足条件	判定依据
盐水系统	积极冻结时间	设计值(或以监测结论为准)
	盐水温度	设计值
	去回路盐水温差	设计值
冻结壁厚度与温度	测温孔与测温点布置	厚度:冻结壁内外设计边界处,不少于 2 个; 温度:冻结壁内外边界和中部,不少于 4 个
	冻结壁的厚度及平均温度	设计值
	交界面的厚度与平均温度	设计值
泄压孔	泄压孔布置	开挖区非冻土,不少于 2 个
	泄压孔压力及排出物情况	压力:记录初始值,每 0. 2 MPa 泄压 1 次,直至压力稳定; 排出物情况:24 h 内无持续压力泥水流出
探孔	探孔位置	冻结异常或难以判定冻结效果处
	探查情况	是否冻结交圈
	温度测试	冻结壁温度

(1) 检查项目:盐水系统

①积极冻结时间:积极冻结时间是设计冻结技术的主要参数之一,联络通道一般冻结时间为 45 d,实际所需冻结时间根据测温孔监测情况适当调整。

工程各工点积极冻结平均时间 59 d,其中云小区间(以下检查项目皆以本区间为例)积极冻结时间 35 d,该工点冻结站于 2019 年 2 月 27 日正式开机,为确保联络通道尽快达到冻结开挖条件 3 月 9 日冻结 11 d 时加开冷冻机 1 台,总开机 2 台满负荷运转,经验证。在 35 d 时各项参数检测数据满足设计要求。

②盐水温度:设计文件要求积极冻结 7 d 盐水温度降至 −18 ℃以下;积极冻结 15 d 盐水温度降至 −24 ℃以下;开挖时盐水温度降至 −28 ℃以下。如盐水温度达不到设计要求,应延长积极冻结时间。最低盐水温度是为了保证冻结速度,为设计和施工经验值。云小区间 3 月 9 日冻结 11 d 盐水温度降至设计 −28 ℃,满足设计及规范要求。4 月 2 日,冻结站运转 35 d,盐水温度去路 −31. 1 ℃,回路 −29. 5 ℃。

③去回路盐水温差:开挖时,去、回路盐水温差不大于 2 ℃。云小区间 4 月 2 日实测盐水去回路温差在 1. 6 ℃左右(图 2. 4-22)。

(2)检查项目:冻结壁厚度与温度

①测温孔与测温点布置

为了准确掌握冻结温度场变化情况,联络通道共布置了 7 个测温孔,其中主面

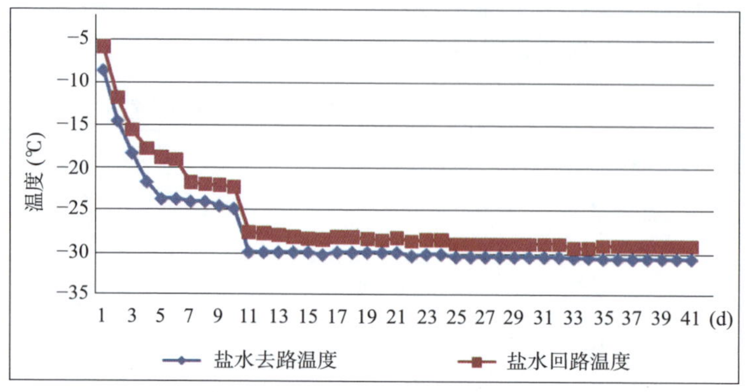

图 2.4-22 盐水去回路温度变化曲线

布置 2 个,分别为 C1,C2;副面布置 5 个,分别为 C3,C4,C5,C6,C7。测温孔内均布置 2 ~4 个测点。C1,C2,C4,C5 长为 2.5 m,C3 长 6.16 m,C6,C7 长 5.98 m(图 2.4-23、图 2.4-24)。

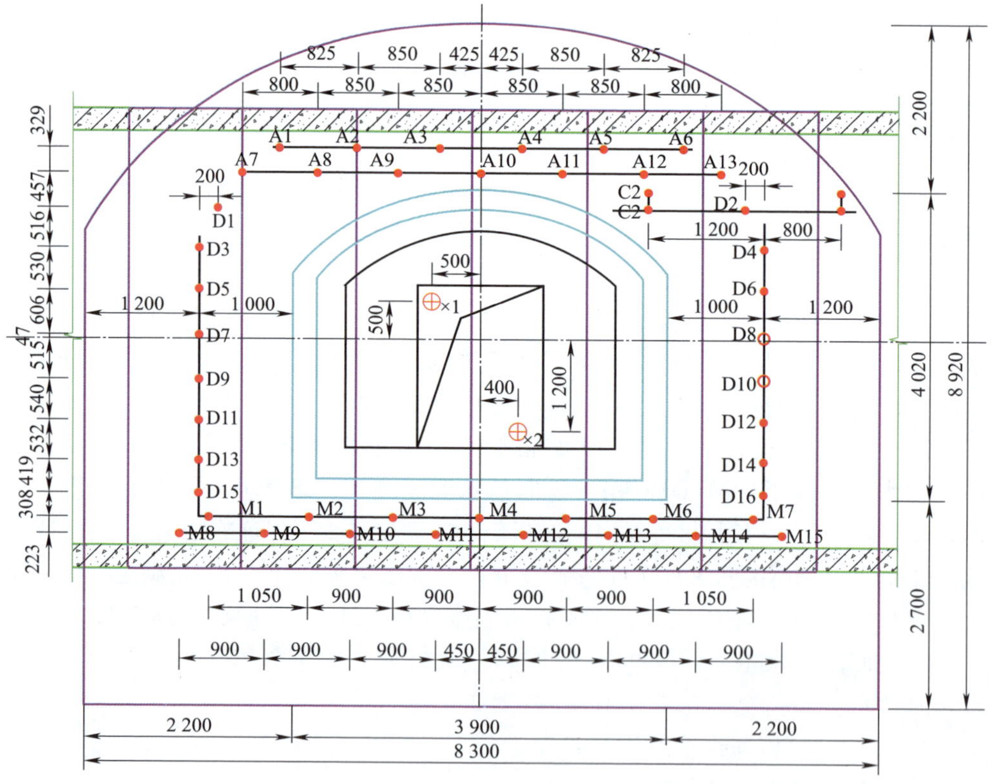

图 2.4-23 测温监测系统(主线)(单位:mm)

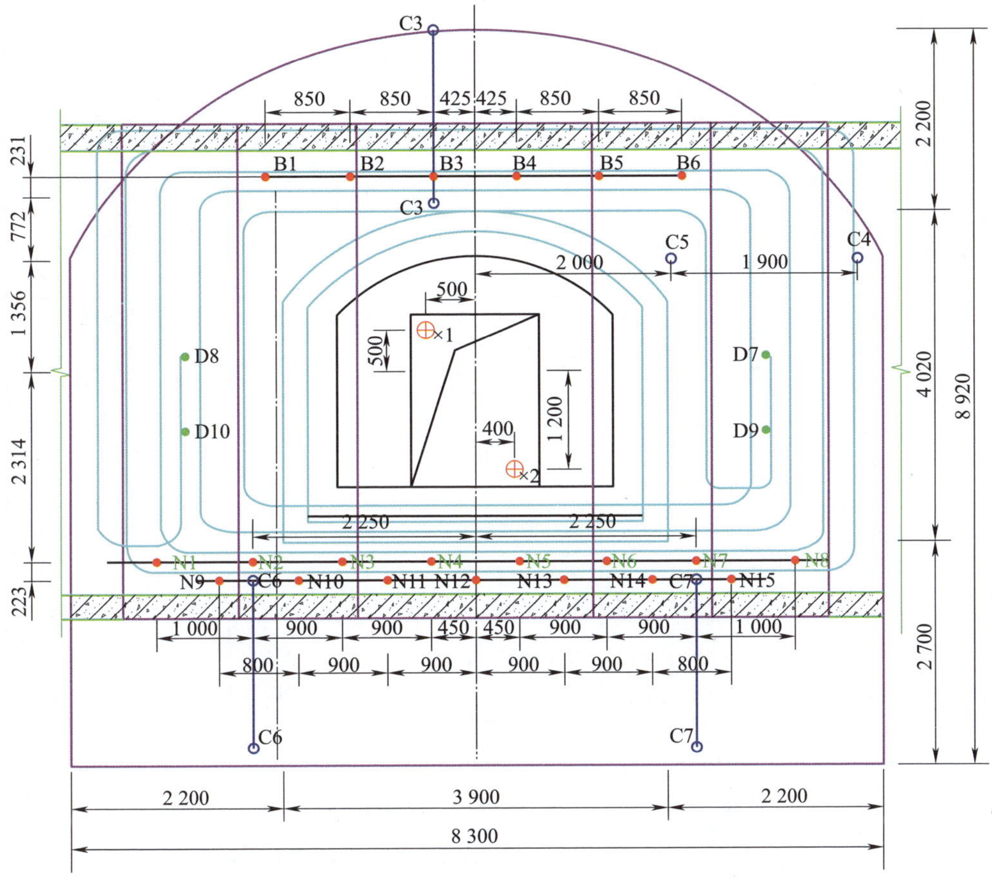

图 2.4-24　测温监测系统(副线)(单位:mm)

②冻结壁的厚度及平均温度

a. 冻结壁厚度确定一般采用图解法确定(表 2.4-7)。

表 2.4-7　冻结壁发展实际监测数据总结分析

测温孔号	测温孔深(m)	测点水平(m)	地　层	测孔间距(m)	最近孔	盐水回水温度(℃)	运转时间(d)	原始地温(℃)	测温孔温度(℃)	实际降至0 ℃天数	降温梯度(℃)	平均发展速度(mm/d)
C1	2.5	0.5	粉质黏土	999	D4	−28.7	34	13.6	−2.62	28	0.46	36
		2.5	粉质黏土	973	D4	−28.7	34	13.2	−2.68	28	0.45	35
C2	2.5	0.5	粉质黏土	580	A12	−28.7	34	13.5	−9.75	21	0.66	28
		2.5	粉质黏土	837	A12	−28.7	34	13.7	−12.12	17	0.74	49

续上表

测温孔号	测温孔深(m)	测点水平(m)	地　层	测孔间距(m)	最近孔	盐水回水温度(℃)	运转时间(d)	原始地温(℃)	测温孔温度(℃)	实际降至0 ℃天数	降温梯度(℃)	平均发展速度(mm/d)
C3	6.16	0.5	粉细砂	530	B3	-28.7	34	13.5	-5.06	20	0.53	27
		2	粉细砂	650	B3	-28.7	34	13.4	-7.12	19	0.59	34
		4.5	粉质黏土	498	A10	-28.7	34	13.5	-10.37	13	0.68	38
		6	中粗砂	656	A11	-28.7	34	13.4	-10.37	14	0.68	47
C4	2.5	0.5	粉质黏土	1 150	D5	-28.7	34	13.2	-0.18	32	0.38	36
		2.5	粉质黏土	1 154	D5	-28.7	34	13.5	-0.25	33	0.39	35
C5	2.5	0.5	粉质黏土	1 050	D5	-28.7	34	13.6	0.63	36	0.37	29
		2.5	粉质黏土	1 055	D5	-28.7	34	13.8	-0.06	34	0.40	31
C6	5.98	0.4	细中砂	50	N9	-28.7	34	13.2	-23.18	—	—	—
		3	中粗砂	420	N2	-28.7	34	13.5	-23.68	—	—	—
		5.9	中粗砂	430	N2	-28.7	34	13.5	-12.5	15	0.74	29
C7	5.98	0.4	细中砂	460	N15	-28.7	34	134	-23	—	—	—
		3	中粗砂	490	N7	-28.7	34	13.6	-22.75	—	—	—
		5.9	中粗砂	560	17	-28.7	34	139	-10.18	20	0.69	28

冻土最慢发展速度取最小值为 27 mm/d。以最慢发展速度计算到冻土发展第 45 d 计算冻土发展半径 $r = 27 \times 45 = 1\ 215$(mm)。根据冻结孔实际偏斜,按冻结 45 d 发展半径 1 215 mm 画切面图进行交圈图分析:最小冻结壁厚度为 2 216 mm,大于设计要求 2 200 mm(图 2.4-25)。

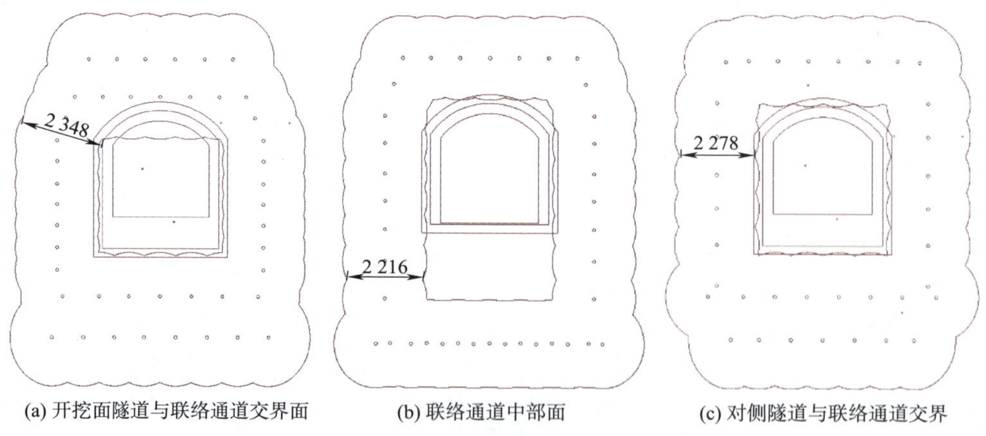

(a) 开挖面隧道与联络通道交界面　(b) 联络通道中部面　(c) 对侧隧道与联络通道交界

图 2.4-25　联络通道交圈切面图(单位:mm)

b. 冻结壁平均温度参考值为设计经验值，综合考虑了冻结壁的承载力需要、冻结可能对周边环境产生的负面影响及冻结施工的工艺和经济合理性。冻结壁承受荷载大、安全要求高的应取较低的冻结壁平均温度。

使用《建井工程手册》冻结施工成冰公式计算冻结帷幕平均温度，公式如下：

$$t_c = t_{oc} + 0.25t_n$$

$$t_{oc} = t_b\left(1.135 - 0.352\sqrt{l} - 0.875\frac{1}{\sqrt[3]{E}} + 0.266\sqrt{\frac{l}{E}}\right) - 0.466$$

式中　t_{oc}——按 0 ℃边界线计算的冻结壁平均温度（℃）；

t_c——冻结壁平均温度（℃）；

t_b——盐水温度（℃）；

l——冻结孔间距（m）；

E——冻结壁厚度（m）；

t_n——井帮冻结帷幕温度（℃）。

设计要求：冻结壁有效冻土平均温度要达到 -10 ℃，通过计算冻结壁平均温度为 -11.9 ℃，由此推断目前实际冻结帷幕的强度均大于设计冻结帷幕的强度，完全满足设计要求。

c. 交界面的厚度与平均温度：交界面的冻结壁厚度为 2.216 m，冻结壁与管片交界处平均温度为 -6.8 ℃，满足设计要求。

（3）检查项目：泄压孔

联络通道 4 个泄压孔初始压力为 0.02 ~ 0.04 MPa，冻结 19 d 时开始逐步上涨，最高上涨至 0.23 MPa；冻结至 34 d 时卸压孔开始泄压；冻结第 35 d 时进行放水放压实验，4 月 6 日（冻结 37 d）4 个泄压孔压力全部降为 0，且无水流出，证明冻结壁已交圈（图 2.4-26）。

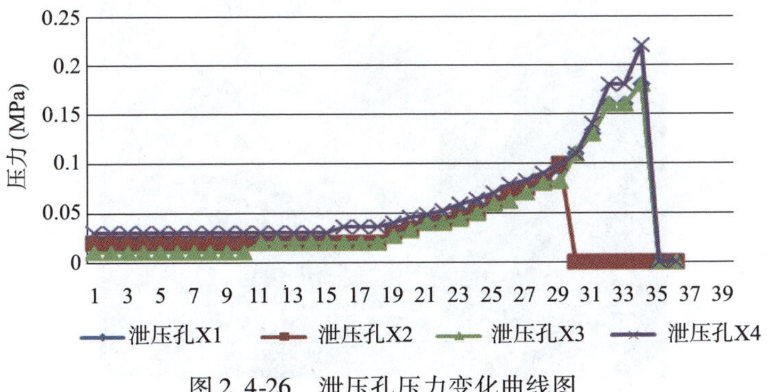

图 2.4-26　泄压孔压力变化曲线图

(4)检查项目:探孔

云小区间联络通道于 4 月 1 日冻结 34 d 时,在开挖面一侧施工 1 个探孔,探孔距离最近冻结孔 2. 7 m,距联络通道中心 0. 2 m,实测土层温度 0. 6 ℃,无水砂涌出,证明通道内与外界没有水力联系,说明冻结壁已交圈(图 2. 4-27、图 2. 4-28)。

图 2. 4-27　打设探孔

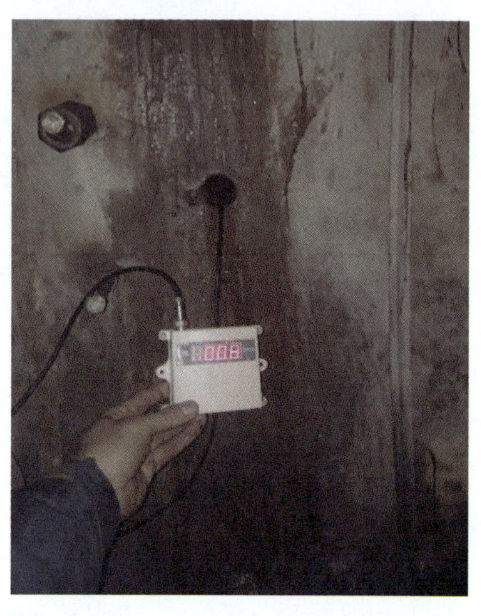

图 2. 4-28　探孔无水砂涌出,实测温度 0. 6 ℃

7. 险情/预警情况处置

事件一:黑万区间 4 号联络通道冻结效果一般,该工点自 2018 年 12 月 17 日开始冻结,到 2019 年 3 月 19 日开挖,冻结时间长 92 d。在距离联络通道 508 m 处黑万矿山区间迂回风道因底板出水严重,启用盾构井及区间降水井(图 2. 4-29)。

图 2. 4-29　黑万 4 号联络通道

原因分析:由水文地质图可知,联络通道与降水井存在透水砂层,在降水井周围形成降水漏斗,在漏斗范围内地下水向水井流动,造成冻结效果较差,冻结时间延长(图 2. 4-30)。

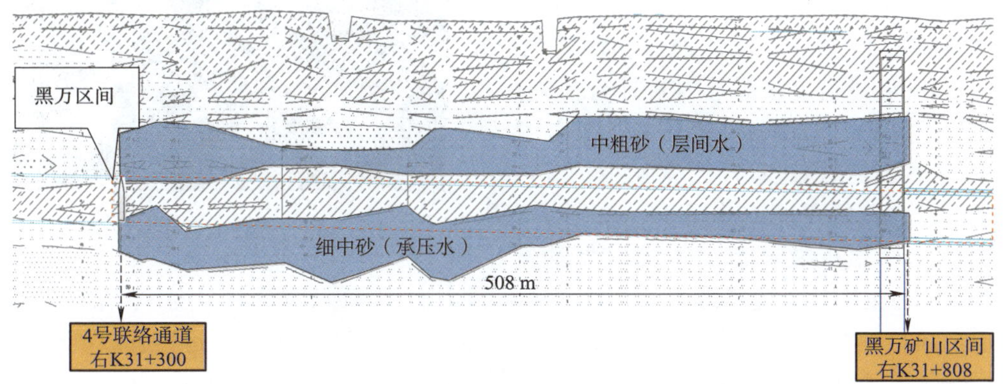

图 2. 4-30　联络通道与黑万矿山区间降水井点位置关系

巡视情况:泄压孔持续有泥砂流出,泄压孔压力不能稳定。

解决措施:①在冻结壁外侧注浆,降低地层渗透系数。②暂停周边降水井,减小水力梯度,降低地下水流速(图 2. 4-31)。

图 2. 4-31　联络通道迎水侧注浆施工照片

事件二:万云区间 1 号联络通道冻结效果一般,该工点自 2019 年 1 月 31 日开始冻结,到 2019 年 4 月 9 日开挖,冻结时间长 68 d(图 2. 4-32)。

原因分析:由于区间隧道较长,通风不畅,且施工位于夏季,隧道内温度较高(最高达 16 ℃),主隧道管片的散热对管片附近土体的冻结效果有很大的削弱作用。

巡视情况:泄压孔持续有泥砂流出。管片外侧冻土温度较未受影响区域明显偏高。根据实测温度绘制温度变化曲线,可以看出管片壁后最低温度约为 -5 ℃,

中部最低温度约为 -11 ℃ ,管片壁后温度仅为中部温度的1/2,管片散热对冻结壁温度影响较大。

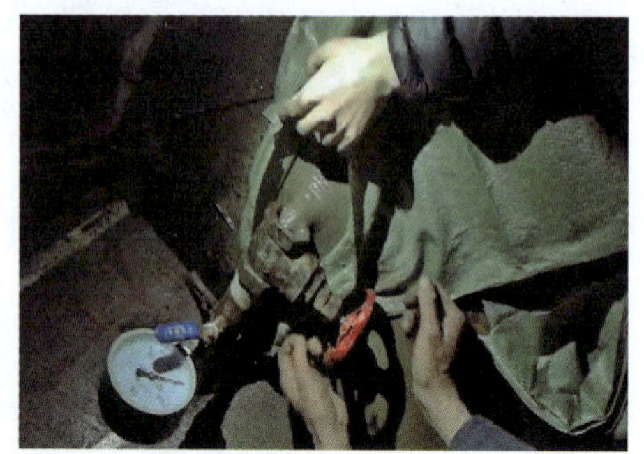

图 2.4-32　万云1号联络通道

解决措施:①优化冻结站布置,冻结站布置在联络通道下风口处,或者布置在地面,避免隧道温度过高等因素影响冻结加固质量。②做好通道附件管片保温工作,为尽量减少冻结壁通过管片与隧道进行热交换,将管片保温板厚度由单层30 mm增加双层60 mm,保温板敷设范围由冻结壁边界外1 m增加至冻结壁边界外3 m 。③加强隧道内通风,降低隧道内温度,冻结站到隧道出风口处每200 m设置排风筒,增加隧道内空气流动,将冻结站运转释放的热量排除到隧道外,防止热量在隧道内滞留(图2.4-33)。

(a) 增加蓄水池降低循环水温度

(b) 增加风机对热量进行疏导

(c) 加强冻结管路、管片保温

图 2.4-33　辅助施工措施

8. 监测情况分析

冻结法施工联络通道施工对上方地表产生影响主要有以下几个阶段：①冻结期间造成测点上浮，上浮 2 ~ 4 mm；②联结通道土方开挖造成地面下沉，下沉 2 ~ 3 mm，融沉注浆变化量不大（图 2.4-34）

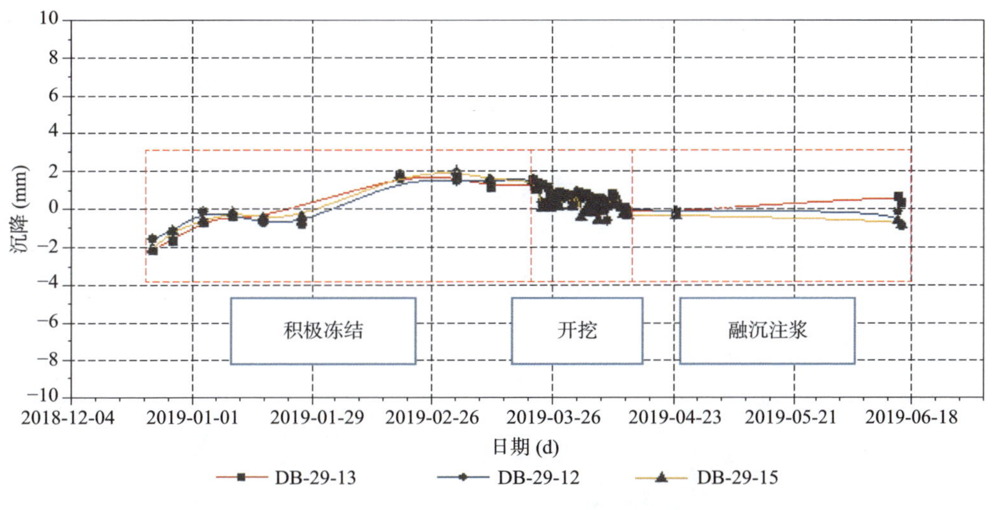

图 2.4-34　联络通道上方地表变形曲线

冻结法施工联络通道施工对上方地表产生影响主要以下几个阶段：①冻结期间，造成测点上浮，上浮 2 ~ 4 mm；②联络通道土方开挖造成地面下沉，下沉 2 ~ 3 mm。融沉注浆沉降变化量不大。

9. 工程造价分析

冻结法造价在 310 ~ 519 万元之间，注浆法造价在 80 ~ 143 万元之间（因特殊情况土施 2 号联络通道兼泵房造价 404 万元），一般冻结法较注浆法造价高，是注浆法的 2 ~ 3 倍。冻结法中冻结设备及积极冻结费用较高，占比在 70% ~ 88% 之间（表 2.4-7）。

当地层稳定性较差且受地下水影响时，需采取注浆和地面降水措施，造价相对较高，如土施区间联络通道造价达到 404 万元，其中注浆和降水费用达 314 万元，占总费用的 78%（表 2.4-8）。

表 2.4-7　冻结法工程造价对比（万元）

冻结法	冻结设备安装	积极冻结	初支开挖	二衬施工	合计
黑万 3 号联络通道	50	329	30	30	439
黑万 4 号联络通道	50	409	30	30	519
万云 1 号联络通道	50	302	30	30	412

续上表

冻结法	冻结设备安装	积极冻结	初支开挖	二衬施工	合计
万云 2 号联络通道	50	200	30	30	310
云小联络通道	50	210	30	30	320
小高联络通道	50	210	30	30	320
施环 1 号联络通道	50	276	30	30	386
施环 1 号联络通道	50	258	40	40	388
施环泵房	50	262	30	30	372

表 2.4-8　注浆法工程造价对比(万元)

冻结法	超前小导管注浆	深孔注浆	初支开挖	二衬施工	合计
焦黄区间联络通道	20	—	30	20	80
黄豆区间 1 号联络通道	20	—	30	30	80
黄豆区间 2 号联络通道	20	—	30	30	80
黑万区间 2 号联络通道	20	—	30	30	80
万云 3 号联络通道	20	—	30	30	80
土施 1 号联络通道	—	73	40	30	143
土施 2 号联络通道兼泵房	—	314(含降水)	50	40	404

10. 工期分析

冻结法工期计划工期在 90 d,实际施工最短工期为 125 d,注浆法最短工期 35 d,冻结法施工工期较长主要为积极冻结占用时间较长,约占总工期的 50%,如遇到积极冻结效果不佳时,冻结时间延长,还会造成总工期加长(表 2.4-9、表 2.4-10)。

表 2.4-9　冻结法工期统计

序号	施工工序	单位(d)	10	20	30	40	50	60	70	80	90
1	施工准备	3									
2	冻结站安装	20									
3	冻结孔施工	20									
4	集、配液圈安装试运行	2									
5	积极冻结	40 ~ 50									
6	维护冻结	20									
7	开挖准备	10									
8	开挖构筑	20									

表 2.4-10　注浆法工期统计

序号	施工工序	天数	10	20	30	40
1	进场准备	1				
2	安装隧道临时钢支撑	4				
3	注浆加固	7				
4	管片切割	2				
5	开挖及初支	10				
6	防水层施工	3				
7	结构施工	10				

11. 结论及建议

冻结法联络通道共发布巡视预警 2 次，无红色监测预警，施工过程中风险安全可控。

(1)冻结法施工较注浆法安全性高，造价也相对较高，当在承压水中进行开挖时，冻结法经济性和安全性具有一定优势。

(2)冻结法应严格落实条件核查工作，如有条件不能满足应召开专家会，分析原因。

(3)因季节变化、水文地质条件突变、降水等因素会造成地下水流速偏大，当流速超过 5 m/d 时，会影响冻结效果，增加冻结时间，建议各方综合考虑地下水流速参数，必要时冻结前进行冻结壁外侧注浆，降低地层渗透系数。

(4)区间隧道较长且通风不畅时，隧道内温度较高，主隧道管片的散热对管片附近土体的冻结效果有很大的削弱作用，建议将冻结站布置在联络通道下风口处，或者布置在地面，做好通道附近管片保温工作。

2.5　某车站综合治水案例

1. 工程概况

某车站是 M19 号线和 M12 号线同期实施的 T 形换乘车站(图 2.5-1)。

19 号线车站位于东西向北三环中路北侧，沿北太平庄路设置，车站总长 266 m；为暗挖地下三层双柱三跨箱型框架结构，北端为矿山法区间，南段为盾构区间。

12 号线车站位于北太平桥北侧，沿北三环中路跨路口设置，车站总长 268.95 m，为暗挖地下双层双柱三跨箱型框架结构，两端为矿山法区间。

站位周边规划以居民住宅、行政办公和教育科研为主。

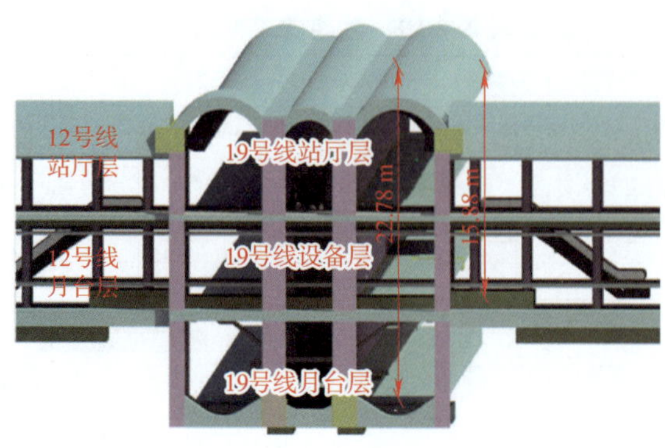

图 2.5-1 车站关系图

2. 工程地质水文

M19 车站范围内地层从上到下依次为杂填土①$_1$层，粉土填土①层，粉土③层，粉质黏土③$_1$层，粉细砂④$_3$层，粉细砂⑤$_2$层，粉质黏土⑥层，粉细砂⑦$_2$层，卵石⑦层，卵石⑨层，拱顶位于粉细砂层，底板位于卵石⑨层。

M12 车站范围内地层从上到下依次为杂填土①$_1$层、粉土填土①层，粉土③层，粉质黏土③$_1$层，粉细砂④$_3$层，粉细砂⑤$_2$层，粉质黏土⑥层，细中砂⑥$_3$层，粉细砂⑦$_2$层，卵石⑦层，卵石⑨层，粉细砂⑨$_2$层，拱顶位于粉质黏土⑥层、细中砂⑥$_3$层，底板位于卵石⑨层(图 2.5.2、图 2.5-3)。

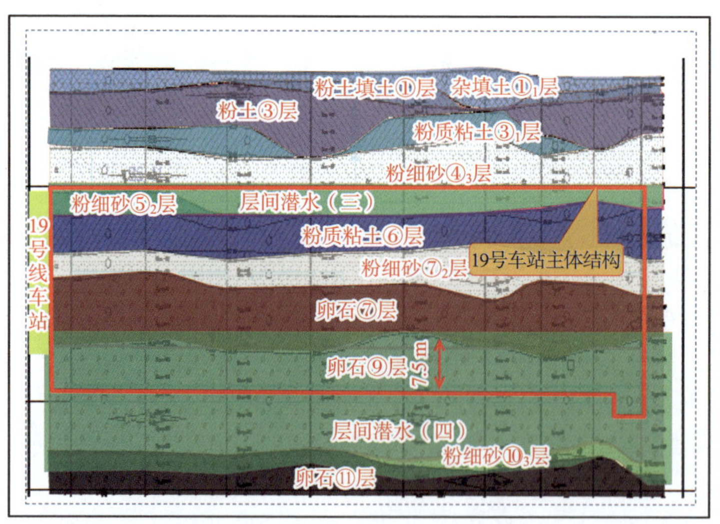

图 2.5-2 M19 车站地质剖面图

车站主要赋存有两层地下水，其类型分别为层间潜水(三)、层间潜水(四)。未揭露上层滞水(一)及潜水(二)层地下水(表 2.5-1)。

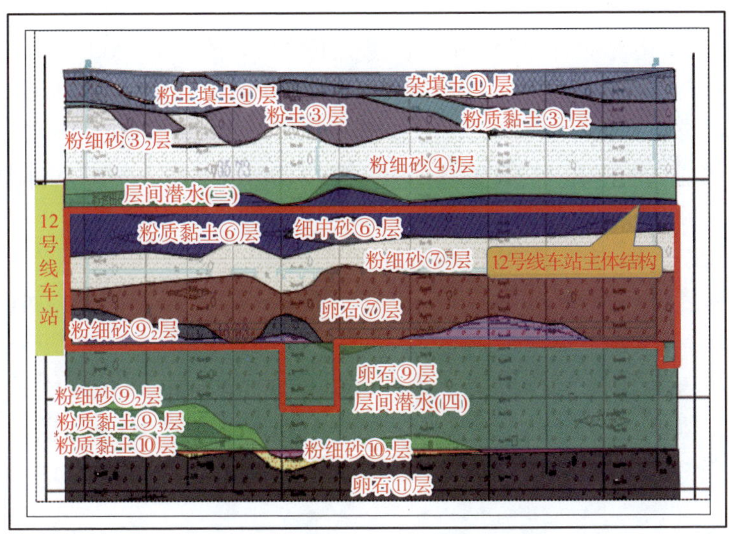

图 2.5-3　M12 车站地质剖面图

表 2.5-1　车站地下水情况统计

<table>
<tr><th>地下水性质</th><th>水位埋深
(m)</th><th>水位高程
(m)</th><th>主要含水层</th><th>备　注</th></tr>
<tr><td>层间潜水
(三)</td><td>12.07～13.36</td><td>34.56～36.11</td><td>粉细砂④$_3$层、卵～圆砾石⑤层、粉细砂⑤$_2$层、局部粉土⑥$_2$层</td><td rowspan="2">19 号线车站三层进入层间潜水(四)中约 7.5 m;
12 号线车站底板位于层间潜水(四)中约 1 m</td></tr>
<tr><td>层间潜水
(四)</td><td>30.60～31.45</td><td>16.42～17.71</td><td>卵石-圆砾⑦层、卵石～圆砾⑨层,局部为中粗砂⑦$_1$层、粉细砂⑦$_2$层</td></tr>
</table>

3. 工程重难点

(1) 自身风险

M19 车站结构底板位于地面下 39.2 m,M12 车站结构底板位于地面下 31.2 m,结构范围内主要受层间潜水(三)和层间潜水(四)影响。层间潜水(三)含水层为粉细砂层,且位于主体结构顶部,对暗挖施工风险较大,可对潜水(三)进行疏干,同时辅助注浆进行加固处理和阻水;层间潜水(四)含水层为卵石层,渗透系数较大,含水量较大,对暗挖结构施工影响也较大,需将层间水(四)降深到结构底板以下 1 m。

施工暗挖范围内地质多属细砂、圆砾,透水系数较大,极易产生涌水现象,土体自稳性较差,降水周期长,长时间的降水施工将引起周边地表及邻近建筑物、既有管线的安全,特别是拟建场区土质以砂卵石土为主,在降水过程中更容易出现由于粉细砂被抽出地面而加速沉降的质量安全问题。

(2) 环境风险

M19 车站周边市政管线密集，暗挖主体结构下穿 ϕ2900 × 2400 热力沟、ϕ2000 × 2000 热力沟、ϕ1450 × 1000 热力沟、ϕ3000 × 2700 上水沟、ϕ2000 × 2350 电力沟、ϕ1800 × 2000 电力沟、ϕ1600 上水管、ϕ600 上水管、ϕ400 上水管、ϕ500 燃气管、ϕ400 燃气管、ϕ800 雨水管、ϕ700 雨水管、ϕ500 雨水管、ϕ500 污水管、ϕ400 污水管、ϕ106 × 74 通信管、ϕ60 × 40 通信管等地下管线(沟)。

M19 车站三层暗挖主体结构临近 4 层工商银行办公楼、14 层农业银行住宅楼、1 ~ 3 层远望楼门卫楼、14 层有色金属研究院住宅楼、6 层有色金属研究院住宅楼、6 ~ 27 层北京城建大厦。

M12 车站主体沿北三环中路布置在北太平桥北侧，车站周边环境复杂，风险源众多。两层暗挖主体结构临近北京有色金属研究总院 5 层办公楼、北京城建大厦地下停车场坡道、6 ~ 27 层北京城建大厦、车站暗挖主体结构平行侧穿北太平桥及挡墙。

4. 风险工程对策

(1) 自身风险应对措施

①根据现场情况，编制符合设计及现场情况的方案，并经过专家论证后方可进行施工。

②布设沉降监测点，构成沉降监测网，在施工过程中项目安排专人进行现场巡视，并在施工过程中全过程的跟踪监控量测及进行动态分析是安全施工的保证手段，将每次的量测结果进行对比、分析，及时反馈监测信息。在抽水期间进行连续监测，若累计沉降量接近预警值，则及时调整施工参数，发现异常情况，及时采取措施处理，以使其符合现场工况条件要求，从而保证工程顺利实施。

③针对竖井横通道及车站主体导洞开挖过程中受层间潜水(三)影响，施工过程中采用“先堵、再抽、后排，因地制宜，综合治水”的方案进行处置，减少渗漏水对掌子面稳定性的影响，确保土方开挖不带水作业。

④位于卵石层的潜水(四)通过井群干扰式降水降深至结构底板下 1 m。

(2)环境风险应对措施

①小导洞施工时，临近主桥 7 m 范围内拱部、侧壁及掌子面采用超前深孔注浆加固土层，并在临近桩基底板处斜向下超前深孔注浆，超前加固边桩(阴影区)与桩基之间土体，减少边桩成孔时对桩基的影响。

②车站初支扣拱，拱顶预先采用深孔注浆加固拱部土层。

③根据监测情况，结构开挖至底板底，并完成底部垫层后由侧壁向桥桩侧深孔注浆加固桩基下方土体，以增强地层桩端承载能力；注浆孔为桩间打设，对应桩基位置共打设 4 排。

④深埋热力隧道及其井室下的施工导洞及扣拱，采用深孔注浆超前支护措施。

5. 专家论证与咨询建议

2017 年 6 月 30 日，进行了车站 19 号线车站主体初支结构安全专项施工方案专家评审会，形成如下意见：

(1) 进一步查清施工影响范围内的建(构)筑物、桥梁、地下管线及道路现况，并采取相应的控制保护措施。

(2) 强化降水施工质量及残留水处理措施，确保无水作业；暗挖施工应做到先探后挖、先注浆后开挖。

(3) 细化车站导洞马头门施工工艺及力系转换措施；格栅连接板宜采取帮焊加强措施；超前深孔注浆应做试验段，以确定穿越管线等环境风险的注浆参数。

(4) 细化多导洞施工的工序、步序、相向施工、力系转换等的控制措施；补充完善洞内成桩开口部位的控制措施。

(5) 完善监控量测方案，切实做到信息化施工；完善雨期、冬期施工措施及应急预案，确保应急物资储备。

2018 年 10 月 31 日，车站 L6 向北 D 导洞端头边桩施工期间，受临近降水井施工影响，初支产生变形，出现裂缝，影响初支稳定。组织召开了专家巡视活动，形成咨询意见如下：

(1) 会同设计单位复核该部位初支结构的稳定性，并采取相应措施。

(2) 原位恢复临时型钢支撑，并适当延长支撑范围。

(3) 加强新增收敛点、既有收敛点的收敛监测，并加强洞内巡查。

(4) 增加洞内视频监控，确保有效监控。

2020 年 4 月 28 日，4 号风道导洞 1、2、3 正在土方施工，受层间潜水(三)影响，导洞 1 拱腰连接板位置存在渗漏水现象，施工单位采用真空抽排和超前注浆进行处理，效果不理想，洞内积水、淤泥较多，导洞 1 拱顶出现坍塌、下台阶局部出现掉块情况，连续 3 次巡视预警。针对此情况，组织召开专家巡视活动，形成咨询意见如下：

(1) 强化现场精细化管理，确保超前注浆、真空抽排水效果。

(2) 规范现场土方开挖工序，及时进行背后回填注浆。

(3) 加强洞内外风险工程监测与巡查。

6. 施工过程及风险管控

(1) 竖井及横通道开挖：竖井平面形状为矩形，倒挂井壁法施工(图 2.5-4)。

(2) 超前深孔预注浆加固地层，采用台阶法开挖小导洞(图 2.5-5)。

(3) 在小导洞内采用机械成孔，施作边桩及中柱基础。

(4) 小导管超前预注浆加固地层，开挖主拱土体，施做初期支护(图 2.5-6)。

(5) 分步拆除小导洞边墙，铺设防水层，立模浇筑主拱二衬。

图 2. 5-4　竖井及横通道开挖

图 2. 5-5　主体导洞开挖

图 2. 5-6　初支扣拱开挖

7. 主要措施及落实情况

(1)先堵、再抽、后排,因地制宜,综合治水

层间潜水(三)对横通道及车站主体导洞施工影响很大,尤其是位于粉细砂与粉质黏土的结合面处的潜水。主要体现在以下几个方面:层间潜水(三)对粉细砂层的稳定性影响很大,致使粉细砂层自稳定性差;当含水量少时,开挖面易坍塌;当水量达到饱和状态时,粉细砂层即成为流动状态,对导洞开挖施工造成严重的安全和质量隐患。同时,开挖产生的渗流水,致使现场开挖面泥泞,洞内积水现象较多,对现场的文明施工也产生极为不利的影响。

为此,施工单位多次召开层间水治理分析会,并咨询有相关经验的专家。结合多方面的意见,最终确定了“先堵、再抽、后排,因地制宜,综合治理”的方针方案。

①超前支护小导管注浆

小导管采用 $\phi42$ 钢焊管,长度 2.0 m,小导管前端加工成锥形。小导管管壁每隔 100 ~ 200 mm 交错钻眼,眼孔直径 $\phi6$ ~ $\phi8$ mm,呈梅花形布置。采用引孔打入法,用 YT-28 风钻吹孔,成孔直径 60 mm,成孔后用带冲击的风锤将小导管顶入孔中。改性水玻璃是以水玻璃为主剂,以硫酸及其他辅助材料为副剂配置而成,作为细粉砂层的注浆材料(图 2.5-7)。

图 2.5-7　小导管施工工艺过程

②深孔注浆施工工艺

在施工过程中采用双重管 A、B 无收缩双液注浆工法(采用二重管钻机钻孔至预深度后注浆)。浆液有两种,即 A 液(水玻璃 + 水)和 B 液(磷酸 + 水泥浆 + 水)。两种浆液通过二重管端头的浆液混合器充分混合。对竖井边墙外侧加固将采用倾斜钻杆,对底部采用垂直钻杆注浆法施工(即钻杆回抽法),形成具有一定强度和止水效果的地下连续止水防护壳,以达到止水的预期目的(图 2.5-8)。

③真空降水

层间潜水(三)含水层为粉细砂层,且位于主体结构顶部,对暗挖施工风险较

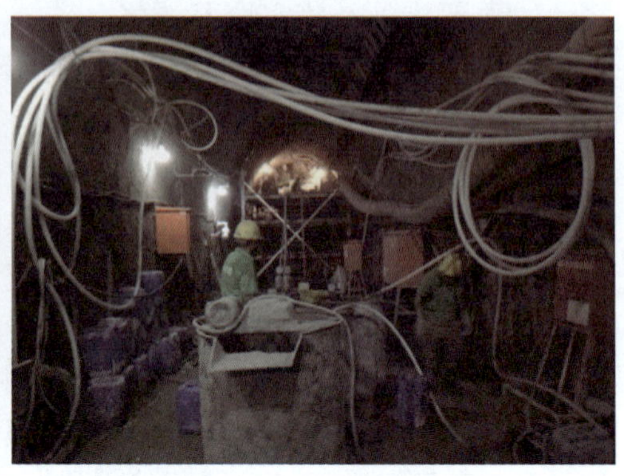

图 2.5-8 深孔注浆施工工艺过程

大,可对潜水(三)进行疏干,同时辅助注浆进行加固处理和阻水。遇层间残留水等少量地下水时可以用真空泵降水。真空降水是在开挖前提前利用真空泵将残留在拱脚不透水层上部层间潜水进行抽排,达到干槽开挖的目的。真空抽水机械设备采取 Y2180L-6 型真空泵,功率 15 kW(图 2.5-9)。

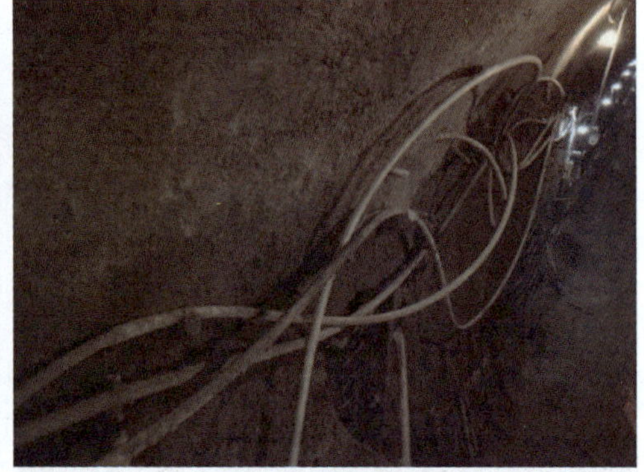

图 2.5-9 真空降水设备

抽水真空度宜控制 -0.03 ~ -0.06 MPa,真空度以真空泵端安装的真空表读数衡量。如管路密闭即可开始抽水,抽出的水通过集水槽、水泵集中排至沉淀池,经过滤后排入市政管网(图 2.5-10)。

④合理规范设置排水设施

横通道、导洞两侧设置排水沟,如开挖方向为下坡,在掌子面 5 ~ 10 m 处设置临时集水坑,将真空泵抽出的水引至集水坑后,用自动潜水泵及时排至竖井外;如开挖为上坡,直接通过排水沟排至竖井临时积水坑内,再用潜水泵排至竖井外,地下水有组织引排,确保开挖面无积水、明流水,保证施工安全(图 2.5-11)。

图2.5-10　导洞开挖现场真空降水

图2.5-11　处置后现场情况

(2)管井降水

车站降水井总数216口,其中站内107口,竖井内6口,地面103口(图2.5-12)。

图2.5-12　车站现场降水井

8. 险情/预警情况处置

(1)发生 1 起险情事件

2018 年 10 月 23 日夜间约 11 点左右,相邻区间降水井在施工至约 20 m 深的时候,降水井内泥浆液面迅速下降,同时车站主体初支结构 D 轴导洞北端西侧壁出现长约 10.5 m 左右,宽约 1 ~ 10 cm 裂缝,裂缝伴随明流水,随着降水井内的泥浆流失,车站初支结构裂缝处的明流水变小,最终停止。经调查发现,相邻区间降水井外边距车站主体初支结构 D 轴导洞北端西侧壁约 0.9 m,距导洞北端约 5.5 m (图 2.5-13)。

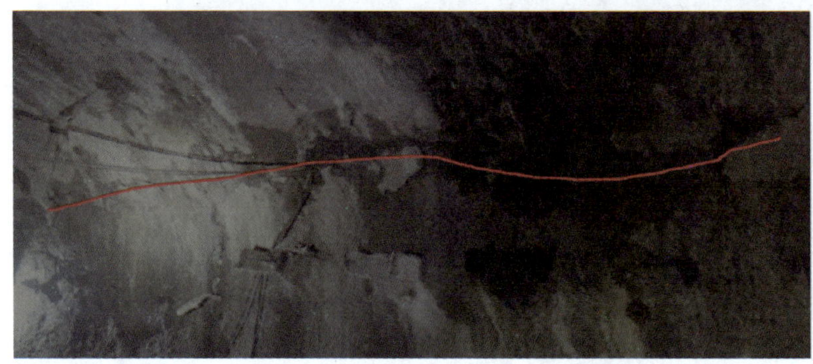
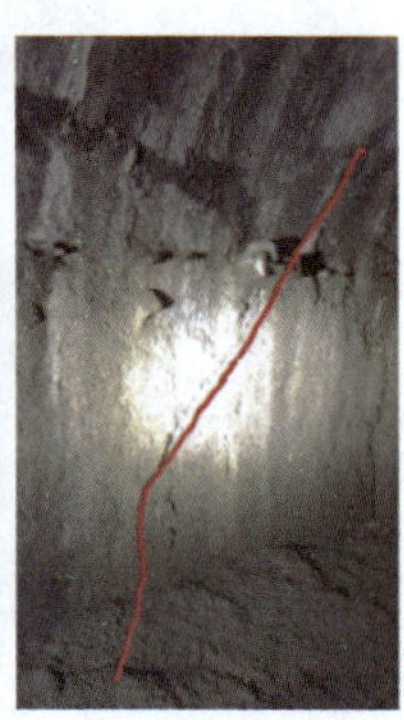

图 2.5-13　导洞 D 裂缝位置

裂缝处置措施:

①对导洞初支产生裂缝的部位,回填 C15 混凝土进行反压和支撑,防止导洞初支继续变形。

②对开裂处的初支结构进行加固。对裂缝区域用 15 cm × 15 cm 方木进行加固,在北端横导洞上方型钢采用 I22a 工字钢进行加固,按照每榀格栅间距进行安装,焊接牢固。

③对开裂处的初支结构背后进行注浆加固。

④导洞侧壁新旧格栅更换。

(2)巡视预警发布情况

车站施工期间共发布 61 个巡视预警,16 个橙色巡视预警,45 个黄色巡视预警,主要的问题包括施工规范性,地层稳定性,渗漏水及管理类巡视问题(图 2.5-14)。

①竖井横通道、导洞上台阶及拱顶处于粉细④$_3$砂层,层间潜水(三)处于导洞上台阶处,在粉细砂和粉质黏土的结合面处,水流基本为渗流;部分地层结合面为卵石夹层,此地质情况层间潜水水量较大,水流为小股流水。因此,在竖井横通道及主体导洞土方开挖阶段,相关渗漏水的巡视预警相对较多。渗漏水导致本来自稳能力相对较差的地层稳定性进一步下降,同时施工现场管理不到位,存在超挖或

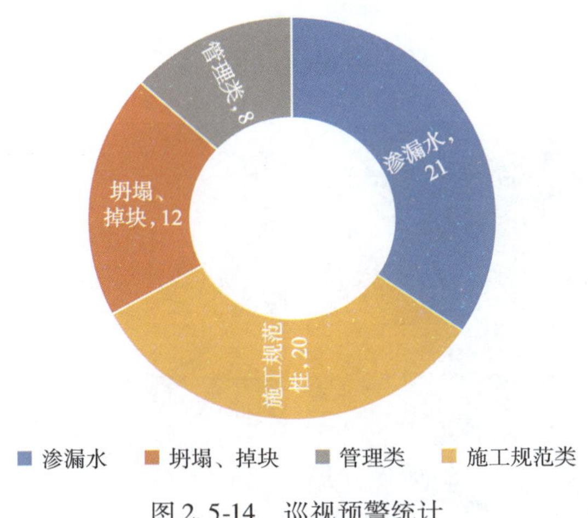

图2.5-14　巡视预警统计

者支护不及时现象，对施工风险管控极为不利。

典型案例：地层稳定性差，存在渗漏水及超挖现象

2017年5月3日，L4施工竖井第一层横通道上断面砂层，下断面黏土，受地下水影响明显，存在渗水现象，地层稳定性差，拱部存在超挖约50 cm，可能会导致掌子面坍塌失稳。施工中应加强渗漏水处置，加强施工管理，避免超挖，同时加强超前支护（图2.5-15）。

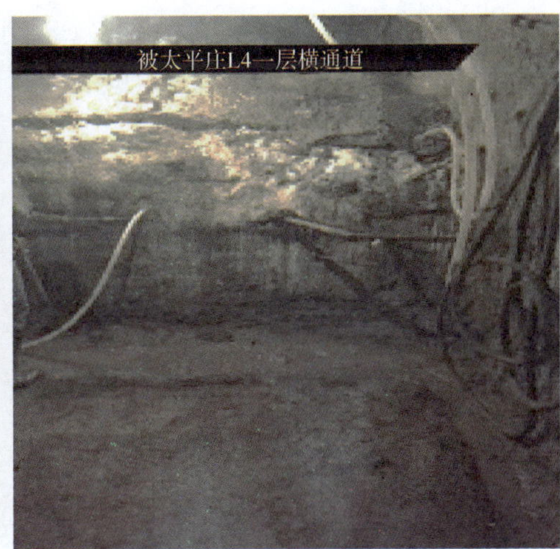

图2.5-15　预警现场及处置后情况

典型案例：掌子面小股涌砂

2017年9月20日，L6横通道A导洞向北掌子面左侧小股涌砂，存在坍塌现象。引起的主要原因为开挖面处于粉细砂层和粉质黏土层，结合面位于层间水

(三),渗漏水管控措施不到位。可能导致掌子面坍塌失稳。施工中应加强背后回填注浆,及时封闭成环,加强注浆控制渗水问题(图 2. 5-16)。

图 2. 5-16 案例二预警现场及处置后情况

由于北太平庄站为 M19 和 M12 的换乘车站,施工场地有限,周边环境也较为复杂。在车站主体导洞初支土方开挖完成后,附属结构施作时,对于邻近已完成的主体导洞的加固措施显得尤为重要。由于施工现场管理不到位,导致邻近的主体导洞未按照设计要求进行加固,可能导致主体导洞初支失稳,地层沉陷,致使风险管控工作处于一个被动状态。

9. 监测情况分析

(1)监测预警统计

车站主体施工期间,共发生监测预警 2 631 次,其中红色预警 32 次,橙色预警 1 213 次,黄色预警 1 386 次。

(2)各施工阶段地表沉降分析

选取典型地表测点进行沉降变形分析,数据统计见表 2. 5-2,沉降历时曲线如图 2. 5-17、图 2. 5-18 所示。

表 2. 5-2 车站主体结构各施工阶段上方典型地表沉降数据统计

统计项目	导洞施工	梁、柱(桩)体系施工	扣拱施工	结构施工
沉降(mm)	32. 25	3. 91	17. 32	1. 60
占比(%)	58. 55	7. 10	31. 45	2. 90

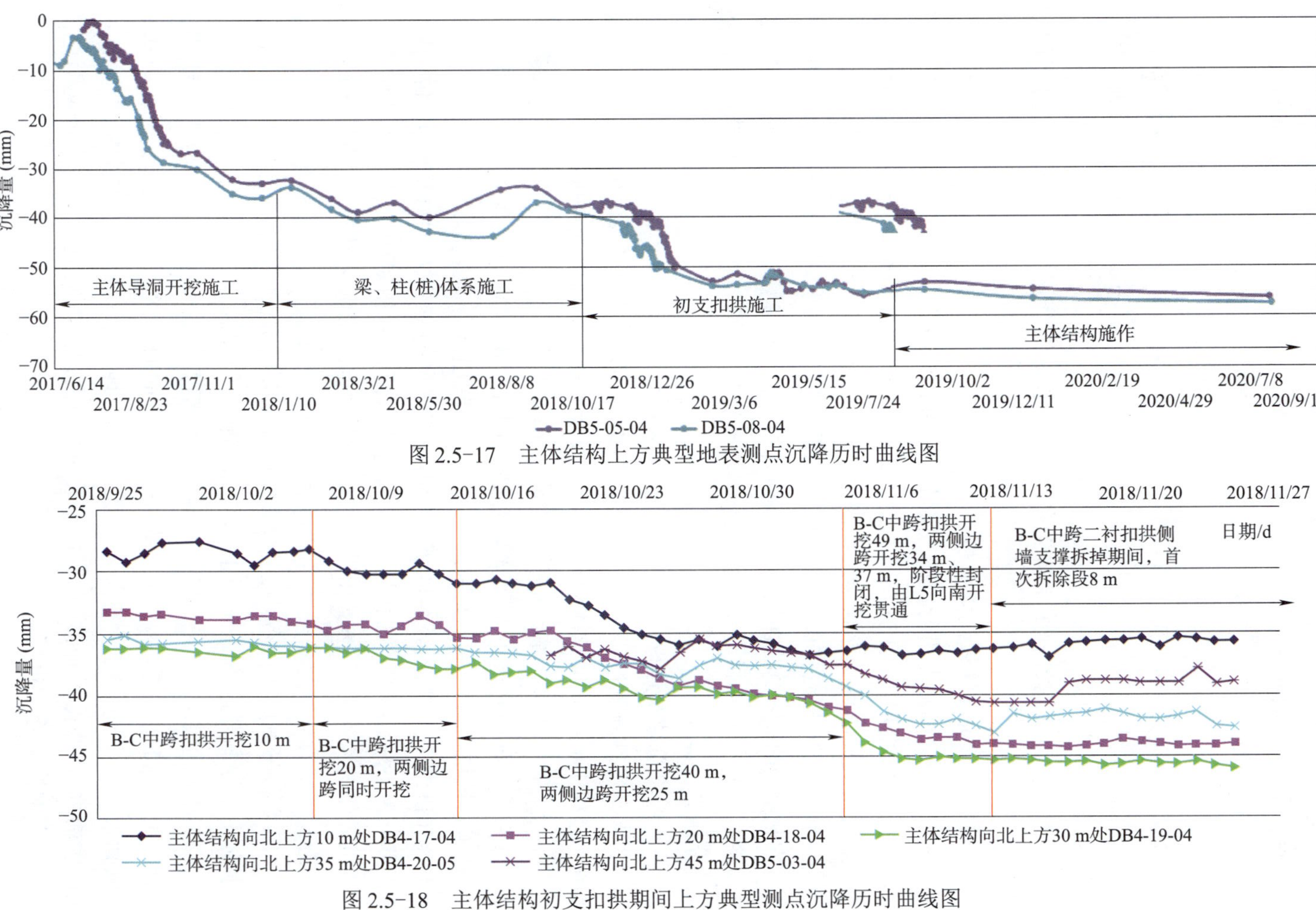

图 2.5-17　主体结构上方典型地表测点沉降历时曲线图

图 2.5-18　主体结构初支扣拱期间上方典型测点沉降历时曲线图

①结构上方地表沉降最大测点均位于B、C中导洞上方,通过以上典型测点可以看出,导洞施工期间所产生的沉降值为 -30 ~ -26 mm,约占总沉降量的70% ~ 75%,施工过程中上方测点多次扰动,群洞效应较为明显,是造成沉降量过大的主要原因。

②在梁、柱(桩)体系施工阶段引起的地表沉降相对较小,所发生的沉降值在 -3 ~ -2 mm,约占总沉降量的7%左右,梁、柱(桩)体系施工过程中地表沉降趋于平缓,施工基本可控。

③初支扣拱开挖过程中土体受多次扰动,叠加沉降影响是造成沉降过大的原因之一。

(3)各施工阶段管线沉降分析

选取典型管线测点进行沉降变形分析(图2.5-19)。

导洞施工期间所产生的沉降值为 -29 ~ -21 mm(橙色预警状态),导洞施工过程中管线沉降测点受导洞多次扰动,沉降较为明显。导洞完成后洞桩施工期间管线变形趋于平缓,洞桩施工期对上方管线扰动较小,初支扣拱开挖施工期间管线受多次扰动,沉降量受叠加沉降影响,该管线沉降值已达到 -40 ~ 30 mm左右(橙色预警状态),初支扣拱开挖过程中土体受多次扰动,叠加沉降影响是造成沉降过大的原因之一。

10. 经验总结及建议

北太平庄站施工过程中发生1起险情事件,险情得到了及时的处置。车站主体施工过程中监测数据整体变化平稳,自身及周边环境风险均在可控范围。

(1)洞桩法PBA车站施工引起的地表沉降原因复杂,时空效应体现尤其明显,导致沉降的各种因素间的交叉影响也较为明显。群洞效应及各施工工序叠加影响,是车站地层沉降的主要原因。车站施工期间引起的地表沉降主要发生在导洞施工及扣拱施工阶段,所发生的沉降约占总沉降量的90%左右,在梁、柱(桩)体系施工期间及后续结构施作期间所引起的地表沉降影响相对较小,所发生的沉降约占总沉降量的4%左右,初支扣拱完成后上方测点沉降随之减小,沉降逐步趋于平缓状态。

(2)主体导洞施工过程中,采取真空降水等综合治理措施,有效地解决了上层滞水对主体导洞开挖的影响,土体沉降得到较好的控制。

(3)对层间潜水(三)治理以“先堵、再抽、后排,因地制宜,综合治理”为原则,结合施工环境的承受能力和施工成本等诸多方面的因素。在导洞开挖过程中基本能做到无水作业,减少了因渗流水造成的坍塌,地下水得到了预先控制,减少其可能产生的危害,降低工程损失,消除了质量安全隐患,在保证施工质量及文明施工的基础上加快了施工进度。

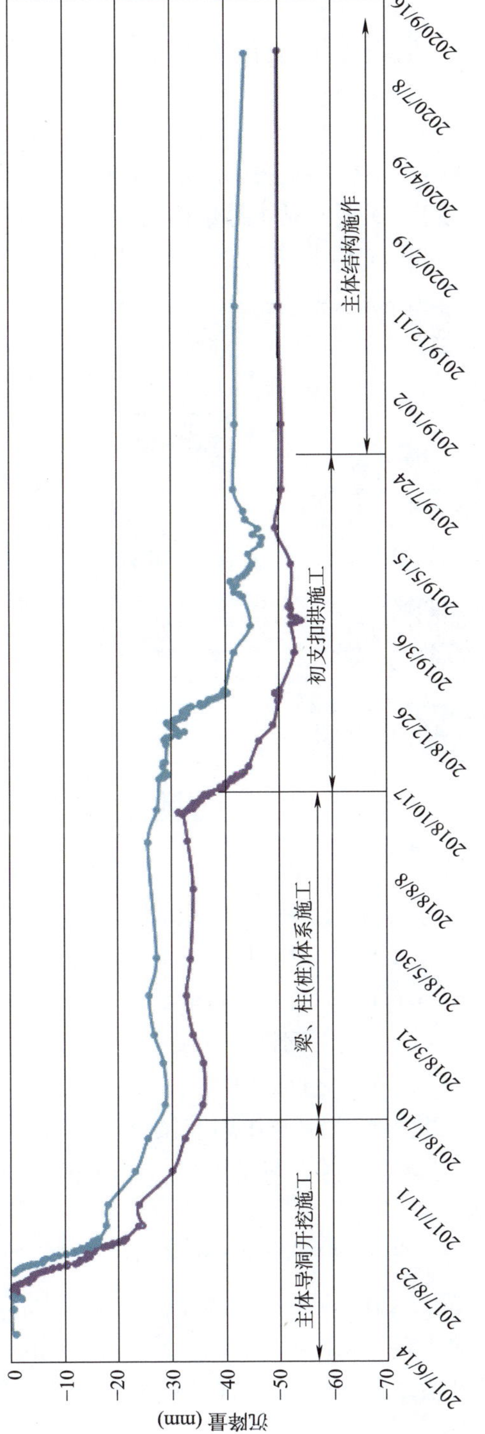

图 2.5-19　主体结构上方典型管线测点沉降历时曲线图

2.6 富水砂层条件下某车站施工风险管控

1. 工程概况

某车站采用 PBA 工法施工,主体结构采用暗挖双层单柱两跨钢筋混凝土框架结构,车站总长 313 m,站台宽度为 12 m,车站主体结构尺寸为标准断面宽 21. 7 m,盾构段宽 25. 6 m,顶板覆土约 11. 09 m,沿芳园西路敷设(图 2. 6-1)。

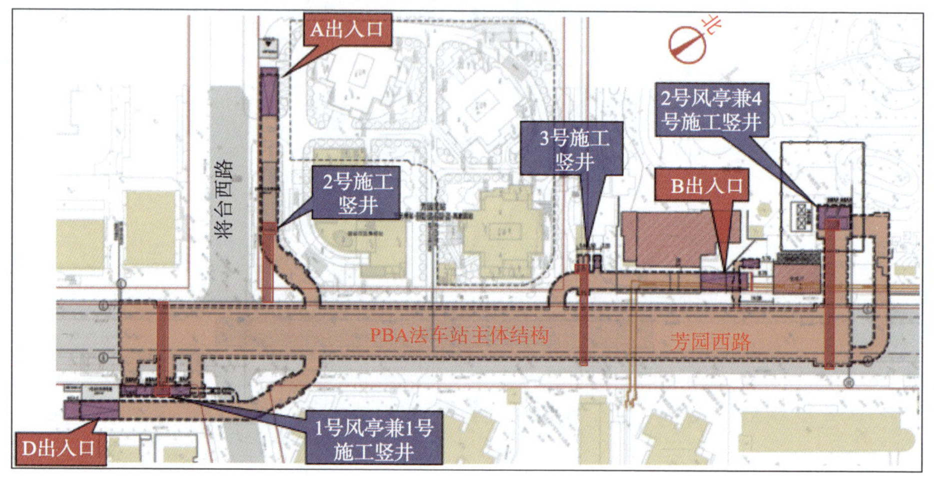

图 2. 6-1 车站总平面图

2. 结构设计及施工工法

车站为地下两层一柱两跨结构,上层为站厅层,下层为站台层,总长 313 m,站台宽度为 12 m,采用暗挖 PBA"4 导洞"法(上 3 下 1)施工。车站主体结构尺寸为标准段宽 21. 7 m,盾构段宽 25. 6 m,车站顶板覆土约 11. 09 m,车站中心线处轨顶绝对高程为 9. 670 m。车站结构顶拱由钢格栅 + 喷射混凝土的初期支护和模注钢筋混凝土的二次衬砌构成,两次衬砌之间设柔性防水层;PBA 工法主体结构边桩采用灌注桩(ϕ1000@ 1400),此桩起支护土作用兼做承载力桩基,承受暗挖逆筑法顶拱拱脚竖向压力,灌注桩与结构内衬之间设置防水层(图 2. 6-2)。

3. 工程地质及水文地质

车站暗挖施工穿越地层主要为细砂④$_3$层、粉质黏土⑥层、黏质粉土砂质粉土⑥$_2$层、粉细砂⑥3 层、粉质黏土⑥$_4$层、黏质粉土砂质粉土⑥$_5$ 层、圆砾卵石⑦层、中粗砂⑦$_1$层、细中砂⑦$_2$层(图 2. 6-3)。

主体结构开挖主要涉及潜水(二)、承压水(四),采取降水措施处理地下水。

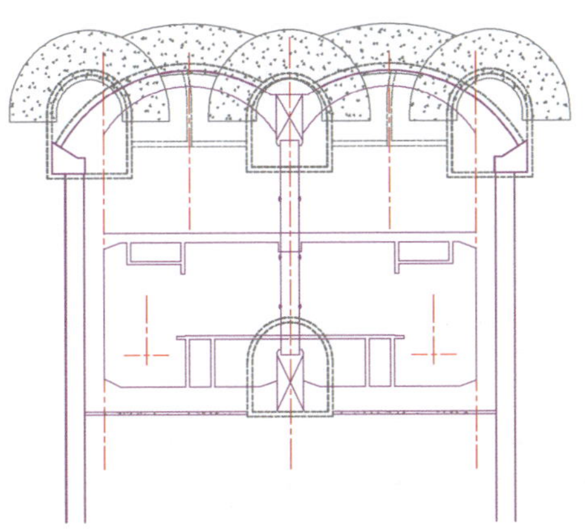

图2.6-2　车站结构横剖图

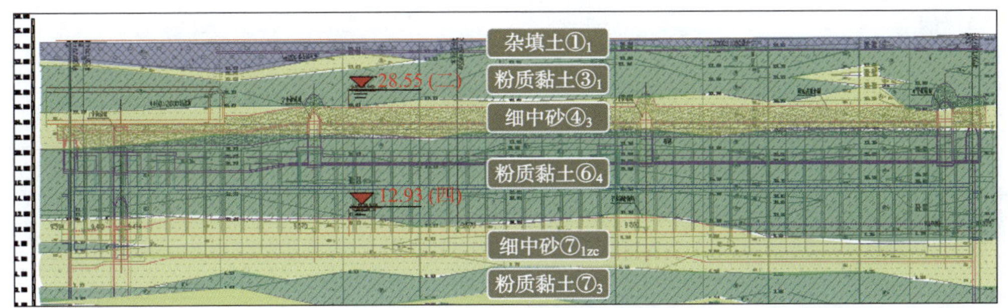

图2.6-3　车站主体地质剖面图

4. 工程重难点

(1)自身风险

车站主体暗挖结构自身风险工程为一级,采用PBA工法施工,底板埋深29.0 m。

(2)施工难点

本工程暗挖车站有效站台中心里程处拱顶覆土厚度约11 m,车站上层导洞拱部位于粉砂④$_3$和粉质黏土⑥层交界处,结构底板位于细中砂⑦$_2$层中,车站施工范围共遇到三层地下水,分别为潜水(二)、层间水(三)、承压水(四),其中承压水头高程为12.93～13.96 m,位于底板以上6.5 m,地下水极其丰富,若降水效果不佳,易发生流砂、管涌、坍塌等现象,导致开挖面失稳、初支结构变形和地下管线开裂等。

暗挖车站采用PBA工法施工,主体导洞采用台阶法施工。车站主体施工导洞初期支护采用超前小导管注浆+锁脚锚管+钢格栅。在上导洞内向下施工围护桩,下导洞施工条形基础,浇筑围护桩,桩间采用锚喷支护。拱顶初期支护采用超前小导管注浆+格栅钢架,挂双层钢筋网并喷射混凝土。施工过程中,如果初期支护不及时,开挖与支撑体系不同步或施工不当,自由变形时间过长,可能导致结构失稳。

③车站拱部二衬施工跨度大,若原有小导洞临时支护破除处理不当、支护不及时等原因,将会造成初支结构大的变形,严重时导致结构失稳,引起管线发生开裂、渗漏水甚至断裂等情况,进而引起道路沉陷等现象,严重危害道路使用安全及工程自身安全。

(3)环境风险

周围环境风险工程清单见表 2. 6-1,周边环境风险示意如图 2. 6-4 所示。

表 2. 6-1　周围环境风险工程清单

序号	风险工程名称	风险基本状况描述	风险工程等级
1	环境风险工程——建筑物		
1. 1	车站 PBA 暗挖主体结构临近丽都 10 号 A 座	桩基基础,地上 26 层框架结构与开挖边线水平距离约 10. 03 m	一级
1. 2	3 号施工竖井临近丽都十号地下室	桩基、框架结构,地上 26 层、地下 3 层,与开挖边线水平距离约 8. 1 m	一级
1. 3	4 号施工横通道侧穿醺居酒屋	2 层建筑物,与结构开挖边线水平距离 2. 59 m	一级
2	环境风险工程——管线		
2. 1	主体结构垂直下穿 ϕ800 污水管	管底埋深 3. 29 m,与拱顶垂直距离约 7. 8 m	一级
2. 2	主体结构平行下穿 ϕ600 上水管	管底埋深 1. 71 m,与拱顶垂直距离约 8. 23 m	一级
2. 3	主体结构垂直下穿 ϕ1000 雨水管	管底埋深 2. 67 m,与拱顶垂直距离约 8. 42 m	一级
2. 4	主体结构垂直下穿 ϕ600 雨水管	管底埋深 1. 30 m,与拱顶垂直距离约 9. 79 m	一级
2. 5	主体结构平行下穿 ϕ600 上水管	管底埋深 1. 71 m,与拱顶垂直距离约 8. 23 m	一级
2. 6	主体结构平行下穿 ϕ1500/1000 雨水管	管底埋深 3. 006 m,与拱顶垂直距离约 6. 934 m	一级
2. 7	主体结构垂直下穿 ϕ1000 雨水管	管底埋深 2. 67 m,与拱顶垂直距离约 8. 42 m	一级
2. 8	主体结构垂直下穿 ϕ600 雨水管	管底埋深 1. 30 m,与拱顶垂直距离约 9. 79 m	一级
2. 9	1 号施工竖井明挖基坑临近 ϕ4400 × 2800 热力沟	管底埋深 10. 8 m,与结构开挖边线水平距离 5. 40 m	一级

续上表

序号	风险工程名称	风险基本状况描述	风险工程等级
2	环境风险工程——管线		
2.10	1号施工横通道下 ϕ 穿 4400×2800 热力沟	管底埋深10.8 m,与拱顶垂直距离0.30 m	一级
2.11	2号施工竖井明挖基坑临近 ϕ4400×2800 热力沟	管底埋深 11.0 m,与开挖边线水平距离6.875 m	一级
2.12	2号施工横通道临近 ϕ4400×2800 热力沟	管底埋深11.0 m,与拱顶垂直距离2.083 m	一级
2.13	4号施工横通道下穿 ϕ1300×1000 热力管	管底埋深1.14 m,与拱顶垂直距离6.571 m	一级
2.14	4号施工横通道下穿 ϕ200 高压燃气管	管底埋深1.72 m,与拱顶垂直距离6.031 m	一级
2.15	4号施工横通道下穿 ϕ500 污水管	管底埋深3.82 m,与拱顶垂直距离4.551 m	一级
2.16	4号施工横通道下穿 ϕ1000 雨水管	管底埋深3.20 m,与拱顶垂直距离4.551 m	一级
2.17	4号施工横通道下穿 ϕ600 上水管	管底埋深1.54 m,与拱顶垂直距离6.221 m	一级

(4)施工难点

①暗挖车站主体导洞及横通道下穿多条市政管线,暗挖施工易引起管线变形,导洞位置易造成管线差异沉降过大,严重时发生开裂、渗漏水甚至断裂等情况。管线开裂渗漏水进而引起道路沉陷等现象,严重危害道路使用安全及工程自身安全。

②在拱部二衬施工时因跨度较大,如对原有小导洞临时支护的破除处理不当、支护不及时等原因,将会造成初支结构大的变形,直接威胁到施工人员和周边人员及地表建(构)筑物的安全。

③车站主体结构位于城市次干路下方,交通流量较大,应加强道路地表沉降变形监测及洞内的现场安全巡视,如发现有较大沉降变形,应及时采取有效措施减少塌陷危险,为周边环境以及工程施工提供安全保障。

5. 地下水处理措施

车站地下水处理方案采用管井降水措施,降水方式采用单井直排。

(1)对于施工中弱透水层采用真空管井复合降水,用于克服常规管井难以在短时间内疏干黏性土、砂质粉土层中的残留水。

(2)施工过程中根据实际情况设排水沟、截水沟并及时将坑内的水抽出,竖井或横通道内不得积水。对渗透系数差异较大的土层、砂层,施工期间要密切注意流砂、流土或管涌等不良现象。

(3)施工过程中加强对地下水的超前探测,尤其注意控制雨污水管底突涌风险,如遇上层滞水或界面残留水应及时引排,必要时根据地质情况选择合适浆液进行注浆堵水、甚至封闭掌子面。

(4)由于降水期较长,场区地下水均衡关系发生较大变化,必然对周围环境产

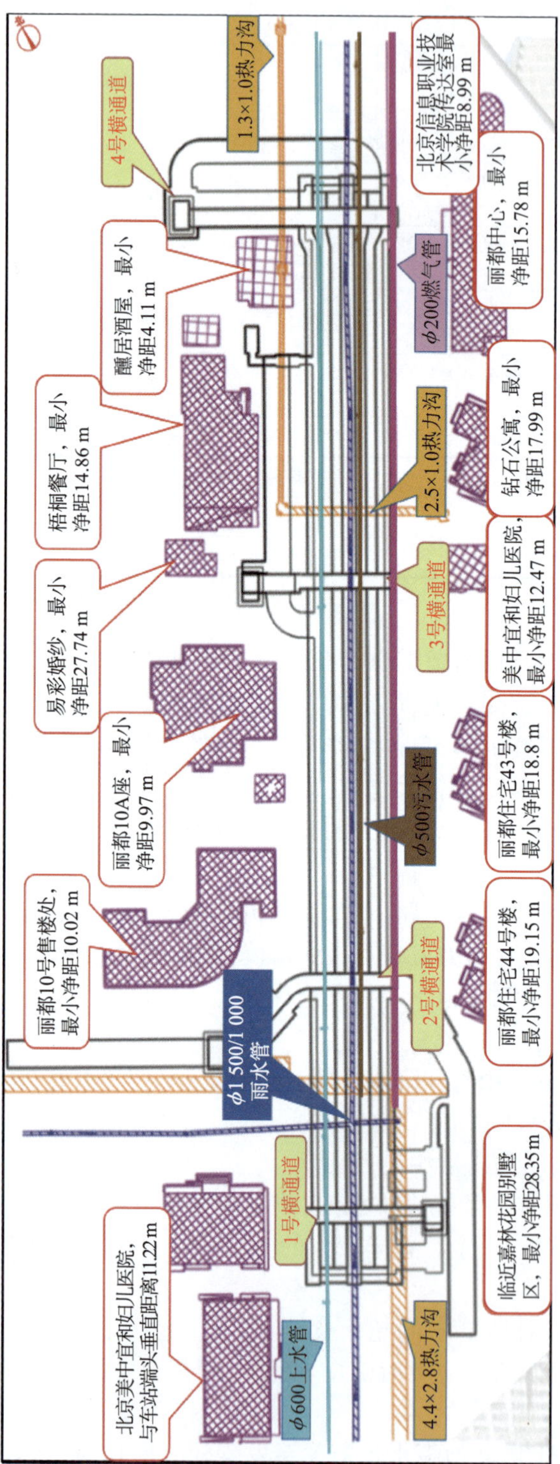

图 2.6-4　车站周边环境风险示意图

生影响。为了较准确地掌握场区地下水动态变化,及时采取必要的处理措施,在降水工程实施的同时,应建立地下水动态监测网。

(5)需将地下水将至开挖面下0.5~1.5 m,严禁带水作业。施工过程中,需根据地下水处理效果,必要时采用注浆措施进行堵水,保证无水作业。

6. 风险源处理措施

(1)针对主体暗挖结构,主要采取以下措施:

①严格按照十八字方针规范施工。

②马头门部位施工前,拱部超前支护及注浆加固应加强,确保进洞安全;

③采用上下台阶法施工,上台阶高度控制在2.1~2.3 m ,台阶纵向长度为3 m,核心土高度为0.8 m,上口宽1.5 m,下口宽2.0 m;拱部180°范围采用超前小导洞加固,注浆范围内0.5 m,外1.5 m,采用水泥水玻璃双液浆,可根据地层条件添加调节浆液凝结时间和可注性的外加剂,注浆压力控制0.8~1.0 MPa。

④隧道施工过程中,在上台阶格栅钢架架立后,为控制格栅的下沉,需在格栅两侧的落脚处各打设1组锁脚锚管,每组1根;锁脚锚管的长度为3 m,为加固拱脚地层和支撑格栅防止下沉,锁脚锚管的打设角度宜为30°~45°。

⑤车站导洞下穿热力管沟,采用深孔注浆加固,施工中可根据现场条件局部调整为小导管注浆,并控制注浆压力,保证注浆效果同时避免对管线产生破坏。

⑥初期支护完成后应及时进行充填注浆,充填注浆宜紧跟开挖工作面、并距开挖工作面5 m的地方进行。

⑦施工开挖过程中当穿越透水层及隔水层交界面时,由于隔水层的影响,层间残留水很难降彻底,在可疑地段提前自掌子面向前打设超前探水管,查明前方有无残留水。如有应及时封闭掌子面,并注浆加固地层。

⑧初支扣拱中隔壁进行分段破除,每7.5 m为一段,临时支护破除后及时进行二衬的施工,加强监控量测,以监控量测数据来指导初支破除施工。

(2)针对施工竖井及横通道,主要采取以下措施:

①对竖井内土体进行对角分块开挖,对横通道采用台阶法开挖。

②对隧道开挖外轮廓外一定范围内土体进行超前小导管注浆加固。

③及时进行初期支护及二次衬砌背后注浆。

④施工时进行实时监控,加强监控测量,提高监测的数量及频率,根据检测反馈信息,随时调整施工参数,必要时应对架设临时支撑。

(3)针对周边地表、管线及建筑物,主要采取以下措施:

①施工前,对地下管线进一步探明,核查管线与通道结构关系,是否满足设计要求,并做好分析与评估工作;对污水、雨水、给水管线进行核查管线渗漏水及老化情况,并做好相应处理措施。

②对隧道开挖轮廓线 1.5 m、轮廓线内 0.5 m 拱顶粉细砂范围进行超前深孔注浆加固。

③涉及的一、二级风险源中对部分风险源进行深孔注浆加固,在施工到距离风险源前后 5 ~ 10 m 范围内采用深孔注浆对地层进行加固。

④施工过程中加强监测,做到信息化施工。

⑤加强初支背后注浆。

⑥施工前,施工单位针对该风险源制定专项施工方案、应急预案及风险点管理办法。

7. 工程重点处理措施

(1)针对暗挖结构施工,主要做到以下几点:

①施工前加强超前地质探测及管线调查,对于不良地质地层或地面空洞预先打设超前小导管注浆加固地层。

②施工中控制开挖步距,做好超前小导管注浆和初支背后注浆及时跟进工作,确定合理的开挖顺序,尽快封闭成环,减少施工对土体的扰动。

③加大施工期间的监测力度,确定监控量测的预警值及警戒值,确保施工期间结构及管线的安全。

(2)针对马头门施工,主要做到以下几点:

①开马头门时双排小导管注浆加固。

②马头门入门处密排三榀格栅。

③导洞马头门破除交错施工,不得对侧同时施工。

④严格按浅埋暗挖法十八字方针施工,及时封闭成环,加强监控量测。

⑤马头门处设置门型钢架支撑。

8. 方案论证

共进行了 9 次施工方案论证,4 次第三方监测方案评审,主要意见如下(表 2.6-2)。

表 2.6-2　施工方案评审及专家意见统计

序号	方案名称	评审时间	专家意见
1	降水施工方案	2017 年 6 月 7 日	1. 施工前进一步调查周边环境情况,特别是地下管线使用情况,并采取相应的保护措施; 2. 降水维护期应结合总包单位施工筹划动态调整; 3. 总包单位在进行暗挖施工中,对土体超前加固及封端时需做好对降水井的保护措施; 4. 完善残留水的处理措施; 5. 优化井位布置,避开盾构区间,并应与结构保持足够的安全距离

续上表

序号	方案名称	评审时间	专家意见
2	1 号施工竖井及横通道安全专项施工方案	2017 年 8 月 29 日	1. 细化说明相邻区域及后续施工的工程筹划及技术措施； 2. 完善横通道开挖地层界面残留水的处理措施； 3. 细化深孔注浆注浆孔的布置及注浆参数，控制好注浆压力，避免对热力管线造成不利影响； 4. 完善拱顶超挖及局部坍塌的应急处理措施
3	4 号施工竖井及横通道安全专项施工方案	2017 年 11 月 22 日	1. 细化说明相邻工程及后续施工的工程筹划和施工措施； 2. 上层横通道施工过程应做好燃气泄漏及水囊探测； 3. 完善地层界面残留水处理措施和砂层坍塌处理措施； 4. 细化第四层横通道平顶和起拱节点施工措施
4	主体小导洞及初支扣拱安全专项施工方案	2018 年 4 月 23 日	1. 细化说明相邻工程及后续施工的工程筹划，明确导洞及扣拱相向施工接口部位的措施； 2. 会同设计优化下层导洞细中砂层的加固范围； 3. 做好超前探测，注意控制雨污水管底水囊突涌风险； 4. 上层导洞施工过程中严格控制扣拱节点定位精度，初支扣拱时确保节点连接质量
5	3 号施工竖井及横通道安全专项施工方案	2018 年 6 月 19 日	1. 完善穿越砂层部位局部坍塌应急措施； 2. 细化深孔注浆参数； 3. 完善燃气泄漏探测措施
6	2 号施工竖井及横通道安全专项施工方案	2020 年 4 月 29 日	1. 细化说明竖井及横通道与后续工程施工的相互关系及工程筹划； 2. 细化深孔注浆布孔就注浆参数； 3. 细化第二、三层横通道施工地下水的控制措施； 4. 第二、三层横通道侧壁砂层宜注浆加固

9. 专家巡视活动意见

施工过程中多次出现渗水、超挖等风险证照，共组织进行了 2 次专家巡视活动见表 2. 6-3。

表 2. 6-3　专家巡视活动统计

序号	巡视时间	巡视原因	专家意见
1	2018 年 4 月 11 日	现场受地下水处置，结构自身及周边环境安全	1. 目前降水未达到预期效果，建议对后续地下水控制措施进行专题论证； 2. 加强开挖过程工序控制，及时封闭成环，拱脚部位做支垫，及时背后回填注浆； 3. 后续施工过程中，加强对下穿地下管线、建筑物的监测及巡视； 4. 临电解决后，尽快开展车站降水工作，以形成区域降水条件

续上表

序号	巡视时间	巡视原因	专家意见
2	2020月1月15日	车站初支扣拱导洞拱部位于细中砂层,开挖过程中存在坍塌、超挖现象,超前支护效果不佳;各开挖面均存在渗漏水现象,真空降水效果不佳,后续应如何处理以减少施工风险	1. 造成掌子面涌水涌砂的原因初步判定为地层中存在水囊; 2. 尽快完成掌子面封闭处理,对空腔部位采取"喷射干料 + 注浆"的方式保证填充密实,对初支及管线结构周边地层自上层小导洞内打设长导管补充注浆,控制好注浆压力; 3. 加强车站初支结构监测和巡视,观测有无变形发展及结构开裂,可采取增设竖撑等方式增强洞内结构,加强相邻作业面的封闭措施; 4. 详细调查周边管线状态,避免发生次生灾害; 5. 对坍塌区域对应周边路面采取地质雷达探测、钻探等方式详细调查,必要时采取针对性措施; 6. 加强周边环境监测及巡视,及时反馈指导施工

10. 实施过程及风险管控

实施过程节点见表2.6-4。

表2.6-4　施工时间节点

时　间	施工节点	时　间	施工节点	时　间	施工节点
2017年9月30日	1号竖井开挖	2017年12月10日	1号横通道开挖	2018年6月5日	1号竖井封底
2018年6月20日	1号横通道初支完成	2017年12月27日	4号竖井开挖	2018年1月22日	4号横通道开挖
2018年5月27日	4号竖井封底	2018年7月21日	4号横通道初支完成	2018年6月25日	3号竖井开挖
2018年7月9日	3号横通道开挖	2018年10月6日	3号竖井封底	2018年10月16日	3号横通道初支完成
2018年4月29日	车站主体小导洞开挖	2018年11月20日	车站主体小导洞	2019年12月14日	车站主体初支扣拱
2020年5月31日	车站主体初支扣拱贯通	2020年5月20日	车站主体二衬扣拱施工	2020年5月16日	2号竖井土方开挖
2020年6月11日	2号横通道开挖	—	—	—	—

11. 主要措施落实情况及效果

(1)施工工序控制

①措施内容

横通道及主体导洞均采用台阶法施工,初支扣拱采用CD法施工,其中1号场地初支扣拱AB跨根据现场调整为三台阶法施工。竖井开挖采用倒挂井壁法。车站主体采用超前深孔注浆加固,车站初支扣拱过程中局部扩大注浆加固范围。

②落实情况及效果

车站上层导洞掌子面主要位于细砂④$_3$层、粉质黏土⑥$_4$层中，采用上下台阶法施工，上台阶高度控制在2.1～2.3 m，台阶纵向长度为3 m，核心土高度为0.8 m，上口宽1.5 m，下口宽2.0 m。拱部180°范围采用超前小导洞加固，注浆范围内0.5 m，外1.5 m，采用水泥水玻璃双液浆，可根据地层条件添加调节浆液凝结时间和可注性的外加剂，注浆压力控制0.8～1.0 MPa；背后注浆距开挖面5 m，注浆采用单液浆，注浆压力控制0.5 MPa以内。

车站下层导洞掌子面位于细中砂⑦$_2$层、粉质黏土⑥$_4$层中，采用上下台阶法施工，台阶长度控制3～5 m；拱部180°范围采用超前小导洞加固，注浆范围内0.5 m，外2.0 m；背后注浆距开挖面5 m，注浆采用单液浆，注浆压力控制0.5 MPa以内等（图2.6-5）。

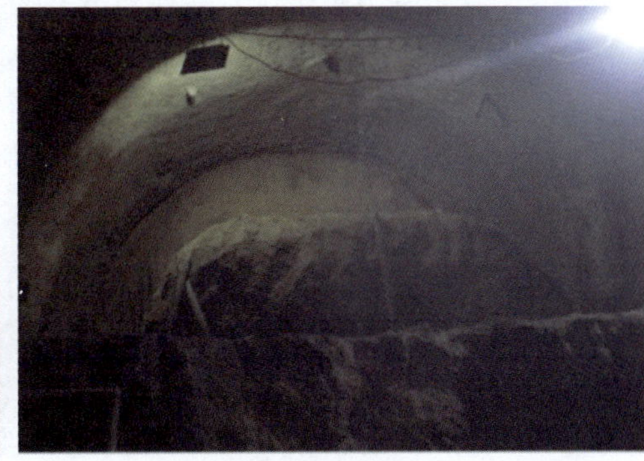

图2.6-5　车站上层导洞掌子面（左）和下层导洞掌子面（右）

（2）地下水控制措施

①措施内容

地下水处理方案采用管井降水措施，施工过程中须将地下水降至作业面以下0.5 m。

②落实情况及效果

芳园里站自2017年6月4日开始降水，降水井共计273口，单根井深38 m，井径ϕ600 mm，降水井水位在地面以下约30 m处。车站单日排水量约2 578 m^3。

（3）注浆施工控制

①设计措施

a. 车站主体暗挖临近段拱部采用超前深孔注浆加固，注浆材料为水泥-水玻璃浆液，注浆范围为开挖轮廓线外1.5 m至内0.5 m间范围内。

b. 车站主体初期初支完成后应及时进行充填注浆，宜紧跟开挖工作面并距开挖面5 m，注浆孔沿通道顶部和边墙布设，采用水泥浆。

②施工加强措施

车站初支扣拱主要位于粉细砂④$_3$、粉质黏土⑥$_4$ 层,开挖范围内存在层间滞水,降水井无法完全疏干,造成开挖面及周边土体松动、稳定性差。经四方会议,将逐渐设计加固范围扩大为初支轮廓内砂层深入粉质黏土 0.5 m,外 2.0 m。

根据现场开挖情况,在深孔注浆薄弱处打设 DN32 超前小导管进行补充注浆,小导管环向间距 0.3 m,长度 1.5 m,15°打设,浆液采用水泥-水玻璃。

针对车站初支表面存在明流水现象,在渗水处垂直钻孔,垂直打设 DN32 小导管,长度 1.0 m,浆液采用水泥-水玻璃,注浆压力控制在 0.8 ~1.0 MPa。

根据监测情况,对沉降较大的部位进行地面注浆,注浆布孔间距 1.0 m 梅花形布设,浆液采用水泥-水玻璃,钻孔深 5.0 m。

针对层间滞水进行真空降水,根据掌子面层间滞水情况,布设 3 ~5 根降水管,长度 1.5 ~2.5 m,同时洞内施作排水沟集中抽排。

开挖施工前需做好超前地质探测,每次探测 5.0 m,预防前方土层存在水囊等风险。

③落实情况及效果

设计措施及其他措施落实到位。

12. 险情/预警情况处置

车站施工过程中,共计发布 45 点次红色监测预警,其中有 33 点次为地下管线监测点、12 点次为道路地表监测点。共发布 20 个黄色巡视预警、4 个橙色巡视预警。

(1)监测预警情况

①由表 4.3-1 可知,2017 年 12 月 29 日 ~2020 年 1 月 15 日期间,车站 1 号、3 号、4 号施工横通道开挖,主体导洞以及初支扣拱施工,车站主体多导洞开挖以及多个导洞陆续贯通,地表及管线监测点受现场土方开挖及降水施工等影响,导致 45 个沉降监测点变化速率及累计变形值均超控制值,发布多个为红色监测预警,典型测点曲线如图 2.6-6 所示。

②施工措施

针对车站暗挖施工影响造成红色监测预警,施工单位立即停止继续土方开挖;初支完成后及时进行初支背后回填注浆;严格控制注浆压力及注浆量;期间加强现场监测、巡视,及时反馈监测数据,指导现场施工;严格按照图纸进行施工。

③控制效果

施工单位采取措施后地层得到加固,地表及管线监测点变形平稳。

(2)巡视预警情况

车站施工过程中,共发布 20 个黄色巡视预警、4 个橙色巡视预警。其中地下水处置情况占 46%,剩余巡视预警也多数与地下水有间接关系。

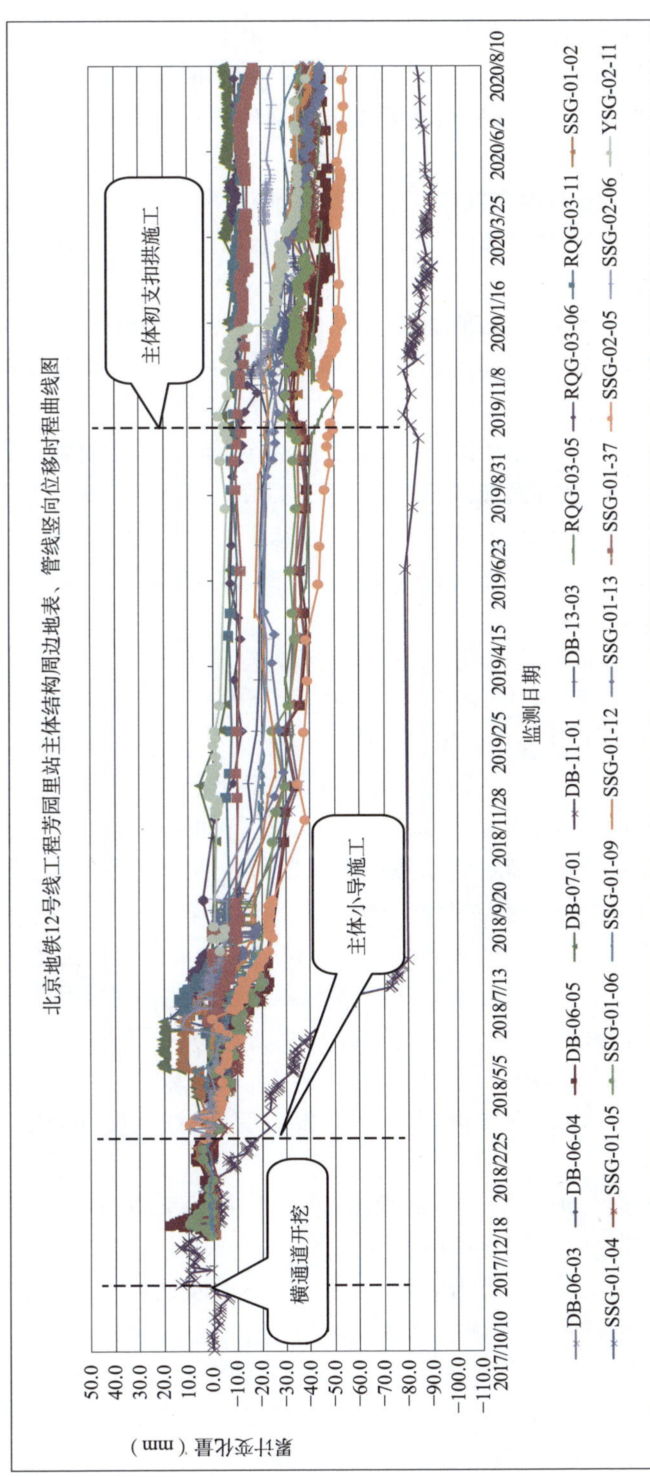

图 2.6-6　车站部分红色监测预警点时程曲线

2020 年 1 月 15 日上午 11 时,车站主体初支扣拱期间,AB 跨大里程①洞,现场掌子面已封闭,突发涌水涌砂造成掌子面垮塌,涌水涌砂量 10 m^3。

造成掌子面涌水涌砂的原因初步判定为地层中存在水囊。

(3)预警处置

①现场立即启动隧道涌水涌砂应急预案,组织各应急小组赶赴现场。

②预警发出后,各方高度重视,迅速在现场召开预警处置分析会议,并咨询专家意见,意见如下:

a. 尽快完成掌子面封闭处理,对空腔部位采取"喷射干料 + 注浆"的方式保证填充密实,对初支及管线结构周边地层自上层小导洞内打设长导管补充注浆,控制好注浆压力。

b. 加强车站初支结构监测和巡视,观察有无变形发展及结构开裂、可采取增设竖撑等方式增强洞内结构,加强相邻作业面的封闭措施。

c. 详细调查周边管线状态,避免发生次生灾害。

d. 对坍塌区域对应周边路面采取地质雷达探测、钻探等方式详细调查,必要时采取针对性措施。

e. 加强周边环境监测及巡视,及时反馈指导施工。

③根据现场掌子面实际垮塌后尺寸,确定封面参数。采用型钢支撑 + 双层网片 + 连接筋 + 注浆管 + 引水管 + 喷射 C25 混凝土进行应急封闭掌子面,封闭掌子面厚度为 50 cm,由拱顶分台阶逐层封闭,保证掌子面稳定。处理涌水涌砂位置的同时排查临近掌子面情况,并对已封闭的掌子面进行加强。

④掌子面坍塌后,立即确定坍塌部位对应地面位置,并排查周边管线,对该区域路面铺设钢板,同时安排专人疏导交通,确保行车安全。

⑤立即联系空洞普查单位,对涌水涌砂部位对应地面位置周边进行雷达探测。

⑥结合专家意见,封面强度达到 70% 后,从边导洞超前掌子面位置打设长导管进行补充注浆,并在掌子面位置进行钻孔注浆,打设角度 15°,孔深 5 m,注浆浆液为 1:1 的水泥-水玻璃双液浆,注浆压力控制在 1 MPa 以内,共消耗水泥 64 包。

⑦为防止土层损失后初支结构受力不均发生变形,经与设计商定在导洞内加设横向支撑。

⑧再次对路面进行地质雷达探测,对探测发现异常部位位置进行标识,后采用地质钻机进行地质勘探,确定异常情况及位置。

⑨对钻孔确定空洞位置,采用 C30 自密实混凝土回填,累计回填约 24 m^3,同时对回填混凝土下方不密实区域进行地表回填注浆,浆液采用水泥 – 水玻璃双液浆,打设深度 7 m,注浆压力控制在 1 MPa 以内,共消耗水泥 42 包。

⑩地面对应掌子面坍塌位置增加地表沉降监测点数量,同时增加洞内净空收敛、拱顶沉降监测点数量,并加密监测及巡视频率。

(4)处置效果

处置措施实施后效果显著,险情未进一步发展,目前已顺利通过。

13. 经验总结及建议

PBA工法施工地铁车站采用多导洞开挖,群洞效应明显。主体结构上方累计沉降量较大,沿车站纵断面方向,横通道中线部位受到多次扰动为沉降较大区域。

在富水砂层施工时,地下水除采取管井+明排进行降水处理外,还需要结合现场实际情况采用真空管井复合降水。现场施工过程中,施工单位应加强对掌子面的超前探测,掌握开挖面前方地下水情况,同时根据地质情况选择合适浆液进行封堵。

施工过程中的掌子面突涌发生在掌子面封闭的情况下,现场处置措施得当,应对及时,未造成风险扩大。在类似富水地层施工阶段,需重点做好地下水处理,并加强超前探查工作,严控由于地层突变或地层中存在水囊等地质因素造成作业面失稳等风险事件。同时在临时封闭作业面时,由于喷混凝土面不具备防水作用,应加强作业面巡查,及时处置异常状况。

2.7　某区间采用洞内降水处理地下水

1. 工程概况

某区间正线主要采用盾构法施工,总长度655.753 m。局部联络线叉心处采用矿山法施工,于里程右CSK116+140.731处设置一座区间暗挖施工通道。区间在百盛前空地设置一座盾构井。区间施工地理位置如图2.7-1所示。

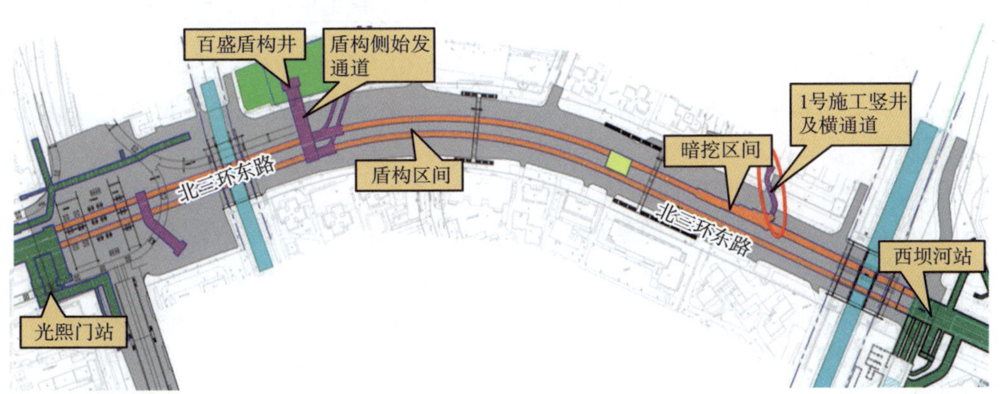

图2.7-1　区间施工地理位置

1号施工竖井平面尺寸为4.6 m×6.9 m,深约32.627 m,采用倒挂井壁法施工;1号施工横通道加设临时中隔板,断面宽4.6 m～5.7 m、高13.5 m,采用台阶法施工。暗挖区间开挖初支外轮廓尺寸为宽 9.18 m、高 9.59 m,采用 CRD 法施工。

2. 工程地质及水文地质

1 号施工竖井、横通道穿过的土层主要有⑥$_3$细中砂、⑥粉质黏土 、⑦卵石、⑦$_2$粉细砂、⑦$_3$粉质黏土、⑦$_4$粉土;暗挖区间穿过的土层主要有⑥$_3$细中砂、⑥粉质黏土 、⑦卵石、⑦$_2$粉细砂、⑦$_3$粉质黏土、⑦$_4$粉土。

施工范围内主要存有 4 层地下水,其类型分别为上层滞水(一)、层间潜水(二)、层间潜水(三)和承压水(四)。横通道顶板位于层间潜水(二)与层间潜水(三)之间,底板位于承压水(四)中。暗挖区间顶板位于层间潜水(二)与层间潜水(三)之间,底板位于承压水(四)中。地下水采用管井降水。

3. 工程重难点

(1)自身风险

自身风险工程清单见表 2.7-1。

表 2.7-1　自身风险工程清单

序号	风险工程名称	风险基本状况描述	风险工程等级
1	1 号施工竖井	竖井采用倒挂井壁法施工,开挖尺寸 4.6 m×6.9 m,深约 32.627 m	二级
2	1 号施工横通道	横通道采用台阶法施工,加设临时中隔板,断面宽 4.6~5.7 m,高 13.5 m,导洞分三层进行开挖	二级
3	暗挖大断面	暗挖大断面采用双侧壁导坑法施工,最大开挖宽度 15.8 m,高度 11.58 m,覆土深度 18.7 m	一级
4	暗挖标准断面	标准断面采用 CRD 法施工,开挖宽度 6.48 m,开挖高度 6.7 m	三级

1 号施工竖井、横通道及暗挖区间主要位于⑥$_3$细中砂、⑥粉质黏土 、⑦卵石、⑦$_2$粉细砂、⑦$_3$粉质黏土、⑦$_4$粉土。该区域地下水丰富,开挖范围涉及三层地下水:层间潜水(二)、层间潜水(三)、承压水(四),若降水效果不佳,易发生流砂、管涌、坍塌等现象,导致开挖面失稳、初支结构变形。

1 号施工横通道采用台阶法施工,暗挖区间大断面采用双侧壁导坑法施工,标准断面采用 CRD 法施工。横通道拱顶初期支护采用超前深孔注浆 + 小导管注浆 + 格栅钢架,暗挖区间拱顶采用大管棚 + 小导管注浆 + 格栅钢架,挂双层钢筋网并喷射混凝土。施工过程中,如果初期支护不及时,开挖与支撑体系不同步或施工不当,自由变形时间过长,可能导致结构失稳。

暗挖区间存在三个变断面,受力转换会引起结构应力重新分布,产生自身结构变形、周边环境变形。

1 号施工竖井开挖深度大、断面大,若施工过程中开挖与支撑体系不同步或施工不当,自由变形时间过长,可能导致竖井失稳。

(2)环境风险

周围环境风险工程清单见表 2.7-2。

表 2.7-2　周围环境风险工程清单

序号	风险工程名称	风险基本状况描述	风险工程等级
1	1 号施工横通道下穿 3 600 × 2 500 热力管线	管底埋深 5.98 m,拱顶与管线垂直距离 16.298 m	一级
2	1 号施工横通道下穿 ϕ600 污水管	管底埋深 5.54 m,拱顶与管线垂直距离 17.088 m	一级
3	1 号施工横通道下穿 ϕ1 500 雨水管	管底埋深 4.74 m,拱顶与管线垂直距离 12.201 m	一级
4	1 号施工横通道下穿 ϕ1 050 污水管	管底埋深 5.20 m,拱顶与管线垂直距离 11.692 m	一级
5	1 号施工横通道下穿 ϕ1 400 上水管	管底埋深 4.46 m,拱顶与管线垂直距离 12.432 m	一级
6	1 号施工横通道下穿 ϕ1 500 污水管	管底埋深 6.96 m,拱顶与管线垂直距离 11.683 m,开挖边线与管线水平距离 0.76 m	一级
7	1 号施工横通道下穿 ϕ1 500 雨水管	管底埋深 6.75 m,拱顶与管线垂直距离 11.893 m,开挖边线与管线水平距离 3.63 m	一级
8	1 号施工横通道临近 ϕ500 燃气管	管底埋深 4.60 m,拱顶与管线垂直距离 14.043 m,开挖边线与管线水平距离 11.35 m	一级
9	左线暗挖区间平行侧穿 ϕ1 050 污水管	管底埋深 5.2 m,拱顶与管线垂直距离 11.44 m,开挖线与管线水平距离 5.67 m	一级
10	左线暗挖区间平行侧穿 ϕ1 500 雨水管线	管底埋深 4.74 m,拱顶与管线垂直距离 14.005 m,开挖线与管线水平距离 3.89 m。	一级
11	1 号施工横通下穿北三环东路	拱顶与基础垂直距离 16.892 ~ 22.278 m	一级
12	暗挖区间下穿北三环东路	拱顶与基础垂直距离 19.53 ~ 21.07 m	一级

暗挖区间及横通道下穿多条市政管线,暗挖施工易引起管线变形,导洞位置易造成管线差异沉降过大,严重时发生开裂、渗漏水甚至断裂等情况。管线开裂渗漏水进而引起道路沉陷等现象,严重危害道路使用安全及工程自身安全。

暗挖区间及横通道均位于北三环东路下方,北三环东路为城市主干道,交通流量较大,车速较快。车站多导洞开挖施工易导致路面沉降变形。此外施工过程中注浆压力要严格控制,控制不当易造成路面隆起,严重时会造成路面开裂、塌陷等情况,从而严重影响道路使用安全及工程自身安全。

4. 风险工程对策

(1) 地下水处理方案

据详勘报告,施工竖井及横通道处存在四层地下水。地下水采用降水方式进行处理,在开挖前,需将地下水将至开挖面下 0.5 ~ 1.5 m,严禁带水作业。

①地下水处理方案采用管井降水措施,施工过程中须将地下水降至作业面以下 0.5 m。如施工过程中存在的界面水在经过常规的洞内地下水处理后仍对施工安全影响较大时,应及时封闭掌子面,施工单位应组织业主、设计、监理共同协商解决方案。

②开挖范围内存在承压水,施工中应采取深层降水措施,避免发生涌水隆起事故。降水具体参数应根据现场降水试验确定,并要求通过降水试验确定降水对地层沉降、周边建(构)筑物的影响程度。

③施工过程中应根据实际情况设排水沟、集水坑并及时将积水抽出,竖井、横通道及暗挖区间内不得积水,如降水效果不佳必要时采用真空泵对地下水进行处理。对渗透系数差异较大的土层、砂层,施工期间要密切注意流沙、流土或管涌等不良现象。

④在降水工程实施之前,结合工程实际情况对一定范围内的建(构)筑物、管线布设沉降监测点,在抽水期间要进行连续沉降观测,若累计沉降量接近预警值(根据不同类型建(构)筑物及地下管线确定的不同预警值)时,及时上报并采取措施。

⑤由于降水期较长,场区地下水均衡关系发生较大变化,必然对周围环境产生影响。为了较准确地掌握场区地下水动态变化,及时采取必要的处理措施,在降水工程实施的同时,应建立地下水动态监测网。

⑥施工现场应有备用电源及降水设施,以保证降水连续不间断地进行。

(2) 风险源处理措施

①暗挖结构

a. 严格按照十八字方针规范施工。

b. 横通道拱顶初期支护采用超前深孔注浆 + 小导管注浆 + 格栅钢架;暗挖区间拱顶采用大管棚 + 小导管注浆 + 格栅钢架,挂双层钢筋网并喷射混凝土。

c. 施工过程中加强监测,做到信息化施工。

②施工竖井及横通道

a. 对竖井内土体进行对角分块开挖,对横通道采用台阶法开挖。

b. 对隧道开挖外轮廓外一定范围内土体进行超前小导管注浆加固。

c. 及时进行初期支护及二次衬砌背后注浆。

d. 施工时进行实时监控,加强监控测量,提高监测的数量及频率,根据检测反馈信息,随时调整施工参数,必要时应对架设临时支撑。

③周边地表、管线及建筑物

a. 施工前,对地下管线进一步探明,核查管线与通道结构关系,是否满足设计要求,并做好分析与评估工作;对污水、雨水、给水管线进行核查管线渗漏水及老化情况,并做好相应处理措施。

b. 对通道开挖轮廓线1.5 m、轮廓线内0.5 m上半断面粉细砂范围进行超前深孔注浆加固,长度范围为管线两侧3 m范围。

c. 加强支护结构刚度。

d. 施工过程中加强监测,做到信息化施工。

e. 加强初支背后注浆。

f. 施工前,施工单位针对该风险源制定专项施工方案、应急预案及风险点管理办法。

5. 专家论证与咨询建议

区间共进行了3次施工方案论证见表2.7-3,3次第三方监测方案评审见表2.7-4。

表2.7-3　施工方案评审及专家意见统计

序号	方案名称	评审时间	专家意见
1	降水施工方案	2019年7月22日	1. 方案合理、可行; 2. 建议: ①施工前应详细调查地下障碍物,做好人工探井施工的有害气体检测和孔壁稳定的安全保障措施; ②降水井施工时应包缠好滤网,防止出砂涌砂; ③应加强与竖井施工单位对残余水体的处理措施,做到信息化施工
2	1号竖井及暗挖联络线安全专项施工方案	2019年10月14日	1. 采取适宜的残余水处置措施,注浆施工过程中注意保护降水井,以保证无水作业条件; 2. 细化马头门加强环梁做法、联络线马头门施工步序; 3. 优化横通道施工步序,仰挖段开挖面粉细砂等松散地层宜采取超前预加固措施; 4. 完善横通道、联络线断面突变处的施工步序及措施,同工法隧道断面改变宜渐变; 5. 完善竖井临时支撑拆除步序及相邻工程结合部位做法
3	暗挖联络线二衬主体结构安全专项施工方案	2021年4月21日	1. 细化初支中隔壁、仰拱拆除步序安排及安全监测措施; 2. 细化变截面部位横架构造设计及详图; 3. 细化模板材料进场监控措施。

6. 专家巡视活动意见

区间共组织进行了2次专家巡视活动,统计见表2.7-5。

表 2.7-4　第三方监测方案评审及专家意见统计

序号	方案名称	评审时间	专家意见
1	1 号施工竖井及横通道、暗挖区间	2019 年 9 月 11 日	1. 施工过程中加强对降水效果、开挖面地层与渗水情况、初支变形情况及北三环东路地表变形情况的现场巡视工作; 2. 优化 1 号横通道两侧破马头门位置处、暗挖区间大断面变截面位置处测点布设
2	百盛盾构井—西坝河站区间、西坝河站—三元桥站区间穿越道路及挡墙	2019 年 8 月 14 日	1. 优化监测点位布置,对于暗挖区间、开马头门、联络通道、盾构始发接收等关键部位及工序加强数据采集及分析; 2. 应加强对外倾挡墙的监测与分析
3	百盛盾构井—西坝河站区间穿越七圣路北口天桥、西坝河北天桥	2020 年 5 月 14 日	第三方监测方案可行

表 2.7-5　专家巡视活动统计

巡视时间	巡视原因	专家意见
2020 年 4 月 29 日	1 号横通道初支施工,受地下水影响明显,掌子面稳定性差,施工过程中存在掌子面明流水、拱脚部位垮塌、底板积水积淤等情况,不利于风险管控	1. 以管井降水作为处置地下水的主要措施;总结前期管井降水经验,优化管井布置、洗井方式等参数,确保有效降低地下水位;建议尽早打设正线降水井,形成区域降水;加强降水井的保护; 2. 可考虑自横通道二层打设斜向井点; 3. 会同设计,结合降水效果优化横通道的设置及格栅节点布置,保证初支早封闭,控制周边环境变形; 4. 采用侧壁注浆的辅助措施控制边墙垮塌
2021 年 3 月 18 日	区间暗挖联络线暗挖区间大断面下穿北三环东路,重要市政管线,近期现场施工规范性较差,下层带水作业严重,地层稳定性较差	1. 采取综合措施处理地层残留水,建议继续做好真空降水措施,在底板位置增设集水坑,侧壁位置增设泄水孔; 2. 掌子面地层稳定性差,出现局部滑塌的情况需及时进行处置,做到快封闭,建议在侧壁位置补充超前小导管注浆措施; 3. 范核心土留设,强化工序衔接,初支成环后及时进行背后回填注浆; 4. 后续 3-3、2-2 断面二衬施工阶段,建议采取先换撑措施

7. 实施过程及风险管控

(1)施工过程

区间 1 号竖井 2019 年 10 月 11 日开挖,2020 年 1 月 17 日永久封底,1 号横通道 2020 年 2 月 25 日开挖,2020 年 5 月 5 日初支完成,2020 年 7 月 3 日暗挖区间拱顶管棚施工完成,1 号横通道 2020 年 11 月 22 日二衬结构完成;暗挖区间 2020 年 12 月 5 日开挖,2021 年 4 月 29 日初支完成(表 2.7-6)。

表 2.7-6　施工时间节点及现场照片

现场照片	现场照片
 2019 年 10 月 14 日，1 号竖井土方开挖，黏土层，未见渗漏水	 2020 年 1 月 18 日，1 号竖井现场永久封底，黏土层，侧壁初支存在渗水，井底积水
 2020 年 2 月 25 日，1 号横通道马头门深孔注浆加固	 2020 年 4 月 13 日，1 号横通道土方开挖，上中砂、中下粗砂砂砾、黏土层；地层渗漏水较多，真空降水 + 明排；格栅槽积水过多
 2020 年 6 月 15 日，1 层临时封端，暗挖区间马头门位置管棚施工，2 层打设洞内降水井	 2020 年 11 月 22 日，1 号横通道两侧洞门环梁二衬施工完成，横通道上部二衬施工完成

续上表

现场照片	现场照片

2021 年 1 月 22 日,4 号洞下台阶中上部为粉细砂,下部为粉质黏土,下部交界面处有渗水,仰拱格栅槽内有积水,洞内少量积水、积淤	2021 年 4 月 29 日,暗挖区间 4 号洞开挖完成,已封端,洞内清底施工,仰拱处初支局部少量渗水,洞内少量积水、积淤

8. 主要措施落实情况及效果

(1)施工工序控制

1 号横通道原设计导洞分两层开挖,开挖一定距离后经变坡将通道按高度分成三层进行开挖。后来考虑到仰挖段的施工风险,并综合考虑施工范围内地质情况,进行了设计变更,取消将 1 号横通道仰挖段,调整为横通道平直段(图 2.7-2、图 2.7-3)。

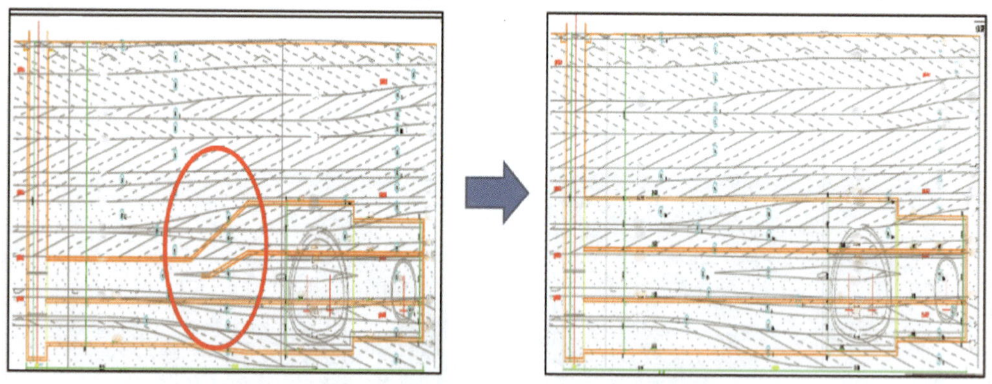

图 2.7-2　原设计 1 号横通道仰挖段调整为平直段剖面图

施工过程中为缩短土体暴露时间达到快速封闭的效果,监理组织四方会,将 1 号横通道 2 层(高 4.6 m)下台阶格栅(原长度 2.6 m)改为两节,增加一个连接板(设置在砂层与黏土层交界处)增加一个台阶。

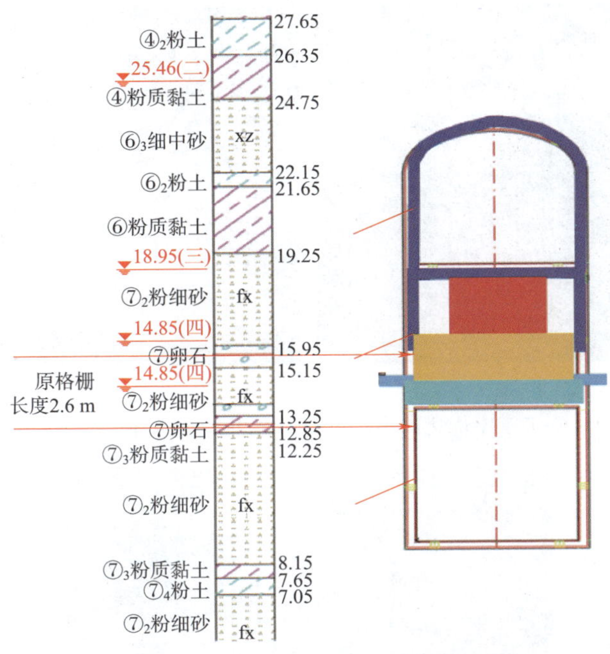

图 2.7-3　变更后横通道剖面示意图

暗挖区间大断面2号洞由于上台阶上部中粗砂层，下部为卵石层，下台阶上部为粉细砂层，下部为粉质黏土层。开挖过程中地层残留水顺卵石层流出，上台阶砂层自稳能力差，多次出现局部坍塌、拱脚悬空、渗水积水现象，如图 2.7-4 所示。经过监理组织四方会，参照横通道多台阶开挖经验，2号导洞采用三台阶施工，原钢格栅通过增加连接板方式进行加工施作，现场实施效果如图 2.7-5 所示。

A

B

C

D

图 2. 7-4　施工工序优化前多次出现局部坍塌、拱脚悬空、渗水积水现象

图 2. 7-5　现场实施效果

(2)地下水控制措施

地下水处理方案采用地表打设 78 口降水井降水措施,施工过程中须将地下水降至作业面以下 0. 5 m。施工过程中,施工单位还采取了辅助措施:集水明排、真空降水、从 1 号施工横通道 2 层向下打设 11 口洞内降水井(间距 6 m)、注浆止水等措施,降水计算参数见表 2. 7-7、表 2. 7-8,降水井布置及落实如图 2. 7-6、图 2. 7-7。

表 2. 7-7　降水计算参数

降水部位	含水层类型	最小降深(m)	基坑等效半径(m)	渗透系数(m/d)	影响半径(m)	排水量(m^3/d)
竖井	层间水(二)	4. 6	16. 225	25	98. 6	850
	层间水(三)	7. 58	16. 225	30	228. 6	1 997
暗挖区间	层间水(三)	4. 98	47. 6	30	121. 7	1 429
	承压水(四)	3. 72	47. 6	6	200. 8	449

表 2.7-8　降水井设计参数

位置	井类型	井径（mm）	管径（mm）	井管类型	井深（m）	井间距（m）	纱网（目）	滤料（mm）	井数（眼）
竖井	管井	600	400/50	无砂水泥管井	38	6	100	粗砂	29
暗挖区间	管井	600	400/50	无砂水泥管井	38	6	100	粗砂	49

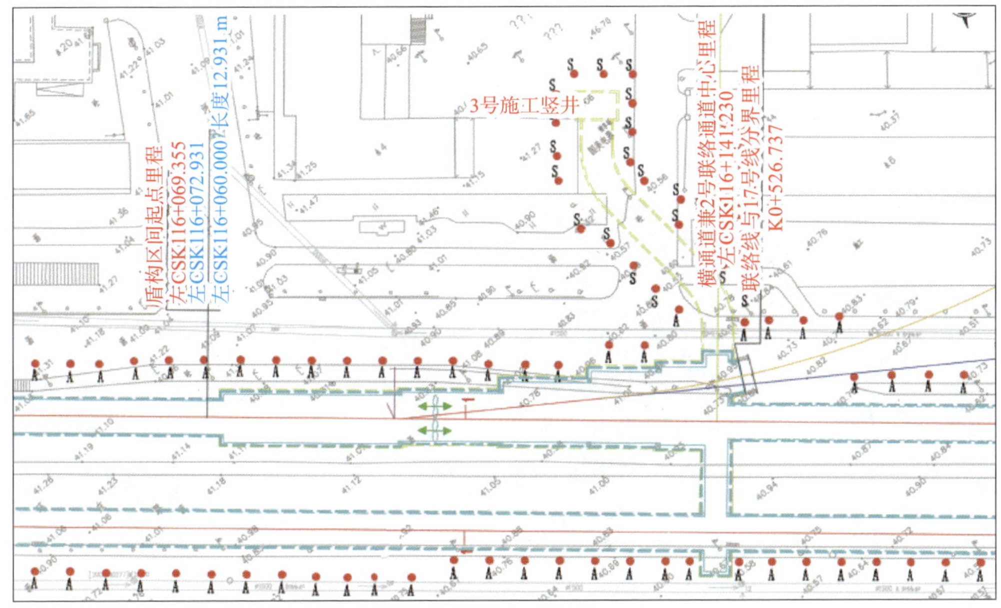

图 2.7-6　降水井布置图

图 2.7-7　洞内降水井降水(井)及真空降水

9. 险情/预警情况处置

区间施工过程中，发布 44 个橙色、6 个黄色监测预警。共发布 9 个黄色巡视预警、2个橙色巡视预警。11个巡视预警中,地层及开挖面渗漏水、现场明流水比例最大,因为1号施工竖井及横通道、暗挖区间施工范围涉及3层粉细砂层、1层卵石层,开挖过程中受层间潜水(二)、层间潜水(三)、承压水(四)影响,导致竖井底部、临时仰拱及底板容易出现积水积淤、侧壁及拱顶渗漏水等现象,再加上如果现场抽排水不及时、现有降水措施不满足需求、施工监管不到位等原因,掌子面未能及时封闭成环、拱脚悬空,会引起掌子面失稳、土体坍塌等。

(1)地下水控制

①原因分析

1号横通道2层地层渗漏水和竖井侧壁渗漏水,导致1号施工竖井底部积水严重,接近淹没道横通道3层下台阶,发布橙色巡视预警(图2.7-8)。

图2.7-8 预警照片(一)

②预警处置

a. 施工单位补齐降排水相关手续,恢复地表管井降水施工和洞内降水井降水,保证竖井内无积水。

b. 加强监测及巡视,加强施工管理。

③处置效果

处置措施已实施效果显著,恢复地表降水和洞内降水作业,竖井内进行抽排水,预警情况已得到处置(图2.7-9)。

(2)土方开挖

①原因分析

暗挖区间大断面双侧壁导坑法施工,上层3号、5号导洞施工步序与设计不符,2洞下断面垮塌,现场未处置;下层受地下水影响明显,两榀拱脚悬空,洞内积水、积淤,局部存在垮塌形成空洞,发布橙色巡视预警(图2.7-10)。

②预警处置

a. 立即停止中洞开挖,按照设计要求施工步序开挖。

图 2.7-9　消警照片(一)

图 2.7-10　预警照片(二)

b. 对 2 号导洞下台阶垮塌部位进行回填注浆加固，对两榀拱脚悬空部位进行封闭成环。

c. 加强 2 号导洞真空降水，及时对洞内积水、积淤清理，疏干。

③处置效果

已实施效果显著，积水、积淤得到了有效清理，拱脚悬空问题也通过喷浆填充措施进行了消除(图 2.7-11)。

图 2.7-11　消警照片(二)

10. 监测情况分析

区间周边地表累计变化最大点为DB-01-09,累计变化量为-59.3 mm(控制值-30～+10 mm),处于橙色预警状态。进入二衬施工后,地表沉降点沉降趋势收敛(图2.7-12、图2.7-13)。

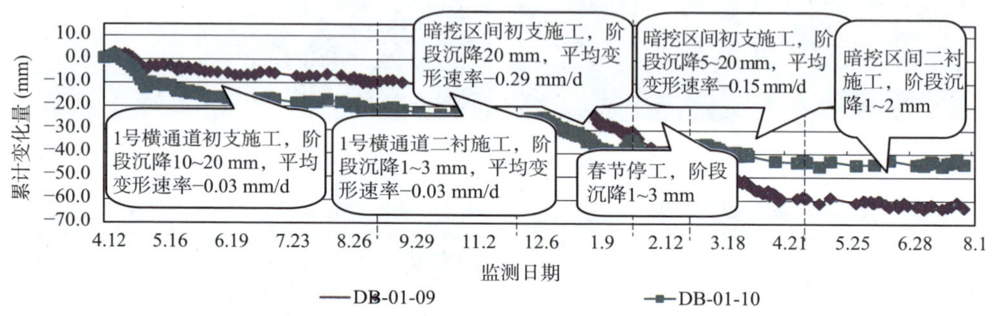

图2.7-12　区间周边地表竖向位移监测点时程曲线图

区间周边管线累计变化最大测点为三环路北侧的ϕ1500雨水管线WSG-01-10,累计变化值为-50.4 mm,处于橙色预警状态。进入二衬施工后,管线沉降点沉降趋势收敛(图2.7-13)。

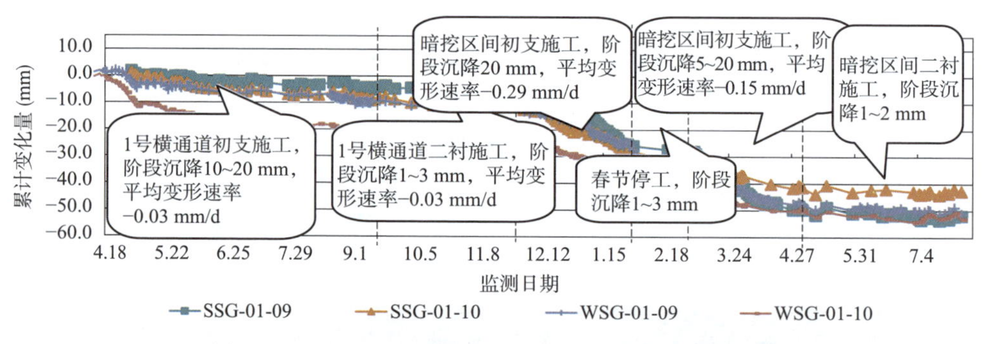

图2.7-13　区间周边管线竖向位移监测点时程曲线图

11. 经验总结及建议

本案例重点介绍了横通道和暗挖区间施工过程中施工工序优化和针对下水处理所采取的措施,总结及建议如下:

(1)现场巡视发现带水作业、现场积水严重、拱脚悬空、掌子面坍塌等问题后,立即进行信息反馈,并发布巡视预警,为及时处置现场风险提供了指引。

(2)通过多次会议讨论和专家巡视,优化了施工工序,包括取消 1 号横通道仰挖段、将 1 号横通道两台阶开挖调整为三台阶开挖、暗挖区间 2 号导洞两台阶开挖调整为三台阶开挖等。

(3)地下水处理措施在地表降水的基础上增加了真空降水、集水明排、洞内打设降水井降水等措施,有效保障了作业面稳定和施工安全。

第 3 章　矿山法安全风险管控案例

3.1　穿越既有线

3.1.1　新建车站下穿既有运营车站

1. 工程简介

某新建换乘车站穿越既有运营车站，新建结构采用“暗挖 PBA + 明挖法”施工，主体密贴下穿既有车站段为两层三跨箱型框架结构，采用暗挖 PBA 工法施工。该段车站主体总长 52.4 m、宽 23.5 m、高 14.92 m，顶板覆土约 11.759 m，底板埋深约 27.029 m。

(1)工程地质与水文地质情况

①工程地质情况

下穿段自上至下所属地层依次为粉土填土、杂填土、粉土、卵石$②_5$，卵石⑤，卵石⑦，粉质黏土⑧，卵石⑨层。顶板位于卵石⑤层，底板位于卵石⑨层。

②水文地质情况

除受季节的影响、管线渗漏等，局部可能会存在上层滞水外，卵石层中粉质黏土夹层上可能会存在滞留水，水位高程位于底板以下约 10.25 m，施工过程不考虑其他地下水影响。

(2)工程重难点

①自身风险

下穿区域自身风险工程为一级。

②环境风险

主要环境风险工程中车站暗挖主体下穿 M1 某站(特级)，既有线为单层四跨或单层五跨框架结构，四跨结构宽 17.0 m、高 6.45 m；五跨结构宽 29.6 m、高 6.8 m，明挖法施工，既有线覆土约 4.9 m。

车站暗挖主体下穿既有车站附属结构——军事通道(一级)，受影响的附属军事通道断面有两处，一处断面宽 8.2 m、高 6.4 m；另一处断面宽 7.55 m、高 4.4 m，明挖法施工。新建车站顶板主体与军事通道夹角 20°，竖向 1.262 m。

车站主体下穿段邻近既有车站西南入口地面亭(一级，地面一层)，主体结构与入口结构之间的水平距离 4.602 m，竖向距离 11.747 m。

2. 风险工程对策

(1)丝杠支顶

下穿既有线施工时采取安装"丝杠+工字钢梁"来支顶既有结构。

丝杠在上层边导洞间距1.6 m布置一道(同边桩间距),上层中导洞间距2 m/2.1 m(钢管柱之间布设两道)。

待边桩钢筋笼绑扎及钢管柱安装完成后,安装丝杠底部预埋件,浇筑混凝土。预埋件采用200 mm×200 mm×10 mm,钢板底部焊接9根480 mm长C16钢筋作为锚筋,钢筋间距60 mm,距钢板周边边缘40 mm。

上层中导洞钢管柱之间丝杠基础采用C30素混凝土支墩,长×宽×高为400 mm×400 mm×1 000 mm,浇筑混凝土支墩时预埋丝杠底部预埋件。

安装工字钢横梁:顶纵梁及上部回填区域同步浇筑完成后,为保证上部回填密实,需对顶纵梁与导洞间缝隙进行封堵密实,采用多次高压补浆填充顶纵梁与既有结构之间的间隙,使之密实,并永久密贴持力。

(2)深孔注浆

根据车站主体结构与既有线的位置关系,下穿段上层小导洞、初支扣拱及下层小导洞均采取深孔注浆措施进行地层加固。

①下穿段重叠区域

下穿段重叠段既有线保护措施采用深孔注浆加固上导洞侧墙及底板外1.5 m地层、下导洞全断面1.5 m外地层,范围为重叠段的区域。

②下穿段非重叠区域

下穿段非重叠位置保护措施采用深孔注浆加固顶板上部地层,范围为重叠段以外的区域。

(3)其他

导洞密贴下穿既有线结构施工时,需彻底清除既有线底板垫层下方的浮土,确保初支结构密贴支撑既有线结构。对于当下穿位置既有线垫层底高程不在同一高程的情况,施工时可在格栅与既有线底板夹层间填充预制的C20强度的垫块起到临时支顶作用,缩短土方开挖到喷混的间隔时间。同时在喷混前预埋回填注浆管,喷锚完成后及时进行回填注浆加固。

(4)监控量测

①监测重点分析

施工过程中,监测重点为既有线的变形,主要包括既有线结构沉降,道床沉降及自动化沉降监测,同时监测地面沉降变形,分析其变形规律,通过变形情况及时反馈施工方,进行相应施工方法及参数的调整,确保既有线处于安全可控状态。

②监测对象、项目、控制值及精度

监测过程中,监测对象主要为既有线自身结构及周边地表沉降,主要监测项目为既有线轨道沉降变形、结构沉降变形及自动化监测变形,周边地表沉降、管线沉降等。

各类监测对象、项目、控制值及精度统计见表 3.1-1:

表 3.1-1　各类监测对象、项目、控制值及精度统计

序号	类　别	监测项目	最大允许变形值(mm)	最大允许变形速率(mm/d)	精　度
1	周边环境	雨水管、污水管	20	2	±0.3 mm
2		地表沉降	30	3	±0.3 mm
3		既有线道床沉降	3	1	±0.3 mm
4		既有线结构沉降	3	1	±0.3 mm
5		既有线自动化监测	3	1	0.15% F. S

施工过程中,采取“既有线结构内自动化监测、人工监测,地面人工监测”的方式对既有线及周边环境变形进行监控。通过监测数据反馈施工,及时调整施工参数,有效控制现场风险隐患。

③监测频率及周期

a. 监测频率

道路及地表沉降、管线沉降、既有线变形等监测项目的现场安全监测频率见表 3.1-2。监测过程中巡视人员注意掌握施工进度情况,并反馈给监测人员,并与施工单位建立沟通机制,保证按照施工进度情况进行监测。

表 3.1-2　矿山法施工隧道周边环境监测频率

监测部位	监测对象	开挖面至监测点或监测断面的距离	监测频率
开挖面前方	周边环境	$2B<L\leqslant 5B$	1 次/2 d
开挖面前方	周边环境	$L\leqslant 2B$	1 次/1 d
开挖面后方	周边环境	$L\leqslant 1B$	1 次/1 d
开挖面后方	周边环境	$1B<L\leqslant 2B$	1 次/1 d
开挖面后方	周边环境	$2B<L\leqslant 5B$	1 次/2 d
开挖面后方	周边环境	$L>5B$	1 次/7 d

注:1　B 为矿山法隧道或导洞开挖宽度(m);L 为开挖面至监测点或监测断面的水平距离(m)。

2　当工程发生异常情况时,应增大监测频率,发生红色监测预警时监测频率应≥2 次/d。

3　监测数据趋于稳定后,监测频率宜为 1 次/30 d。

b. 监测周期

第三方监测服务周期:以第三方监测单位以开展第三方监测服务之日起至合同范围内所辖工程投入试运营且经业主批准结束监测服务为止的时间为准。各监测项目在施工开始前取得初始值,施工开始后按要求的频率进行监测,当工程施工结束,施工影响安全的因素消除,监测对象变形趋于稳定后,第三方监测单位可向甲方提交停测申请,经批准后方可停止相应的监测工作。

3. 专家论证与咨询建议

针对该工程,组织专项施工方案专家论证1次,专家巡视活动3次。

(1)方案论证

2016年6月1日,组织特级风险工程专项施工方案专家会,主要意见如下:

①核实下层导洞部位的岩石分布情况。

②重叠段42导洞(范围为既有线及两端10 m)掌子面土体宜预注浆加固,做好试验段优化注浆分段长度、注浆孔布置和浆液配比。

③上层导洞非重叠段初支宜起拱;优化平顶直墙导洞初支顶板格栅节点设置,其中部不宜设置节点板。

④会同设计调整下穿段上下层导洞开挖顺序,宜先施工下层导洞。

⑤细化上层导洞初支和既有线车站底板间的夹层处理措施,加强上层导洞初支背后回填注浆,并细化顶纵梁回填质量保证措施,确保其回填层与导洞初支顶板密贴。

⑥通过试验优化二衬扣拱拆撑长度,做好受力转换,加强拆撑过程的监测。

⑦做好施工监测、第三方监测和专项监测的信息沟通与分析,加强施工过程对既有线和周边环境状态巡查。

(2)专家巡视活动

①专家巡视活动1

针对主体小导洞施工过程节点连接及地层加固情况组织专家巡视,形成如下意见:

a. 后期二衬扣拱拆撑风险较高,需做好初支节点板连接质量的控制工作,并会同设计进一步完善拆撑方案,细化受力转换措施,完善相应应急预案。

b. 加强背后回填注浆,建议采取多次反复的方式实施,确保回填密实。

c. 建议对下穿重叠段利用小导洞间土体部位适当加压回填注浆。

d. 进一步加强核心土留设等现场施工控制。

②专家巡视活动2

针对主体导洞格栅节点设置情况组织专家巡视,形成如下意见:

a. 下穿段施工过程加强背后回填注浆控制。

b. 加强下穿段非重叠段施工过程注浆效果控制,保证地层稳定。

c. 加强初支扣拱格栅节点连接及焊接质量控制。

d. 会同设计优化下穿段非重叠段二衬扣拱拆撑方案,建议保留工钢支撑,加强该部位节点防水构造处理,并加强二衬扣拱施工期间的洞内外监测。

③专家巡视活动 3

针对拆撑过程风险隐患问题组织专家巡视,形成如下意见:

a. 对非重叠段竖撑隔一拆二方案应调整为隔一拆一方案,并对保留的型钢竖撑进行节点等强加固。

b. 在目前拆除的竖墙顶的格栅节点处应补设拱顶下沉测点,加强过程监测与巡查。

c. 基于监测结果,对目前拆除的竖墙应采取好换撑应急措施。

4. 实施过程及风险管控

(1)施工过程

穿越既有线段主体小导洞自 2016 年 7 月 7 日开始施工至 2017 年 1 月 3 日完成,初支扣拱自 2017 年 4 月 22 日开始施工至 2017 年 6 月 30 日完成,二衬扣拱自 2017 年 7 月 1 日开始施工至 2017 年 10 月 13 日施工完成。

整个施工过程中,小导洞采用平顶直墙密贴下穿,洞内上下层小导洞采取深孔注浆加固方式,小导洞贯通后辅以丝杠支顶方式进行加固。为控制地层变形,在小导洞贯通后,通过横向注浆方式进行地层加固,加固初支扣拱部位地层。拆撑施作二衬过程中,经过施工单位主动申请变更设计方案并经专家巡视研讨,将非重叠段拆撑方案由 6 m 范围全部拆除变更为“隔一拆二”,再变更为“隔一拆一”,通过动态调整参数,保障了工程的顺利推进。施工过程记录图片如图 3.1-1 ~ 图 3.1-10 所示。

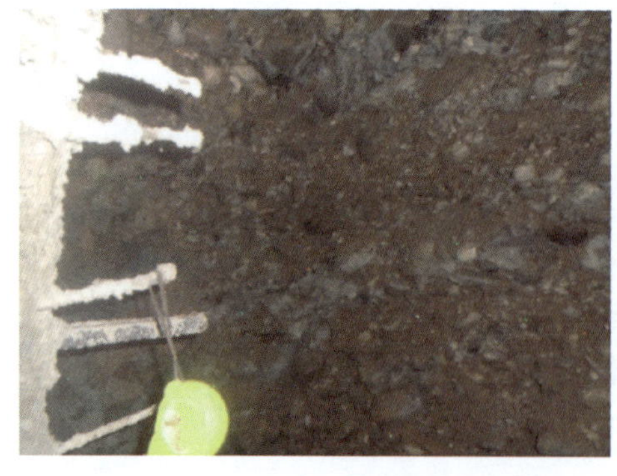

图 3.1-1　小导洞拱顶浆脉

图 3.1-2　上层小导洞侧向注浆

穿越既有线施工过程中,小导洞施工阶段采取深孔注浆加固方式加固地层,拱顶基本稳定,上层小导洞施工完成后采取侧向注浆方式进行初支扣拱部位土体加固，同时对沉降较大区域起到注浆回填、抬升作用。注浆过程中，加强了洞内及既有线内的巡视与监测，未出现异常情况，通过既有线监测数据研判，对既有线抬升有一定效果。

图 3.1-3　边导洞丝杠安装

图 3.1-4　初支扣拱节点连接情况

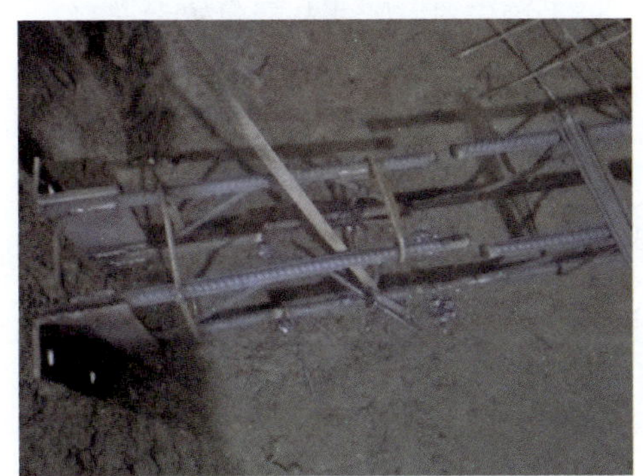

图 3.1-5　边扣拱二部格栅割断(安装后焊接)

图 3.1-6　边扣拱二部中间部位格栅焊接

图 3.1-7　中扣拱与小导洞节点连接较好

图 3.1-8　中扣拱格栅中部割断后重新焊接

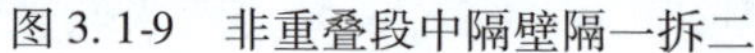

图 3. 1-9　非重叠段中隔壁隔一拆二

图 3. 1-10　重叠段中隔壁隔一拆一

小导洞施工完成后,根据设计方案采取丝杠支顶方式进行加固既有线。初支扣拱施工阶段,拱顶可见小导洞阶段注浆浆脉,拱顶较为稳定。由于施工精度问题,边导洞二部初支扣拱及中扣拱施工阶段格栅连接存在困难,经各方开会讨论同意变更为先割断格栅,待节点部位连接完成后采用同型号钢筋补焊方式加固扣拱格栅,初支扣拱施工直至完成阶段,现场施工较为稳定,既有线未出现较大变形。

二衬拆撑扣拱阶段根据设计图纸采取分段拆撑,每段长度不大于一柱跨(约 6 m),经过过程中的风险识别,经讨论由施工方提出将重叠段按 6 m 拆撑长度控制,非重叠段中隔壁按隔一拆二进行控制。施工过程中,重叠段拆撑变形阶段格栅节点较为稳定未见异常;非重叠段施工过程中,局部出现拱顶下沉速率及变形值较大情况,洞内未见裂缝。经专家巡视讨论决定将中隔壁“隔一拆二”调整为“隔一拆一”进行控制,方案调整后,现场拆撑稳步进行,直至拆撑二衬扣拱完成,洞内监测数据未见速率偏大情况,整体基本稳定。

(2)主要措施落实情况及效果

①设计措施

该特级风险工程施工过程中,针对其工程特点及潜在风险点,设计措施如下:

a. 既有线变形控制较为严格,设计为平顶直墙密贴下穿,辅以洞内丝杠 + 深孔注浆。

b. 非重叠段平顶直墙施工不利于新建结构受力,设计为深孔注浆。

②其他措施

施工过程中,通过识别潜在风险点,采取针对性的控制措施;施工巡视过程中,经过现场主动变更及各方配合有效解决了施工过程出现的各类问题,主要为

a. 针对平顶直墙导洞内节点较多问题,现场通过会议纪要进行了相关变更,减少及调整格栅节点,减少受力不利的部位。

b. 施工过程中,边扣拱二部及中扣拱分别出现了格栅连接问题,针对该问题现场通过会议纪要进行了变更,将边扣拱二部格栅及中扣拱格栅中间部位断开,待

两侧节点连接好后，再采用相同规格的钢筋进行焊接，保证了格栅的完整性及节点连接质量。

c. 针对非重叠段拆撑过程受力转换复杂，拆撑可能存在坍塌风险隐患问题，施工及巡视过程中，施工方主动会同设计将边扣拱中隔壁拆除一跨长度的方案调整为“隔一拆二”。现场巡视过程中，发现“隔一拆二”的拆撑方式仍存在一定风险隐患，及时组织专家巡视活动，针对该问题进行专项分析，经专家分析该部位确实存在较大风险隐患，建议将“隔一拆二”方案调整为“隔一拆一”方案，施工方接受专家建议，将拆撑方案调整为“隔一拆一”，保证了现场施工的安全风险可控。

(3) 险情/预警情况处置

工点未发生险情及较大预警情况。

(4) 监测情况分析

①监测预警统计

监测工作包含既有线内监测及周边地表环境监测两部分，监测实施过程中，既有线自身结构无监测预警发生，周边地表环境部分监测点存在沉降超标而预警情况，过程中一共涉及 22 个地面监测点，其中 9 个达到橙色监测预警，1 个黄色监测预警。

②重要预警及采取的施工措施、控制效果

施工过程，既有线无预警，无重要预警。

③不同施工阶段变形控制分析

a. 既有线监测变形分析

既有线监测过程中，分人工监测及自动化监测两部分，人工监测过程主要监测既有线结构及道床变形，自动化监测主要监测既有线结构变形，监测点平面布置图如图 3.1-11 所示。

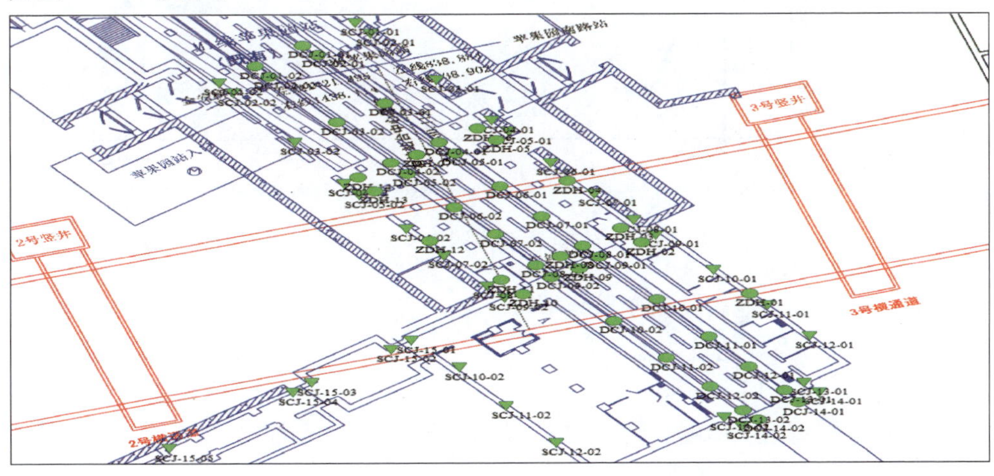

图 3.1-11　既有线结构及道床结构监测点布设平面图

既有线结构自动化监测测点中,共涉及 14 个监测点,平均变形量为 -0.59 mm,最大变形点 ZDH-14,沉降 -1.39 mm,平均速率小于 -0.01 mm/d,基本稳定。

既有线结构人工监测测点中,既有线主体结构监测点 28 个,平均变形量 -0.55 mm,最大变形测点 SCJ-08-01、SCJ-09-01、SCJ-10-01 变形 -1.9 mm,平均变形速率小于 -0.01 mm/d,基本稳定。军事通道结构监测点 5 个,平均变形量为 -2.5 mm,最大变形测点 SCJ-15-03、SCJ-15-05 沉降 -2.6 mm,平均变形速率 -0.02 mm/d,基本稳定(图 3.1-12)。

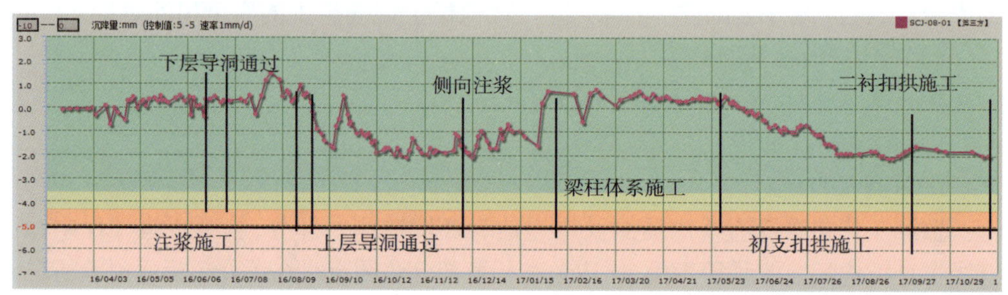

图 3.1-12　既有线结构典型沉降测点(SCJ-08-01)沉降时程曲线

既有线道床结构监测点中,共涉及 28 个监测点,平均变形 -0.87 mm,最大变形测点 DCJ-09-01,变形 -1.9 mm,平均变形速率小于 -0.01 mm/d,基本稳定(图 3.1-13)。过既有线部位涉及变形缝 1 条,变形缝部位测点最大差异沉降值 0.1 mm,北侧偏低。

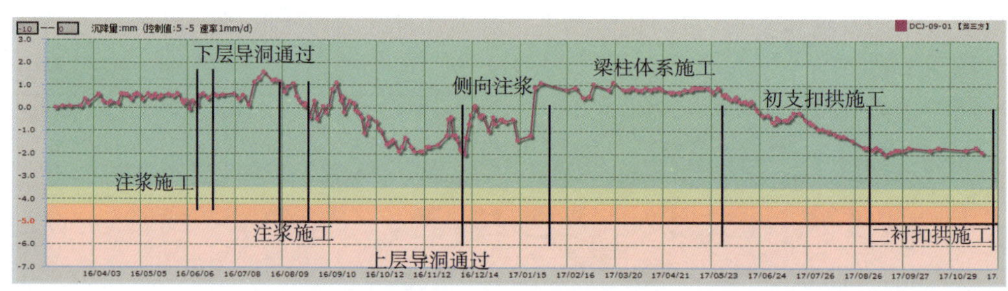

图 3.1-13　既有线道床结构典型沉降测点(DCJ-09-01)沉降时程曲线

b. 既有线上方地表监测变形分析

既有线上方及周边地表监测过程中,主要分地表监测点和管线监测点,监测布点平面图如图 3.1-14 所示。

剔除横通道周边影响测点后,既有线周边测点共涉及监测点 22 个,其中在既有线正上方监测点 13 个,既有线旁边监测点 9 个。

既有线正上方共涉及 13 个监测点,测点平均变形 -17.58 mm,最大沉降测点

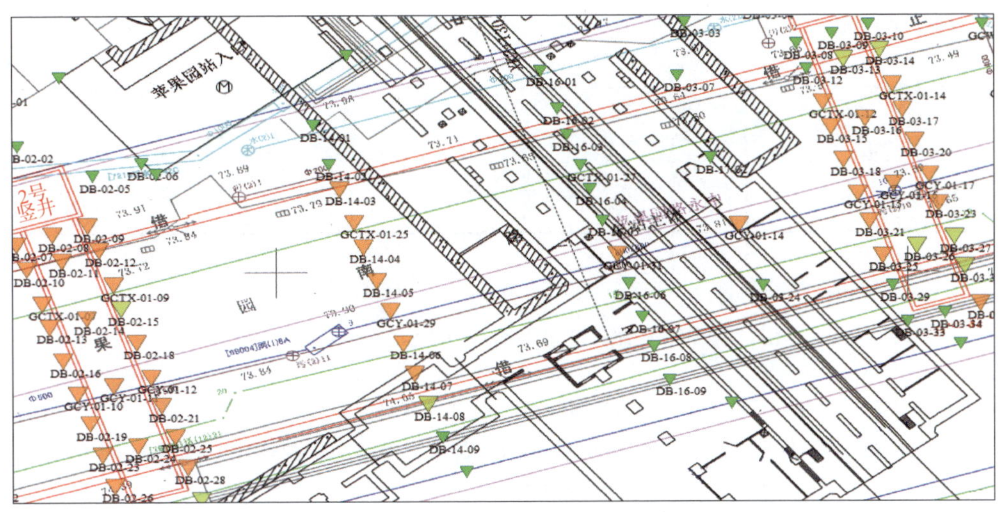

图 3. 1-14　既有线上方及周边沉降监测点布点平面图

DB-16-04 沉降 -24. 72 mm,位于车站 C 轴导洞上方,目前上方测点平均变形速率 -0. 04 mm/d,基本稳定(图 3. 1-15)。

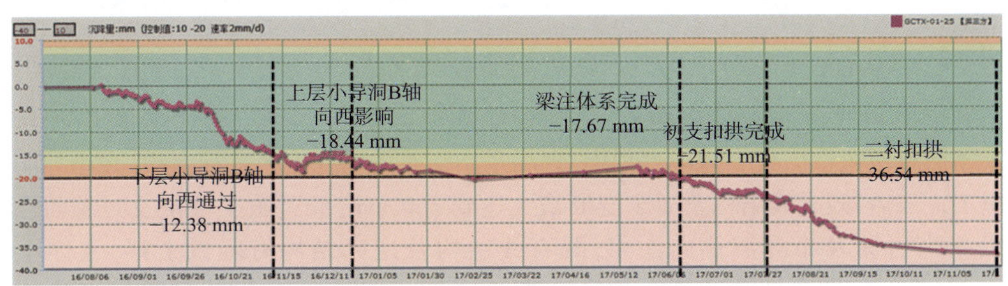

图 3. 1-15　既有线上方典型沉降测点(DB-16-04)沉降时程曲线图

既有线上方周边监测点共涉及 9 个,测点平均变形 -35. 19 mm,最大沉降测点 GCY-01-29 沉降 -43. 09 mm,位于车站 B 轴导洞上方,目前上方测点平均变形速率 -0. 02 mm/d,基本稳定(图 3. 1-16)。

c. 总结

通过对以上监测数据总结及分析,下穿既有线过程中,既有线结构及道床结构变形均未超过控制值要求,且未达到预警值及报警状态。施工过程中,在小导洞施工完成后,既有线结构及道床变形最大达到 2. 0 mm,经过施工单位及时超前注浆,回填注浆及小导洞侧向注浆,既有线结构及道床结构有轻微上浮,上浮至 1 mm。在后续初支扣拱及二衬扣拱阶段,既有线结构及道床结构绝对变形值约 3 mm,累计变形值为 -1. 9 mm,未达到预警值及报警值。进行主体站厅层、站台层结构施

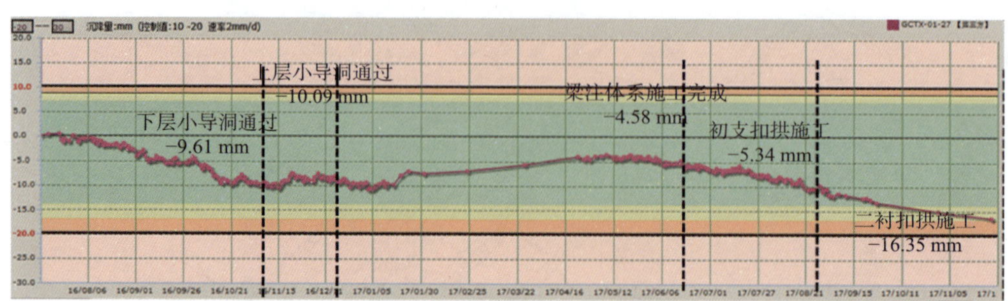

图 3.1-16　既有线上方典型沉降测点(GCY-01-29)沉降时程曲线图

工,既有线变形平均速率小于 -0.01 mm/d,基本稳定。

既有线上方及周边道路地表测点中,既有线上方受既有线遮盖保护,地面平均变形 -17.58 mm,既有线周边(非重叠段)上方,地面平均变形 -35.19 mm,目前速率均已趋于平稳。

(5)风险管控总体评价

施工过程中,既有线结构及道床结构未出现监测预警,既有线道路上方地表及管线监测点存在超过控制值达到预警状态情况,已趋于稳定,整体风险情况安全可控。

5. 经验总结及建议

采用 PBA 法平顶直墙密贴下穿既有车站为全国首例新建车站下穿既有运营车站的特级风险工程。施工过程中,现场采用注浆 + 丝杠工艺进行支护,在小导洞施工完成后,既有线结构及道床变形最大达到 2.0 mm,经过施工单位及时超前注浆,回填注浆及小导洞侧向注浆,既有线结构及道床结构有轻微上浮,上浮至 1 mm,在后续初支扣拱及二衬扣拱阶段,既有线结构及道床结构绝对变形值约 3 mm,累计变形值为 -1.9 mm。从开始施工至二衬扣拱结束,既有线结构及道床结构变形均未超过控制值要求,且未达到预警值及报警状态。

施工过程中,严格落实超前支护效果管控,下穿段初支施工阶段未出现超挖及坍塌等巡视预警情况,二衬扣拱阶段通过对拆撑长度及保留支撑数量的优化,规避了施工过程受力不利的隐患,整体施工过程安全风险可控。

施工前期,通过风险识别及风险分析,有效识别了现场风险;施工过程中,针对预分析的风险点进行有针对性的巡视。发现现场预分析的问题有出现的苗头时,及时通知相关各方整改,并有效利用专家力量,组织专家进行巡视,有效控制现场风险隐患。

建议在今后的工作过程中,加强现场的风险识别及分析,发现问题及时解决问题,不能抱有侥幸心里,不因问题小而不去重视,不因问题大而推脱逃避。

3.1.2　新建换乘通道上跨、邻近既有运营区间及车站

1. 工程简介

新建某站在东南角设置一条独立换乘通道实现与既有车站换乘，如图 3.1-17 所示。

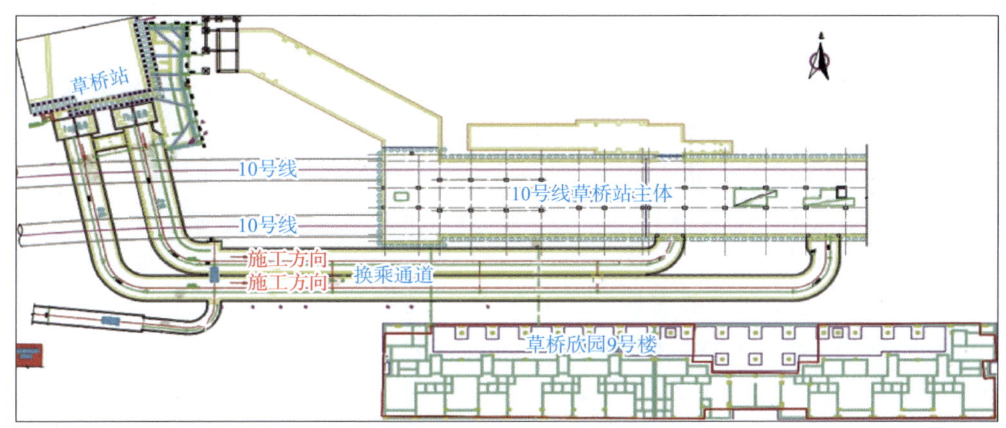

图 3.1-17　某站换乘通道平面示意图

换乘通道采用浅埋暗挖法施工，埋深 4.2 ~ 4.9 m，下穿镇国寺北街。与既有车站主体并行部分采用并行微拱直墙结构断面形式，其中左线长 113 m，右线长 158 m，单侧结构断面尺寸 7.2 m（宽）×5.77 m（高），为保证自身及环境安全，将与既有车站主体并行部分左线距横通道 18 m，右线距横通道 43 m 处由 CD 法转换采用 CRD 法施工。施工前对拱部进行超前深孔注浆及超前小导管预加固土体，此部分换乘通道由横通道向东侧施工，如图 3.1-18 所示。

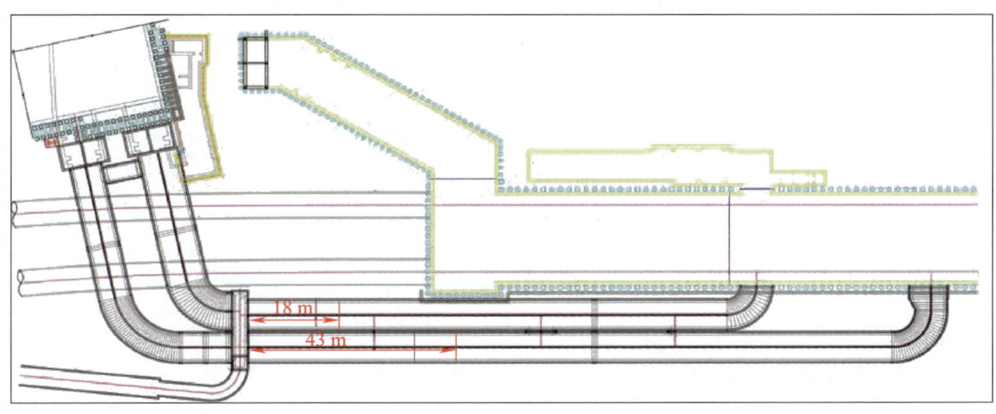

图 3.1-18　并行部分 CRD 法施工位置图

(1)既有地铁线某站及某某区间工程概况

既有地铁线某站(建成年代为 2012 年)主体为地下 2 层 3 跨的岛式站台车站,有效站台宽度 12 m,长度 118 m。主体结构采用明挖法施工,车站主体总长度 237.5 m,标准段总宽度 20.8 m,基坑深度 17.4 m(盾构井段 18.75 m),覆土厚度 3.9 m(标准段)。围护结构采用钻孔灌注桩 + 钢内支撑支护体系,主体结构采用钢筋混凝土箱形框架结构,纵向柱跨一般为 9.75 m。主体结构外侧设全外包防水。

既有线区间为盾构区间,线间距在进站区域约 15.0 m,直线进站。纵断面上,线路左右线设平缓"V"字坡。线路拱顶埋深 10.6 ~ 15.6 m,盾构隧道外径 6 m,管片宽 1.2 m,厚 300 mm。每环管片共分 6 块,每块宽度 1.2 m,厚度 300 mm,一环中相邻管片设置两个螺栓连接,每环 12 个,环与环之间设置 16 个纵向螺栓。管片混凝土强度等级为 C50。

(2)新建换乘通道与既有线位置关系

换乘通道上跨既有线最小净距 1.36 m,采用 CRD 工法暗挖施工,全断面超前深孔注浆加固。2 号施工竖井横通道向东进洞采用暗挖 CD 法(后变更为 CRD 法)施工邻近既有 10 号线车站部分。换乘通道与既有车站水平净距 0.2 ~ 2 m。换乘通道端部与既有车站南侧侧墙连接,洞口连接尺寸分别为 5.5 m × 3.7 m、6.7 m × 3.7 m,需对既有车站侧墙开洞。

(3)工程水文地质

换乘通道覆土 4 ~ 5 m,掌子面主要为砂层,局部砂卵石地层,不受地下水影响。

(4)工程重难点

①换乘通道位于镇国寺北街下方,管线较多且覆土较浅(4 ~ 5 m),开挖断面大,开挖过程中保证自身安全及道路管线安全稳定是本工程的重点、难点。

②换乘通道上跨既有盾构区间,且邻近既有线车站负一层站厅,开挖过程中如何保证既有线盾构区间稳定及运营安全是工程的重点、难点。

③马头门施工。马头门处为结构受力转换点,做好马头门加固保证进洞安全是工程重点、难点。

2. 风险工程对策

(1)对策一

拱部管棚施工,竖井施工至隧道中隔板下 1.5 m 位置临时封底,搭设作业平台于隧道拱部打设 ϕ108@400 大管棚,管棚由北端竖井单向打设(图 3.1-19),其中左线(东侧洞)管棚长度 28.83 m,右线(西侧洞)管棚长度 31.38 m,为增加管棚刚度,管内注 1∶1 水泥浆填充。

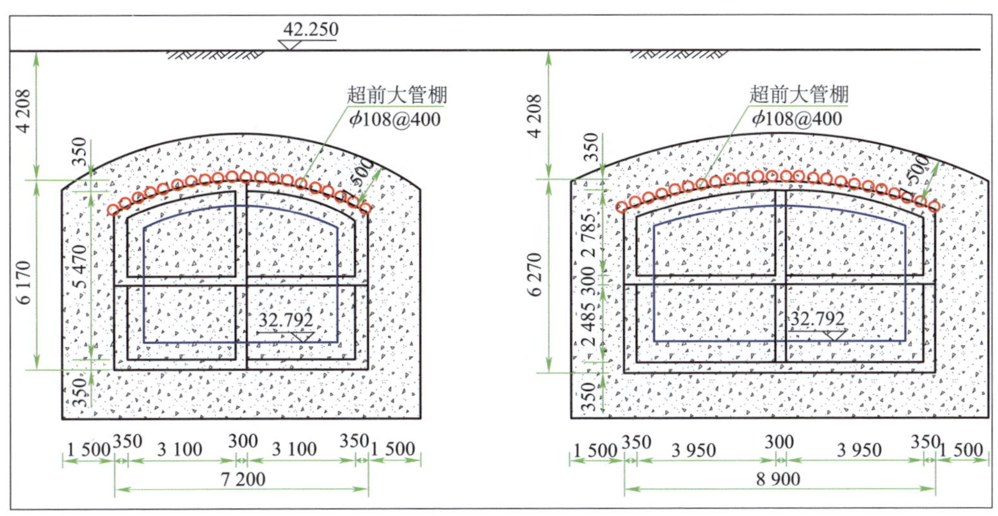

图 3.1-19 某站换乘通道下穿镇国寺北街关系横剖面图(西段)(单位:mm)

(2)对策二

换乘通道超前深孔注浆,共分 12 段进行。第一段注浆采取在北侧竖井内搭设作业平台,其余段落采取在洞内搭设作业平台,由掌子面向开挖方向呈辐射状进行多角度注浆,掌子面范围内土体加固,注浆孔呈梅花形布置;段与段间均搭接 2 m,作为下一循环段止浆盘。

注浆参数具体设计如下:

注浆孔直径为 ϕ50,孔间距 0.5 m×0.5 m,浆液扩散半径取 0.3 m。开挖轮廓外 1.5 m 范围内土体加固,注浆孔采取单排环形布置,由掌子面向开挖方向呈辐射状进行多角度注浆,掌子面范围采用水平注浆。临近既有车站段换乘通道上方管线较多且距离较近,深孔注浆布孔时要注意避开管线一定距离,调整注浆孔长度及角度,注浆过程中严格控制注浆压力在 0.2 MPa 以内,避免对管线及路面造成影响。

(3)对策三

为确保安全,隧道开挖前在拱部打设超前小导管形成棚护支护体系,小导管采用 DN32 mm、壁厚 2.75 mm 焊接钢管,长度 2.5 m,环向间距 30 cm,每榀打设,小导管打设角度 15°,打设完成对进行小导管注浆,根据开挖面前方的围岩条件控制好注浆压力,终压不大于 0.2 MPa,要求加固体半径不得小于 0.25 m。对于距离 ϕ600 污水管线处小导管打设应严格控制角度,不能大于 15°,且此处小导管打设长度不能超过 2 m。小导管打设完成与格栅拱架可靠连接。小导管布设如图 3.1-20 所示。

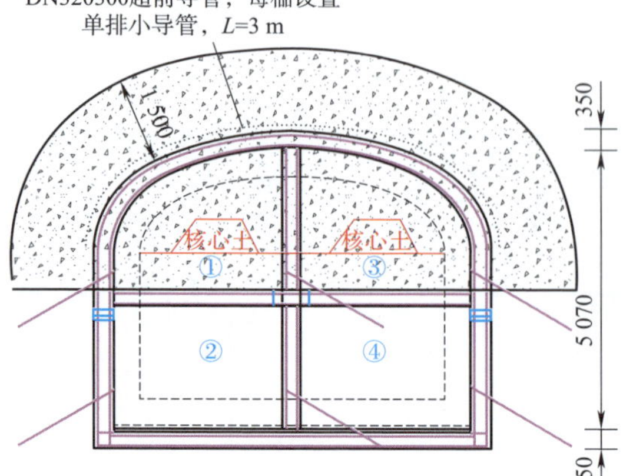

图 3. 1-20　超前小导管布置示意图(单位:mm)

(4)对策四

为确保施工过程中路面行车安全,在地表敷设钢板(图 3. 1-21)。

图 3. 1-21　地表敷设钢板

3. 监控量测

(1)监测重点分析

某站换乘通道上跨及邻近既有线区间及车站,下穿镇国寺北街,覆土 4 ~5 m,覆土较浅且上方管线较多,开挖面拱部大部分位于砂层、局部砂卵石地层。综合分析,监测工作的重难点主要在以下方面:

①既有线结构及道床变形,道床自动化沉降监测。

②镇国寺北街地表监测。

③管线:燃气、雨水、污水、上水、通信等管线沉降监测。

(2)监测对象、项目及精度

根据设计图纸及相关规范确定监测精度见表 3. 1-3。

表 3.1-3　既有线监测对象、项目、精度

类别	监测对象	监测项目		监测仪器	监测精度
周边环境	下穿及邻近既有地铁	远程自动化监测	轨道结构沉降、差异沉降	静力水准仪	<0.5% F.S
		人工静态监测	车站结构沉降、差异沉降	水准仪	0.3 mm
			车站结构横向变形	全站仪	±1″
			轨道结构沉降、差异沉降	水准仪	0.3 mm
			轨道几何形位检查	轨道尺、弦线	1.0 mm
			无缝线路钢轨位移	游标卡尺、弦线	0.1 mm

(3)监测频率及周期

依据设计文件给出的各监测对象监测频率见表3.1-4、表3.1-5。

表 3.1-4　既有线监测频率、周期

监测对象	监测项目	监测仪器	监测周期	监测频率
车站、隧道结构	结构沉降、差异沉降	水准仪	监测时间持续到结构变形达到稳定或穿越施工完工一年之后，穿越影响前进行初始观测，工程竣工，结构变形稳定后，运营单位同意后停止监测	开挖面在地铁保护区范围内，每晚停运后监测1次；邻近、穿越完工1个月内，1次/周；邻近、穿越完工后2～12月，1次/月，之后根据监测数据调整频率，同时结合运营特点及穿越情况调整
车站、隧道结构	结构横向变形	全站仪		
轨道	轨道结构沉降、差异沉降	水准仪		
轨道	轨道几何形位检查	轨道尺、弦线		
轨道	无缝线路钢轨位移	小刚尺		
隧道	管片错台	游标卡尺		
隧道	盾构收敛	收敛计		
地铁风道	附属结构沉降、差异沉降	水准仪		
	附属结构水平位移	全站仪		

表 3.1-5　地表及管线监测频率、周期

监测项目	施工工况		监测频率	监测周期
草桥站换乘通道管线、道路及地表沉降	开挖面前方	$2B<L\leqslant5B$	1次/2 d	施工阶段，工程监测应贯穿工程施工全过程，满足下列条件时可结束监测工作：①基坑回填完成或矿山法隧道进行二次衬砌施工后，可结束支护结构的监测工作；②支护结构监测结束后，且周围岩土体和周边环境变形趋于稳定时，可结束监测工作；③满足设计要求结束监测工作的条件；本工程中，变形稳定判断的标准依据《建筑变形测量规范》(JGJ 8—2016)相关内容确定，即"当最后100 d的沉降速率小于0.01 mm/d时可认为已经进入稳定阶段"；变形稳定后即可向业主发出"停止监测申请"，业主批准后停止监测
		$L\leqslant2B$	1次/d	
	开挖面后方	$L\leqslant2B$	1次/d	
		$2B<L\leqslant5B$	1次/2 d	
		$L>5B$	1次/7 d	

注：1　B为矿山法隧道或导洞开挖宽度(m)，L为开挖面至监测点或监测断面的水平距(m)。

2　当拆除临时支撑时应增大监测频率。

3　监测数据趋于稳定后，监测频率宜为1次/15 d。

4　出现异常情况时，应增大监测频率。

(4)控制指标

依据设计文件给出的各监测对象控制值见表 3.1-6 ~ 表 3.1-10。

表 3.1-6 最终阶段既有草桥站及 10 号线区间控制指标

项　目	预警值(mm)	报警值(mm)	控制值(mm)
区间主体结构上浮	1.4	1.6	2.0
区间主体结构横向位移	1.4	1.6	2.0
既有结构及轨道沉降	0.7	0.8	1.0
轨道累计上浮	1.4	1.6	2.0
轨道累计横向位移	1.4	1.6	2.0

表 3.1-7 变形速率控制指标

控制指标	控制值(m/d)
结构、轨道变形速率	0.5

表 3.1-8 整体道床线路轨道静态几何尺寸容许偏差

项　目	维修标准(mm)
轨距	+4、-2
水平	4
高低	4
轨向	4

表 3.1-9 地表及管线变形控制指标

监测项目		累计值(mm)	变化速率(mm/d)	倾斜率
道路、地表沉降	一般城市道路	30	2	—
管线	上水管、燃气管等	10	1	0.002
	雨水管、污水管、电力管、通信管线等	20	2	0.005
建筑物	建筑物沉降、倾斜	10	1	0.001

表 3.1-10 地表及管线变形预警标准

序号	预警状态	预警条件
1	黄色预警	“双控”指标(变化量、变化速率)均超过监控量测控制值(极限值)的 70% 时,或双控指标之一超过监控量测控制值的 85% 时
2	橙色预警	“双控”指标均超过监控量测控制值的 85% 时,或双控指标之一超过监控量测控制值时
3	红色预警	“双控”指标均超过监控量测控制值,或实测变化速率出现急剧增长时

4. 专家论证与咨询建议

(1)方案论证

2018年04月12日组织召开了新建换乘通道上跨既有线区间、邻近既有线车站(含破口)专项设计、现状检测报告、安全性影响评估、轨道防护设计、第三方监测方案、专项施工方案及应急预案专家评审会,专家意见如下:

①现状检测报告、安全性影响评估可作为下阶段工作依据。专项设计、轨道防护设计 、第三方监测方案、专项施工方案及应急预案基本可行。

②建议:

a. 细化浅覆土暗挖施工洞内及洞顶防护措施。

b. 补充有针对性的应急措施。

(2)专家巡视

①2018年11月29日,针对施工过程中多次出现地层滑塌等不规范施工情况,进行专家巡视活动。专家建议如下:

a. 优化上跨既有线段CRD法上层导洞开挖施工工艺,采取环形开挖方式,规范核心土留设。

b. 邻近既有线区段超浅覆土且雨污水管线近距离顺行,为控制风险,宜将CD工法左右导洞增设临时仰拱。

c. 换乘通道转弯段覆土浅、风险高,需严格做好超前小导管支护,控制格栅连接质量,严格控制后续二衬施工拆撑长度。

d. 加强现场应急物资储备,需紧跟作业面。

专家意见执行情况:将换乘通道与10号线某站主体并行部分左线距横通道18 m,右线距横通道43 m处由CD法转换采用CRD法施工(图3.1—22)。

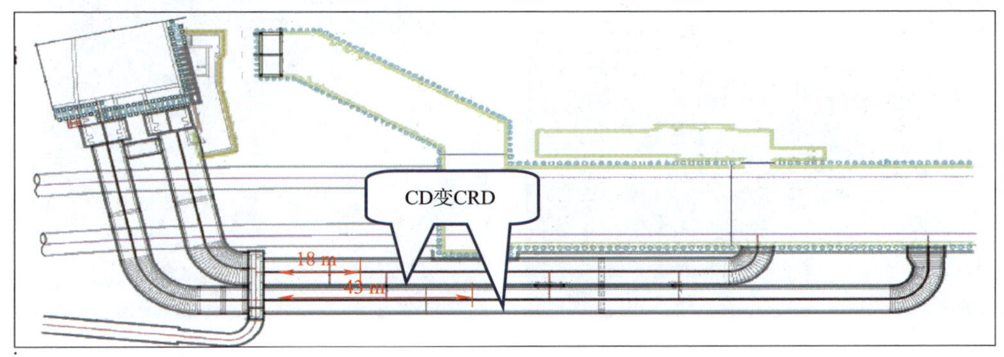

图3.1-22　左线CD断面法变CRD

②2019 年 7 月 10 日上午,针对节点连接等关键工艺管控,组织了专家巡视活动。专家建议如下:

a. 洞口支护结构应加强。

b. 尽快完成横通道马头门处二衬施作。

c. 对中隔壁节点连接薄弱处进行替换或补强。

d. 加强洞内外巡查与监测。

5. 实施过程及风险管控

(1)施工过程

①某站换乘通道上跨既有线段施工阶段(表 3. 1-11)。

表 3. 1-11　某站换乘通道上跨既有线段施工节点

 2018 年 10 月 27 日,左线 1 号洞开挖	 2018 年 11 月 7 日,左线 2 号洞开挖
 2018 年 11 月 10 日,左线 3 号洞开挖	 2018 年 11 月 22 日,左线 4 号洞开挖

续上表

 2018 年 12 月 19 日，左线 1 号洞封端	 2018 年 12 月 22 日，左线 2 号洞封端
 2018 年 12 月 28 日，右线 1 号洞开挖	 2019 年 1 月 8 日，右线 2 号洞开挖
 2019 年 1 月 13 日，右线 3 号洞开挖	 2019 年 2 月 13 日，左线 3 号洞封端

续上表

 2019 年 2 月 23 日,左线 4 号洞封端	 2019 年 3 月 7 日,右线 4 号洞开挖
 2019 年 5 月 25 日,右线 1 号洞封端	 2019 年 5 月 29 日,右线 2 号洞封端
 2019 年 6 月 21 日,右线 3 号洞封端	 2019 年 7 月 15 日,左线二衬施作完成

②某站换乘通道并行既有线段施工阶段(表 3.1-12)。

表3.1-12　某站换乘通道并行既有线施工节点

 2018年9月17日,右线1号洞开挖	 2018年11月13日,右线2号洞开挖
 2018年11月16日,左线1号洞开挖	 2018年12月24日,左线2号洞开挖
 2019年7月3日,左线1号洞封端	 2019年8月28日,左线二衬施作完成

(2)主要措施落实情况及效果

①设计措施

a. 管棚施工:按设计及方案要求施工。

b. 深孔注浆:按设计及方案要求施工,效果一般。

c. 超前小导管注浆:按设计及方案要求施工,效果一般。

②辅助措施

a. 上方雨水管施作内衬。

b. 对污水管内污水进行抽排。

(3)险情/预警情况处置

①险情情况处置

工程未发生险情。

②重要巡视预警情况处置

自暗挖施工共发生巡视预警60次,其中橙色巡视预警8次,黄色巡视预警52次,巡视预警主要发生的问题为掌子面超挖、深孔注浆控制不利,拱顶掉块、节点连接质量差、掌子面封闭不规范及拆撑未按方案要求施工。

a. 超挖类

2018年11月14日,换乘通道右线CD法1号洞,邻近既有线且覆土较浅,由于两榀连挖昨天已发预警,今天巡视发现中台阶仍两榀连挖,发布橙色巡视预警。预警时施工情况如图3.1-23所示。

图3.1-23　预警时施工情况

b. 管理类

2018年10月19日,新建换乘通道竖井,未组织条件验收且未进行深孔注浆超前加固的情况下进行马头门破除施工,发布黄色巡视预警(图3.1-24)。

c. 拱顶掉块类

2018年11月21日,换乘通道1a竖井3号洞进尺11 m处拱顶为砂质地层,拱顶浆脉不明显、拱顶掉块,纵向50 cm,环向40 cm,上下深度70 cm,发布黄色巡视预警(图3.1-25)。

图 3. 1-24　马头门破除施工照片

图 3. 1-25　预警照片(一)

d. 深孔注浆控制不利

2019 年 3 月 5 日,换乘通道右线 1 号洞施作深孔注浆过程中,地表存在冒浆情况,发布黄色巡视预警(图 3. 1-26)。

图 3. 1-26　预警照片(二)

e. 核心土留置不规范

2018 年 12 月 04 日,换乘通道右线 1 号洞上台阶未留置核心土,发布黄色巡视预警(图 3. 1-27)。

图 3. 1-27 预警照片(三)

f. 节点连接不符合要求类

2019 年 3 月 22 日,换乘通道左线 2 号导洞下台阶格栅加工尺寸偏差,未有效连接,发布橙色巡视预警(图 3. 1-28)。

图 3. 1-28 预警照片(四)

g. 掌子面封闭不规范类

2019 年 6 月 19 日,换乘通道并行段右线 2 号洞、右线 4 号洞未施工,掌子面未及时封闭,且右线 4 号洞右上方拱脚有悬空现象,发布黄色巡视预警(图 3. 1-29)。

h. 拆撑不规范类

2019 年 7 月 14 日,换乘通道并行段北通道 CRD 法施工,现场施工无管理人员进行安全作业管理。60 ~ 80 m 处初支拆除极其不规范,竖向工字钢支撑未按方案隔一拆一施工,多处拆除长度超长,局部 5 ~ 6 m 段落仅保留一道工字钢支撑,发布橙色巡视预警(图 3. 1-30)。

图3.1-29　预警照片(五)

图3.1-30　预警照片(六)

(4)风险管控总体评价

通过监测数据和现场巡视情况综合分析,新建换乘通道上跨、邻近既有线区间及车站施工,采取了管棚、深孔注浆、小导管注浆等综合预支护措施,虽然过程中存在局部坍塌、核心土偏小、拆撑过长等施工不规范情况,经过风险预警后得到了有效整改,安全顺利地通过风险工程,总体评价风险可控。

6. 经验总结及建议

换乘通道覆土较浅,上方管线较多,且上跨既有线,处于砂层、局部砂卵石地层,稳定性较差。施工过程中多次出现地表冒浆及拱顶掉块等情况,经过各方加强管控有所改善。

(1)覆土较浅暗挖施工过程中,施作大管棚能有效防止地表塌陷。

(2)深孔注浆过程中,应合理控制注浆压力及注浆量等参数,安排人员在地表值班,加强监测和巡查,避免地表冒浆及地表管线隆起情况。

(3)近距离穿越管线过程中,对管线进行加固能够有效控制其变形,降低管线破坏风险。

(4)换乘通道并行既有线段部分断面较高(宽×高为7.2 m×6.1 m),CRD法较CD法初支能够尽快封闭成环,有利于控制掌子面稳定,更有利于施工过程中隧道自身稳定及周边环境变形。

3.1.3　17号线某站暗挖下穿既有某站

1. 工程简介

新建某站位于北京市通州区,站长308.5 m,为地下三层双柱三跨箱形框架结构岛式车站,与既有亦庄线某站"十"字换乘,既有站两侧采用地连墙隔水明挖法施工,中部零距离下穿既有线区段采用平顶直墙PBA法施工,新建两处顶出入口、两个安全口,在既有站站厅层侧墙开洞,实现同层换乘(图3.1-31)。

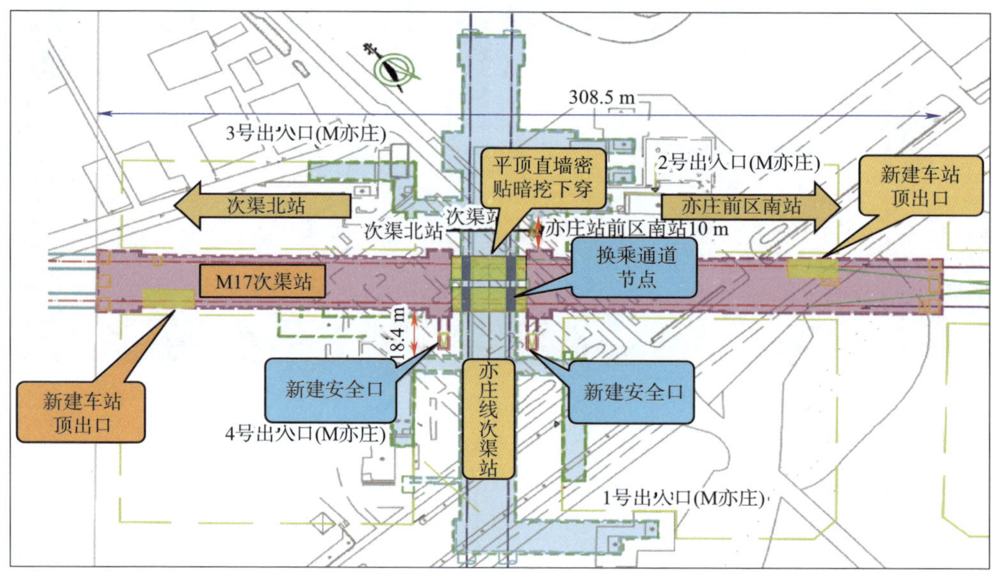

图3.1-31　某站平面位置示意图

亦庄线某站为既有已运营车站,车站为明挖双层双柱三跨框架结构,岛式站台,有效站台宽度12 m,车站全长227 m。既有次渠站共设有4个出入口通道、两组风道、一个疏散通道(图3.1-32)。

新建车站明挖段围护结构与既有站结构水平净距仅2.8 m,比既有站底板深约8.7 m;暗挖段长28.1 m,采用3导洞"PBA"工法,平顶直墙结构密贴既有站底板结构,中间横跨既有站变形缝。

(1)工程水文地质

①工程地质

车站所穿土层由上向下依次为:③砂质粉土、$③_1$粉质黏土、④粉质黏土、$④_2$

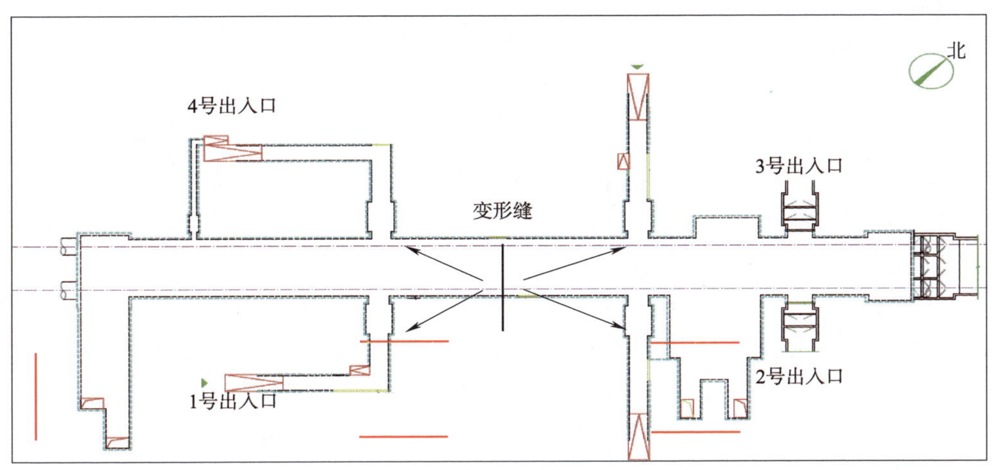

图3.1-32　既有车站主体及附属结构平面图

黏质粉土、④$_3$粉细砂、⑤$_2$粉砂、⑥粉质黏土、⑥$_3$与⑦$_2$细砂、⑦$_4$粉质黏土，呈互层状分布。含上层滞水(一)、潜水(二)、层间潜水——承压水(三)和承压水(四)~(六)共6层，承压水(四)、(五)、(六)水头分别位于地板以上13 m、8.6 m、6.9 m。含水层主要为砂性土，渗透系数$5.8\times10^{-3}\sim1.6\times10^{-2}$ cm/s，无黏聚力；隔水层渗透系数1×10^{-5} cm/s，含水率17.4%~31.8%，处于饱和状态。

②水文地质

下穿既有站断面贯穿承压水(四)，底部开挖界面距承压水(五)、(六)含水层顶板土层厚度(1.5 m和5.4 m)。由于含水层为砂土及粉土，渗透系数小，且有多道隔水层，地下水控制难度大，易发生涌水、涌砂。

③工程重难点

环境风险工作清单见表3.1-13。

表3.1-13　环境风险工程清单

风险工程名称	风险基本状况描述	风险工程等级
新建车站中部暗挖下穿既有线车站	采用PBA工法，两个单洞平顶密贴下穿。单洞开挖净宽9.7 m，净高8.45 m，单洞间净间距4.1 m	特级

新建17号线某站工程平顶直墙密贴下穿既有亦庄线某站为特级环境风险工程，施工过程中，主要风险点如下：

a. 新建车站下穿既有线区段采用平顶直墙暗挖密贴下穿，平顶直墙施工过程受力较为复杂。

b. 新建车站与既有站十字交叉，平顶直墙紧贴既有站底板结构，中间横跨既有站变形缝；下穿断面贯穿承压水(四)，底部开挖界面距承压水(五)、(六)含水层顶板土层厚度为1.5 m和5.4 m。含水层为砂土及粉土，颗粒细小且有多道隔水层，地下水控制难度大，易发生涌水、涌砂。

c.“PBA”洞桩法施工。断面大、净距小、工程水文地质条件及施工工序复杂。大体量开挖过程既有线变形控制问题。

d. 暗挖马头门导洞开洞门需破除既有地连墙结构，使洞口位置处受力重新分布，极易导致该处土体失稳。

2. 风险工程对策

施工前先降水减压，利用明挖车站空间正向对暗挖导洞开挖轮廓外2 m范围及开挖面进行注浆加固；中洞开挖，洞内径向注浆，跳孔施作桩基，桩底压浆，安装丝杠及钢梁，浇筑桩顶冠梁。对称开挖左右两侧边洞，贯通后顺序施作后压浆灌注桩、旋喷桩、冠梁；CD法开挖导洞间土体，4、7部先行对称开挖，与5、6部前后错开不小于15 m，初期支护及时背后注浆。

(1)对策一(减压井降水减压)

暗挖施工前在既有站“十”字交叉点四个角共设24口减压井，减压井距离既有站结构外5.5 m，降低承压水水头高度对承压水(五)、(六)进行减压控制。同时通过减压降水减弱前期基坑开挖对于既有线上浮的影响(图3.1-33)。

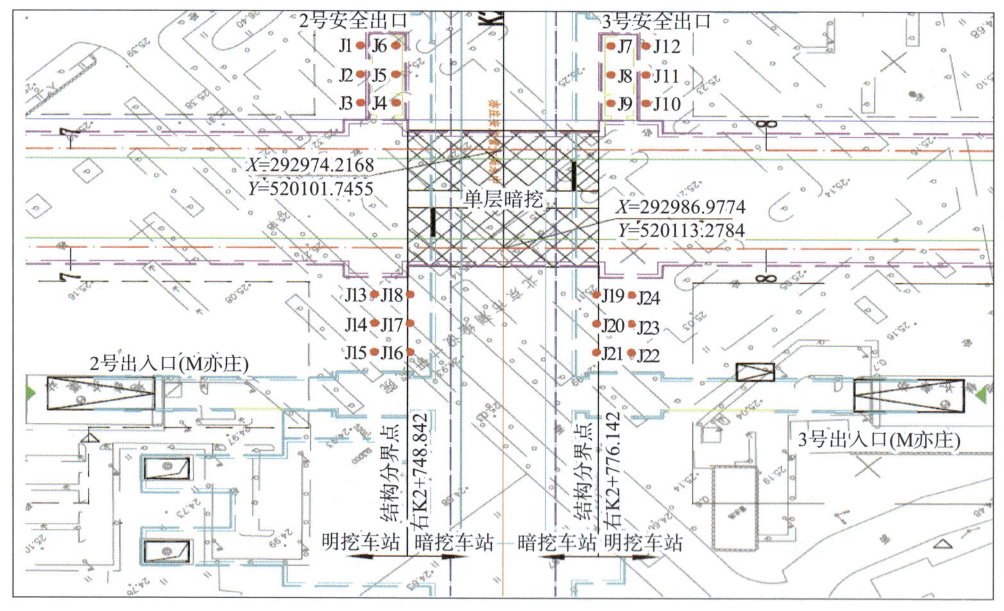

图3.1-33　减压井平面布置示意图

(2)对策二(注浆改良土体)

为了加固改良开挖土体，止水滞水，开挖前进行水平深层注浆，加固范围为暗挖边导洞断面及开挖轮廓线外2 m范围,其中新建地连墙至既有线结构之间2.8 m范围夹层土顶部采用水泥浆加固。钻孔深度27.3 m,孔距600 mm,排距600 mm,开挖轮廓内梅花形布置,注浆方式采用分段后退式注浆;注浆材料采用改性水玻璃为主,普通水泥单液浆和水泥-水玻璃双液浆为辅;下部4排注浆完成后,搭设平台进行上部注浆,上部注浆采用由内向外,由上而下的原则进行注浆以减小对既有结构变形缝的影响。

后退式注浆压力0.5~1.0 MPa;最终注浆加固后的土体应有良好的均匀性、自立性和密封性,全断面注浆施工工艺流程如图3.1-34所示。

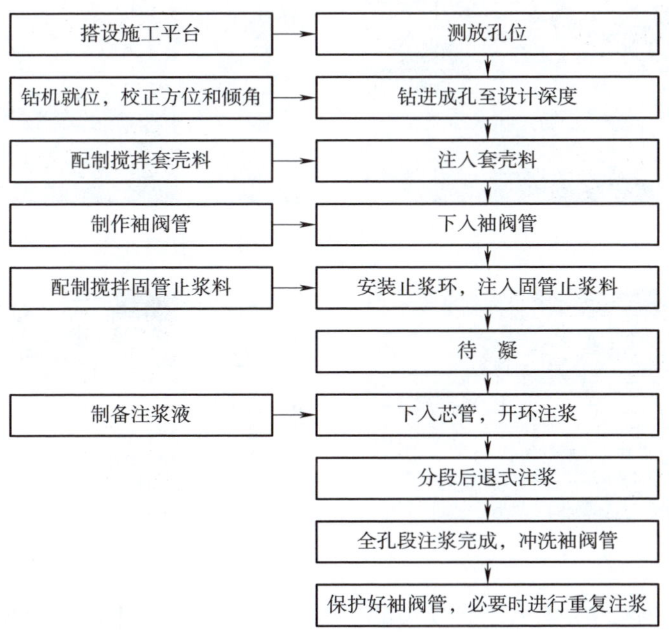

图3.1-34 全断面注浆施工工艺流程

水平定向钢性袖阀管注浆施工工序如图3.1-35~图3.1-40所示:

下穿既有线施工过程中,为更好地控制既有线变形情况,防止既有线发生较大沉降。施工过程中,根据监测数据情况,当既有线出现较大沉降变形时,立即向中洞两侧预留应急提升孔内注浆,并在洞内进行径向注浆加固。

中洞初支环向闭合纵向长度5 m为一循环,进行中洞径向注浆。手持风钻成孔,ϕ32 mm小导管注浆,注浆孔深度为2 m左右,浆液扩散半径按0.4 m计算,孔距1 000 mm,排距1 000 mm,梅花形布置,注浆方式采用后退式注浆,每5 m为一个循环施作注浆。

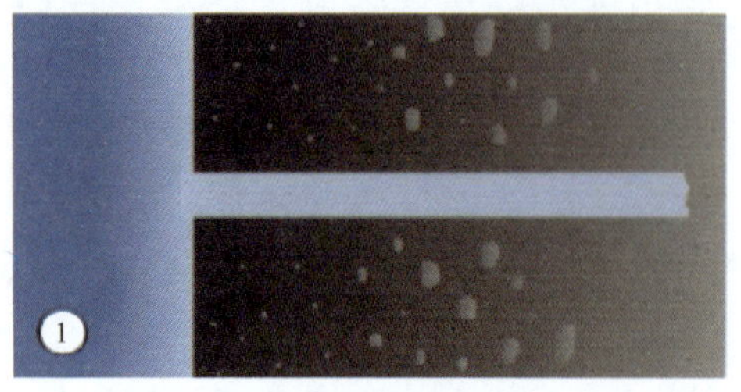

图 3.1-35　钻孔

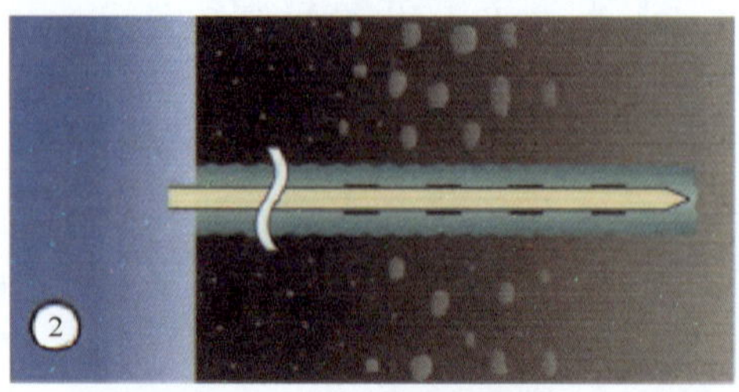

图 3.1-36　施作袖阀管

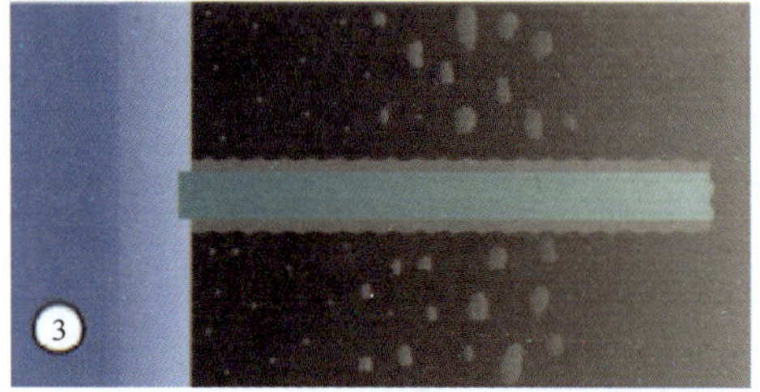

图 3.1-37　灌注套壳料

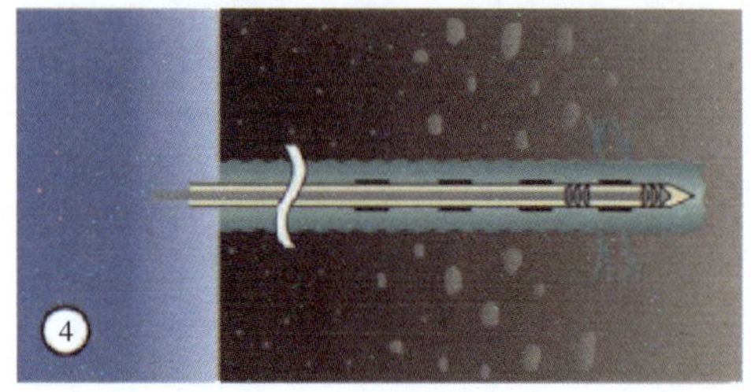

图 3.1-38　开始注浆

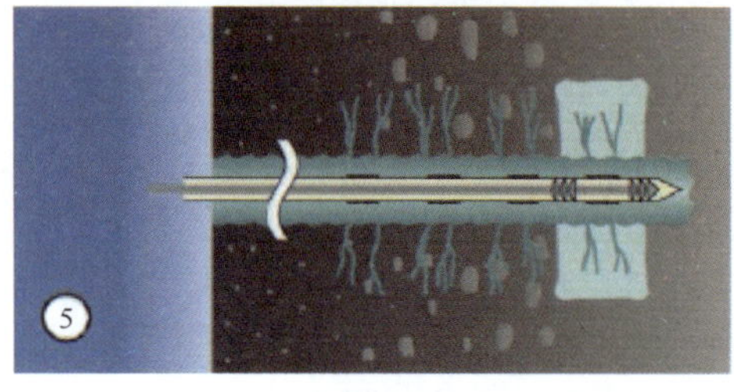

图 3.1-39　施作第一段注浆

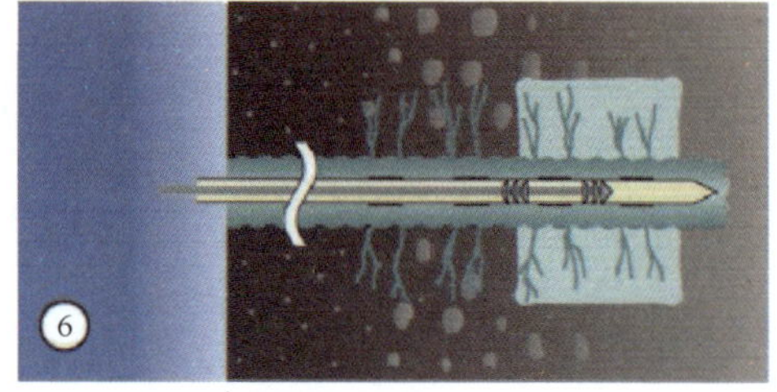

图 3.1-40　施作第二段注浆

两侧边洞对称开挖,施工方法及步序与中洞相同。注浆孔深度为 2 m,浆液扩散半径按 0.4 m 计算,孔距 1 000 mm,排距 1 000 mm,梅花形布置,注浆方式采用后退式注浆,每 5 m 为一个循环施作注浆。

背后回填注浆:

初支背后注浆采用水泥浆,ϕ32 注浆管,外端带螺纹,丝扣连接、丝头封堵。回填注浆施工时封闭掌子面,注浆控制压力为 0.3 ~ 0.5 MPa,为保证注浆效果,可先底部仰拱注浆使结构基础稳固,然后反复进行拱顶以上补偿注水泥浆液,减小施工中地层应力损失。二衬背后回填注浆采用与混凝土等强的无收缩水泥浆液。

(3)对策三(止水帷幕阻断水流)

针对富含地下水砂土及粉土,采用洞内高压旋喷桩止水帷幕,在边导洞内灌注桩外侧施作单排 ϕ800@500 竖向旋喷桩,插入承压水隔水层 1.5 m,阻断两侧的地下水及土体加固;为后期土方开挖提供便利施工环境(3.1-41)。

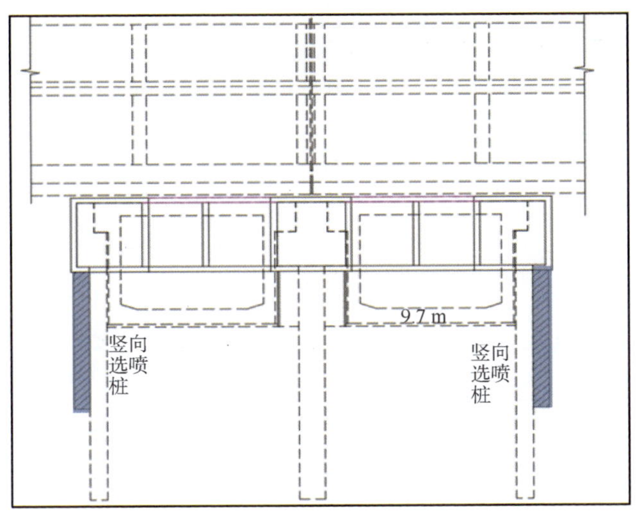

图3.1-41　竖向旋喷桩施工示意图

(4)对策四(格栅联立,减少破除地连墙与既有围护桩,对于既有线影响)

为减少破除地连墙以及既有围护桩的结构,对于既有线带来的影响,破除机械选用高效、振动系数小的破除工具,开洞门破除围护结构要分段、分片进行,同时开马头门,格栅密排联做,减少扰动。地下连续墙与既有线围护桩之间1 m区域在地连墙施工时已经采取ϕ600旋喷桩加固,加固深度为开挖轮廓线底部至现况地面。地下连续墙墙厚为800 mm,施工时用风枪钻眼,嵌入铁楔子膨胀墙面一次性进行破除,采用气割切除墙内钢筋,前2榀格栅架立在地连墙围护结构范围内,与地连墙主筋焊接牢固后喷射混凝土,形成马头门加强暗梁,完成地连墙内初支环向闭合,紧跟密排施作第3榀格栅,纵向钢筋连接牢固,以加强马头门处应力集中的支护结构,减少开马头门对于既有线的影响(3.1-42)。

(5)对策五(丝杠安装,有效控制既有线结构沉降)

洞桩施作完成后、桩基检测合格后,凿除桩顶虚桩头,通长施工冠梁。清理桩顶预埋钢板,校核位置及高程、平整度,绑扎钢筋,安装ϕ50滚珠式丝杠,上下与钢板及32a工字钢间支顶密实,围焊焊接牢固,支模浇筑混凝土。丝杠上方32a工字钢,同时为保证混凝土密实度,沿型钢纵向按一定距离进行开孔。丝杠的运用保证新建结构与既有线结构密贴,改善后期土方开挖阶段,既有线受力问题,有效控制既有线下沉。

(6)监控量测(过程控制,形成信息联动机制,指导施工)

①监测重点分析

根据工程施工特点、地层情况及周边环境,监测工作的重难点主要有以下几个方面:

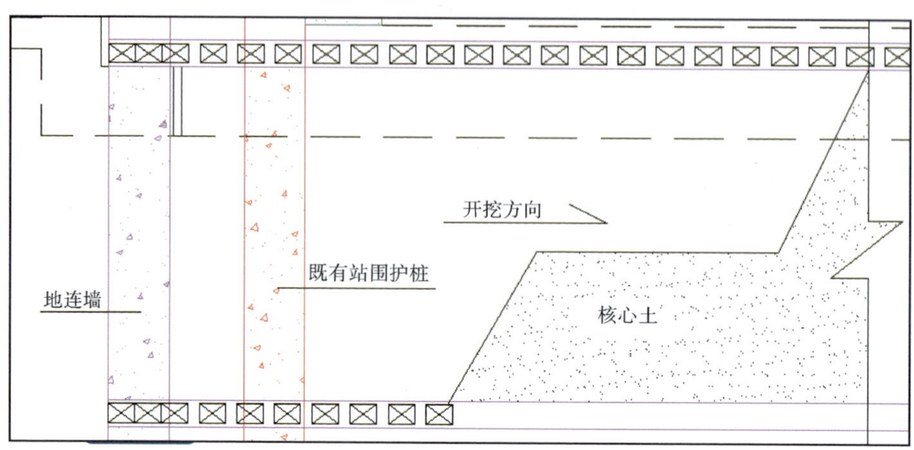

图 3.1-42　马头门施工顺序图

a. 车站所穿土层土体条件较差,含水量丰富,且由于含水层为砂土及粉土,渗透系数小,且有多道隔水层,地下水控制难度大,易发生涌水、涌砂。暗挖开挖上方为既有亦庄线,若施工过程中控制效果不好,容易引起较大程度的沉降;若出现施工事故,影响既有线运行,极易引起社会重大反响,因此在施工过程中要密切关注暗挖上方既有线的变形情况。

b. 由于暗挖中导洞正处于既有线变形缝正下方,在前期深孔注浆期间,要加强第三方与施工单位数据联动共享,避免注浆压力选取失误,带来结构上浮,既有线内冒浆发生,确保注浆安全。

3. 专家论证与咨询建议

施工方案论证及专家咨询意见如下:

2018 年 10 月 29 日施工单位就某站下穿既有亦庄线某站实际情况邀请岩土专家对暗挖施工方案进行咨询,一致认为专项施工方案基本可行,并结合现场工程地质情况与施工工艺,提出一些有针对性的施工措施。

4. 实施过程及风险管控

(1)施工过程

左线施工进度统计见表 3.1-14,工程进展情况见表 3.1-15。

表 3.1-14　左线施工进度统计

工　　序	开始时间	结束时间
中导洞深孔注浆	2018 年 12 月 3 日	2018 年 12 月 9 日
中导洞施工	2019 年 1 月 16 日	2019 年 1 月 31 日
边小导洞施工	2019 年 4 月 8 日	2019 年 5 月 17 日

表 3.1-15　工程进度情况

<table>
<tr><td>工程进度</td></tr>
<tr><td>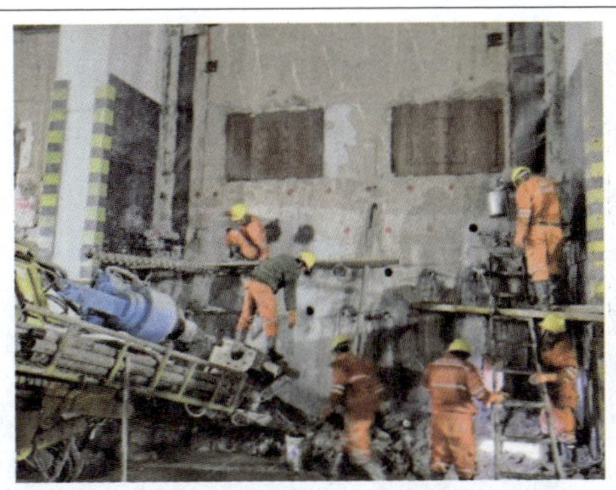 
深孔注浆开孔及注浆过程:施工期安排好施工步序,把注浆时间选择在地铁停运期间,注浆过程中施工方与第三方紧密联系,密切配合,实时动态监测,数据共享直到施工,同时第三方安排监测与巡视人员进行既有地铁内巡视与监测,确保注浆过程安全有序进行</td></tr>
<tr><td> 
中导洞破除地连墙,破除既有地铁原围护桩结构,台阶法开挖</td></tr>
<tr><td>  
施工过程中格栅施作规范连接质量较好</td></tr>
</table>

续上表

工程进度
  洞内桩施作
    冠梁钢筋绑扎

续上表

<table>
<tr><th colspan="2">工程进度</th></tr>
<tr><td></td><td></td></tr>
<tr><td colspan="2">丝杠工字钢梁安装</td></tr>
<tr><td></td><td></td></tr>
<tr><td colspan="2">支模浇筑冠梁</td></tr>
</table>

(2)主要措施落实情况及效果

该特级风险工程施工过程中,针对其工程特点及潜在风险点,采取了以下措施:

①既有线变形控制较为严格,设计措施为平顶直墙密贴下穿,同时洞内丝杠+深孔注浆。

②在注浆施工过程中加强现场巡视,同时为保证既有线的安全,选择在地铁停运期间,采取人工洞内监测巡视与现场自动化数据引导双重管控机制下进行注浆,通过后期土方开挖现场情况看注浆效果良好。穿越既有线段施工过程,巡视发现存在土层滞水,通过发布巡视预警,施工单位及时进行了整改,既有线基本稳定。

③由于前期基坑开挖期间带来既有线上浮超控,采取地铁上方堆载反压块,注浆完成后开挖前夕去掉反压块。

④加强初衬及二衬背后填充注浆的管理,平顶直墙二衬注浆采用无收缩的水泥浆液,确保注浆饱满,结构受力均匀。

整个施工过程,工序安排合理,衔接紧凑,信息交流通畅,严格按照设计及专家论证方案施工。采取“管超前、短进尺、快封闭、严注浆、强支护、勤量测”的手段,减少施工对地层的扰动,减少对于既有地铁运营线路的影响。

(3)险情/预警情况处置

①中导洞暗挖掌子面侧壁局部土体脱落,有明显水流。

a. 事情经过

2019 年 1 月 21 日车站中部暗挖导洞下穿既有车站下台阶第 30 榀东侧壁局部土体脱落,有明显水流(图 3.1-43)。

b. 原因分析

该处开挖掌子面处于土层交界,存在黏土夹层,有层间滞水存在,导致该处土体松软,自稳能力差。导致出现小范围掌子面土体脱落,滞水流出。

c. 应对措施

快速封闭,局部引流,注浆回填。

d. 经验总结

每步开挖前打设超前探孔,根据探测的水文地质情况进行超前注浆处理,加固开挖前方土体,改善其土力学性质,同时起到封堵周边水流汇入途径,减少开挖过程中带水作业来的不利影响。

②土方开挖面出现涌水、涌砂。

a. 事情经过

2019 年 4 月 21 日车站中部暗挖下穿既有线 3 号洞,下台阶 15 榀,土方开挖面出现涌水、涌砂(图 3.1-44)。

图 3.1-43　土体脱落现场图片

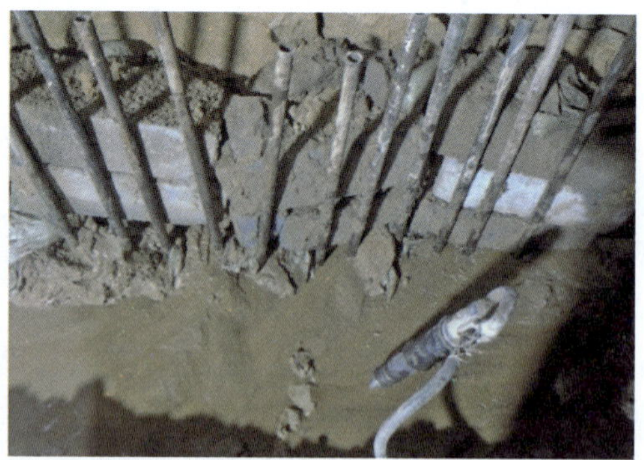

图 3.1-44　涌水、涌砂现场图片

b. 原因分析。

土层间存在滞水。

c. 应对措施

封堵下台阶作业面，采取引流，注浆等措施。

d. 经验总结

存在局部涌水，涌砂时，要及时封堵作业面，采取有效引流措施，排走明水，防止明水进一步侵蚀周边土体：同时进行小导管注浆，进行局部封堵，改善周边土体，为下一步开挖提供便利条件。

(4) 监测情况分析

①监测预警统计：

暗挖开始至现阶段上层 5、6 导洞施工期间，既有线变形速率稳定，前期明开基坑施作期间，存在的预警数量及预警等级未有变化，既有线布点平面如图 3. 1-45 所示。

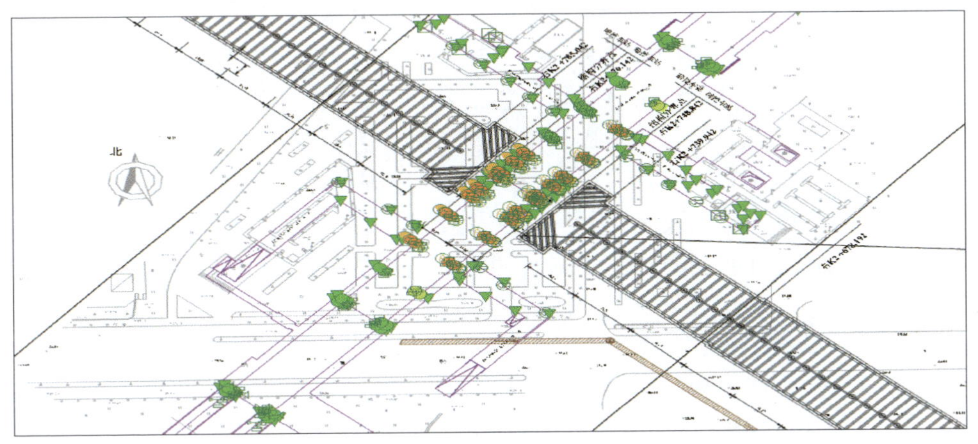

图 3. 1-45　既有线布点平面图

②不同施工阶段变形控制分析，如图 3. 1-46、图 3. 1-47 所示。

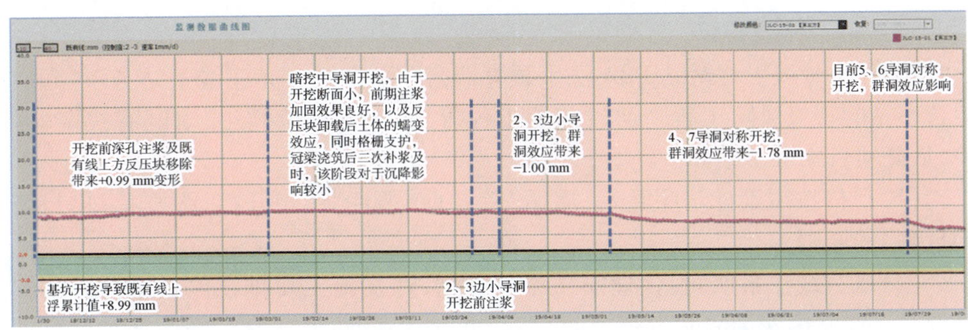

图 3. 1-46　既有线结构典型沉降测点(JLC-15-01)沉降时程曲线图

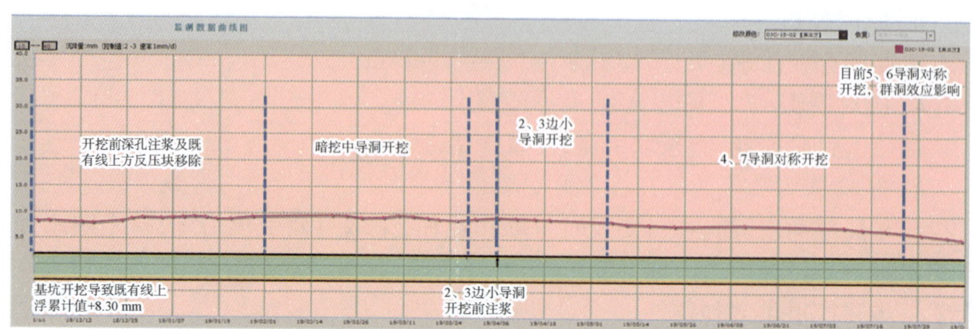

图 3.1-47　既有线道床结构典型沉降测点(DCJ-15-02)沉降时程曲线图

截至目前暗挖施工阶段测点沉降变形时程曲线图，该测点距离为暗挖中导洞正上方。为开挖阶段具有典型变形的断面。2018 年 11 月 30 日，暗挖开始前，由于前期既有线两侧明挖基坑影响，带来既有线整体上浮，最大上浮量为 9.3 mm，选取的典型变形断面变形量为 8.99 mm，开挖前期受深孔注浆与排水降压及车站上方堆放反压块共同作用下，测点呈现缓慢上升趋势，抬升 0.99 mm。随后开始破除地连墙进行导洞开挖，随着导洞逐步推进，根据既有线监测数据变形情况，逐渐卸掉反压块，并伴随径向初支背后注浆，在整个中导洞开挖阶段变形量稳定；在紧随边导洞施工时，由于群洞效应，测点呈现缓慢沉降趋势，随着后期新的导洞开挖，群洞效应愈发明显，有前期的超前注浆及初支背后二次补浆措施，变形速率较小，现场风险可控。

(5)风险管控总体评价

《北京轨道交通工程安全风险管理体系》内容详尽，能够有效地对施工过程风险进行有效预控。在轨道公司监控中心、项目管理中心统一领导下，咨询组、监理、第三方监测单位各方协助监督管理下，施工单位能够按照设计、体系与专家意见组织施工，将工程风险控制在萌发状态，为北京地铁 17 号线工程安全高效的组织施工能提供保障。

5. 经验总结及建议

新建 17 号线工程某站 PBA 法平顶直墙密贴下穿既有亦庄线某站为下穿既有运营车站的特级风险工程。通过前期工程筹划，现场规范施工，对既有线影响可控，从此项目中可总结如下经验。

(1)严格按照设计步序施工，遵循“管超前、严注浆、短开挖、强支护、快封闭、勤量测”的原则。

(2)既有线注浆期间，合理安排施工计划，注浆施工安排在停止运营后实施，并设专人在站内变形缝附近观察，配备对讲机，保持站内外联系畅通；同时加强第三方与施工单位信息及时沟通交流，严格注浆过程管控，安排监测及巡视人员进行既有线巡视监测,为地铁运营安全保驾护航。

(3)台阶法开挖期间,严格控制每循环开挖进尺;实施动态跟踪,及时架设格栅钢架、喷混、初支背后回填注浆,保证初支结构与既有线底板之间密贴,有效控制沉降。

(4)每步开挖前打设超前探测孔,根据探测情况进行超前注浆处理,加固开挖前方土体,改善其土力学性质,同时起到封堵周边水流汇入途径,减少开挖过程中水带来的不利影响。在后期开挖过程中出现局部涌水,涌砂现象时,要及时封堵作业面,采取有效引流措施,排走明水,防止明水进一步侵蚀周边土体,同时进行小导管注浆,进行局部封堵,改善周边土体,为下一步开挖提供便利条件。

(5)加强各方沟通,多方位协作,实现监测数据指导施工。

新建17号线工程某站暗挖密贴下穿既有亦庄线某站施工过程中,现场未出现风险事件。建议在今后的工作过程中,各方加强现场的风险识别及分析,发现问题及时解决。在施工过程中要各方协调统一,及时巡视发现隐患,监测数据联动共享,用监测数据指导施工,充分发挥现场风险监测及巡视工作在风险控制工作中的重要性,确保北京地铁建设过程的安全。

3.1.4　19号线某站—某站区间平顶直墙密贴下穿大兴线某站

1. 工程简介

某站—某站区间出19号线某站后,沿规划南公路环先后下穿既有大兴线某站(地下两层双岛四线明挖车站)和某车辆段出入线矿山法隧道后,在里程K32+139.080处以$R=850$ m曲线半径转向北,先后下(侧)穿两座高压铁塔、新发地海子公园、既有南环铁路路基和新发地水产交易中心多栋仓库后,沿京开高速东侧穿行到新发地站,区间全长2 522.811 m,其中暗挖段140.311 m,明挖风井及盾构井长105.400 m,盾构段长2 277.100 m。区间在K30+764.123、K31+955.449设盾构井兼施工竖井及中间风井一座。盾构从某站始发,到达区间明挖段西侧吊出,再从明挖段东侧始发,最终到达盾构井吊出;盾构井与M19某站之间部分采用暗挖施工,过程中下穿既有大兴线某站(图3.1-48)。

某站—盾构井段暗挖区间,起止里程右线K30+655.812~YK30+756.222、左线K30+655.812~ZK30+755.092,右线长100.410 m,左线长99.28 m。其中A型断面开挖宽度为13.8 m,开挖高度为10.85 m,覆土为14.8 m;B型断面开挖宽度为13.5 m,开挖高度为8.46 m,覆土为17.1 m;C型断面开挖宽度为6.5 m,开挖高度为7.26~9.06 m,覆土为15.9~18.2 m。A、B型断面均采用双侧壁导洞法施工,C型断面采用台阶法施工(图3.1-49)。

(1)新建工程概况

区间下穿段采用平顶直墙断面。衬砌类型采用复合式衬砌,初期支护采用喷

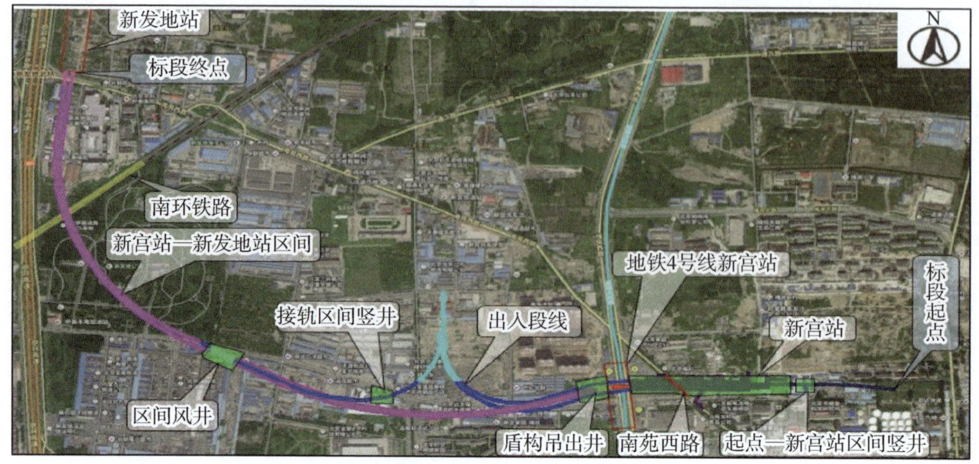

图 3.1-48　某站—某站区间平面示意图

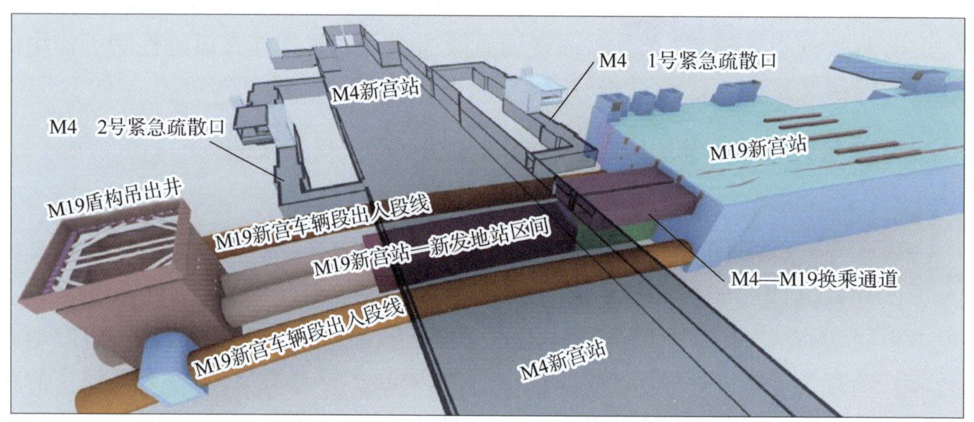

图 3.1-49　M19 线路与大兴线某站平面位置关系图

混凝土 + 格栅钢架措施，二次衬砌采用模筑钢筋混凝土，两次衬砌之间设柔性防水层。辅助工程措施采用深孔注浆加固(图 3.1-50)。

(2)既有地铁新宫站工程概况

既有地铁某站为地下双层明挖六跨五柱框架结构，建设年代为 2010 年；车站总长度 360.15 m，宽度为 40.9 m，底板埋深约 16.58 m，顶板平均覆土厚度约 3.2 m，顶板厚 0.7 m，底板厚 0.8 m，边墙厚 0.7 m(图 3.1-51)。

邻近新建工程段既有地铁 1-1 横断面图如图 3.1-52 所示。

(3)新建区间与既有某站关系

新建 19 号线某站—某站区间近距离下穿既有大兴线某站，区间盾构井深 28.25 m，距离既有某站紧急疏散口 2 水平距离约 16 m，距离既有某站水平距离约 32 m。区间下穿车站平剖面图如图 3.1-53、图 3.1-54 所示。

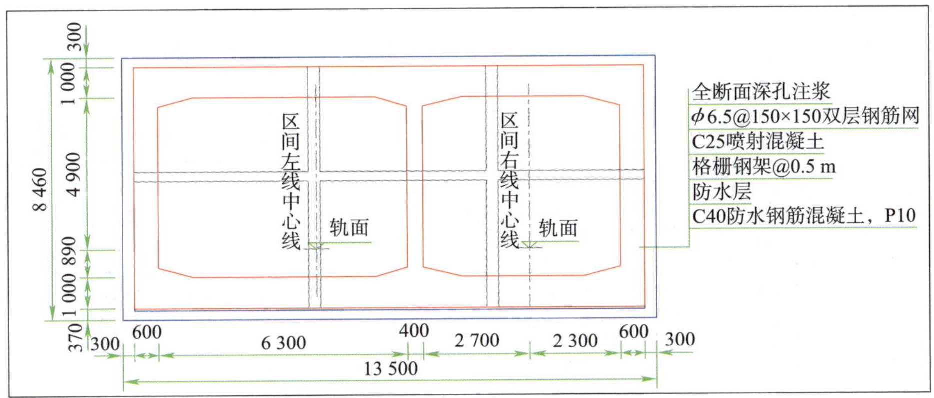

图 3.1-50　B 断面支护结构面图(单位:mm)

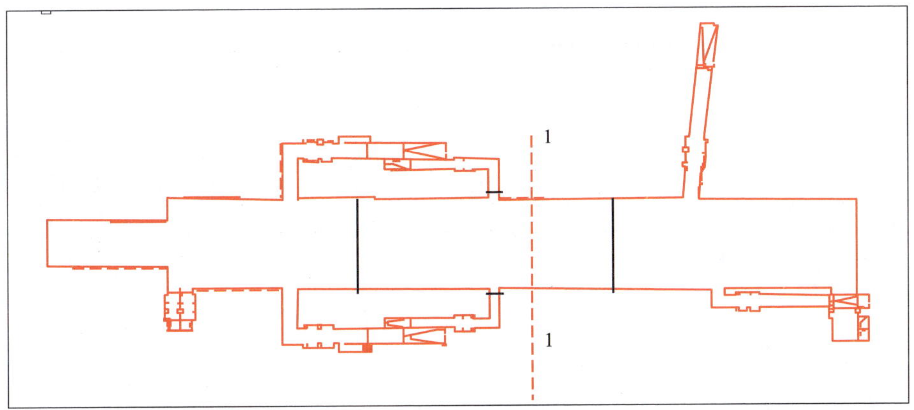

图 3.1-51　既有大兴线某站平面图

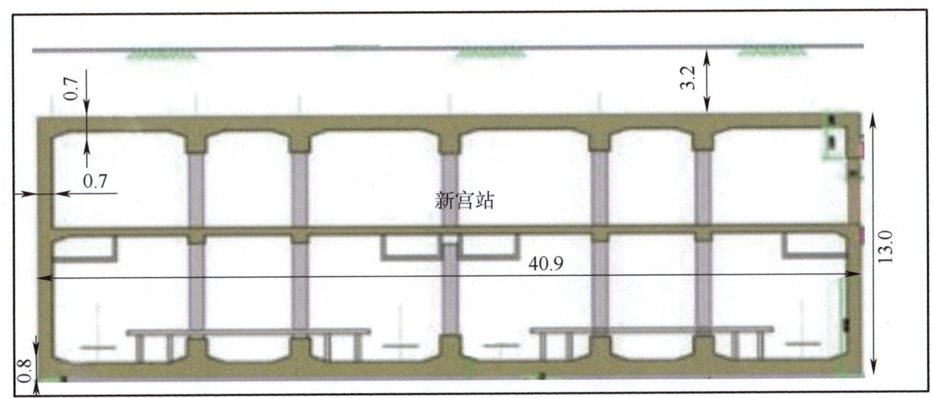

图 3.1-52　既有大兴线某站 1-1 断面剖面图(单位:m)

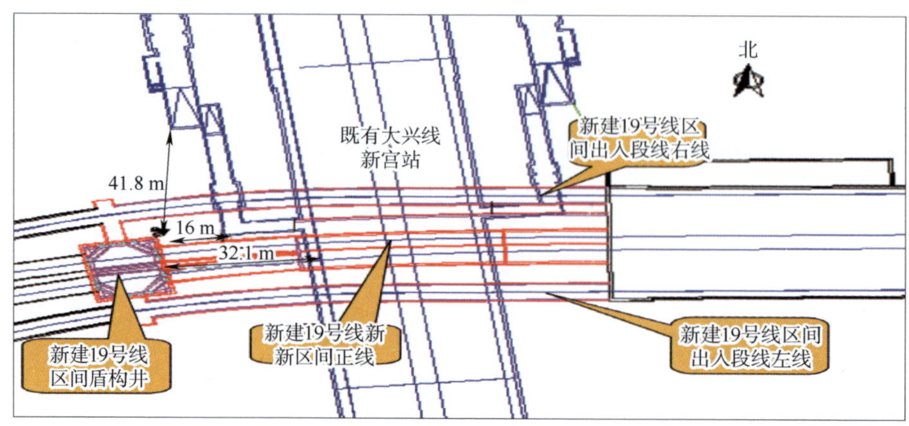

图 3. 1-53 新建 19 号线某某区间下穿既有大兴线某站平面图

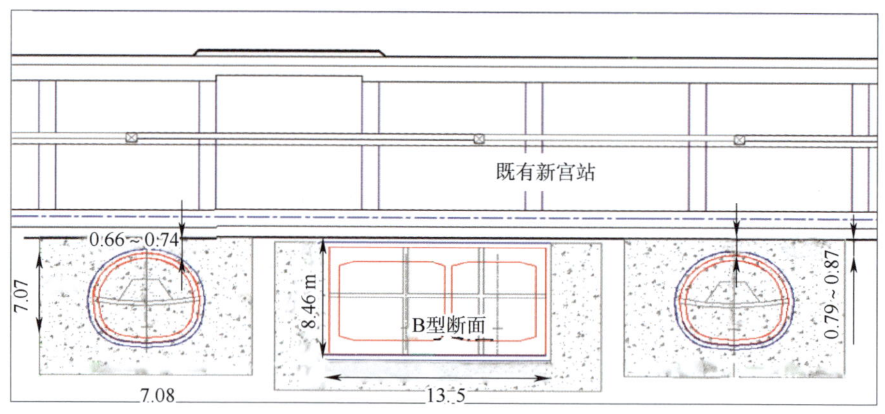

图 3. 1-54 新建 19 号线某某区间下穿既有大兴线某站剖面图(单位:m)

(4)工程地质及水文

①工程地质

根据地勘资料,下穿段自上而下依次为杂填土、黏质粉土、粉细砂、卵石圆砾、粉质黏土等。区间隧道洞身主要为卵石和粉细砂层,不受地下水影响(图 3. 1-55)。

②工程重难点

a. 既有线变形控制要求较高,有效控制既有结构变形在允许范围内,确保既有线正常运行是工程重难点。

b. 某某区间下穿既有线断面宽×高为 13. 5 m×8. 46 m,跨度较大。

2. 风险工程对策

(1)对策一

某某区间采用平顶直墙(B 型断面)密贴下穿既有某站,区间隧道拱顶与既有

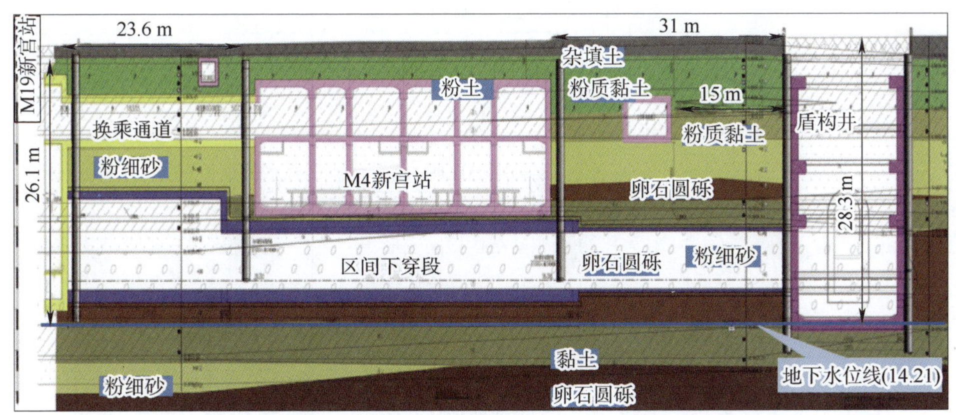

图3.1-55　区间下穿既有4号线某站地质剖面图

站底板垫层底最小竖向净距约0.095 m,B型断面开挖跨度13.5 m,开挖高度均为8.46 m ,分6个洞进行开挖,下穿处进行全断面深孔注浆。

(2)对策二

区间下穿既有线过程中采用施工工序为先施作两侧C型二衬,再进行中间导洞开挖。二衬施工阶段需拆除临时支护结构,施工过程中若拆除不当,可能会对既有新宫站造成大的沉降,是工程的重点。

应对措施:

①施工二衬阶段进行分段破除临时支护结构,分段进行二衬混凝土浇筑。

②破除长度控制在6 m(具体根据监测情况确定破除长度),严禁一次性破除太长,分段破除完成后,及时进行下一步工序,尽快完成二衬混凝土浇筑。

③破除施工过程中加强监测,做到信息化施工。若监测出现异常,则在洞内设置型钢支撑,确保洞内施工安全。

(3)监控量测重点分析

监测重点:施工过程中,既有线洞内及洞外采取监测措施,监控既有线的变形,主要包括既有线结构沉降,道床沉降及自动化沉降监测,同时监测地面沉降变形,分析其变形规律,通过变形情况及时反馈施工方,进行相应施工方法及参数的调整,确保既有线处于安全可控状态。

①监测对象、项目及精度

根据设计图纸及相关规范确定监测精度见表3.1-16。

②监测频率及周期

依据设计文件给出的各监测对象监测频率见表3.1-17。

③控制指标

依据设计文件给出的各监测对象控制值见表3.1-18~表3.1-21。

表 3.1-16 既有线监测对象、项目及精度

序号	类别	监测对象	监测项目		监测仪器	监测精度
1	周边环境	下穿及邻近既有地铁	远程自动化监测	轨道结构沉降、差异沉降	静力水准仪	<0.5% F.S
			人工静态监测	车站结构沉降、差异沉降	水准仪	0.3 mm
				车站结构横向变形	全站仪	±1″,±(2 mm + $2\times10^{-6}D$)
				轨道结构沉降、差异沉降	水准仪	0.3 mm
				轨道几何形位检查	轨道尺、弦线	1.0 mm
				无缝线路钢轨位移	游标卡尺、弦线	0.1 mm

注:D 为距离。

表 3.1-17 既有线监测频率、周期

序号	监测对象	监测项目	监测仪器	监测周期	监测频率
1	车站结构	车站结构沉降、差异沉降	水准仪	监测时间持续到结构变形达到稳定或穿越施工完工一年之后;穿越影响前进行初始观测,工程竣工,结构变形稳定后,运营单位同意后停止监测	开挖面在地铁保护区范围内,结合运营特点,监测频率2~3次/周;穿越完工一个月内,1次/周;穿越完工后2~12月,1~3次/月。同时结合运营特点及穿越情况调整
2	车站结构	车站结构横向变形	全站仪		
3	轨道	轨道结构沉降、差异沉降	水准仪		

表 3.1-18 各施工阶段某站结构、轨道变形控制指标(单位:mm)

既有结构	控制指标						
	类别	盾构井	基坑及盾构横通道	正线 A、C 断面初支	正线 B 断面二衬	正线 A、C 断面二衬	出入段线及风井、换乘道施工阶段
车站主体	沉降	0.5	0.7	1.0	2.7	2.8	3.0
	横向	0.5	0.7	1.0	1.2	1.6	2.0
既有轨道	沉降	0.5	0.7	0.6	2.7	2.8	3.0
	横向	0.5	0.7	1.0	1.2	1.6	2.0

表 3.1-19 最终阶段地铁结构及轨道变形控制指标(单位:mm)

项　　目	预警值	报警值	控制值
车站结构累计沉降	2.1	2.4	3.0
车站结构累计横向位移	1.4	1.6	2.0
轨道累计沉降	2.1	2.4	3.0
轨道累计横向位移	1.4	1.6	2.0
结构及轨道上浮	1.4	1.6	2.0

表3.1-20　轨道静态几何形位变形控制指标(单位:mm)

项　　目	控制值
轨距	+4、-2
前后高低	4
左右水平	4
轨向(直线)	4

表3.1-21　变形速率控制指标(单位:mm/d)

控制指标	控制值
结构、轨道变形速率	1

3. 专家论证与咨询建议

(1)方案论证

2017年12月29日,北京京港地铁有限公司组织召开了北京地铁19号线一期工程某站及某站—某站区间、出入断线区间穿越既有大兴线某站专项设计方案、现状检测、安全性影响评估、第三方监测方案、轨道防护设计、专项施工方案及应急预案专家评审会,经讨论形成专家评审意见如下;

①现状检测、安全性影响评估可作为下阶段工作依据,专项设计方案、第三方监测方案、轨道防护设计、专项施工方案和应急预案基本可行。

②建议

a. 专项设计方案

(a)优化注浆方案,既有车站围护结构外10 m范围内新建隧道采用全断面深孔注浆,根据试验段试验结果优化注浆浆液及注浆参数。

(b)区间正线平顶直墙下穿段应完善注浆步序图。

(c)区间正线平顶直墙下穿段,利用两侧导洞竖向临时钢支撑支顶,可拆除初支临时中隔壁后再施工中导洞二衬,确保防水体系完整。

(d)完善初支及二衬背后注浆系统,确保注浆密实。

(e)细化截桩部位初支节点设计。

b. 现状检测

补充病害与新建结构位置关系图。

c. 安全评估

(a)补充邻近既有车站明挖基坑桩体水平变形控制指标。

(b)补充既有结构因注浆可能产生的隆起控制值。

d. 轨道防护设计

根据安全评估单位给出的评估建议,优化轨道防护措施,并提出明确的设计要求。

e. 第三方监测

(a)结合穿越施工情况适当调整监测频率。

(b)对既有结构渗漏水部位加强巡视,注浆过程中适当扩大巡视范围

f. 专项施工方案及应急预案

(a)根据完善后的专项设计调整施工方案。

(b)会同设计单位完善注浆试验方案。

(c)细化截桩施工措施。

(d)细化应急预案。

4. 实施过程及风险管控

(1)施工过程

各阶段施工情况见表 3.1-22。

表 3.1-22　各阶段施工情况

2018 年 10 月 7 日开始破除既有线围护桩	2018 年 10 月 16 日 B2 型断面暗挖施工

平顶直墙 B2 型断面施作深孔注浆	2018 年 11 月 25 日 B1 型断面暗挖施工

续上表

<table>
<tr><td>
平顶直墙 B1 型断面施作深孔注浆</td><td>
2018 年 12 月 29 日 B1 型断面边导洞封端</td></tr>
<tr><td>
2018 年 12 月 29 日 B2 型断面边导洞封端</td><td>
2019 年 1 月 30 日 B1 型断面二衬施工</td></tr>
<tr><td>
2019 年 1 月 30 日 B2 型断面二衬施工</td><td>
2019 年 4 月 20 日 B1 型断面二衬完成</td></tr>
</table>

续上表

2019 年 4 月 20 日 B2 型断面二衬完成	2019 年 4 月 25 日 B3 型断面暗挖施工

2019 年 6 月 30 日 B3 型断面封端	2019 年 7 月 2 日 B3 型断面二衬施工

(2)主要措施落实情况及效果

①全断面深孔注浆:深孔注浆采用二重管水泥外加水玻璃 WSS 工法注浆技术,注浆压力控制在 0.3 ~0.5 MPa。深孔注浆随开挖进度每 10 m 进行 1 次,加固长度 12 m,搭接 2 m。已实施完成,有较良好的效果(图 3.1-56)。

②二衬施工:分段拆除临时支护结构、分段浇筑二衬,两侧 C 型二衬施作完成后再进行中间洞开挖,变形控制效果较好(图 3.1-57)。

(3)险情/预警情况处置

该工点无预警、险情发生。

(4)监测情况分析

既有线监测过程中,分人工监测及自动化监测两部分,人工监测过程主要监测既有线结构及道床变形,自动化监测主要监测既有线道床变形。

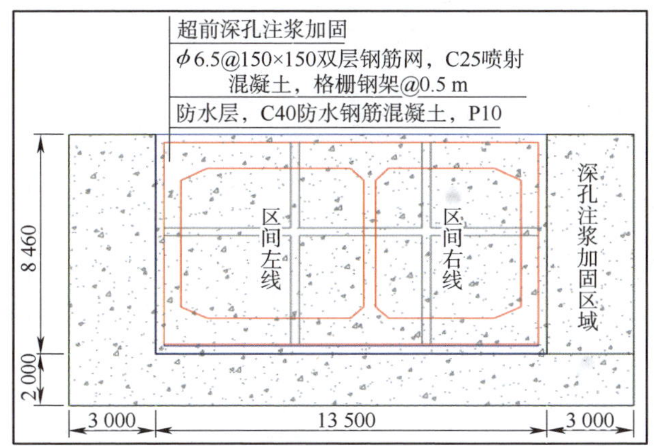

图 3. 1-56　注浆加固示意图(单位:mm)

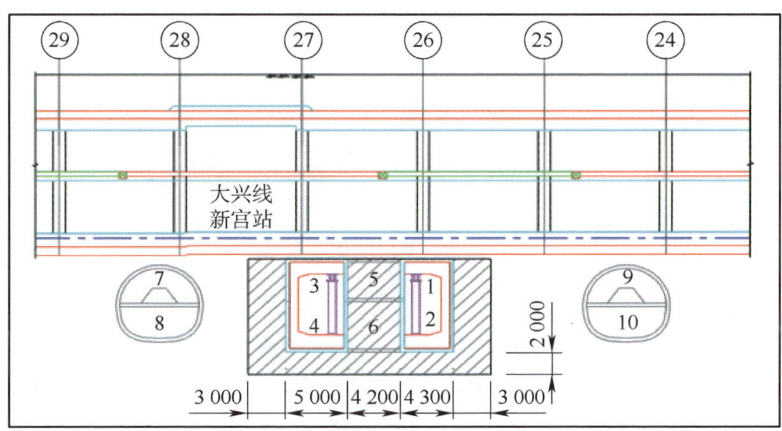

图 3. 1-57　两侧 C 型二衬施作完成后再进行 5、6 号洞开挖(单位:mm)

既有线道床自动化监测测点共 40 个,累计变形最大测点 JLC-406,累计变形 -0. 95 mm,速率变形 -0. 02 mm/d,基本稳定。

既有线结构监测点共 20 个,结构累计变形最大测点 SJC403,累计变形 -0. 92 mm,速率变形 -0. 01 mm/d,基本稳定。

既有线道床结构监测点共 64 个,道床累计变形最大测点 DJC110,累计变形 -0. 98 mm,速率变形 -0. 01 mm/d,基本稳定。

不同施工阶段变形控制分析(图 3. 1-58):

通过对以上监测数据总结及分析,可知新建地铁 19 号线某某区间暗挖段平顶直墙下穿既有线过程中,在 B1 和 B2 断面导洞施工完成后,既有线道床监测点累计变形最大测点 DJC309,累计变形 -0. 61 mm,变形速率 -0. 02 mm/d;B3 断面导洞施工完成后,既有线道床监测点累计变形最大测点 DJC408,累计变形 -0. 89 mm,变

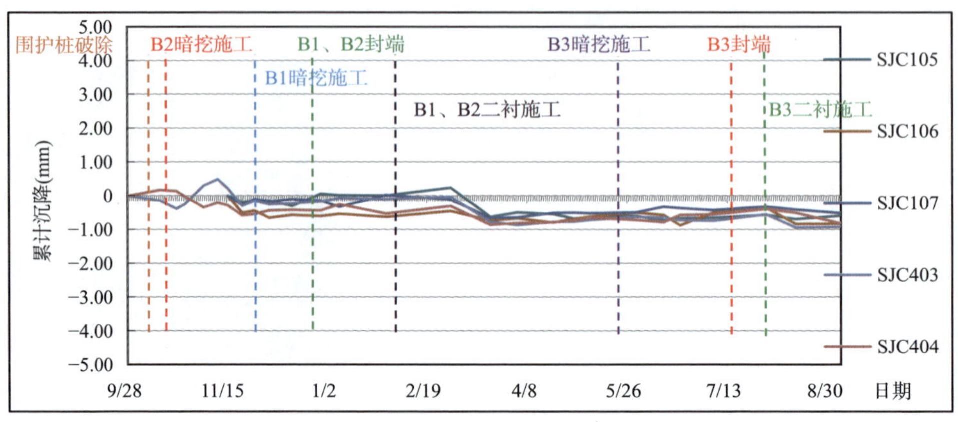

图 3.1-58　既有线结构沉降时程曲线

形速率 -0.01 mm/d,均未超过报警值。目前新建 19 号线某某区间下穿既有大兴线 B3 断面正在施作二衬,既有线结构及道床最大累计变形 -0.98 mm,变形速率 -0.01 mm/d,目前监测数据变形趋势稳定(图 3.1-59)。

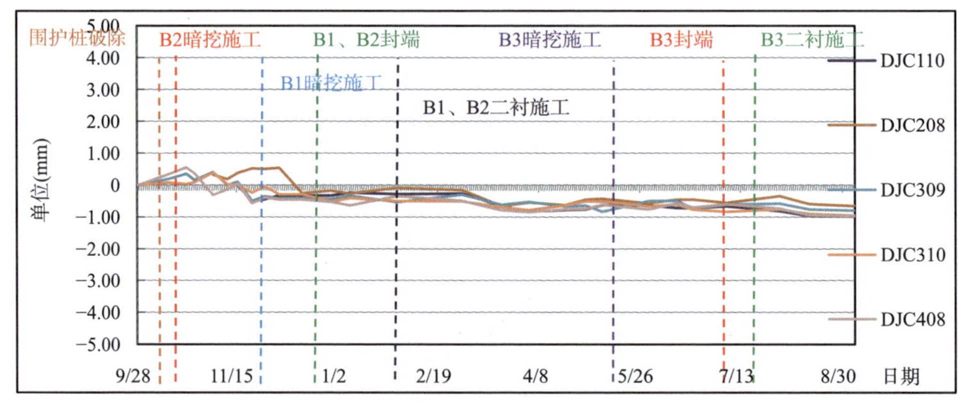

图 3.1-59　既有线道床沉降时程曲线

(5)风险管控总体评价

通过监测数据和现场巡视情况综合分析,某某区间平顶直墙段下穿大兴线某站过程中风险管控工作较好,总体评价风险可控。

5. 经验总结及建议

19 号线某站—某站区间暗挖段平顶直墙密贴下穿既有大兴线某站为特级风险工程。施工过程中,现场采用深孔注浆 + 格栅喷射混凝土支护,施工过程中既有线结构及道床结构变形均未达到预警值,且未出现监测预警及巡视预警。既有线监测点变形趋势稳定,无异常情况。

(1)区间下穿既有线过程中所采用施工工序为先施作两侧 C 型二衬,再进行中间导洞开挖,有利于既有线变形控制及隧道自身稳定。

(2)平顶直墙结构密贴下穿既有线有利于其变形控制。

3.2　穿越河湖

3.2.1　某站—某站区间下穿凉水河、桥、上跨 14 号线

1. 工程简介

某站—某站区间(右 K36 +167. 122 ~ 右 K38 +542. 107)暗挖正线为标准暗挖断面,开挖尺寸 6. 48 m×6. 81 m/6. 68 m×7. 01 m,主要穿越地层为卵石 ~ 圆砾层②$_5$、粉细砂③$_3$、卵石⑤,采用台阶法施工,部分断面设置临时仰拱,采用格栅钢架喷射混凝土初期支护。地铁 19 号线某站—某站区间在 K38 +400 ~ K38 +500 范围内双线下穿凉水河及凉水河桥区。

正线暗挖标准断面隧道上跨 M14 号线盾构区间,暗挖隧道开挖尺寸 6. 48 m×6. 81 m,采用台阶法施工,设置临时仰拱,初衬厚 250 mm,二衬厚 300 mm;人防段暗挖隧道开挖尺寸 9. 00 m×8. 98 m,采用 CRD 施工,初衬厚 300 mm,二衬厚 600 mm。位置关系如图 3. 2-1 所示。

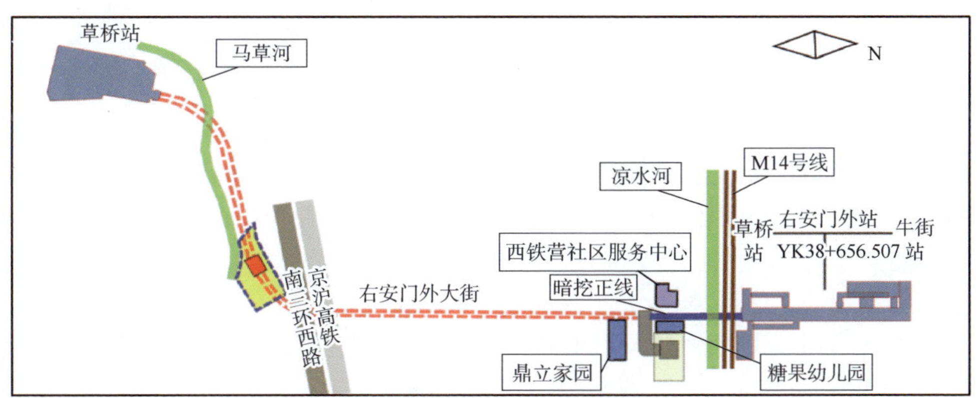

图 3. 2-1　某某区间平面图

(1)工程地质及水文

①工程地质

某站—某站区间暗挖正线主要穿越的地层为卵石 ~ 圆砾②$_5$、粉细砂③$_3$。

②水文地质

目前北京市有关地下水观测资料表明,场区潜水水位年升降幅度约 1. 0 ~ 2. 0 m,地下水潜水位呈下降趋势,区间底高程位于水位高程上方 7 m,未入水。

(2)工程重难点

据设计文件列出北京地铁 19 号线一期工程某站—某站区间暗挖下穿凉水河、桥、上跨 14 号线相关主要风险工程清单见表 3.2-1。

表 3.2-1　主要风险工程清单

序号	风险源	风险源状态描述	风险源等级
1	某某区间下穿凉水河、桥	区间暗挖隧道下穿凉水河及凉水河桥,距河底垂直距离 2.4 m,桥梁为桩基础三跨简支梁桥	一级
2	某某区间上跨既有 14 号线盾构区间	某站—某站区间为盾构区间,盾构隧道外径 6 m,管片宽 1.2 m,厚 300 mm。管片混凝土强度等级为 C50	一级

重难点:

①暗挖区间下穿凉水河桥及凉水河,施工过程中控制既有建构物变形,保证建构物及河底部安全是施工控制重难点。

②暗挖区间上跨 14 号线盾构区间,施工过程中控制既有线变形确保既有线结构安全是工程重难点。

③暗挖区间下穿、邻近多条地下管线。其中管线包括 ϕ1800 污水管、ϕ200 上水管、ϕ1800 中水隧道。施工过程中控制管线,保证管线的安全是施工控制重难点。

2. 风险工程对策

(1)对策一

穿越凉水河桥段、穿越 14 号线段以及人防段隧道均采用全断面深孔注浆对周围土体进行加固,加固范围为初支外轮廓 2 m 范围内。暗挖区间设置临时仰拱,减少初支结构封闭成环时间,及时封闭成环,施作初支背后回填注浆,提高初支结构稳定性。

(2)对策二

暗挖区间下穿凉水河桥及凉水河,区间与凉水河桥 8 根桩基存在冲突,施工时需要在洞内对冲突桩基进行凿除,对桥梁进行桩基托换及桥梁支顶。对 0 ~ 3 墩承台桩基进行托换施工,并在桥台桩基周边和桩底进行注浆加固措施。

(3)对策三

凉水河土体换填及河底护砌。河道范围内隧道覆土较浅,且河道底部存在淤泥层,自身稳定性较差,需对拱顶至河道底部范围内进行水泥土换填,土体采用黏性土,水泥采用普通硅酸盐水泥,水泥掺入比应根据水泥土试块的强度及抗渗试验进行决定。凉水河底土体换填开挖宽度 9.68 m,高度为 1.938 ~ 2.539 m。

根据河道冲刷计算,凉水河桥新建桩承台及区间暗挖隧道均不满足冲刷要求,需对河道进行防护，凉水河桥南段已完成河道防护，北段河底及边坡采用200 mm厚C25钢筋混凝土护砌，下设C15素混凝土垫层，钢筋混凝土护底及护坡每10 m设一道伸缩缝，缝宽2 cm，缝间设651型橡胶止水带，填缝材料采用沥青木板。顶部采用聚硫密封胶封堵，C15素混凝土垫层底部采用铺设两布一膜防渗。

(4)监控量测

①监测重点分析

监测重点：施工过程中，既有线洞内及洞外采取监测措施，监控既有线的变形，主要包括既有线结构沉降，道床沉降及自动化沉降监测；同时监测地面沉降变形，分析其变形规律，通过变形情况及时反馈施工方，进行相应施工方法及参数的调整，确保既有线处于安全可控状态。

②监测对象、项目及精度

根据设计图纸及相关规范确定既有线监测对象、项目、精度见表3.2-2，桥梁监测对象、项目、精度见表3.2-3。

表3.2-2　既有线监测对象、项目及精度

序号	类别	监测对象	监测项目		监测仪器	监测精度
1	周边环境	既有车站及区间	远程自动化监测	轨道结构沉降、差异沉降	静力水准仪	<0.5% F.S
			人工静态监测	结构沉降、差异沉降	水准仪	0.3 mm
				结构横向变形	全站仪	±1″，±(2 mm+$2\times10^{-6}D$)
				轨道结构沉降、差异沉降	水准仪	0.3 mm
				轨道几何形位检查	轨道尺、弦线	1.0 mm
				无缝线路钢轨位移	小钢尺	0.1 mm
				管片错台	游标卡尺	0.1 mm
				盾构收敛	收敛计	0.1 mm
2		附属结构	人工静态监测	附属结构沉降、差异沉降	水准仪	0.3 mm

表3.2-3　桥梁监测对象、项目及精度

序号	类别	监测对象	监测项目	仪器	监测精度
1	周边环境	凉水河桥	桥梁墩柱沉降	水准仪	0.3 mm/km
2			桥梁承台沉降	水准仪	0.3 mm/km
3			桥梁墩柱倾斜	全站仪	1″，1 mm+$2\times10^{-6}D$

③监测频率及周期

为保证既有线在区间项目施工过程中运营安全,对既有地铁区间车站结构采用自动化及人工监测两种监测手段,凉水河桥采用人工监测手段。根据设计图纸、规范要求及监测手段的不同,将监测频率、周期列表,见表3.2-4~表3.2-6。

表3.2-4 自动化监测频率及周期

监测对象	监测项目	监测仪器	监测周期	监测频率
既有线	轨道结构沉降及差异沉降	静力水准仪	开挖前进行初始观测,施工完成后变形趋于稳定时停止观测	穿越时1次/30 min,穿越后1次/h,结合穿越情况调整

表3.2-5 地铁结构人工监测频率及周期

序号	监测对象	监测项目	监测仪器	监测周期	监测频率
1	车站、隧道结构	结构沉降、差异沉降	水准仪	监测时间持续到结构变形达到稳定或穿越施工完工1年之后;穿越影响前进行初始观测,工程竣工、结构变形稳定后,运营单位同意后停止监测	开挖面在地铁保护区范围内,结合运营特点,监测频率2~3次/周;穿越完工1个月内,1次/周;穿越完工后2~12月,1~3次/月。同时结合运营特点及穿越情况调整
2	车站、隧道结构	结构横向变形	全站仪		
3	道床	结构沉降、差异沉降	水准仪		
4	轨道	轨道几何形位检查	轨道尺、弦线		
5	轨道	无缝线路钢轨位移	小钢尺		
6	隧道	管片错台	游标卡尺		
7	隧道	盾构收敛	收敛计		
8	附属结构	附属结构沉降、差异沉降	水准仪		
		附属结构水平位移	全站仪		

注:1 穿越施工中以隧道结构沉降及道床沉降作为重点监测项目,以穿越施工前后10 m范围为重点监测部位;在穿越施工期间,结合运营特点加密监测频率,在每晚地铁停运停电后大约0:30~3:15的时间段内,对重点监测部位的重点监测项目进行观测。

2 出现警情或异常情况时,增大监测频率和巡查频率。

表3.2-6 地铁结构人工监测频率及周期

监测对象	监测项目	现场监测频率	现场监测周期
凉水河桥	桥梁墩柱、承台沉降、倾斜	监测频率:当开挖面到监测断面前的距离$2B<L\leqslant5B$时,1次/4 d;当开挖面到监测断面前的距离$L\leqslant2B$时,1次/d;当开挖面到监测断面后的距离$L\leqslant1.2B$时,1次/d;当开挖面到监测断面后的距离$2B<L\leqslant5B$时,1次/4 d;当开挖面到监测断面后的距离$L>5B$时,1次/7 d;经数据分析确认达到基本稳定后,1次/月	测点布置完成后,在施工之前,应对所有的监测项目进行连续3次独立的观测,判定合格后取其平均值作为监测项目的初始值;变形稳定判断的标准依据《建筑变形测量规范》(JGJ 8—2016)相关内容确定,即"当最后100 d的沉降速率小于0.04 mm/d时可认为已经进入稳定阶段"。监测工作应贯穿工程施工全过程,工程降水施工前进行初始观测,至施工完成后2个月且监测对象变形趋于稳定时停止观测

注:B为洞径,L为开挖面与监测点的水平距离。

④控制指标

控制值主要依据安全评估报告、设计图纸、相关规范确定，具体监测控制值见表3.2-7～表3.2-11。

表3.2-7　各施工阶段既有结构及轨道累计变形控制指标（单位：mm）

既有结构	控制指标					
	类别	竖井横通道施工阶段	车站导洞及梁柱体系施工完成	区间上跨施工阶段	车站结构施工阶段	换乘厅施工阶段
区间主体结构及车站结构	上浮	0.5	0.5	1.2	1.6	2.0
	横向	0.5	0.5	0.8	1.0	2.0
	沉降	0.5	0.5	0.8	1.0	2.0
附属结构	上浮	1.0	1.2	1.4	1.6	3.0
	横向	1.0	1.2	1.4	1.6	3.0
	沉降	1.0	1.2	2.7	3.0	4.0
轨道结构	上浮	0.5	0.5	1.2	1.6	2.0
	横向	0.5	0.5	0.8	1.0	2.0
	沉降	0.5	0.5	0.8	1.0	2.0
主要影响范围		K17+120～195	K17+100～200	K17+90～190	K17+100～200	K17+136～256

表3.2-8　最终阶段区间结构、轨道结构及车站结构变形控制指标（单位：mm）

项　　目	预警值	报警值	控制值
既有主体结构上浮	1.4	1.6	2.0
既有主体结构横向位移	1.4	1.6	2.0
既有主体结构沉降	1.4	1.6	2.0
既有轨道结构上浮	1.4	1.6	2.0
既有轨道结构沉降	1.4	1.6	2.0
既有轨道结构横向位移	1.4	1.6	2.0
附属结构上浮	2.1	2.4	3.0
附属结构横向位移	2.1	2.4	3.0
附属结构沉降	2.8	3.2	4.0

表3.2-9　轨道静态几何形位变形控制指标（单位：mm）

项　　目	控制值
轨距	+4、-2
前后高低	4
左右水平	4
轨向（直线）	4

表 3.2-10　变形速率控制指标(单位:mm/d)

控制指标	控制值
结构变形速率	1.0

表 3.2-11　变形速率控制指标(单位:mm/d)

监测对象	监测项目	判定内容	控制值
凉水河桥	桥梁墩柱承台、沉降、差异沉降、结构倾斜	桥梁墩柱沉降绝对变化值、结构倾斜相对变化值	1. 各墩台、承台累计沉降控制值为 15 mm; 2. 各相邻墩竖向(纵向)不均匀沉降控制值为 10 mm; 3. 各桥墩相邻墩柱(桩基)横向差异沉降控制值为 3 mm; 4. 墩柱(桩基)倾斜控制值为 1/1 000。 预警值取控制值的 60%,报警值取控制值的 80%

3. 专家论证与咨询建议

(1)方案论证

2018 年 11 月 30 日,北京市京港地铁有限公司组织召开了北京地铁 19 号线一期工程某站及换乘厅(不含破口)、某站—某站区间穿越既有 14 号线某站、某站—某站区间工程专项设计方案、现状检测、安全性影响评估、施工方案和应急预案、第三方监测方案专家评审会,经讨论形成专家评审意见如下:

①现状检测报告、安全性影响评估报告可作为下一步工作依据,专项设计方案、施工方案和应急预案及第三方监测方案基本可行。

②建议:

a. 进一步调查核实管片错台超限部位,判断是否存在空鼓并初步分析原因。

b. 收集北京类似工程的实测数据,完善评估报告。

c. 设计与施工单位进一步研究优化上跨盾构区间小间隙注浆方案及换乘厅围护桩方案。

d. 细化施工方案中监测内容。

e. 第三方监测加强对既有区间管片错台超限区域的监测。

f. 根据评估报告并结合施工组织方案,优化轨道防护措施。

2019 年 8 月 30 日,北京市轨道交通建设管理有限公司和北京市七环工程技术咨询有限责任公司共同组织召开了北京地铁 19 号线一期工程某站—某站区间下穿凉水河桥“四项方案”专家评审会,经讨论形成专家评审意见如下:

桥梁工前检测报告、评估报告及修改后的影响分析计算报告可作为区间下穿凉水河桥设计与施工的依据;区间下穿凉水河桥专项设计、专项施工方案和应急预案及第三方监测方案基本可行。

(2)影响分析计算报告

应重点对切除旧桩过程中的桥梁受力体系转换进行核算,并分析旧桩切割后承台向下挠曲变形的可能性及相应的连锁反应。

(3)专项设计

优化隧道内的抗拔桩设计。

(4)专项施工方案及应急预案

①完善邻近桩基侧隧道注浆加固及隧道超前深孔注浆措施。

②细化穿越污水管的保护措施。

③细化隧道施工阶段残留水的处置措施。

④完善桥梁沉降超标后的应急预案及应急联系方式。

(5)第三方监测

补充承台变形测点。

(6)专家巡视

某某区间正线处于穿越凉水河区域,开挖面砂卵石地层,注浆浆脉明显,地层基本稳定,后续穿越大直径污水管线 D1800 污水,上跨既有 14 号线区间,风险较高,较密集。2020 年 3 月 25 日,进行现场巡视活动,建议如下:

①深孔注浆应控制好注浆压力等参数,避免对雨、污水管线造成不利影响,下穿管线段应增设超前小导管。

②规范核心土留设以控制掌子面变形。

③既有废弃桥桩可在现阶段截除,在截除过程中应做好临时支撑保护。

④合理安排工程筹划,在汛期前应完成穿河段及下穿污水管线段结构施工。

⑤在上跨既有线区段对既有线的保护注浆过程中应加强监测与巡查,做到多方实时联动以控制对既有线隧道的影响。

4. 实施过程及风险管控

(1)施工过程

区间穿越凉水可、桥及既有 14 号线区间师工过程,见表 3. 2-12。

表 3. 2-12 某站—某站暗挖区间穿越凉水河、桥及既有 14 号线区间施工过程

 2019 年 2 月 25 日完成桩基托换	 2019 年 12 月 17 日穿越凉水河、桥右线开始施工

续上表

<table>
<tr><td>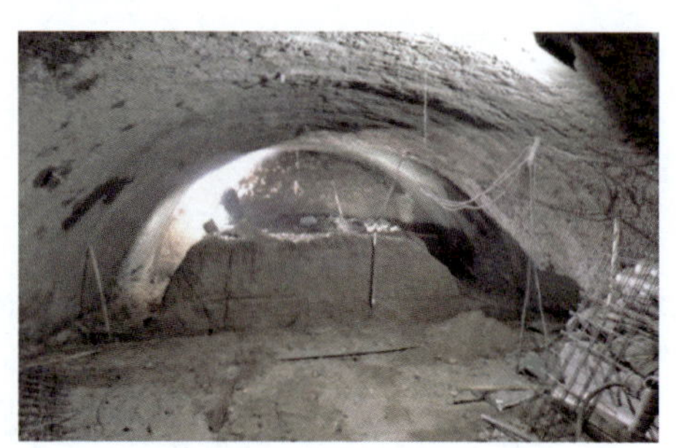
2019 年 12 月 23 日穿越凉水河、桥左线开始施工</td><td>
2020 年 5 月 30 日右线穿越凉水河、桥初支完成</td></tr>
<tr><td>
2020 年 6 月 8 日左线穿越凉水河、桥初支已完成</td><td>
2020 年 6 月 9 日右线穿越凉水河、桥拆除临时仰拱,准备施作二衬</td></tr>
<tr><td>
2020 年 6 月 16 日左线穿越凉水河、桥拆除临时仰拱,准备施作二衬</td><td>
2020 年 10 月 4 日穿越凉水河、桥右线二衬施作完成</td></tr>
</table>

续上表

 2020 年 10 月 12 日右线穿越 14 号线段开始施工	 2020 年 11 月 11 日左线穿越凉水河、桥二衬施作完成
 左线穿越 14 号线段施作深孔注浆	 2020 年 11 月 17 日左线穿越 14 号线段开始施工
 2020 年 11 月 25 日右线穿越 14 号线段初支完成	 2020 年 12 月 6 日穿越 14 号线右线开始施作二衬

续上表

2020 年 12 月 27 日穿越 14 号线左线初支已完成	2021 年 1 月 6 日穿越 14 号线左线开始施作二衬

2021 年 3 月 24 日右线穿越 14 号线二衬完成	2021 年 4 月 22 日穿越 14 号线左线二衬完成

(2)主要措施落实情况及效果

①设计措施

a. 全断面深孔注浆:已按设计及方案要求施工,效果较好。

b. 凉水河土体换填及河底护砌:已按设计及方案要求施工,效果较好。

c. 桩基脱换及桥梁支顶:已按设计及方案要求施工,效果较好。

②辅助措施

河道导流,效果较好。

(3)险情/预警情况处置

①险情情况处置

工程无险情。

②重要巡视预警情况处置

区间自暗挖施工至二衬完成共发生黄色巡视预警 3 次,巡视预警主要的问题为渗漏水。预警发布情况见表 3. 2-13。

表 3.2-13　巡视预警统计

预警时间	预警原因及情况	预警处置	消警时间
2020 年 11 月 2 日	区间右线下断面渗水、流砂,存在小股明流水,掌子面发生垮塌情况	1. 立即封闭掌子面,分析渗水原因,采取有效措施进行治水; 2. 加密周边巡视及监测	2020 年 11 月 6 日
2020 年 12 月 1 日	当日巡视发现,区间正线暗挖右线下台阶掌子面后方约 25 m 处,右侧壁初支存在多处破损、并伴随涌水渗漏现象,存在风险	立即封闭开挖面,查明涌水原因,并提出具体处置措施及方案	2020 年 12 月 4 日

③区间右线下导洞渗漏水情况分析及处置措施

2020 年 11 月 1 日,在进行区间右线下导洞开挖时,右侧在距离底板 1.2 m 处存在明流水情况。

原因分析:

a. 区间上导洞已安全穿越雨污水管线,目前各市政管线监测正常,且上导洞初支面未出现湿渍,可排除市政管线渗漏的可能,管线布置如图 3.2-2 所示。

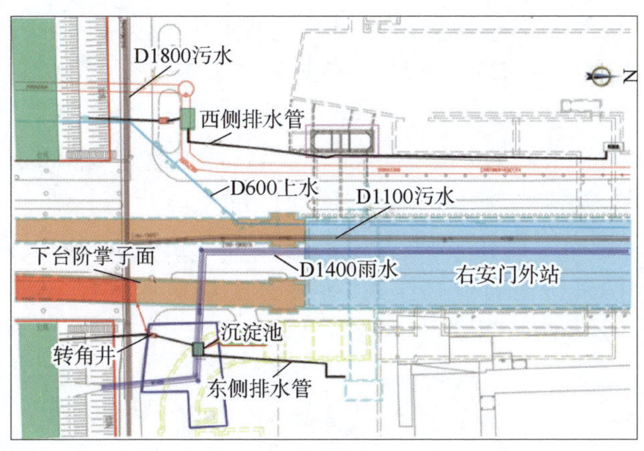

图 3.2-2　管线布置

b. 目前区间穿河段二衬结构已施工完成,区间向北以 28‰的坡度爬坡与车站连接,且右线下导洞掌子面距离河水约 12 m,可排除洞内名流水为凉水河灌入。

c. 车站东侧降水排水管道设置三级沉淀池,沉淀池为现浇钢筋混凝土结构,且施工期间施作了 EVA 防水层;沉淀池与凉水河之间设置了转角井,分别与两侧排水管连接,转角井为砖砌结构,距离右线下导洞掌子面水平净距仅 5.8 m,竖向净距约 7 m。

d. 初步判定区间明流水来自转角井渗漏至下方,遇到粉质黏土层(隔水层)后,水平流向区间内部;且区间明流水无色、无味,与降水井水质相匹配。洞内渗水照片如图 3.2-3 所示。

图 3. 2-3　某站—某站暗挖区间下台阶渗漏水

采取的措施及效果：

a. 施工现场及时封闭下导洞掌子面,并对区间底部残留水及时抽排。

b. 利用区间设置的临时仰拱,在上导洞斜向下进行深孔注浆堵水,同时起到对下导洞右侧地层加固的效果,下导洞初支侧墙基本干燥,无渗漏点,如图 3. 2-4、图 3. 2-5 所示。

c. 对区间洞内和地表监测点进行加密监测,各项监测数据稳定。

d. 地面凿开车站排水转角井,对井壁周围的土体进行检查,井壁西侧表层土体正常,使用洛阳铲向下掏孔,判断井室周边是否存在积水、地层疏松现象。

e. 对井室周围进行地面打孔注浆,确保井室周围土体密实,同时加强对转角井的巡视,发现异常及时处置。

f. 封闭区间右线掌子面,掌子面干燥、无湿渍,深孔注浆堵水效果明显,在转角井最终原因未探明前,下导洞暂不开挖,在此期间除了进行深孔注浆堵水外,对整个区间进行二次全面初支背后注浆,确保初支背后密实。

图 3. 2-4　下导洞封面及抽排残留水

图 3. 2-5　上导洞内深孔注浆堵水及加固地层

(4)监测情况分析

某站—某站暗挖区间监测过程中涉及地表、管线、桥梁及既有线的监测,其中既有线监测分人工监测及自动化监测两部分。人工监测过程主要监测既有线结构及道床变形,自动化监测主要监测既有线道床变形,地表、管线及桥梁监测主要为人工监测,监测点平面布置如图 3.2-6 所示。

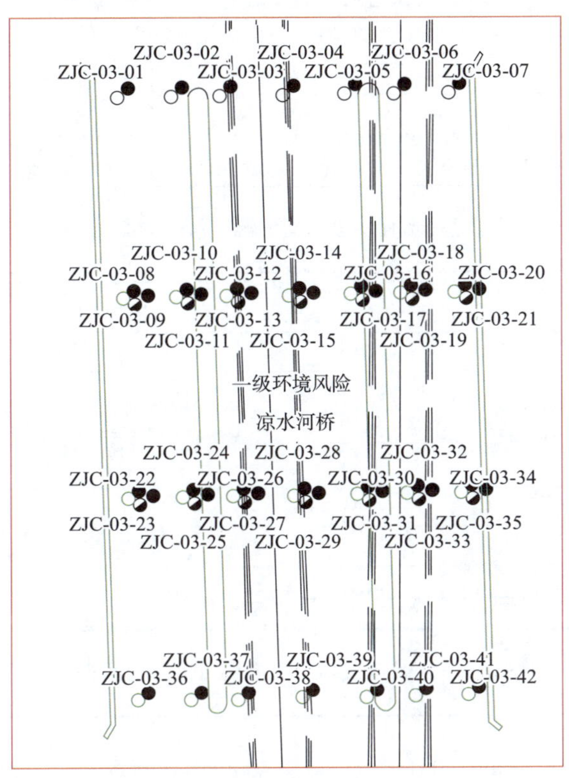

图 3.2-6　既有线测点布置图

监测项目累计变化最大值见表 3.2-14。

表 3.2-14　累计变化最大值

监测项目	统计项目	测点编号	单位	累计值	变化速率(mm/d)	控制值	状态
自动化道床竖向位移	累计最大	JLC204	mm	0.73	-0.03	±2.0	正常
隧道结构竖向位移	累计最大	SJC105	mm	0.76	-0.02	±2.0	正常
道床竖向位移	累计最大	DJC205	mm	0.91	0.03	±2.0	正常
道床竖向位移	累计最大	ZJC-03-18	mm	3.24	0.38	±15.0	正常

不同施工阶段变形控制分析如图 3. 2-7 ~ 图 3. 2-9 所示。

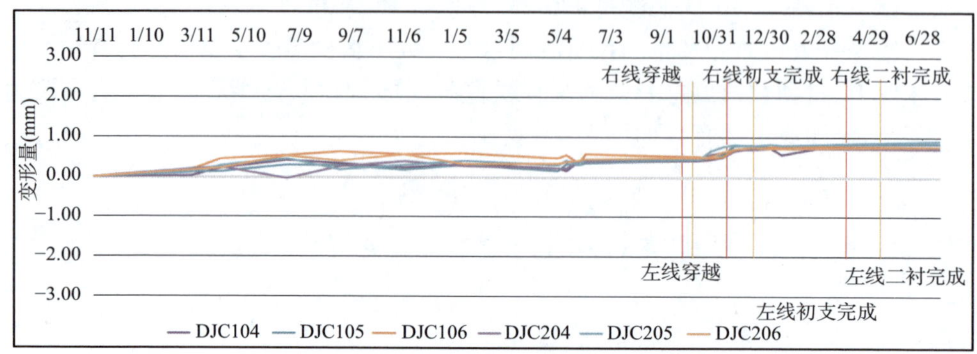

图 3. 2-7　既有线道床变形测点沉降时程曲线图

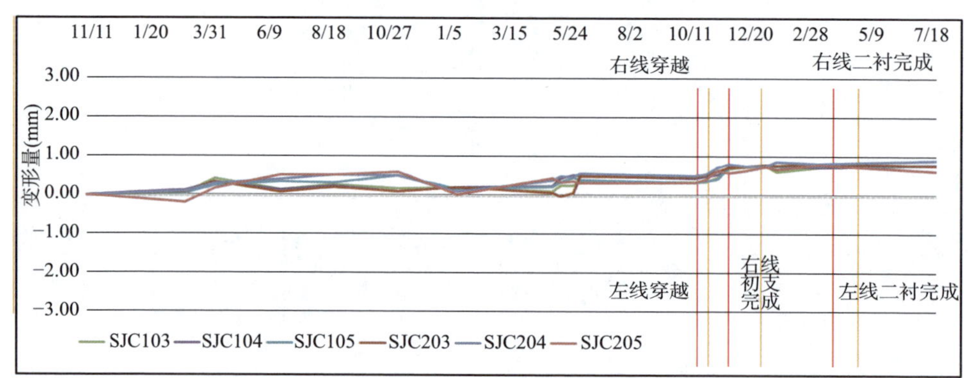

图 3. 2-8　既有线结构沉降测点沉降时程曲线

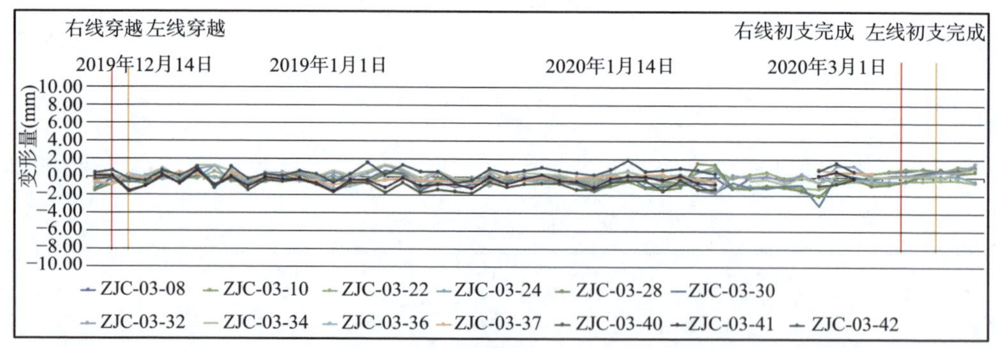

图 3. 2-9　凉水河桥沉降测点变形时程曲线

通过对以上监测数据总结及分析,可知暗挖区间穿越凉水河、桥及上跨既有 14 号线既有区间过程中,凉水河桥及既有线结构、道床变形均未超过控制值,施工过程中桥梁最大累计变形为 3. 24 mm,既有线结构及道床最大累计变形 0. 91 mm,

均未达到预警值和报警值,变形速率稳定。新建19号线某站—某站暗挖区间二衬施作完成后,既有线及桥梁变形数据稳定,风险可控。

(5)风险管控总体评价

通过监测数据和现场巡视情况综合分析,暗挖区间下穿凉水河、桥及上跨既有线14号线区间施工,总体评价风险可控。

5. 经验总结及建议

区间下穿凉水河、桥及上跨既有线14号线区间施工,处于卵石及粉细砂地层,稳定性一般,采用台阶法加临时仰拱施工,有效减少初支结构封闭时间,及时封闭成环,提高了初支结构稳定性。同时采取全断面深孔注浆加固,有利于土体固结和稳定,有效地控制了周边建构筑物变形。

(1)深孔注浆过程中,应合理控制注浆压力及注浆量等参数,安排人员在地表值班,加强监测和巡查,避免注浆对既有构筑物造成损害。

(2)下穿河湖段应加强洞内监测及巡查,及时掌握结构自身变形情况。

(3)工程施工过程中降水系统设置与工程自身保持安全距离并做好防水措施,避免对施工造成不利影响。

(4)桥梁桩基托换的成功实施,既解决了轨道交通线路问题,同时确保了市政桥梁安全,为后续轨道交通线路与既有构筑物冲突情况,提出了解决思路和实施经验。

3.2.2　某站B口下穿马草河

1. 工程简介

新建车站B出入口设置于南四环路与张新路交叉路口的东南角,B出入口部位于马草河东侧。B出入口转弯段及下穿马草河通道段采用暗挖法施工,其余部分采用明挖法施工。B出入口暗挖通道初支采用顶拱直墙断面,复合式衬砌,暗挖初支隧道最大宽度为9 m,最大高度为8.97 m。明挖段结构施工完成后方能施工暗挖段结构,暗挖段施工方向为从车站主体向明挖段出口方向施工。车站平面布置如图3.2-10所示。

(1)工程水文地质

①工程地质

出入口通道自上而下主要穿越杂填土、素填土、黏质粉土、圆砾、卵石层。其中暗挖段结构主要穿越卵石层,如图3.2-11所示。

②水文地质

出入口位置地下水位于结构底板以下,施工过程不受地下水影响。

(2)工程重难点

① 自身风险

主要地层从上到下依次为杂填土、素填土、黏质粉土、圆砾、卵石层。地下水位

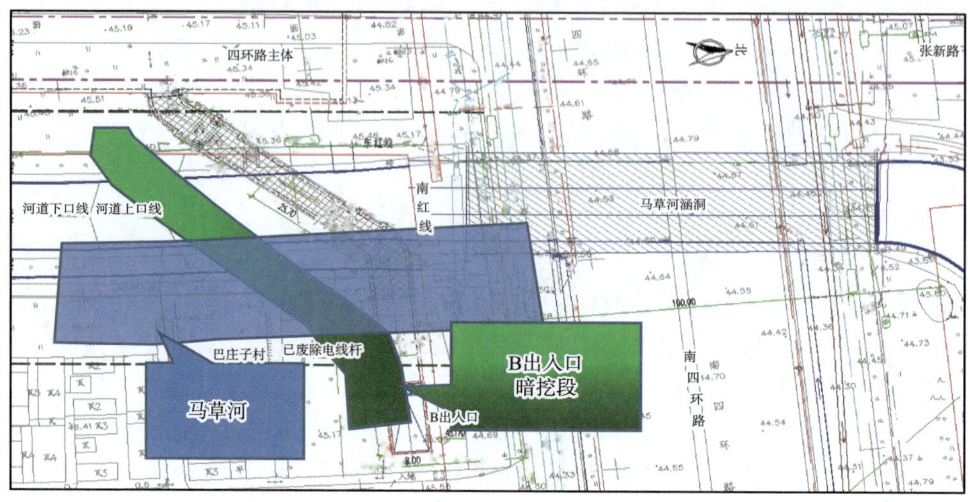

图 3. 2-10　某站 B 出入口平面图

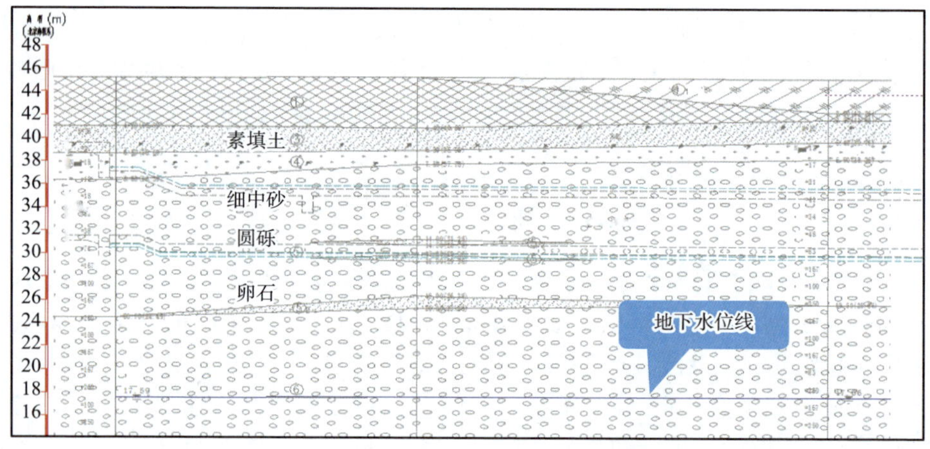

图 3. 2-11　某站 B 出入口地质剖面图

埋深约 24. 4 ~27. 5 m。B 出入口为单层结构,明挖段基坑最大埋深为 13. 5 m;B 出入口暗挖段最大宽度为 9 m;最大高度为 8. 97 m。

② 环境风险

重要环境风险为 B 出入口暗挖段下穿马草河,马草河河道宽 16 m,拱顶距河道底部 3. 57 ~3. 70 m,河道在暗挖施工前已做过防渗处理。开挖过程中仍存在一定的渗漏水风险,尤其是降雨、上游放水等原因引起河道水位上涨后,渗漏水风险随着环境的变化增大,施工过程中如何控制洞内渗漏水成为工点施工难点之一。B 出入口下穿马草河环境风险情况见表 3. 2-15。

表 3.2-15　环境风险工程情况-河湖

风险工程名称	风险等级	底部基础	底部宽度(m)	顶部宽度(m)	水位(m)	拱顶与基础垂直距离(m)	工程地质
暗挖段下穿马草河	一级	草坪砖护底(内填 C10 无砂混凝土)	16	16	43.00	8.59 ~ 8.79	主要地层从上到下依次为杂填土、素填土、黏质粉土、圆砾、卵石层。地下水位埋深约 24.4 ~ 27.5 m

2. 风险工程对策

(1)深孔注浆加固

对暗挖段拱部进行深孔注浆加固地层,注浆范围为开挖轮廓线以外 1.5 m,开挖轮廓线以内 0.5 m,加固体无侧限抗压强度不小于 0.8 MPa。

(2)河道防渗处理

马草河在 B 出入口开挖前采用地面深孔注浆措施,对暗挖通道拱部土体进行加固,并对河道进行护砌加固,保证暗挖通道下穿马草河施工安全。河道护砌范围为出入口穿河段沿河道投影长度、上游 50 m 及下游至四环路跨河桥上游侧,总长度 101 m,护砌型式采用 250 mm 厚 C25 钢筋混凝土护底,下设复合土工膜,如图 3.2-12 所示。

图 3.2-12　河道防渗处理

(3)监控量测

①监测重点分析

由于暗挖隧道拱顶距河底净距较浅,开挖过程中对河堤及河道扰动较大,可能导致河堤及河道出现下沉,需加强现场监测及巡视。

② 监测对象、项目及精度

周边环境监测对象主要为工程周围地表、河堤以及其他市政管线。主要监测对象、项目、精度见表 3.2-16。

表 3.2-16　某站 B 出入口监测对象、项目及精度

序号	类别	监测对象	监测项目	监测仪器	监测精度
1	监测项目	地表沉降(含河堤监测)	地表沉降	水准仪	0.3 mm
2		马草河	桥涵沉降	水准仪	0.3 mm

③监测频率及周期

第三方监测工作应贯穿工程施工全过程,工程降水施工前进行初始观测,至施工完成后 2 个月且监测对象变形趋于稳定时停止观测。工程重要部位的监测点和重要环境对象的监测点,第三方监测单位与施工监测同点位监测。

矿山法工程施工周边环境的第三方监测频率应符合表 3.2-17 的规定。

表 3.2-17　矿山法隧道工程第三方监测频率表

监测部位	监测对象	开挖面至监测点或监测断面的距离	监测频率
开挖面前方	周围岩土体和周边环境	$2B < L \leq 5B$	1 次/2 d
		$L \leq 2B$	1 次/(1~2 d)
开挖面后方	初期支护结构、周围岩土体和周边环境	$L \leq 1B$	1 次/1 d
		$1B < L \leq 2B$	1 次/1 d
		$2B < L \leq 5B$	1 次/(2~4 d)
		$L > 5B$	1 次/(4~10 d)

注:1　B 为矿山法隧道或导洞开挖宽度(m);L 为开挖面至监测点或监测断面的水平距离(m)。

2　当拆除临时支撑时应增大监测频率。

3　监测数据趋于稳定后,监测频率为 1 次/(15~30 d)。

④控制指标

各监测项目控制指标见表 3.2-18。

表 3.2-18　各监测项目控制指标

序号	监测项目	监测项目控制值及变化速率(mm/d)
1	河堤挡墙	沉降 15 mm;倾斜率 0.001;最大位移速率 1 mm/d
2	马草河桥涵	马草河桥涵控制指标:均匀沉降 7 mm,横桥向差异沉降 1 mm/2 m,纵桥向差异沉降 4 mm/5 m,沉降缝间差异沉降 5 mm

3. 专家论证与咨询建议

B 出口下穿马草河,覆土较浅,拱部存在渗漏水现象,施工阶段多次存在垮塌现象,风险较高,管控难度较大。针对上述情况,2020 年 1 月 3 日,组织召开专家巡视活动,形成意见及建议如下:

(1)深孔注浆期间加强压力管控,做好监测与巡视,防止周边环境过量隆起及冒浆。

(2)B 出入口下穿马草河区段,做好超前地质探查工作,优化各导洞施工步距及穿越顺序,各导洞应避免同一时期下穿;加强穿越期间的监测及巡视。

(3)长期停工期间按照永久封端的要求组织封闭掌子面。

(4)加强初支背后回填注浆工作,优化注浆参数。

(5)做好现场抢险物资储备及应急演练。

施工单位按照专家巡视意见落实,下穿马草河过程中未出现异常情况。

4. 实施过程及风险管控

(1)施工过程

某站B出入口各导洞下穿马草河时间节点记录见表3.2-19。

表3.2-19　马草河施工进度节点记录

工程部位	开始时间	结束时间
1号导洞	2020年1月5	2020年2月28
2号导洞	2020年1月28	2020年3月13
3号导洞	2020年4月16	2020年5月11
4号导洞	2020年5月3	2020年5月20

(2)主要措施落实情况及效果

B出入口暗挖段下穿马草河的设计措施包括:

①施工前对马草河现状进行调查,必要时进行检测和评估。

②施工时采用短进尺、强支护,开挖掌子面用喷射混凝土封闭,初期支护尽快封闭成环。

③初支和二衬施工过程中及时进行初支背后注浆,严格控制注浆压力和注浆量,保证注浆效果。

④拱部进行深孔注浆加固土体,注浆范围为开挖轮廓线以外1.5 m,开挖轮廓线以内0.5 m,加固体无侧限抗压强度不小于0.8 MPa。

⑤施工尽量避开雨季施工。

整个穿越河道过程整体顺利,设计措施得到了有效落实,未出现异常情况。

(3)险情/预警情况处置

某站B出入口施工过程中出现多次巡视预警,涉及土方开挖、渗漏水巡视预警较多。由导洞开挖至二衬结构完成,整个施工过程中共发布橙色巡视预警1个,黄色巡视预警8个。典型巡视预警情况统计见表3.2-20。

表3.2-20　巡视预警统计-土方开挖及渗漏水

发生部位	预警时间	预警等级	预警原因及情况	预警处置	消警时间
B出入口暗挖段3号导洞	2019年12月7日	黄色	(开挖时两榀连挖)B出入口暗挖段3号导洞下台阶19榀20榀两榀连挖,纵向连接筋缺失,预留长度不足	要求施工单位加强暗挖管理将纵向连接筋整改完成后尽快封闭成环	2019年12月9日

续上表

发生部位	预警时间	预警等级	预警原因及情况	预警处置	消警时间
B 出入口暗挖段 1 号导洞	2020 年 4 月 8 日	橙色	(拱部砂卵石,超前加固不理想;马草河水位上升,导致地下水下渗)出入 1 号导洞穿越马草河,近期水位有所上升,目前水位 45 cm,开挖面拱部存在渗漏水,注浆效果不理想,拱部发生垮塌,深度 80 cm,宽 50 cm;对于穿越马草河段,风险较大	对超挖部位密实回填注浆,立即封闭掌子面,重新进行注浆加固;下穿马草河段进行围堰,探测河道,人行步道有无空洞,防止水压过大,造成洞内突涌;积极联系水务部门,降低地下水位,避免出现作业面透水事故;加密洞内及周边环境巡视及监测	2020 年 4 月 9 日
B 出入口暗挖段 1、3 号导洞	2020 年 4 月 16 日	黄色	(由于马草河水位不稳定,拱顶防渗漏不明显)B 出入口 1、3 号导洞拱顶持续出现渗漏水现象,存在风险隐患	加强洞内及周边环境巡视及监测,采取防渗漏措施的必要手段	2020 年 4 月 21 日

图 3.2-13 为某站 B 出入口两榀连立情况整改前后照片,图 3.2-14 为某站 B 出入口拱部超挖整改前后照片,图 3.2-15 为拱部渗漏水整改前后照片。

图 3.2-13　两榀开挖整改前后照片

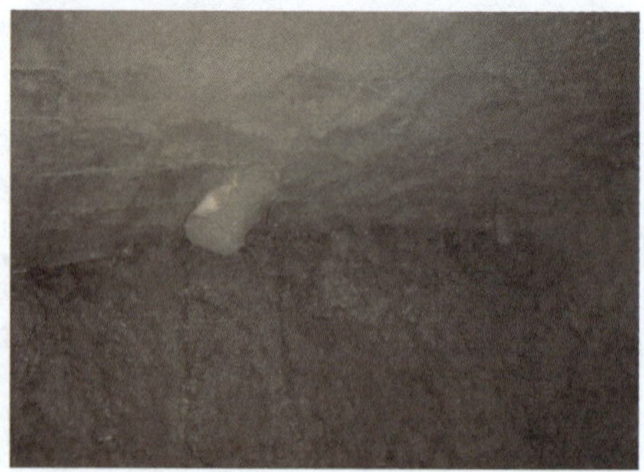

图 3.2-14　拱部超挖整改前后照片

图 3. 2-15　拱部渗漏水整改前后照片

(4)监测情况分析

①监测预警统计

某站 B 出入口暗挖施工期间，累计新增 5 个红色、220 个橙色、404 个黄色监测预警，目前无保留监测预警。监测预警统计见表 3. 2-21。

表 3. 2-21　监测预警统计

工　　点	消警			新增预警			预警累计		
	红色	橙色	黄色	红色	橙色	黄色	红色	橙色	黄色
某某站 B 出入口	5	220	404	5	220	404	0	0	0

②重要预警及采取的施工措施、控制效果

某站 B 出入口暗挖下穿马草河期间，受洞内注浆加固影响，马草河河堤出现轻微上浮，河堤变形整体稳定，沉降变形控制较好。

③不同施工阶段变形控制分析

以东侧河堤 DB-54-04 监测点为例，分析不同施工阶段变形情况。DB-54-04 时沉曲线图如图 3. 2-16 所示。

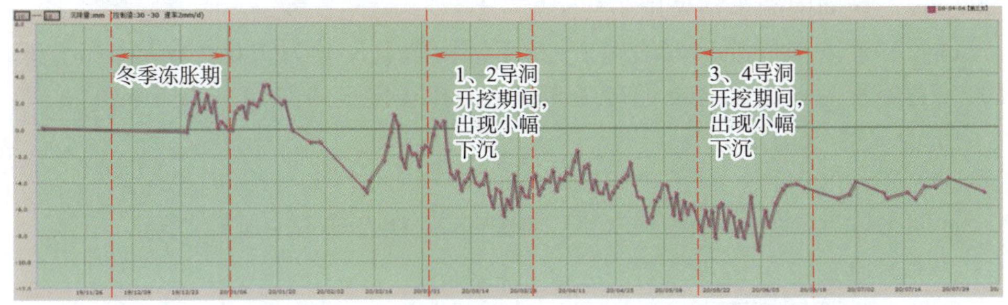

图 3. 2-16　马草河东侧河堤 DB-54-04 监测点时沉曲线图

从图 3. 2-16 可以看出，马草河东侧河堤 DB-54-04 监测点冬季冻胀期出现小幅上升；1、2 号导洞开挖期间，出现小幅下沉；3、4 导洞开挖期间，继续出现小幅下沉。后施工单位采取洞内补浆,测点出现小幅上升。目前测点变形趋稳,现场监测巡视无异常。

5. 风险管控总体评价

某站B出入口暗挖段下穿马草河期间,总体控制效果较好,马草河河堤未出现明显变形。马草河水位上涨后,洞内渗漏水明显,对马草河侧壁勾缝处理后,洞内渗漏水有所改善。

6. 经验总结及建议

(1)施工中加强对附属结构施工管理,后续类似穿越重要风险源,建议对风险源周边提前做好空洞探测,实时掌握地层情况,最大限度地减少风险事件的发生。

(2)河底防渗底板施工期间,加强对河底与侧壁之间孔隙的封闭处理。

(3)浅埋暗挖隧道施工加强对上方回填土地层的加固,把控超前支护质量,及时进行初支背后回填注浆等措施弥补地层损失。

(4)制定应急预案,做好应急物资储备。

3.3 穿越桥梁

3.3.1 某站—某站区间穿越既有线、桥梁

1. 工程简介

某站—某站区间,沿北三环自西向东延伸,由区间2号竖井横通道向西依次下穿既有地铁8号线某站及北三环安华桥之后接入12号线某站。施工过程中需采取有效措施确保既有线、立交桥等风险源的安全。

区间沿线地势平缓、略有起伏,地面高程为43~48 m。采用矿山法施工,区间右线总长920.35 m,左线总长920.317 m。结构覆土约为19.67~23.6 m,线路纵向采用“人”字坡及单向坡,坡度分别为2‰、9.645‰及2‰,两处竖曲线半径均为3 000 mm。区间两端车站采用洞柱法施工。

区间隧道采用标准矿山法施工,断面结构净空尺寸为7.6 m×7.51 m(宽×高),二衬厚度为600 m,初支厚度为300 mm,拱顶覆土约19.4~22.5 m。

(1)工程水文地质

①工程地质

区间主体主要穿越中粗砂$⑦_1$层、粉细砂$⑦_2$层及卵石~圆砾⑦层。

②水文地质

区间主要赋存有两层地下水,分别为上层滞水(一)和层间潜水(四)。地下水详细情况如下:

上层滞水(一):稳定水位高程为40.59~42.51 m,水位埋深为4.40~6.50 m,含水层岩性主要为粉土③层、粉质黏土$③_1$层及粉细砂$③_3$层,局部为粉质黏土④

层，透水性一般。

层间潜水(四)：稳定水位高程为15.08～15.39 m，水位埋深为31.12～31.70 m，含水层岩性主要为卵石～圆砾⑦层和卵石～圆砾⑨层，局部为中粗砂$⑨_1$层和粉细砂$⑨_2$层，透水性较好。

(2)工程重难点

①区间左右线下穿既有车站单层段(特级)

新建区间为标准暗挖区间，采用矿山法施工，区间密贴下穿M8某站单层暗挖段。既有8号线车站暗挖单层段长65 m，顶板覆土约为12.83 m，底板埋深约为22.71 m。暗挖单层段左线采用PBA工法施工，标准断面高9.86 m(加高断面11.142 m)，初支350 mm厚，顶板700 mm，侧墙700 mm，底板1200 mm；右线采用CRD工法施工，标准断面高9.78 m(加高断面11.562 m)，宽9.6 m，初支350 mm，二衬600 mm。左右线之间设有联络通道，联络通道高5.582 m，宽5.8 m，初支250 mm，二衬500 mm厚(图3.3-1)。

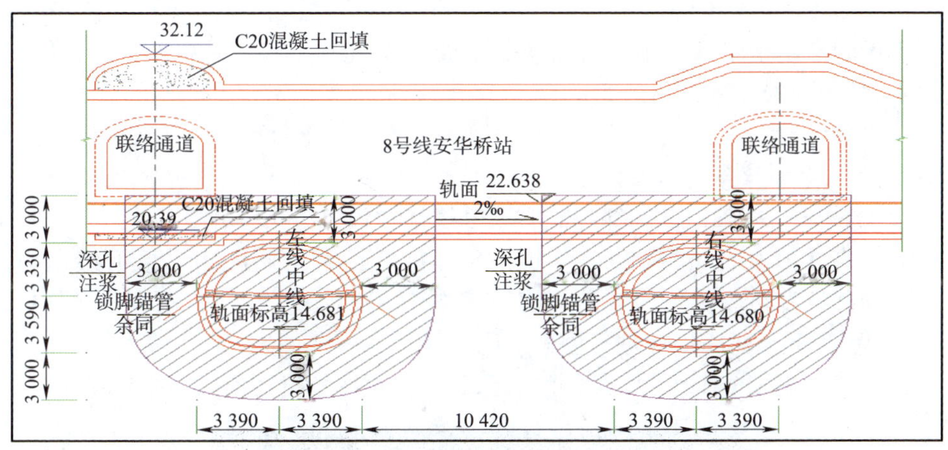

图3.3-1　某某区间下穿既有8号线单层段剖面图(单位：mm)

②区间左右线下穿安华桥(二级)

安华桥立交(建于1988年)为长条苜蓿叶互通形，桥梁总长57.7 m，分左右两幅，总宽度48.0 m，共四跨，跨径组合为10.35 m＋18.50 m＋18.50 m＋10.35 m。桥梁上部结构布置为四孔预应力混凝土简支梁，下部结构为后张预应力混凝土组合式T形墩和现浇条形T墩基础及重力式桥台，条基埋深2.4 m。

区间结构在右CSK112＋191.000～右CSK112＋239.000处下穿安华桥，左线区间隧道下穿安华桥1轴、2轴桥基，右线区间隧道下穿安华桥2轴、3轴桥基，与桥墩最近水平距离3.6 m，竖向距离21.6 m。区间结构所处地层为卵石层，扩大基础所处地层为粉土层。

2. 风险工程对策

(1)区间密贴下穿 M8 某站主体结构

①对隧道穿越既有 8 号线车站前 19 m、后 10 m 范围内,隧道开挖轮廓外一定范围土体进行超前全断面深孔注浆加固。注浆施工段划分,搭接 2 m,注浆压力为 0.3 ~0.75 MPa,终压 1.0 MPa,注浆材料为水泥水玻璃双液浆,加固范围为横断面外 3 m。

②区间下穿既有线段区间初支及二衬加强,初支采用 300 mm 厚,二衬结构 400 mm 厚,初期支护及时封闭成环,并与既有线底板密贴。

③设置临时仰拱。

④调整左右线穿越工序,左右线隧道上下断面依次通过,降低群洞效应。

⑤在通过 M8 左线 PBA 段时,需要破除原车站初期支护结构边桩,该处边桩在开挖过程中采用水钻破除,先破除原结构侵入新施作初期支护结构部分,并及时封闭初支开挖面,待拱顶开挖面封闭且沉降均匀稳定后方可破除剩余边桩。

(2)区间下穿安华桥

①区间穿越桥梁段采用全断面深孔注浆,注浆范围:开挖轮廓线外 2 m 及掌子面范围,纵向为安华桥前后各 5 m。

②采用台阶法施工,增加临时仰拱,以减少施工开挖过程中对桥梁的影响。

3. 专家论证与咨询建议

12 号线某站—某站区间穿越既有 8 号线某站预警分析会:

2020 年 1 月 9 日,针对 2020 年 1 月 8 日左线上台阶施工期间,既有线结构及道床下穿部位发布监测预警情况,组织了预警分析响应会,形成专家意见如下:

(1)左线下半断面提前进行注浆加固。

(2)继续加强拱部回填注浆,适当提高压力,试图抬升既有线(图 3. 3-2)。

图 3. 3-2　初支背后回填注浆

(3)对初支结构背后密实性进行检查,如有空洞及时进行注浆加固。

(4)对已开挖、沉降较大部位在导洞内腰部位置径向打孔注浆,对周边土体进行补充注浆加固。

(5)加强施工过程中的安全质量管控,确保深孔注浆加固效果及开挖支护连续施工。

(6)加强既有线内的巡视和检查。

12 号线某站—某站区间专家巡视:

2020 年 4 月 23 日,针对穿越特级风险工程,组织专家咨询活动,形成如下意见及建议:

(1)严格精细化施工管理,控制超挖及拱脚悬空现象,及时进行初支背后回填注浆(图 3.3-3)。

图 3.3-3　初支背后回填注浆

(2)完善右线穿越既有线截桩区域的施工措施。

(3)深孔注浆阶段做好压力及注浆量控制,加强既有线的监测及巡视。

(4)做好掌子面临时停工阶段的封闭措施(图 3.3-4)。

图 3.3-4　架设工字钢临时封面

4. 实施过程及风险管控

(1)施工过程

穿越既有线段施工过程见表 3. 3-1。

表 3. 3-1　穿越既有线段施工过程

序号	关键工序时间节点	施工照片
1	区间左线进入穿越既有线段； 2019 年 10 月 18 日	
2	区间左线上台阶开始穿越既有线； 2019 年 12 月 10 日	
3	区间左线上台阶到达既有 PBA 工法西侧边桩； 2019 年 12 月 28 日	
4	区间左线上台阶到达既有 PBA 工法东侧边桩； 2020 年 1 月 8 日	

续上表

序号	关键工序时间节点	施工照片
5	区间左线下台阶过既有线； 2020 年 4 月 20 日	
6	区间右线进入穿越既有线段； 2020 年 4 月 14 日	
7	区间右线上台阶开始穿越既有线； 2020 年 4 月 30 日	
8	区间右线上台阶到达既有 PBA 工法西侧边桩； 2020 年 5 月 10 日	

续上表

序号	关键工序时间节点	施工照片
9	区间右线上台阶到达既有 PBA 工法东侧边桩； 2020 年 5 月 30 日	
10	区间右线下台阶过既有线； 2020 年 6 月 19 日	

(2)主要措施落实情况及效果

①超前注浆加固

结合区间注浆止水措施在隧道开挖前对穿越既有线前 19 m,后 10 m 范围内,隧道上半断面拱部开挖轮廓外 3 m×3 m 范围及下半断面初支开挖轮廓外扩 3 m 范围土体进行超前全断面深孔注浆。

2019 年 12 月 17 日,区间左线大里程初支施工期间(SSK112 + 185 处)拱部坍塌,深度约 0.5 m、长度约 1 m,超前注浆加固地层效果不佳。后续增加超前小导管注浆加固措施,开挖面基本稳定(图 3.3-5、图 3.3-6)。

图 3.3-5　拱部坍塌

图 3.3-6　开挖面情况(增设小导管后)

②增加临时仰拱

下穿既有线及桥梁区段采用台阶法施工，上下台阶间增加临时仰拱，以减少施工开挖过程中对既有线及桥梁的影响(图3.3-7)。

图3.3-7　增加临时仰拱

③初支背后回填注浆

及时进行初期支护及二次衬砌背后注浆，同时严格控制初支及二衬背后注浆压力。

④区间左线大里程初支施工期间

区间左线大里程初支施工期间，区间左线已过既有CRD工法车站，既有线下穿部位仍存在少量变形情况。2020年1月8日，既有CRD车站下穿部位结构出现预警情况。预警发布后，施工单位对既有CRD工法车站下方进行连续、多次、少量的背后回填注浆，既有结构变形趋于平缓。在后续穿越过程中，根据监测数据情况，及时进行多次、少量、低压背后注浆，穿越期间未出现监测预警情况发生(图3.3-8)。

图3.3-8　初支背后回填注浆

(3)监测情况分析

①既有线监测情况分析

区间左线大里程初支施工期间,既有 CRD 工法车站下穿部位结构沉降 1 个测点出现监测预警(预警值 2.10 mm),既有道床人工测点及自动化测点超阶段控制值 1.90 mm。及时对预警部位进行初支背后回填注浆,变形趋于平缓。典型测点变形曲线如图所示。

a. 既有 CRD 工法车站(区间左线大里程方向穿越部位)

结合区间左线穿越既有 CRD 工法车站典型测点变形曲线,既有 CRD 工法车站区间左线下穿部位在整个区间下穿期间变形分析如下:

(a)上台阶距既有线约 10 m 时,监测数据整体变形平缓,累积沉降量达到 -0.28 mm。

(b)上台阶距既有线约 2 m 时,监测数据开始出现下沉趋势,该阶段累积沉降 -0.25 mm。

(c)上台阶穿越既有 CRD 工法车站期间,是变形的主要过程,该阶段下沉约 -0.96 mm。

(d)上台阶穿越既有 PBA 工法车站期间,监测数据仍有少量下沉,在此期间发生监测预警情况,增加初支背后回填注浆措施后,变形趋于平缓,阶段沉降约 -0.51 mm。

(e)过既有线影响区、下台阶施工等阶段,监测数据变形平缓,阶段沉降约 -0.15 mm。

b. 既有 PBA 工法车站(区间左线大里程方向穿越部位)

结合区间左线穿越既有 PBA 工法车站典型测点变形曲线,既有 PBA 工法车站区间左线下穿部位在整个区间下穿期间变形分析如下:

(a)上台阶距既有线约 10 m 时,监测数据整体变形平缓,累积沉降量达到 -0.31 mm。

(b)上台阶距既有线约 2 m 时,监测数据开始出现下沉趋势,该阶段累积沉降 -0.16 mm。

(c)上台阶穿越既有 CRD 工法车站期间,因超前注浆加固影响,监测数据呈现上升趋势,该阶段上升约 +0.20 mm。

(d)上台阶穿越既有 PBA 工法车站期间,是变形的主要阶段,此阶段沉降约 -0.64 mm。

(e)在出既有线影响区及疫情停工期间,监测数据前期受初支施工扰动影响少量下沉,后期注浆趋于平缓,该阶段沉降约 -0.41 mm。

(f)在左线下台阶下穿、区间右线下穿期间,监测数据仍有少量下沉,该阶段沉降约 -0.50 mm。

c. 既有 CRD 工法车站(区间右线大里程方向穿越部位)

结合区间右线线穿越既有 CRD 工法车站典型测点变形曲线,既有 CRD 工法车站区间右线下穿部位在整个区间下穿期间变形分析如下:

(a)区间左线下穿期间,既有 CRD 车站区间右线上方测点受到扰动,呈下沉趋势,该阶段沉降约 -0.78 mm。

(b)区间右线上台阶施工至既有结构边缘时,因受超前注浆或测量误差影响,呈少量上升趋势,该阶段上升约 +0.06 mm。

(c)区间右线上台阶穿越期间,既有 CRD 车站变形较为明显,该阶段沉降约 -0.74 mm。

(d)区间右线穿越既有 PBA 车站期间,仍存在少量变形,该阶段沉降约 -0.26 mm。

(e)既有区间右线下台阶施工期间,变形趋于平稳状态,该阶段沉降约 -0.04 mm。

d. 既有 PBA 工法车站(区间右线大里程方向穿越部位)

结合区间右线线穿越既有 PBA 工法车站典型测点变形曲线,既有 PBA 工法车站区间右线下穿部位在整个区间下穿期间变形分析如下:

(a)区间左线下穿期间,既有 PBA 车站区间右线上方测点受到扰动,呈下沉趋势,该阶段沉降约 -0.54 mm。

(b)区间右线上台阶施工至既有结构边缘时,整体变形比较平缓,该阶段沉降约 -0.11 mm。

(c)区间右线上台阶穿越期间,既有 PBA 车站变形平缓,该阶段沉降约 -0.03 mm。

(d)区间右线穿越既有 PBA 车站期间,沉降变形较为明显,该阶段沉降约 -0.32 mm。

(e)既有区间右线下台阶施工期间,受前期上台阶施工扰动及下台阶施工影响,前期变形较为明显,后期注浆趋于平稳状态,该阶段沉降约 -0.36 mm。

根据既有线结构变形曲线及变形分析,在马—安区间下穿期间,既有线结构变形主要发生在下穿期间,初支结构过既有线后因初支施工扰动影响,既有线仍存在少量变形,增加初支背后回填注浆等措施后,变形逐渐趋于平缓。区间左、右线先后穿越施工期间存在少量交叉影响。从既有线整体变形分析,穿越既有线 PBA 工法车站变形小于既有 CRD 工法车站。

(4)某站监测情况分析

①区间左线大里程方向穿越安华桥北侧桥梁结构平面位置如图 3.3-9 所示。

a. 结合区间左线穿越安华桥北侧桥台、桥墩沉降时程变形曲线,安华桥北侧桥台及桥墩在区间左线下穿期间,安华桥北侧桥台沉降测点受土方施工扰动影响,

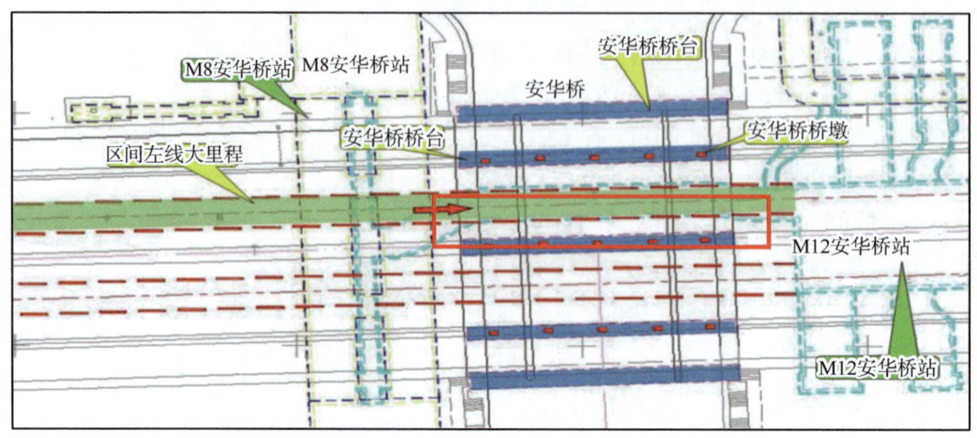

图 3. 3-9　区间左线大里程方向穿越安华桥平面位置图

呈平缓下沉趋势,桥台沉降测点阶段平均沉降量为 -1. 0 mm(图 3. 3-10)。

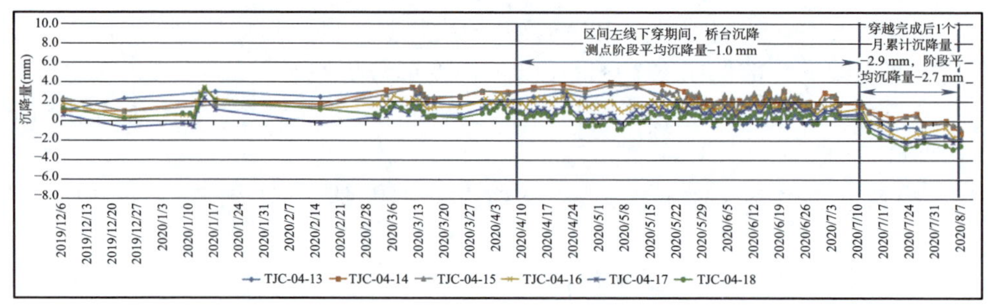

图 3. 3-10　区间左线穿越安华桥北侧桥台沉降时程变形曲线

b. 区间左线下穿期间,安华桥北侧桥墩沉降测点受土方施工扰动影响,呈平缓下沉趋势,桥墩沉降测点阶段平均沉降量为 +0. 5 mm(图 3. 3-11)。

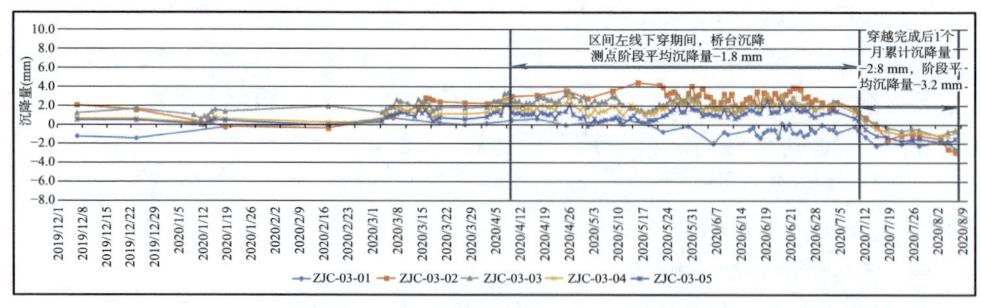

图 3. 3-11　区间左线穿越安华桥北侧桥墩沉降时程变形曲线

c. 区间左线过程中土方施工扰动影响反映到桥墩及桥台时间滞后，穿越完成后沉降变形较为明显，区间左线穿越完成后，桥台累计沉降约为 -2.9 mm，阶段平均沉降量为 -2.7 mm；桥墩累计沉降约为 -2.8 mm，阶段平均沉降量为 -0.7 mm；穿越完成后进行回填注浆施工，变形速率变形平稳。

根据安华桥北侧桥台及桥墩沉降变形分析，在区间左线下穿期间，安华桥结构变形平稳，初支结构穿越安华桥后因初支施工扰动影响，安华桥桥墩及桥台存在继续变形趋势，做初支背后回填注浆等措施后，变形逐渐趋于平缓。

②区间右线大里程方向穿越安华桥南侧桥梁结构平面位置如图 3.3-12 所示。

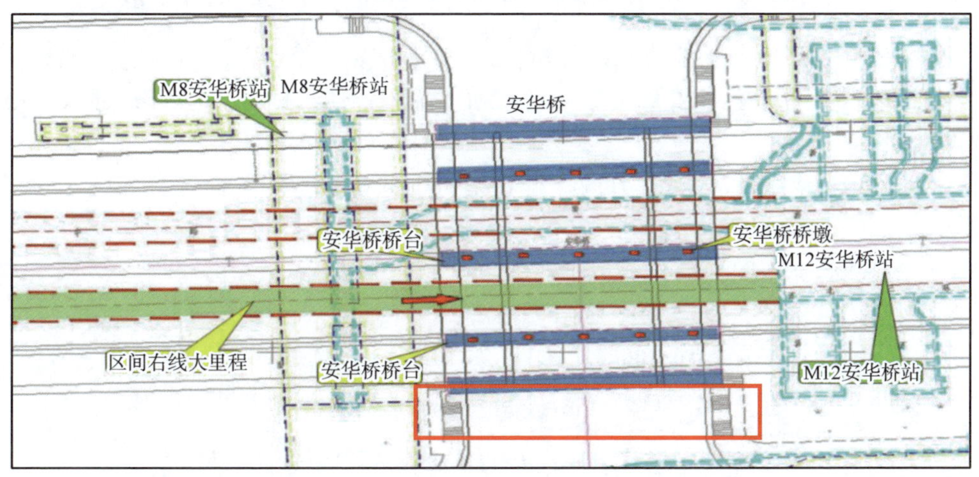

图 3.3-12　区间右线大里程方向穿越安华桥平面位置图

a. 区间右线下穿期间，安华桥南桥台沉降测点受土方施工扰动影响，穿越过程中南侧桥台变形平稳，桥台沉降测点阶段平均沉降量为 -2.6 mm（图 3.3-13）。

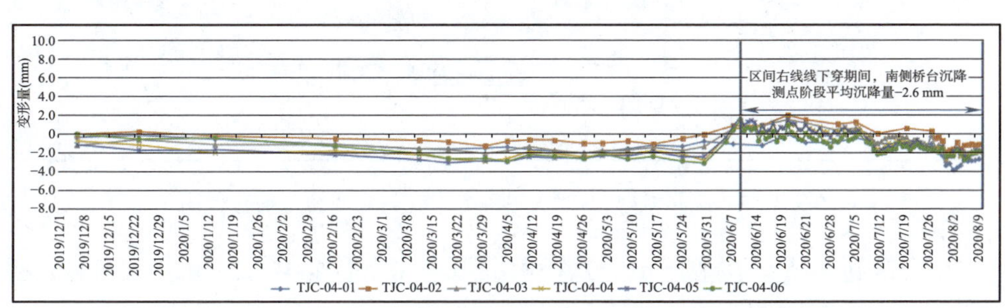

图 3.3-13　区间右线穿越安华桥南侧桥台沉降时程变形曲线

b. 区间右线下穿期间，安华桥南桥墩沉降测点受土方施工扰动影响，穿越过程中南侧桥墩变形平稳，桥台沉降测点阶段平均沉降量为 -3.0 mm（图 3.3-14）。

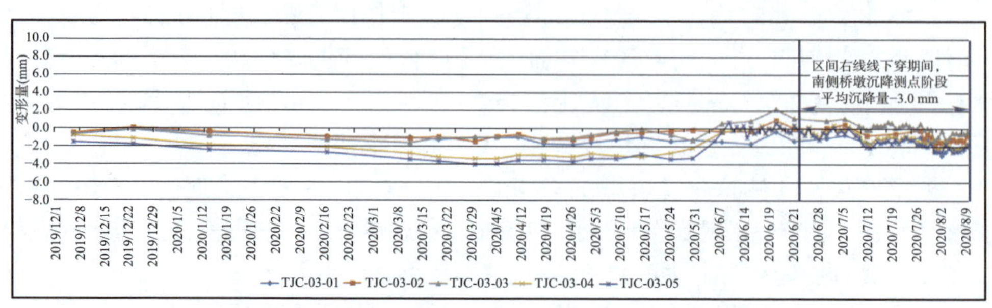

图 3. 3-14　区间右线穿越安华桥南侧桥墩沉降时程变形曲线

c. 依据安华桥南侧桥台及桥墩沉降变形分析，在区间右线下穿期间，安华桥结构变形平稳，初支结构穿越安华桥后因初支施工扰动影响，安华桥桥墩及桥台变形趋势平稳。

③区间左线、右线大里程方向穿越安华桥中部桥梁结构平面位置如图 3. 3-15 所示。

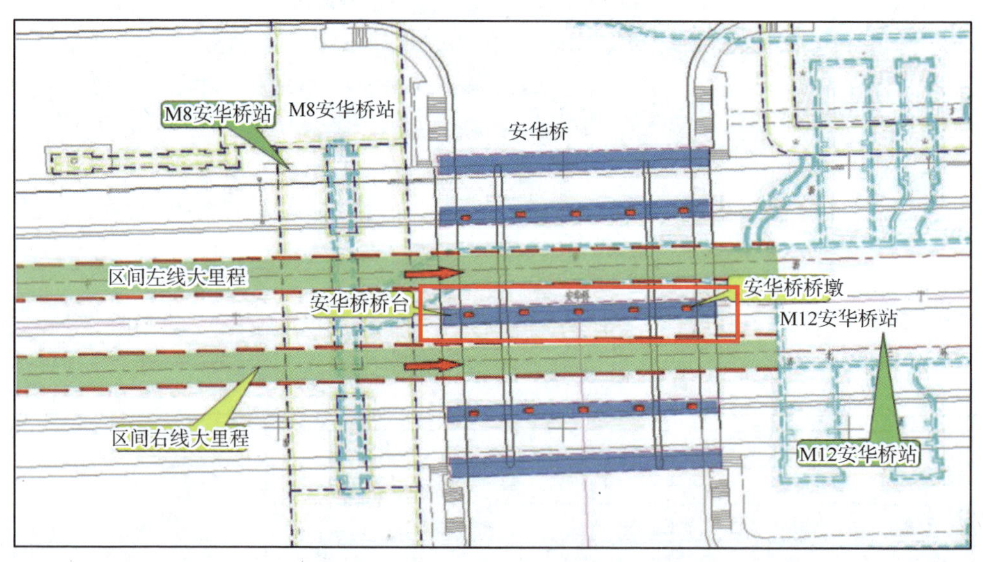

图 3. 3-15　区间左线、右线大里程方向穿越安华桥平面位置图

结合区间穿越安华桥中间桥台、桥墩沉降时程变形曲线，安华桥中间桥台及桥墩在整个区间下穿期间变形分析如下：

a. 区间左线、右线先后下穿安华桥中间桥台，区间左线于 2020 年 4 月 10 日施工穿越安华桥中间桥台，区间右线于 2020 年 6 月 5 日穿越安华桥中间桥台，受左线右线叠加施工扰动影响，中间桥台沉降至穿越完成累计变形值为 -7. 5 mm，平均阶段变形量为 -10. 1 mm(图 3. 3-16)。

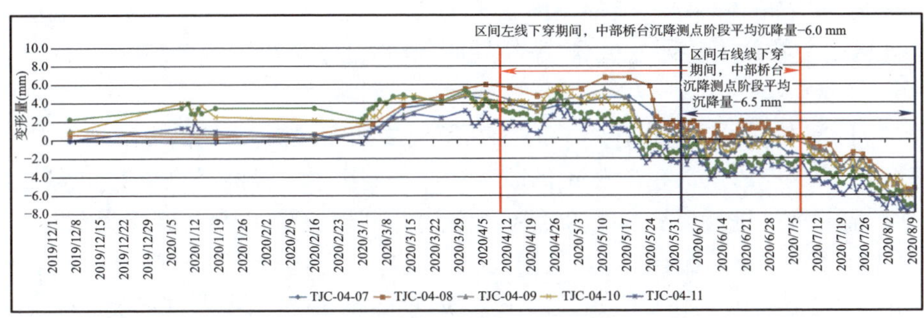

图 3. 3-16　区间穿越安华桥中间桥台沉降时程变形曲线

b. 区间左线、右线先后下穿安华桥中间桥墩，区间左线于 2020 年 4 月 10 日施工穿越安华桥中间桥墩，区间右线于 2020 年 6 月 5 日穿越安华桥中间桥墩，受左线右线叠加施工扰动影响，中间桥墩沉降至穿越完成累计变形值为 -5. 4 mm，平均阶段变形量为 -7. 9 mm(图 3. 3-17)。

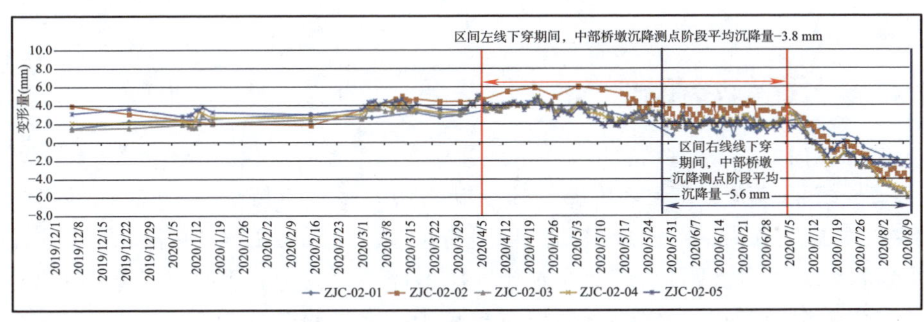

图 3. 3-17　区间穿越安华桥中间桥墩沉降时程变形曲线

c. 安华桥中间桥台及桥墩沉降变形分析，中间桥台、桥墩沉降受左右线共同施工扰动影响，在穿越期间存在少量交叉影响。中间桥梁结构沉降变形值较北侧桥梁结构沉降值明显增大，其中左线对桥台产生沉降影响约占 45%，右线对桥台产生沉降影响约占 55%；区间左线对桥墩产生沉降影响约占 40%，右线对桥台产生沉降影响约占 60%。

(5)风险管控总体评价

①区间左右线穿越既有线的整体变形情况，既有线变形主要出现在下穿期间，在区间下穿后因施工扰动影响仍会存在少量变形，下穿后经过多次初支背后低压、少量回填注浆，既有结构变形逐渐趋于平缓。

②区间左右线穿越安华桥的整体变形情况，安华桥变形主要出现在下穿期间，在区间下穿后因施工扰动影响仍会存在少量变形，安华桥中部桥梁结构受左线、右线共同穿越施工影响，桥梁结构较南侧、北侧变形明显，下穿后经过多次初支背后

回填注浆,安华桥桥梁结构变形逐渐趋于平缓。

③区间左右线下穿既有线、安华桥期间,整体处于风险可控状态。

5. 经验总结

(1)区间左右线穿越既有线、安华桥桥梁设施期间,既有结构的变形主要发生在下穿期间,下穿完成后仍存在少量下沉,初支结构封闭后需及时进行初支背后回填注浆,根据监测数据进行反复多次的低压、少量背后回填注浆,严格控制注浆压力。

(2)在穿越既有线及桥梁设施期间,因作业人员工序衔接不紧凑出现开挖面封闭不及时的情况,存在较大风险。下穿段施工前,必须制定严密的施工计划,加强现场施工管理,避免工序衔接不紧凑,作业面封闭不及时的情况发生。

(3)穿越期间参建各方及时沟通,建立有效的联络机制,监测数据及时共享,有效指导施工。

(4)穿越施工前,提前与既有线运营公司联系沟通,取得满足现场需求的既有线监测、巡视计划。

(5)为减小多洞室施工对周边环境的影响,优化施工步序、分部通过的形式组织施工。

3.3.2 12 号线某站穿越蓟门东桥

1. 工程简介

12 号线某站位于北三环中路与西土城路交叉路口东侧,东西布置于北三环中路下方,车站上方为横跨西土城路的蓟门桥东桥立交桥。27 号线某站位于北三环中路与西土城路交叉路口,南北布置于西土城路下方。路口西北角为蓟门里小区,路口东北角为国家知识产权局,路口东南角为交通部科学研究院,路口西南角为明光北里小区等。某站为 12 号线与 27 号线的换乘车站,两线车站采用 T 形节点换乘,同期实施。

27 号线车站为地下两层岛式车站,车站主体长 263 m,断面宽度 23.7 m(扩大段宽 35.0 m),车站中心里程处轨顶绝对高程为 22.697 m。12 号线车站为地下三层岛式车站,车站主体长度 243.5 m,断面宽度 23.7 m,车站中心里程处轨顶绝对高程为 15.596 m;27 号线车站为地下两层岛式车站,车站主体长度 263 m,断面宽度 23.1 m,车站中心里程处轨顶绝对高程为 22.840 m,两线均采用 PBA 暗挖工法施工。车站共设置 4 组风亭,5 个出入口和 5 个安全口(其中 1、2 号风亭组,A、B、C 出入口,1、2、3 号安全口属于 12 号线;3、4 号风亭组,D、E 出入口,4、5、6 号安全口属于 27 号线)。两线车站两端均为矿山法区间。

12 号线某站—某站区间线路采用矿山法施工,由西向东垂直穿越蓟门东桥西桥台;蓟门桥站采用矿山法施工在蓟门东桥全桥正下方穿越。平面位置如图 3.3-18 所示。

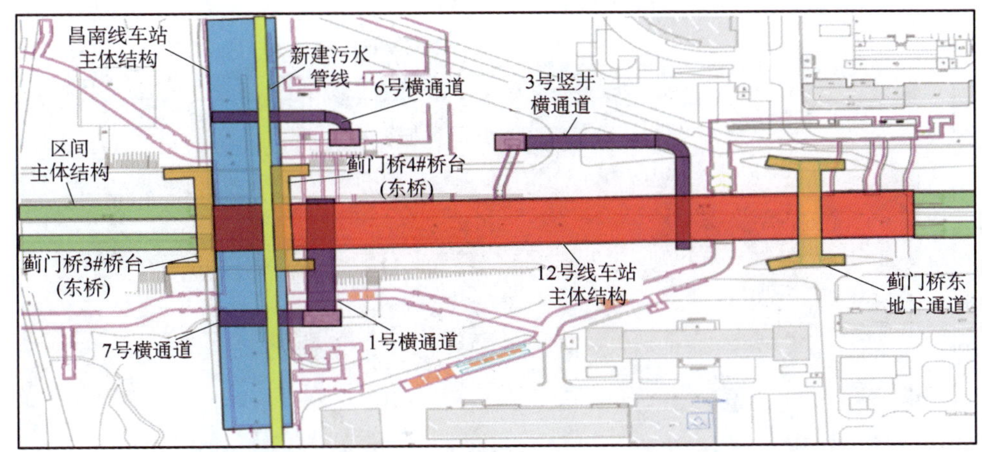

图 3.3-18　某站(含 12 号线及昌南线部分)某区间及蓟门东桥位置关系图

(1)工程水文地质

①工程地质

12 号线车站拱顶位于粉细砂④$_3$ 层,穿越卵石 ~ 圆砾⑤层、粉细砂⑤$_2$ 层、粉质黏土⑥层、粉土⑥$_2$ 层、粉细砂⑦$_2$ 层、卵石 ~ 圆砾⑦层、粉质黏土⑨$_3$ 层、车站底板位于粉质黏土⑨$_3$ 层。

车站桩基向下继续穿越了粉细砂⑨$_2$ 层,卵石⑨层和卵石⑪层。边桩桩底位于卵石⑨层,中桩桩底位于卵石⑪层。目前中桩局部地勘深度不足。

车站范围内有两层地下水,层间潜水(三)位于结构上层导洞拱顶上 1 m,层间潜水(四)位于底板上 7.5 m。

昌南线车站范围内地层从上到下依次为素填土①、粉质黏土③、粉细砂③$_2$、圆砾③$_3$、粉质黏土④、细中砂③2、卵石⑤。结构拱顶处于粉细砂层③$_2$、底板位于卵石层⑤。车站范围内有两层地下水,潜水(三)、潜水(四)。昌南线为 8 导洞两层暗挖站,边条基进水约 0.7 m。车站地质剖面如图 3.3-19 所示。

②水文地质

a. 12 号线车站主要有两层地下水,其类型分别为层间潜水(三)和层间潜水(四)。地下水详细情况如下:

层间潜水(三):含水层岩性为粉细砂④$_3$ 层、卵石-圆砾⑤层及粉细砂⑤$_2$ 层等,水位高程为 36.75 ~ 37.64 m,水位埋深为 11.20 ~ 13.90 m,观测时间为 2016 年 10 月。主要接受侧向径流及越流补给,以侧向径流和人工开采的方式排泄。

层间潜水(四):含水层岩性为卵石⑦层、中粗砂⑦$_1$ 层、粉细砂⑦$_2$ 层、卵石⑨层、粉细砂⑨$_2$ 层、粉细砂⑩$_3$ 层、卵石⑪层及粉细砂⑪$_2$ 层等,该含水层由于粉质黏土⑨$_3$ 层及粉土⑨$_4$ 层的存在而具有一定的承压性,水头高程 18.66 ~ 20.90 m,

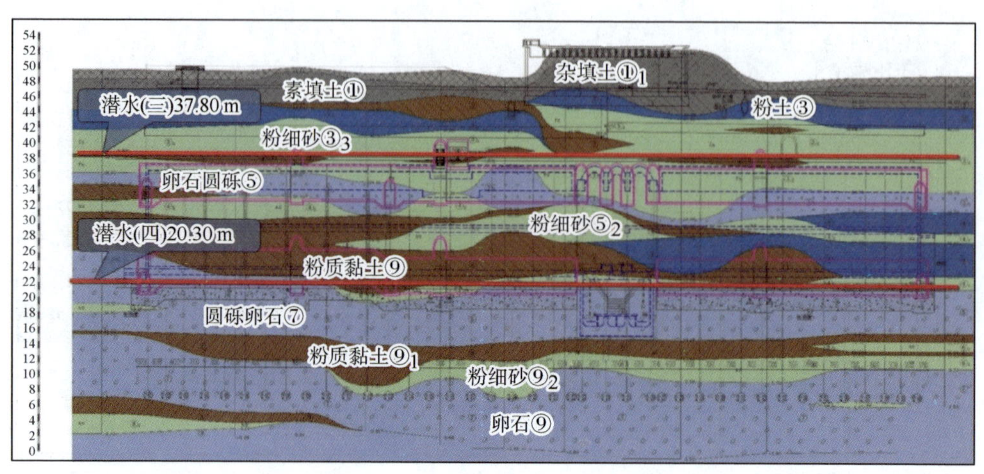

图 3.3-19　昌南线车站地质剖面图

水头埋深 27.80～31.99 m,观测时间为 2016 年 10 月。主要接受侧向径流及越流补给,以侧向径流和人工开采的方式排泄。

层间潜水(三)最高水位大约位于上层小导洞拱顶以上 1.1 m,层间潜水(四)最高水位大约位于下层小导洞拱顶以上 3.8 m。

另外,由于上层滞水(一)层分布较不规律,且受绿化灌溉、降水等外部环境的影响较大,因此不排除局部存在的可能性。

场地内的层间潜水(三)对混凝土结构具有弱腐蚀性;层间潜水(四)对混凝土结构具有弱腐蚀性。

场地内的层间潜水(三)及层间潜水(四)在干湿交替情况下对钢筋混凝土结构中的钢筋均具有弱腐蚀性,在长期浸水情况下对钢筋混凝土结构中的钢筋均具有微腐蚀性。抗浮设防水位按 43.00 m 考虑。

b. 昌南线车站主要有两层地下水,其类型分别为潜水(二)和层间潜水(三),由于上层滞水(一)层分布较不规律,切手绿化灌溉、降水等外部环境的影响较大,会因此不排除局部存在的可能性。地下水详细情况如下:

潜水(二):含水层岩性主要为粉细砂③$_2$ 层、圆砾③$_3$ 层、细中砂④$_2$ 层,稳定水位高程为 34.60～37.80 m,水位埋深为 11.20～14.80 m。

层间潜水(三):含水层岩性主要为卵石 5 层、细中砂⑥$_2$ 层、卵石⑦层、细中砂⑦$_1$ 层、细中砂⑧$_2$ 层、卵石⑨层,稳定水位高程为 19.80～20.30 m,水位埋深为 29.10～29.60 m。

潜水(二)大约位于车站拱顶位置,层间潜水(三)大约位于车站底板位置。另外,由于上层滞水(一)层分布较不规律,且受绿化灌溉、降水等外部环境的影响较大,因此不排除局部存在的可能性。

场地内的潜水(二)对混凝土结构具有微腐蚀性;层间潜水(三)对混凝土结构具有弱腐蚀性;小月河地表水对混凝土结构具有微腐蚀性。

场地内的潜水(二)在长期浸水的情况下对钢筋混凝土结构中的钢筋具有微腐蚀性,在干湿交替情况下对钢筋混凝土结构中的钢筋均具有弱腐蚀性;层间潜水(三)在长期浸水情况下对钢筋混凝土结构中的钢筋均具有微腐蚀性,在干湿交替情况下对钢筋混凝土结构中的钢筋均具有弱腐蚀性;小月河地表水在长期浸水的情况下对钢筋混凝土结构中的钢筋具有微腐蚀性,在干湿交替情况下对钢筋混凝土结构中的钢筋均具有弱腐蚀性。抗浮设防水位按43.00 m考虑。

(2)工程重难点

①自身风险

昌南线车站为地下两层岛式车站,车站主体长263 m,断面宽度23.7 m(扩大段宽35.0 m);12号线车站为地下三层岛式车站,车站主体长度243.5 m,断面宽度23.7 m;两车站均采用PBA法施工。

该站施工有以下难点:

a. 车站下穿多条管线,其中包括桥区范围内的老旧污水管线,需待管线改移后实施,对工期有一定影响,且污水管线有可能因渗漏水导致地层条件恶化。新建污水管线与东桥台距离很近,开挖过程中会造成桥台沉降。

b. 两车站拱部分别位于含水粉细砂及砂卵石层中,开挖风险大。车站施工早期阶段执行降水措施,但由于止水措施变更为“边桩咬合,底板冻结”,取消12号线车站下层导洞,且冷冻法拟在全站范围实施;于2018年5月后暂停降水;此后方案再次变更,冷冻范围缩减至仅限车站东端,车站范围内恢复了少量降水作业。

车站范围内因长期停止降水,已打设的部分降水井起到渗流井的效果,潜水(三)水位已明显下降,并未恢复。该站施工受地下水影响主要集中在竖井横通道施工阶段,桥区范围内已完成的主体导洞及初支扣拱施工等步序基本实现无水作业。

c. 由于该站下穿桥台中部的12号线部分先施工,桥台中部的沉降量长期领先于南北两端,差异沉降明显,为尽早减小差异沉降,换乘节点处的施工步序经过了两次调整(2020年12月及2021年6月),在设计单位认可后,提前开挖昌南线主体导洞部分土方,使其对桥台南北两端的影响提前发生,暂时缓解桥台中部与南北两端的差异沉降。

②环境风险

车站下穿蓟门东桥周边环境风险见表3.3-2。

蓟门东桥概况:

蓟门东桥位于北三环西路,跨越土城东侧路的快慢车道,桥上车流量大、交通繁忙,桥下辅路机动车道净空约3.3 m。该桥竣工于1984年11月,由北京市市政设计院设计,北京市政一公司施工(图3.3-20)。

表 3.3-2　车站下穿蓟门东桥周边环境风险

风险工程名称	类型	等级	风险基本状况描述及分析
6 号竖井临近蓟门东桥	桥梁	一级	开挖边线与基础水平距离 9.76 m
1 号横通道下穿蓟门东桥	桥梁	一级	拱顶与基础垂直距离 7.3 m,开挖边线与基础水平距离 0.33 m
1 号竖井临近蓟门东桥	桥梁	二级	开挖边线与基础水平距离 22.8 m
6 号横通道侧穿蓟门东桥	桥梁	三级	开挖边线与基础水平距离 22.94 m
7 号横通道侧穿蓟门东桥	桥梁	三级	拱顶与基础垂直距离 7.2 m,开挖边线与基础水平距离 23.3 m
换乘节点下穿蓟门桥东桥	桥梁	一级	拱顶与基础垂直距离 7.9 m
(昌南线)主体下穿蓟门东桥	桥梁	一级	拱顶与基础垂直距离 7.9 m
D 出入口侧穿蓟门东桥	桥梁	三级	拱顶与基础垂直距离 10.6 m,开挖边线与基础水平距离 3.5 m
1 号活塞风道下穿蓟门东桥	桥梁	一级	拱顶与基础垂直距离 9.3 m
1 号排风道下穿蓟门东桥	桥梁	一级	拱顶与基础垂直距离 18.6 m
1 号新风道下穿蓟门东桥	桥梁	二级	拱顶与基础垂直距离 18.7 m,开挖边线与基础水平距离 7.3 m
区间主体下穿蓟门东桥	桥梁	一级	拱顶与基础垂直距离 23.84 m
A 出入口连接通道侧穿蓟门东桥	桥梁	一级	拱顶与基础垂直距离 11.9 m,开挖边线与基础水平距离 2.7 m

图 3.3-20　蓟门东桥实景

桥梁共 1 跨,左右分幅,净跨 26 m,净宽 45 m。该桥上部结构为预应力混凝土组合 I 型梁(横向 24 片 I 型梁),I 型梁梁长 27.21 m,梁高 1.17 m,翼板宽 0.8 m,混凝土设计标号为 4 级,纵向设置 3 道横隔板。

下部结构桥台为现浇混凝土重力式桥台,每个台基础分两段浇筑,台身分 6 段浇筑,于桥梁轴线设置伸缩缝 1 道,桥台台身及基础均为 200 号混凝土。支座采用板式橡胶支座。

蓟门东桥于1994年进行扩建，在南、北两侧均增加2片I型梁，预应力混凝土组合I型梁由原20片增加至24片。

2. 风险工程对策

(1)常规措施

①施工前进行降水，将水位降至开挖底面以下1 m，此项基本达到预期效果，导洞及初支扣拱基本实现无水作业，地下水影响主要集中在竖井横通道施工阶段。

②昌南线主体导洞和扣拱初支施工过程中按照“外1.5 m，内0.5 m”的范围进行超前深孔注浆，并及时进行初支背后注浆，根据监测结果进行多次补注浆，严格控制注浆压力和注浆量，保证注浆效果，此项基本达到预期效果，经加固后地层自稳性较好。

③二衬扣拱施工过程中应及时进行二衬背后注浆，严格控制注浆压力和注浆量，保证注浆效果。

④及时布设测点，初支施工过程中加密监测频率，根据监测结果及时调整施工参数。

⑤制定针对性应急预案。

(2)为预防洞内坍塌，并减小桥梁沉降，采取的针对性措施

在12号线车站主体导洞施工前，自1号横通道向车站西端打设管幕并注浆，主体导洞在管幕棚护下进行施工。

(3)针对可预见的桥梁上、下部结构变形，采取支顶措施

在东西两桥台下浇筑新增混凝土墩，新增墩与桥台共用同一基础，桥台发生变形后，利用新增墩上的千斤顶将主梁顶离支座，并在支座与主梁间垫入钢板，以调整上部结构形状。

(4)在桥梁变形已大幅度超标后，新增加的两项注浆措施

①利用新建污水管线，对东桥台下地层进行径向注浆。

②对东桥台下地层进行地面注浆。

(5)在东桥台中部沉降量远大于与南北两端时，调整施工步序

第一次调整：按照原方案，在12号线车站负二层底板完工前，昌南线下层主体导洞不可开挖至12号线车站边桩，经设计单位同意，提前将昌南线下层导洞开挖至与12号线边桩接驳。

第二次调整：按照原方案，在12号线车站负一层底板完工前，昌南线上层主体导洞不可开挖至与12号线冠梁相接，应保留15～20 m距离暂不开挖，保留一定的土压力；经过设计单位允许调整施工方案，将上述20 m缩减为10 m，即上层导洞可提前向前推进10 m，使其对桥台南北两端的影响提前发生，以减小差异沉降。

(6)监控量测

①监测重点分析

a. 该站12号线部分(含换乘节点)垂直下穿东桥台的中部，而车站西端临近

西桥台的中部,故此部分施工对东桥台中部影响最大,对西桥台中部影响稍小。

b. 该站昌南线部分下穿东桥台的南北两端,而西侧开挖边线临近西桥台南北两端,故此部分施工对东桥台南北两端影响最大,对西桥台南北两端影响稍小。

c. 由上述情况可知,当车站施工完成后(暂不考虑大蓟区间影响),该桥将有较大的纵桥向(东西向)差异沉降,呈现出明显的"西高东低"形态;但横桥向(南北向)差异沉降应该较小。

d. 由于12号线部分施工早于昌南线部分,故东西两桥台的中部必定率先发生沉降,且在长时间内沉降量明显大于南北两端,因此横桥向的差异沉降问题在施工的过程中十分突出,直到昌南线部分的施工使桥台南北两端沉降量逐渐接近中部之后,此项差异沉降才能逐渐缓解,并最终恢复至差异沉降较小的状态。

e. 由于大蓟区间下穿该桥的西桥台中部,故车站与区间全部完工后,西桥台应呈现"中部凹陷"形状;东桥台的情况稍有不同,由于昌南线部分施工时,东桥台已有较大的累计沉降和差异沉降,故这一阶段采取了(比12号线部分施工时)更严格的控制措施,因此东桥台南北两端的最终沉降量应小于中部,于是亦形成"中部凹陷"形状。

综上所述,东西两桥台的最终形状相似,但其形成的原因不完全相同;且东桥台的累计沉降将明显大于西桥台。

监测过程中,两桥台的横桥向差异沉降最应受到关注;巡视重点主要为两桥台中部的真缝(基础断开处)的宽度变化,及其顶部与底部的宽窄差异。

②监测对象、项目及精度

根据设计、评估以及产权单位要求,北京地铁12号线及昌南线工程穿越蓟门桥监测项目为桥台沉降及差异沉降、桥台倾斜、梁底沉降、土体分层沉降、桥面沉降(伸缩缝两侧)。

③监测频率及周期

监测频率及周期见表3.3-3。

表3.3-3 监测频率

监测时间	监测频率
施工过程中及施工后1年	开挖面距量测断面前后小于2*B*时:1次/d,*B*为洞径; 开挖面距量测断面前后小于5*B*时:1次/2 d; 开挖面距量测断面前后大于5*B*时:1次/周,隧道主体完工后100 d的沉降速率小于0.01~0.04 mm/d时每季度1次; 隧道主体完工后1年复测1次

注:停测标准:本工程中,变形稳定判断的标准依据《穿越既有道路设施工程技术要求》(DB11/T 716—2019)相关内容确定,通常应按月进行,并持续一年以上(或一个四季轮回),且在雨季应加强监测。变形稳定后,即可向业主及养护管理单位发出"停止监测申请",业主批准后停止监测。

④控制指标

设计咨询单位于2017年12月提供了该桥控制值，此后由于桥梁变形超标，且东桥台3次实施顶升措施，故该桥控制值有过2次更新：

控制值（第一版，2017年12月）：

a. 两桥台基础竖向不均匀沉降控制值为8 mm。

b. 桥梁竖向均匀沉降控制值为15 mm。

c. 桥台纵、横向新增倾斜不大于1/1 000，且桥台横向每2 m沉降差控制值为2 mm。

d. 土体分层沉降监测点在同一深度差异沉降控制值：同一桥台内横桥向为每5 m为5 mm，东西两桥台间为8 mm。

控制值（第二版，2019年4月）：

以地铁12号线蓟门东桥设计咨询报告提出的该桥控制值技术指标为基础，根据东桥台现况沉降情况及各主梁加垫钢板厚度，顶升后该桥的主要控制技术指标如下：

a. 主梁竖向均匀沉降控制值为15 mm。

b. 东桥台横向累计倾斜控制值为1.2/1 000，东桥台纵向累计倾斜控制值为1/1 000。

c. 西桥台纵、横向新增星期不大于1/1 000，且桥台横向每2 m差异沉降控制值为2 mm。

控制值（第三版，2020年4月）：

为确保在后续地铁施工中桥梁的运营安全，根据桥梁的检测结果，考虑桥梁防护措施的适用性，桥梁变形控制指标如下：

a. 主梁横向倾斜控制值：1.2/1 000。

b. 桥台横向新增倾斜控制值：1.5/1 000。

c. 桥梁新增最大沉降控制值20 mm。

3. 专家论证与咨询建议

（1）方案论证

2017年12月22日，组织了方案专家论证会，形成咨询意见如下：

①施工方案及应急预案按以下意见完善：

a. 依完善后的专项设计方案调整施工方案及应急预案。

b. 进一步明确工程实施的前置性条件，如管线改移、场地征迁、交通疏解等内容。

c. 细化总体工程筹划及各作业面的工期计划，与市政交通设施安全相关的地铁结构各部位、各工序的施工次序及工期节点应予明确。

d. 完善和细化重点工序的施工技术措施，重点控制沉降及收敛。

e. 协调大—蓟区间的施工组织,明确工程为其提供作业条件及配合的具体措施。

f. 针对工程特点完善应急预案,落实应急物资储备等内容。

②第三方监测:

a. 依完善后的前序方案调整补充第三方监测方案。

b. 结合拟采用的桥梁顶升措施增加 I 型梁两端梁底沉降控制测点。

c. 进一步明确安全巡视重点。

③鉴于工程的特点,建设管理方宜进一步明确涉及检测、监测工作的相关方的工作范围及职责,协调其工作界面及技术接口,规定其监测数据与信息的使用途径及方法,为工程决策提供保障。

2018 年 5 月 30 日,进行专家咨询,经质询和讨论形成评审意见如下:

a. 相关方案及预案基本可行。

b. 建议:

(a)施工专项方案及应急预案

昌南线蓟门桥站下穿蓟门桥地下通道及换乘节点下穿蓟门东桥是工程的重点、难点,在方案中应针对性细化各种保护措施的细节。细化地面隔离加固措施的施工组织部署;核实地表沉降控制指标;加强地铁施工过程中的监控量测及信息反馈,适时采取跟踪注浆等措施,确保施工安全;核实监测指标预警值。

(b)顶升施工方案及应急预案

细化施工完成后的项升结构处置方案。

(c)第三方监测

优化分层位移等监测点数量。

完善梁底高程测量方法。

(2)专家巡视活动

2020 年 6 月 10 日,针对 6 号横通道 3、4 层开挖,受地下水影响较大的施工状态,组织专家巡视。专家意见及建议如下:

①尽快施工昌南线剩余降水井,早日形成封闭降水条件,尽早启动,保证降水周期,根据目前的降水效果,会同降水单位,优化降水井设计。

②加强隧道内残留水有序引排,避免横通道长期积水。

③加强初支背后回填注浆,控制周边环境沉降。

④会同设计,优化昌南线车站主体导洞施工步序。

2021 年 1 月 29 日,针对蓟门东桥已发生较大变形,累计沉降量及差异沉降均已大幅度超标,且后续面临 12 号线初支扣拱、昌南线主体导洞施工等主要施工阶段的风险,组织专家巡视。专家意见及建议如下:

①持续关注桥梁保护及风险控制，建议进一步梳理桥区的工程筹划优化施工组织。

②昌南线临近桥区部分先施工上层导洞，进行系统注浆后再施工下层导洞，各导洞应及时跟进。

③过节期间加强各掌子面（含封端）及敏感区域巡视工作。

2021年7月29日，针对蓟门东桥已发生较大变形，累计沉降量及差异沉降均已大幅度超标，且后续面临昌南线主体导洞施工的风险，组织专家巡视。专家意见及建议如下：

①蓟门东桥桥台出现较大沉降，综合分析后认为其主要原因是污水改移隧道及地铁车站施工引起地层扰动影响。

②加强施工工艺、工序管控，加强隧道背后反复填充注浆工作。

③做好与产权单位沟通，加强对桥梁的监测与巡视。

2021年11月10日，针对昌南线车站初支扣拱步序调整对蓟门东桥的影响，组织专家巡视活动。专家意见如下：

①加强超前地质探测，切实做好超前支护，必要时辅以超前小导管注浆；根据施工步序调整情况，优化背后回填注浆管布设。

②加强格栅节点板连接质量控制，初支扣拱及时封闭成环。

③开挖过程中，定期排查周边管线，与相关产权单位建立联动机制；现场配备足够应急抢险物资，严禁私自挪用。

④加强重点部位横通道边墙马头门、中柱及边跨拱顶监测。

2022年6月15日，针对附属结构对蓟门东桥的影响，组织专家巡视活动。专家意见如下：

①加强管线状态调查，对桥梁区域进行雷达探测，及时处理疏松区。

②施工单位依据现场情况，落实施工组织各项措施，及时分析相应信息，针对性采取处置措施。

③严格落实浅埋暗挖法十八字方针，加强施工过程工艺管控，加强初支背后回填注浆，减小施工对地层的影响，并做好洞内监测。

④建议1号活塞风道施工工序优化为“上导洞完成扣拱后，方进行下层导洞开挖”，做好初支结构的受力转换。

⑤加强对桥梁支座、横隔梁等部位的结构监测，结合巡视情况研判桥梁安全，必要时采取针对性措施。

⑥做好监控量测和巡视，完善应急预案相关工作。

4. 实施过程及风险管控

（1）施工过程

车站主体施工各阶段时间节点见表3.3-4。

表 3.3-4　时间节点记录

施工部位	破马头门(开挖)时间	封端(底)时间	备　注
6 号竖井	2017 年 9 月 30 日	2019 年 6 月 22 日	—
6 号横通道一层	2017 年 12 月 19 日	2020 年 4 月 26 日	—
6 号横通道二层	2020 年 4 月 14 日	2020 年 5 月 14 日	—
6 号横通道三层	2020 年 5 月 12 日	2020 年 5 月 30 日	—
6 号横通道四层	2020 年 5 月 31 日	2020 年 7 月 31 日	—
6 号横通道五层	2020 年 6 月 21 日	2020 年 8 月 9 日	—
1 号竖井	2017 年 11 月 7 日	2018 年 7 月 3 日	—
1 号横通道一层(挑高分离)	2017 年 12 月 9 日	2018 年 1 月 29 日	—
1 号横通道二层	2017 年 12 月 9 日	2018 年 1 月 29 日	—
1 号横通道三层	2018 年 6 月 1 日	2018 年 9 月 19 日	—
1 号横通道四层	2018 年 9 月 7 日	2018 年 10 月 15 日	—
1 号横通道五层	2018 年 10 月 22 日	2018 年 11 月 23 日	—
1 号横通道六层	2022 年 11 月 1 日	2022 年 11 月 26 日	—
7 号横通道一层	2020 年 4 月 14 日	2020 年 6 月 27 日	—
7 号横通道二层	2020 年 4 月 25 日	2020 年 6 月 27 日	—
7 号横通道三层	2020 年 5 月 8 日	2020 年 5 月 12 日	—
7 号横通道四层	2020 年 5 月 16 日	2020 年 6 月 29 日	—
7 号横通道五层	2020 年 5 月 31 日	2020 年 12 月 14 日	—
1 号横通道向西—北导洞	2019 年 11 月 27 日	2020 年 1 月 9 日	12 号线主体导洞
1 号横通道向西—偏北导洞	2019 年 11 月 20 日	2019 年 12 月 24 日	
1 号横通道向西—偏南导洞	2019 年 12 月 15 日	2020 年 3 月 13 日	
1 号横通道向西—南导洞	2019 年 11 月 10 日	2019 年 12 月 13 日	
1 号横通道向西—中扣拱	2021 年 5 月 4 日	2021 年 5 月 18 日	12 号线初支扣拱
1 号横通道向西—北扣拱	2021 年 5 月 19 日	2021 年 6 月 9 日	
1 号横通道向西—南扣拱	2021 年 5 月 21 日	2021 年 6 月 11 日	
7 号横通道向北—东导洞	2020 年 12 月 30 日	2021 年 8 月 12 日	昌南线上层主体导洞
7 号横通道向北—偏东导洞	2021 年 7 月 21 日	2021 年 8 月 27 日	
7 号横通道向北—偏西导洞	2021 年 5 月 30 日	2021 年 9 月 4 日	
7 号横通道向北—西导洞	2020 年 12 月 17 日	2021 年 8 月 22 日	

续上表

施工部位	破马头门(开挖)时间	封端(底)时间	备　注
7号横通道向北—东导洞	2021年4月21日	2021年5月15日	昌南线下层主体导洞
7号横通道向北—偏东导洞	2021年5月7日	2021年7月17日	
7号横通道向北—偏西导洞	2021年5月24日	2021年6月25日	
7号横通道向北—西导洞	2021年4月27日	2021年5月24日	
6号横通道向南—东导洞	2020年7月20日	2021年8月12日	昌南线上层主体导洞
6号横通道向南—偏东导洞	2020年7月16日	2021年8月23日	
6号横通道向南—偏西导洞	2021年8月1日	2021年9月4日	
6号横通道向南—西导洞	2020年8月25日	2021年8月26日	
6号横通道向南—东导洞	2021年4月14日	2021年5月17日	昌南线下层主体导洞
6号横通道向南—偏东导洞	2021年6月7日	2021年7月27日	
6号横通道向南—偏西导洞	2021年5月27日	2021年8月16日	
6号横通道向南—西导洞	2020年12月2日	2021年5月30日	
7号横通道向北—西扣拱	2021年11月18日	2021年12月3日	昌南线初支扣拱
7号横通道向北—东扣拱	2021年11月18日	2021年12月3日	
7号横通道向北—中扣拱	2021年11月26日	2021年12月10日	
6号横通道向南—西扣拱	2021年12月6日	2021年12月26日	
7号横通道向北—东扣拱	2021年12月15日	2022年1月4日	
7号横通道向北—中扣拱	2021年12月24日	2022年1月9日	
1号新风道一层西洞	2022年5月16日	2022年7月18日	—
1号新风道二层西洞	2022年5月30日	2022年7月18日	—
1号新风道一层东洞	2022年7月17日	2022年8月13日	—
1号新风道二层东洞	2022年8月1日	2022年8月26日	—
1号排风道一层西洞	2022年9月5日	未完工	—
1号排风道二层西洞	2022年9月18日	未完工	—
1号排风道一层东洞	2022年10月28日	2022年11月15日	—
1号排风道二层东洞	2023年3月1日	2023年3月25日	—
大蓟区间左线(东端10 m)	2021年6月12日	2021年6月20日	某区间
大蓟区间右线(东端10 m)	2021年7月12日	2021年7月20日	

(2)主要措施落实情况及效果

①设计措施

a. 施工前进行降水,将水位降至开挖底面以下1 m。

此项基本达到预期效果,导洞及初支扣拱基本实现无水作业,地下水影响主要集中在竖井横通道施工阶段。

b. 昌南线主体导洞和扣拱初支施工过程中按照“外 1.5 m、内 0.5 m”的范围进行超前深孔注浆,并及时进行初支背后注浆,根据监测结果进行多次补注浆,严格控制注浆压力和注浆量,保证注浆效果。此项基本达到预期效果,经加固后地层自稳性较好。

c. 二衬扣拱施工过程中应及时进行二衬背后注浆,严格控制注浆压力和注浆量,保证注浆效果。

d. 及时布设测点,初支施工过程中加密监测频率,根据监测结果及时调整施工参数。

e. 制定针对性应急预案。

f. 管幕:在 12 号线车站主体导洞施工前,自 1 号横通道向车站西端打设管幕,并注浆;后续主体导洞施工即可在管幕棚护之下进行。

管幕施工本身造成了东桥台中部约 −18 mm 的沉降,经过对管幕施工位置和同时段沉降位置的对比,可以发现施工位置与沉降较大处明显相关,其范围大小及位置变化两项全部吻合。棚护后的开挖施工可规避坍塌风险,防止坍塌造成地铁结构和桥梁同时受到威胁,但 −18 mm 的沉降量代价较大。

g. 支顶:在东西两桥台下浇筑新增混凝土墩,新增墩与桥台共用同一基础,桥台发生变形后,利用新增墩上的千斤顶将主梁顶离支座,并在支座与主梁间垫入钢板,以调整上部结构形状(图 3.3-21、图 3.3-22)。

东桥台实施 3 次支顶,其中垫入钢板最厚处(桥台中部)29 mm;西桥台支顶 1 次,中部钢板厚度 7 mm;考虑到支顶措施本身可能对上部结构造成一定损伤(绝对的同步顶升很难实现,短时间内主梁会受力不均匀),故支顶次数不可过多,在下部结构基本稳定后,再进行最后一次支顶。3 次支顶过程均比较顺利,达到了预期效果,调整了上部结构的形状,次数较多,可能对上部结构造成一定影响。

图 3.3-21　支顶新增墩和被迫移位的测点

图 3.3-22　支顶新增墩、千斤顶及位移计

②施工过程中的补充措施

在桥梁变形已大幅度超标后,新增加的两项注浆措施:

a. 利用新建污水管线，对东桥台基础下地层进行径向注浆。

主要为加固地层，防止差异沉降继续增大。2020 年 9 月至 11 月实施完成，其中对沉降量最大的桥台中部注浆量最多。9 月 1 日起实施，9 月 8 日发现地面冒浆后停止对桥台中部注浆。对桥台南、北部的注浆量小于中部。

从实施注浆前的 6 个月到开始注浆后的 5 个月，近 1 年时间内，桥台基本不受施工影响（近南端受到小量开挖影响），但通过对桥台中、北、南 3 处在不同时间段的沉降量对比，发现中部在注浆后的沉降速率不降反升，而在同一时间段内，注浆量小于中部的南北两端比中部沉降量更小。说明此项措施未到达预期效果。

b. 对东桥台下地层进行地面注浆。

在机动车道上向东桥台下斜向打孔注浆，主要目的为抬升桥台沉降较大的部位，主动减小差异沉降。由于洞内径向注浆已造成人行道隆起及冒浆，主动抬升桥台的方案暂不实施。

c. 在东桥台中部沉降量远大于与南北两端时，调整施工步序。

第一次调整：按照原方案，在 12 号线车站负二层底板完工前，昌南线下层主体导洞不可开挖至 12 号线车站边桩，后经设计单位同意，提前将昌南线下层导洞开挖至与 12 号线边桩接驳。

调整后使 2021 年上半年东桥台同时受到 12 号线和昌南线的施工影响，沉降虽然有所增大，但基本保持均匀，避免了差异沉降进一步增大，达到预期效果。

第二次调整：按照原方案，在 12 号线车站负一层底板完工前，昌南线上层主体导洞不可开挖至与 12 号线冠梁相接，应保留 15 m 至 20 m 距离暂不开挖，保留一定的土压力；经过设计单位同意，调整施工方案，将上述 20 m 缩减为 10 m，即上层导洞提前向前推进 10 m，使其对桥台南北两端的影响提前发生，以减小差异沉降。

经过两次调整，昌南线车站主体导洞对该桥南北两端的影响提前发生，减小了桥台南北两端与中部的差异。

(3)险情/预警情况处置

①险情处置情况

无险情处置。

②重要风险预警处置

自开工共发布 17 个与蓟门东桥相关的巡视预警，等级全部为黄色。其中，监理单位发布 11 个，第三方监测单位发布 4 个，咨询组发布 2 个（表 3.3-5）。

表 3.3-5　巡视预警分类（与蓟门东桥相关）

预警类型	地层稳定性	地下水	施工规范性	施工管理不当	其他
预警数量	3	12	1	1	0

大部分巡视预警由地下水引起，主要因为潜水（三）水位降至上层导洞以下，

但对横通道中层位置仍有影响,尤其是2020年夏季的6号横通道三、四层施工,受影响较大;主体导洞及初支扣拱施工基本实现无水作业。施工不规范和现场管理问题各引起一次预警。

桥梁外观巡视中发现的问题:

东桥台结构为重力式桥台接扩大基础,共分6个台身,台身之间有5道变形缝,仅正中间的一道为真缝(基础断开),其余4道假缝仅台身断开基础连续。发生变形后,6个台身中仅一个未发生南北向(即横桥向)倾斜,该台身(南起第三个台身)沉降量最大,其余台身均有南北向倾斜,倾斜量各不相同,如图3.3-23所示。

经过养护单位和桥梁防护单位同意,现拟将真缝内多余的混凝土凿除,以便保护和观察台身结构,东桥台真缝顶部两台身相接但两台身相接,可能对结构安全不利,后续施工中需留意观察此处是否有破损。

图3.3-23　东桥台真缝顶部内有多余的混凝土应凿除

通过沉降数据判断出每个台身的倾斜方向及5道缝的缝宽变化,有2道变形缝宽度变窄,即真缝及真缝南侧相邻的假缝,其余3道缝宽度增大。

根据台身的倾斜方向,判断出各变形缝直接的缝宽变化,台身的南北向倾斜具有“头动脚不动”的特征,缝宽变化主要反映在顶部,而底部宽度基本不变,每道缝顶部的宽窄变化可代表整体上的宽窄变化。

根据沉降数据分析,5道缝中3道变宽,2道变窄。与巡视照片对比,结果完全一致,3道缝混凝土涂层拉断(涂层基本平整,但中间有1道裂纹),2道缝混凝土涂层挤裂(涂层受挤压向外凸起)。拉断和挤裂的外观对比十分明显,易于区分。

(4)监测情况分析

①监测预警统计

蓟门东桥有74个监测预警,全部为橙色。

②重要预警及采取的施工措施、控制效果

自开工至今,蓟门东桥共发生4次红色监测预警:

第一次:2020年1月1日,东桥台1个沉降点双控超标,原因为12号线主体导洞下穿,在累计沉降量已超标的情况下,下穿导致速率超标,发布红色预警。预警部位及典型测点QCJ-01-38变形曲线如图3.3-24所示,预警测点QCJ-01-38数据见表3.3-6。

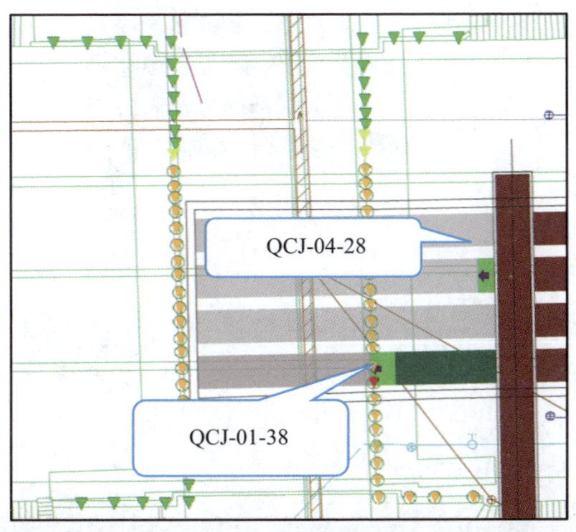

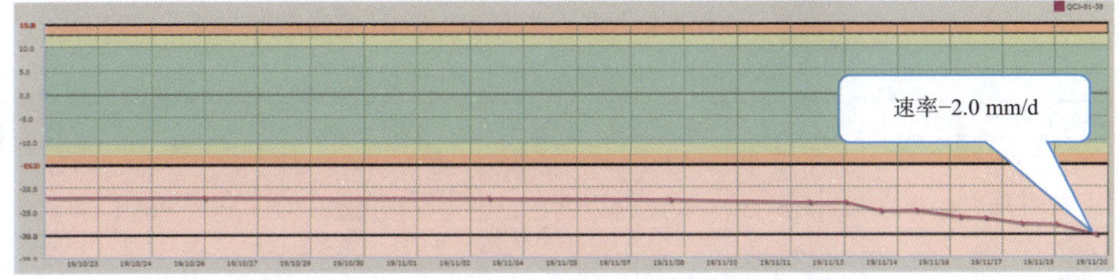

图3.3-24　预警部位及典型测点QCJ-01-38变形曲线

表3.3-6　预警测点QCJ-01-38数据

预警部位	测点类型	测点编号	累计变化最大值(mm)	速率(mm/d)	控制值(mm)及速率(mm/d)	预警等级	备注
东桥台	沉降	QCJ-01-38	−29.89	−2.00	±15,±2	红色	—

第二次:2019年12月31日,东桥台3个沉降点双控超标,原因为主要为污水管线开挖下穿桥台,12号线主体导洞下穿亦有影响;在累计沉降量已超标的情况下,两者共同作用导致速率超标,发布红色预警。预警部位及典型测点QCJ-01-31变形曲线如图3.3-25所示,预警测点QCJ-01-31数据见表3.3-7。

第三次:2020年1月1日,东桥台3个沉降点双控超标,原因主要为12号线导洞开挖下穿桥台,污水管线开挖下穿亦有影响;在累计沉降量已超标的情况下,两者共同作用导致速率超标,发布红色预警。预警部位及典型测点QCJ-01-32变形曲线如图3.3-26所示,预警测点QCJ-01-32数据见表3.3-8。

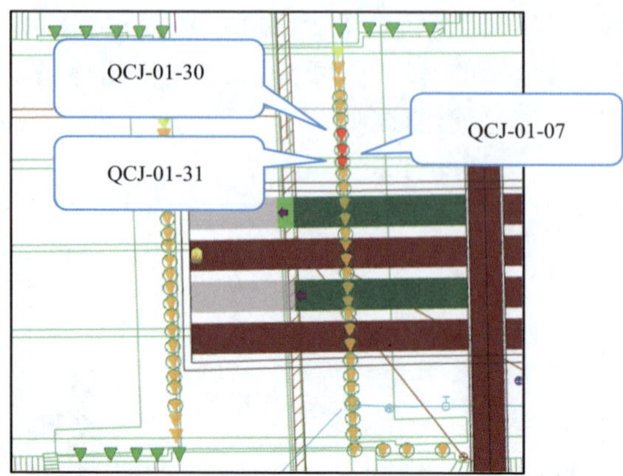

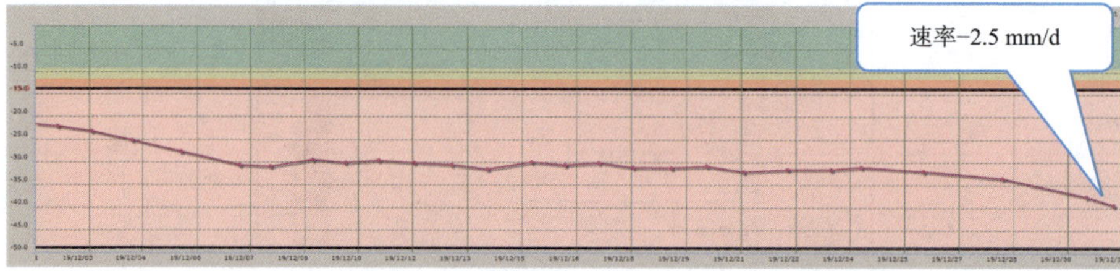

图 3. 3-25　预警部位及典型测点 QCJ-01-31 变形曲线

表 3. 3-7　预警测点 QCJ-01-31 数据

预警部位	测点类型	测点编号	累计变化最大值(mm)	速率(mm/d)	控制值(mm)及速率(mm/d)	预警等级	备注
蓟门东桥东桥台	沉降	QCJ-01-30	-31. 29	-2. 05	±15, ±2	红色	—
	沉降	QCJ-01-31	-40. 55	-2. 47	±15, ±2	红色	—
	沉降	QCJ-01-07	-35. 59	-2. 07	±15, ±2	红色	—

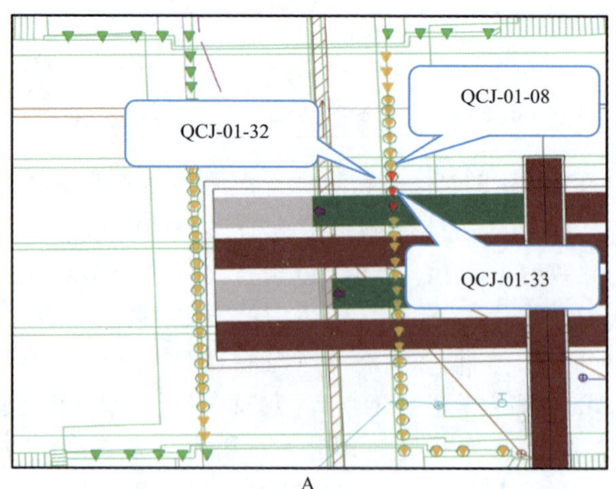

A

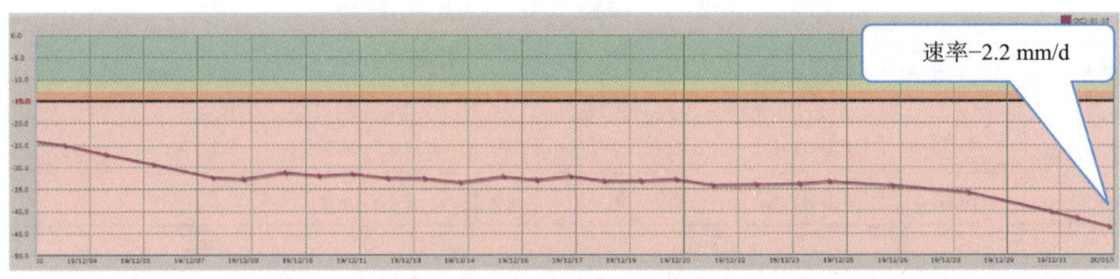

B

图 3.3-26　预警部位及典型测点 QCJ-01-32 变形曲线

表 3.3-8　预警测点 QCJ-01-32 数据

预警部位	测点类型	测点编号	累计变化最大值(mm)	速率(mm/d)	控制值(mm)及速率(mm/d)	预警等级	备注
蓟门东桥东桥台	沉降	QCJ-01-32	−43.35	−2.20	±15，±2	红色	—
	沉降	QCJ-01-33	−49.74	−2.52	±15，±2	红色	—
	沉降	QCJ-01-08	−46.88	−2.35	±15，±2	红色	—

第四次：2021 年 5 月 8 日，东桥台 2 个沉降点双控超标，原因主要为昌南线导洞开挖下穿桥台，天气原因造成的测量误差亦有影响；在累计沉降量已超标的情况下，两者共同作用导致速率超标，发布红色预警。预警部位及典型测点 QCJ-01-03 变形曲线如图 3.3-27 所示，预警测点 QCJ-01-03 数据见表 3.3-9。

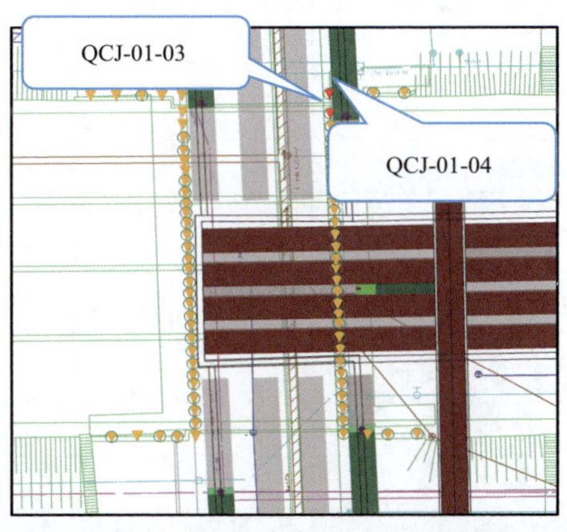

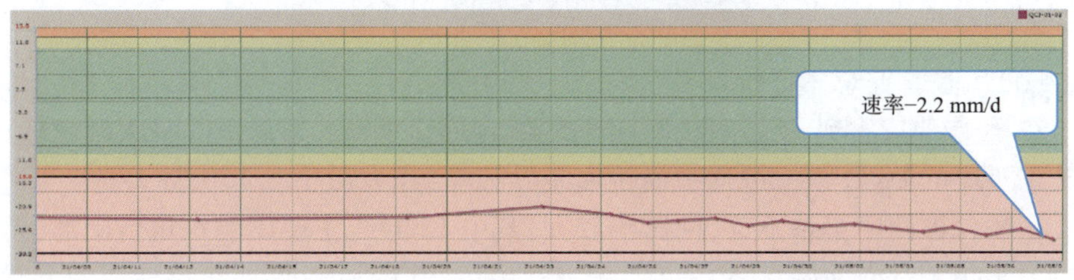

图 3.3-27　预警部位及典型测点 QCJ-01-03 变形曲线

表 3.3-9　预警测点 QCJ-01-03 数据

预警部位	测点类型	测点编号	累计变化最大值(mm)	速率(mm/d)	控制值(mm)及速率(mm/d)	预警等级	备注
蓟门东桥东桥台	沉降	QCJ-01-03	-27.55	-2.20	±15，±2	红色	—
	沉降	QCJ-01-04	-30.69	-2.49	±15，±2	红色	—

③不同施工阶段变形控制分析

东桥台中部(QCJ-01-10)沉降过程记录见表 3.3-10。

表 3.3-10　东桥台中部(QCJ-01-10)沉降过程记录

时间及工序	累计沉降量(mm)	阶段沉降量(mm)	占百分比
2017 年 10 月	0	—	—
6 号竖井横通道开挖(对该点基本无影响)	—	-2.29	1.5%
2018 年 11 月 14 日	-2.29	—	—
1 号横通道侧穿东桥台	—	-2.57	1.7%
2018 年 11 月 24 日	-4.86	—	—
东桥台下打设管幕	—	-18.75	12.5%
2019 年 3 月 22 日	-23.61	—	—
缓沉(无施工影响)	—	-4.24	2.8%
2019 年 11 月 15 日	-27.85	—	—
12 号线主体导洞+污水管线	—	-35.61	23.7%
2020 年 1 月 20 日	-63.46	—	—
缓沉(2020.8 月后利用污水管线径向注浆)	—	-14.9	9.9%
2021 年 5 月 4 日	-78.36	—	—
12 号线初支扣拱下穿	—	-21.27	14.1%
2021 年 6 月 30 日	-99.63	—	—
二衬扣拱	—	-13.5	9.0%
2021 年 8 月 15 日	-113.13	—	—
缓沉	—	-37.38	24.8%
2022 年 9 月 19 日	-150.51	—	—

(5)风险管控总体评价

东桥受到 12 号线及昌南线两座车站影响，扰动严重，累计沉降量大幅超标，由于施工步序的原因，施工过程中横桥向差异沉降“先大后小”，起伏较大。

东桥台被两座车站下穿，受影响较大，其中 12 号线主要影响东桥台中部，昌南线主要影响桥台南北两端，由下穿桥梁基础的面积来预判，两座车站造成的桥梁基础下沉有不同,昌南线部分对基础的影响应小于 12 号线,东桥台最终的形状为“中部低于南北两端”。

12 号线部分先施工,施工过程中东桥台中部沉降量长期领先于南北两端,一年半的时间内保持着较大的差异沉降,这种情况对桥梁安全很不利,在昌南线部分对桥台南北两端的影响发生后,差异沉降才逐渐减小,但仍有多处测点差异沉降量超标。

昌南线主体结构施工期间,东桥台中部已有较大变形,为减小后续施工的影响,昌南线开挖过程中采用了比 12 号线施工更严格的管控措施(例如严格掌控超前及背后注浆质量等);管幕施工只造成了桥台中部的沉降,基本不影响南北两端;利用污水管线对桥台基础下地层径向注浆,结果却使桥台中部与南北的差异增大。以上三点对东桥台的形状均有影响,据此预判最终形状应为“中部明显低于南北两端”,即差异沉降应比原先预判的更大。

西桥台与两车站的位置关系为侧穿(或端头临近),其影响对中部及南北部大致相同,但西桥台中部被大蓟区间(6 标施工)下穿,故西桥台最终形状应为“中部明显低于南北两端”,与东桥台大致相同,但其累计沉降及横桥向差异沉降小于东桥台。

预计该桥在沉降稳定后,累计沉降及纵桥向差异沉降(西高东低)均大幅超标,横桥向差异沉降(两桥台均为“中部低于南北”)小幅超标。

该站在桥区附近的施工已采取多项洞内措施(超前及背后注浆、施工规范性、超挖或空洞处理、地下水处理等),昌南线施工阶段优于 12 号线施工阶段。

5. 经验总结及建议

(1)打设管幕是为棚护洞内结构,预防坍塌,目标基本实现,但管幕施工造成东桥台中部沉降约 −18 mm,代价较大;必须配合足够频率的监测,确保变形能够及时发现。

(2)利用污水管线对桥台基础下地层径向注浆,未达到预期效果,注浆后反而使沉降速率加快,原因较为复杂,地层自身因素不可忽视。蓟门西桥(注浆后沉降控制效果不佳)、大钟寺天桥(注浆后发生隆起)和蓟门东桥(东桥台下注浆后沉降加速)三处在注浆效果上表现出明显的差异,存在注浆工艺和技术的原因,但更主要原因是地层自身对注浆效果不同。

(3)由于东桥台差异沉降较大,上述径向注浆的目标包含了“尝试能否抬升桥台基础”,但由于地面冒浆、人行道隆起,这一想法随即放弃。专家认为通过少量多次的注浆仍有可能实现这一目标(2021 年 7 月 2 日专家会);经过多方商议,认为此方案风险较大,继续注浆有可能损伤桥下路面,故未实施。

(4)通过调整昌南线车站施工步序,缓解施工过程中桥台南北与中部的差异沉降。

(5)施工周期较长,桥梁可能需要多次支顶,支顶次数过多可能导致上部结构受损,次数过少又难以维持桥面形状,合理组织,以较少支顶次数维持桥面的正常工作状态。

3.3.3 12 号线某车站

1. 工程简介

某站为北京地铁 12 号线工程的换乘站,车站主体位于北三环中路与北辰路、鼓楼外大街的交叉口东侧,沿北三环主路东西向设置。

该站为与既有 8 号线的换乘车站,既有车站位于 12 号线车站的西侧,采用 T 形通道换乘;该站为地下三层三跨岛式车站,采用洞柱法施工,车站站台宽 14 m,车站总长 230.4 m,结构覆土约 7.16 ~ 11.06 m,车站有效站台中心处底板埋深约 33.19 m。车站共设置 2 个出入口通道、7 个安全出口和 2 组 6 个风亭,与既有 8 号线之间设置 3 个换乘通道及 2 个换乘厅。平面示意图如图 3.3-28 所示。

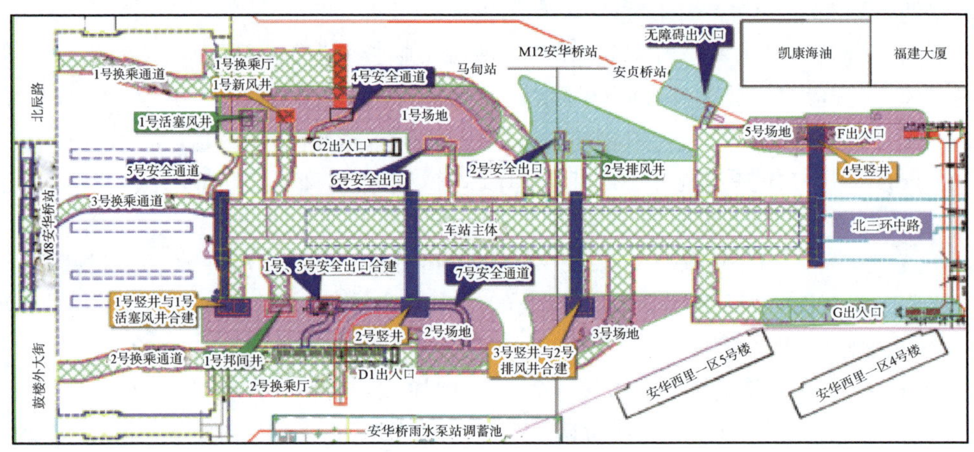

图 3.3-28 某站车站主体示意图

(1)工程水文地质

①工程地质

车站主要穿越地层为粉质黏土层、粉细砂层及卵石层。

②水文地质

本站范围内赋存两层地下水,地下水类型分别为层间潜水(三)和层间潜水(四)。地下水特征见表 3.3-11。

表 3.3-11 地下水特征

地下水性质	稳定水位		观测时间	含水层
	埋深(m)	高程(m)		
层间潜水(三)	13.9 ~ 14.5	31.17 ~ 31.61	2016.6 及 2016.10	粉细砂④$_3$ 层及粉土⑥$_2$ 层
层间潜水(四)	29.36	14.50	2016.10	圆砾⑦层和卵石-圆砾⑨层

(2)工程重难点

①自身风险

车站主体为双柱三跨三层暗挖结构,总长226.8 m,结构宽23.3 m,高为23.2 m,结构覆土约7.16~11.06 m,双柱三跨三联拱结构形式,采用洞柱法施工。车站顶板主要位于③黏质粉土~砂质粉土层、$③_1$粉质黏土层及④粉质黏土层中,底板主要位于⑨卵石~圆砾层。结构底板以上约3.2 m为地下层间潜水(四)。

②环境风险

车站周边管线多,沉降控制要求高,施工范围内地下管线密集,结构上方市政重要管线距结构较近,管线保护工作量大,且对工程的施工安全影响较大,施工时对土体有一定的扰动。

2. 风险工程对策

(1)风险工程分析

某站主体结构垂直下穿上水管(2 200 mm×2 100 mm)、ϕ1000、ϕ1100雨水管,平行下穿ϕ800雨水管,平行旁穿ϕ900污水管及ϕ500高压天然气管,另周边存在较多未知管线及地下构筑物,均对施工主体增加较大难度及风险。

(2)风险源专项施工措施

为了保证工程施工时各种管线、结构物的安全及正常使用,除了严格按照“管超前、严注浆、短进尺、强支护、快封闭、勤量测”的十八字方针指导施工外,还需要采取如下措施:

①在上层导洞拱部上方1.5 m(扣拱处上方2.0 m)范围及小导施作超前深孔注浆进行地层预加固。

②严格开挖步距及深孔注浆(超前小导管注浆)工艺,格栅各分部落脚处及时打设锁脚锚管并注浆,及时进行初支背后回填注浆。

③开挖时控制开挖轮廓线和开挖面的暴露时间,并合理布置开挖顺序,确保临时支撑的传力路径顺畅,开挖面不出现偏载,及时封闭成环。局部可加密格栅钢架(密要时密排),增加喷射混凝土的厚度。

④同层各轴导洞、初支扣拱的中跨和边跨按设计要求错开相应的距离。

⑤对可能出现的事故情况进行预判,制定完善的应急预案,施工方案及应急预案报产权单位认可及备案。

⑥施工中严格对管线进行监测,及时反馈信息以指导施工。当变形量和变形速率超过允许值时,立即采取应急措施,包括加强超前支护、初期支护、增设临时支撑、改变开挖步骤、修改施工方案等。

(3)注浆工艺

上导洞、下导洞及初支扣拱拱部均采用超前小导管注浆加固拱部地层(图3.3-29)。

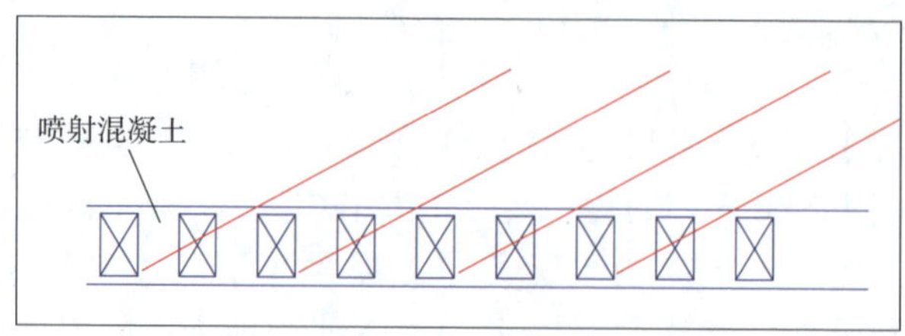

图 3. 3-29 超前小导管布设示意图

车站主体下穿重要管线前后 5 m 范围采用深孔注浆加固拱部地层(图 3. 3-30)。

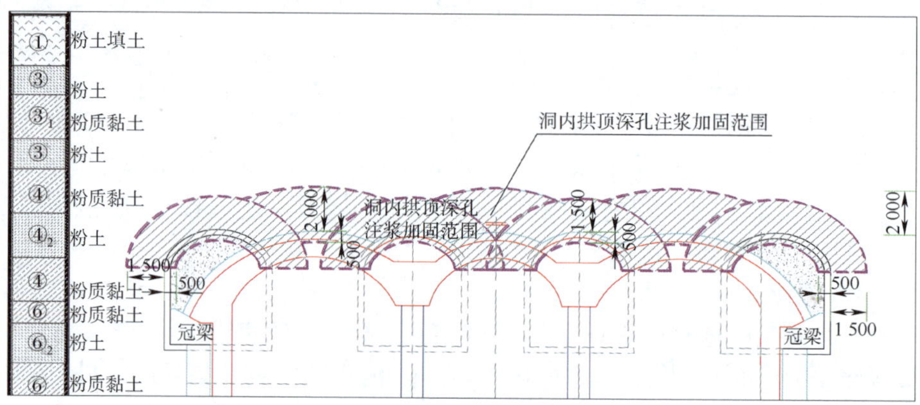

图 3. 3-30 车站主体结构垂直下穿市政管线深孔注浆横断面图(单位:mm)

(4)监控量测

①监测重点分析

车站周边为成熟社区,道路基本实现规划。北三环路中有安华桥,桥下设浅埋扩大基础。车站周边规划以商业和住宅为主,北三环路下管线纵横交错,因此下穿、侧穿的建(构)筑物、地下管线及道路为本车站监测重点。

②监测对象、项目及精度

安华桥站主要监测对象是对周边环境和支护体系的监测,监测内容包括:地表沉降监测、管线沉降监测和建筑物沉降监测。沉降监测的等级、精度要求和适用范围见表 3. 3-12。

表 3. 3-12 沉降监测的等级、精度要求和适用范围

监测等级	监测点的高程中误差(mm)	相邻监测点高差中误差(mm)	适用范围
Ⅱ	±0. 50	±0. 30	线路沿线对变形比较敏感的高层建筑、地下管线,建设工程的支护、结构

③监测频率及周期

根据设计文件要求，周边环境的监测频率及周期见表 3.3-13、表 3.3-14。

表 3.3-13　施工竖井监测频率

施工状况（H 为竖井开挖深度）		监测频率
基坑开挖期间	$H \leqslant 10$ m	1 次/d
	$H > 10$ m	1 次/d
基坑开挖完成以后	1 ~ 7 d	1 次/1 d
	7 ~ 14 d	1 次/2 d
	14 ~ 28 d	1 次/3 d
	28 d 以后	1 次/周
	经数据分析确认达到基本稳定后	1 次/月

表 3.3-14　车站主体及施工横通道监测频率

监测部位	监测对象	开挖面至监测点或监测断面的建立	监测频率
开挖面前方	周围岩土体和周边环境	$2B < L \leqslant 5B$	1 次/2 d
		$L \leqslant 2B$	1 次/1 d
开挖面后方	初期支护结构、周边岩土体和周边环境	$L \leqslant 1B$	1 次/1 d
		$1B < L \leqslant 2B$	1 次/1 d
		$2B < L \leqslant 5B$	1 次/2 d
		$L > 5B$	1 次/周

④控制指标

道路及管线沉降控制标准。

表 3.3-15　道路及管线沉降控制标准

序号	监测项目	监测仪器	控制标准
1	道路沉降	水准仪	沉降≤ -60 mm；速率：平均 2 mm/d
2	管线沉降	水准仪	上水、燃气：沉降≤ -10 mm，倾斜≤0.2%，速率：1 mm/d； 污水、雨水：沉降≤ -20 mm，倾斜≤0.5%，速率：2 mm/d； 电力：沉降≤ -20 mm，倾斜≤0.5%，速率：2 mm/d； 热力：沉降≤ -20 mm，倾斜≤0.5%，速率：2 mm/d

3. 专家论证与咨询建议

（1）专题会

2017 年 11 月 30 日，施工单位对某站主体施工方案进行方案评审，方案评审中认为工程关键节点为①马头门受力转换及开挖；②支护结构或周边环境变形达到预警值。论证意见主要有：①细化相邻横通道导洞施工的工程筹划，明确导洞相向施工的临时封端措施;②边桩、中桩挖孔桩应编制专项方案;③ 上层导洞及初支扣拱过程做好地质条件及水囊超前探测,上层导洞开挖时严格控制初支扣拱节点定位精度,初支扣拱时保证扣拱节点连接质量,加强初支背后回填注浆;④ 完善下层导洞废水池部位的施工过程;⑤ 按照北三环主路实际状况,落实好监控量测点布置;⑥ 完善北三环主路路面变形超限的应急处理措施。

(2)专家巡视活动意见

工点未进行专家巡视活动意见。

4. 实施过程及风险管控

(1)施工过程

某某站各施工工序时间节点见表 3.3-16。

表 3.3-16　各施工工序时间节点

工　　序	开始时间	结束时间
1 号竖井	2018 年 5 月 9 日	2018 年 12 月 11 日
1 号横通道	2018 年 8 月 15 日	2019 年 1 月 19 日
2 号竖井	2017 年月 14 日	2018 年 8 月 22 日
2 号横通道	2017 年 9 月 3 日	2018 年 10 月 03 日
3 号竖井	2017 年 8 月 14 日	2018 年 8 月 28 日
3 号横通道	2017 年 10 月 27 日	2018 年 9 月 23 日
4 号竖井	2019 年 9 月 23 日	2018 年 12 月 29 日
4 号横通道	2018 年 10 月 22 日	2019 年 3 月 24 日
主体小导洞	2017 年 12 月 14 日	2019 年 4 月 18 日
桩柱体系	2019 年 8 月 14 日	—
2 号换乘厅	2018 年 5 月 8 日	—

(2)主要措施落实情况及效果

某站采用八个施工导洞,洞柱法逆筑施工。先施工竖井及横通道,然后由横通道将车站分为三段平行组织施工。车站施工顺序为按照先上后下、先边后中的顺序由横通道进洞进行小导洞施工,利用下层导洞空间施作条基,利用上层导洞施作边桩,之后进行中跨的底梁、钢管柱、顶纵梁施工,然后按先对称施作两个边跨、后中跨的顺序进行初支扣拱及二衬扣拱,逐层进行土方开挖及中板、侧墙施工,最后进行地下三层底板、侧墙及车站内部结构施工。施工过程主要采取措施如下:

①导洞及扣拱(下层小导洞及横道洞)初期支护采用超前小导管注浆(一级风险源处深孔注浆)。

②格栅拱架(横导洞是 I16 工字钢)+锁脚锚管(注浆)+250 mm(扣拱初期支护 350 mm)厚喷射混凝土。

深孔注浆工艺采用全孔一次性注浆或者采用后退式 WSS 注浆施工；注浆孔采用 ZLJ-350 型钻机成孔，钻杆采用 ϕ42 中空钻杆；注浆终压控制在 0.75 MPa；钻杆回抽幅度 15 ~ 20 cm；注浆速度为每分钟不大于 10 ~ 20L；车站扣拱及上层导洞拱顶地层主要为④层（粉质黏土）；车站下层导洞拱顶地层主要为⑦层（圆砾 ~ 卵石），注浆浆液采用：水泥-水玻璃双液浆，浆液凝固时间在 1 ~ 2 min 之内。

上层导洞及初支扣拱拱部采用小导管加固地层，小导管采用 DN32 × 2.75 mm（非卵石层）钢焊管，长度为 2.5 m，环向间距 300 mm，水平倾角 10° ~ 15°，纵向每 2 榀格栅打设；下层导洞采用小导管加固地层，小导管采用 DN25 × 2.75 mm（卵石层）钢焊管，长度为 2.0 m，环向间距 300 mm，水平倾角 10° ~ 15°纵向每榀格栅打设。小导管采用风镐打入或风枪钻孔，插孔时用气动锤振入。注浆压力为 0.2 ~ 0.5 MPa。用液压双液注浆泵 GZJB 型设备进行注浆，采用注浆量和注浆压力双控。

主体导洞开挖过程中主要采取以上两种方式加固地层，上层导洞开挖过程未见渗水，粉质黏土层开挖过程中开挖面较为稳定，导致施工过程中小导管注浆未能按照方案要求完全打设，开挖过程虽未见掌子面及拱部坍塌等情况，但上方北三环路面监测点变形较大，超过控制值（图 3.3-31）。

图 3.3-31　现场注浆照片

（3）险情/预警情况处置

某站从开工到目前共发布 21 个巡视预警，橙色巡视预警 1 个，黄色巡视预警 20 个。其中，监理单位发布 14 个，第三方监测单位发布 4 个，矿山组发布 3 个。巡视预警分类统计见表 3.3-17。

表 3.3-17　预警数据统计

预警类型	地层稳定性	带水作业	施工规范性	管理类
预警数量	13	6	2	0

按照预警类型,每个类型选取 1 个典型预警说明情况

①地层稳定性

2017 年 10 月 27 日,监理对某站竖井开设马头门开挖发布巡视预警。预警原因:3 号竖井一层横通道,第五榀顶部渗水,有土块掉落(图 3. 3-32)。

3 号横通道导致渗水掉块问题发布的原因主要为(1)地下水管理不到位,(2)注浆止水不及时。施工单位及时对 3 号横通道渗水部位采取注浆封堵及抽排措施(图 3. 3-33)。

图 3. 3-32　预警照片(一)

图 3. 3-33　处置照片(一)

②施工规范性

2018 年 3 月 6 日,监控中心矿山组对某站车站主体发布巡视预警。预警原因:3 号横通道向东 3 号小导洞,监测断面间距过大,视频摄像头未及时跟进,与掌子面距离过大(图 3. 3-34)。

摄像头及时跟进,并对安装人员进行教育,同时对于 3 号导洞上方监测点监测间距过大问题,加密监测断面距离,确保能够及时监测反映导洞实际沉降情况,处置结果如图 3. 3-35。

图 3. 3-34　预警照片(二)

图 3. 3-35　处置照片(二)

③带水作业

2017 年 9 月 22 日,监理单位对某站 2 号横通道发布巡视预警。预警原因:2 号横通道顶部有渗水,作业面有泥浆(图 3. 3-36)。

图 3.3-36　预警照片(三)

施工单位及时对 2 号横通道 1 号导洞顶部进行注浆处理,底部泥浆清理。处置结果如图 3.3-37 所示。

图 3.3-37　处置照片(三)

(4)监测情况分析

①车站主体监测情况

a. 监测预警统计

某站目前保留 147 个橙色、30 个黄色监测预警。

b. 监测预警情况

某站监测点布置图如图 3.3-38 所示。

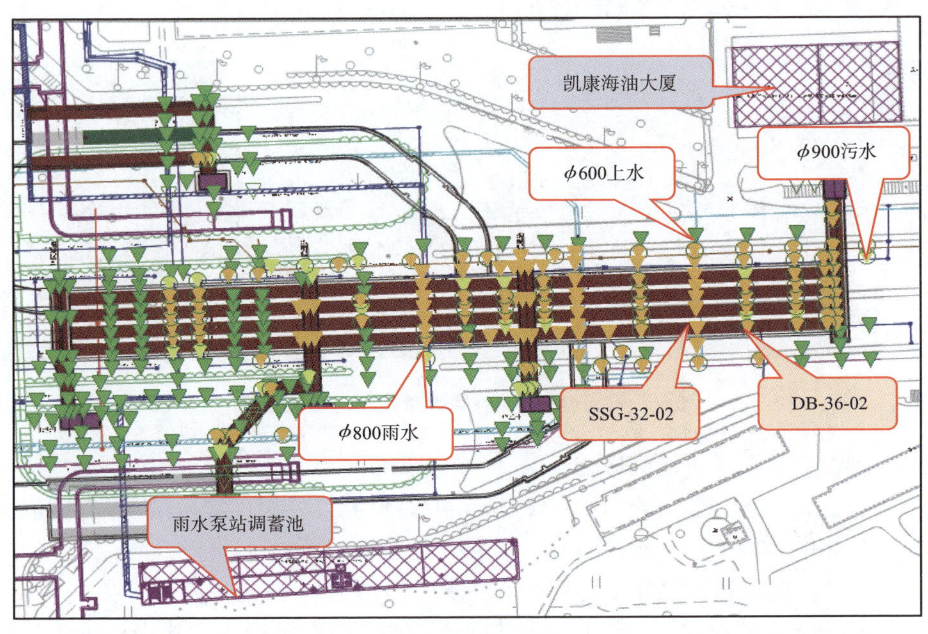

图 3.3-38　某站监测点布置图

某站主要管线沉降曲线如图 3. 3-39 ~ 图 3. 3-41 所示。

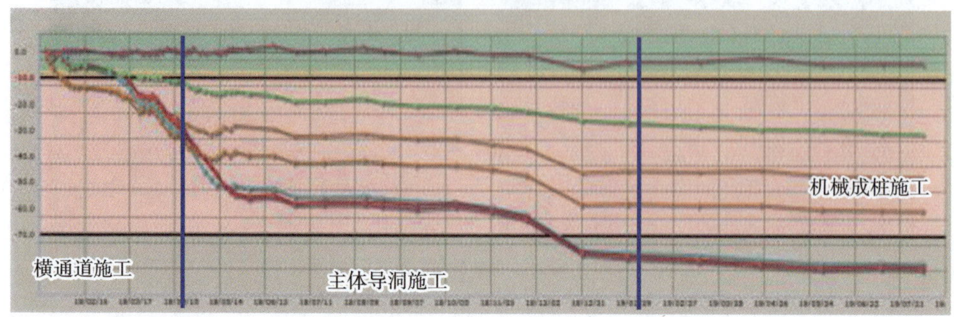

图 3. 3-39　ϕ600 上水管线监测点沉降时程图

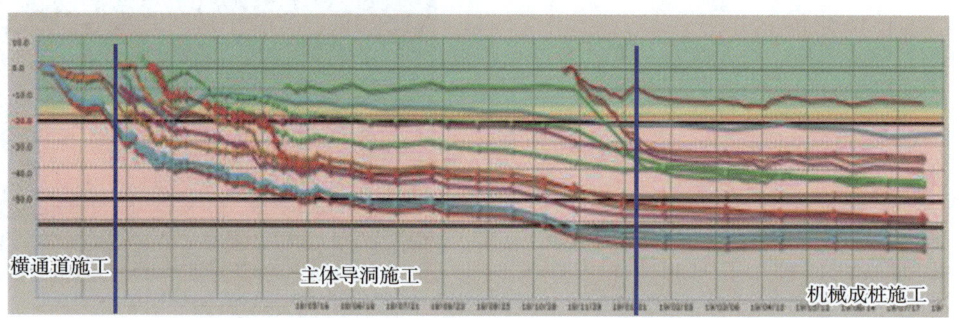

图 3. 3-40　ϕ800 雨水管线监测点沉降时程图

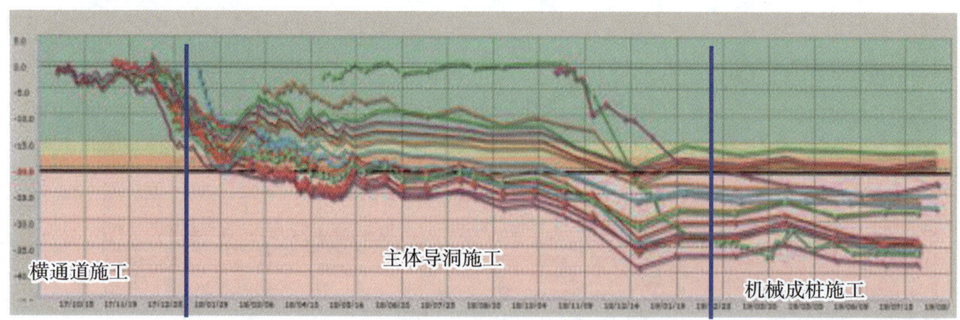

图 3. 3-41　ϕ900 污水管线监测点沉降时程图

c. 典型预警点变形控制分析

选取了 2 个典型监测点(SSG-32-02 和 DB-36-02)分析不同阶段沉降情况。由图 3. 3-42 和图 3. 3-43 可知,车站上方监测点在横通道施工阶段及上层主体导洞施工阶段产生的沉降值较大,人工挖孔桩施工阶段及机械成桩阶段产生的沉降值较小。现场施工过程注浆加固存在控制不好的情况,车站处于主体中桩施工阶段。

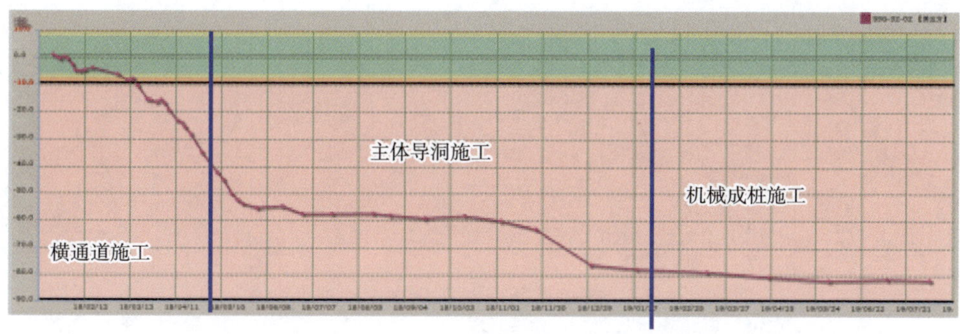

图 3.3-42 ϕ600 上水管线监测点 SSG-32-02 沉降时程图

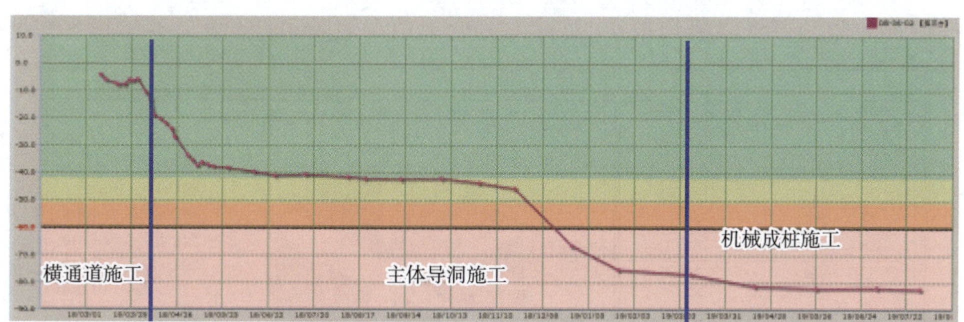

图 3.3-43 地表监测点 DB-36-02 沉降时程图

(5)临近建筑物监测情况

临近某站车站主体结构一侧的凯康海油大厦,施工单位共布置了 10 个沉降监测点;雨水泵站调蓄池,施工单位共布置了 5 个沉降监测点,监测最大变形值大厦为 3.31 mm,雨水泵站 −1.59 mm,风险可控,监测点变形曲线如图 3.3-44、图 3.3-45 所示。

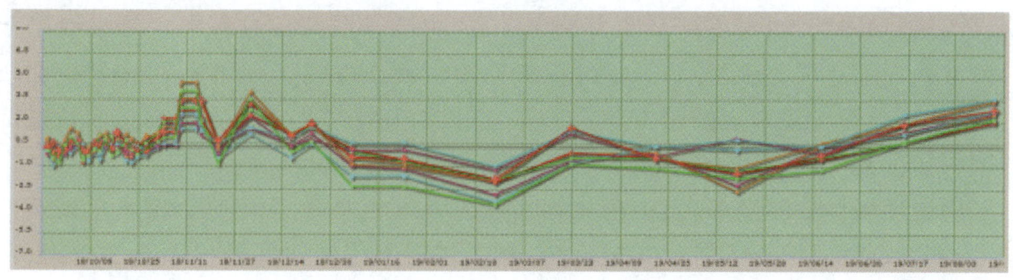

图 3.3-44 凯康海油大厦监测点变形曲线图

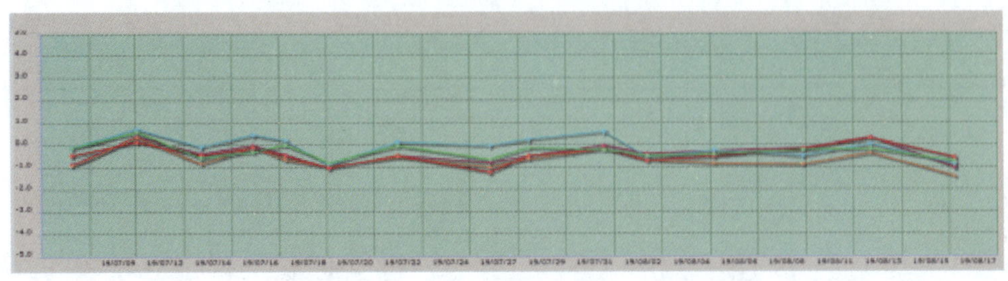

图 3. 3-45　雨水泵站调蓄池监测点变形曲线图

(6)风险管控总体评价

某站共有 543 个监测点,其中沉降值超过 –20 mm 的占 35%,从整体变形来看,49% 的监测点沉降值均较小,总体监测变形情况风险可控(图 3. 3-46)。

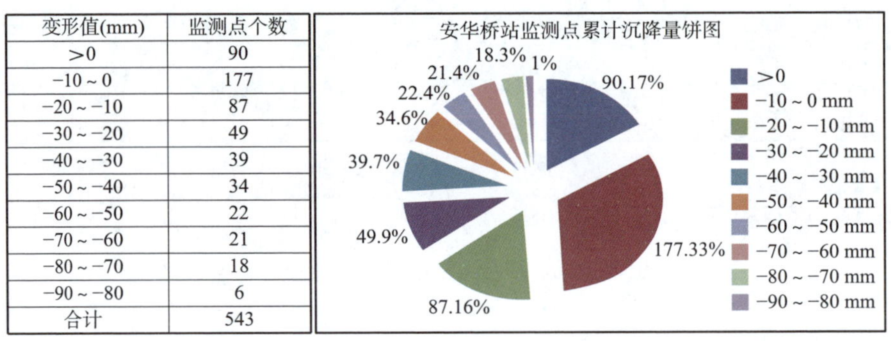

变形值(mm)	监测点个数
>0	90
-10 ~ 0	177
-20 ~ -10	87
-30 ~ -20	49
-40 ~ -30	39
-50 ~ -40	34
-60 ~ -50	22
-70 ~ -60	21
-80 ~ -70	18
-90 ~ -80	6
合计	543

图 3. 3-46　某站监测点沉降值分析

5. 经验总结及建议

某站为 8 导洞 PBA 法施工,施工过程导洞及扣拱(下层小导洞及横道洞)初期支护采用超前小导管注浆(一级风险源处深孔注浆),横导洞格栅拱架为 I16 工字钢,打设锁脚锚管,初支支护厚度为 350 mm。主体导洞开挖过程中主要采取以上两种方式加固地层,上层导洞开挖过程未见渗水,粉质黏土层开挖过程中开挖面较为稳定,小导管注浆未能按照方案要求完全打设,开挖过程未见上层掌子面及拱部坍塌等情况,上方北三环路面监测点变形较大,超过控制值。

周边环境风险源众多,其中东北侧临近凯康海油大厦,南侧临近雨水泵站调蓄池,西侧临近运营地铁 8 号线安华桥站,施工过程中严格落实各项针对性措施,未对周边风险工程造成较大影响。

3.4 特殊条件下的风险管控

3.4.1 双联拱隧道

1. 工程简介

某站后出入段线区间,起于通州群芳南街与规划颐瑞中路交口处东西向布置的高楼金站东端,出高楼金站后,沿群芳南街向东敷设,在与土桥车辆段西路相交路口右线区间以195 m的半径转向南,线路继续向南敷设接入7号线东延张家湾车辆段。区间暗挖段开挖方法分别为台阶法(6.2 m×6.5 m),CRD法(9.0 m×8.98 m),类CRD法(初支联拱二衬独立断面13.0 m×6.62 m、11.9 m×6.62 m),暗挖段结构覆土5.201~14.647 m(图3.4-1)。

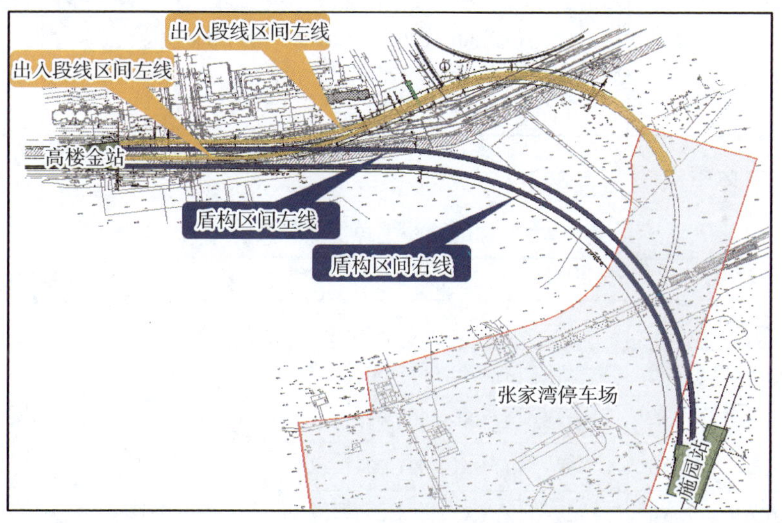

图3.4-1 出入段线暗挖区间平面位置图

初支联拱二衬独立断面采用类似CRD法施工,架设临时仰拱,保留核心土开挖。采用复合衬砌结构,外侧为初支结构,内侧为二衬结构,中间为防水层,两个单洞平行设置。初支在中部相联,构成联拱支撑的初支结构,初支结构内壁形成两个独立的圆环形初支,左右线区间结构对称、相互独立且封闭。

(1)工程水文地质

①工程地质

工程场地土层主要为人工填土、新近沉积土和第四纪冲洪积土。穿越土层为④粉质黏土、$④_1$黏质粉土、⑤细砂、$⑤_1$黏质粉土、$⑤_3$粉砂、$⑤_5$粉质黏土、⑥粉质黏土、$⑥_1$黏质粉土、⑦细砂、$⑦_2$粉砂。

②水文地质

根据勘察提供的地下水情况,地表以下 50 m 深度范围内地下水类型分别为上层滞水、潜水、承压水(一)和承压水(二)。区间结构大部分位于潜水水位以下,并受到承压水(一)的影响。工程地质如图 3. 4-2 所示。

(2)工程重难点

①工程自身风险见表 3. 4-1。

表 3. 4-1　自身风险汇总表

序号	风险工程名称	风险等级	起点里程	终点里程	工程难点
1	小间距隧道段	二级	右 CK0 +820. 430	右 CK1 +150. 000	1. 地质较为复杂,存在地下潜水,有坍塌险情; 2. 马头门处结构受力复杂,空间效应影响较大,地层多次扰动,地面沉降控制难度较大; 3. 初支联拱段缺乏类似工程经验
2	穿越粉细砂地层段	二级	右 CK0 +533. 36	右 CK1 +150. 000	
3	临时支撑拆除	二级	右 CK0 +820. 430	右 CK1 +150. 000	
4	浅覆土段	二级	右 CK1 +000. 000	右 CK1 +100. 000	

②工程环境风险见表 3. 4-2。

表 3. 4-2　环境风险工程情况汇总表-管线

序号	风险工程名称	风险等级	起点里程	终点里程	工程难点
1	下穿 400 上水管	二级	右 CK1 +044. 000	右 CK1 +044. 400	4 个管线类一级风险,其中 1 300 mm 污水埋深约 7 m,最小竖向距离约 0. 5 m,管线沉降控制难度大
2	下穿 1100 雨水管	二级	右 CK0 +621. 500	右 CK0 +622. 600	
3	下穿 1300 污水管	一级	右 CK0 +805. 928	右 CK0 +848. 994	
4	下穿 1000 上水管	一级	右 CK1 +094. 000	右 CK1 +095. 000	
5	下穿 1300 污水管	一级	右 CK1 +078. 000	右 CK1 +079. 300	
6	下穿 508 燃气管	三级	右 CK0 +618. 400	右 CK0 +618. 900	
7	下穿 508 燃气管	一级	右 CK0 +865. 000	右 CK0 +865. 500	

2. 风险工程对策

(1)自身风险应对措施

①初支连拱二衬独立断面开挖顺序:左线上半断面,左线下半断面,右线上半断面,右线下半断面,左右线隧道开挖纵向错开 5 ~7 m,回筑二衬结构左右线错开 10 ~15 m,及时形成对称断面,减小不平衡推力影响。

②回筑二衬顺序:回筑左右线仰拱—回筑左线拱墙—回筑右线拱墙,左右线纵向错开 10 ~15 m。

③横通道进洞前在隧道拱部 150°范围内,环向间距 0. 3 m,水平打设 3 m 长小

导管并注浆加固,隧道洞口上方联立三榀格栅钢架。

④临时仰拱拆除前,仰拱二衬混凝土要达到设计要求强度,拆除时加密监测频率,一旦发现异常及时上报并迅速采取应急措施。

(2)地下管线应对措施

施工过程中应严格执行以下措施:

①应严格遵循"管超前、严注浆、短开挖、强支护、快封闭、勤量测"的基本原则。

②一级环境风向工程处隧道拱部深孔注浆加固地层,加固范围为结构初支外 1.5 m。

③开挖过程中严格控制开挖进尺 0.5 m,及时进行初支背后回填注浆,控制地层沉降。

④初支结构在格栅角部及时打设锁脚锚管并注浆,控制格栅架设后下沉,并应及时进行初支背后回填注浆。

(3)监控量测重点分析

①地下管线对污水、雨水、上水、燃气等管线进行沉降及差异沉降监测,监测范围取隧道结构边缘两侧各 1.0H(H 为埋深)范围;

②道路及地表沉降监测范围取隧道结构边缘两侧各 1.0H 范围。

a. 监测对象、项目及精度

根据有关规范,确定现场监测对象、项目及精度见表 3.4-3。

表 3.4-3　区间隧道监测对象、项目及精度

序号	监测对象	监测项目	监测仪器	监测精度
1	隧道周围	道路及地表沉降	水准仪	0.3 mm
2	地下管线	地下管线沉降	水准仪	0.3 mm

b. 监测频率及周期

区间监测频率及控制值见表 3.4-4。

表 3.4-4　区间监测频率及周期

序号	监测对象	监测项目	监测频率
1	周围土体	地表沉降	当监测点位于开挖面前方 $L \leq 3D$ 时,1 次/d;$3D < L \leq 5D$ 时,1 次/2 d;$5D < L \leq 8D$ 时,1 次/(3～5 d);监测点位于开挖面后方 $L \leq 3D$ 时,1 次/1 d;$3D < L \leq 8D$ 时,1 次/2 d;$L > 8D$ 时,1 次/(3～7 d)
2	周围管线	管线沉降	

注:L 为开挖面至监测点或监测断面的水平距离,D 为暗挖法隧道开挖直径。

3. 控制指标

区间隧道控制指标见表 3.4-5。

表 3.4-5 区间隧道控制指标

序号	监测对象	监测项目	控制指标
1	周围土体	地表沉降	30 mm,2 mm/d
2	周围管线	管线沉降	有压 10 mm,2 mm/d;无压 15 mm,2 mm/d

4. 专家论证与咨询建议

(1)方案论证

①出入段线暗挖结构施工安全专项方案专家论证意见:

a. 做好后续相邻工程的筹划。

b. 细化环境风险等级描述,完善相邻八通线土桥车辆段施工专项措施。

c. 会同设计单位对以下方面进行优化:小净距隧道中间土柱注浆加固范围,地层界面残留水的控制措施,共用初支段连接节点的构造措施,上跨盾构隧道区段的地层和隧道预加固措施。

d. 深孔注浆宜进行试验段试验,下穿 DN1300 污水管区段应优化注浆范围,控制好注浆压力,避免对管线造成不利影响。

e. 施工过程中必须确保共用初支段格栅点连接质量,按照设计要求的拆撑长度先进行拆撑试验,以优化与控制拆撑长度,加强施工过程中对初支结构变形的监测与巡查。

f. 完善共用初支段隧道开挖与二衬施工过程中初支结构变形超限的应急处理措施。

②出入段线区间临时支撑拆除施工方案专家论证意见:

基于拆撑试验和监测结果提出的临时支撑拆除方案(模板台车的拆除长度为 21 m)是可行的。建议如下:

a. 做好安全技术交底。

b. 加强拆撑过程中的监测及巡查。

c. 完善拆撑变形超限应急措施。

③出入段线区间降水安全专项施工方案专家意见:

a. 进一步探查降水井周边地下管线,确保地下管线安全。

b. 做好真空管井及真空管路系统的密封连接,确保真空度满足规范要求;根据降水及开挖情况,合理控制真空泵及潜水泵的开启。

c. 加强降水井成井控制,保证抽水含沙量不超标。

d. 某车辆段不能封闭降水的部位可根据注浆止水效果,必要时可辅助洞内轻型井点降水。

e. 做好某车辆段部位降水沉降监测工作。

④出入段线区间第三监测实施方案专家意见:

a. 适当增设下穿雨污水管线，特别是联拱区段测点。

b. 加强开挖、初支及拆撑过程中对雨污水管线状态监测及巡查。

(2)专家巡视活动意见

2017 年 11 月 3 日，某区间出入线暗挖段正线开挖施工对周边环境影响明显，周边环境多次出现红色监测预警，累计变形最大已达 -54.71 mm，即将穿越车辆段，为安全顺利通过该风险工程组织了专家巡视活动，经专家质询与讨论，形成以下意见和建议：

①因地层偏软，隧道结构密贴共用初支、连拱跨度较大，且上半断面边墙拱脚坐落在粉细砂层等综合因素。目前地表沉降超限，但是开挖面状态较好，施工处于风险可控状态。

②建议：

a. 进一步优化深孔注浆参数，确保拱顶粉细砂层注浆效果。

b. 加强上半断面台阶锁脚及墙脚稳定措施。

c. 尽可能加大上、下断面及左、右隧道错距。

d. 下半断面开挖留设核心土，并做好边墙格栅锁脚。

e. 加强初支背后回填注浆。

f. 加强工序的综合控制与衔接，并会同设计单位适当调整地表沉降控制值。

5. 实施过程及风险管控

(1)施工过程

区间左线及右线施工时间节点统计见表 3.4-6。

表 3.4-6　施工时间节点统计

工作面		开工时间	贯通时间
左线	左线大里程	2017 年 9 月 10 日	2018 年 3 月 17 日
	左线小里程	2017 年 9 月 23 日	2018 年 7 月 23 日
右线	右线大里程	2017 年 9 月 25 日	2018 年 3 月 31 日
	右线小里程	2017 年 9 月 20 日	2018 年 6 月 12 日

(2)主要措施落实情况及效果

①超前小导管注浆：采用 DN32 × 2.75 mm 小导管注浆拱部 120°，环向间距 300 mm，注浆小导管在右 CK0 + 640.134 ~ 右 CK0 + 661.784，右 CK0 + 782.904 ~ 右 CK0 + 827.900，左 CK0 + 626.172 ~ 左 CK0 + 637.472 范围一榀打设一环，其余范围隔榀打设一环。现场超前小导管注浆如图 3.4-2 所示。

②深孔注浆：采用二后退式注浆工艺，注浆长度 12 m，多段连续注浆，每段注 12 m，挖 10 m，段与段之间搭接 2 m，下一段注浆前设置止浆墙。注浆压力控制在 0.8 ~ 1.0 MPa，注浆液采用水泥-水玻璃双液浆现场深孔注浆如图 3.4-3 所示。

③锁脚锚杆:DN32 ×2.75 mm 小导管,长度为2.0 m,一榀一打,与格栅焊接牢固,注单液浆,注浆有效扩散半径不小于0.3 m,注浆压力0.3 ~0.5 MPa。

④初支背后回填注浆:加强初支背后回填注浆,注浆分两次进行,第一次距开挖面3 m,为低压注浆,浆液从掌子面冒出时即结束;第二次距开挖面8 m,为饱压注浆,注浆压力0.5 MPa,必要时进行再次补浆,注浆深度0.5 m,现场背后回填注浆如图3.4-4、图3.4-5 所示。

图3.4-2　超前小导管注浆

图3.4-3　深孔注浆加固

图3.4-4　两根锁脚锚杆

图3.4-5　初支背后注浆

(3)险情/预警情况处置

①险情处置情况

工点未发生险情事件。

②重要风险预警处置

该工点共发生巡视预警37 次,主要预警类型为地下水、施工规范性、施工管理不当、地层稳定性、其他类预警。巡视预警分类统计如图3.4-6 所示。

地层稳定性:橙色巡视预警,2017 年10 月1 日,左线大里程下导洞右上角土体坍塌,两榀格栅悬空,仰拱有积水。处置情况:临时封闭掌子面(图3.4-7、图3.4-8)。

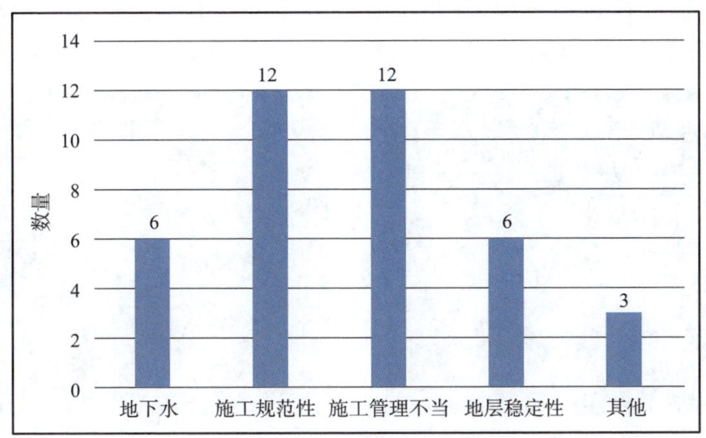

图 3.4-6　巡视预警分类统计图

图 3.4-7　连续两榀格栅拱脚脱空

图 3.4-8　临时封端

地下水：黄色巡视预警，2018 年 4 月 26 日，下台阶存在层间渗水导致垮塌、形成反坡，底板位置存在少量渗漏积水。处置情况：集水抽排（图 3.4-9、图 3.4-10）。

图 3.4-9　下台阶滑塌形成反坡

图 3.4-10　抽排渗漏水

初支规范性:黄色巡视预警,2018 年 3 月 31 日,右线大里程下导洞连续两榀格栅未及时喷混封闭成环。处置情况:已封闭成环(图 3. 4-11、图 3. 4-12)。

图 3. 4-11　连续两榀格栅未及时封闭

图 3. 4-12　格栅已封闭成环

拆撑规范性:橙色巡视预警,2018 年 5 月 4 日,左线大里程方向由东向西进行二衬施工,临时仰拱拆撑长度超 18 m。处置情况:加强现场管控,暂停拆撑,严格依据拆撑会议纪要要求施工(图 3. 4-13、图 3. 4-14)。

图 3. 4-13　拆撑长度超 18 m

图 3. 4-14　暂停拆撑,浇筑二衬

(4)监测情况分析

①监测预警统计

工点新增预警 817 个,其中新增红色预警 59 个,橙色预警 432 个,黄色预警 326 个,监测预警点情况见表 3. 4-7。

表 3. 4-7　预警统计

保留预警(截至 2017-06-01 24:00)			消　警			新增预警			预警累计(截至 2018-07-11 24:00)		
红色	橙色	黄色	红色	橙色	黄色	红色	橙色	黄色	红色	橙色	黄色
0	0	0	59	348	300	59	432	326	0	84	26

②重要预警及采取的施工措施、控制效果

红色预警统计见表3.4-8。

表3.4-8　红色监测预警统计

测点名	报警时间	预警累计变化量（mm）	预警变化速率（m/d）	本次累计变化值（mm）	变形速率（mm/d）	上控制值（mm）	下控制值（mm）	阈值变形速率（mm/d）
DB-23-07	2017年11月2日	-47.92	-2.56	-69.22	-0.4	10	-30	2
DB-23-06	2017年11月20日	-56.16	-2.22	-64.96	-0.47	10	-30	2
DB-23-02	2017年10月2日	-41.18	-2.79	-71.57	-1.03	10	-30	2
DB-22-07	2017年10月2日	-32.52	-2.46	-66.15	-1.02	10	-30	2
DB-22-06	2017年10月8日	-43.71	-3.37	-63.23	-0.47	10	-30	2
DB-22-02	2017年10月6日	-36.13	-4.44	-66.5	0.18	10	-30	2
RQG-03-01	2017年11月14日	-17.45	-5.04	-25.28	0.41	10	-10	2
WSG-05-11	2018年1月5日	-23.49	-2.02	-21.96	0.75	10	-15	2
YSG-04-01	2017年12月29日	-19.17	-5.25	-20.46	-0.49	10	-15	2
SSG-04-03	2017年11月4日	-58.69	-2.37	-71.41	-0.04	10	-10	2
SSG-05-03	2017年12月26日	-21.94	-4.59	-39.13	1.32	10	-10	2
SSG-05-04	2018年1月5日	-23.42	-2.16	-47.95	0.89	10	-10	2

施工措施：a. 优化深孔注浆参数，确保拱顶粉细砂层注浆效果；b. 加强上半断面台阶锁脚及墙脚稳定措施；c. 加大上、下断面及左、右隧道错距；d. 加强初支背后回填注浆；e. 强化工序的综合控制与衔接。

控制效果：在隧道开挖过程中进行监测数据的动态分析、预警和反馈，根据监测数据及时调整施工参数，监测点累计值最终控制在-70 mm左右，未发生险情事件。

③不同施工部位变形控制分析

a. 马头门处典型监测数据分析，如图3.4-15、图3.4-16所示。

该监测点位于马头门一侧10 m处，横通道开挖沉降量约-10 mm；由于通州区域地层敏感，先行施工隧道开挖后沉降速率较大，在-4～-2 mm/d之间，注浆后沉降速率减缓，累计沉降量-60～-50 mm；相邻隧道开挖后沉降速率较小，约-1 mm/d，30 d后沉降趋于稳定，最终累计沉降-80～-60 mm；拆撑及二衬施工过程中沉降量较小。

b. 小里程方向QB、QC断面过渡段典型监测数据分析如图3.4-17、图3.4-18所示。

受施工降水影响，在开挖前固结沉降量约-10 mm；右线开挖施工后，由于通

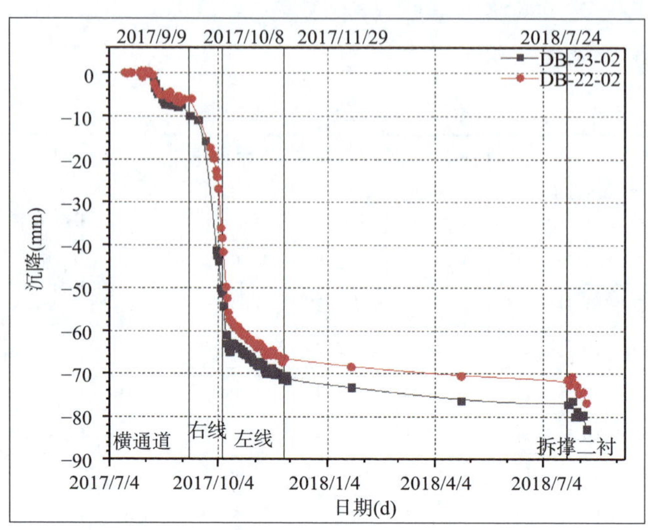

图 3.4-15　小里程方向马头门处典型沉降曲线

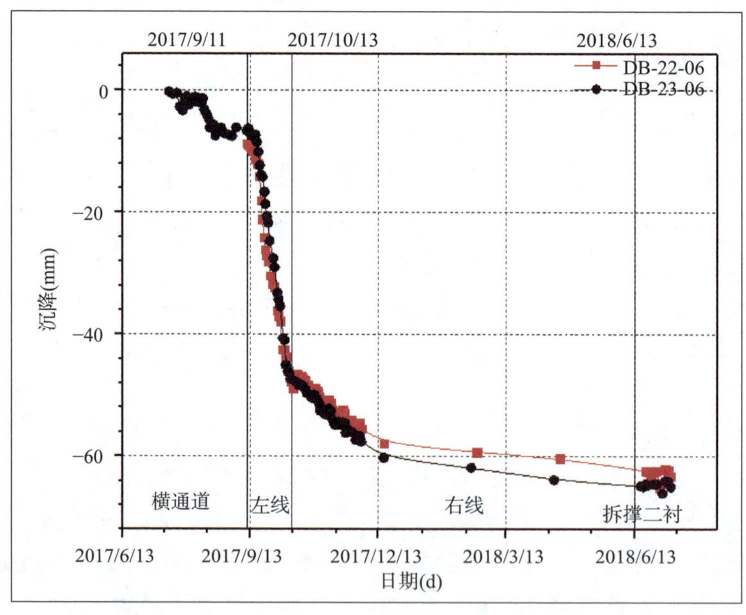

图 3.4-16　大里程方向马头门处典型沉降曲线

州区域地层敏感，在开挖后 3 d 内沉降速率较大，约 -3 mm/d，注浆后沉降速率减缓，累计沉降量 -50 mm；左线开挖后沉降速率较小，约 -1 mm/d，15 d 后沉降趋于稳定，最终累计沉降 -70 mm。

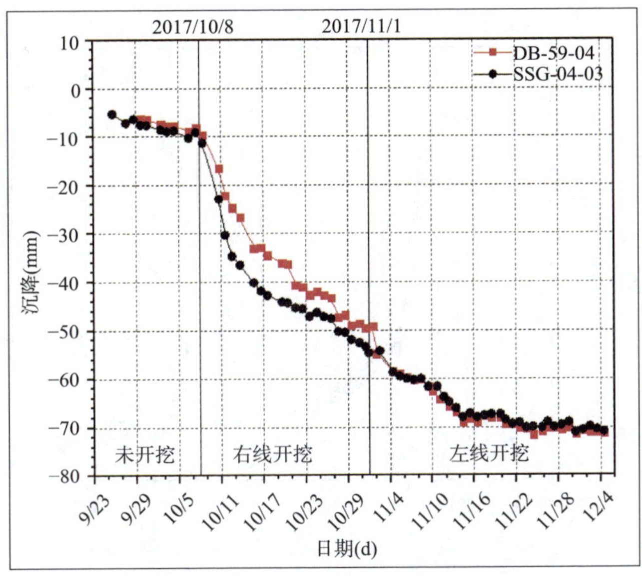

图 3. 4-17　小里程方向典型沉降曲线

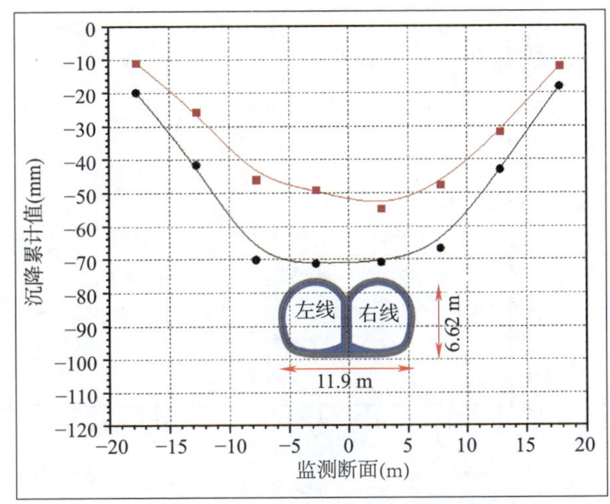

图 3. 4-18　小里程方向典型沉降曲线

c. 大里程方向 QB 断面典型监测数据分析如图 3. 4-19,图 3. 4-20 所示。

该监测点位于横通道东侧 10 m 处,横通道开挖沉降量约 -10 mm;左线开挖施工后,由于通州区域地层敏感,开挖后沉降速率较大,约 -2 mm/d,注浆后沉降速率减缓,累计沉降量 -50 mm;右线开挖后沉降速率较小,约 -1 mm/d,30 d 后沉降趋于稳定,最终累计沉降 -68 mm;拆撑及二衬施工过程中沉降量较小。

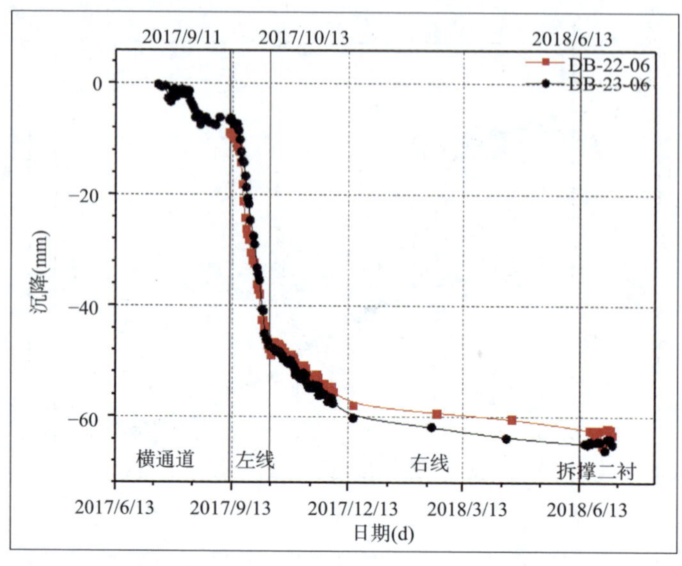

图 3. 4-19　大里程方向典型沉降曲线

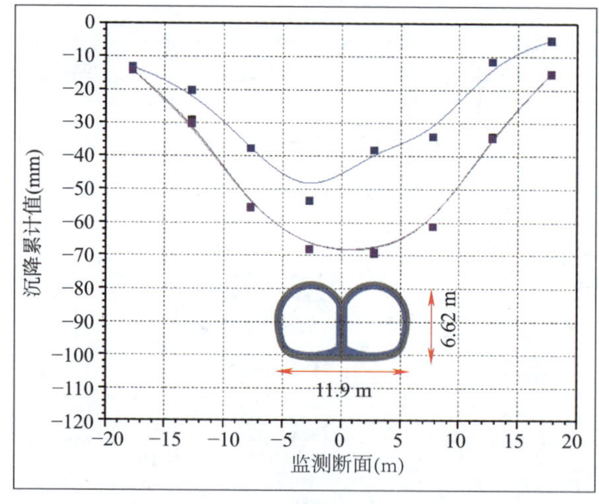

图 3. 4-20　大里程方向典型沉降槽曲线

d. 下穿 DN1300 污水管(一级风险)监测数据分析如图 3. 4-21 所示。

出入段线矿山区间与污水管线最小净距 0. 5 m,监测数据显示,开挖过程中污水管线沉降速率较大,最大沉降速率为 －3. 62 mm/d;污水管线沉降最大点 WSG-05-16 位于右线隧道正上方,累计值 －37. 78 mm,管线差异沉降最大值为 －2. 02‰,在拆撑二衬施工期间,测点变化基本稳定。

e. 下穿 ϕ1000 上水管(一级风险)监测数据分析如图 3. 4-22、图 3. 4-23 所示。

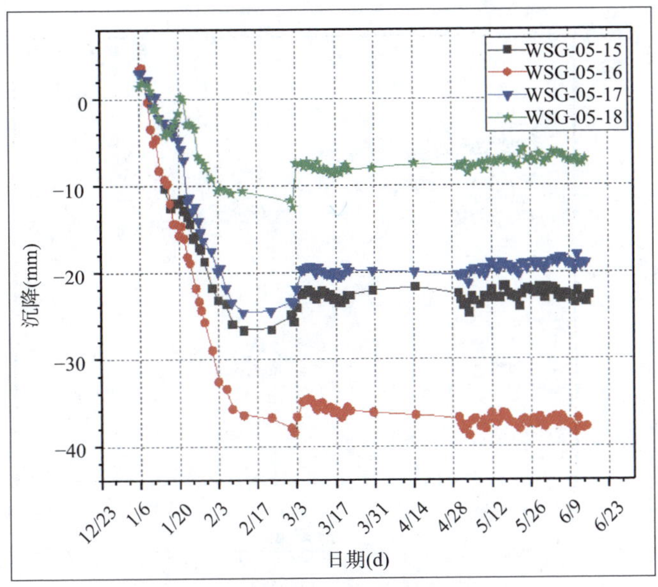

图 3.4-21　DN1300 污水管沉降曲线

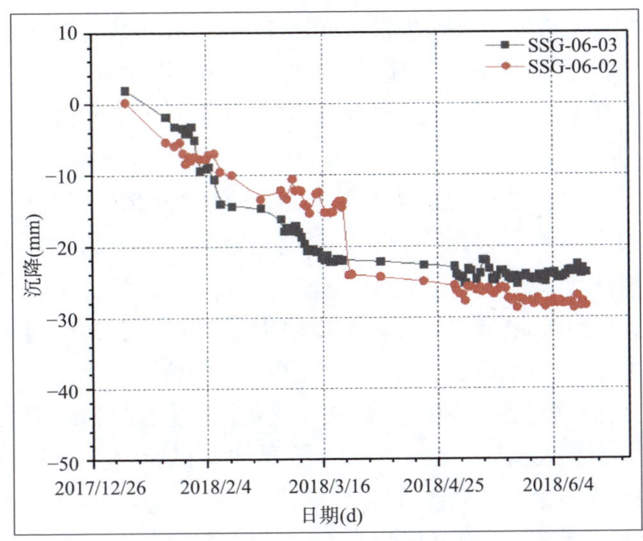

图 3.4-22　ϕ1000 上水管沉降曲线

出入段线矿山区间与污水管线最小净距 5.0 m，监测数据显示，开挖过程中污水管线沉降速率较大，最大沉降速率为 −2.63 mm/d；管线沉降最大点 SSG-06-02 位于右线隧道边缘线外侧 7 m 处，累计值 −28.35 mm，管线差异沉降最大值为 0.236‰，在拆撑二衬施工期间，测点变化基本稳定。

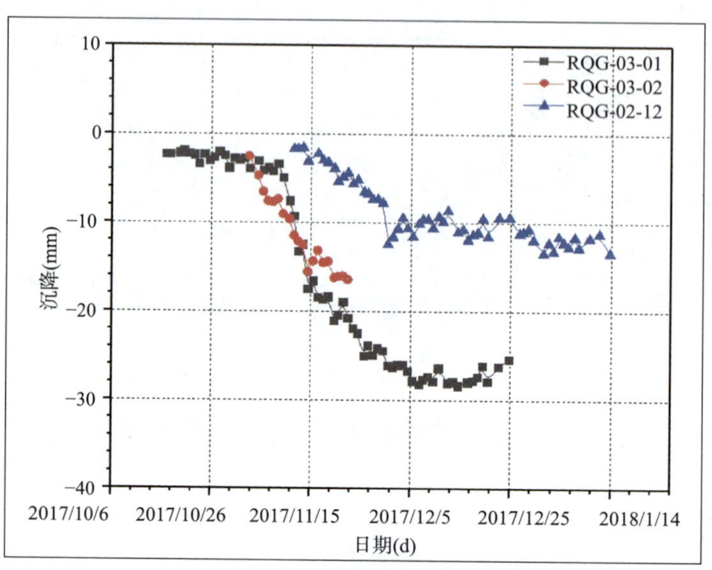

图 3.4-23　ϕ508 燃气管沉降曲线

f. 下穿 ϕ508 燃气管(一级风险)监测数据分析

出入段线矿山区间与污水管线最小净距 7.0 m,监测数据显示,开挖过程中污水管线沉降速率较大,最大沉降速率为 -4.55 mm/d,管线沉降最大点 RQG-03-01 位于左右线隧道中部,累计值 -25.28 mm,管线差异沉降最大值为 -0.550‰。

(5)风险管控总体评价

该工点施工过程中发生巡视预警 37 次,红色监测预警 59 点次,沉降量在 -30 mm 以内的测点占 80%,马头门处风险较大,其他位置风险基本可控。

5. 经验总结及建议

(1)初支联拱隧道开挖断面大,开挖步序类似 CRD 法,共用初支格栅不拆除,仅拆除临时仰拱,为通州地区类似工程提供了宝贵经验。

(2)因隧道洞身周围主要为砂土层及粉质黏土,隧道围岩分级为Ⅵ级,呈松散状,开挖时易坍塌,建议选择代表性段落进行预注浆试验,检查在该地层中超前小导管的注浆效果,确定合理的注浆参数和工艺。

(3)监测点累计沉降 -30 mm 以内的占 80%, -60 ~ -30 mm 占 14%,大于 -60 mm 的占 6%。造成红色预警的原因主要是地层条件较差,隧道部分初支格栅拱脚位于粉细砂层,开挖过程中易发生地层坍塌,造成拱脚悬空,建议设计阶段宜增加拱脚处锁脚锚杆数量,控制初支沉降。

(4)沉降最大部位位于马头门两侧初支联拱段,马头门部位施工风险较大,空间效应影响显著,横通道开挖沉降量 -10 mm,占总沉降量的 13% ~17%;先行隧道施工施工期间沉降量为－40～－30 mm，占总沉降量的46%～50%；相邻隧道施工沉降量为－30～－20 mm，占总沉降量的31%～38%。建议类似工程马头门处采取地层加固措施，降低施工风险。

(5)初支联拱段临时仰拱拆撑施工过程中地面沉降量较小，数据变化稳定。

(6)初支联拱结构格栅节点连接控制难度大，施工过程中应加强格栅制作精度，施工过程中初支联拱格栅节点应连接密实无缝隙，保证传力可靠性。

(7)加强洞内及地面沉降变形动态监测，指导施工及时调整支护参数。

3.4.2 波纹板技术应用

1. 工程简介

北京地铁27号线二期(昌平线南延)工程某站位于学院路与北四环中路北侧，沿学院路路中南北敷设。车站东侧为科大天工大厦停车场、北京科技大学绿地，大里程临近学院路挡墙、学院桥桥桩，车站西侧为低层建筑。车站站位所在的学院路宽为70 m，北四环中路宽为100 m，已基本实现规划。学院路主路临近北四环段抬高，高于辅路约3.5 m；北四环中路上跨学院路主路。

车站为地下两层岛式车站，车站共设置4座施工竖井和横通道，其中1号施工竖井设置于车站小里程端东侧，地面高程50.00 m。施工竖井采用波纹钢板支护逆作施工。

1号竖井井口尺寸为5.10 m×9.60 m，竖井深约30.46 m，由波纹钢板、型钢立柱、型钢环腰梁、小导管组成支护体系；井内设置临时型钢支撑，井底采用型钢与模筑混凝土封底，井口设置2 000 mm×800 mm锁口圈梁，锁口圈梁下2.0 m范围内地基采用小导管注浆加固。地面以下10 m范围为竖井试验段。

管棚工作室横通道(兼波纹板试验段)从1号施工竖井西侧接出，横通道为马蹄形断面，拱顶覆土约14.80 m，开挖跨度4.6 m，开挖高度4.83 m。管棚工作室横通道(兼波纹板试验段)主要采用波纹钢板＋矩形钢环梁构成，纵向采用槽钢连接。封堵墙主要采用工字钢横撑＋C25喷射混凝土构成，采用台阶法开挖，地面高程约49.50 m。管棚工作室横通道(兼波纹板试验段)主要位于粉质黏土地层，施工过程中如存在渗漏水，采用引排处理措施。

(1)工程水文地质

①工程地质

1号竖井主要穿越地层为杂填土①层、粉土填土$①_1$层、粉质黏土③层、粉土$③_1$层、粉质黏土④层、粉土$⑥_1$层。

波纹板横通道主要穿越地层为粉质黏土③层、粉土$③_1$层、粉质黏土④层。

②水文地质

主要分布三层地下水，地下水类型为上层滞水(一)、层间潜水～承压水(三)。

施工主要受上层滞水(一)影响。

上层滞水(一):含水层岩性主要为粉土填土①$_1$ 层及粉土③$_1$ 层。

层间潜水~承压水(三):含水层岩性主要为粉土⑥$_1$ 层、细中砂⑥$_2$ 层、卵石⑦层、细中砂⑦$_1$ 层及卵石⑨层,如图3.4-24所示。

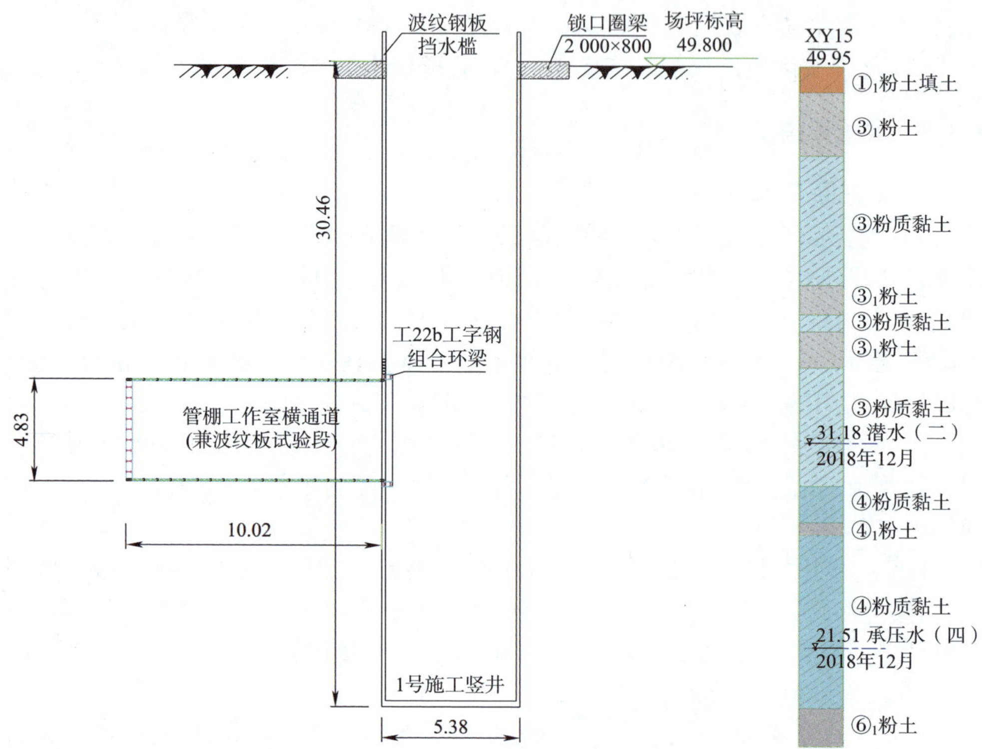

图3.4-24　某站1号施工竖井及横通道(波纹板)地质剖面图(单位:m)

(2)工程重难点

①自身风险

1号竖井井口尺寸为5.10 m×9.60 m,竖井深30.46 m,由波纹钢板、型钢立柱、型钢环腰梁、小导管组成支护体系;井内设置临时型钢支撑,井底采用型钢与模筑混凝土封底,为一级自身风险工程。

管棚工作室横通道(兼波纹板试验段)从1号施工竖井西侧接出,为马蹄形断面,拱顶覆土14.8 m,开挖跨度4.6 m,开挖高度4.83 m。管棚工作室横通道(兼波纹板试验段)主要采用波纹钢板+矩形钢环梁构成,纵向采用槽钢连接。封堵墙采用工字钢横撑+C25喷射混凝土构成,采用台阶法开挖,为三级自身风险工程。

②环境风险

1号竖井及管棚工作室横通道(兼波纹板试验段)主要涉及的环境风险工程有1号施工竖井临近中国地质大学4层平房、1号施工竖井临近2.0 m×2.3 m电力管、波纹板横通道临近中国地质大学10号教学楼。1号竖井及横通道主要环境风险源见表3.4-9。

表3.4-9　某站1号竖井及横通道(波纹板)主要环境风险源一览表

序号	风险工程名称	风险工程概况	风险等级
1	1号施工竖井临近中国地质大学4层平房	中国地质大学10号教学楼,层高为4层;基础形式为条形基础	三级
2	1号施工竖井临近2.0 m×2.3 m电力管	主体内轮廓2 m×2.3 m,主体结构厚度为0.2 m,初支厚0.25 m;管线材质为混凝土	二级
3	波纹板横通道临近中国地质大学10号教学楼	中国地质大学10号教学楼,层高为4层;基础形式为条形基础	三级

2. 风险工程对策

(1)自身风险应对措施

①1号竖井施工控制要点

a. 采用倒挂井壁法施工。

b. 地下水处理采取堵水方案。

c. 采用波纹钢板支护,上层横通道马头门以上竖向每两环波纹板设置一道环腰梁及25a工字钢横撑,上层横通道马头门以下竖向每环波纹板设置一道环腰梁及25a工字钢横撑。

d. 及时布设测点,施工期间加密监测频率,根据监测结果及时调整施工参数。

②马头门拱部施工控制要点

a. 马头门拱部采用双排小导管超前注浆加固地层。

b. 竖井上通道开马头门处密排5道环腰梁。

c. 竖井下通道开马头门处至少联立3道环腰梁。

(2)环境风险应对措施

①1号施工竖井邻近中国地质大学4层平房(水平距离约14.86 m)

a. 施工前应对建筑物进行调查,必要时应进行检测和评估。

b. 加强竖井基坑围护结构和支撑体系,严格控制井口圈梁和围护结构变形。

c. 及时布设测点,竖井施工期间加密监测频率,根据监测结果及时调整施工参数。

②1号施工竖井临近2.0 m×2.3 m电力管

a. 施工前应对2.0 m×2.3 m电力管进行调查,必要时应进行检测和评估。

b. 加强竖井基坑围护结构和支撑体系,严格控制围护结构变形。

c. 打设水平向小导管加固电力管方土体,严格控制电力管及其地基变形。

d. 及时布设测点,竖井施工期间加密监测频率,根据监测结果及时调整施工参数与加固措施。

③波纹板横通道临近中国地质大学 10 号教学楼

a. 采用台阶法施工。

b. 采用深孔注浆加固地层。

c. 波纹钢板为 200 mm×55 mm(5 mm 厚)。

(3)监控量测重点分析

1 号竖井及管棚工作室横通道(兼波纹板试验段)施工为“四新”技术,北京地区可借鉴经验较少。施工过程中自身风险控制要求高,为防止坍塌等事故的发生,需加强沉降监测及分析工作,以监控量测数据反馈施工,优化施工工艺以控制地表沉降变得尤为重要。

1 号竖井及管棚工作室横通道(兼波纹板试验段)邻近中国地质大学 4 层平房,1 号施工竖井临近 2.0 m×2.3 m 电力管,开挖时造成的周边土体损失易引起周边建筑物沉降,施工过程中应对其加强监测及巡视,重点关注建筑物的不均匀沉降。

①监测对象、项目及精度

监测对象为 1 号竖井及管棚工作室横通道(兼波纹板试验段)周边环境;监测范围为自身工程结构边缘两侧各 1.0H 范围内的建(构)筑物、重要管线、地面。

②监测频率及周期

施工期间,监测频率见表 3.4-10、表 3.4-11。

③控制指标

各监测项目控制值见表 3.4-12。

表 3.4-10　1 号施工竖井监测频率

监测部位	监测对象	开挖深度	监测频率
地表、管线、周边建筑物沉降监测	周围土体和周边环境	$H\leqslant 5$ m	1 次/3 d
		5 m $<H\leqslant$ 10 m	1 次/2 d
		10 m $<H\leqslant$ 15 m	1 次/1 d
		$H\geqslant 15$ m	1～2 次/d
竖井开挖完成后:1～7 d,1 次/d;7～15 d,1 次/2 d;15～30 d,1 次/3 d;30 d 以后,1 次/周;基本稳定后,1 次/月			

注:H 为竖井开挖深度。

表 3.4-11　管棚工作室横通道(兼波纹板试验段)监测频率

监测部位	监测对象	监测点范围	监测频率
开挖面	初期支护结构、周围岩土体和周边环境	$L \leq 2B$	1~2 次/1 d
		$L \leq 5B$	1 次/2 d
		$L > 5B$	1 次/周
基本稳定后,1 次/月			

注:B 为开挖跨度,L 为开挖面至监测点或监测断面的水平距离。

表 3.4-12　各监测项目控制标准

序号	监测项目	累计控制值(mm)	速率控制值(mm/d)
1	2.0 m×2.3 m 电力管	15	≤2
2	中国地质大学 10 号教学楼	15	≤1.5
3	周边地表	15	≤2

3. 专家论证与咨询建议

(1)方案论证

学院桥站1号施工竖井初期支护开挖安全专项施工方案专家意见:

①加强波纹板支护体系的连接及背后注浆质量控制,严格控制开挖及注浆凝固时间。

②加强竖井使用期间的维护保养,明确回填土和支护拆除安全技术措施。

③施工中加强止水效果的超前探测,加强现场巡视,做到信息化施工。

学院桥站管棚工作室横通道(兼波纹板试验段)开挖安全专项施工方案专家意见:

①通过实验室试验,确定背后回填注浆材料配比,细化及时进行回填注浆措施。

②波纹板初支封闭成环后,宜进一步开展结构防水及二衬科研试验。

③加强试验过程中对波纹板结构和地层及周边环境变形的监测。

④明确波纹板隧道回填要求。

学院桥站1号施工竖井及横通道第三方监测实施方案专家评审意见:结合波纹板竖井新工艺开挖步序时长,优化监测频率。

4. 实施过程及风险管控

(1)施工过程

波纹板施工竖井采用倒挂井壁法。开挖井口圈梁基坑,整体浇筑锁口圈梁(预埋必要的预埋件);锁口圈梁达到设计强度以后,向下开挖土体,每步向下开挖进尺同波纹板高度,拼装波纹板、立柱、纵向连接、打设锁脚锚杆及架设型钢支撑,波纹板竖井施工工艺如图 3.4-25 ~ 图 3.4-30 所示。

图 3. 4-25　波纹板竖井开挖

图 3. 4-26　安装波纹板

图 3. 4-27　打设锁脚锚管

图 3. 4-28　安装对撑工字钢 I25a

图 3. 4-29　安装槽钢 I22a

图 3. 4-30　波纹板背后回填注浆

波纹板横通道马头门处环梁采用双拼 I22b 与钢板焊接分段制成的型钢组合梁,环梁端部焊接 10 mm 厚钢板作连接端板,环梁构件之间采用高强度螺栓连接;C1、C2、C3、C4 环梁与环腰梁端头采用三面围焊焊接,焊缝宽 8 mm;C5 环梁与环腰梁采用高强度螺栓连接。采用台阶法开挖,波纹板横通道采用 200 mm×55 mm(5 mm 厚)波纹钢板+100 mm×70 mm×4 mm 矩形钢环梁构成,纵向采用[12 槽钢连接,槽钢环向设置6道,位于环框梁范围内的第一榀矩形钢环梁采用 100 mm×80 mm×4 mm,环梁环向采用焊接钢板+螺栓连接,一段环梁先焊上钢板,另一段环梁与钢板螺栓连接。堵头墙采用 I18@500 mm 工字钢横向布置,连接筋采用 C22@500 mm,内、外层交错布置,根据现场需要选取长度,采用机械连接。通道开挖施工情况如图 3.4-31 ~ 图 3.4-32 所示。

图 3.4-31　波纹板横通道洞门加固-C5 环梁

图 3.4-32　波纹板横通道上台阶破洞门

图 3.4-33　波纹板横通道拱脚设置垫板

图 3.4-34　波纹板横通道回填注浆

图 3.4-35　波纹板横通道台阶法开挖

图 3.4-36　波纹板横通道施作封端墙

图 3.4-37　波纹板横通道封端墙完成

(2)主要措施落实情况及效果

①设计措施

波纹板施工竖井采用由波纹钢板、型钢立柱、型钢环腰梁、小导管组成支护体系,井内设置临时型钢支撑,井底采用型钢与模筑混凝土封底;上层横通道马头门以上竖向每两环波纹板设置一道环腰梁及工字钢横撑,上层横通道马头门以下竖向每环波纹板设置一道环腰梁及工字钢横撑。

波纹板横通道采用深孔注浆加固地层,台阶法施工,波纹钢板为 200 mm × 55 mm(5 mm 厚)。

②落实情况及效果

按照施工图设计及施工方案要求,横通道以上竖向每两环波纹板设置一道环腰梁及工字钢横撑,上层横通道马头门以下竖向每环波纹板设置一道环腰梁及工字钢横撑。波纹板竖井结构基本稳定,施工过程中对周边环境影响不大(图 3.4-38)。

图 3.4-38　设置一道环腰梁及工字钢横撑

按照施工图设计及施工方案要求,波纹板横通道采用深孔注浆加固地层,台阶法施工，波纹钢板为 200 mm×55 mm(5 mm 厚)。波纹板横通道结构基本稳定，施工过程中对周边环境影响不大(图 3.4-39、图 3.4-40)。

图 3.4-39　深孔注浆加固地层

图 3.4-40　台阶法开挖土方

(3)监测情况分析

不同施工阶段变形控制分析：

在 1 号波纹板竖井开挖期间，监测点沉降在竖井开挖 8.0～10.9 m 时较为明显，竖井封底完成后沉降基本稳定后进行沉降变形分析，监测点布置如图 3.4-41 所示。

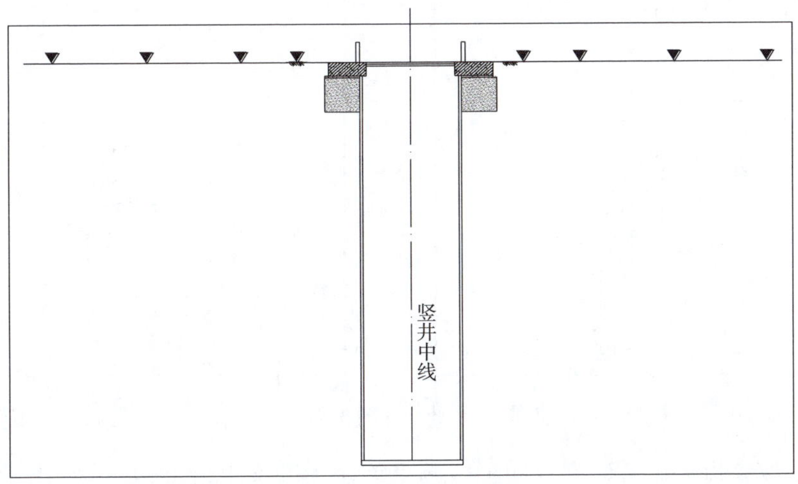

图 3.4-41　1 号波纹板施工竖井沉降监测点布置图

通过对比某站 1 号竖井(波纹板)与某站 3 号竖井(钢格栅＋喷混凝土)施工沉降历时曲线发现，两种施工工艺周边测点累计沉降值差异较小；同常规竖井格栅安装相比，采用波纹板安装时间短，可有效加快施工进度。历时沉降曲线如图 3.4-42 所示。

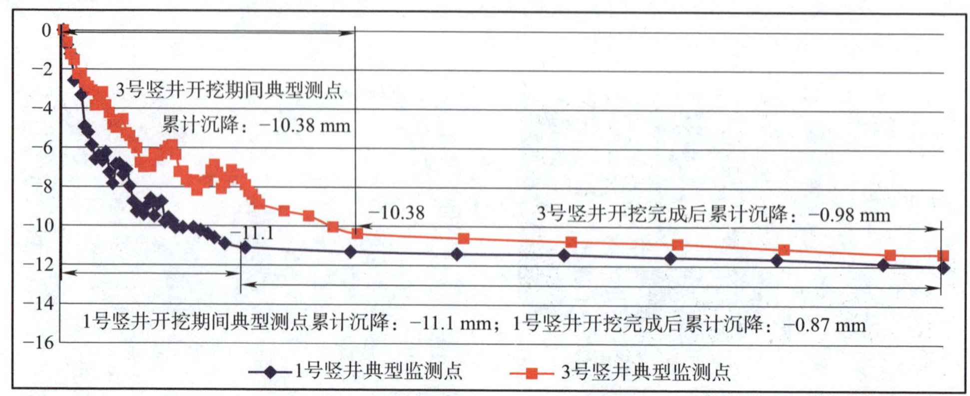

图 3.4-42　典型监点历时沉降曲线图

选取 1 号竖井东西方向轴线测点绘制纵断面沉降曲线，可看出受竖井开挖影响，竖井周边测点沉降呈典型沉降槽状，距竖井 3～8 m 范围内测点沉降明显，距离竖井超过 8 m 后沉降变化较小，如图 3.4-43 所示。

波纹板横通道监测点布置如图 3.4-44 所示。

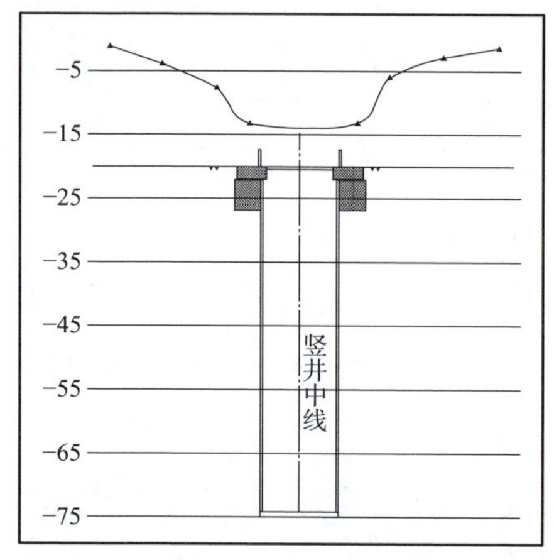

图 3.4-43　1 号竖井断面沉降曲线示意图

图 3.4-44　波纹板横通道沉降监测点布置图

选取波纹板横通道南北方向轴线测点绘制纵断面沉降曲线，可看出受波纹板横通道开挖影响，上方测点沉降呈典型沉降槽状，距横通道正上方范围内测点沉降稍大，距离横通道向外区域沉降测点变化较小，如图 3.4-45 所示。

(4) 风险管控总体评价

某站波纹板竖井支护采用波纹钢板 + 环腰梁 + 型钢纵向连接 + 型钢立柱 + 型钢支撑，施工时做到了随挖随支随注浆，对撑同时施作，挖一环支一环做到及时封闭。波纹板横通道支护采用 200 mm × 55 mm (5 mm 厚) 波纹钢板 + 100 mm ×

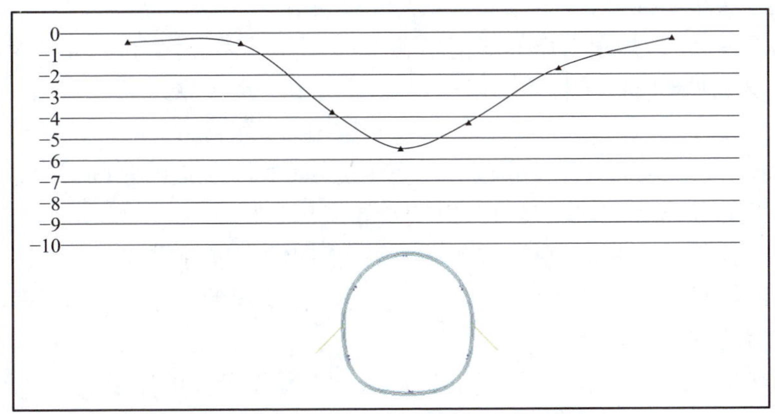

图 3. 4-45　波纹板横通道断面沉降曲线示意图

70 mm × 4 mm 矩形钢环梁构成，纵向采用[12 槽钢连接，槽钢环向设置 6 道，位于环框梁范围内的第一榀矩形钢环梁采用 100 mm × 80 mm × 4 mm；施工时严格按照暗挖“十八字”方针进行开挖，其中，波纹板背后注浆管全断面设置，注浆管纵向每环波纹板设置，环向每块波纹板设置，初支背后回填后及时进行了回填效果检测，对于回填不密实的部位及时进行补充注浆。

通过加强施工过程管控，严格按照施工图设计及施工方案进行施工，整个施工过程未发生险情事件，监测数据整体变化平稳，自身及周边环境风险均在可控范围。

5. 经验总结及建议

竖井及管棚工作室横通道（兼波纹板试验段）施工引起的地表沉降原因复杂，时空效应体现尤其明显，导致沉降的各种因素间的交叉影响也较为明显。在施工过程各典型阶段应找出引起地表沉降的主要原因，有针对性地调整施工工艺和参数，采取有效措施达到减小沉降的目的。

根据昌南线某站 1 号施工竖井及管棚工作室横通道（兼波纹板试验段）施工过程沉降控制总结如下：

（1）竖井及管棚工作室横通道（兼波纹板试验段）波纹板工法施工优点：

①同常规竖井格栅安装相比，采用波纹板安装时间短，可有效加快施工进度。

②采用波纹板无需喷射混凝土、无需焊接作业，无烟尘作业环境良好，职业健康有保障。

③施工控制精度高，累计误差减小，外表整齐美观。

（2）竖井及管棚工作室横通道（兼波纹板试验段）波纹板工法施工缺点：

①波纹板预留锁脚锚管孔位及回填注浆孔开孔粗糙。

②受地层水影响（无法判定水源），回填注浆完成后，局部出现渗水，只能通过

采取引流方法集中抽排,同时也反映出防水垫片作用不明显。

③回填注浆时,紧跟工作面的槽钢和 H 型钢尺寸需优化,否则无法及时架立。

④回填注浆现阶段采用锤子敲打波纹板表面确定注浆是否密实,较依赖操作人员经验。

(3)结合 1 号施工竖井及管棚工作室横通道(兼波纹板试验段)波纹板施作过程中出现的问题,总结经验与教训,以期指导类似工程施工。

①锁脚锚管及注浆回填孔位在波纹板加工期间应进行预留。

②在波纹板上下与法兰盘连接处加肋提高波纹板的安全性,同时随着竖井继续开挖,螺栓间距加密。

③优化槽钢和 H 形钢尺寸及安装位置,达到随挖随撑的要求。

④优化回填注浆检查方法,如声波监测法:用声波探测仪测量注浆前后岩体声速、振幅及衰减系数等来判断注浆效果。注浆效果如未达到设计要求时,应补充注浆。

3.4.3 棚盖法施工技术

典型工点 1:

1. 工程简介

某站位于赵登禹路与平安里西大街交叉路口北侧,沿赵登禹路南北向布置,与既有地铁 6 号线某站呈“L”形换乘。该站位于市中心繁华区域,站位道路两侧建筑密集,包含大量民房、店铺、金融大厦等。赵登禹路规划道路宽为 35 m,现状道路宽为 27 m,双向 4 车道,两侧建构筑物退让现状道路较少,建筑物净距平均仅 33 m(图 3.4-46)。

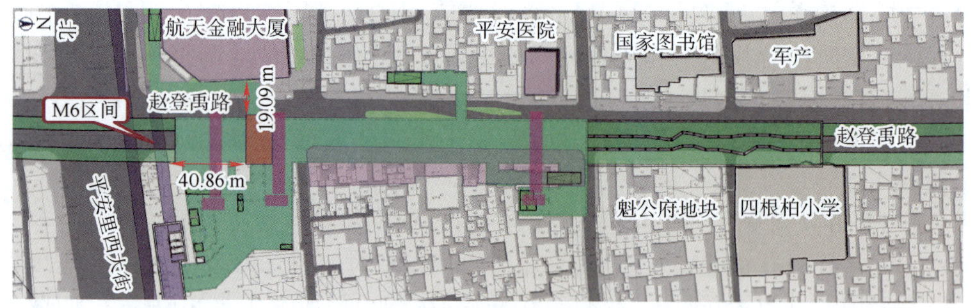

图 3.4-46 某站概况图

(1)工程水文地质

①工程地质

车站主体结构站位处由上至下依次为素填土①、粉质黏土③、卵石⑤、粉质黏土⑥、卵石⑦、卵石⑨、砾岩⑫。车站附近基岩埋深较浅，为39.30～41.00 m；坑底位于粉细砂$⑦_2$层。

如图1.1-2所示，车站主体先行导洞及部分横通道结构处于古河道内，古河道埋深2.3 m，上口宽22.5 m，下口宽14.5 m，高6.9 m，古河道部分地层含水率高成软塑状态，对施工沉降控制极为不利；古河道内局部填土松散，注浆不易控制，串浆较远，极易串入临近地下管线内。因此施工过程需加强监控量测工作，及时准确地提供沉降变形等信息反馈施工以保证施工安全。

②水文地质

主要分布三层地下水，地下水类型为上层滞水（一）、层间水（三）和层间水（四）。勘测水位高程为23.06 m，埋深26.34 m，含水层主要为卵石⑦层，为层间水（四）。车站主体结构未进入地下水。

（2）工程重难点

①自身风险

车站主体为地下两层三跨结构，主体结构总长225.45 m，车站采用14 m岛式站台，宽25.10 m，车站南端局部宽26.29 m，结构拱顶覆土约为6.78～7.23 m，底板埋深20.7～21.15 m，主体结构采用超浅埋棚盖暗作法施工。由于平安里站站址范围内存在无法改移的D1000的污水等地下管线，并且受既有6号线区间埋深限制不具备下穿6号线的条件，车站上部、下部空间均被牢牢限制，因而车站只能位于地面以下约6～23 m的范围内，其地下空间资源异常紧张。同时该站处于某已回填的古河道下方，工程地质条件复杂。

②环境风险

车站主体与现状管线存在交叉且管线类型较多，情况复杂。较为突出的是现况热力方沟，雨、污水管及燃气管线，尤其主体结构纵向下穿D1000污水管，管底埋深5.74～5.98 m，管底与暗挖初支竖向净距仅为0.65～1.24 m，此污水管为车站高程的控制性管线（表3.4-13）。

表3.4-13　某站一级环境风险源

序号	风险工程名称	风险工程基本情况及保护措施	风险等级
1	主体结构下穿D1600雨水管线	主体结构纵向下穿D1600雨水管，雨水管埋深3.49～3.76 m，管底与暗挖初支竖向净距为2.77～3.49 m，管身与先行导洞水平净距为0.12～2.95 m。先行导洞采用全断面注浆加固，主体导洞拱顶采用D402钢管棚盖超前措施，钢管外附带ϕ42注浆管。严格按施工步序施工，施工过程中加强监测，开挖前与产权单位沟通，根据产权单位要求施作必要的防护措施。同时应做好注浆压力的控制，避免注浆对管线造成的不利影响。另外针对此管线，施工单位应与应有导流等必要的应急预案，以防止管线渗漏对工作造成的影响	一级

续上表

序号	风险工程名称	风险工程基本情况及保护措施	风险等级
2	主体结构下穿D600上水管线	主体结构纵向下穿D600上水管,上水管埋深2.26~2.39 m,管底与先行导洞竖向净距为2.01~3.35 m。先行导洞采用全断面注浆加固,严格按施工步序施工,施工过程中加强监测。同时应做好注浆压力的控制,避免注浆对管线造成的不利影响。另外针对此管线施工单位应具备导流等必要的应急预案,以防止管线渗漏对工作造成的影响	一级
3	主体结构下穿D1000污水管线	主体结构纵向下穿D1000污水管,污水管埋深5.74~5.98 m,管底与暗挖初支竖向净距为0.65~1.24 m。主体导洞拱顶采用D402钢管棚盖超前措施,钢管外附带ϕ42注浆管。严格按施工步序施工,施工过程中加强监测,开挖前与产权单位沟通,根据其要求施作必要的防护措施。同时应做好注浆压力的控制,避免注浆对管线造成的不利影响。严格控制好污水管下,超前支护措施的控制精度,确保超前支护施作过程中管线的安全	一级
4	主体结构下穿D300中压燃气	主体结构纵向下穿D300中压燃气管,中压燃气管埋深1.59~2.41 m,管底与先行导洞初支竖向净距约2.5 m。先行导洞采用全断面注浆加固,严格按施工步序施工,施工过程中加强监测,同时应做好注浆压力的控制,避免注浆对管线造成的不利影响。另外针对此管线施工单位应具备必要的应急预案,以防止管线渗漏对工作造成的影响	一级
5	主体导洞下穿拟拆迁临街房屋	主体结构侧穿平安医院,平安医院为地上5层结构,含地下室一层,基础深度3.55 m,暗挖车站结构导洞外边与楼水平距离11.53 m,平安医院基础高于棚盖结构顶竖向净距约1.69 m。施工中严格控制钢管顶进进度,控制棚盖背后注浆压力,避免破坏建构筑物,严格按施工步序施工且施工过程中加强监测	一级

2. 风险工程对策

(1)自身风险应对措施

施工过程中,严格按照设计要求采用超前小导管注浆和深孔注浆工艺对地层进行预加固。同时,小导洞开挖初期支护封闭成环3 m后,以及距拱顶扣拱处掌子面3 m后,应进行初衬背后回填注浆。

车站主体导洞开挖时,应做到尽量少扰动围岩,短进尺,尽早封闭成环,严格遵循“管超前、严注浆、短进尺、强支护、快封闭、勤量测”十八字方针。

棚盖钢管管节顶进过程中严格保持欠土顶进,管内出土设备严禁超过管节,控制钢管顶进中的姿态,结合监控量测情况,控制周边地层沉降,避免不利影响出现。

①棚盖法管棚施工主要参数

管棚施工主要参数见表3.4-14。

表3.4-14　管棚施工主要参数

序号	管幕施工参数	精　度	备　注
1	管幕高程	0～5 mm	—
2	轴线位置偏差	0.10%	—
3	孔位水平误差	2 cm	—
4	管幕末端	-3～5 cm	—
5	地表沉降	3 mm	—
6	顶力大小	34.741 t	迎面阻力+顶进阻力

②棚盖法管棚施工控制要点

a. 采用人工手持风镐对管幕范围内导洞初支混凝土进行拆除，破除尺寸为1.5 m×0.45 m（长×高），格栅拆除为每次一榀。

b. 采用欠土顶进方式，边顶进边出土。相邻钢管接缝处错开，每根钢管第一节长度错开顶入。外部预留回填注浆管采用ϕ42×3.25 mm的热轧钢管。

c. 钢管连接方式采用焊接。为保证焊接时每节管的水平精度及焊接质量，现场焊接采用爬焊机进行对位焊接，焊接时管外采用靠尺辅以地质罗盘进行对位控制以保证钢管密贴平顺。

d. 钢管顶进到位管内渣土清理完成后，在管口采用1 cm钢板封端（预留灌浆孔和排气孔，排气孔与灌浆孔上下布置，排气孔在上方布置），然后通过注浆机对管内灌注C30水泥砂浆，注浆导管必须插至管幕前端50 cm处，采取后退式注浆，退管与注浆进度协调一致。水泥砂浆填充作业暂定为滞后管幕10根后开始进行施工。

e. 顶管完成2～3根后及时进行管外补偿注浆，控制地层变形。补偿注浆采用1:1水泥浆进行灌注。严格控制注浆压力小于0.1 MPa。

2. 环境风险应对措施

主体导洞结构下穿D1600雨水管线、D600上水管线、D1000污水管线、D300中压燃气等，施工保护措施：

①施工前应对管线进行排查，先探明管线的准确埋深、材质、接头位置及形式、渗漏情况、年代等。

②下穿管线前对管线下方的空洞或水囊进行超前探测。

③根据管线的重要性等级、结构与管线的位置关系明确其控制变形标准及要求。

④施工过程中加强管线的监测，及时反馈信息，根据监测结果及时调整施工参数，确保管线安全。

⑤针对雨污水管线，施工单位应与产权单位协商导流等必要的应急预案，以防

止管线渗漏对工作造成的影响。

⑥主体导洞下穿 D1600 雨水管线、D600 上水管线、D1000 污水管线施工前,采用挖探等措施,进一步核实主体导洞位置处管线高程,确保棚盖钢管打设安全,同时需控制好深孔注浆压力,避免破坏管线。

棚盖钢管顶进下穿临街待拆迁房屋时,需先调查临街建筑物地下室情况,施工中严格控制钢管顶进进度及顶进沉降(严格欠土开挖),通过棚盖结构上的注浆管及时对地层补偿注浆,减小土体损失,并加强沉降变形监测频率。同时,施工前应做好房屋现状图像信息采集。

(3)监控量测重点分析

该站受古河道不良地质条件影响且车站埋深较浅,地层对地下施工的扰动反映较为敏感,由于地下管线风险等级较高,路面交通繁忙,为防止坍塌等事故的发生,保证市政设施的安全,加强沉降监测及分析工作,以监控量测数据反馈施工,优化施工工艺以控制地表沉降变得尤为重要。

车站东西侧邻近低矮房屋群,西侧临近航天大厦、平安医院等建筑物,车站主体导洞开挖时造成的周边土体损失易引起周边建筑物沉降,施工过程中应对其加强监测及巡视,重点关注建筑物的不均匀沉降。

①监测对象及项目

监测对象为车站主体自身结构及周边环境;监测范围为基坑工程结构及其外缘两侧 30 m 范围内的建(构)筑物、重要管线、地面及道路。

②控制指标

各监测项目控制值见表 3. 4-15。

表 3. 4-15　各监测项目控制标准

序号	监测项目	累计控制值	速率控制值
1	地表沉降	30 mm	≤2 mm/d
2	雨水、污水、热力	20 mm	≤2 mm/d
3	上水、燃气	10 mm	≤1 mm/d
4	建筑物	15 mm	≤1 mm/d
5	初支拱顶沉降	20 mm	≤2 mm/d
6	初支净空收敛	10 mm	≤1 mm/d
7	管幕应力	160 MPa	—

3. 专家论证与咨询建议

(1)某站 1、2 号横通道下穿雨污水管以及风险源安全专项施工方案专家意见:

①加强对地层条件和水囊的超前探测。

②细化深孔注浆孔位的布置，控制好注浆压力和注浆量，做好注浆效果检查与确认。

③严格按分解的变形控制值控制管线的变形，加强施工过程的监测与巡查。

④完善应急联动机制。

(2)平安里站主体先行导洞、下导洞安全专项施工方案专家意见：

①会同设计细化绕避端导洞两处马头门受力转换、管幕打设和封端措施。

②深孔注浆过程中，严格控制好对周边环境的不利影响。

(3)平安里站主体U形支护导洞试验方案专家意见：

①在满足顶纵梁浇筑、钢管柱分节吊装等施工作业空间需求情况下，优化平顶导洞高度。

②1、3号导洞可采用不同的节点形式进行试验，根据试验段试验情况，优化节点设计，提高后续工程施工功效。

③中导洞可在型钢钢架迎土侧设背板措施，防止土体流失。

④优化中导洞型钢钢架纵向连接筋的设置方式。

⑤做好试验段施工监测数据记录、分析，为后续施工提供依据。

(4)平安里站主体U形导洞及大体积土方开挖支护施工安全专项施工方案专家意见：

①完善端庄竖井上下口与既有格栅连接。

②应对上层导洞格栅钢架及型钢架的内力及变形进行检测。

③做好结构顶板施工拆撑试验，根据试验结果确定拆撑长度。

4. 施工过程及风险管控

(1)施工过程

①竖井及横通道开挖：竖井平面形状为矩形，倒挂井壁法施工，喷射混凝土、钢筋网及钢格栅组成支护体系，井内采用临时型钢支撑，井底采用钢格栅+喷射混凝土封底，井口设现浇混凝土圈梁结构；竖井开挖至每层横通道底板以下2 m处临时封底，分段破除横通道范围马头门处井壁格栅，然后台阶法开挖横通道(图3.4-47)。

②先行导洞开挖：自横通道进洞前，对开挖范围拱顶及掌子面深孔注浆。采用台阶法(台阶长度3~5 m)开挖先行导洞，并施工初期支护。

③管幕施作：待先行导洞贯通后，采用顶进法垂直于导洞方向顶进棚盖暗作钢管，顶进顺序为先东侧，后西侧(图3.4-48)。

④下层导洞开挖：棚盖管幕顶进形成棚盖体系后，开挖下层导洞，下导洞滞后棚盖顶进工作面15 m以上，下层导洞平行开挖时，先开挖两侧导洞，后开挖中间导洞。

⑤上层导洞开挖：待东侧棚盖暗作钢管顶进完成后，开挖上导洞1，待西侧棚盖暗作钢管顶进完成后，开挖上导洞2及导洞3(图3.4-49)。

图 3. 4-47　竖井及横通道开挖

A

B

C

D

图3.4-48 管幕施作

图3.4-49 上、下层导洞开挖

⑥梁柱体系施工：上层导洞贯通后，导洞内施工挖孔桩，并施工上下导洞间钢管混凝土柱挖孔护筒。在下导洞4、5内施工底板梁防水层及底板梁后，施工钢管混凝土柱，然后在导洞2及先行导洞内施工顶梁防水层及顶纵梁，并在先行导洞内联通棚盖暗作钢管。

⑦台阶法开挖Ⅰ、Ⅱ、Ⅲ部分土体，施作初期支护，初支扣拱封闭后应及时进行初支背后注浆。导洞Ⅰ、Ⅱ及Ⅲ贯通后，由车站端头或横通道中间位置沿车站纵向分段凿除上层小导洞部分初支结构，施工顶板防水层及结构二衬。

⑧顶板二衬施工完成后，待顶板结构达设计强度，沿车站纵向分段分层开挖土体至中楼板下0.2 m处，分段施工中楼板梁及中楼板，并施工侧墙防水层、保护层及侧墙。待中楼板及部分边墙达设计强度后，分层开挖土体至底部，并及时施工底板封底。施工底板防水层及底板，然后施工侧墙防水层及侧墙，完成车站主体结构施工。

(2)主要措施及落实情况

车站主体结构顶板覆土6.85 m(先行导洞拱顶埋深约4.3 m),采用超浅埋棚盖法施工,地表注浆加固措施(图3.4-50)。加固的时间为2017年7月20日~2017年10月15日。

图3.4-50 地表注浆加固

选取地表注浆加固区域导洞上方典型测点DB-12-01绘制沉降历时曲线图,如图3.4-51所示。

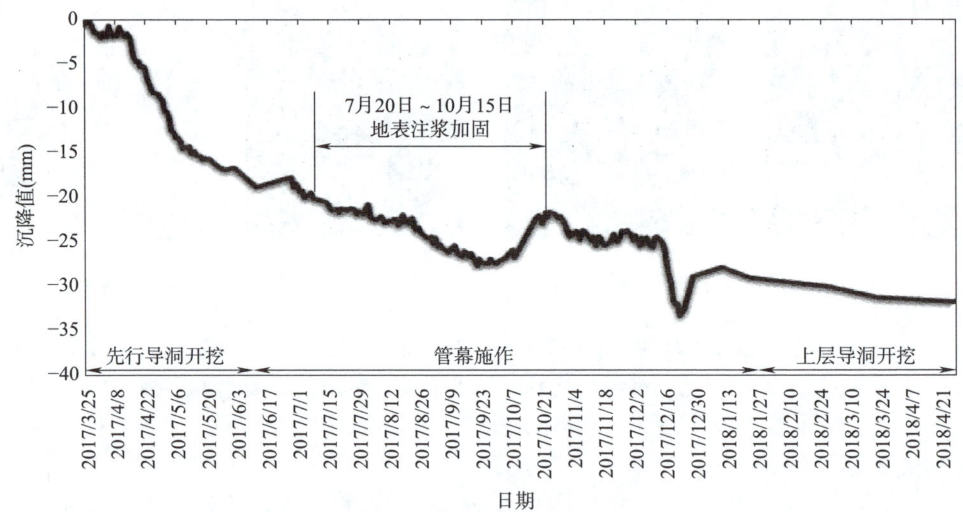

图3.4-51 地表注浆加固区域典型监测点DB-12-01历时曲线

由图3.4-51可看出,地表注浆加固对测点沉降控制总体效果较好。相对于先行导洞开挖沉降情况,有效地控制了管幕施作过程中沉降速度,同时为后期导洞开挖沉降控制奠定一定的基础。

(3)管幕施工环境风险应对措施

施工管幕与地下管线距离较近且顶管深度长,精度要求较高。同时,顶管施工处于浅埋地段,所穿越的道路、地下管线保护要求高。在施工前对与管幕位置较近的管道和管井进行详细调查，着重调查清楚水井和污水管道的具体方位与高程，并在导洞内相应管幕位置进行标记。管幕施工时，根据先前标记严格进行控制，当管幕顶进至接近管线（井）位置1 m时，放慢顶进速度并降低旋转顶进动力，加强顶推力的监测，如遇顶推力或者钻头阻力突变时立即停止钻进并进行分析处理。当钻头通过管线（井）底部时采用匀速缓慢顶入，并在相应管线（井）位置安排专人进行盯控及管线巡视，如遇突发事件第一时间通知洞内作业人员停止施工采取相应措施并上报相关单位。

（4）管幕施工侵限处理措施

由于受不均匀地层或古河道内回填建筑垃圾及其他异常情况影响管幕施工时存在高程、线位、长度等偏差，施工U形导洞时按照以下处理措施：

①管幕施工出现水平轴线偏差

由于管幕顶进过程中，受不均匀地层或古河道内回填建筑垃圾及其他异常情况影响，使管幕轴线偏离，使得管幕轴线可能与车站纵向不垂直。若出现这种现象，为保证U形两侧墙钢架与管幕有效连接，通过调整U形钢架两侧钢架步距实现，确保两侧钢架支撑在管幕正下方。

②管幕施工出现高程偏差

管幕施工过程中，由于施工或地层原因可能会出现高程上偏差。

当管幕出现上偏现象时，根据实测偏差值调整边洞两侧钢格栅与管幕之间的连接件I36工字钢长度及垫块数量（注意：不能过多增加垫块数量，垫块的总厚度不能超过100 mm，为工字钢连接件提供有效的锚入长度以保证挡板对两侧侧墙钢架横向位移的有效约束）确保钢架与管幕顶紧楔牢，减少管幕竖向变形，控制沉降。

当管幕出现下偏现象时，根据下偏程度分类进行处理。当下偏值小于10 cm，不影响车站结构施工时，参照上偏处理措施进行处理；当下偏值大于10 cm，影响车站主体结构时，U形导洞初支施工时通过调整两侧钢架上台阶长度及垫块，确保钢架与上部棚盖有效连接，受力正常传力。当偏差管幕钢管少于连续3根不应包括3时，最多处理2根，搭设2.5 m×1.5 m×3 m（长×宽×高）的脚手架作业平台，在作业平台上使用LGK-100等离子切割机对侵占主体结构净空的部位管幕钢管进行切割处理，切割钢管后破除管内砂浆混凝土，焊接16 mm钢板找平；当连续偏差大于3根的管幕暂不做处理，待施作主体结构时，根据现场情况会同设计出具具体措施。当下偏值大于20 cm，将管幕全部切割，架立全封闭格栅。全封闭格栅车站净空侧预留20 mm厚钢板，后期采用工字钢与管幕对接（图3.4-52）。

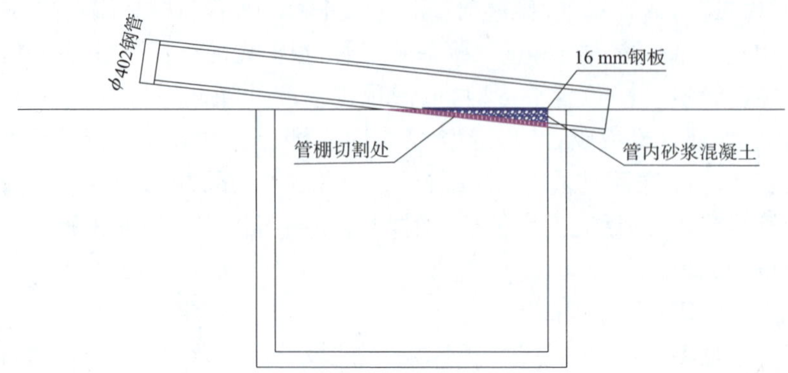

图 3. 4-52　管幕下偏处置示意图

管幕施工未达到设计长度时。施工上台阶格栅拱架，调节 I36a 型钢格栅至现状管幕底以上 10 cm 位置（控制结构净空），根据现场管幕量出所需要双拼 I22a 工字钢长度，型钢搭接工字钢拱架长为 360 mm，在管幕口端头内口焊接一块 ϕ370 mm、厚度 $t=10$ mm 钢板。I22a 双拼工字钢一端搭设在型钢拱架上与型钢顶部钢板围焊，一端与管幕钢板焊接。双拼工字钢底部采用网片及喷射混凝土加固（图 3. 4-53、图 3. 4-54）。

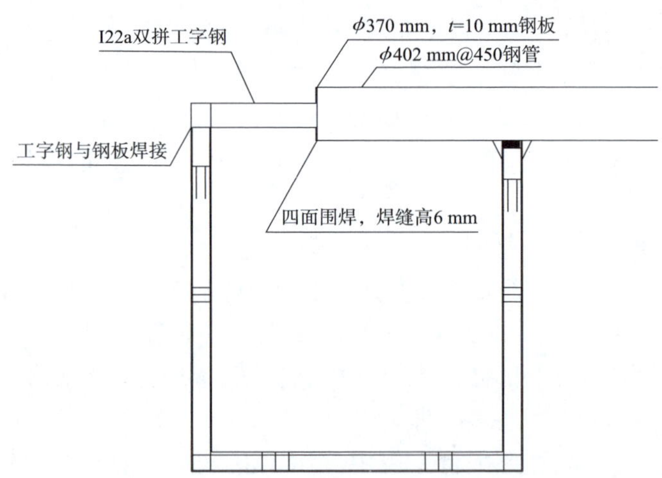

图 3. 4-53　管幕未达到设计长度处置示意图

管幕施工未进入边洞时。管幕施工未进入边洞时采用全封闭格栅施工，顶部预埋钢板，开挖导洞间土体时采用 I22a 双拼工字钢与管幕口端头内口 ϕ370 mm、厚度 $t=10$ mm 钢板焊接。纵向连接筋@500，拱顶采用挂网与两侧管幕锁扣焊接（图 3. 4-55）。

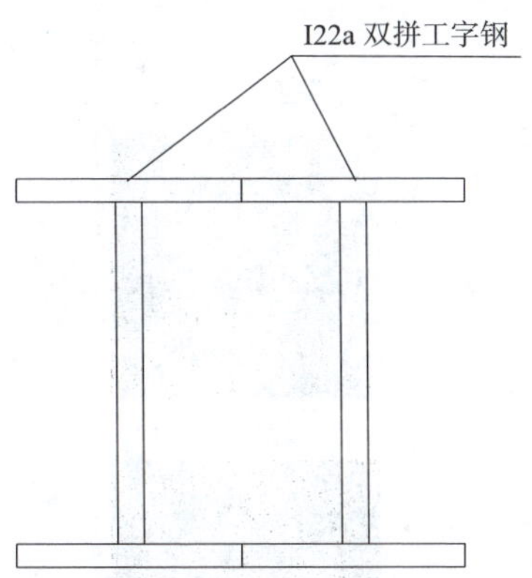

图 3.4-54　双拼工字钢大样图

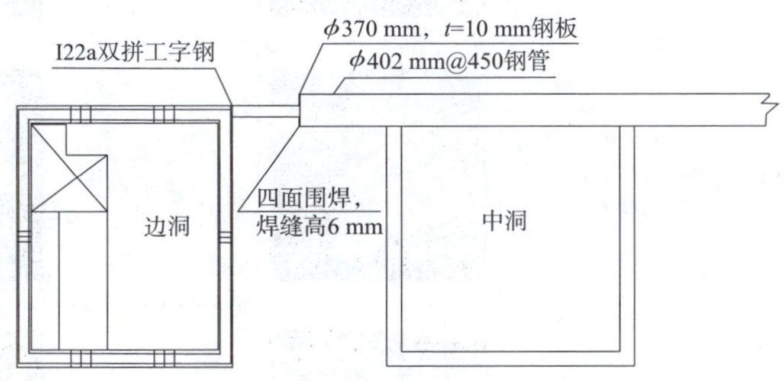

图 3.4-55　管幕未进入边导洞处置示意图

(5)险情/预警情况处置

①险情事件

未发生险情事件。

②巡视预警发布情况

某站共发布 8 个巡视预警,其中 2 个为穿越既有线相关问题,3 个为管理类巡视,3 个为施工作业规范性问题。预警情况见表 3.4-16。

表 3.4-16　预警情况

预警部位	预警等级	预警情况		处置情况	
导洞 7 (1 号向北)	黄色	导洞下台阶存在超挖现象		加强技术交底,加强开挖尺寸控制	

续上表

预警部位	预警等级	预警情况		处置情况	
导洞 4 (2 号向北)	橙色	掌子面下台阶存在局部塌落。		封闭掌子面,注浆加固塌落区域	
导洞 7 (2 号向南)	橙色	下台阶掌子面塌落		封闭掌子面并进行背后回填注	
导洞 3 (1 号向南)	橙色	格栅安装不规范、管幕存在侵界面现象		加强技术交底,规范作业	
导洞 2 (1 号向北)	黄色	开挖面上台阶两侧存在超挖现象, 超挖约 50 cm。		及时对超挖部位回填,并做好背后回填注浆。	

(6)监测情况分析

①监测预警统计

自某站开工至 2019 年 8 月,共发生监测预警 1 049 次,其中红色预警 17 次,橙色预警 494 次,黄色预警 538 次。其中,位于 1、2 号横通道间的 DB-09-05 为地表累计位移最大测点,位于主体导洞上方的雨水管测点 YSG-01-15 为管线累计位移最大测点,具体见表 3.4-17。

表 3.4-17　各监测项目累计最大位移统计

监测对象	点 号	累计最大位移(mm)	变形速率(mm/d)	监测结论
地表沉降	DB-09-05	−85.85(±30)	−0.58(±2)	橙色
管线沉降	YSG-01-15	−92.26(±20)	−0.68(±2)	橙色

②沉降规律分析

为了进一步分析平安里站实施过程中的沉降变形情况,对重要的施工工序进行阶段性沉降统计。由于横通道处测点受横通道及车站主体施工多重影响,将测点分为施工横通道上方监测点、主体导洞上方监测点两类进行分析。

a. 横通道上方沉降分析

选取横通道上方典型测点 DB-07-04 绘制沉降历时曲线图,根据不同的施工阶段统计其沉降值及所占比例。

在不同施工阶段沉降变形趋势性明显,但由于在卵石地层中施作管幕,其顶进精度不易控制,施工进度难以保证,故实际施工步序做了一定调整,在难以保证管幕进度时先开挖下层导洞,故先行导洞、管幕施作及下层导洞存在一定程度的交叉作业。待管幕完成施作上层导洞、梁柱体系及后续主体施工时,由于存在大管棚,其棚护作用明显,后期沉降较小,故视为一个施工阶段。沉降历时曲线如图 3. 4-56 所示。

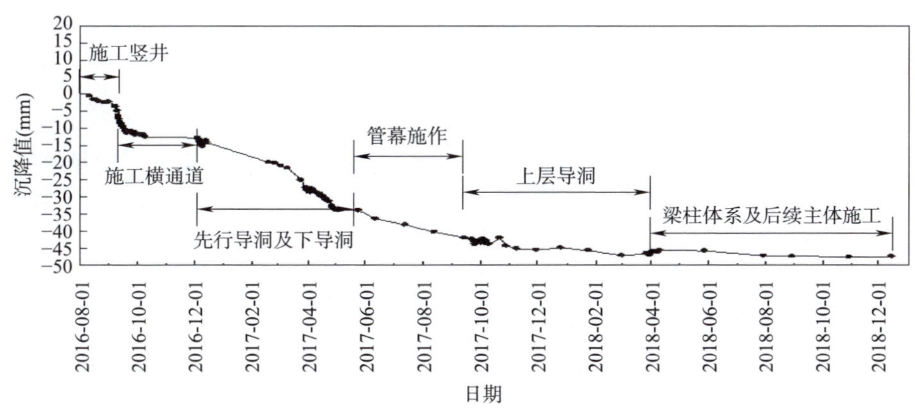

图 3. 4-56 横通道上方典型监测点 DB-07-04 历时曲线

由表 3. 4-18 可知,横通道上方监测点沉降主要发生在施工横通道、先行导洞及管幕施作三个阶段,约占总沉降的 84%,上层导洞开挖、梁柱体系及后续施工产生的沉降较小。

表 3. 4-18 施工横通道上方典型测点各工序沉降统计

统计项目	施工竖井	施工横通道	先行导洞及下导洞	管幕施作	上层导洞	后续施工
沉降(mm)	2. 2	9. 6	22. 0	8. 2	4. 6	0. 9
占比(%)	4. 63	20. 21	46. 3	17. 26	9. 68	1. 89

b. 主体导洞上方沉降分析

与横通道上方监测点不同,车站主体导洞上方监测点不受横通道开挖及导洞多次开马头门的影响，选取车站主体导洞上方典型测点绘制沉降历时曲线如图 3. 4-57 所示。

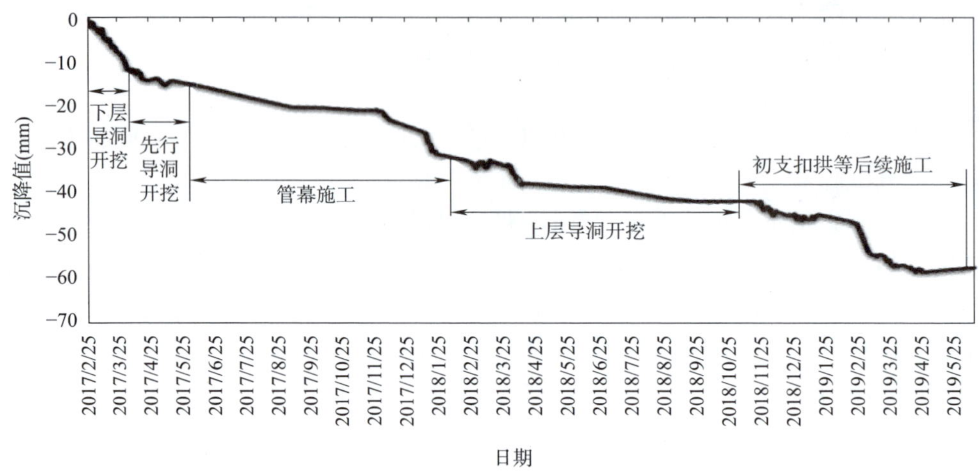

图 3. 4-57　主体导洞上方典型测点 SSG-01-05 沉降曲线

从图 3. 4-56、图 3. 4-57 累计沉降值来看，车站主体导洞上方沉降略大于横通道上方，主要原因是横通道开马头门部位采取了注浆及加固措施，而横通道两侧由于多次开马头门对地层造成多次扰动，导致其沉降值大于横通道上方，对主体导洞上方典型测点各阶段沉降值进行统计见表 3. 4-19。

表 3. 4-19　主体导洞上方典型监测点各工序沉降统计

统计项目	下层导洞	先行导洞	管幕施作	上层导洞	后续施工
沉降(mm)	11. 29	7. 16	12. 03	11. 15	6. 87
占比(%)	23. 28	14. 76	24. 80	22. 98	14. 17

从工序来看，主体导洞上方沉降主要发生在下导洞开挖、先行导洞开挖及管幕施作阶段，约占总沉降的 63%。

(7)风险管控总体评价

某站施工过程中未发生险情事件，监测数据整体变化平稳，自身及周边环境风险均在可控范围。

5. 经验总结及建议

棚盖法 PBA 车站施工引起的地表沉降原因复杂，时空效应体现尤其明显，导致沉降的各种因素间的交叉影响也较为明显，在施工过程各典型阶段应找出引起地表沉降的主要原因，有针对性地调整施工工艺和参数，采取有效措施达到减小沉降的目的。

管棚超前支护有效地解决了隧道在超浅埋、不良地质及复杂周边环境地段下开挖问题，能够有效限制地表沉降。结合车站管棚施作过程中出现的问题，总结经验与教训，以期指导类似工程施工。

优化管幕施工工艺，确保管幕打设精度，减少因管幕侵限对土体额外的扰动。

施工过程中，结合设计参数与施工现场情况，进一步细化管棚的支护长度、环向间距、水平搭接长度及仰角等参数，确保管幕施作一步到位，最小化管幕施作带来的土体沉降。

结合地层情况，针对不同的地层，调整管内注浆浆液及注浆参数，减小管幕产生空隙引起的沉降。

施工过程中，优化配置各工序间的衔接（交叉作业），控制好导洞的开挖错距，顶纵梁施作做到与管棚完全密贴。

典型工点2：

1. 工程简介

19号线某站位于南北向右安门外大街与玉林南路路口北侧，沿右安门外大街南北向设置，与既有14号线某站换乘。

19号线某站为岛式站台，车站为倒厅车站，车站有效站台中心位置轨顶高程27.30 m，底板埋深约24.5 m。车站主体结构总长248.8 m，为暗挖双层双柱三跨平顶直墙结构形式，标准段结构宽22.6 m，高17.29 m，顶板覆土厚度约7.2 m，采用4导洞PBA工法及地铁施工较新型的管幕超前支护。右外站底板以上2.5 m均位于地下水位以下，故在车站东侧平行于车站方向增设一条降水导洞，进行降水作业。

（1）工程水文地质

①工程地质

车站主体导洞覆土厚度约为6～8 m，覆土层依次为杂填土、素填土，主要穿越地层为粉细砂、卵石～圆砾。

②水文地质

主要受影响水层为潜水（二）层，水位高程20.9 m，该层水的年变幅为0.5 m，车站主体导洞位于水位以上，底板以上2.5 m均位于地下水位以下。某站地质纵剖面图如图3.4-58所示。

（2）工程重难点

①自身风险（仅一级）

自身风险工程详见表3.4-20。

重难点：

a. 车站采用4导洞PBA工法施作，暗挖横通道及上层导洞覆土厚度约为7.2 m，顶板上覆土层依次为杂填土、素填土，穿越地层为粉细砂，开挖过程中掌子面易失稳、产生滑塌。

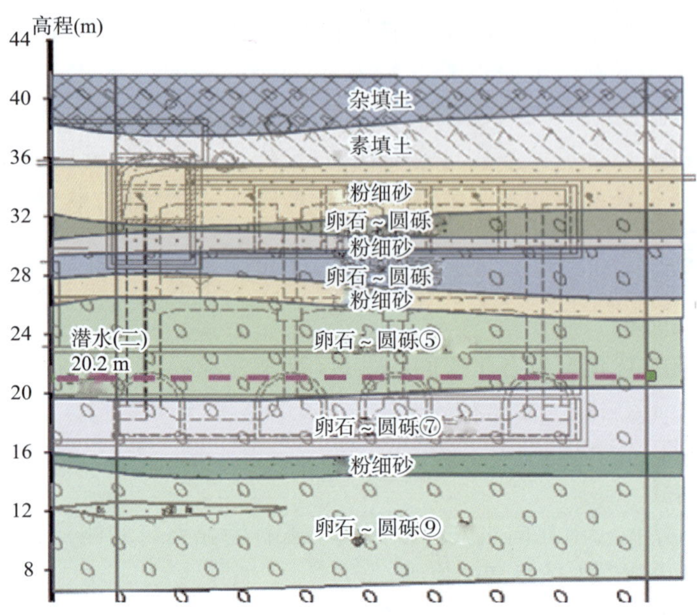

图 3.4-58　某站地质剖面图

表 3.4-20　自身风险工程清单

风险序程等级	风险工程名称	风险工程描述
车站暗挖主体结构上层导洞	右安门外站为双层三跨岛式车站,采用洞桩法施工。上层导洞中先行导洞为拱顶直墙结构形式,其余导洞为平顶直墙结构形式。先行导洞标准断面结构尺寸为 5.2 m×5.6 m,平顶直墙导洞标准断面结构尺寸为 4.6 m×5.1 m。先行导洞采用深孔注浆超前支护,其余导洞主要采用超前管幕支护,上层导洞覆土厚度约为 8 m,顶板上覆土层依次为杂填土、素填土,顶板所在土层为粉细砂	一级

b. 管幕施作过程中对地层存在一定扰动,且管幕顶进、注浆、后期先行导洞内续接、上部回填等工艺较为复杂,工序转换节点较多、施作难度大。

c. 车站底板以上 2.5 m 均位于地下水位以下,需进行降水作业,而车站现场东侧地面不具备打设降水井条件,故需新增降水导洞,降水导洞底板位于地下水位线以上 0.5 m,开挖过程中可能存在局部滞水。导洞拱顶位于粉细砂层,自稳性较差。

②环境风险(仅一级)

环境风险工程见表 3.4-21。

表 3.4-21　环境风险工程清单

序号	风险工程名称	风险工程等级
1	车站上层导洞平行下穿 ϕ600 上水管	一级
2	车站上层导洞平行下穿 ϕ1100 污水管	一级
3	车站上层导洞平行下穿 ϕ1400 雨水管	一级
4	车站上层导洞平行下穿 ϕ400 污水管	一级
5	车站上层导洞平行下穿 ϕ300 中压煤气管	一级
6	车站上层导洞平行下穿 ϕ300 雨水管	一级
7	车站上层导洞旁穿 5 000 mm × 3 000 mm 热力沟	一级
8	车站上层导洞旁穿 2 000 mm × 2 300 mm 电力沟	一级
9	车站上层导洞旁穿沿街商铺	一级
10	车站上层导洞旁穿协和加油站储油库	一级
11	车站上层导洞旁穿丰台妇幼保健院	一级
12	降水导洞侧穿沿街商铺	一级
13	降水导洞侧穿协和加油站储油库	一级
14	降水导洞侧穿丰台妇幼保健院	一级

重难点：车站上层导洞、降水导洞开挖影响范围内存在多条地下管线与多栋建筑物，主要有电力沟（2 000 mm × 2 300 mm，沟底埋深约 14.6 m）、热力沟（5 000 mm × 3 000 mm，沟底埋深约 13.6 m）、上水管（ϕ600 mm，管底埋深 2.67 m）、污水管（D1100 mm，管底埋深约 6 m）、雨水管（D1400 mm，管底埋深约 4.5 m）、右外大街 22 号院、丰台妇幼保健院、协和加油站储油库、沿街商铺等。环境风险较多，且穿越净距较小（图 3.4-59）。

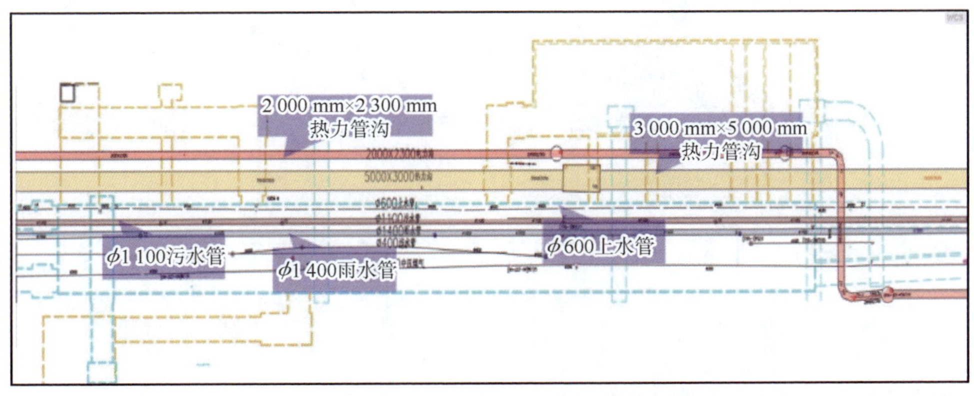

图 3.4-59　管线分布平面图

2. 风险工程对策

(1)管幕施工

①管幕设计概况

某某站由于拱顶覆土较浅,且顶部距离管线较近,因此采用管幕超前加固车站顶部土体。车站主体管幕规格为 D402 × 12@ 452,管幕由先行导洞内打设,采用 Q235b 热轧无缝钢管,钢管内填充水泥砂浆;注浆管与钢管侧壁焊接牢固,内部加注水泥浆,注浆扩散半径不小于 0. 3 m;钢管管节之间采用等强焊接连接,相邻钢管焊缝错开 1 m 布置,管幕打设过程中,标准管先行打设用于定位,而后向两侧打设常规管。

②施工方法及技术措施

施工工序主要包括施工准备、管幕机械及材料调运、测量布点及初支拆除、钻机就位及仪器定位、顶进施工、幕端头围焊固定、管幕外补偿注浆、管内水泥砂浆填充、钢管连接及二次注浆。

③实施过程中遇到的问题

a. 为防止管幕侵限,在管幕顶进前,上抬顶进角度,角度控制为 0. 4°,在后期主体导洞土方开挖期间,仍有个别管幕侵限。

b. 管幕连接方式为公母口锁扣形式,在管幕顶进过程中由于油缸推进的不均匀,导致部分锁扣连接效果不佳,施作期间,可见水从管幕连接缝隙中流出。

(2)主体导洞开挖

当主体管幕施工超前 20 m 后,进行主体导洞开挖,导洞开挖步序见表 3. 4-22:

表 3. 4-22 主体管幕施工步序

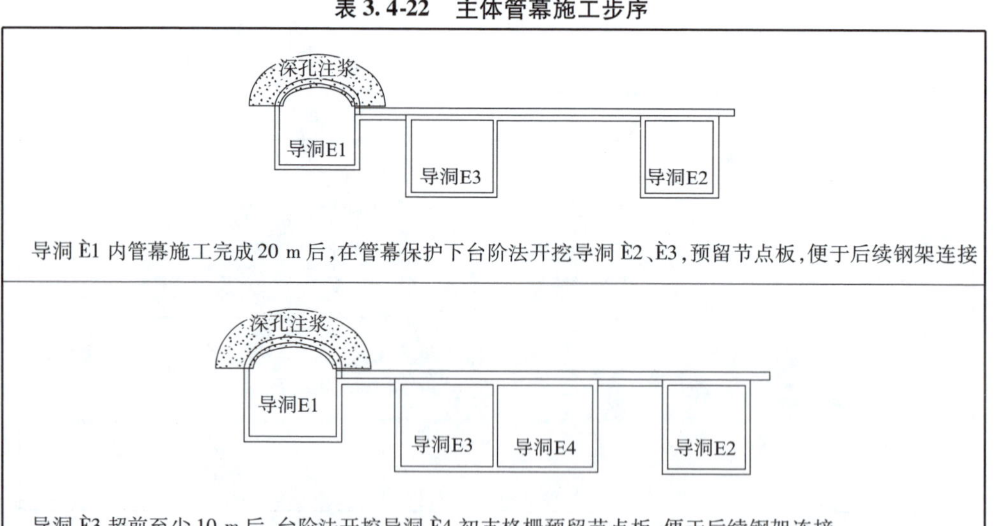

导洞 È1 内管幕施工完成 20 m 后,在管幕保护下台阶法开挖导洞 È2、È3,预留节点板,便于后续钢架连接

导洞 È3 超前至少 10 m 后,台阶法开挖导洞 È4 初支格栅预留节点板,便于后续钢架连接

续上表

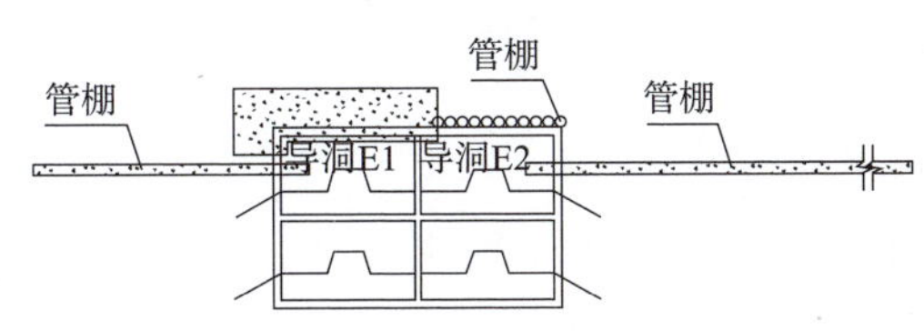

通过3号横通道向导洞E1上方深孔注浆，在导洞E2上方打设管幕超前加固地层，台阶法分层开挖导洞E1，待导洞E1开挖到端头后，在管幕保护下分层开挖导洞E2，导洞E2开挖到端头后，通过导洞E1、E2打设水平方向管幕

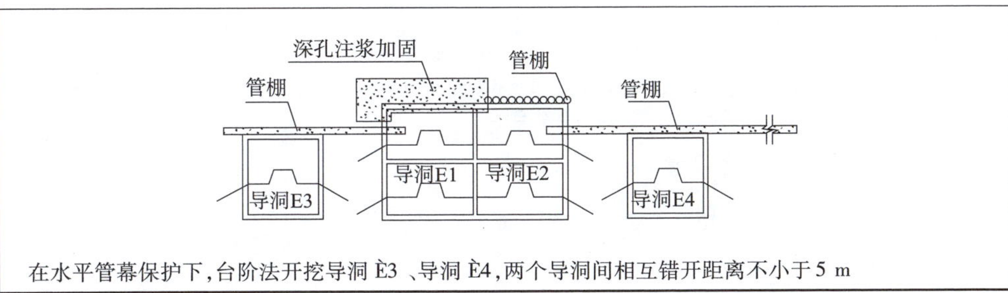

在水平管幕保护下，台阶法开挖导洞E3、导洞E4，两个导洞间相互错开距离不小于5 m

(3)降水措施

降水导洞位于车站东侧，连通车站1、2号横通道以及车站3号施工横通道地下三、四层北墙，沿右安门外大街南北向敷设，轴线全长235.65 m，采用台阶法暗挖施工。降水设计参数见表3.4-23。

表3.4-23　降水设计参数表

降水部位	降水井类型	井径(mm)	管径/壁厚(mm)	井管类型	滤网	井间距(m)	滤料(mm)	井深(m)	井数
车站主体西侧	管井	600	400/50	无砂混凝土滤管	1层60	6.0	3~7	41	36
车站主体东侧	管井	600	400/50	无砂混凝土滤管	1层60	6.0	3~7	41	39

注：某站地面高程以41.70 m计，为满足车站降水需要，某站西侧共新布置降水井36眼，东侧导洞内布置降水井39眼。配泵均为80 m^3泵。

(4)监控量测

①监测重点分析

工程采用四导洞洞桩法施工，上层导洞覆土厚度约为8 m，顶板上覆土层依次为杂填土、素填土，顶板所在土层为粉细砂。同时，车站上层导洞下穿、旁穿多条管线及周边建筑物，综合分析，监测工作的重难点主要在以下方面：

a. 车站暗挖主体结构上层导洞自身：重点监测周边地表沉降。

b. 管线：ϕ600上水管、ϕ1100污水管、ϕ1400雨水管、ϕ400污水管、ϕ300煤气管、ϕ300雨水管、2 000 mm×2 300 mm电力管沟、5 000 mm×3 000 mm热力沟等

重点监测管线沉降。

c. 建筑物:重点对右外大街22号院、丰台妇幼保健院、沿街商铺等建筑物进行建筑物沉降监测。

②监测对象、项目及精度

工程监测对象、项目及精度见表3.4-24。

表3.4-24　监测对象、项目及精度

序号	对象类别	具体监测对象	监测项目	监测精度(mm)
1	周边地表	竖井、横通道、车站暗挖主体结构上层导洞、降水导洞周边地表	地表沉降	0.1
2	周边管线	ϕ600上水管、ϕ1100污水管、ϕ1400雨水管、ϕ400污水管、ϕ300煤气管、ϕ300雨水管、2 000 mm×2 300 mm电力管沟、5 000 mm×3 000 mm热力沟	管线沉降	0.1
3	建筑物	右外大街22号院、邻近平房、丰台妇幼保健院、沿街商铺	建筑物沉降	0.1

③监测频率及周期

依据设计文件给出的各监测对象监测频率见表3.4-25、表3.4-26。

表3.4-25　竖井监测频率表

施工工况		竖井设计深度(m)				
		≤5	5~10	10~15	15~20	>20
竖井开挖深度(m)	≤5	1次/d	1次/2 d	1次/3 d	1次/3 d	1次/3 d
	5~10	—	1次/d	1次/2 d	1次/2 d	1次/2 d
	10~15	—	—	1次/d	1次/d	1次/d
	15~20	—	—	—	(1~2次)/d	(1~2次)/d
	>20	—	—	—	—	2次/d
基坑施工完成后		1~7 d,1次/d;7~15 d,1次/2 d;15~30 d,1次/3 d;30 d以后,1次周;经数据分析确认达到基本稳定后,1次/月				

表3.4-26　横通道及上部主体导洞监测频率表

类别	量测项目	量测频率
周边环境	管线沉降	当开挖面到监测断面前后的距离$L \leqslant 2B$时,1~2次/d;当开挖面到监测断面前后的距离$2B < L \leqslant 5B$时,1次/2 d;当开挖面到监测断面前后的距离$L > 5B$地面沉降时,1次/周;基本稳定后,1次/月
	地表沉降	
	建筑物沉降	

④控制指标

依据设计文件给出的各监测对象控制值见表3.4-27。

表 3.4-27　监测控制值

量测项目	控制标准
地表沉降	20 mm;平均(最大)速率2 mm/d
管线沉降	1. 燃气管、上水管变形控制标准建议值:允许沉降控制值10 mm,差异沉降控制值0.002,变形平均速率控制值1.5 mm/d; 2. 雨、污水管变形控制标准建议值:允许沉降控制值20 mm,差异沉降控制值0.002 5,变形平均速率控制值2 mm/d; 3. 热力管沟变形控制标准建议值:竖向位移≤20 mm,差异沉降≤1.5‰,变形平均速率≤2 mm/d;热力管线变形控制标准建议值:竖向位移≤10 mm,差异沉降≤1.5‰,变形平均速率≤1.5 mm/d;热力小室变形控制标准建议值:竖向位移≤10 mm,差异沉降≤1.5‰,变形平均速率≤1.5 mm/d; 4. 电力管沟变形控制标准建议值:竖向位移≤20 mm,差异沉降≤1.5‰,变形平均速率≤2 mm/d
建筑物沉降、倾斜	右外大街22号院1号楼变形控制标准建议值:沉降量≤15 mm;斜率≤0.001;变形平均速率≤2 mm/d,根据工序分解,竖井及横通道施工阶段可取累计控制值的30%;邻近平房区变形控制标准建议值:沉降量≤10 mm;斜率≤0.001

3. 专家论证与咨询建议

(1)第三方监测方案论证

①某站4号竖井及横通道

2018年1月5日,召开某站4号竖井及横通道第三方监测方案专家评审会,形成如下意见:

a. 进一步了解邻近平房拆迁情况,根据拆迁进度合理布设建筑物监测点。

b. 增加横通道洞内竖井对应地表沉降监测点。

c. 补充竖井马头门上方监测断面。

②某站1、2号竖井及横通道

2018年3月1日,召开某站1、2号竖井及横通道第三方监测方案专家评审会,形成如下意见:

a. 加密马头门处监测点的布设。

b. 增加横通道洞内竖井对应地表沉降监测点。

c. 加强对洞内地下水情况以及处理效果的巡查。

③某站3号竖井横通道及车站主体

2018年5月18日召开某站3号竖井横通道及车站主体第三方监测方案专家评审会,形成如下意见:

a. 优化车站南端监测断面位置,增加横通道封端位置监测点。

b. 加强洞内监测与巡查,加强邻近加油站的巡查。

c. 增加管幕施工及扣拱期间的监测与巡查。

(2)施工方案论证

①某站 2 号、4 号竖井及横通道开挖与支护专项施工方案

2017 年 12 月 26 日召开某站 2 号、4 号竖井及横通道开挖与支护专项施工方案论证,形成如下意见:

a. 根据井壁格栅节点设置细化竖井开挖步序。

b. 细化自上层导洞倒挂井壁开挖竖井与第二层横通道施工的筹划。

c. 优化上层导洞及倒挂井壁竖井施工对 DN1100 污水管保护措施。

②某站 1 号竖井及横通道开挖与支护专项施工方案

2018 年 2 月 7 日召开某站 1 号竖井及横通道开挖与支护专项施工方案论证,形成如下意见:

a. 细化洞内竖井开挖方法,预留好后续的作业条件。

b. 加强污水管线、热力管沟的保护措施,加强浅覆土段洞内外防护措施。

c. 根据工程特点,细化风险识别并完善应急预案。

d. 施工中做好监测工作,加强洞内、井内及地面巡查。

③某站 3 号竖井及横通道开挖与支护专项施工方案

2018 年 4 月 17 日召开某站 3 号竖井及横通道开挖与支护专项施工方案论证,形成如下意见:

a. 细化止水及风险源保护的深孔注浆布孔及注浆参数。

b. 优化监测项目及控制指标。

④某站主体导洞开挖与支护安全专项施工方案

2018 年 7 月 21 日召开右安门外站主体导洞开挖与支护安全专项施工方案论证,形成如下意见:

a. 完善先行导洞两侧地下管线的保护措施。

b. 细化管幕施工方法,防止管幕侵限。

c. 细化各部位深孔注浆方法,深孔注浆施作过程中控制好注浆压力,防止对地下管线造成不良影响。

d. 小导洞内开洞处应加强初支结构,完善小导洞拆除受力转换措施。

e. 细化各小导洞的施工步序,做好马头门处的土体加固及加强环梁。

f. 完善管幕施工的应急预案。

⑤某站降水导洞开挖支护安全专项施工方案

2020 年 6 月 1 日召开某站降水导洞开挖支护安全专项施工方案论证,形成如下意见:

a. 细化降水导洞施工与车站主体相互影响关系的描述,明确降水导洞施工前提条件。

b. 下穿油库区应做好超前探测。

c. 根据油库、医院沿街商铺特点，细化有针对性的应急联动和应急措施。

(3)专家巡视活动

①红色监测预警频发

2018年9月6日上午，组织专家巡视活动。

a. 巡视目的：

某站先行导洞开挖期间红色监测预警频发。通过专家巡视活动，查明红色预警频发原因，研判暗挖车站目前风险状态并提出解决方案，规避风险，为地铁建设保驾护航。

b. 专家巡视意见：

(a)规范施工管理，采取有效措施保证初支尽快封闭成环。

(b)总结深孔注浆经验，优化注浆参数及注浆范围；视地层情况增设超前小导管并注浆，严格控制地面隆起。

(c)会同设计研究，尽快施作横通道内竖井范围内上部横通道二衬结构。

(d)加强洞内外的现场巡查。

c. 周边环境隆起、地表冒浆、沉降变形明显：

2019年4月9日，组织专家巡视活动。

巡视目的：

车站正在进行车站主体上层小导洞初支开挖，车站覆土较浅，超前深孔注浆压力较难控制，多次造成周边环境隆起，地表冒浆；开挖施工造成周边环境沉降变形明显，沉降速率较大，掌子面区域多次触发红色监测预警；前期管棚施工存在偏差，出现侵限情况。

专家巡视意见：

(a)加大各导洞间错距，优化台阶长度及核心土留设。

(b)及时回填管幕与初支背后的空隙，视情况应多次补充注浆。

(c)车站上方的D1400雨水管、D1100污水管应采取内衬保护措施。

(d)对东侧剩余A导洞上台阶外侧壁，增设径向注浆锚管并与格栅有效连接。

(e)进一步加强洞内外现场巡查。

4. 实施过程及风险管控

(1)时间节点记录表

①竖井及上层横通道施工阶段。

2018年1月～2018年10月，竖井及上层横通道施工情况见表3.4-28。

②暗竖井、先行导洞施工、车站主体管幕施工阶段。

2018年7月～2018年12月，暗竖井、先行导洞施工、车站主体管幕施工情况见表3.4-29。

表 3.4-28 横通道施工情况

 2018 年 1 月 20 日,4 号竖井土方开挖作业	 2018 年 7 月 6 日,4 号竖井上层横通道中隔壁破除完

表 3.4-29 先行导洞施工

 2018 年 7 月 12 日,4 号竖井横通道暗竖井施工	 2018 年 8 月 7 日,1 号暗竖井向北先行导洞土方开挖
 2018 年 9 月 20 日,2 号暗竖井向南先行导洞贯通,管幕操作台开始安装	 2018 年 11 月 21 日,管幕封口抹面

③主体横通道、主体小导洞开挖阶段。

2018 年 12 月～2019 年 5 月，主体横通道、主体小导洞开挖施工情况见表 3.4-30。

表 3.4-30　主体导洞施工

<table>
<tr><td>
2018 年 12 年 8 日，3 号竖井横通道土方开挖作业（车站主体部分）</td><td>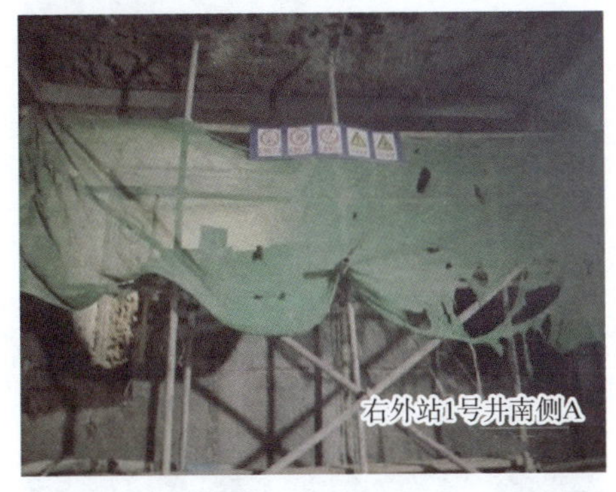
2019 年 4 月 6 号，1 号横通道向南 A 导洞破门</td></tr>
<tr><td>
2019 年 4 月 14 日，2～4 号横通道 A 导洞贯通</td><td>
2019 年 5 月 2 日，1 号横通道向南 B 导洞贯通，右安门外站主体导洞全部贯通</td></tr>
</table>

④机械成桩，先行导洞管幕续接、回填、梁柱体系施作见表 3.4-31。

⑤初支扣拱及二衬扣拱阶段统计见表 3.4-32。

（2）主要措施落实情况及效果

①设计措施

截至 2020 年 9 月，车站主体导洞管幕施工已完成，共打设管幕 580 根，管内 M10 砂浆注入量约 495 m^3，二次注浆量约 190 m^3；梁柱体系施作完毕，先行导洞上部管幕续接完成、上部回填完成；现阶段初支扣拱及二衬扣拱同步进行中（图 3.4-60）。

表 3. 4-31　机械成桩、梁柱体系施作情况

<table>
<tr>
<td>

2019 年 7 月 6 日洞内机械成桩阶段</td>
<td>

2019 年 9 月 21 日先行导洞管幕续接</td>
</tr>
<tr>
<td>
2020 年 10 月 26 日先行导洞管幕续接</td>
<td>

2019 年 11 月 23 日梁柱体系施作</td>
</tr>
</table>

表 3. 4-32　初支扣拱、二衬扣供统计

<table>
<tr>
<td>
2020 年 4 月 2 日 4 号横通道—3 号横通道扣拱 CD 导洞开挖</td>
<td>

2020 年 5 月 21 日,1 号横通道—2 号横通道扣拱 CD 导洞贯通</td>
</tr>
</table>

续上表

 2020 年 6 月 3 日 4 号横通道—2 号横通道扣拱 AB 导洞开挖	 2020 年 7 月 29 日,4 号横通道—3 号横通道扣拱 AB 导洞贯通

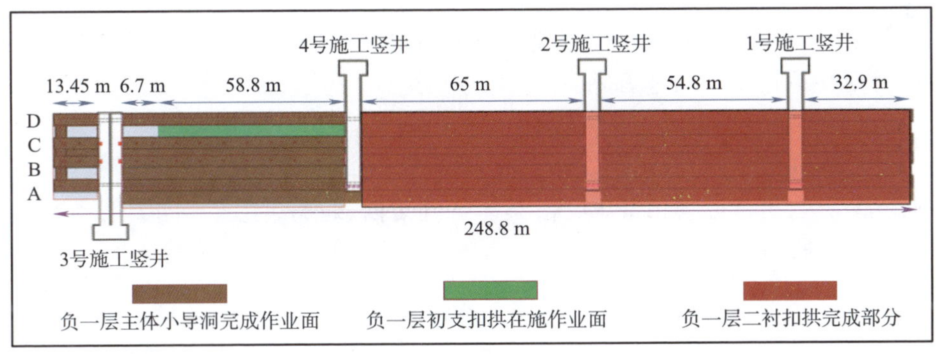

图 3. 4-60　车站负一层进度图

②追加措施

新增降水导洞轴线长度 235. 65 m,初支已全部完成,洞内降水井打设中。

(3)险情/预警情况处置

①险情处置情况

2019 年 3 月 ~4 月,某站车站主体导洞开挖,累计新增 59 次红色监测预警,红色监测预警均出现在开挖导洞掌子面正上方,预警当日沉降速率达 2 mm/d 左右,后续 3 d 左右逐步收敛平稳。后续随作业面增多,群洞效应加剧且部分导洞抢工,部分测点沉降速率达 2 ~4 mm/d;由于部分导洞掌子面稳定性较差,开挖期间出现塌方,导致掌子面上方测点沉降速率超过 4. 5 mm/d。

由于某站覆土较浅,上方地层疏松,局部存在空洞,土方开挖以及深孔注浆对地层扰动较大。由于工期紧张,现场存在抢工现象,多导洞开挖导致群洞效应加剧。且管幕施工质量把控不佳,部分侵限严重导致整体受力效果较差,以及现场施工规范性较差,存在拱脚 2 榀悬空、格栅间距 70 cm、初支背后回填注浆不及时等现象。综合以上因素导致车站主体导洞开挖期间红色监测预警频出(图 3. 4-61)。

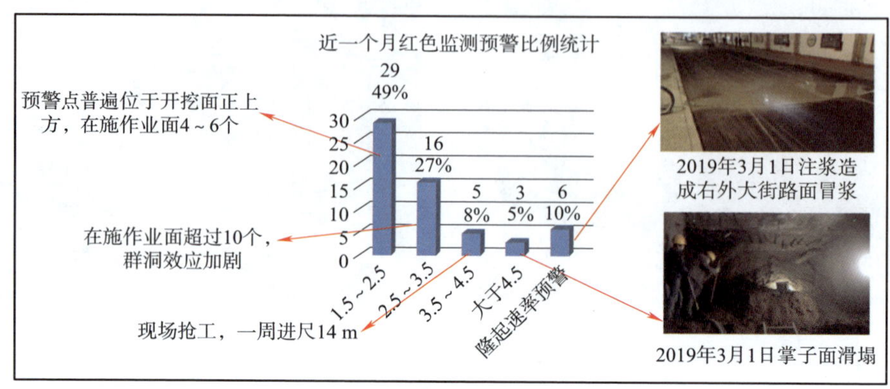

图 3. 4-61　预警测点分析

对此,北京市轨道交通建设管理有限公司安全监控中心组织进行了现场巡视活动,针对性地控制现场施工风险。

②重要风险预警处置

截至 2020 年 9 月,某站共发布巡视预警 37 次,其中,红色巡视预警 1 次,橙色巡视预警 6 次,黄色巡视预警 30 次;具体各施工阶段所产生的不同类型预警数量如图 3. 4-62 所示:

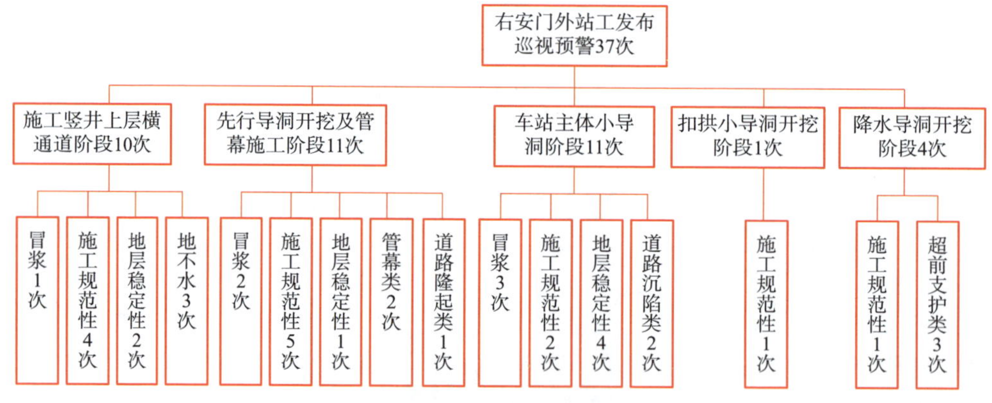

图 3. 4-62　巡视预警阶段分类统计树状图

(4)监测情况分析

截至 2020 年 9 月,某站新增监测预警红色 326 次、橙色 937 次、黄色 521 次。具体预警产生阶段拆分如下(图 3. 4-63)。

①施工竖井上层横通道阶段新增监测预警红色 7 次、橙色 86 次、黄色 94 次。

②先行导洞及管幕施工阶段新增监测预警红色118次、橙色339次、黄色106次。

③主体导洞开挖阶段新增监测预警红色185次、橙色396次、黄色146次。

④机械成桩、梁柱体系施作阶段新增监测预警红色0次、橙色27次、黄色21次。

⑤初支扣拱及二衬扣拱阶段新增监测预警红色16次、橙色89次、黄色64次。

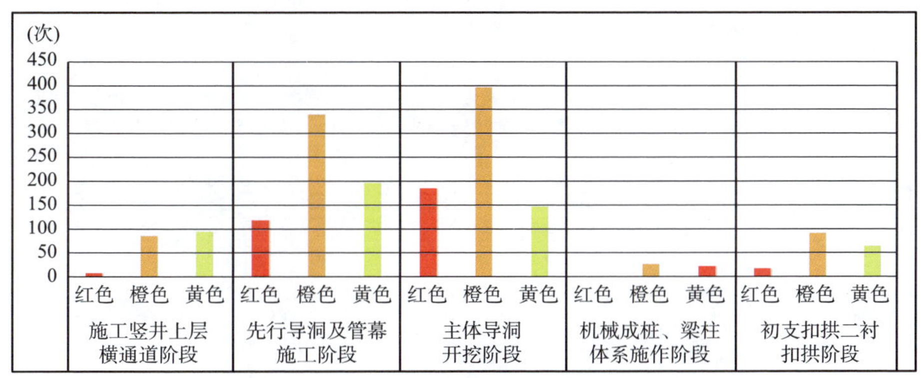

图3.4-63　某站新增监测预警阶段分布柱状图

a. 施工竖井、上层横通道部位监测情况分析

选取4号施工竖井、上层横通道典型监测断面进行监测情况分析(图3.4-64)。

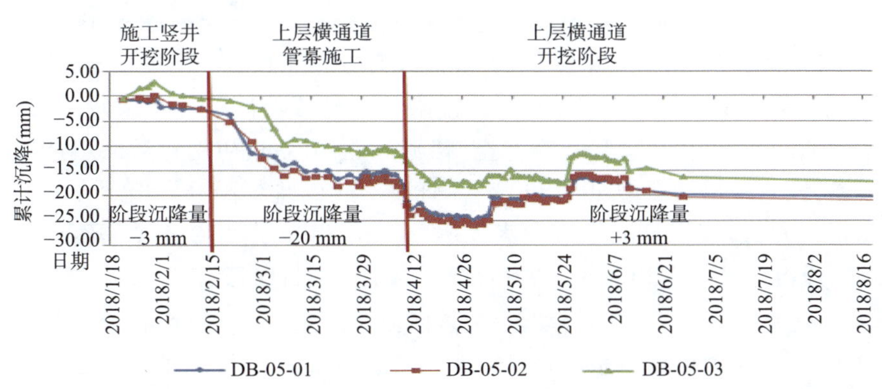

图3.4-64　某站施工竖井、上层横通道监测点沉降时呈曲线图

由以上监测曲线可知,在竖井施工阶段,开挖对土体扰动较小,周边地表阶段沉降量在－3 mm左右;在上层横通道管幕施工阶段,因管幕顶进、出土等工艺对地层产生较大扰动,阶段沉降量在－20 mm左右;后期上层横通道施作阶段,因一侧马头门注浆可见上方地表测点呈隆起趋势,随马头门破除、横通道开挖,测点呈缓

沉趋势,随另一侧马头门加固、破门开挖,再次出现隆起、下沉趋势,该阶段沉降量约为 +3 mm。截至目前,施工竖井及上层横通道的累计沉降量约为 -20 mm。

b. 车站主体南侧监测情况分析

选取车站主体南侧典型监测断面进行监测情况分析(图 3.4-65):

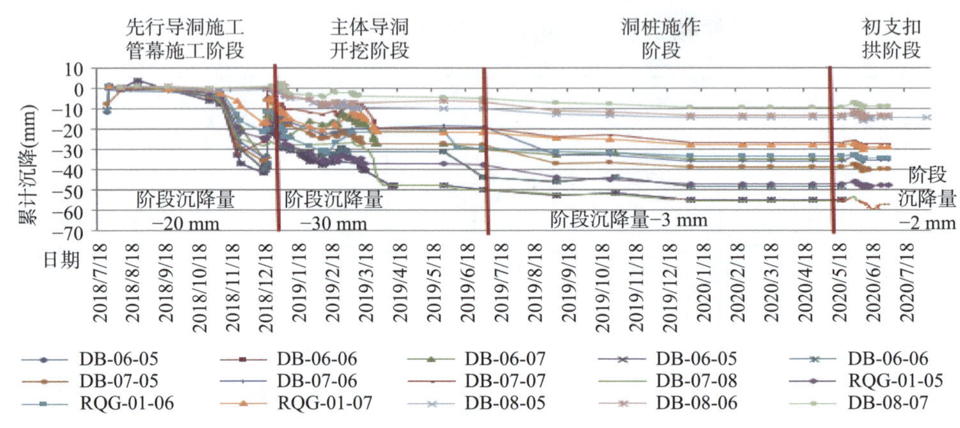

图 3.4-65 某站车站主体南侧监测点沉降时呈曲线图

由以上监测曲线可知,在先行导洞施工及管幕施工阶段,因地层条件不佳(粉细砂、素填土、杂填土),施工对地层产生的扰动较大,上方地表监测点随施工进度下沉明显,随后期回填注浆呈上升趋势,该阶段沉降量在 -20 mm 左右;在车站主体导洞施工阶段,随超前注浆加固措施落实,部分测点呈隆起趋势,但随土方开挖作业扰动影响继续下沉,后期小导洞开挖阶段存在抢工情况(4 ~ 10 个作业面同时施工),且管幕施工质量把控不佳,部分侵限严重导致整体受力效果较差,以及现场施工规范性较差,存在拱脚 2 榀悬空、格栅间距 70 cm、初支背后回填注浆不及时等现象,该阶段累计新增 59 次红色监测预警,红色监测预警均出现在开挖导洞掌子面正上方,预警当日沉降速率达 2 ~ 4 mm/d 左右,后续 3 d 左右逐步收敛平稳。该阶段沉降量在 -30 mm 左右;后期洞内机械成桩阶段,因主体小导洞初支已完成,洞桩施作对地层产生的扰动较小,该阶段沉降量约 -3 mm;初支扣拱阶段虽存在抢工现象,但因梁柱体系已施作完成,侧边墙浇筑完毕,车站上方管幕与车站主体围护结构已形成整体,开挖对上部土层扰动较小,该阶段沉降量约 -2 mm。车站主体的累计沉降量约为 -55 mm。

c. 车站主体北侧监测情况分析

选取车站主体北侧典型监测断面进行监测情况分析(图 3.4-66):

通过与南侧典型断面对比分析发现,南北两侧车站主体各施工阶段沉降趋势基本相同,但北侧测点最终累计沉降量约为 -73 mm,较南侧测点沉降加剧约

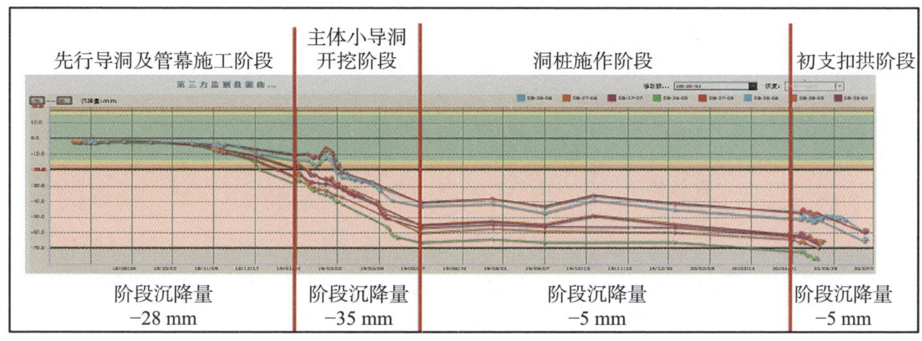

图 3.4-66　某站车站主体北侧监测点时呈曲线图

－18 mm，具体拆分为先行导洞及管幕施工阶段加剧－8 mm、主体小导洞开挖阶段加剧－5 mm、洞桩施作阶段加剧－2 mm、初支扣拱阶段加剧－3 mm。结合现状右安门外站监测云图及空洞普查报告分析，车站北侧地质条件较南侧略差，施工对土体造成的扰动更大，导致沉降加剧（图 3.4-67）。

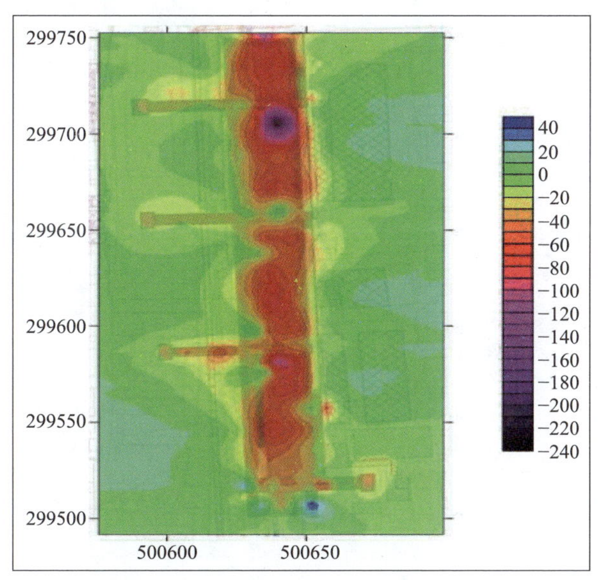

图 3.4-67　某站车站监测云图

（5）风险管控总体评价

某站现状初支扣拱及二衬扣拱阶段，根据现场监测及巡视情况综合分析判定，某站竖井、横通道、主体导洞、扣拱导洞、降水导洞开挖期间风险管控效果良好，目前风险状态为安全可控。

(6)综合对比

棚盖法、PBA 工法综合对比见表 3.4-33。

表 3.4-33　棚盖法、PBAI 法综合对比

<table>
<tr><td colspan="2">对　　比</td><td colspan="2">棚盖法</td><td colspan="2">PBA</td></tr>
<tr><td colspan="2">工法</td><td colspan="2">管幕施工 + PBA 洞桩法 + 降水导洞降水</td><td colspan="2">PBA 洞桩法 + 降水导洞降水</td></tr>
<tr><td colspan="2">地层条件</td><td colspan="2">拱顶覆土 7.2 m,顶板上覆土层依次为杂填土、素填土,穿越地层为粉细砂;底板埋深约 24.5 m,卵石 ~ 圆砾⑦,进入地下水 3.7 m</td><td colspan="2">拱顶覆土 9.6 m,位于粉细砂②$_3$ 层及粉土②层;底板埋深 32.7 m,位于卵石⑨层,进入地下水 7 m</td></tr>
<tr><td colspan="2">监测预警</td><td colspan="2">总计发生 326 次红色监测预警,其中沉降类红色监测预警 298 次,隆起类红色监测预警 28 次。
具体预警产生阶段拆分为
①施工竖井上层横通道阶段新增监测预警红色 7 次;
②先行导洞及管幕施工阶段新增监测预警红色 118 次;
③主体导洞开挖阶段新增监测预警红色 185 次;
④机械成桩、梁柱体系施作阶段新增监测预警红色 0 次;
⑤初支扣拱及二衬扣拱阶段新增监测预警红色 16 次</td><td colspan="2">总计发生监测预警红色 74 次、橙色 950 次、黄色 896 次,74 次红色监测预警均为导洞开挖造成沉降速率预警。
阶段对比:横通道开挖 11 次、主体导洞开挖 28 次、初支扣拱 35 次</td></tr>
<tr><td colspan="2">超控测点</td><td colspan="2">223 个,占比 47%</td><td colspan="2">195 个,占比 55%</td></tr>
<tr><td rowspan="6">阶段变化量</td><td>导洞施工顺序</td><td>南侧</td><td>北侧</td><td colspan="2">车站主体</td></tr>
<tr><td>先行导洞及管幕施工阶段</td><td>－20 mm</td><td>－28 mm</td><td>横通道开挖阶段</td><td>－6 mm</td></tr>
<tr><td>主体导洞阶段</td><td>－30 mm</td><td>－35 mm</td><td>主体导洞阶段</td><td>－29 mm</td></tr>
<tr><td>洞桩施作阶段</td><td>－3 mm</td><td>－5 mm</td><td>洞桩施作阶段</td><td>－5 mm</td></tr>
<tr><td>初支扣拱阶段</td><td>－2 mm</td><td>－5 mm</td><td>初支扣拱阶段</td><td>－15 mm</td></tr>
<tr><td>二衬扣拱阶段</td><td>—</td><td>—</td><td>二衬扣拱</td><td>－10 mm</td></tr>
<tr><td colspan="2">累计变化量</td><td>－55 mm</td><td>－73 mm</td><td colspan="2">－65 mm</td></tr>
<tr><td colspan="2">巡视预警</td><td colspan="2">总计发布巡视预警 37 次。
预警级别分类:红色巡视预警 1 次,橙色巡视预警 6 次,黄色巡视预警 30 次;
预警类别分类:施工规范性 14 次,地层稳定性 8 次,道路冒浆 6 次,渗漏水 5 次,路面沉陷 2 次,管幕侵限 1 次,路面隆起 1 次;</td><td colspan="2">总计发布 25 次巡视预警。
预警等级分类:橙色 3 次、黄色 22 次;
预警类别分类:塌方类预警 8 次,渗漏水类预警 4 次,超前支护类预警 3 次,初支结构类预警 5 次,土方作业规范性类预警 5 次;</td></tr>
</table>

续上表

对比	棚盖法	PBA
巡视预警	预警阶段分类:竖井横通道施工阶段10次,先行导洞及管幕施工阶段11次,车站主体小导洞阶段11次,车站主体-扣拱小导洞阶段1次,降水导洞3次	预警阶段分类:竖井开挖2次、横通道开挖6次、主体导洞开挖7次、初支扣拱10次
降止水费用	"降水竖井+降水导洞"700万元,"降水费+水资源保护费"未定	"降水竖井+降水导洞"950万元,降水费660万元
降止水工期	约6个月	约6个月
日降水量	右安门外站西侧共新布置降水井36眼,东侧导洞内布置降水井39眼,潜水泵泵量80 m^3/h。日降水量144 000 m^3	107 000 m^3
管幕施工费用	3 000万元	—
先行导洞及管幕施工工期	约5个月	—
主体导洞工期	约5个月	约6个月
初支扣拱工期	约3个半月	约6个月

5. 经验总结及建议

某站覆土厚度约为7.2 m,顶板上所覆土层依次为杂填土、素填土,顶板所在土层为粉细砂,车站上方及周边既有管线建筑物较多。埋深浅,地质条件差,周边环境复杂为该工程典型特点。根据以往经验,在类似条件下采用四导洞PBA工法施作地铁车站,施工难度较大,风险把控效果不佳且工期易受各不良因素影响。

采用管幕法作为超前支护措施,在松散土层内施作虽会造成较大土体扰动,产生一定沉降,但在后期主体导洞开挖期间,管幕可保证开挖面拱顶很少产生坍塌,在一定程度上减少了对上方管线及周边建筑物的影响。管幕施工工艺质量对后期主体导洞开挖影响较大,在后期车站主体导洞施工期间,曾发生管幕侵限现象。现场处置措施:待前后格栅架设完成后,割除侵限管幕架设格栅,进一步加大了对土体的扰动,客观上造成沉降加剧,如何控制管幕打设角度,防止侵限为管幕施工质量把控的关键内容。

管幕连接方式为公母口锁扣形式,采用二氧化碳保护焊接,在管幕顶进过程中由于油缸推进的不均匀易出现锁扣断裂、搭接不上的情况,管幕的锁扣还有改进空间。设计管幕填充材料为水泥砂浆,单液浆在固结收缩后存在不密实情况,可见渗水从管幕管口流出,采用微膨胀的浆液能达到较好填充效果。

管幕杜绝了拱顶的塌方风险,开挖面两侧并未给予其他设计措施,主体导洞开挖过程中侧壁粉细砂频发滑落现象,是沉降加剧的诱因。优化管幕与初期支护的结合方式以控制沉降。

管幕法作为超前支护措施,在车站围护结构及梁柱体系施作后,二者可结为一体,形成稳定结构,与无管幕四导洞 PBA 工法车站相比,在初支扣拱阶段,可较大程度减少施工风险,并同时缩短初支扣拱、二衬扣拱施作时间,降低成本。

综上所述,管幕施工在先期产生了一部分沉降,但后期施工避免了拱顶坍塌风险,从实际施工效果、工期看,在浅埋、粉细砂层及带水、带压管线密布的不利地层中,管幕施工工法可以作为一种有效方法进行应用。

第4章　近年北京地区矿山法施工风险事件管控案例

4.1　车站施工结构变形风险事件

在地铁施工过程中，因工程水文地质复杂，交互地层中的粉质黏土、黏土等地层易发生沉降及侧向变形，以及水位上升改变地层物理力学性质，侧压力系数增大等因素。如果存在对临近工程认识不足，针对性措施较弱的情况，将引发结构较大变形风险，严重影响施工安全。

4.1.1　案例一

1. 工程概况

某车站为暗挖双层（局部三层）标准 15 m 岛式站台车站，全长 257.6 m。主体标准段宽为 24.1 m，车站东西两端为盾构过站加宽段，结构宽度为 26.1 m，车站底板埋深为 27.3～30 m，车站结构覆土约 7.4～13.1 m。

车站共设置 3 座施工竖井，其中 1 号井深 33.4 m，2 号井深 34 m，3 号井深 35 m，1 号横通道 8 层，2 号横通道 6 层，3 号横通道 7 层。车站采用降水施工（图 4.1-1）。

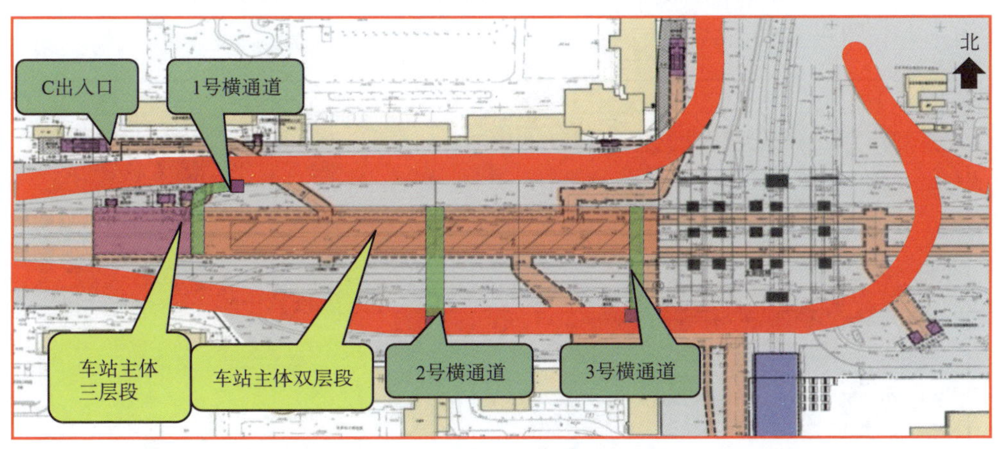

图 4.1-1　车站平面图

2. 工程地质

车站地势起伏较大,地面高程 38. 54 ~ 42. 14 m,由上而下土层依次为杂填土层、黏质粉土 ~ 砂质粉土、粉质黏土、粉土、粉细砂层、卵石层等,其中上导洞位于粉质黏土,下导洞局部位于粉细砂层。穿越 3 层地下水,为上层滞水(一)、潜水(三)、承压水(四)。上导洞未进水层。车站采用降水施工(图 4. 1-2)。

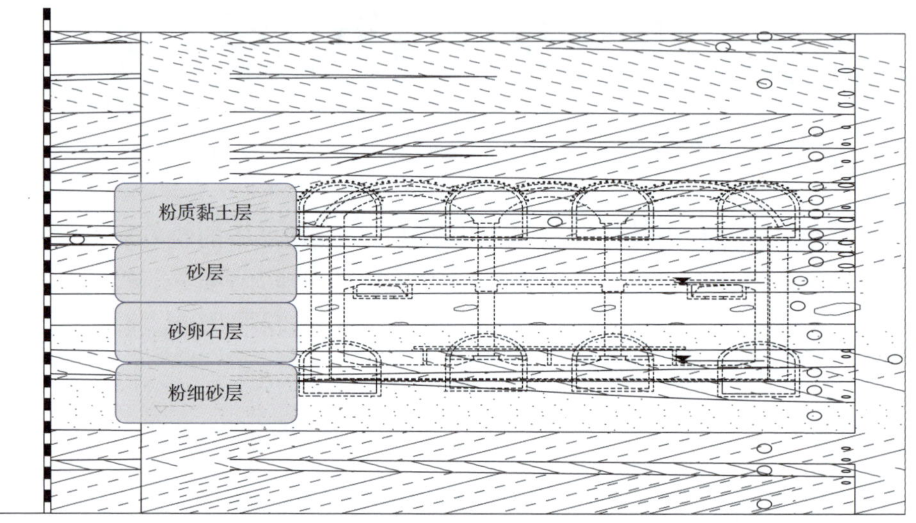

图 4. 1-2 地质水文图

3. 主要风险工程

车站穿越临近环境风险 4 项,其中临近 DN1400 上水管,与结构水平距离为 2. 1 m,临近 DN1950 雨水管,与结构水平距离为 3. 0 m,临近 DN1950 污水管,与结构水平距离为 3. 0 m,穿越 DN2000 雨水管,与结构垂直距离为 3. 3 ~ 8. 5 m(图 4. 1-3、图 4. 1-4)。

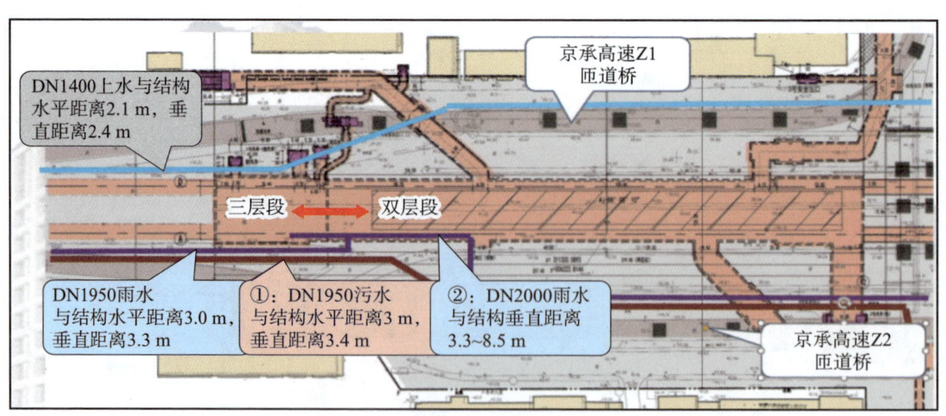

图 4. 1-3 车站周边环境平面示意图

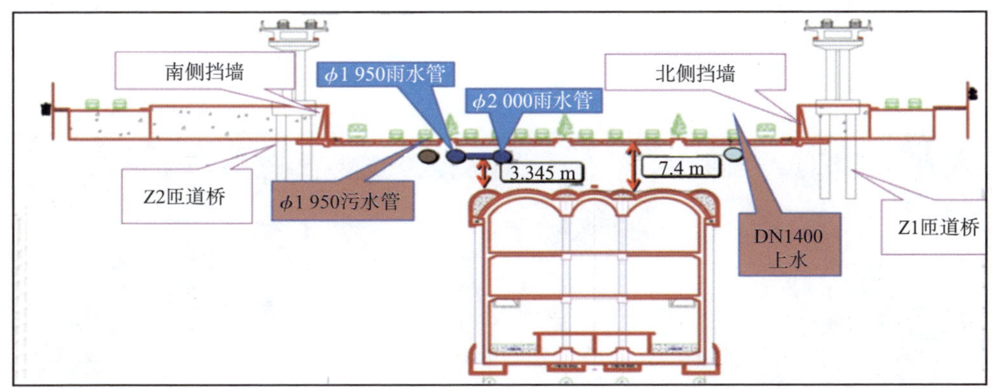

图 4.1-4　车站于管线位置剖面

4. 施工工法及工艺

车站主体共计 8 个施工导洞,洞柱法逆筑施工。上导洞及下导洞尺寸 4.5 m×5.0 m;在上导洞内向下施工围护桩,围护结构采用人工挖孔桩 ϕ1000@1500,下导洞施作基础底纵梁,浇筑围护桩,桩间采用锚网喷支护。

车站主体 8 导洞"PBA"法施工,上层、下层各 4 导洞,从北往南分为 A、B、C、D 四轴。车站主体共计 4 个轴端横导洞、14 个下层横导洞,轴端横导洞尺寸 3.3 m×3.5 m,下层横导洞尺寸 3.0 m×2.7 m。

5. 事故前工程状态

车站下层导洞开挖施工,地层基本位于黏土地层,受渗水影响,掌子面地层稳定性一般(图 4.1-5、图 4.1-6)。

图 4.1-5　导洞地层稳定性一般

6. 监测情况

车站横导洞开挖及降水施工影响,周边地表最大沉降值达到 -140.68 mm(控

制值 +5 mm, -20 mm),累计变形值达到控制值,第三方发布橙色监测预警,预警后第一时间督促施工单位及时采取注浆加固措施,事故前该测点变形速率平稳(图 4.1-7、图 4.1-8)。

图 4.1-6　导洞掌子面存在渗水情况

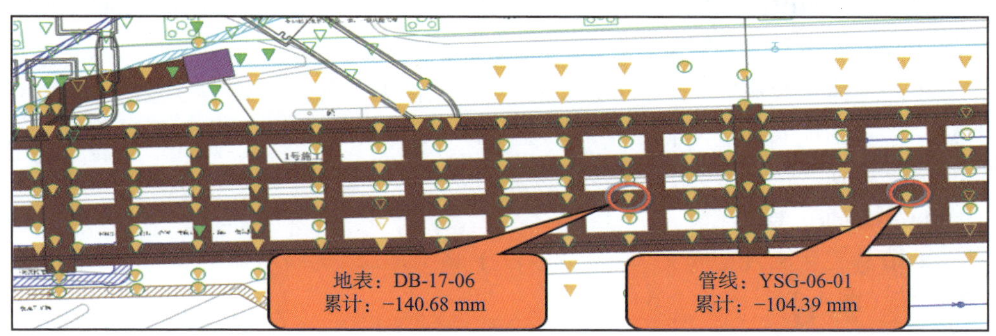

图 4.1-7　沉降累计最大测点位置示意图

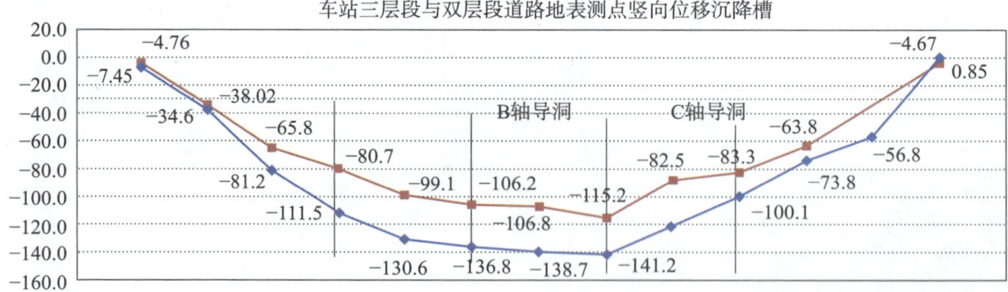

图 4.1-8　B 轴 C 轴变形曲线图

7. 风险事件经过

2018 年 12 月 27 日,车站下层横导洞破除马头门过程中,发现初支钢架变形,洞内大量积水,拱顶上方地表红色监测预警较多(图 4.1-9)。

图4.1-9　车站下层导洞初支变形及洞内大量积水

8. 应急处理

针对车站下层导洞初支变形情况，施工方采用以下临时应急措施：

(1)快速完成横向导洞洞门封闭成环后封闭掌子面暂停施工(图4.1-10)。

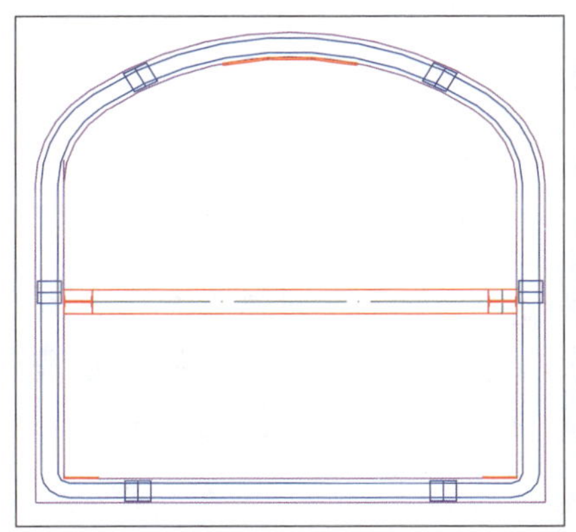

图4.1-10　车站口横撑加固示意图

(2)导洞侧壁变形处架设Ⅰ22a临时支撑，进行对撑加固，并沿导洞纵向方向设置腰梁，腰梁与导洞初支结构面之间空隙采用钢板及C25细石混凝土填充，确保与结构密贴。

9. 后续处置

2019年1月4日14:00，在该项目部召开车站导洞变形处置方案专家会，现场邀请四位专家进行塌陷抢险处理，专家踏勘了现场并听取了相关单位的汇报，形成以下意见：

(1)做好下层导洞临时支撑(含竖向及水平),且支撑通过腰梁与初支密贴顶紧;支撑布设应不影响后续边桩及中柱施工。

(2)支顶完成后,尽快完成条基及底纵梁施工。

(3)进一步做好降水施工。

(4)因地表沉降过大,做好重要地下管线保护,进一步研究控制地表沉降措施。

(5)建议进一步研究取消下层导洞的可能性。

2019 年 1 月 5 日 9:00,组织召开该车站变形应急处理方案技术专题会,要求设计单位确定支撑加固方案(图 4. 1-11)。

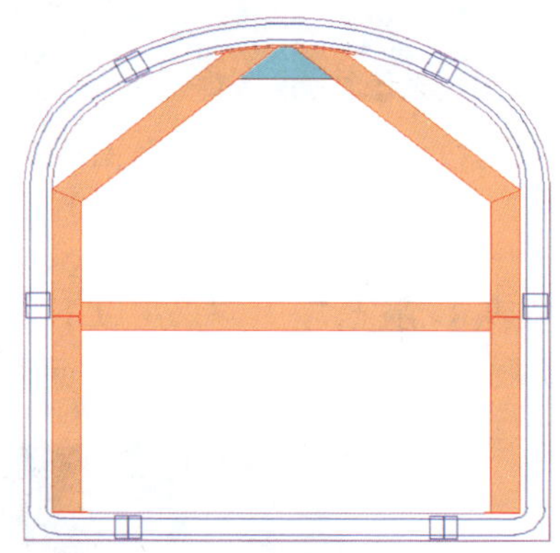

图 4. 1-11　确定车站下层导洞加固措施方案

启动预警响应后,项目按照设计加固方案于 2019 年 1 月 17 日完成了加固,春节后按照中心相关会议精神,开展了第一序孔桩边桩浇筑及底纵梁施工。

该车站边桩人工挖孔桩共 378 根,第一序完成已浇筑根数为 82 根;三层段底纵梁完成 87. 6 m;两层段 33 轴向西钢筋绑扎 B 导洞完成 160 m 浇筑完成 80 m、C 导洞钢筋绑扎完成 50 m(图 4. 1-12)。

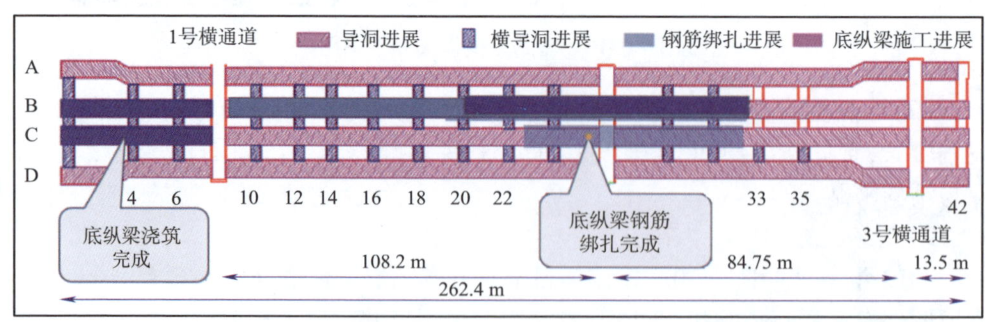

图 4. 1-12　车站进展图

2019年1月4日和2019年6月13日组织了两次地下空洞雷达检测，并对疏松区域进行了人工探查，未发现地下空洞。

10. 原因分析

(1)水文地质环境复杂，交互地层中的粉质黏土、黏土易发生沉降及侧向变形。

车站顶板覆土多为第四纪沉积的③大层，以粉土、可塑的粉质黏土为主，局部为粉细砂层，但由于亚层间土质不均匀，物理力学性质差异较大，尤其是粉质黏土层，土质稍软，易产生沉降变形及侧向变形。

该车站下层导洞周边为富水第四纪沉积⑦大层土体，该层为$⑦_2$粉细砂层、$⑦_3$粉质黏土层、$⑦_4$砂质粉土、$⑦_5$黏土多层交互地层，且受层间潜水(三)、承压水(四)的影响，粉质黏土层及黏土层易软化，进而产生沉降变形及侧向变形。

(2)交互地层中降水无法达到干槽条件，滞水软化粉质黏土、黏土等地层，且区域内降水作业前整体静水位比勘察阶段上升约2 m，改变地层物理力学性质，侧压力系数增大。

勘察单位施工补充勘察显示下层导洞周边$⑦_3$粉质黏土层侧压力系数增大，部分地层物理力学性质发生较大变化。

(3)对临近工程认识不足，针对性措施较弱，群洞效应明显。

土体被分割成多块，削弱时空效应，群洞效应明显。施工中仅采取了常规小导管支护措施，未充分认识到在复杂交互可塑地层内近距离修建隧道时，因地层扰动易产生的较大变形，洞间土体的加固针对性措施较弱。

(4)节点处为结构受力薄弱点。

①台阶法施工易造成冷缝。

②横导洞密集开马头门对小导洞侧墙初支薄弱部位进一步削弱，加剧了导洞结构变形。

③12月底气温较低，冬季施工混凝土早期强度低。

4.1.2　案例二

1. 工程概况

某车站为地下双层双柱三跨拱顶直墙结构，采用PBA暗挖法施工。车站建筑面积23 890 m^3，站台宽度16 m，车站规模326.6 m×25.5 m，轨面绝对高程12.88 m，车站底板埋深约30.51 m。车站主体施工共设置3处临时施工竖井，均采用倒挂井壁法施工(图4.1-13)。

2. 工程地质

车站主体结构标准段高18.68 m，顶板覆土厚度约12.13 m。所处地层主要以填土、粉质黏土、黏质粉土、粉细砂、细砂为主，底板坐落于粉质黏土⑧层。

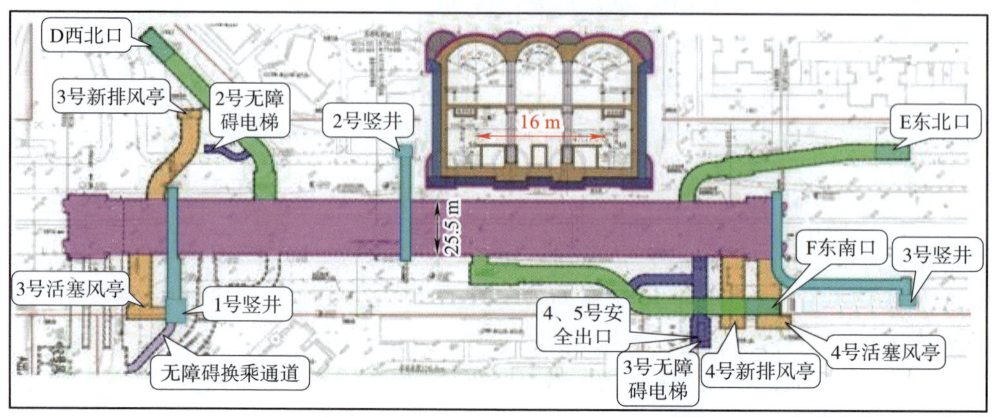

图 4. 1-13　车站平面布置法图

3. 主要风险工程

(1)车站北侧为西坝河东里小区,南侧为西坝河中里小区,东南侧为中国国际展览中心;车站结构距最近建筑物(西坝河中里 2 号楼)水平距离约 28. 1 m。

(2)平行下穿管线有 ϕ1200 mm 雨水管、ϕ1100 mm 污水管、ϕ1400 给水管。

(3)平行侧穿管线 ϕ1100 mm 雨水管。

(4)垂直下穿管线 ϕ1600 mm 燃气管沟(内有一根 ϕ500 mm 次高压燃气管)、ϕ720 mm 热力管、ϕ500 mm 污水管。

4. 施工工法及工艺

本车站主体结构三跨断面采用"PBA 法"施工,共分八个施工导洞,上层和下层各四个导洞,小里程段端头及隔跨设置横向导洞,小里程端壁柱设置竖井;车站采用"PBA 法"施工,在上导洞内向下施工围护桩,下导洞施工条形基础,浇筑围护桩,桩间采用锚喷支护。

5. 事故前工程状态

车站下层导洞开挖施工,地层基本位于黏土地层,地层基本稳定。车站下层的横通道地层基本位于中粗砂、黏土地层,受渗水影响,地层稳定性较差,底板大量积水(图 4. 1-14、图 4. 1-15)。

6. 监测情况

车站小导洞开挖期间,受施工扰动影响,初支导洞通过区域沉降变形持续时间长,累计沉降较大,长时间未收敛(图 4. 1-16)。

以上数据分析表明,沉降监测点自上导洞开挖前平均累计沉降为 -3. 73 mm,至上层导洞开挖通过后平均累计沉降为 -44. 19 mm,历时 132 d,阶段累计沉降 -40. 46 mm,平均沉降速率 -0. 31 mm/d;上导洞开挖完成至下层导洞开始开挖之间间隔 25 d,期间平均阶段沉降 -8. 4 mm,平均沉降速率 -0. 34 mm/d;至下导洞开挖通过历时 110 d，平均累计沉降 −116.9 mm，阶段沉降 −64.31 mm，沉降速率 −0.58 mm/d。

图 4.1-14　上层导洞施工

图 4.1-15　下层横通道渗水

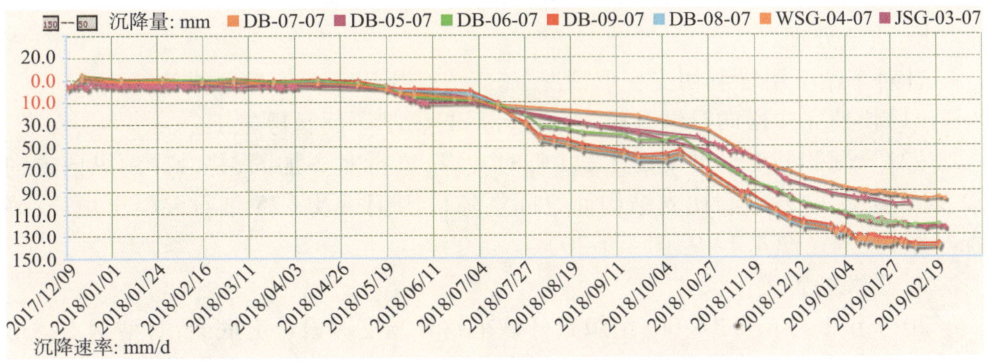

图 4.1-16　车站主体导洞商法测点变形历时曲线图

7. 风险事件经过

2018 年 12 月 28 日,车站下层横导洞破除马头门过程中,发现初支钢架变形(图 4.1-17、图 4.1-18)。

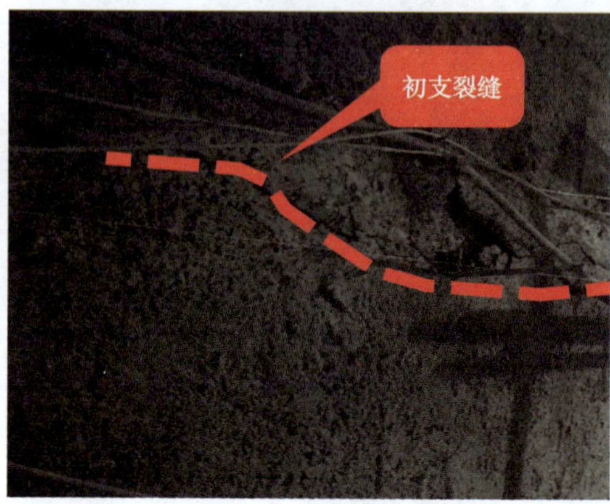

图 4.1-17　初支格栅变形照片

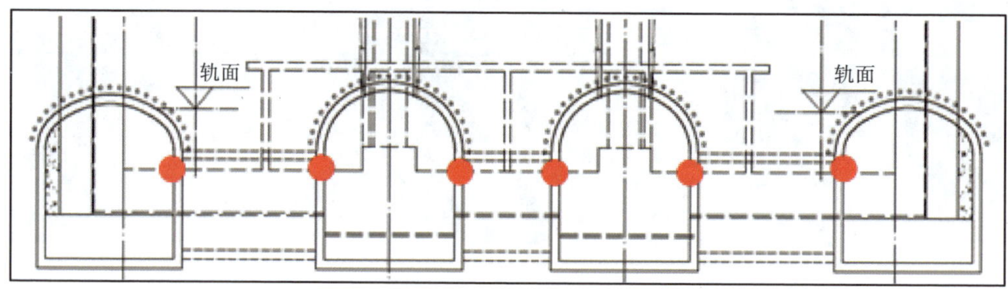

图 4.1-18　车站下层导洞变形位置示意图

8. 应急处理

针对车站下层导洞初支变形情况,施工方采用以下临时应急措施:

(1)快速完成横向导洞洞门封闭成环后封闭掌子面暂停施工。

(2)导洞侧壁变形处架设Ⅰ22a 临时支撑,进行对撑加固,并沿导洞纵向方向设置腰梁,腰梁与导洞初支结构面之间空隙采用钢板及 C25 细石混凝土填充,确保与结构密贴(图 4.1-19、图 4.1-20)。

9. 后续处置

2019 年 1 月 6 日 14:00,组织召开该车站导洞支撑设计交底会,对型钢支撑形式及现场施工步续进行明确。现场按照交底会要求及方案对已完成的临时支撑进行加固处理,确保支撑保证结构安全。

2019 年 1 月 6 日 16:00,总监办组织召开该站应急响应会,要求现场严格按照设计交底及相关要求进行施工。

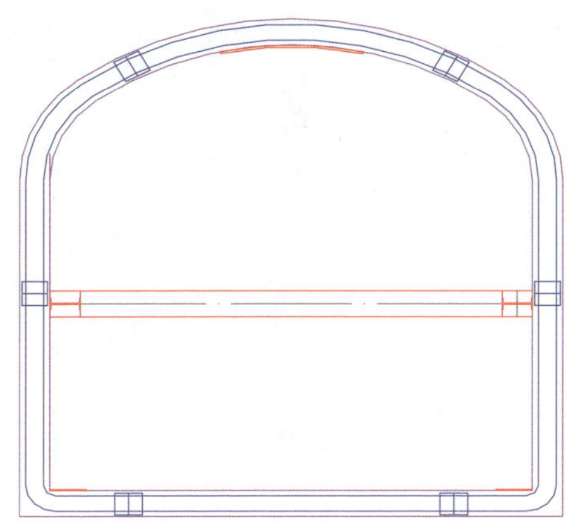

图 4. 1-19　车站工字钢横撑加固示意图

图 4. 1-20　车站导洞加设横撑

(1)在纵向腰梁和水平支撑交界处,增设工字钢角撑,角撑 500 mm×500 mm(图 4. 1-21)。

(2)下层导洞浇筑 20 cm 后混凝土基础,基础设单层钢筋网片,垫层两侧的钢筋与型钢焊接。2019 年 01 月 26 日,完成角撑、20 cm 厚混凝土基础浇筑,组织四方单位进行验收。

(3)地质补勘。2019 年 1 月 27 日,开始洞内土体取样,在下层导洞内取样 28 处,封端掌子面取样 14 处,导洞侧壁取样 10 处,变形较大位置取样 4 处;上层导洞取样 20 组,均分布在上层 A、B 导洞侧壁。

2019 年 2 月 28 日凌晨完成车站地面补勘钻孔 4 处;2019 年 3 月 3 日完成洞内人工挖孔桩取样 18 处(图 4. 1-22)。

降水分析:B1 导洞 15 轴中柱,里程右 SSK116+404. 844,导洞底板位于④$_3$ 粉砂层,底板高程为 23. 570 m,距离⑥$_1$ 黏土层约 1. 5 m,黏土层高程约为 22. 055 m,第一榀护壁开挖过程中遇水,水面高程 23. 070 m,残留水厚度约为 1. 0 m。

图 4.1-21　支撑架设完成

图 4.1-22　地质补勘

A1 导洞边桩编号 395,里程右 SSK116 +397.844,底板高程 24.026 m,开挖至⑦$_1$ 中粗砂层高程 15.2 m 时遇水,⑦$_4$ 粉质黏土层高程约为 14.4 m,残留水厚度约为 0.8 m。

结论:在土层交接处存在残留水,位于④$_3$ 粉砂层、⑦$_1$ 粉砂层,厚度 0.8 ~ 1.0 m,根据地层起伏有变化。

10. 原因分析

(1)车站临近西坝河,地下水丰富,地质情况复杂;拱部覆土层内粉细砂层较厚(粉细砂层厚 2.1 ~ 4.5 m),滞水较大;车站水文地质环境复杂,交互地层中的粉质黏土、黏土,板覆土多为第四纪沉积的③大层,以粉土、可塑的粉质黏土为主,局部为粉细砂层,但由于亚层间土质不均匀,物理力学性质差异较大,尤其是粉质黏土层,土质稍软,易产生沉降变形及侧向变形。

(2)对临近工程认识不足,针对性措施较弱,群洞效应明显。被分割成多块,削弱时空效应,群洞效应明显。施工中仅采取了常规小导管支护措施,未考充分认识到在复杂交互可塑地层内近距离修建隧道时,因地层扰动易产生的较大变形,洞间土体的加固针对性措施较弱。

(3)节点处为结构受力薄弱点。

①台阶法施工易造成冷缝。

②横导洞密集开马头门对小导洞侧墙初支薄弱部位进一步削弱,加剧了导洞结构变形。

11. 总结

(1)对掌子面长期存在渗漏水情况要加强重视,及时采取有效的措施对渗漏水进行处置,并加强巡视与监测。

(2)浅埋隧道施工应对上方回填土地层稳定性加强关注,严格控制超前支护效果,及时采取初支背后回填注浆等措施补充地层损失。

(3)针对车站下层存在横导洞设计的车站采取严密关注。

(4)严格按照方案施工,不得抢挖、多挖、同时挖得不规范施工情况,尽量避免群洞效应。

4.2　穿越河湖因渗漏水原因产生的施工风险

城市环境复杂,地铁施工时会遇到很多突发情况。当城市地铁隧道下穿河湖时,其所面临的施工风险较大,如超前防护措施不到位、河湖底部与隧道拱部形成过水通道,将造成塌方或涌水涌砂,严重影响安全施工。

4.2.1　案例三

1. 工程概况

某车站南侧为马草河,马草河上开口宽30 m,下开口宽16 m,河底埋深5.7 m,为季节性排洪河道,枯水期河水深0.5 m左右。

车站C出入口暗挖段长度55.4 m,采用CRD法施工;共分为五个断面,人防段开挖尺寸为8 800 mm×7 370 mm,标准段开挖尺寸为7 100 mm×6 570 mm(图4.2-1)。

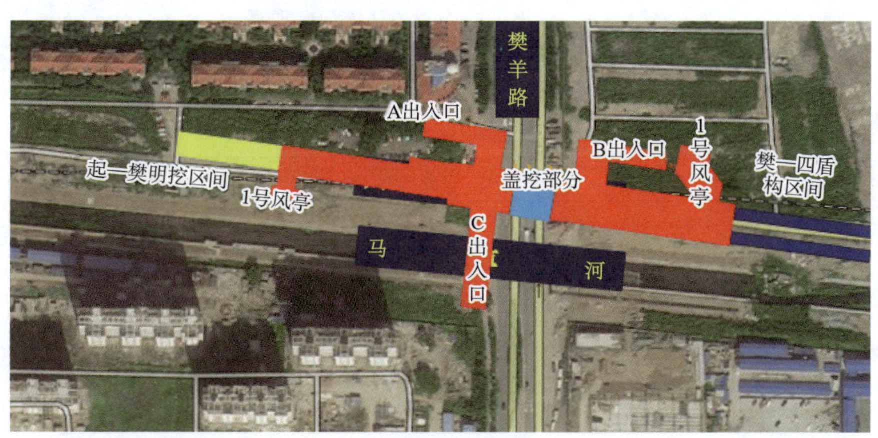

图4.2-1　平面图

2. 工程地质及水文地质

C出入口基坑开挖主要涉及地层由上至下为①层素填土(厚度约3.9 m)、②$_1$黏质粉土(厚度约为3.9 m)、④圆砾(厚度约为3.3 m)、⑤卵石。

该车站及地下水位埋深31.1～33.2 m,相应水位高程15.37～15.39 m。附属出入口通道均位于地下水位以上(图4.2-2)。

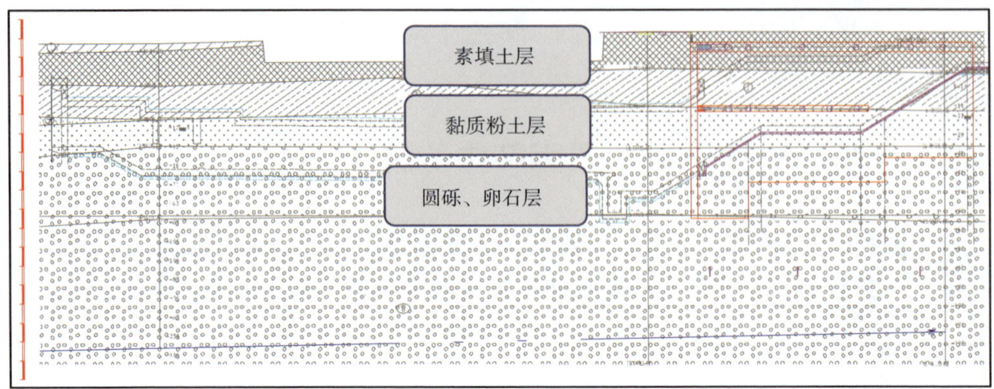

图 4. 2-2　地质纵断面图

3. 主要风险工程

C 出入口周边主要风险有:下穿马草河、下穿马草河挡墙、临近 DN400 中压燃气 1 条、临近 DN500 中压燃气 1 条,下穿通信管井,侧穿郭公庄桥,下穿 10 kV 电杆等(表 4. 2-1)。

表 4. 2-1　C 出入口构周边环境风险源概述

风险工程名称	风险工程基本状况	风险
C 出入口暗挖段下穿马草河	河底宽度为 16 m,底部基础为草坪砖内填充 C10 砂浆,拱顶距河底距离为 3. 3 ~ 3. 5 m	一级
C 出入口暗挖段下穿马草河挡墙	挡墙为浆砌石墙身,基础为 C20 混凝土基础	一级
C 出入口暗挖段临近 DN400 中压天然气管	该管线于 2012 年修建,管材为钢制撞口形式,与初支最近水平距离为 2. 46 m,垂直距离为 1. 04 m	二级
C 出入口暗挖段临近 DN500 高压天然气管	该管线于 2004 年修建,管材为钢制撞口形式,与初支最近水平距离为 3. 41 m,垂直距离为 1. 04 m	二级
C 出入口暗挖段下穿通信管井	该管井于 2004 年修建,管井混凝土结构,垂直距离为 1. 413 m	二级
C 出入口暗挖段侧穿郭公庄桥	郭公庄桥为混凝土预制结构形式,开挖边线与基础水平距离为 10. 48 ~ 15. 39 m	二级
C 出入口暗挖段下穿 10 kV 电杆	10 kV 高压电杆,位于拱顶上方	三级

4. 施工工法及工艺

(1)施工措施

深孔注浆加固地层:根据现场开挖后实际情况,由于暗挖通道位于地下水位以上,深孔注浆浆液以单液水泥浆为主;穿越马草河区段,根据实际地层情况采用水泥 + 水玻璃双液浆或者单液水泥浆,可根据地层条件添加调节浆液凝结时间和可注性的外加剂。深孔注浆后的土体应满足:土体有良好的均匀性和自立性,渗透系数不大于 1.0×10^{-6} cm/s,无侧限抗压强度不小于0.5 MPa。注浆加固范围:初支轮廓线外1.5 m,初支轮廓线内0.5 m(图4.2-3)。

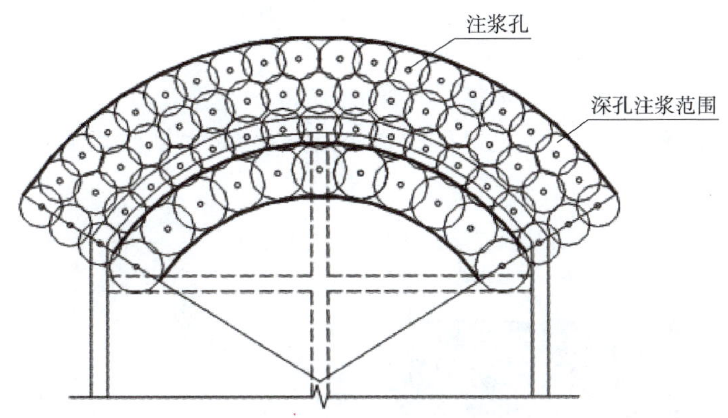

图4.2-3　注浆断面图

(2)针对下穿管线风险施工措施

①开挖施工前,对开挖影响范围内所有管线进行一次普查,对管线接头形式、实际埋深及具体位置,管底土的软化、空洞情况进行调查确认。并与产权单位做好对接工作,确认管路上下游阀门位置,明确突发情况联系方式。

②施工过程中加强动态监测,根据管线监测结果及时调整开挖参数,保证管线安全,管线沉降速率过大时须缩短施工进尺,加强拱部注浆,必要时封闭掌子面,控制开挖引起的地表沉降。

③开挖后应及时进行初期支护或临时支护,工序紧扣、衔接,尽早施作仰拱,尽早封闭成环。掌子面稳定性差时,应随时喷射混凝土封闭工作面。为避免发生不同土层界面位置残留水引起流砂及卵石层坍塌,施工时应根据实际开挖地层情况,合理控制台阶高度和长度,及时封闭初衬结构,设置锁脚锚管保证拱脚稳定。

④加强初支背后注浆,控制后期沉降;开挖过程中根据地层情况对掌子面采取注浆保护措施。

(3)针对C出入口暗挖段下穿马草河风险的施工措施

①河道范围根据河道管理部门要求进行防渗处理,对河道底部土体进行注浆加固处理,注浆加固范围为C出入口暗挖轮廓线以外2 m范围内,加固深度为河底土体往下3 m。注浆完成后,在暗挖影响范围施作25 cm厚钢筋混凝土现浇板,并在板上附着防水层,已达到防渗效果。

②施工时采用短进尺,强支护,开挖掌子面用喷混凝土封闭,尽快封闭初期支护。

③初支施工过程中及时进行初支背后注浆,严格控制注浆压力和注浆量,保证

注浆效果。

④二衬施工过程中及时进行二衬背后注浆，严格控制注浆压力和注浆量，保证注浆效果。

⑤拱部进行深孔注浆加固土体，注浆范围为开挖轮廓线以外 1. 5 m，开挖轮廓线以内 0. 5 m，加固体无侧限抗压强度不小于 0. 8 MPa。

⑥施工应避开雨季，在枯水期进行暗挖施工。

⑦及时布设测点，初支施工过程中加密监测频率，根据监测结果及时调整施工参数(图 4. 2-4、图 4. 2-5)。

图 4. 2-4　河底垂直注浆图

图 4. 2-5　河底钢筋混凝土铺垫

(4)事故前工程状态

C 出入口渗漏水前临时停工状态(图 4. 2-6)。

图 4. 2-6　C 口临时封闭停工

(5)监测状况

隧道涌水时，河道周边产生空洞，造成周边地表明显变形，周边测点 DB-67-3 持续沉降，沉降量约 -41. 75 mm，DB-68-01 持续沉降，沉降量约 -74. 68 mm (图 4. 2-7)。

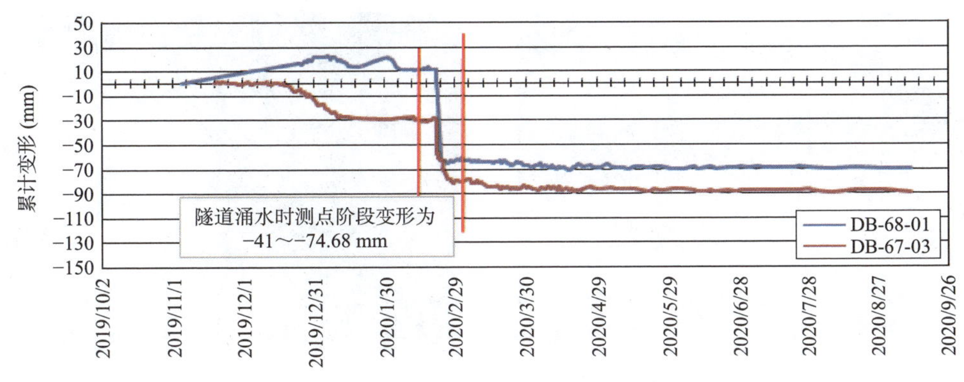

图 4. 2-7　DB-67-03 和 DB-68-01 测点变形曲线图

(6)风险事件经过

2020 年 2 月 21 日 10:00,C 口上层导洞初支背后发生漏水,水量大。发布黄色巡视预警。各方立即响应,相关参建方立即召开现场应急响应会(图 4. 2-8)。

应急处置:险情发生后,抢险措施如下:

①立即联系丰台区水务部门在马草河上游水坝进行堵水,下游水坝进行放水。

②隧道内安排工人采用水泥进行筑坝抽水,避免隧道结构底部长期浸泡失稳,确保安全。

③采用水泥-水玻璃双液浆对 C 出入口渗漏点注浆封堵。

④加密对马草河、隧道结构的巡视及监测,确保出现异常情况能及时处理。

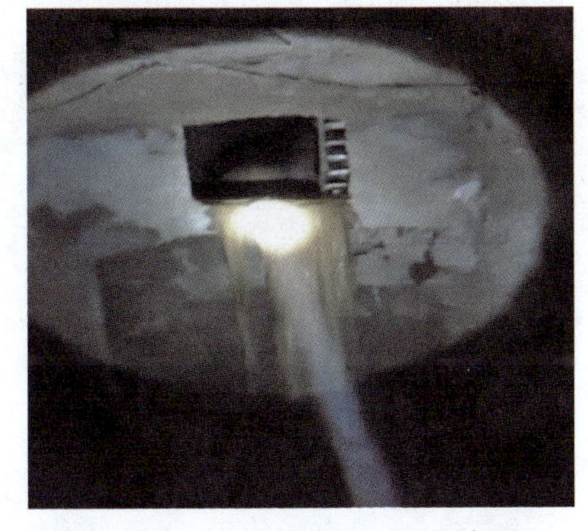

图 4. 2-8　洞内初支背后渗漏水较大

⑤对马草河两侧河堤进行空洞探测,若发现空洞及时回填混凝土处理。

a. 2 月 22 日 8:00,第三方监测单位对 C 口马草河河堤进行了空洞探测,在南岸发现两处空洞,两处空洞存在联系,其中一处空洞较大,尺寸约为长 3 m、宽 2. 5 m、深 2. 2 m,探明后已对空洞进行回填混凝土(C15)处理。

b. 2 月 22 日 22:30 左右马草河北岸出现一处坍塌,空洞大小约为长 2. 5 m、宽 4 m、深 3 m。因混凝土夜间无法供应,项目部于 23:30 组织所有管理人员与部分劳务人员,采用沙袋对北岸空洞进行回填,并预留注浆管,于 23 日 3:00 回填至离地面约 1 m;23 日 10:00 对剩余空洞采用混凝土进行了回填,并在地面进行注浆填充空隙。

采用水泥-水玻璃双液浆对 C 出入口初支背后空洞注浆回填;至 22 日晚,C 口 1 导洞拱部背后回填注浆累计完成 236 袋(图 4. 2-9 ~ 图 4. 2-13)。

图 4.2-9　马草河

图 4.2-10　洞内回填注浆

图 4.2-11　周边空洞普查加强监测

图 4.2-12　周边空洞普查及监测

(7)后续处置

上水、通信、燃气等相关产权单位在现场指导、配合落实相关管线的保护措施，主要完成两条电信管线的保护。

图 4. 2-13　南侧空调回填

①3 月 22 日完成二次空洞普查,未发现疏松区。

②对初支背后回填注浆压实,共回填约 164 袋水泥。

③初支背后无明流水后,未发现初支结构开裂情况,对初支背后雷达扫描未发现明显空洞(图 4. 2-14)。

图 4. 2-14　处置后 C 口

(8)原因分析

水务局 20 日开始对马草河进行蓄水,导致樊羊路 C 口穿越马草河段水位深度由 10 cm 上升至 170 cm,水位上升后水压增大;河底与侧壁之间有空隙,水压增大冲破土体,河水灌入隧道;河岸地层可能存在空洞情况。

(9)总结

①对于穿越河湖区域提前做好空洞普查,对于存在空洞及时做好相应处置措施。

②掌子面出现突涌,应第一时间调查地下水来源,尽快切断地下水补给,并对周边环境加强监测及巡视,降低对周边环境产生二次破坏。

③河底防渗处理,应做到全封闭,避免"注重河底、忽略侧壁"的做法,应加强对河底与侧壁之间孔隙的处理。

4.3 附属结构出入口垮塌产生的施工风险

4.3.1 案例四

1. 工程概况

某暗挖车站 L 出入口位于车站主体结构南侧,大羊坊路南侧道路红线外,出入口占地范围现状为居然之家东侧停车场。

L 出入口采用折跑形式,分两次提升,中部设一处转向休息平台,采用明暗挖结合的方法施工。与车站主体相接段、第一次提升段、转向休息平台采用"CRD"工法暗挖施工,第二次提升段采用"CRD"工法暗挖和明挖倒挂井壁施工相结合。

暗挖段开挖高度 9.01 m、宽度 8.7 m;提升段拱顶采用大管棚注浆,覆土深度 5.7 m。初支结构采用格栅钢架网喷混凝土,初支结构厚度拱顶、仰拱及侧墙 350 mm,中隔壁 300 mm。

转向休息平台拱顶采用超前小导管注浆支护。初支结构高度 8.12 m,开挖宽度 18.25 m,覆土深度为 5.75 m。初支结构为格栅钢架网喷混凝土,其中迎土侧初支结构厚度 350 mm,中隔壁初支结构厚度 300 mm(图 4.3-1)。

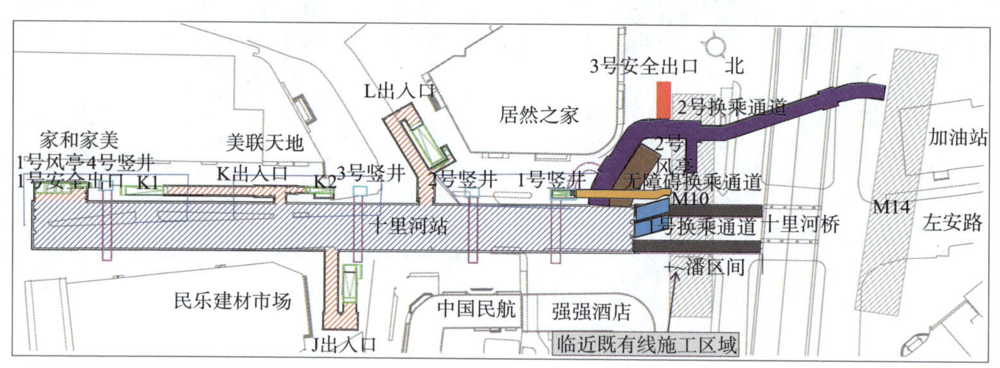

图 4.3-1 车站平面布置示意图

2. 工程地质与水文地质

L 出入口明挖段及 1 号无障碍口梯井部分采用倒挂井壁法施工,基坑开挖地层从上至下为①$_1$ 杂填土、①素填土、③黏质粉土层、③$_1$ 粉质黏土层、④粉质黏土层、④$_2$ 黏质粉土层、④$_3$ 粉细砂层、④$_2$ 黏质粉土层、⑥$_3$ 粉细砂层、⑥粉质黏土层、⑥$_2$ 黏质粉土层、⑦$_2$ 粉细砂层。

L 出入口暗挖段采用 CRD 法施工,拱顶土层为③黏质粉土层、③$_1$ 粉质黏土层、④粉质黏土层、$④_2$ 黏质粉土层、$④_3$ 粉细砂层；底板土层为$④_2$ 黏质粉土层、$⑥_3$ 粉细砂层、⑥粉质黏土层、$⑥_2$ 黏质粉土层、$⑦_2$ 粉细砂层。潜水（二）、潜水（三）及潜水～承压水（四）位于部分结构底板以上。

3. 主要风险工程

L 出入口南侧为大羊坊路，道路红线宽度为 60 m，现状为双向四车道，目前尚未实现规划，道路均十分繁忙。L 出入口东侧为吕营大街，无规划，现状宽度为 20 m，施工不占用道路，无需交通导改。

居然之家主体：位于 L 出入口西侧，6 层框架结构商场，有地下室，无外扩，建设年代不详。距离 1 号无障碍口最近 15. 31 m；距离 L 出入口西侧最近 15 m，最远 20. 68 m。

周边主要管线：通信管线，埋深 1 m（锁口圈梁西侧）；DN300 给水管，埋深 1. 5 m（锁口圈梁西侧，暗挖下穿）；DN300 中压燃气，埋深 1. 5 m（锁口圈梁东侧，暗挖下穿）；DN500 污水管，埋深 3. 47 m（暗挖下穿）；2 000 mm × 2 300 mm 电力方沟，埋深 10 m（暗挖下穿）（表 4. 3-1）。

表 4. 3-1　L 口周边环境风险源统计

风险工程名称	风险工程基本状况	风险等级
L 出入口暗挖段下穿 DN300 中压燃气	拱顶与管线垂直距离 12. 85 ~ 12. 35 mm	三级
L 出入口暗挖段下穿 DN300 给水管	拱顶与管线垂直距离 4. 18 mm	三级
L 出入口暗挖段下穿 DN500 污水管	拱顶与管线垂直距离 10. 38 mm	三级
L 出入口暗挖段下穿 2 000 mm × 2 300 mm 电力方沟	拱顶与管线垂直距离 3. 8 mm	三级
倒挂井壁邻近通信管线	拱顶与管线水平距离 0. 83 mm	三级
倒挂井壁邻近 DN300 给水管	拱顶与管线水平距离 1. 18 mm	三级
倒挂井壁邻近 DN300 中压燃气	拱顶与管线水平距离 0. 74 mm	三级

4. 施工工艺

（1）施工方法及工艺

车站 L 出入口施工竖井采用“倒挂井壁法”开挖，横通道分层采用台阶法开挖，暗挖段采用 CRD 工法施工，明挖段采用分仓倒挂井壁法施工；1 号无障碍口竖井采用倒挂井壁法施工，通道采用台阶法施工。

（2）超前支护

第一次提升段采用深孔注浆加固地层，第二次提升段拱顶采用“深孔注浆 + 管棚”支护，转向休息平台采用超前小导管注浆支护（图 4. 3-2、图 4. 3-3）。

管棚加固长度为 8. 5 m，位于初支拱顶上方 300 mm，环向间距 300 mm，斜向下 30°打设（图 4. 3-4）。

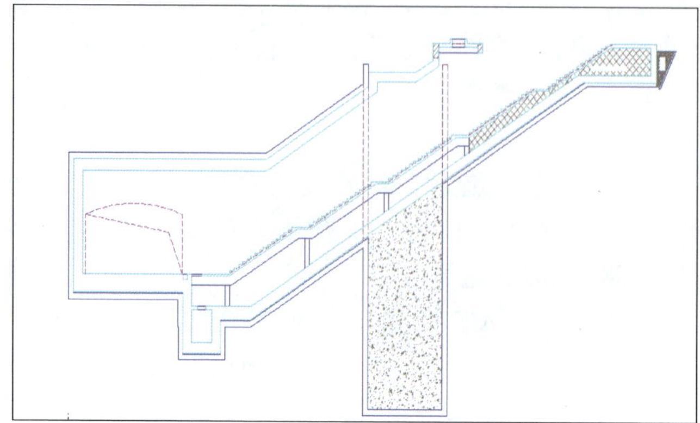

图 4. 3-2　第一次提升转向剖面图

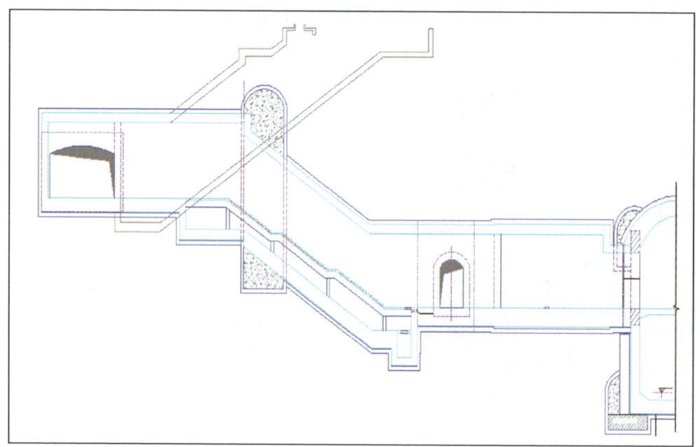

图 4. 3-3　第二次提升转向剖面图

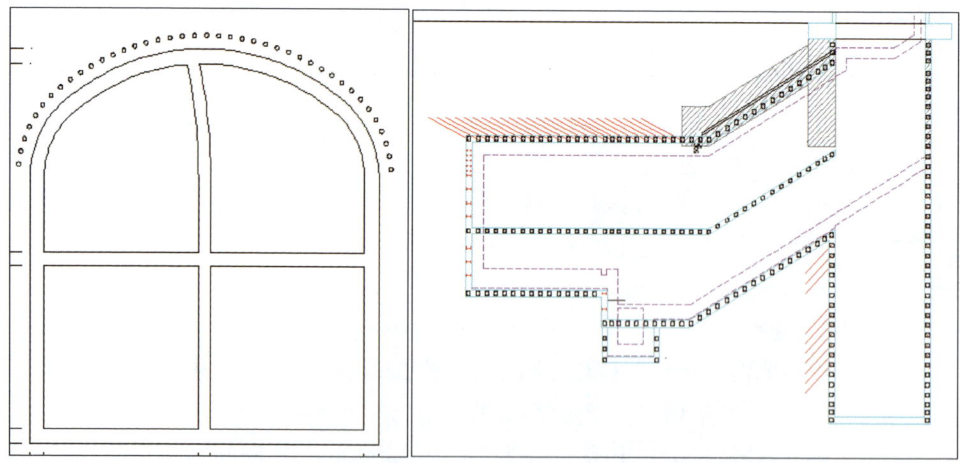

图 4. 3-4　第二次提升段暗挖段管棚打设示意图

(3)深孔注浆

深孔注浆加固范围为上层洞室拱顶上方，初支轮廓外 1.5 m，初支轮廓内 0.5 m，共计 2 m，采用后退式注浆工艺，水平段每段长度 12 m，段间搭接 2 m。斜坡段每段长度 8 m，段间搭接 2 m。

粉土层采用水泥水玻璃双浆液，杂填土、素填土层采用单液水泥浆，注浆压力控制在 0.5 ~ 0.8 MPa，注浆后土体应有良好的均匀性和自立性，掌子面不得有明显的渗水，其无侧限抗压强度需达到 0.5 MPa。

在地层、含水情况、覆土变化较大时，应密切关注注浆情况，必要时调整参数，确保注浆效果。若深孔注浆加固效果不理想或既有线沉降速率较大，采用超前小导管补强(图 4.3-5)。

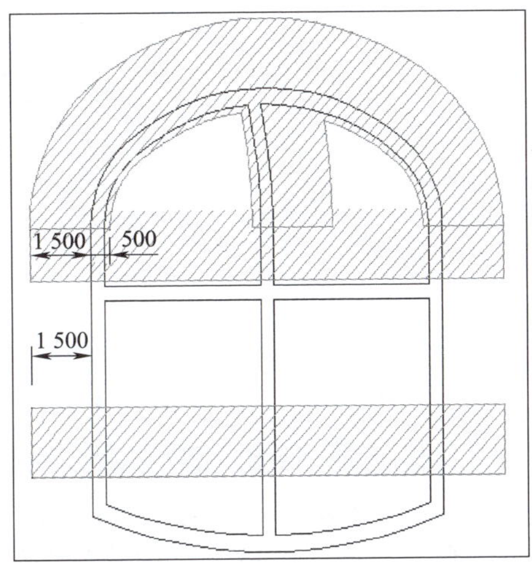

图 4.3-5　深孔注浆加固范围图(单位：mm)

5. 事故前工程状态

L 出入口南侧导洞内出现渗水垮塌：2021 年 7 月 1 日隧道涌水，管井周边塌方。事发前 L 出入口南侧导洞开挖面位于粉质黏土地层，右侧导洞初支背后存在渗漏水(图 4.3-6)。

图 4.3-6　L 出入口南侧导洞初支背后存在少量渗水

6. 监测情况

7 月 1 日隧道涌水，管井周边塌方，周边测点遭到破坏，上方地表最大累计沉降 -43.75 mm(控制值 -20 mm)，变形速率 -0.74 mm/d。垮塌区域燃气管线最大累计沉降 -21.45 mm(控制值 -10 mm)，变形速率 -0.94 mm/d(图 4.3-7)。

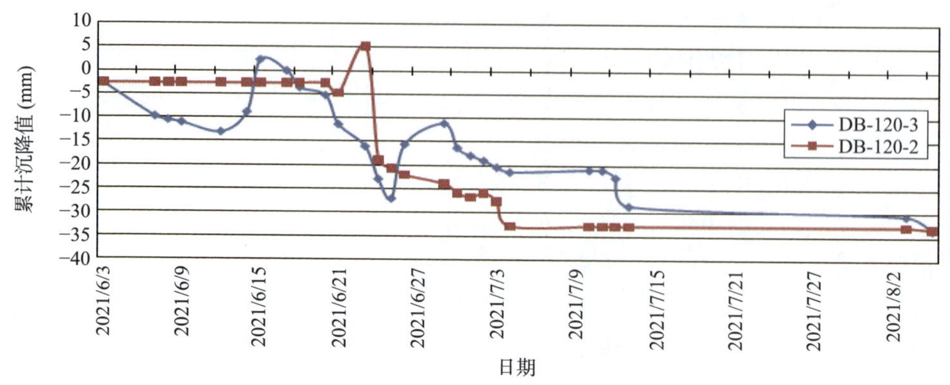

图 4.3-7　地表监测点变形曲线图

7. 风险事件经过

2021 年 7 月 1 日约 18:00,施工单位现场人员降雨过程中巡视 L 出入口时发现第二次提升(西南侧)暗挖段,拱顶发生漏水。问题发现后,施工单位立即通知相关各方,并启动应急机制。施工单位组织进行了抽排,抽排后水流未见减少。随即组织在水的漫流区域进行堵截及抽排,防止问题再次扩大。渗漏水短时间内经 1 号导洞进入 2 号导洞后,灌满 L 出入口竖井及横通道,并灌入第一次提升段,进入该站主体站厅层及站台层轨行区,后经过该站轨行区漫流至区间联络通道(图 4.3-8、图 4.3-9)。

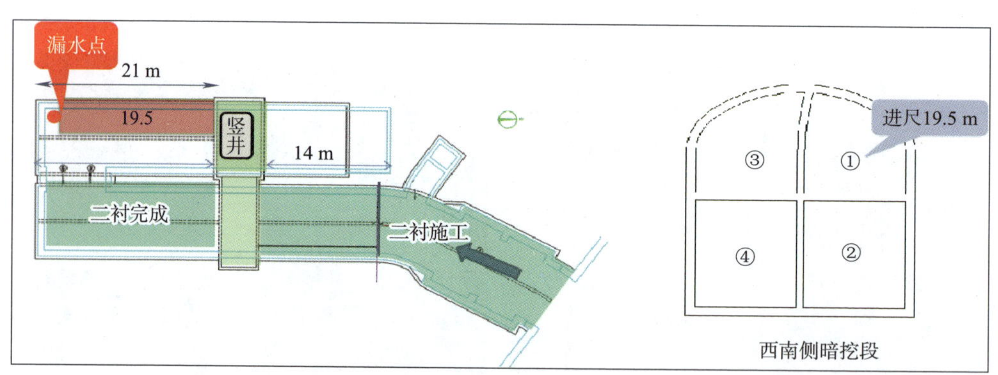

图 4.3-8　*L* 出入口二次提升(西南侧)暗挖段拱顶漏水平面位置图

8. 应急处置

险情发生后,抢险措施如下:

2021 年 7 月 1 日约 18:30,排水集团到达现场,加强抽排。同时经排水集团排查管线路由及流水走向,疑似排水路由上游井发生渗漏,7 月 2 日 2:30 左右在上游井进行封堵,洞内漏水明显减少。漏水减少后,进行洞内抽排,并对 1 号导洞进

图 4.3-9　洞内渗水、拱部垮塌

行加强封端，并埋设注浆管。

同时组织地质勘察院进行地面空洞检测，检测渗漏点处已出现塌陷，仅保留地面混凝土层。塌陷部位位于施工场地内，塌陷大小长约 5 m、宽约 2 m、深约 4 m。由塌陷部位观察，疑似污水管断裂，并由此处向下渗漏（图 4.3-10）。

图 4.3-10　上方雨水污管井周边垮塌

2021 年 7 月 1 日 9:00 针对 L 口垮塌组织专家巡视，具体意见如下：

（1）2021 年 7 月 1 日 18:00，十里河站 L 出入口西南侧暗挖段 1 号导洞在 19.5 m 处发生拱顶渗水，施工单位立即通知相关各方，并启动应急机制。经检查，掌子面上方较大空洞（长约 5 m、宽约 2 m、深约 4 m），合流管线断裂及时采取隧道掌子面和上方管线封堵，目前隧道内状态总体可控。

（2）险情控制措施：

①加强隧道 1、2、3、4 导洞掌子面封堵；在此基础上，进行处置背后径向注浆，填充空洞和土体疏松区。

②在管线断裂区段进行地面开挖，对合流管线进行修复、在此过程中做好自来

水、燃气管线保护措施。

③在合流管线修复同时、应对地下空洞采用早强快混凝土做好填充处理。

④做好地面开挖区域防雨水倒灌和隧道内的排水措施。

⑤加强对洞内外状态的监测与检查,强化抢险应急准备,切实做到防止次生灾害发生。

9. 后续处置

2021 年 7 月 2 日 9:30,施工单位针对 L 出入口拱顶漏水组织专家研判险情控制措施,后续施工单位按照专家意见对渗漏部位进行了破除,开挖、回填、恢复(图 4. 3-11 ~ 图 4. 3-15)。

图 4. 3-11　渗漏水部位

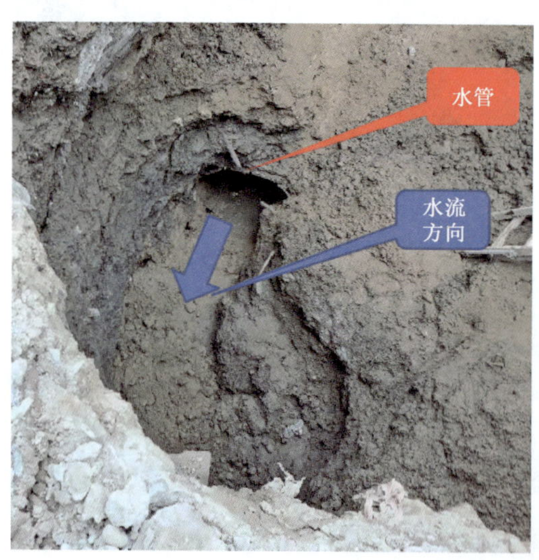

图 4. 3-12　给水检查井修复

图 4. 3-13　空洞区域回填

图 4. 3-14　空洞区域完成回填

图 4. 3-15　地面及管线恢复

10. 原因分析

出入口渗水垮塌事件原因分析如下：

(1)施工区域周边环境管线核查、调查、巡视不到位;在强降水过程中,雨水倒灌,造成漏水。

(2)管线调查不明确,事前不能采用有效措施;废弃管线管头未封堵,强降雨过程中,该管线排水不及时,具有承压性,冲破初支结构,造成漏水。(废弃管线处管口采用混凝土进行回填)

11. 总结

(1)穿越雨污水管线前,应对管线进行详细调查;并制定穿越措施或对管线进行保护。

(2)雨污水管线改移等工程,废弃管线管口封堵制定方案并考虑强降雨管线压力增大风险。

(3)汛期穿越带水管线,应加大结构周边管线调查,加强巡视监测,初支开挖过程,背后存在渗水时,应详查渗水原因。

(4)穿越雨污管线,周边环境出现延续沉降时,应及时对变形进行分析。

(5)做好背后注浆加固,并提前做好空洞普查。

2021 年 8 月 12 日 L 出入口 C 出入口转向休息平台坍塌、冒顶:

(1)事故前工程状态

2021 年 8 月 11 日白班对平台转角进行初支混凝土破除,夜班期间割除拱架(图 4. 3-16)。

图 4. 3-16　L 出入口转向休息平台初支混凝土破除

(2)监测情况

8 月 12 日转向休息平台洞门破除期间拱部发生坍塌、冒顶,周边测点遭到破坏,上方地表最大累计沉降 -57. 54 mm(控制值 -20 mm),变形速率 -0. 20 mm/d。垮塌区域燃气管线最大累计沉降 -57. 22 mm(控制值 -10 mm),变形速率 -1. 74 mm/d(周变形量 -10 mm)(图 4. 3-17、图 4. 3-18)。

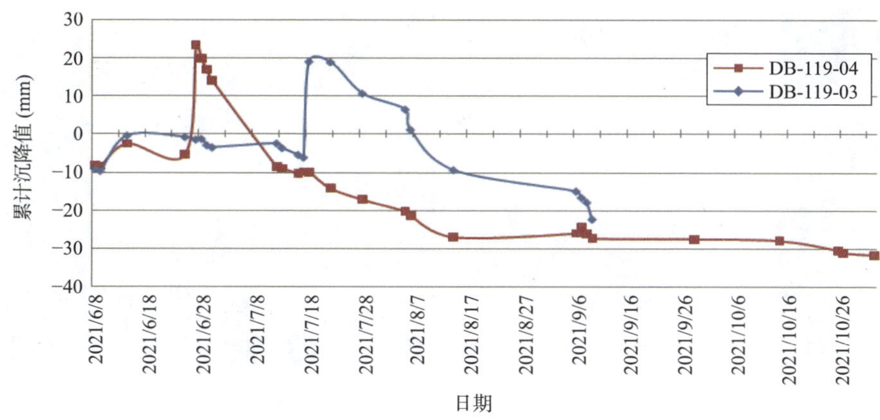

图4.3-17　地表监测点变形曲线图

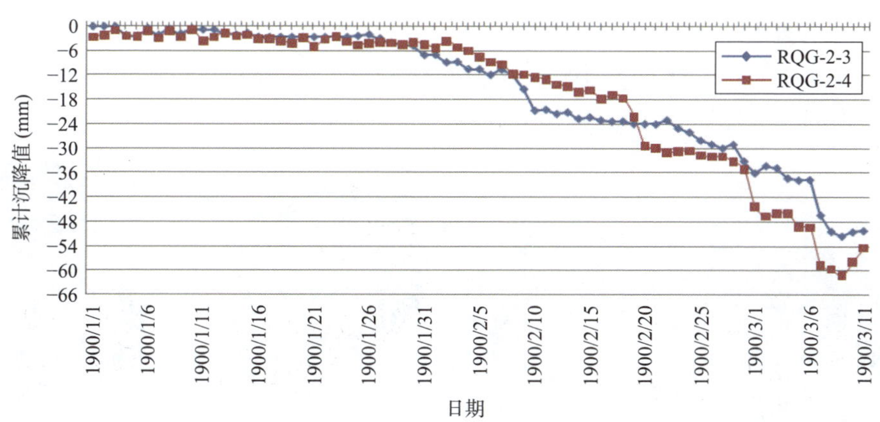

图4.3-18　燃气管线监测点变形曲线图

(3)风险事件经过

2021年8月12日1:50,L出入口C出入口转向休息平台马头门破除中,拱部发生渗水,伴有掉块,人员撤离10 min后,拱部开始大量塌方,冒顶情况,坍塌量不详;垮塌位置覆土5.7 m,自上向下穿越杂填土、素填土、粉质黏土(图4.3-19、图4.3-20)。

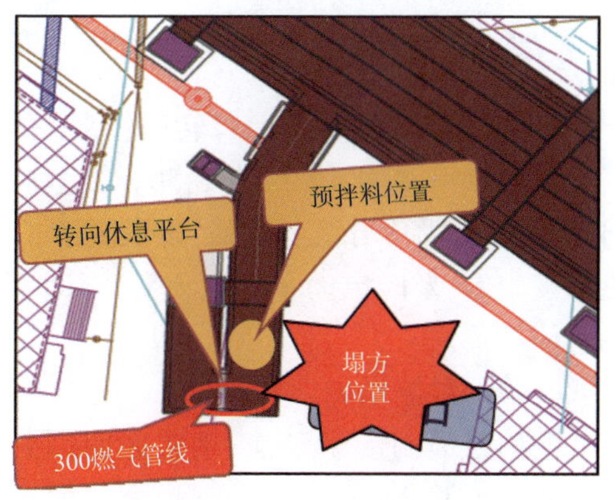

图4.3-19　塌方位置

图 4. 3-20 结构上方冒顶、塌方

(4)应急处置

险情发生后,抢险措施如下:

①8 月 12 日,发生塌方后施工单位对塌方周边进行隔离措施,素土回填。

②组织专家巡视商讨应急施工方案(图 4. 3-21)。

图 4. 3-21 现场对塌方周边进行围护及回填

8 月 12 日某站附属 L 口转向休息平台坍塌、冒顶风险处置专家意见如下:

①2021 年 8 月 12 日约 1:50,十里河站 L 出入口在开挖转角平台隧道 1 号导洞马头门时,拱顶坍塌至地表(该段隧道长度 1. 55 m 为浅埋,覆土厚度为 5. 75 m)。塌陷发生后,及时启动了应急预案,立即采取了处理措施。目前洞内和周边环境状态总体可控。

②险情控制措施

洞内及时封闭掌子面;塌陷区回填后,对回填区进行注浆,确保回填密实,控制好管线变形;对转角平台隧道之间的土柱及隧道周边进行注浆加固;在后续施工时,应加强马头门受力转换措施及加密拱部超前小导管;对塌陷区域做好防雨水倒灌措施；加强后续施工过程中洞内状态及周边环境监测与巡查，强化应急准备。

（5）后续处置

2021年7月2日9:30，施工单位针对L出入口拱顶漏水组织专家研判险情控制措施，后续施工单位按照专家意见对渗漏部位进行了破除，开挖（图4.3-22）。

图4.3-22　现场完成回填及掌子面封闭处置

2021年7月2日约13:00，漏水部位开挖完成，开挖完成后判定发生漏水管道为端头管，该管头无井室，管顶埋深4.3 m、管径1.2 m，距离拱顶0.25 m（图4.3-23）。

图4.3-23　破坏测点重新埋设及周边空洞探查

（6）原因分析

①上方三角区地层多次扰动，稳定性较差。

②超前支护效果不理想，未达到预加固目的。

③未施工门型框架，应力转换不理想。

（7）总结

L口汛期开挖阶段连续发生垮塌情况，受施工多次扰动，上方土体较为松散，雷达扫描存在盲区，注浆不密实。此区段上方位于杂填土层，覆土较薄，上方管线、汛期存在渗漏情况，现场对于马头门加固效果不理想，受力转换部位，未设置门型框架。后续施工阶段应优化各阶段施工工序，做好洞门加固，前期应做好结构上方土层空洞扫描，对地质松散区域应提前进行注浆加固。

4.4 相邻工程交叉施工引发风险事件

在地铁工程施工过程中,相邻工程交叉施工。当邻近工程施工信息不通畅,工程筹划不严谨,管理人员管理不当,周边环境风险识别不清晰,现场施工易发生因相邻工程交叉施工引发风险。为了进一步避免风险发生,从管理人员到作业人员都要提高安全风险意识,做好安全技术交底工作,建立健全安全施工管理体系及信息化管理(图 4. 4-1、图 4. 4-2)。

图 4. 4-1　暗挖导洞初支开挖

图 4. 4-2　明挖基坑二衬施工

4. 4. 1　案例五

1. 工程概况

暗挖区间在端头与明挖车站相接,右线 199 m,左线 192 m,线间距为 21. 08 ~ 26. 65 m,坡度由南向北分别为 2‰和 – 7. 5‰,采用复合式衬砌结构,区间断面为单线单洞马蹄形断面。

区间右线穿越地铁 15 号线,影响区域约 53. 3 m;左线影响区域约 50. 7 m,斜穿风道 18. 2 m;斜穿车站主体 22. 9 m(其中废水池 8 m),斜穿盾构区间 9. 6 m(图 4. 4-3)。

2. 地质与水文地质

区间正线上断面主要穿越粉质黏土、砂质粉土地层,下断面主要穿越粉细砂、砂卵石地层。

主要受层间、承压水(五)、承压水(四)影响明显,层间、承压水(五)水位位于正线导洞内,距离正线仰拱 0. 9 m,承压水(四)水位位于正线标准段拱顶上方,距离拱顶 2. 6 m。

根据竖井横通道以及附近标段施工经验,此区域内地下水位均有上升,上升高

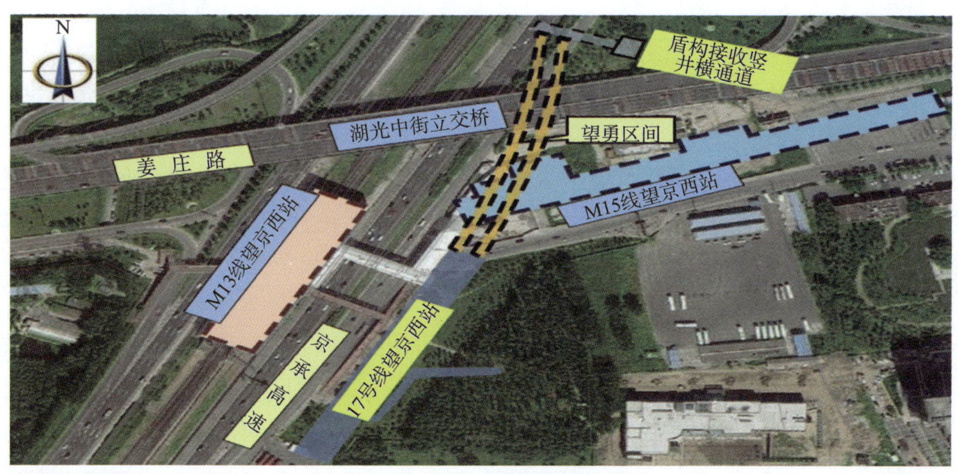

图4.4-3　区间平面布置图

度1～1.5 m。区间正线受限于周边既有线结构，无打设降水井条件，采用全断面注浆止水措施。

3. 主要风险工程

(1)下穿既有线结构主体、风道、换乘通道及某立交桥梁。

(2)坍塌位置西侧有某小区东门、多处建筑物。

(3)管线众多：DN700燃气管、DN500燃气管、DN1000上水管、DN1200雨水管、DN800上水管(表4.4-1)。

表4.4-1　管线统计

风险工程名称	风险等级	修建时间	管线尺寸	管线埋深(m)	管线材质	拱顶与管底竖向距离(m)	工程措施
沿线路数设超高压燃气管	二级	2010年	DN700	725	钢	13.1	1. 设置I22q型钢临时仰拱； 2. 全断面注浆，注浆范围为初支外轮廓外3 m； 3. 预埋小导管超前支护； 4. 对管线进行跟踪注浆； 5. 强密监测点布置、提高监测频率、及时反馈信息； 6. 施工前、施工单位应编制专项施工方案、应急预案及风险点管理办法
沿线路数设超高压燃气管	二级	2010年	DN500	693	钢	13.5	
沿线路数设两根上水管	二级	2004年	DN1000	663	钢	13.4	
与线路斜交高压燃气套管	二级	2013年	DN1350	748	混凝土	12.6	
与线路斜交雨水管	二级	2013年	DN1050 DN1200	640 350	混凝土	13.8 16.5	
与线路斜交上水管	二级	2001年	DN800	375	铸铁	16.2	

4. 施工工法及工艺

暗挖区间结构支护形式采用复合式衬砌,断面为单线单洞马蹄形断面。分为A、B 型两种断面形式,A 型断面毛洞宽 9.4 m,高 9.17 m,断面拱部位于粉质黏土层,采用 CRD 工法进行施工。B 型断面毛洞宽 6.48 m,高 6.62 m,断面拱部位于粉质黏土层和黏质粉土、砂质粉土层,采用台阶法进行施工,增设临时仰拱。暗挖区间采用全断面注浆进行止水作业,注浆范围为初支轮廓线外 3 m,拱部 120°范围内设置小导管。

5. 事故前工程状态

区间正线左线掌子面突涌前,17 号线新建明挖基坑施作底板结构,区间暗挖段左线施工初支,开挖面位于粉质黏土地层,两侧拱脚存在渗水现象,地层稳定性一般(图 4.4-4、图 4.4-5)。

图 4.4-4　明挖基坑施作底板结构

图 4.4-5　区间正线左线初支施工

6. 监测状态

区间正线左线上方发生塌陷,既有线道床测点 JLC-06-02 最大沉降量为 −2.50 mm(控制值 +1 mm, −3 mm),变形速率 −0.02 mm/d(控制值0.5 mm/d),开

挖至今沉降量为 -1.3 mm,日变形量为 -0.1 mm,自动化监测测点 JLC-06-01 最大沉降值为 -2.56 mm(控制值 +1 mm, -3 mm),变形速率 -0.03 mm/d(控制值 0.5 mm/d),开挖至今沉降量为 -0.4 mm ,掌子面突涌后变形量为 -0.11 mm,目前变形趋势较平缓,处于可控状态(图 4.4-6、图 4.4-7)。

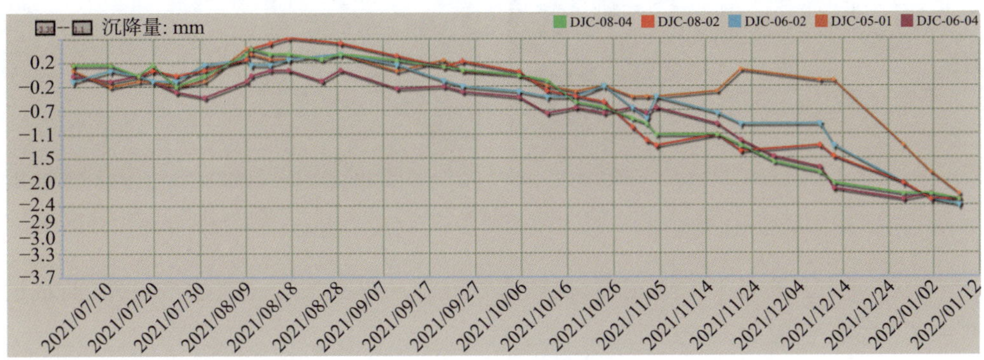

图 4.4-6　左线突涌后既有线道床监测变形曲线示意图

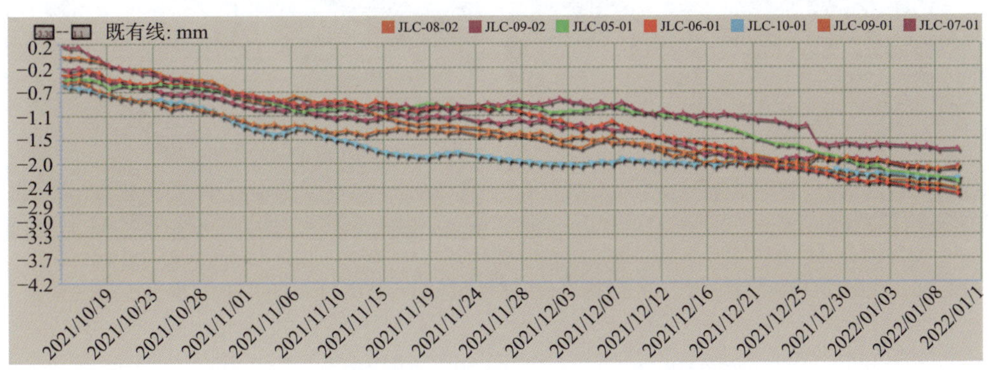

图 4.4-7　左线突涌后既有线自动化监测变形曲线示意图

7. 险事件经过

2022 年 1 月 7 日 16:25,采用暗挖施工的左线暗挖隧道上导洞掌子面右上方出现突涌现象,涌水涌沙且涌速快、涌量大、发展迅速,现场导洞内情况无法控制,造成相邻明挖车站北端头距地连墙 1.5 m 的地面处出现坍塌,上方土体从掌子面涌入区间左线上导洞内,堆积长达 30 m。

2022 年 1 月 7 日 16:43 左右,位于明挖站基坑北侧地面出现沉陷,塌陷位置(ZK33 +192.845)位于暗挖区间左线隧道正上方,距离新建车站基坑地连墙最近为 1.5 m,且塌方面积有逐渐增大趋势。经过现场勘查,塌陷后形成约 3 m × 4 m × 5 m(长 × 宽 × 深)陷坑(图 4.4-8、图 4.4-9)。

图 4. 4-8　地表塌陷

图 4. 4-9　洞内照片

2022 年 1 月 8 日 12:50 左右,视频监控显示又再次发生一次涌水事件,涌水量约 2 m^3(图 4. 4-10)。

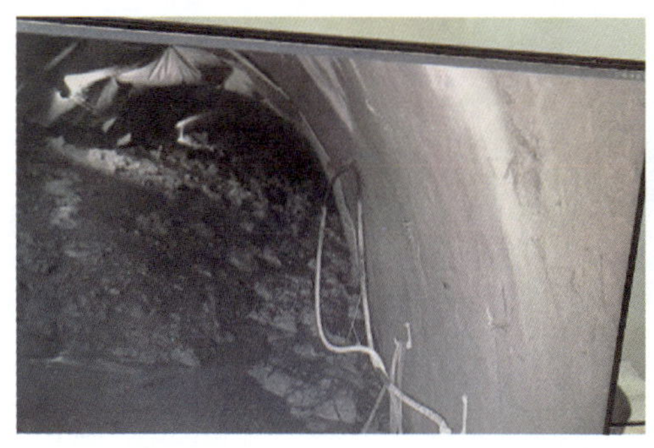

图 4. 4-10　再次突涌照片

8. 应急处理

2022 年 1 月 7 日 16:50 施工和监理单位到达地面塌陷位置,并在四周围起警戒线,17:10 建设单位到达进行现场指挥。项目部向各方汇报现场情况以及邻近工程施工情况,并组织对塌方情况进行了现场查看。决定先进行路面坍塌部位的处理,23:00 对陷坑回填 36 m^3 砂浆,于 00:50 完成,等待 4 h 初凝后于 5:30 将剩余部分至地面回填二灰,过程中掌子面稳定(图 4. 4-11)。

2022 年 1 月 8 日上午,为控制暗挖区间左线初支洞内的变形以及沉降,针对区间左线隧道内涌泥范围,填入沙袋以及加气块等物资,在距离原掌子面 5 m 形成封堵墙,防止原掌子面继续涌泥或其他次生灾害。至 1 月 9 日 5:00,封堵墙完成,洞内泥土中填充沙袋形成临时通道,同步在右线上层导洞、左线下层导洞采用工字钢进行支顶(图 4. 4-12、图 4. 4-13)。

图 4. 4-11　地面塌陷部位回填

图 4. 4-12　左线洞内处置措施

图 4. 4-13　右线采用工字钢进行支顶

9. 后续处置

(1)采取地面和洞内相结合的低压(0.3 MPa 以下)填充注浆方式,对塌陷回填区进行填充加固。

(2)注浆措施实施后,对上导洞恢复施工。

(3)上导洞增设双排小导管预支护,上导洞贯通后方可进行下导洞开挖。

(4)在塌陷区处理过程中,加强对相邻标段围护结构及本标段洞内外状态的监测与巡查,及时反馈信息,切实做到信息化施工。

(5)某综合交通枢纽施工应控制好对在施地铁结构的影响。

处置方法:

(1)1 月 9 日 15:00 左右封端完成后,对上导洞下方的涌泥部位进行锚杆注浆,增加封端下方的土体稳定性,采用向下密排注浆锚杆的方式,长度 2.5 m 施工至临时仰拱,横纵间距 30 cm,梅花形布置。角度与坡面夹角 30°~50°(图 4.4-14)。

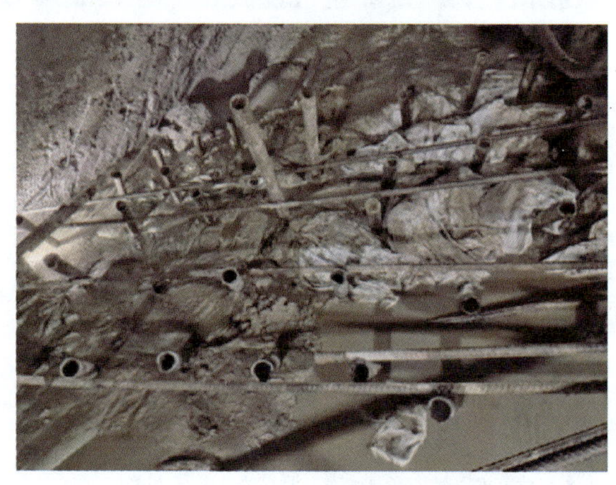

图 4.4-14　导洞涌泥部位注浆

(2)上导洞拱顶位置施工超前拱顶注浆,加固拱顶上方土体,减少左线拱顶上方松动甚至空洞的情况发生。注浆管采用 DN32×2.75 mm,人工打设。长度 5~8 m,沿隧道方向纵向打设,环向间距 0.65 m,角度 8°~38°。采用双液浆,压力控制在 0.2 MPa 以下,每根孔交替注浆,注浆时间在夜间既有线停运后(图 4.4-15)。

(3)鉴于某区间持续缓慢沉降,所以在此区间范围内的正线隧道内进行回填注浆,采用小于 0.1 MPa 或无压力的低压力注浆。注浆管间距:起拱线以上(顶板)为 2 m,侧边为 3 m,注浆深度为初支背后 0.5 m,梅花形布置。

10. 原因分析

(1)掌子面开挖临近既有车站围护结构,土体多次扰动(地连墙施工、注浆),且上部为回填土,地层稳定性欠佳,不排除地层中存在水囊(该区间原暗挖施工遇到多次突水情况)。

(2)施工方土体加固效果欠佳。

(3)此次塌方位置位于某新建公交枢纽场地内,此位置根据图纸显示地下存有多种废弃管线(污水、雨水)且新建枢纽 1 月 7 日 15:00 左右施工围护桩

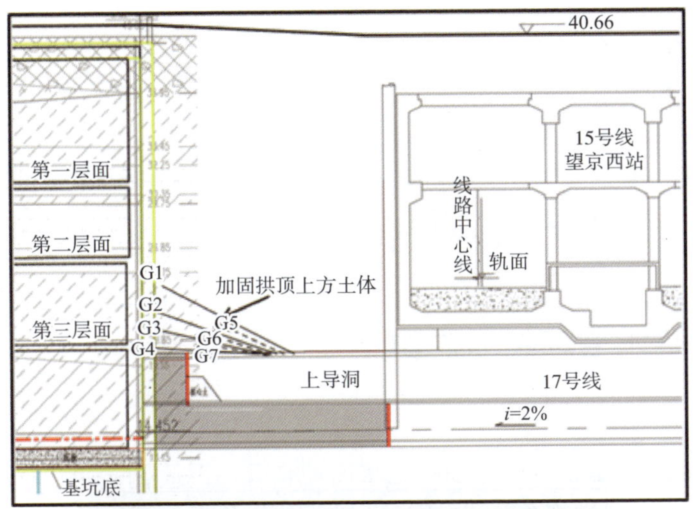

图 4.4-15　对上导洞拱顶部位进行超前深孔注浆

(18.5 m深且第一根已成孔、未下笼)，围护桩桩底距右线拱顶垂直距离1.9 m，桩孔距塌陷位置20 m。

11. 总结

(1)明暗挖结合部位，前期应做好工筹筹划，明确明暗结合部位筹划，结合部位加强措施。

(2)不同施工标段应做好信息联动，避免因信息不互通，交叉施工、造成不必要风险事件发生。

(3)穿越重要风险源、明暗结合部位，做好周边环境核查、应不定期进行空洞探查，或者洞内洛阳铲进行超前地层探查，避免因降雨、管线渗漏形成水囊，造成结构开裂、突涌、冒顶风险。

(4)制定专项后续施工方案，严格按照方案执行，加密周边巡视及监测。

第5章 北京地铁矿山法施工专项技术总结

5.1 真空降水专项技术总结

5.1.1 引言

在轨道交通建设过程中,浅埋暗挖法由于具有不拆迁、不影响交通和不破坏环境等突出优点在北京地铁车站建设中被广泛应用。该工法安全实施的前提条件是无水作业,带水作业非常困难,开挖面的稳定性时刻受到水的威胁,甚至发生塌方、进而引起结构失稳。对于受地下水影响的项目,地下水的处理主要考虑降水的方法,如地面管井降水、洞内管井降水、辐射井降水等。但如果遇到特殊水文地质条件(比如存在界面水),界面水存在于透水地层与不透水地层的界面,由于降水很难在界面形成降水漏斗,导致界面处地下水难以疏干,降水则可能失效。结构拱部若处在富水界面附近,常常由于残留界面水的存在,轻则地面沉降过大,重则导致塌方;富水界面一般地下水补给充足,土层中细颗粒的流失和泥化现象严重,如果结构埋深较浅,很容易造成冒顶事故,殃及地面;同时界面水长期存在对界面周围地层力学性质降低影响显著,给拱部开挖施工带来极大的风险。无法有效降低地下水位时暗挖施工必须采取封堵措施,其付出的投资和工期代价相对较大,且由于深孔注浆止水过程中不可避免地存在盲区,无法保证作业面稳定和施工安全。作为一项辅助处置措施,真空降水在北京地层浅埋暗挖法施工处置地层界面水的过程中得到了广泛应用,效果良好。

5.1.2 北京城区工程水文地质

北京中心位于北纬39度54分,东经116度23分。全市土地面积16 400 km^2;其中平原面积6 339 km^2,占38.6%;山区面积10 072 km^2,占61.4%。北京的西、北和东北群山环绕,东南是缓缓向渤海倾斜的北京平原。北京平原的海拔高度在20 ~ 60 m,山地一般海拔1 000 ~1 500 m,与河北交界的东灵山海拔2 309 m,为北京市最高峰。境内贯穿五大河,主要是东部的潮白河、北运河,西部的永定河和拒马河。北京的地势是西北高、东南低。西部是太行山山脉余脉的西山,北部是燕山山脉的军都山,两山在南口关沟相交,形成一个向东南展开的半圆形大山弯,人们称之为"北京弯",它所围绕的小平原即为北京小平原。

北京市在地质构造上正处于华北地区中部——燕山沉降带的西部。在漫长的地质历史中，既经过大幅度的下降，又产生过剧烈的造山运动。特别是中生代，以燕山运动为主的造山运动，构成了北京地区地质构造骨架和地貌的雏形。

北京地区的岩性条件比较复杂，各类岩石（土）均有出露，大体上可划分为松散堆积物和基岩两大类。堆积物主要分布在山前平原区，其厚度从山前数米向东南逐渐加厚至数百米，主要为各类砂壤土、砂、卵砾石。基岩多出露在山区，主要有岩浆岩类、变质岩类、沉积岩类。中生代燕山运动形成了北京地区的基本地形骨架：西部山地、北部山地和东南平原三大地貌单元。山地约占全市面积的62%，平原约占38%。地貌类型主要有中山、低山、丘陵、平原、山间盆地等。

北京城区地势总体西高东低，地形较平坦，无明显起伏。沿线地层主要为第四系永定河山前冲洪积层和河流相的沉积层，地层的特点为西部以厚层砂土和砂卵石、砾石地层为主，向东于城市中心区大部分地层过渡为黏性土、粉土与砂土、卵砾石土互层，再向东则以厚层黏性土、粉土为主。

北京是华北平原地下水资源最丰富的地区之一，地下水主要赋存在平原区第四系砂砾卵石层和山区及平原隐伏碳酸盐岩地层中。平原区地下水为第四系松散层孔隙水，水文地质条件主要受永定河、潮白河、温榆河、错河和大石河等冲洪积层所控制，含水层具有明显的水平分带性。

北京地下水以大气降水入渗补给为主，其次为河流渗漏补给等。往年城近郊区地下水严重超采，处于负均衡状态，供需矛盾突出。

北京市区按照对工程有影响的浅层地下水的分布条件划分为三个大区：永定河冲洪积扇台地潜水区、过渡区和潜水区（编号Ⅰ、Ⅱ、Ⅲ区），再细分为七个亚区（Ⅰa、Ⅰb、Ⅰc；Ⅱa、Ⅱb及Ⅲa、Ⅲb）（表5.1-1）。

表5.1-1　北京地区各区地下水赋存特性

大区	Ⅰ区			Ⅱ区		Ⅲ区	
亚区	Ⅰa区	Ⅰb区	Ⅰc区	Ⅱa区	Ⅱb区	Ⅲa区	Ⅲb区
位置	东北郊	东郊	东南郊	老城区东北部	老城区大部	清河流域	西郊西南郊
地下水赋存特性	30 m之内有3～4个含水层，上部，台地潜水，中部1～2个层间潜水含水层，下部，潜水（有时局部承压水）	基本同于Ⅰa区，由于地处古金沟河下游的网状河流区域，台地潜水分部不连续；又因古河道岩性颗粒较粗，成为本区地下水汇水廊道	基本同于Ⅰa区。受Ⅰb区古河道影响，地下水在临近Ⅰb区的流向由WE向NE	围绕王府井一带上层分部有丰富的上层滞水，下部为潜水～承压水	上层较少上层滞水，下部为潜水～承压水	潜水类型，分部特征受现代河流控制，河流一级阶地分部由承压水	潜水一般埋藏较深，受人为因素影响，水位变幅较大

在建市区线路 3 号线一期、12 号线东西走向,17 号线、19 号线一期南北走向分别穿过Ⅰ区、Ⅱ区和Ⅲ区。受地下水及环境保护等因素制约,施工前期降水措施的实施受到较大影响,目前 3 号线一期、12 号线普遍未形成完整的降水体系,地下水治理效果不理想,作业过程受地下水影响严重,安全管控风险逐渐凸显。

5.1.3 北京地铁矿山法施工地下水控制主要措施

1. 矿山法施工中降水措施及原理

在富水地层中,施工的安全性受到地下水的严重影响,因此城市地铁施工时,普遍需要采用降水技术疏干地下水,达到无水状态才能进行施工。

北京地铁矿山法施工中采取的降水措施主要包括集水明排、地面深孔井点降水、洞内真空降水等。

(1)集水明排:一般采用截、疏、抽的方法(图 5.1-1)。

截:在现场周围设临时或永久性排水沟、防洪沟或挡水堤,以拦截雨水、潜水流入施工区域。

疏:在施工范围内设置纵横排水沟,疏通、排干场内地表积水。

抽:在低洼地段设置集水、排水设施,然后用抽水机抽走。

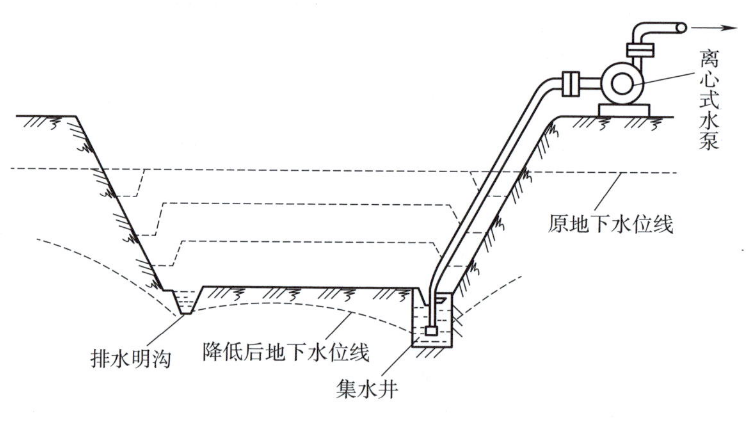

图 5.1-1 集水明排

(2)地面深孔井点降水:地面施工场地及其他条件允许时,多采取该降水措施;在地面布设降水管井,形成对新建结构主体的封闭降水条件,通过井内抽排水可达到对地下水的有效控制;一般井深应低于隧道底面 5 m,井点间距根据地层情况在 25 ~35 m 之间。由于深井降水采用重力排水方式,降水速度缓慢,降水应提前进行(图 5.1-2)。

地面深孔井点降水具有下列优点:

①工艺成熟可靠,降水系统维护便利,施工快捷,是最为稳妥的地下水处置手段。

②降水工作与新建结构主体施工互不干扰。

③能在较大范围内大幅度降低地下水位。

地面深孔井点降水一般适用于以下地层:

①含水层厚度小于 15 m,但其中黏土夹层不超过两层。

②地面渗透系数在 10~200 m/d 之间。

③地层中颗粒小于 0.05 mm 的沙含量不超过 3%(按体积算)。

④真空井点降水:真空井点是指沿工作面四周或者将井点管沉入深于坑底的含水层内,井点管上部与总管连接,总管与上部抽水主机连接,利用抽水主机产生的真空作用将地下水从井点管内不断抽出,引到地面,并排往施工区以外,使每根井点管周围形成一个降水漏斗,由于许多降水漏斗曲线的重迭,可导致原地下水位的成片下降。

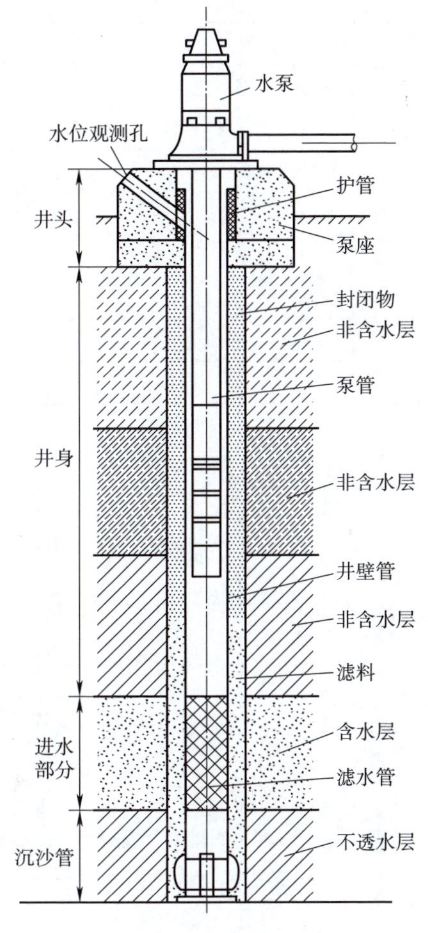

图 5.1-2　降水管井

2. 北京地铁矿山法在施工程降水实施情况

(1)目前北京地铁矿山法在施工点 76 处,其中 52 处施工受地下水影响,占总数的 68%。3 号线一期、12 号线、17 号线受地下水影响较重,占总受地下水影响工点的 79%。在设计未给出降水措施的工点中,目前采取引流排水、深孔注浆止水的措施进行补救。由于深孔注浆止水过程中存在盲区,地层中的上层滞水、弱透水层(黏性土)中的饱和水和含水层界面残留水较难疏干等情况,施工现场多次应用了真空降水的方式进行了处理。

(2)真空井点降水:真空井点是指沿工作面四周或者将井点管沉入深于坑底的含水层内,井点管上部与总管连接,总管与上部抽水主机连接,利用抽水主机产生的真空作用将地下水从井点管内不断抽出,引到地面,并排往施工区以外,使每根井点管周围形成一个降水漏斗,由于许多降水漏斗曲线的重迭,可导致原地下水位的成片下降(表 5.1-2、图 5.1-3)。

表 5.1-2　北京地铁矿山法在施工程受地下水影响统计

线　　路	在施工点数量	受地下水影响数量
3 号线一期	10	10
6 号线西延	3	0
7 号线东延	2	2
12 号线	26	16
17 号线	15	15
19 号线一期	17	6
房山线北延	3	3
合计	76	52

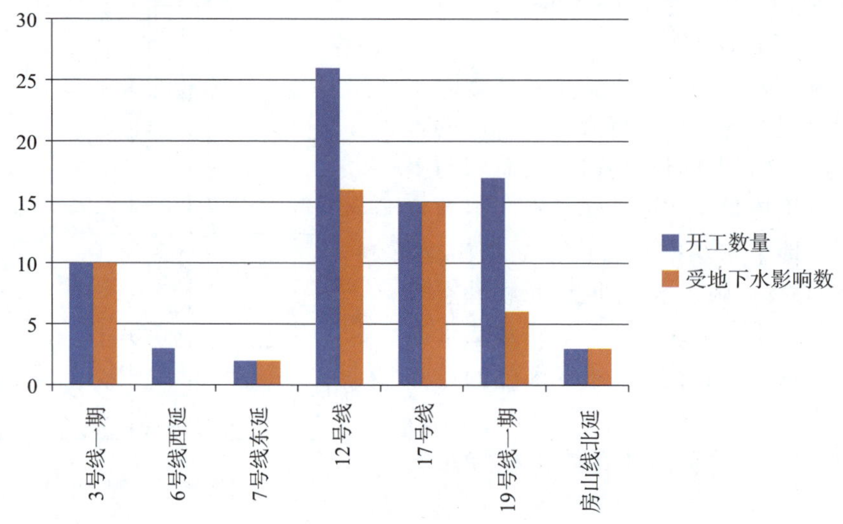

图 5.1-3　北京地铁矿山法在施工程受地下水影响占比

3. 无法降水对施工带来的风险

地铁矿山法施工中,若无法对地下水、地表水体或管线渗漏水进行有效控制,造成隧道开挖面、初支结构出现渗漏水现象,直接影响掌子面的稳定性,引发施工作业组织困难、地层坍塌、结构变形等风险隐患。

(1)开挖面渗漏水的危害:造成开挖面坍塌或突泥涌水、地面坍塌、结构失稳、周边建筑物变形超限等(图 5.1-4、图 5.1-5)。

(2)初支结构渗漏水的危害:造成初支结构强度降低、地层损失、地面坍塌、周边建筑物变形超限、影响二次衬砌施工等。

图 5.1-4　掌子面涌水涌砂

图 5.1-5　竖井底部淤积严重

5.1.4　真空降水措施概述

1. 实施真空降水的目的

当施工降水遇到疏干含水层问题时，由于受降水理论、含水层底板凹凸不平等因素的影响，在含水层底部界面会存在少量残留水，影响现场作业。对于该情况，施工现场多采用在隧道侧壁或掌子面前方打设超前水平真空管，通过在管中施加负压，达到增加管中水位与地层中水位的水头差，从而达到降水的目的。

2. 真空降水应用的条件及范围

隧道内真空降水多应用于降深要求不高，含水量要求不高的施工项目。

(1)地层类型：多应用于透水层与不透水层交错区域。

(2)渗透系数：0.120 m/d。

(3)降水深度：单级小于 6 m，多级小于 20 m。

(4)水文地质：上层滞水或水量不大的潜水形成的界面水。

3. 隧道内实施真空降水流程

隧道内实施真空降水大致分为以下几个过程：准备工作、井点系统的埋设、使用及拆除。

(1)准备工作包括井点设备、动力、水源及必要材料的准备。排水沟的开挖、附近建筑物的高程观测及防止附近建筑物沉降的措施。

(2)插管

通过高压风管在界面水层吹孔,吹孔后插入排水管,插实后将孔口位置空隙夯实,减少外界空气进入。

埋设于上台阶掌子面处排水管必须将封孔土层夯实,确保封闭真空区域;置于下台阶的斜向抽水管采取吹孔后插入先预埋,孔口用黏土及喷射混凝土密封,确保封闭真空区域。

抽水管多采用 PVC 管,一般 4 根抽水管用 3 个三通接头连接,汇集为一根管。抽水管插入地层端口采用密目滤水网进行缠裹。

抽水管与真空泵进水管衔接处用钢丝绑扎,必须保证密封不漏气。

(3)抽水

将抽水管另一头接到真空泵上,真空抽水机水箱内注入一定量的水,将抽水扣密封,形成真空环境,启动真空抽水机,使其管内形成负压,从而将掌子面层间滞水吸到抽水机内,然后通过排水口排出。真空抽水压力控制在 0.02 ~ 0.06 MPa,当压力小于 0.02 MPa 时应及时查找漏气原因,当压力大于 0.06 MPa 时通过气阀减压。应随时观察掌子面、土体稳定、渗水情况,效果不佳的时候要重新埋设抽水管。

(4)跟进

根据现场情况循环跟进真空管,一般每开挖 2 ~ 2.5 m,需重新布置抽水管埋设位置,布置及调试需要 2 h 左右的时间(图 5.1-6 ~ 图 5.1-9)。

图 5.1-6　真空降水泵

图 5.1-7　真空降水管

4. 真空降水的特点

真空降水法处置地下水,具有以下特点:

(1)群孔排水的同时产生了止水帷幕的效应。

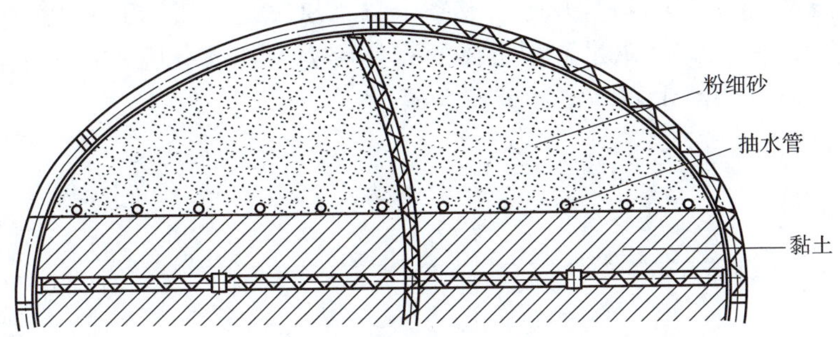

图 5. 1-8　典型布孔横剖面图

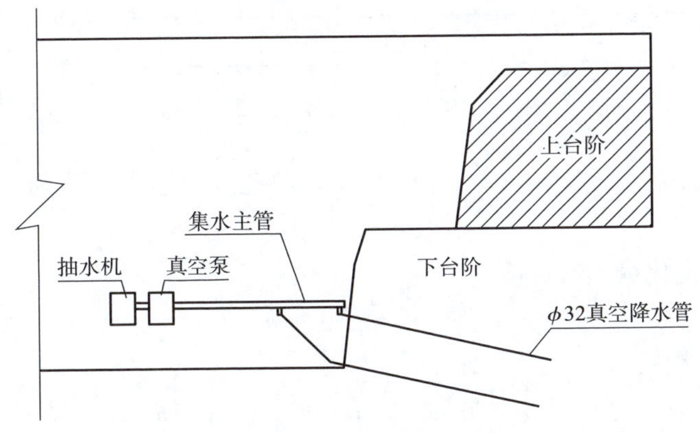

图 5. 1-9　典型布孔剖面图

真空降水产生的强真空传递到各吸水孔,实现群孔同时排水,每一个吸水井孔对其周围 5 m 以内产生负压效应。由于井孔埋设间距一般为 1. 5 ~ 2. 0 m,因此,同时排水的群孔负压效应相互搭接构成了真空效应很强的地下真空连续墙,真空连续墙能够十分有效地阻挡工作面外地下水从侧壁侵入,起到止水帷幕的作用。

(2)避免流砂及软土的软弱流变现象和土体的潜蚀或管涌现象。

软土和粉土、粉砂土层在动水力的作用下易发生压力传递现象,出现软土滑动及砂土的流砂现象,造成严重工程事故。真空井点降水止水方法在工作面开挖前就已将开挖土层的自由水排出,致使软土出现滑动和砂土层流砂的动水力很小。

5. 真空降水对地层沉降影响

施工中大量抽取地下水会造成土体沉降,对周边建筑物的安全造成威胁。真空复合管井的降水方法,会使土体内外的气压差对土体进行压密,增大沉降量。对采用地面真空管井降水进行计算,预测土体沉降,过程如下。

(1)潜水层降水土体沉降计算

降水工程对地面沉降的影响范围比较大,土体的渗流固结可采用一维固结模型分析降水沉降,便于工程应用和计算。在计算过程中,不考虑不同含水层间的越流，将连接多个含水层的降水井等效成各个含水层完整井的叠加进行分析。对于潜水层的降水来说，在降水过程中土体的有效应力会随着孔隙水压力的消散发生变化。图 5.1-10 为潜水层降水计算示意图。

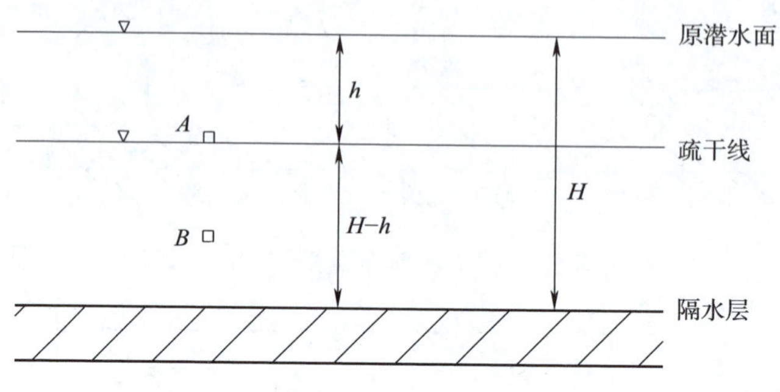

图 5.1-10　潜水层降水计算示意图

当水位从原潜水面下降至 h 深度时，A 点的孔隙水压力变化为

$$\Delta u = -\gamma_w h \tag{5.1-1}$$

有效应力变化为

$$\Delta\sigma' = \gamma h - \gamma v h \tag{5.1-2}$$

总应力变化为

$$\Delta\sigma = \Delta u + \Delta\sigma' = (\gamma - \gamma' - \gamma_w)h \tag{5.1-3}$$

式中，γ_w 为水的重度；γ 为湿重度；γ'为浮重度。

由此可得疏干带的沉降为

$$S_1 = h \cdot \Delta\sigma'/E_s \tag{5.1-4}$$

式中，E_s 为土体变形模量；S_1 为沉降值。

对于疏干线以下的某点 B，有效应力变化为

$$\Delta\sigma' = \gamma_h - \gamma' h \tag{5.1-5}$$

因此，疏干线和隔水层之间土体的沉降为

$$S_2 = (H - h) \cdot \Delta\sigma'/E_s \tag{5.1-6}$$

由以上分析可得，潜水层降水总沉降为

$$S_3 = hH(\gamma - \gamma')/E_s \tag{5.1-7}$$

(2)承压含水层降水沉降计算

根据太沙基一维固结理论可知，承压含水层土体在降水过程中总应力保持不变，土体有效应力的增大等于孔隙水压力的减小，得到的承压含水层降水后的沉降为

$$S_4 = H \cdot \Delta\sigma'/E_s = H \cdot \gamma_w/E_s \tag{5.1-8}$$

式中，H 为承压水层厚度。在计算过程中，不考虑由于潜水层水位下降引起的层间潜水和承压含水层应力卸载所导致的土体回弹。

(3)真空负压引起沉降的弹性力学解

在没有真空作用时，潜水层和承压层的水通过降水井排出后，土体孔隙中的气压等于大气压，土体在孔隙水压力消散过程中完成沉降。当在降水井中进行真空抽气时，会使土体孔隙中气压减小，此时土层表面大气压和土体中的气压产生压差 Δq_v，对土体进行压缩，导致土体沉降。在计算过程中，原潜水面以上的土体可视作密封层，气压差通过土层表面作用，计算原理如图 5.1-11 所示。

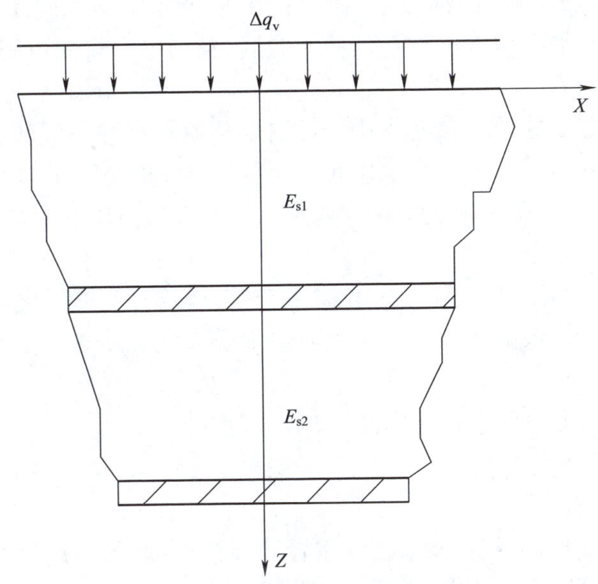

图 5.1-11　弹性力学解计算原理

将不同变形模量的土层划分成厚度相同的若干层进行叠加，得到计算深度范围内的等效变形模量：

$$\overline{E}_s = 1/\sum_{1}^{i}(1/E_{si}) \tag{5.1-9}$$

通过位移法求解弹性力学空间问题，得到土体随深度变化的沉降结果为

$$S_v = \frac{(1+\mu)(1-2\mu)}{\overline{E}_s(1-\mu)}\left[\Delta q_v(h_1 - z) + \frac{\rho g}{2}(h_1^2 - z^2)\right] \tag{5.1-10}$$

式中，h_1 为沉降量为 0 的深度，取 Δq_v 和土体自重应力比值为 0.2 时的值；ρ 为湿密度；z 为深度；μ 为泊松比。因此，地表沉降量为

$$S_{vmax} = \frac{(1+\mu)(1-2\mu)}{\overline{E}_s(1-\mu)}\left(\Delta Q_v h_1 + \frac{\rho g}{2}h_1^2\right) \tag{5.1-11}$$

通过地表沉降的理论值和实测值发现，真空降水工程对地表沉降的影响非常小，由真空负压引起的地表沉降理论值一般约为 1 mm。

6. 真空降水施工工艺流程

根据北京地铁暗挖法施工过程中，采用真空降水工艺处理地下水的实际情况，归纳总结出适用于北京城区工程地质水文条件下采取真空降水施工工艺所适用的工艺流程及注意事项。

7. 水平井施工程序

（1）钻机安装

将钻机置于厚 10 mm 的钢板上，通过钢板平台固定钻机施工水平孔，然后固定钢板。调整好水平孔位置和钻孔延伸方向后，利用平台将钻机固定。

（2）水平孔定位

根据水平孔位置图，参照隧道永中线控制点施放水平井井位和确定钻孔延伸方向。首先开挖竖井，开挖深度至含水层底板与隔水层顶板交界处，由竖井往横通道打水平井，待横通道完成后，从横通道中含水层隔水层交界面往主体方向打水平井。

（3）孔口护管

一般的，水平井开孔后先下 2 m 长水平套管，套管外与隧道之间用水泥密封处理，防止流沙和涌水，保证施工中开口处地层不受大的扰动。

（4）钻进

一般通过正循环法钻进将孔内渣土从钻杆内排出，钻进过程中根据出渣量的情况控制钻进速度。

（5）放入滤水管

钻进到设计深度后停钻，然后将滤水管缓缓推进，滤水管接口部位要连接平整牢固，避免剐蹭套管，滤水管出口段要安装节门。

（6）起拔钻杆

起拔钻杆前需下入一根顶杆将套管内滤水管顶住，然后逐段拔出套管。拔套管期间要防止将滤水管带出。

（7）井口封堵和安装节门

钻杆拔出后，在井口滤水管和孔口护管间先塞海带止水后，用水泥封堵。并在井口安装节门。

8. 超前水平真空降水参数控制

北京地铁暗挖工程中，有时会采用超前水平真空降水用作辅助措施，向掌子面打设水平真空抽水管，综合降水。

在北京地铁暗挖工程建设中，根据施工现场经验，可将超前水平真空抽水管参数大致分为以下几种：

（1）当需要处理粉细砂层界面水时，每个导洞断面宜打设 8 ~ 10 孔，打设深度宜为 2 m，使用 ϕ25 孔径钢制管，抽水设备额定功率 15 kW 时，降水效果最佳。

（2）当需要处理细中砂层界面水时，每个导洞断面宜打设 6 ~ 8 孔，打设深度宜为3 m,使用ϕ25孔径钢制管,抽水设备额定功率15 kW时,降水效果最佳。

(3)当需要处理砂层～黏土层交界面水时,每个导洞宜打设8～10孔,打设深度宜为1～2 m,使用ϕ25孔径钢制管,抽水设备额定功率为15 kW时,降水效果最佳。

5.1.5　真空降水实施案例

1. 工程概况

a线路车站位于A道路与B道路交叉路口东侧,东西布置于A道路下方,车站上方为横跨B道路的东桥立交桥。b线路车站位于A道路与B道路交叉路口,南北布置与B道路下方。路口西北角为某小区,路口东北角为某办公楼,路口东南角为某科学研究院,路口西南角为某小区建筑物等。该车站为a线路与b线路的换乘车站,两线车站采用T形节点换乘,同期实施。

a线路车站为地下三层岛式车站,车站主体长度237.3 m,断面宽度23.7 m,车站中心里程处轨顶绝对高程为15.796 m;b线路车站为地下两层岛式车站,车站主体长度218.8 m,断面宽度23.1 m,车站中心里程处轨顶绝对高程为22.697 m;两线均采用PBA暗挖工法施工,为双柱三跨拱形断面。车站共设置4组风亭,5个出入口和5个安全口(其中1、2号风亭组,A、B、C出入口,1、2号安全口属12号线;3、4号风亭组,D、E出入口,3、4、5号安全口属昌平南延线)。两线车站两端均为矿山法区间。

2. 水文地质

详细勘察钻孔最大深度为65 m,在勘察深度范围内,按成因年代分为人工堆积层和一般第四纪冲洪积层两大类,竖井横通道、车站主体导洞主要穿越粉质黏土、粉细砂、砂卵石地层。

详细勘察钻孔最大深度为65 m,在勘察深度范围内,根据区域水文地质资料和现有的勘察资料,车站主要赋存有两层地下水,其类型分别为层间潜水(三)和层间潜水(四)。地下水详细情况如下:

层间潜水(三):含水层岩性为粉细砂④$_3$层、卵石～圆砾⑤层及粉细砂⑤$_2$层等,水位高程为36.75～37.64 m,水位埋深为11.20～13.90 m,观测时间为2016年10月。主要接受侧向径流及越流补给,以侧向径流和人工开采的方式排泄。

层间潜水(四):含水层岩性为卵石⑦层、中粗砂⑦$_1$层、粉细砂⑦$_2$层、卵石⑨层、粉细砂⑨$_2$层、粉细砂⑩$_3$层、卵石⑪层及粉细砂⑪$_2$层等,该含水层由于粉质黏土⑨$_3$层及粉土⑨$_4$层的存在而具有一定的承压性,水头高程18.66～20.90 m,水头埋深27.80～31.99 m,观测时间为2016年10月。主要接受侧向径流及越流补给,以侧向径流和人工开采的方式排泄。

另外,由于上层滞水(一)层分布较不规律,且受绿化灌溉、降水等外部环境的影响较大,因此不排除局部存在的可能性。

拟建场地内的层间潜水(三)对混凝土结构具有弱腐蚀性;层间潜水(四)对混凝土结构具有弱腐蚀性。

拟建场地内的层间潜水(三)及层间潜水(四)在干湿交替情况下对钢筋混凝土结构中的钢筋均具有弱腐蚀性,在长期浸水情况下对钢筋混凝土结构中的钢筋均具有微腐蚀性。

3. 降水方案综述

因与排水集团未达成共识,车站周边无法进行管井降水施工,竖井横通道及主体导洞未进行降水施工,在施的竖井、横通道、上层小导洞掌子面多位于粉细砂⑤$_2$层、粉细砂⑦$_2$层、粉细砂⑨$_2$层,施工面内存在层间滞水;为满足洞内无水作业要求,确保施工安全质量,洞内采用真空泵进行辅助降水,洞内真空降水造价低廉,体积小,移动性强,可在富水粉细砂层将水疏干,保证无水开挖作业,其工作原理是在插管和地层中形成一定的真空度,使含水层和周边环境形成较大的压力差,不但可提高重力水流速,且可削弱毛细管作用力,使更多的毛细水被抽出,达到疏干残留水的目的。

4. 降水过程及效果评价

真空降水:施工流程为调试真空泵→插管→连接管路→检查管路气密性→正式抽水(图 5. 1-12 ~ 图 5. 1-15)。

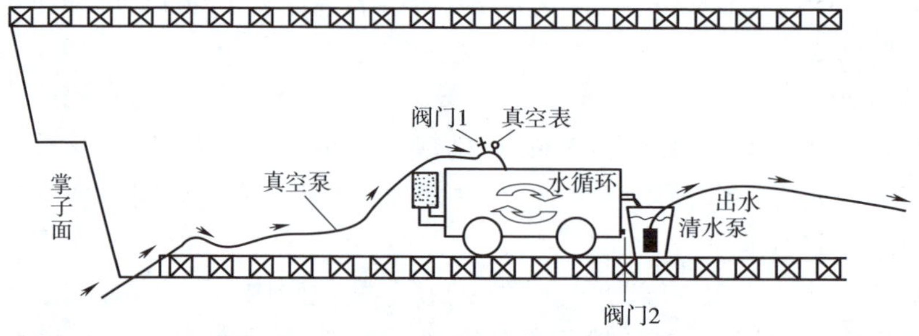

图 5. 1-12　真空降水工作流程示意

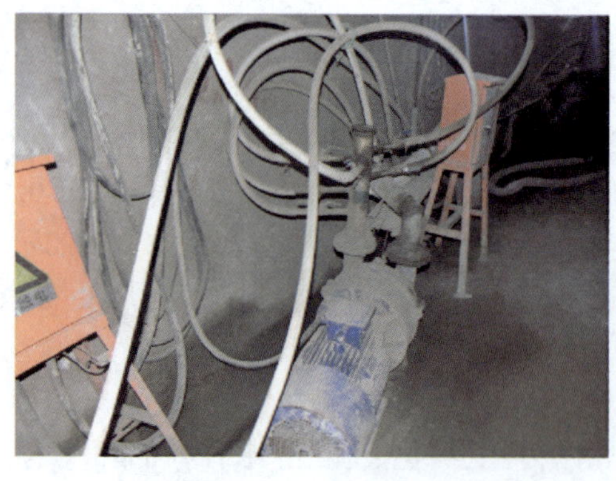

图 5. 1-13　洞内真空泵

图 5. 1-14　超前真空泵抽排

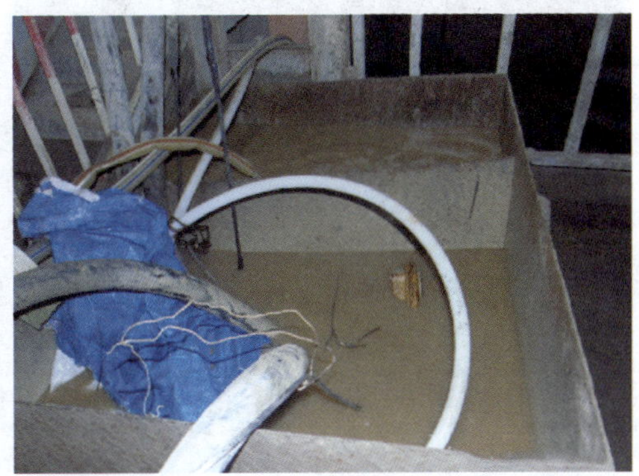

图5.1-15　集水箱

(1)调试真空泵

在真空泵水箱中蓄水至2/3位置,启动真空泵,打开放气阀,将管道内气体放出,以保证管道内为负压状态。

(2)插管

制作PVC透水,取一根长3 m的ϕ30PVC管,用电钻在管上钻孔,孔径8 mm,间距100～150 mm,梅花形布置。在花管部位缠绕80 mm目密目网并用防水胶带固定。管的端头用密目网封闭,以避免进砂。

将制作完成的花管与长3 m的镀锌管一并插入水以下,不影响下一榀格栅架立的角度插入粉细砂层中,再拔出镀锌管,将花管留在砂层中连接管路。

(3)连接管路

将ϕ32塑料螺旋管连接到PVC花管上,再将多根螺旋管汇总到ϕ72钢管上,再连接至真空泵。

(4)检查管路气密性

观察真空度表,一般管道内真空度保证在－0.08～－0.06 MPa之间即可满足降水需求。监听是否有嗤嗤的漏气声,查找到漏气位置后缠裹防水胶带或薄膜(以薄膜缠裹为佳)。

(5)抽水

由分管抽出的水汇入总管后,再由总管汇入水槽,用清水泵连接水管,将水抽出竖井。抽出的水不含泥砂且出水量大,保证了开挖掌子面的无水作业。

洞内真空降水的关键在于管道的气密性,即管道不能漏气,管道内的真空度在－0.08～－0.06 MPa即可满足降水需求。

降水效果实施过程及效果评价如图5.1-16、图5.1-17所示。

洞内真空降水施工技术适用于洞内施工空间狭小的作业环境,要求设备系统

图 5.1-16　前期开挖过程受地下水影响明显

图 5.1-17　真空降水效果

体积小且不得妨碍隧道开挖。抽水管直接插入地层,随插随挖,方便快捷。真空泵负压抽水,要求密封性好,真空度高,实践证明该法抽取粉细砂地层残留水效果较好,能够满足现场开挖要求,施工方便,造价低。

5.1.6　结论

(1)浅埋暗挖法带水作业困难,开挖面的稳定性较难保障;如具备条件,地面管井降水仍应作为处置地下水的首选方式。

(2)界面水作为一种特殊情况,特别是上方透水地层渗透系数较大时,由于界面水处理难度大,而界面水在浅埋暗挖车站拱部则是最不利的状况,在结构设计阶段应考虑结构拱部避开其影响范围。可以考虑埋深增大,也可考虑埋深减小。

(3)根据目前北京地铁真空降水实施效果分析,真空降水可以有效地疏干井点管 1 m 范围内残留水,实现局部范围内的无水作业,能有效地保证地铁暗挖隧道施工安全。

(4)实施真空降水过程中存在工序衔接，一般在进尺 2 ~ 2.5 m 后，需重新布置降水管埋设位置，布置及调试耗时近 2 h，要提前做好施工组织计划。

(5)真空泵对现场施工有一定的影响，且必须保证开挖的过程中，真空降水泵始终保持抽水状态，才能满足安全和质量，停止抽水后约在 15 min 左右的时间残留水即可恢复抽水前状态。

5.2　北京地铁洞桩法施工机械成桩关键技术

5.2.1　洞桩法施工简介

由于暗挖法施工具有占地小、拆迁量小、不影响城市交通、不扰民、不污染城市环境，且对地层有较强适应性和高度灵活性，能够适合于各种尺寸与断面形式等优点，暗挖法施工已广泛应用于城市地铁施工。

暗挖车站的主要施工工法有洞桩法、中洞法、柱洞法、侧洞法以及双侧壁导坑法。其中洞桩法是在浅埋暗挖法的基础上，结合了盖挖法的理念发展而来，由边桩、中桩(柱)、顶板梁、顶拱共同构成初期受力体系，承受施工过程中的荷载。该工法首先形成由侧壁支撑结构和拱部初期支护组成的整体竖向支护体系，以承受施工过程中较大的竖向土体荷载，同时形成侧壁支撑体系，以承受土体侧压力，在此过程中尽量减少结构体系的受力转换，代替传统的预支护和初期支护结构，以保证在进行洞室主体部分开挖时具有足够的安全度。

洞桩法施工的主要特点：利用小导洞施工作桩梁形成主要受力结构，在暗挖拱顶保护下进行内部开挖；可同步进行导洞施工，断面利用率高；临时支撑少，废弃工程量小，造价相对较低；工期较短，施工速度较快，较为安全；后期土方开挖空间大，可采用机械进行开挖；不受结构跨度和层数限制。

洞桩法机械桩工法尚不成熟，在富水、卵石多、粒径大地层机械成桩过程中，面临成孔难、易塌孔、精度难以控制等难点，针对各种难点制定有效对策，确保洞桩法施工工序衔接紧密，减少无效时间，规避各类安全质量风险值得深入研究。

5.2.2　洞桩法机械成桩主要工序

1. 导坑施工

洞内机械桩定位孔利用人工挖孔护壁作为钻进护筒，挖孔深度 1 ~ 3 m(挖到黏土层最佳，因地层而定)，护壁厚度为 10 ~ 15 cm，孔口直径为成桩直径加上两倍的护壁厚度，每节高度为 1 m，两节护壁之间搭接长度为 5 cm，高度与工作面平齐，边桩开孔锁口及导坑护壁采用坍落度为 80 ~ 100 mm，标号为 C20 或 C30 混凝土浇筑。

施工方法：按照测量放样孔位用风镐或电镐以桩中心为圆心破除导洞底板初

支结构混凝土,洞内人工破口时对不影响挖孔护壁的格栅纵筋尽量保留不切断,导洞破口采用环形钢筋与底板格栅主筋焊接牢固形成洞口加强梁,环形钢筋焊接牢固后采用混凝土浇筑,待混凝土强度达到设计要求后开始人工开挖。护壁混凝土每挖完一节以后要绑扎钢筋,立即浇筑,人工捣实。

注意事项:孔内作业时,孔口上面必须有人监护。挖出的土方及时运离孔口,混凝土围圈上不得放置工具和站人。孔深挖至超过挖孔人身高时,在桩孔口或孔内装设靠周壁略低的半圆防护板(网)。吊渣桶上下运土时,孔下作业人员应避于护板(网)下,做好安全防护,以防落物伤人。挖孔班组人员撤离时孔口必须用硬质盖板防护完成,避免人员坠落。

2. 泥浆池设置及泥浆配置

(1)泥浆池设置

钻孔灌注桩采用泥浆扩壁施工,配备泥浆循环系统,泥浆池可利用竖井或小导洞设置。利用竖井作为泥浆池,出渣及进浆采用管道输送至竖井内,在竖井内设置沉淀区和泥浆区,两区采用钢板隔离,并在隔离钢板上设置溢浆孔,如图 5. 2-1 所示。利用小导洞设置泥浆池,小导洞底板和侧墙进行防水处理,泥浆池中间设置分隔墙,一侧为泥浆,另一侧为泥渣,确保泥浆不污染周围环境,如图 5. 2-2 所示。

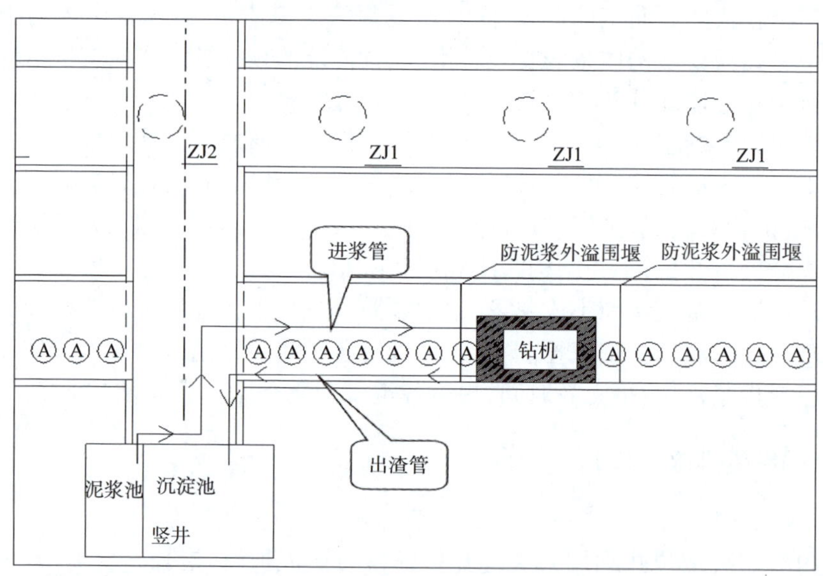

图 5. 2-1　竖井作为泥浆池

(2)泥浆配置

泥浆配置采用优质黏土或膨润土制浆,在沉淀池内进行,按照桩体积的 1. 5 倍制备泥浆,采用机械搅拌。搅拌时,先将定量的水加入沉淀池内,然后慢慢地加入

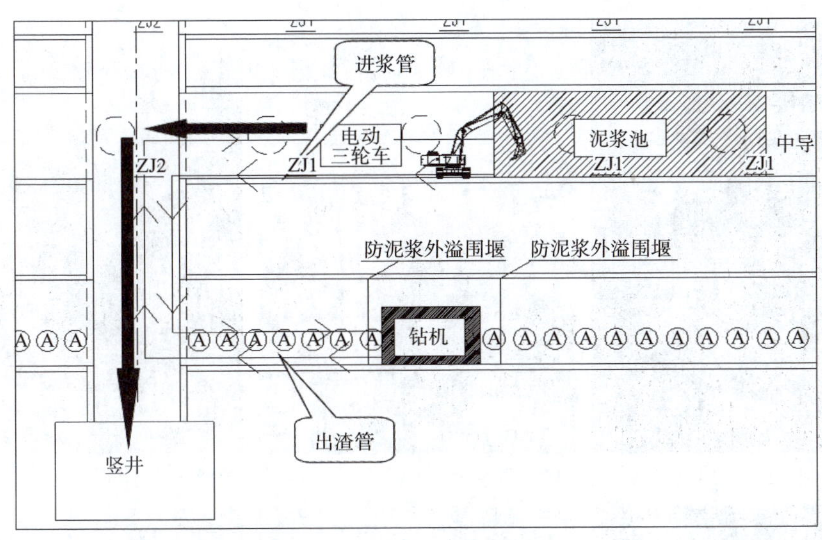

图 5.2-2　导洞作为泥浆池

与水量相应的黏土或膨润土,并开动机器搅拌,成浆后将泥浆置于泥浆池内。钻进过程中经常采集泥浆样品,测定性能指标,利用循环水不间断给孔内补充一定稠度的泥浆,保持水头压力,泥浆指标见表 5.2-1。

表 5.2-1　泥浆控制指标

项　次	项　目	性能指标	试验用仪器
1	比重	1.1～1.5	泥浆比重秤
2	黏度	18～25 s	500/700 mL 漏斗法
3	含砂率	<3%	含砂量测量仪
4	胶体率	>95%	—
5	失水量	<30 mL/30 min	—

泥浆比重指标应根据地层的不同确定。

①黏性土中成孔,可注入清水,以原状土泥浆护壁,排渣泥浆比重控制在1.1～1.2。

②砂土和较厚夹砂层中成孔,泥浆比重控制在 1.1～1.3。

③穿越砂夹卵石层或容易坍孔土层中成孔时泥浆比重控制在 1.3～1.5。

3. 钻机成孔施工

钻机采用反循环成桩工艺,采用低空小型钻机,可根据导洞尺寸选择相应钻机,经过调研,主要有以下几种钻机设备(图 5.2-3)。

反循环工作原理:将冲洗液从孔口沿钻具与孔壁的环状间隙流向孔底,再经钻头沿钻杆内腔上升,经过排渣管和抓斗捞渣到地表渣仓。

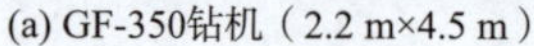
(a) GF-350钻机（2.2 m×4.5 m）

(b) KYZ-180钻机（2.3 m×4.1 m）

(c) 8JH-150钻机（2.35 m×4.1 m）

(d) GSD-50钻机（2.4 m×3.9 m）

(e) KDZ-150钻机（2.5 m×4.3 m）

(f) FX2350钻机（1.5 m×3.1 m）

图 5.2-3　低空小型钻机

钻孔开始时,要减压、慢速钻进,待钻头和导向部位全部进入地层后,方可加速钻进。钻进过程中一定要进尺均匀,地层交界处要慢速钻进。钻孔作业要连续进行,作好钻孔施工记录。经常(1 h 左右)对泥浆指标进行检测,不符合要求时及时调整。钻进过程中采用增重减压钻进,保持孔底承受的压力不超过钻具重量之和(扣除浮力)的 80%,以避免斜孔、弯孔和扩孔现象。钻孔至设计高程后,对孔底孔径、孔深进行自检,合格后进行清孔。

(1)泵吸反循环钻进操作要点:

①吸水系统的连接需做到严密、牢固、顺通。

从砂石泵的吸入口起直至钻头的吸口止,包括软管、水龙头和钻杆,各连接部位都要用橡胶垫(或圈)密封,法兰的各个螺栓拧紧一致,不得有杂物在其中阻碍钻渣通过，转弯的地方要保证一定的曲率半径，不得拐直角弯。

②下钻时不能将钻头直接下降至孔底，在起动砂石泵前钻头要提离孔底钻渣至少保持0.2 m以上距离，以防止堵塞钻头的吸渣口。

③加接钻杆、暂停钻进或提升钻具的操作：在钻机停止回转后，仍要维持反循环1～2 min，待吸到钻杆内的钻渣全部排出地表后，再停止砂石泵，防止停泵过早，钻杆内钻渣落到钻头吸口处形成阻塞。

(2)泥浆控制要求：

钻进及成孔后保证孔内泥浆充足，泥浆水面高于人工护壁顶面15 cm，以确保孔壁不坍塌。

(3)控制钻进速度方法：

①在砂土或含少量砾石、卵石的砂土层中钻进时，转速和进尺速度均不可太快，防止发生钻头吸水口堵塞或排渣管路堵塞。

②当遇到含水丰富而易塌孔的粉砂土层时，需慢转速钻进，以减少对粉质土层的搅动，同时加快进尺速度，以便快速通过，避免扩孔或发生塌孔。如果泵的额定流量比实际流量大很多时，可把砂石泵出口阀门开度减小，控制流量，以减轻冲洗液对孔壁的冲刷。

4. 清孔与沉渣检验

(1)钻孔灌注桩清孔分两次进行。一次清孔在终孔时进行，二次清孔在钢筋笼和灌注导管安装完成后、混凝土灌注前进行。

(2)清孔采用泵吸反循环清孔。方法如下：

第一次清孔：成孔后静置一段时间，然后将钻头提离孔底500～800 mm，利用钻具空转，输入含砂量小于4%的优质泥浆，排出含钻渣的泥浆，直到达到清孔要求。

第二次清孔：利用灌注导管进行。将清孔设备安接到导管口，并通过高压风管接入高压风清理桩底沉渣，形成清孔系统。

砂石泵的排出量与泥浆输入量相当，保持孔内水位，防止孔壁坍塌。同时，泵量不宜过大，防止吸垮孔壁。

(3)一次清孔、二次清孔后均需检测泥浆指标和沉渣厚度符合表5.2-2规定。

表5.2-2　清孔后的沉渣厚度、检测方法

项目名称	桩类型	一次清孔		二次清孔	检测方法
		正循环	反循环		
泥浆指标	摩擦桩	≤200 mm	≤300 mm	≤100 mm	采用垂球顶端系上测绳，把垂球慢慢沉入孔底，凭人的手感判断沉渣顶面位置，读取测绳刻度
	端承桩	≤100 mm	≤200 mm	≤50 mm	
	支护桩	≤300 mm	—	≤200 mm	

5. 钢筋笼/钢管安装

(1)钢筋笼安装

钢筋笼加工尺寸每节为 2.4 m,根据不同的桩长再进行具体调整。

在导洞内吊装钢筋笼,节与节之间采用直螺纹连接。为了保证钢筋笼质量要求,在转运过程中采取加固措施保证钢筋笼不变形。钢筋笼竖直后,检查垂直度。骨架进入孔口后,将其扶正徐徐下放,严禁钢筋笼摆动碰撞孔壁,并且边下放边拆除内撑并严禁内斜撑掉进孔内。第一节钢骨架下放到最后一节加劲筋位置时,穿进工字钢,将钢筋支撑在孔口工字钢上,再起吊第二节骨架,使它们在同一竖直轴线上采用套筒连接好,抽出支撑工字钢后下放骨架。如此循环,使骨架下放至设计高程,定位于孔中心上,完成钢筋笼的安装。最后一节钢筋笼安装就位后,用钢筋把钢筋笼焊接固定于孔口护筒。

(2)钢管吊装施工

钢管柱通过中桩设备 TC-900 调垂机,功率 42 kW,设备尺寸为两端长 5.45 m×宽 2.6 m×高 4.8 m,中桩设备中心至尾段 4.48 m 吊装,如图 5.2-4、图 5.2-5 所示。

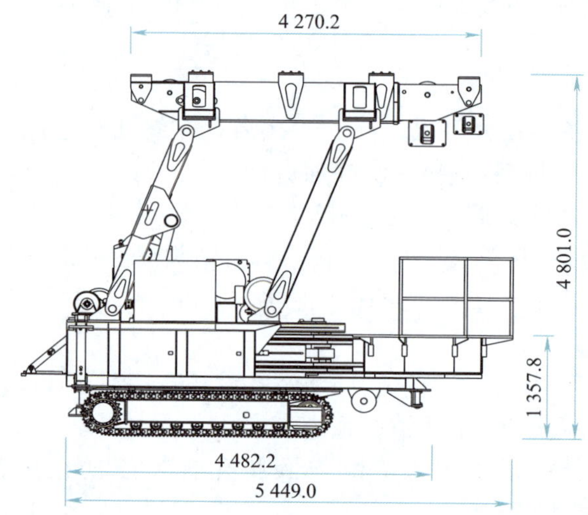

图 5.2-4 中桩设备 TC-900 调垂机外观尺寸(单位:mm)

钢管运输至孔口处,利用中桩设备机载吊机进行钢管柱吊装。对中桩设备进行利用全站仪进行精确位置定位。将钢管柱下放至加矢板处,进行高强度螺栓连接。缓慢收紧,提升孔口中桩设备的加矢位置,确保钢管始终处于稳定,且离开地面 10 cm 左右,逐渐下放中桩设备高度,慢慢下喂钢管,吊装时每吊装一节后用中桩设备临时固定进行精度调整,待钢管柱法兰连接牢固后下喂下一节。最后采用中桩设备将整根钢管柱固定在孔口。进行钢管柱调平,钢管柱调平采用高精度传感器,如图 5.2-6 所示。

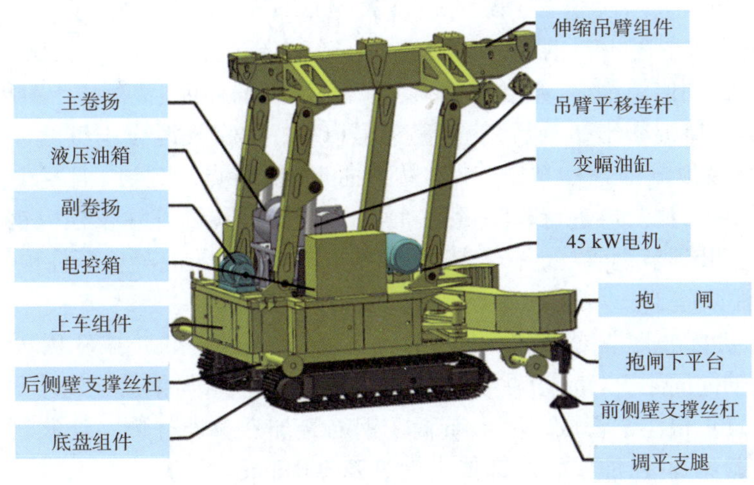

图5.2-5 中桩设备 TC-900 调垂机示意图

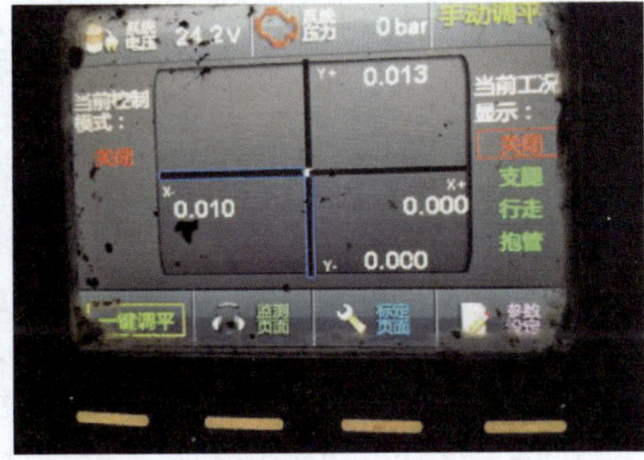

图5.2-6 钢管柱调平

6. 混凝土浇筑

采用C30混凝土，坍落度180～220 mm，混凝土运输采用泵送的形式。混凝土浇筑之前应进行二次清孔，清理孔底虚土、排除积水，先检查成孔和钢筋笼质量，混凝土一次浇注完成。

水下灌注采用ϕ219 mm或ϕ300 mm钢管，管节连接应严密、牢固，使用前应试拼，并进行隔水栓通过试验，导管底端距孔底应保持300～500 mm。开始浇筑首批混凝土时，应将导管内的水全部压出，导管初次埋入深度的需要(0.8～1.5 m)，浇筑过程中导管埋入混凝土深度应保持2～6 m，并随提升随拆除，最小埋入深度不得小于2 m，导管吊放和提升应缓慢、平稳，不得碰撞钢筋笼，避免出料冲击过大或钩带钢筋笼上浮。

钢管柱浇筑分两次施工,第一次:浇筑至最顶节钢管柱节点以下 1 m 处,用 C30 混凝土浇筑混凝土至钢管柱底部,拆除导管至钢管柱底端以上 500 mm 后,开始对钢管柱四周回填细砂,细砂回填高度以压住钢管柱四周混凝土上翻即可,回填细砂完成后等待混凝土初凝后,使用高标号(C50)微膨胀混凝土继续灌注钢管柱内混凝土至最顶节钢管柱与第二节(从上向下数)节点,当柱内混凝土浇筑 30 h 后,拆除顶节钢管柱,再进行移除设备。第二次:最顶节钢管柱及柱内钢筋笼单独统一施工,安装顶节钢管柱,并安装顶节柱内钢筋笼,浇筑混凝土至柱顶。

7. 后注浆施工

(1)注浆管布设:注浆管采用 DN32 钢焊管,2.5 m 一节,注浆孔用 ϕ6 mm 钻头加工,孔洞轴向间距 50 mm。注浆管随钢筋笼一起下放,与钢筋笼的主筋点焊并绑扎紧密,设置 4 根注浆管成十字形布置在钢筋笼加强箍筋外侧。注浆管之间采用丝扣连接,避免焊接;注浆管底部伸出钢筋笼 500 mm。

(2)压水试验:压水试验通常在灌注桩成桩后 24 h 内进行。正式注浆前必须要做压水试验,以检查管路与单向阀的畅通状况,同时清除单向阀周围混凝土中沉渣和泥浆。如果在桩侧或桩端出现扩孔、塌孔或充盈系数较大的现象时,需特别注意提前进行压水试验,在砼浇筑完的 5 h 内进行,以确保能冲开较厚的混凝土覆盖层。

(3)注浆方法:注浆作业在成桩 2 d 后开始,注浆采用低速慢压的方法,中桩的注浆顺序为顺时针,中桩注浆顺序为上侧管→下侧管→左侧管→右侧管。桩端注浆对同一根桩的各注浆导管依次实施等量注浆,当注浆压力长时间低于正常值或地面出现冒浆或周围桩孔串浆,则改为间歇注浆,间歇时间为 30 ~ 60 min,或调低浆液水灰比。

(4)参数控制:注浆压力控制在 3 ~ 10 MPa,水灰比为 0.5 ~ 0.6,采用 42.5 级普通硅酸盐水泥,注浆流量不大于 75 L/min,注浆作业与成孔作业点的距离不小于 10 m。

(5)终止条件:当满足下列条件之一时可终止注浆,①总注浆量和注浆压力达到要求;②注浆总量已达到设计总量的 100%,且注浆压力超过设计值;③当注浆压力长时间低于正常值或地面出现冒浆或周围桩孔串浆,应该采取间歇注浆,间歇时间宜为 30 ~ 60 min,或调低浆液水灰比。

后注浆技术终止注浆的总的控制原则是以注浆量为主,压力控制为辅。注浆参数根据地质条件合理选择,如桩端为密实的砾石、卵石层时,可考虑采取大注浆量和较大的注浆压力,以注浆量为主要控制指标;如桩侧为密实的沙土层,可以以注浆压力为主要指标,注浆量为参考指标。

5.2.3　中桩钢管柱桩柱一体化方案对比

1. 方案一:调垂机调垂方法

成孔后分节下放桩基钢筋笼,完成后分节下放钢管柱,钢管柱定位固定后,水下浇筑桩基混凝土,然后采用中砂回填钢管柱与孔壁间隙,完成后水下浇筑钢管柱内混凝土,安装最后一节钢管柱,安装柱内钢筋笼,浇筑最后一节钢管柱内混凝土。

该方案中桩钢管柱施工流程如图5.2-7～图5.2-17所示。

图5.2-7　钻机成孔

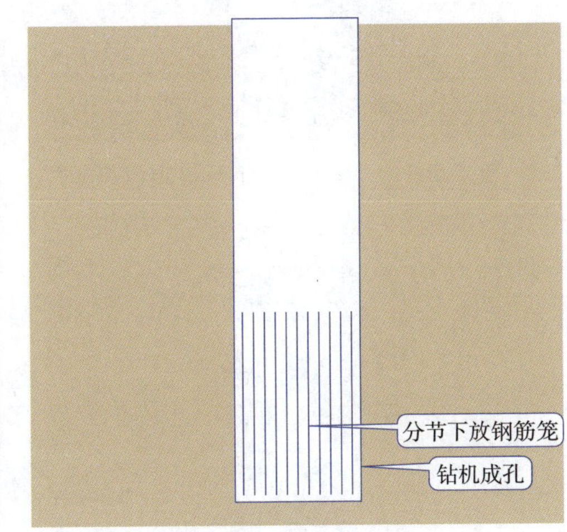

图5.2-8　下放钢筋笼

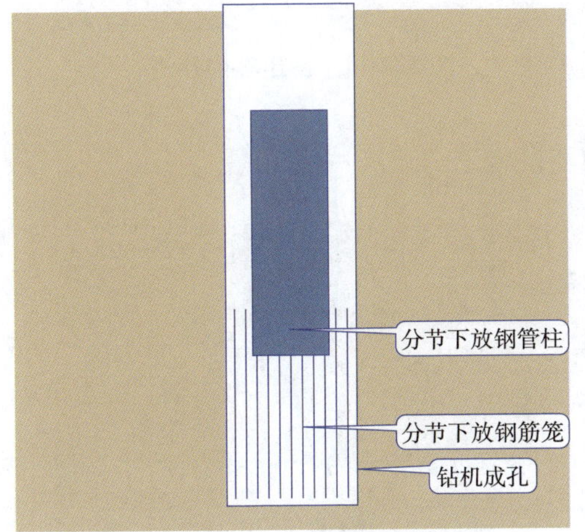

图5.2-9　下放钢管柱

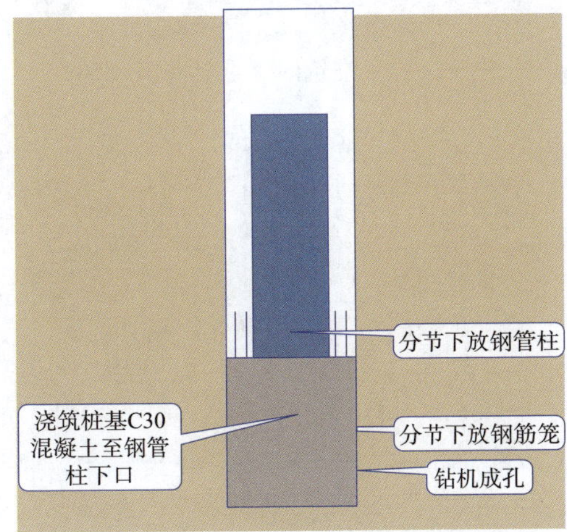

图5.2-10　浇筑桩基混凝土(C30)

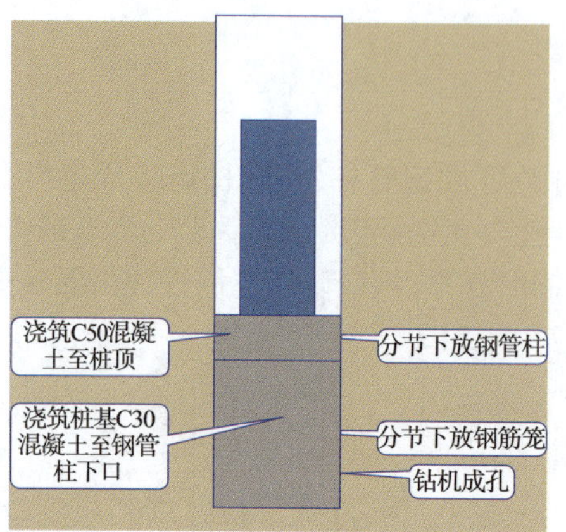

图 5.2-11　浇筑混凝土至桩顶(C50)

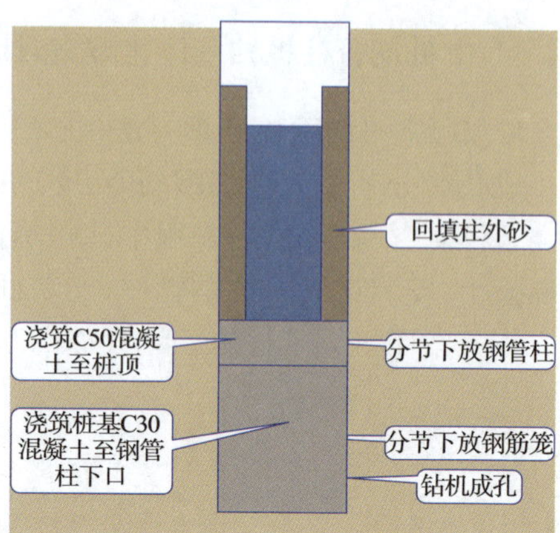

图 5.2-12　外侧回填细砂

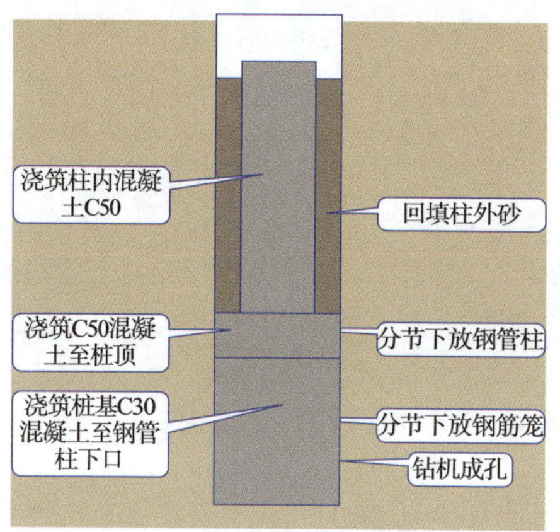

图 5.2-13　浇筑混凝土至桩顶(C50)

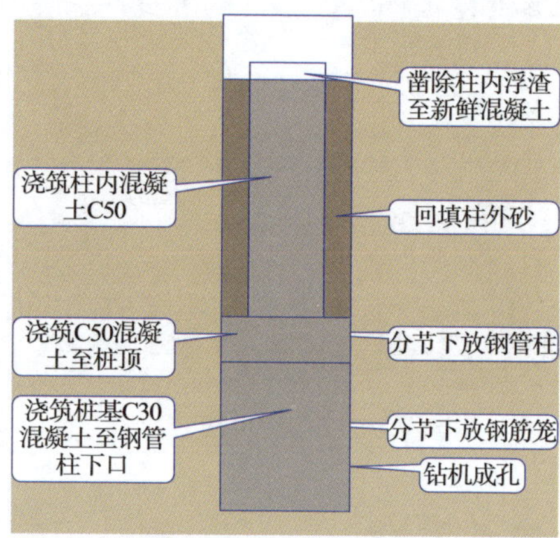

图 5.2-14　凿出柱内浮渣

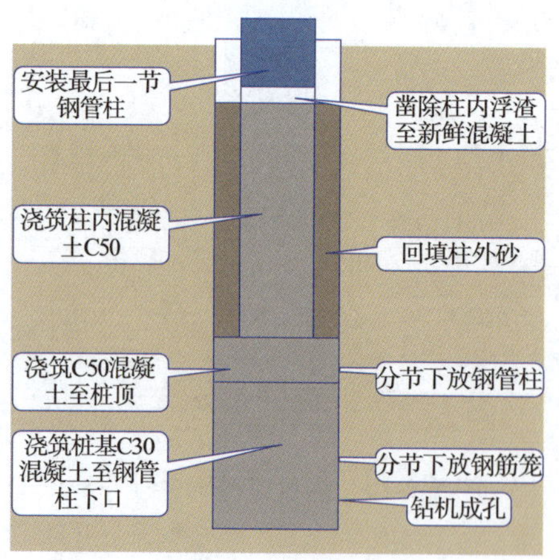

图 5.2-15　安装钢管柱

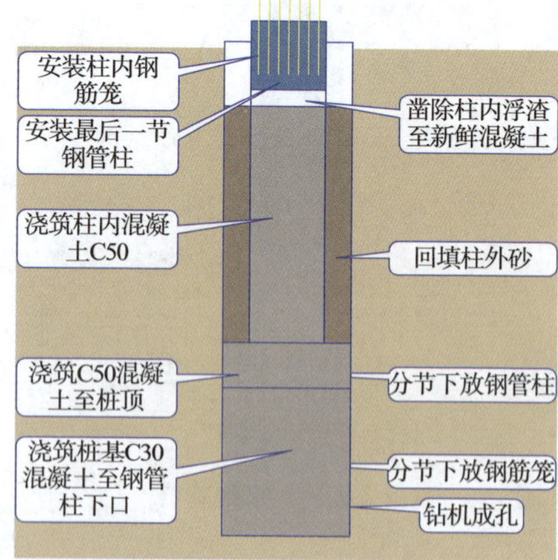

图 5.2-16　安装柱内钢筋笼

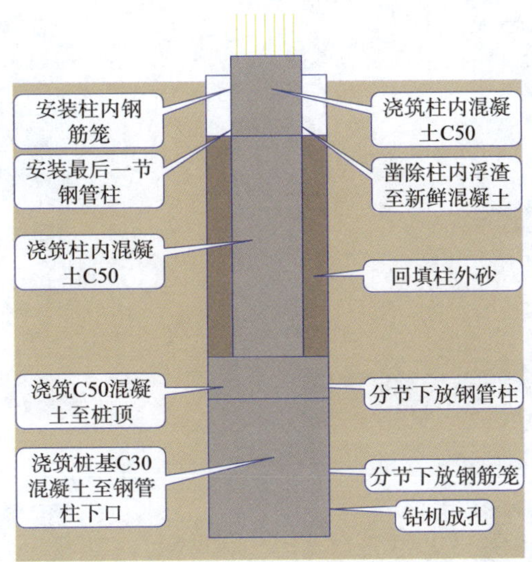

图5.2-17　浇筑柱内混凝土(C50)

2. 方案二:导向定位器方法

成孔后分节下放桩基钢筋笼及钢护筒,然后浇筑桩基混凝土,待桩基混凝土强度达到要求后,凿除桩头,安装钢管柱定位器,然后分节安装钢管柱并定位,完成后浇筑钢管柱内混凝土,最后使用中砂回填钢管柱与钢护筒间间隙。

该方案中桩钢管柱施工流程如图5.2-18~图5.2-33所示。

图5.2-18　钻机成孔

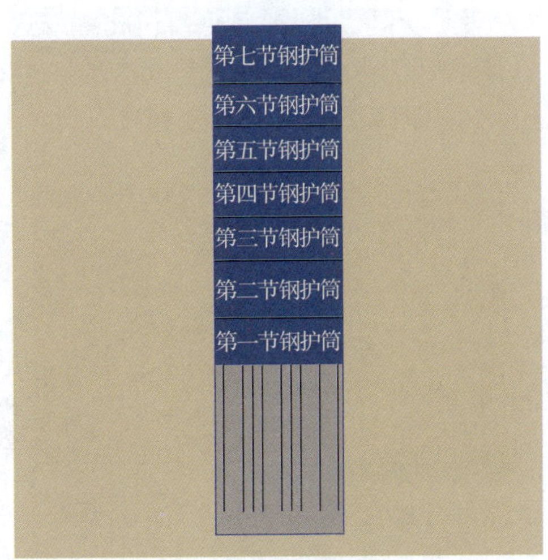

图5.2-19　吊装钢筋笼及钢护筒

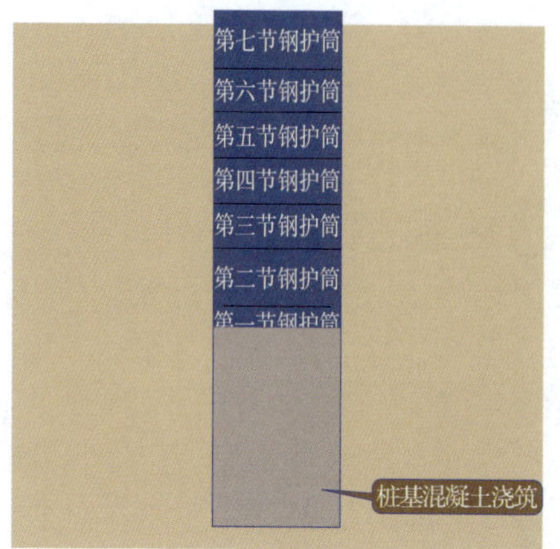

图 5.2-20　桩基混凝土浇筑

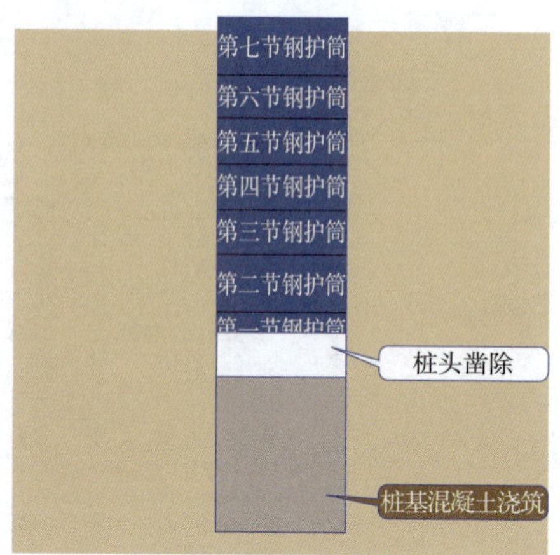

图 5.2-21　桩头凿除

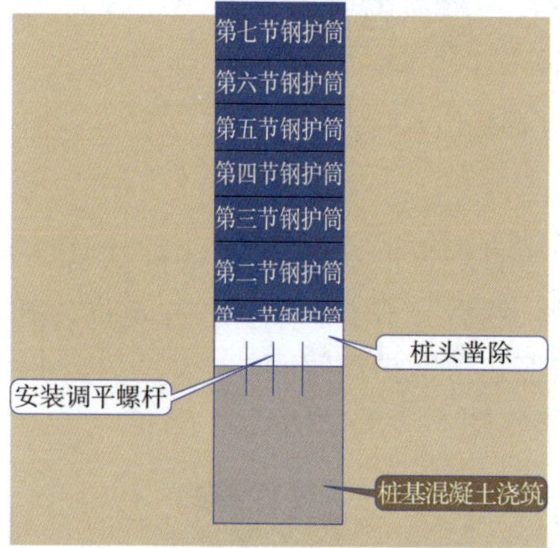

图 5.2-22　安装调平螺杆

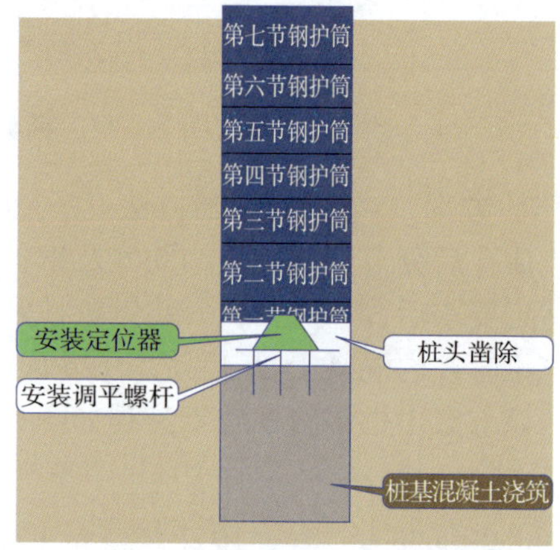

图 5.2-23　安装定位器

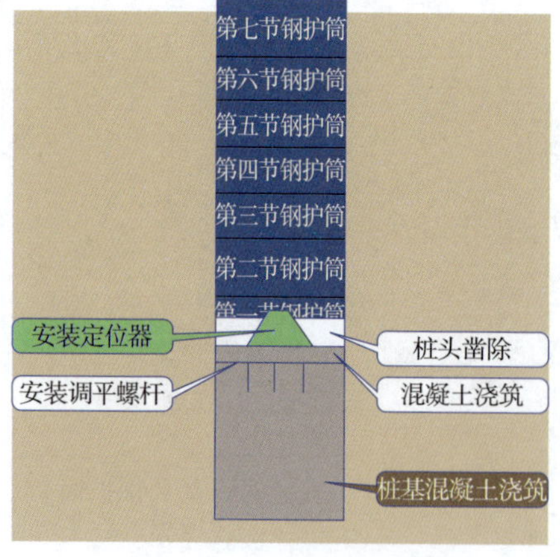

图 5.2-24　浇筑混凝土

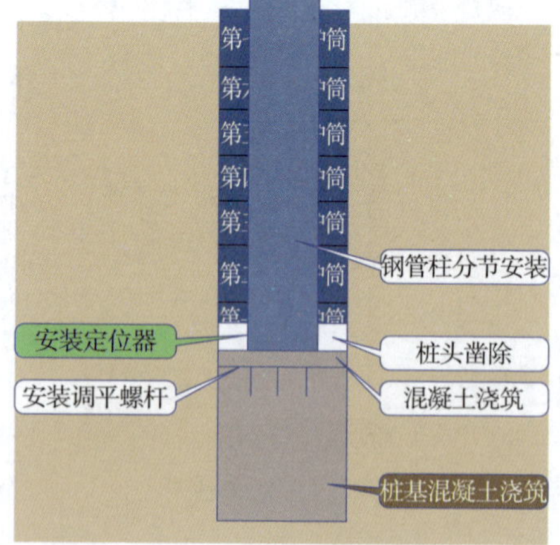

图 5.2-25　钢管柱分节安装

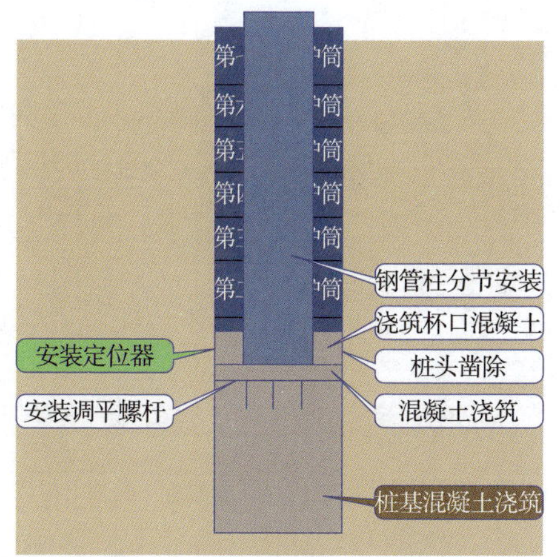

图 5. 2-26　浇筑杯口混凝土

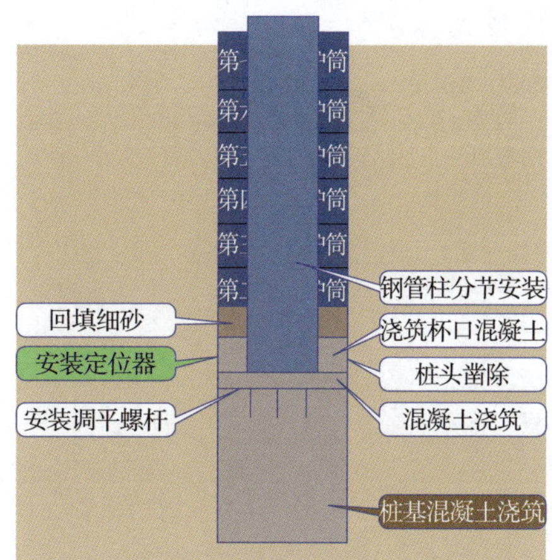

图 5. 2-27　回填细砂

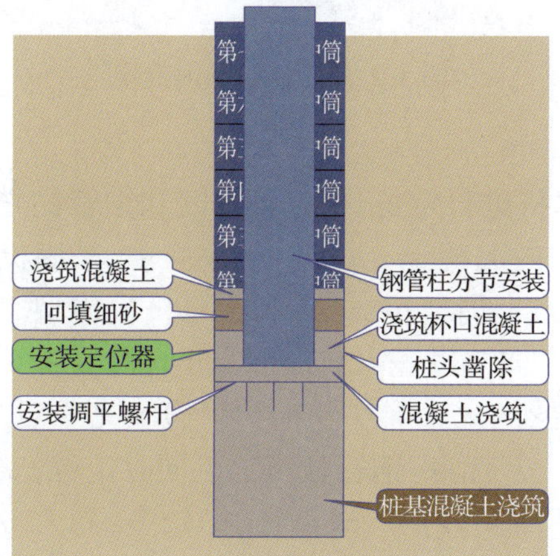

图 5. 2-28　浇筑混凝土

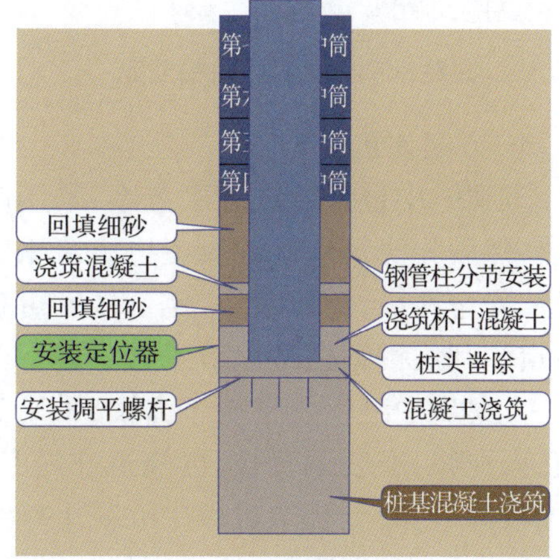

图 5. 2-29　回填细砂

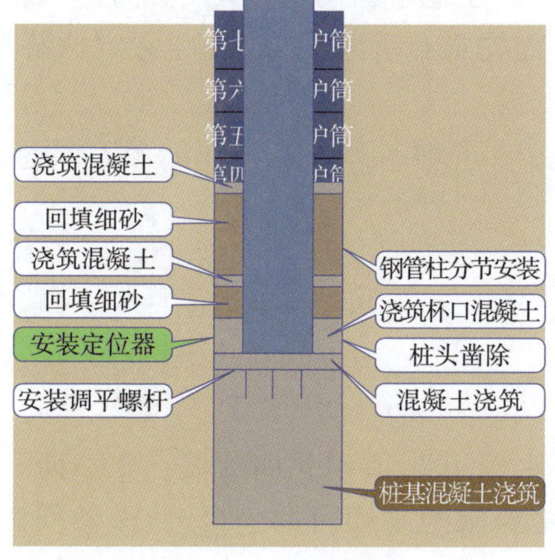

图 5. 2-30　浇筑混凝土

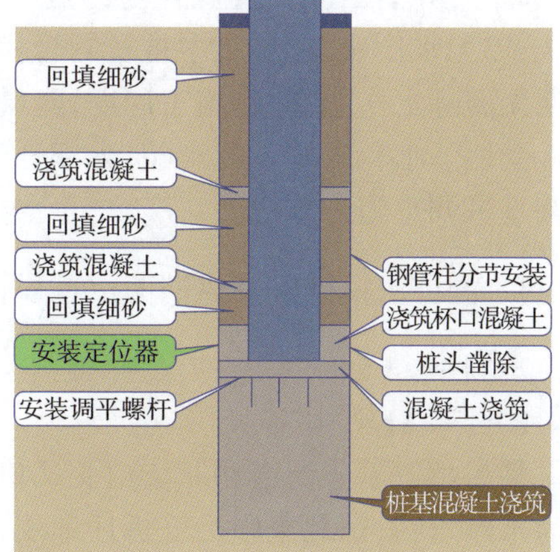

图 5. 2-31　回填细砂

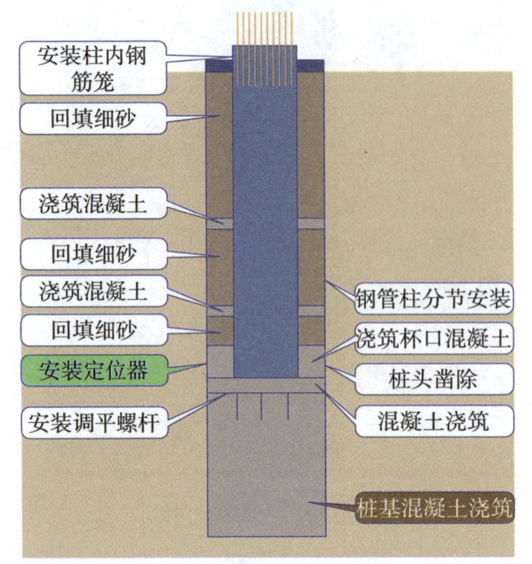

图 5.2-32　安装柱内钢筋笼

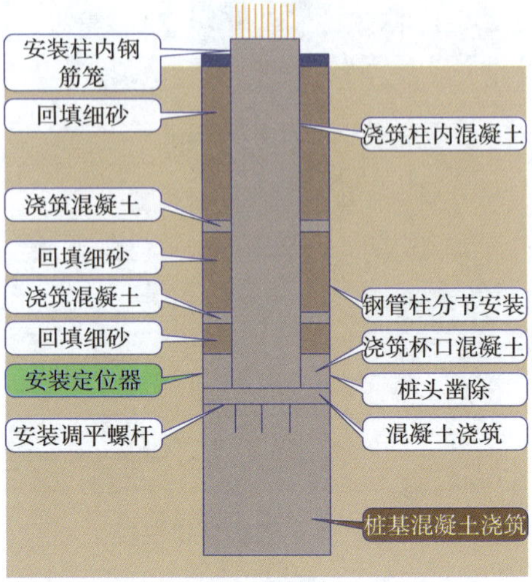

图 5.2-33　浇筑柱内混凝土

3. 方案比选

方案一中桩钢管柱施工方案:采用调垂机进行定位,桩基钢筋笼和钢管柱先后安装,然后先浇筑桩基混凝土再浇筑钢管柱内混凝土。优点:工序简单,采用机械定位,安全性高,定位较快,定位精度可控;施工周期短,桩基和柱可一次成型。缺点:定位利用钢管柱最上节工具节进行调整;浇筑过程需转换混凝土标号。

方案二中桩钢管柱施工方案:采用定位器定位,桩基及钢护筒施工完成后,抽空孔内泥浆,安装钢管柱,再浇筑柱内混凝土。优点:钢管柱可上下同时定位,安装精度较高;混凝土浇筑过程中混凝土标号不需要转换。缺点:工序较多,需人工下孔安装调整,有一定的风险,定位时间较长。

此外,方案二(有定位器装置)在安装钢管柱定位器时,操作人员需进入孔内安装,需无水作业,在施工中桩及钢管柱前,需先进行降水。方案一(无定位装置)前期无需降水作业,节省施工周期,降低降水量。

受地下水和成桩工效影响,大部分车站中桩钢管柱施工均采用的是方案一,利用调垂机调垂施工方法。

5.2.4　洞桩法机械成桩典型工点过程管控

案例一:

1. 工程概况

某车站位于 a 街道和 b 街道交叉口北侧,沿 b 街道南北向敷设。车站西北象限为某建筑物,东北象限为已拆迁地块,东南象限为某银行办公楼,西南象限为某单位办公楼。

车站为岛式站台，有效站台宽度16 m，车站总长317.6 m，标准段宽25.3 m，高16.87 m。车站有效站台中心里程轨顶高程19.524 m，拱顶覆土11.9 m，底板埋深28.8 m。车站采用PBA4导洞洞柱法施工，南端区间采用盾构法施工，北端区间采用矿山法施工，车站采用双层双柱三跨断面型式（南端局部为双层三柱四跨断面），边导洞尺寸为宽4.6 m、高5.5 m，中导洞尺寸为宽4.6 m、高5.0 m。

车站结构从上到下所处地层依次包括人工填土、第四纪全新世冲洪积层、第四纪晚更新世冲洪积，车站结构从上到下所处地层依次是粉细砂、粉质黏土、粉土、粉细砂、卵石、粉细砂、重粉质黏土～粉质黏土、粉细砂、卵石、粉细砂。车站地质断面如图5.2-34所示。

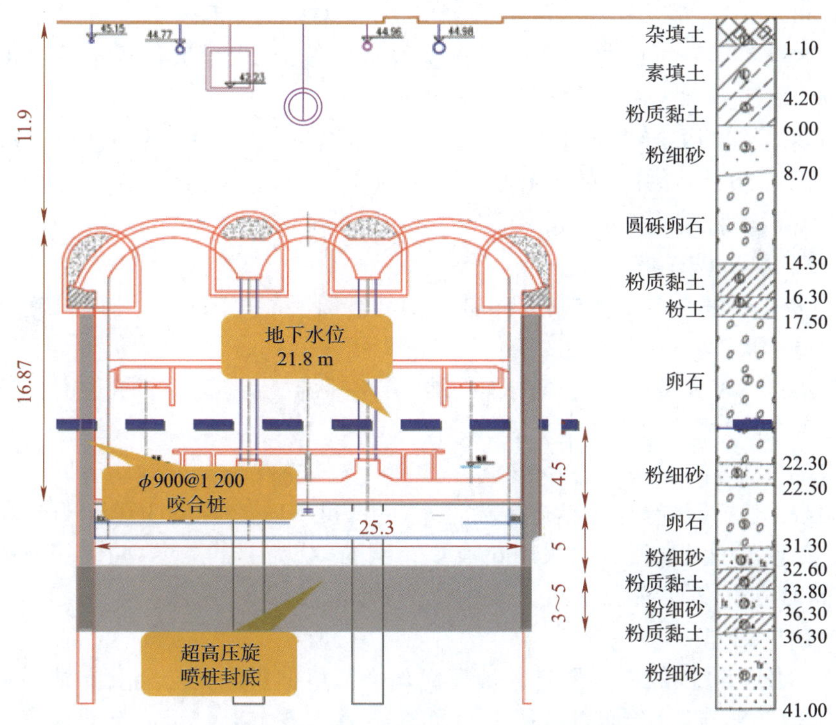

图5.2-34　车站地质断面图（单位：m）

地下水主要为潜水，包括潜水（二）、潜水（微承压）（三）层，施工过程中通过降水井降低承压水层水头压力及疏干水层。

潜水（二）含水层岩性为卵石⑤层。该层水分布不稳定，水量不大，而且受季节性降水影响较大，主要分布在第⑤层卵石的底部。

潜水（微承压）（三）层赋存于第⑨层卵石及以下的卵石、砂层中。第⑧层粉质黏土及夹层分布连续稳定，可视为隔水层。地下水特征情况详见表5.2-3。

表 5.2-3 地下水特征一览表

地下水性质	水位埋深(m)	水位高程(m)	含水层及其特征	
			岩性特征	渗透系数(m/d)
潜水(二)	14.05	32.35	第⑤层卵石～圆砾	180
潜水(微承压)(三)	24.6～25.2	21.06～21.8	第⑧$_3$层粉细砂、第⑨层卵石及以下的砂、卵石层	300

2. 桩柱参数统计

车站侧壁采用直径 ϕ900@1200 mm,AB 型咬合桩,混凝土桩桩底与位于旋喷层底下 1 m,钢筋砼桩底位于底板下 16.5 m。A 桩:Ⅰ序桩,ϕ900@1200 mm,混凝土桩,数量为 613 根。B 桩:Ⅱ序桩,ϕ900@1200 mm,钢筋混凝土桩,数量为 580 根。咬合度 300 mm(综合考虑垂直度及桩位偏差,保证底部最小咬合度不小于50 mm),垂直度≤3‰,桩位偏差≤50 mm。

中桩采用钢筋混凝土灌注桩加钢管柱,中桩总数量为 103 根,桩径 1 800 mm,混凝土强度 C30,钢管柱直径 ϕ1000 mm,柱内浇筑 C50 无收缩混凝土,中柱桩基长度均为 20 m,中桩间距 6～7 m。

3. 咬合桩机械成桩

咬合桩Ⅰ序桩为混凝土桩,Ⅱ序桩为钢筋混凝土桩,Ⅰ序桩、Ⅱ序桩施工流程如图 5.2-35 所示。

施工顺序:咬合桩施工时,需采用“跳三打一”施工,施工相邻桩位时保证搭接长度为 300 mm,施工顺序如图 5.2-36 所示。

(1)导坑施工

利用人工挖孔护壁作为钻进护筒,护壁的厚度 10 cm,深度 3.0 m,开口段直径 1.2 m。破除范围沿导洞方向采用 6 根 C25 钢筋(分为上下二层)与底板格栅主筋焊接牢固形成洞口加强梁,边桩人工挖孔护壁如图 5.2-37 所示。

(2)钻机钻进

采用 8JH-150 的第七代履带式液压大功率钻机钻进成孔。金融街站车站主要地层为砂层及卵石地层,卵石粒径一般为 3～5 cm,最大为 16 cm,针对该车站的地质情况。

①泵吸反循环钻进操作要点

a. 吸水系统的连接需做到严密、牢固、顺通。各连接部位都要用橡胶垫(或圈)密封,法兰的各个螺栓拧紧一致,不得有杂物在其中阻碍钻渣通过,转弯的地方要保证一定的曲率半径,不得拐直角弯。

b. 下钻时不能将钻头直接下降至孔底,在起动砂石泵前钻头要提离孔底钻渣至少保持 0.2 m 以上距离,以防止堵塞钻头的吸渣口。

c. 加接钻杆、暂停钻进或提升钻具的操作:在钻机停止回转后,仍要维持反循

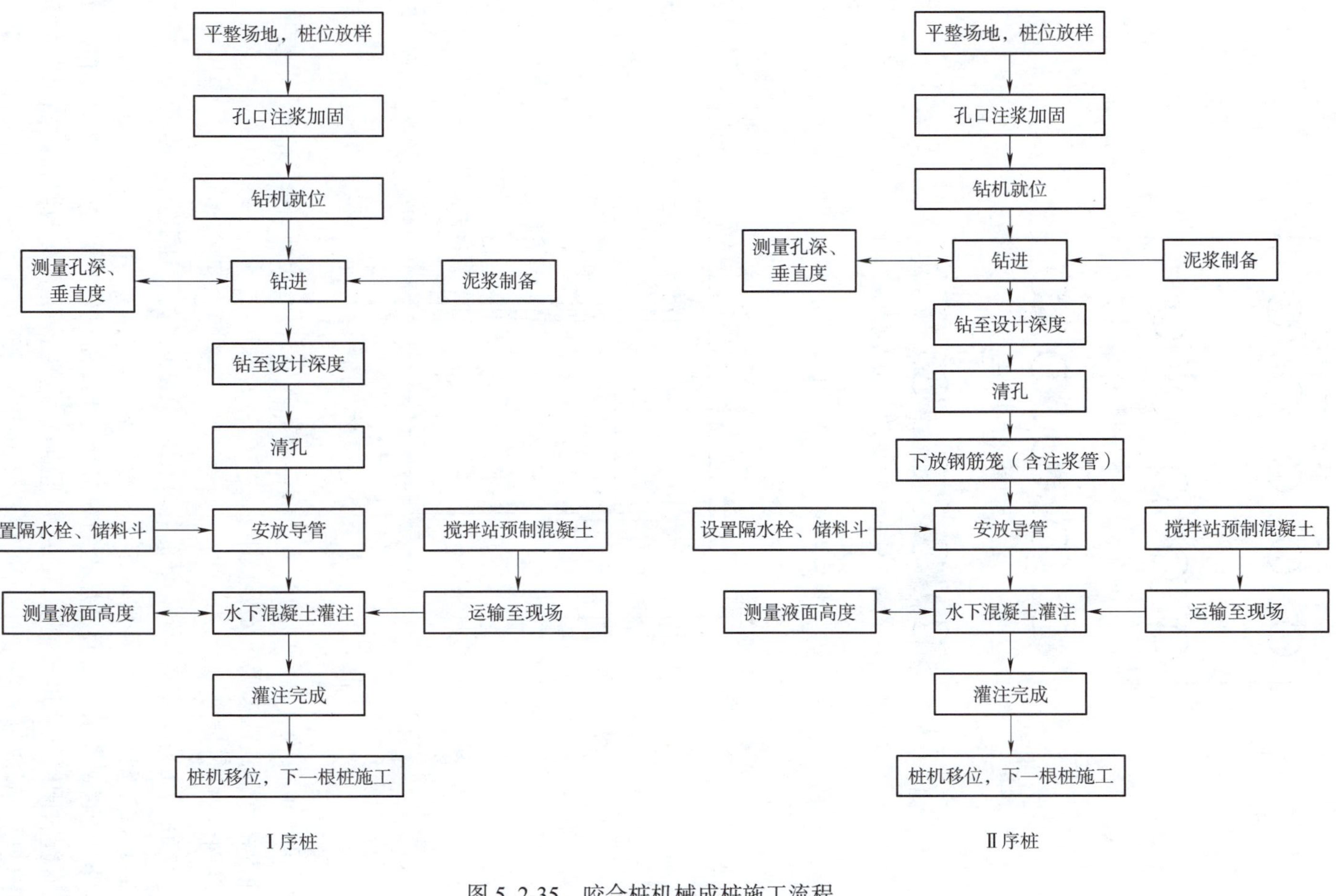

图 5.2-35　咬合桩机械成桩施工流程

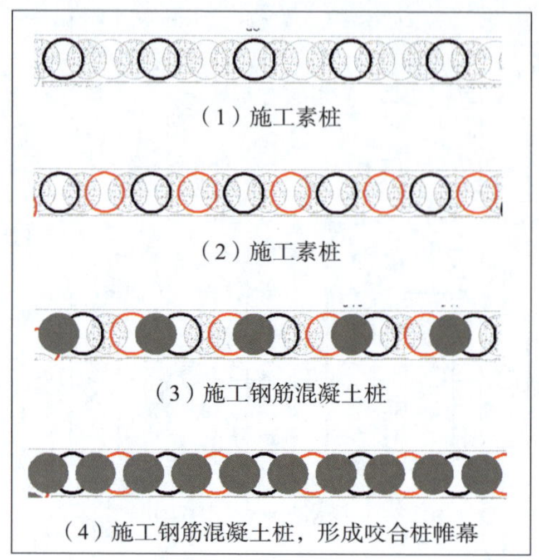

图 5.2-36　咬合桩施工步序

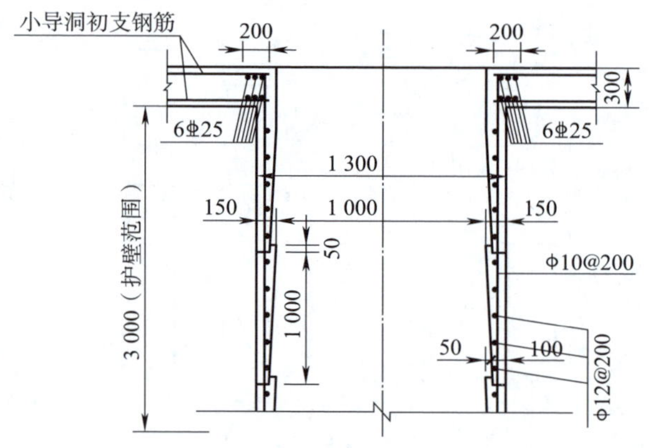

图 5.2-37　人工挖孔护壁示意图(单位:mm)

环 1 ~2 min,待吸到钻杆内的钻渣全部排出地表后,再停止砂石泵,防止停泵过早,钻杆内钻渣落到钻头吸口处形成阻塞。

②控制钻进速度方法

a. 在砂土或含少量砾石、卵石的砂土层中钻进时,转速和进尺速度均不可太快,防止发生钻头吸水口堵塞或排渣管路堵塞。

b. 当遇到含水丰富而易塌孔的粉砂土层时,需慢转速钻进,以减少对粉质土层的搅动,同时加快进尺速度,以便快速通过,避免扩孔或发生塌孔。如果泵的额定流量比实际流量大很多时,可把砂石泵出口阀门开度减小,控制流量,以减轻冲洗液对孔壁的冲刷。

③钻进及成孔后保证孔内泥浆充足，泥浆水面高于人工护壁顶面 15 cm，以确保孔壁不坍塌。

④成孔质量检验

在终孔时或在成孔过程中对成孔质量进行检验，主要检验内容：孔深、孔径、垂直度、孔壁完整性、沉渣厚度，检验方法见表 5.2-4。

表 5.2-4　成孔质量检验方法

检查内容	孔深	孔径	垂直度	孔壁完整性	沉渣厚度
检验工具(仪器)	专用测绳	自制井径仪	水平尺	超声波检测仪(水下成像仪)	专用测绳
允许偏差	+300 mm	+30 mm	3‰	—	不宜超过 50 mm

智能超声成孔质量检测仪检测原理：智能超声成孔质量检测仪由探头、数据采集仪、计算机和绕线架等组成。根据声波反射原理，探筒声波换能器发射 50 kHz 超声波，并接收经孔壁反射的回波信号，四个发射方向固定可确定探头方位，深度记录器记录探筒的升降位置，三者结合，实现孔壁三维立体扫描测试，并由测试数据自动计算分析全部成孔质量。

检测方法：提升结构将声波探头从孔口下降至孔底(或从孔底提升至孔口)，仪器在下降(提升)过程中，每隔一定深度间距测量一组(4 个)声时值作为该断面测点声时，记录仪(计算机)记录下不同高程的测点声时值并计算断面孔径。当测量探头完成一次下降(提升)过程，记录仪(计算机)即可绘出测量孔的孔壁剖面图。提升(下降)过程中保持吊点不变且电缆垂直，可通过所测的桩孔壁剖面图计算出桩孔的垂直度(图 5.2-38)。

图 5.2-38　现场成孔检验

⑤清孔与沉渣检测

钻孔灌注桩清孔分两次进行。一次清孔在终孔时通过钻机钻头空转、利用优质泥浆置换的方式进行清空,注意砂石泵的排出量与泥浆输入量相当,保持孔内水位,防止孔壁坍塌。二次清孔在钢筋笼和灌注导管安装完成后、混凝土灌注前进行通过高压风管接入高压风清理桩底沉渣,形成清孔系统,沉渣厚度控制在 50 mm 以内。利用垂球和测绳进行沉渣厚度检测。

(3)钢筋笼制作与吊装:

①钢筋笼节长

底节钢筋笼长度为 3 m,其他钢筋笼长度节长有 3 m、2. 4 m、2 m、1. 5 m、1 m。

②钢筋笼制作与安装

边桩纵向主筋接头采用一级机械接头连接,纵筋与螺旋箍筋及加劲箍筋用点焊连接,螺旋箍筋采用搭接焊。螺纹丝头加工长度参数:C16、C18、C20、C22、C25、C28、C32 钢筋丝头完整有效扣数分别为 8、9、10、11、10、12、13。

③钢筋笼安装

为保证钢筋笼安装垂直度,在转运过程中钢筋笼不得变形。节与节之间采用直螺纹套筒连接,在钢筋空下放过程中,严禁钢筋笼摆动碰撞孔壁。

(4)混凝土浇筑

浇灌桩芯混凝土前应进行二次清孔,清理孔底虚土、排除积水,并检查成孔和钢筋笼质量,钢筋笼安装好之后应进行混凝土浇筑,边桩采用 C30 混凝土。混凝土运输采用泵送形式,坍落度为 180 ~ 220 mm,混凝土浇筑一定要连贯。

(5)咬合桩侧压浆补强措施

咬合桩施工时,在Ⅱ序桩成孔后,在孔内设置 2 根侧注浆管(DN32 × 2. 75 mm 钢管),位于帷幕外侧、相邻桩交点处。

注浆作业宜于成桩 2 d 后开始,并不宜迟于成桩 30 d 后;注浆作业与成孔作业点的距离不宜小于 8 ~ 10 m。侧注浆的浆液为单液水泥浆,水灰比宜为 0. 45 ~ 0. 65,压浆采用低速慢压的方法,注浆终压宜为 1. 2 ~ 4. 0 MPa,且注浆流量不宜超过 75 L/min。

压浆参数根据地质条件合理选择,如桩端为密实的砾石、卵石层时,可考虑采取大压浆量和较大的压浆压力,以压浆量为主要控制指标;如桩侧为密实的砂土层,可以以压浆压力为主要指标,压浆量为参考指标。

4. 中桩机械施工

(1)导坑施工

中桩护壁结构的最小内径为 1 900 mm,底板加固锁扣圈外径 2 300 mm,导坑护壁厚度为 200 mm;护壁结构分节施工,每节高度 1 m。导坑深度为挖至黏土层位置(因地层而定)。

(2)机械成孔

中桩钻孔与边桩钻孔方法相同,即采用泵吸反循环施工,施工方法同边桩机械成孔施工方法,中桩采用顺序钻孔方式施工。

(3)钢筋笼加工与安放

钢筋笼总共有四种型号,桩基钢筋笼总长分别为 15.24 m、16 m、17.3 m、18.8 m,桩径为 1.8 m,钢筋笼采用直螺纹套筒分节紧密连接,钢筋笼通用节长为 3 m、2.4 m。钢筋笼外侧设置 4 根注浆管,注浆管规格为 DN32 ×2.75 mm 焊钢管。

(4)钢管柱安装

钢管柱运输过程中应避免钢管柱侧向滚动或前后滑动造成安全隐患,使用 TC-900 调垂机进行钢管桩吊装和安装。

钢管柱安装现场作业如图 5.2-39 ~ 图 5.2-42。

图 5.2-39　钢管柱运输

图 5.2-40　高强度螺栓连接

(5)灌注混凝土

混凝土施工分两次浇筑,第一次:浇筑至最顶节钢管柱节点以下 1 m 处。第二次:最顶节钢管柱及柱内钢筋笼单独统一施工,如图 5.2-43、图 5.2-44 所示。

图 5.2-41　钢管柱夹持

图 5.2-42　钢管柱调平

安装顶节钢管柱,并安装顶节柱内钢筋笼,浇筑混凝土至柱顶。

(6)后注浆施工

中桩成桩后需进行后注浆施工,注浆材料采用单液水泥浆,水灰比宜为 0.45 ~ 0.65;注浆终压宜为 1.2 ~4 MPa;注浆流量不宜超过 75 L/min;单桩注浆量为 8.64 t(以水泥质量计)。

图 5.2-43　混凝土首批灌注

图 5.2-44　钢管柱首节浇筑完成

5. 机械成桩分析

(1)沉降分析

该车站为 PBA4 导洞,车站位置主要为砂层和卵石地层,从横通道开挖至洞桩施工累计变形达 -30 mm,横通道开挖阶段变形为 -2 mm,阶段性占比为 6.7%,主体导洞开挖阶段变形为 -20 mm,阶段性占比为 66.7%,洞桩施工阶段变形为 -8 mm,阶段性占比为 36.7%(图 5.2-45)。

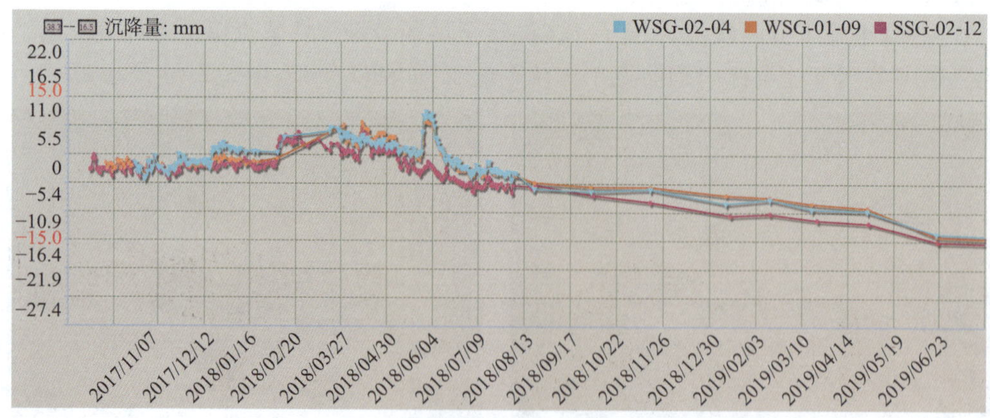

图 5.2-45　车站典型测点历时曲线图

(2)成桩工效

边桩采用直径 900@ 1200 mm 的 A、B 型咬合桩,共 1 194 根,其中混凝土桩 614 根,钢筋混凝土桩 580 根。混凝土桩长 19 m,成孔时间约为 6 h,水下膨润土砂浆灌注时间约 1.5 h。现场施工条件良好的情况下,一般每台钻机成桩效率为 3 根/2 d(图 5.2-46)。

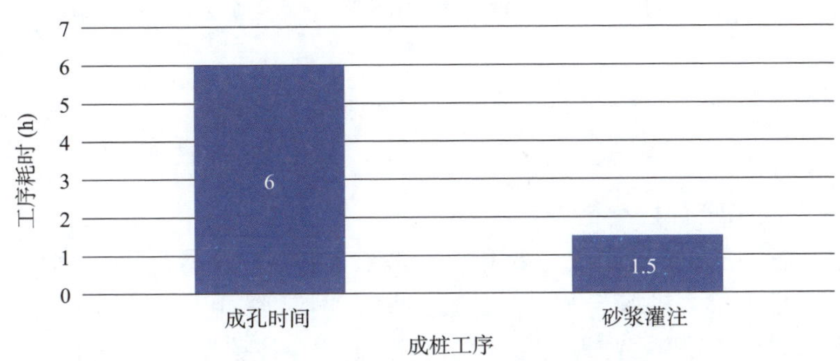

图 5.2-46　车站边桩混凝土桩成桩工序

钢筋混凝土桩桩长约 28 m,成孔时间约 10 h,钢筋笼分节连接,下放及安装钢筋笼时间约为 4 h,水下灌注时间约为 2 h,一般每台钻机成桩效率为 1 根/1 d(图 5.2-47)。

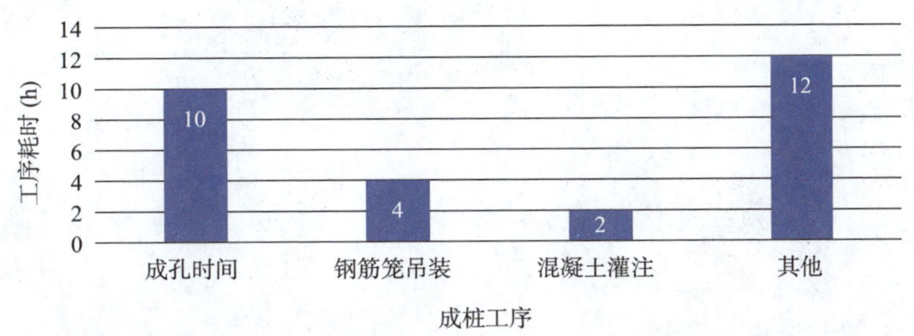

图 5.2-47　车站边桩钢筋混凝土桩工效统计

混凝土桩于 2018 年 8 月 8 日开始施工,并于 2019 年 7 月 28 日施工完成。钢筋混凝土桩于 2018 年 8 月 23 日开始施工,计划于 2019 年 11 月 30 日施工完成。

中桩桩长约 32 m,成孔时间约 20 h,下放及安装钢筋笼时间约为 2 h,钢管柱安装及下放时间约为 6 ~ 7 h,水下灌注时间约为 3 h,一般每台钻机成桩效率为 1 根/3 d(图 5.2-48)。

中桩于 2018 年 9 月 12 日开始施工,并于 2019 年 8 月 15 日施工完成。

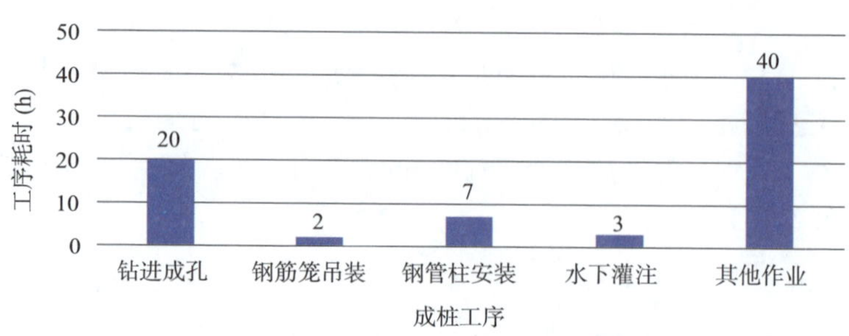

图 5.2-48　该车站中桩钢管柱工效统计

6. 经验总结

(1)垂直度和咬合控制措施

咬合桩施工钻孔垂直度决定要和桩的咬合效果,影响着后期止水效果。为提高钻孔的垂直度和边桩咬合效果,混凝土桩和钢筋混凝土桩成孔均采用第 7 代 8JH-150 型履带式反循环钻机,第 7 代钻机增加了设备重量,由原先的 14 t 增加至 19 t,同时钻机设备扩大了夹钻杆平台能提升和下放扶正钻杆,并且提高了安装钻杆精度,可有效控制垂直度,钻机设备如图 5.2-49 所示。

图 5.2-49　第 7 代 8JH-150 型履带式反循环钻机

为便于切削咬合桩,在连接钻头处的钻杆上加重;以及为控制垂直度,添加扶正钻杆,每 10 m 一道;针对不同的地层情况,主要是卵石层,更换适用的钻头,提高钻孔效率和保证成孔质量。施工过程中每节钻杆采用电子水平尺进行复核垂直度,每钻进 2 m 调校一次钻杆垂直度。小卵石地层和大卵石地层分别采用图 5.2-50 和图 5.2-51 钻头。

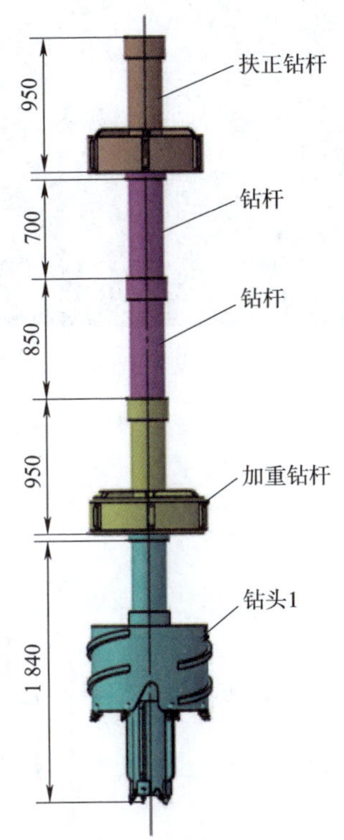

图 5.2-50　针对小卵石地层钻头(单位:mm)

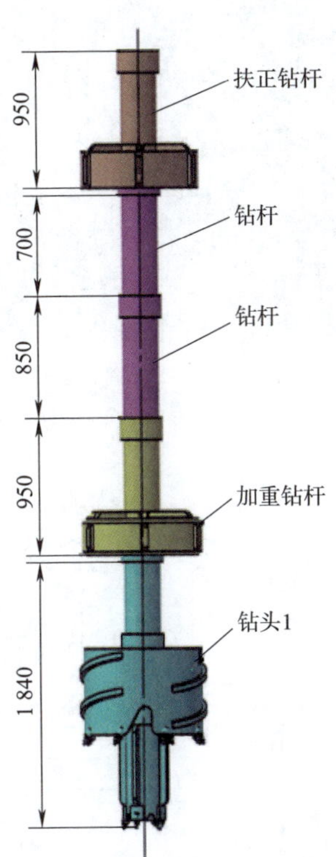

图 5.2-51　针对大卵石地层(单位:mm)

(2)钻头改进

由于咬合桩强度与地层不同,造成钻头接触面软硬不一,致使钻进过程中极易倾斜。

预防及改进措施:将钻头改成为适用岩质地层的牙轮钻头,增加钻头克服软硬不一的能力,同时延长成孔时间,避免成孔速度过快,影响垂直度(图 5.2-52、图 5.2-53)。

案例二:

1. 工程概况

某车站为地下三层岛式车站,有效站台宽度 14 m,车站总长 239 m,标准段宽 23.3 m、高 23.49 m。车站有效站台中心位置轨顶高程 17.50 m,拱顶覆土约 9.7 m,底板埋深 33.2 m,地下三层双柱三跨结构形式,采用洞桩法施工,共设置 4 个出入口、2 个风道及 2 个安全出口,车站标准断面如图 5.2-58 所示,小导洞尺寸为宽 4.6 m、高 5.0 m(图 5.2-54)。

图 5. 2-52　改进前钻头形式

图 5. 2-53　改进后钻头形式

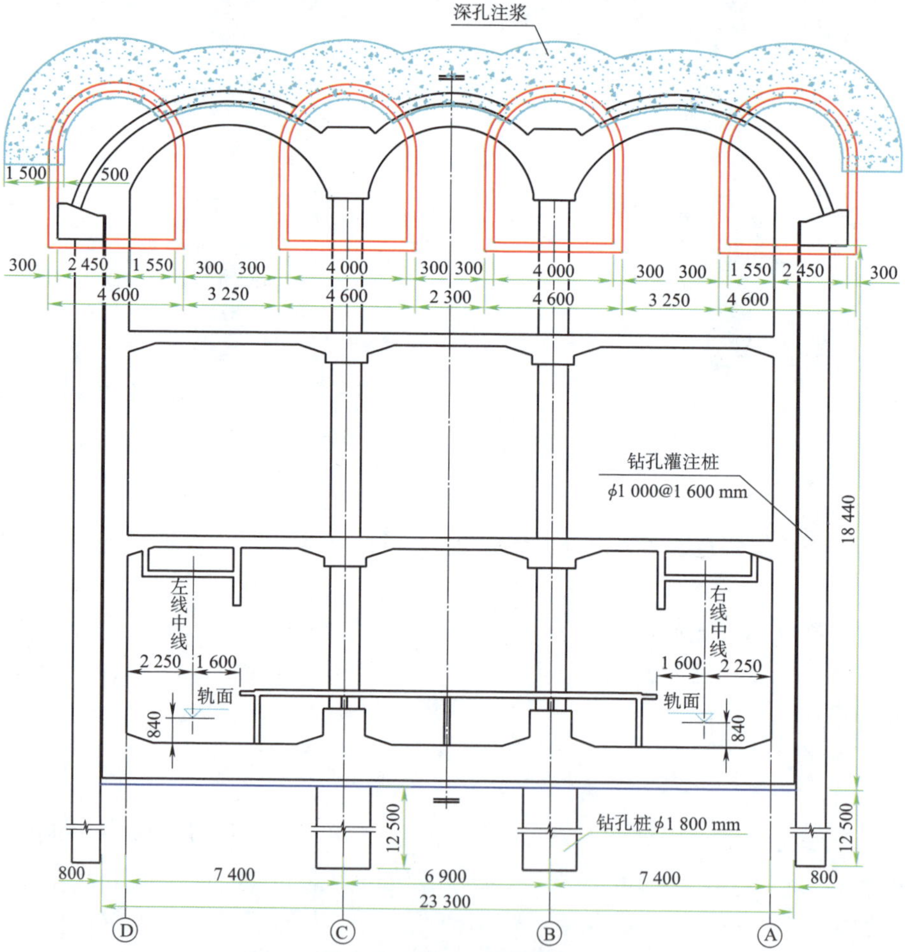

图 5. 2-54　该站标准断面(单位:mm)

车站结构从上到下所处地层依次是卵石、圆砾、粉细砂、粉质黏土、粉土、粉细砂、卵石、粉细砂、卵石、中粗砂、粉细砂,车站地质剖面如图 5. 2-55 所示。

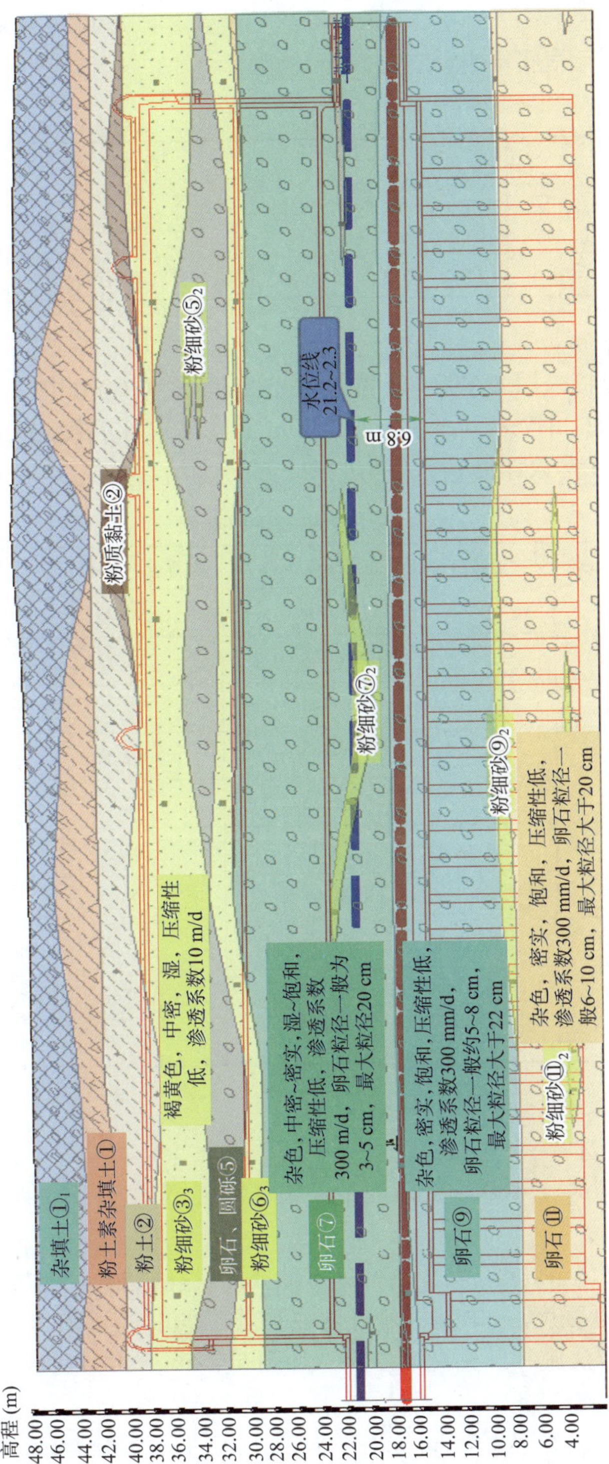

图 5.2-55　该车站地质剖面图

车站地下水为潜水(二)层,地下水特征见表 5.2-5,车站埋深较大约 33.2 m,进水深度达 7 m,且站底均为卵石层,透水性强。

表 5.2-5　地下水特征

地下水性质	水位埋深(m)	水位高程(m)	含水层及其特征	
			岩性特征	渗透系数(m/d)
潜水(二)	27.1～26.5	21.2～22.3	第⑦层卵石及以下卵石、砂层	300

2. 桩柱参数统计

围护结构:边桩采用 ϕ1000 mm 灌注桩,边桩间距 1.6 m;中桩采用 ϕ1000 mm 壁厚 20 mm 钢管柱,钢管柱下采用 ϕ1800 mm 灌注桩进行承载,中桩钢管柱间距为 7.0 m,边桩及中柱参数详见表 5.2-6。

表 5.2-6　边桩与中桩参数

桩型	桩径(m)	桩型	钻孔深度(m)	灌注长度(m)	数量(根)
边桩	1	A	30.94	30.94	292
	1	B	32.72	32.72	39
中桩	1.8	A	35.47	12.5	2
	1.8	B	33.59	12.5	4
	1.8	C	32.83	12.5	2
	1.8	D	32.39	12.5	58
钢管柱	1	A	24.97	22.97	2
	1	B	23.09	21.09	4
	1	C	22.4	20.4	2
	1	D	21.97	19.89	58

3. 机械成桩工序

(1)机械设备选择

钻孔设备采用 KYZ-180 全液压履带反循环钻机,采用 JHM-280M-4 回浆泵。

(2)施工顺序

边桩间距为 1.6 m,采取隔 2 根桩进行钻孔的跳孔法施工,且需在相邻桩混凝土达到 75% 的设计强度后,中间桩才可做成孔施工。中桩间距为 7 m,间距较大,采用顺序钻孔的方法施工。钻孔顺序示意如图 5.2-56 所示。

(3)导坑施工

边桩导洞外径(半径)0.75 m、内径(半径)0.55 m,护壁结构的厚度 10 cm,深

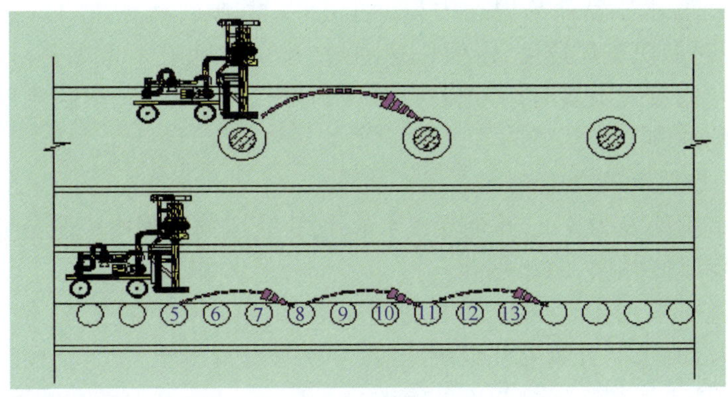

图 5. 2-56　边桩及中桩施工顺序

度 2 m。中桩护壁结构的最小内径为 1. 9 m,底板加固锁扣圈外径 2. 3 m,导坑护壁厚度为 0. 2 m;护壁结构分节施工,每节高度 1 m,导坑深度为 2 m 以下(因地层而定)。

底板锁口圈采用 6 根 ϕ25 环形钢筋(分为上下二层)搭接焊成环,与底板格栅主筋焊接牢固,如图 5. 2-57 所示。

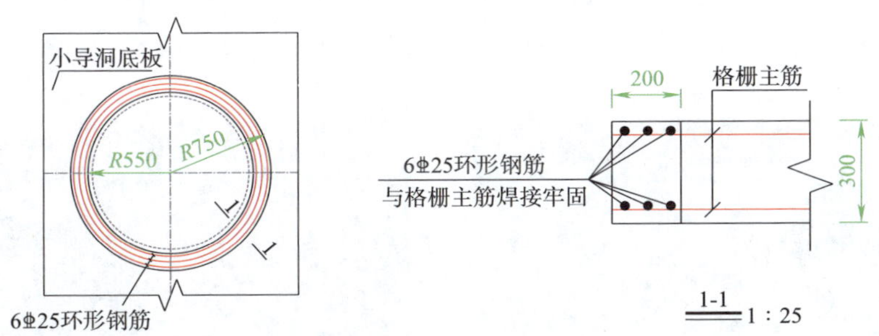

图 5. 2-57　边桩、中桩加固平面图及配筋图(单位:mm)

(4)机械成孔

①泥浆制备

按照桩身体积的 1. 5 倍制备泥浆,泥浆制备要求如下:①黏性土中成孔,可注入清水,以原状土泥浆护壁,排渣泥浆比重控制在 1. 1 ~ 1. 2。②砂土和较厚夹砂层中成孔,泥浆比重控制在 1. 1 ~ 1. 3,穿越砂夹卵石层或容易坍孔土层中成孔时泥浆比重控制在 1. 3 ~ 1. 5。

②控制钻进速度方法

a. 在砂土或含少量砾石、卵石的砂土层中钻进时,转速和进尺速度均不可太快,防止发生钻头吸水口堵塞或排渣管路堵塞。

b. 当遇到含水丰富而易塌孔的粉砂土层时,需慢转速钻进,以减少对粉质土层的搅动,同时加快进尺速度,以便快速通过,避免扩孔或发生塌孔。如果泵的额定流量比实际流量大很多时,可把砂石泵出口阀门开度减小,控制流量,以减轻冲洗液对孔壁的冲刷。

(5)灌注桩及钢管桩施工

边桩底节钢筋笼为3 m,其余为3.4 m,钢筋笼运输过程中应避免变形,安装过程中严禁避免碰撞侧壁,防止塌孔。

钢管柱施工采用TC-900调垂机进行吊装和精调,钢管柱安装完成后,进行二次情况,灌注混凝土。开始灌注混凝土时,为了首盘混凝土方量保证将导管内水全部压出,并满足导管初次埋入深度的需要(1 ~1.5)m,浇筑过程中导管埋入混凝土深度应保持2 ~6 m,并随提升随拆除,导管吊放和提升不得碰撞钢筋笼混凝土灌装分两次完成。

(6)钻孔灌注桩后注浆施工

后注浆技术终止注浆的总的控制原则是以注浆量为主,压力控制为辅。注浆参数根据地质条件合理选择,如桩端为密实的砾石、卵石层时,可考虑采取大注浆量和较大的注浆压力,以注浆量为主要控制指标;如桩侧为密实的沙土层,可以以注浆压力为主要指标,注浆量为参考指标。终压条件:总注浆量达到要求或稳压压力大于3.0 MPa持续1 min。现场施工图如图5.2-58 ~图5.2-61所示。

图5.2-58　机械钻孔

图5.2-59　钢管柱安装

图 5.2-60　钢筋笼安装

图 5.2-61　混凝土灌注

4. 机械成桩分析

(1)沉降分析

该车站为 PBA4 导洞,为三层双柱三跨结构,地层主要为卵石和粉细砂层,主体结构最大沉降量为 -60 mm,结构沉降主要发生在主体导洞开挖和扣拱开挖阶段,导洞施工和结构施工阶段,主体结构沉降量较小(图 5.2-62)。

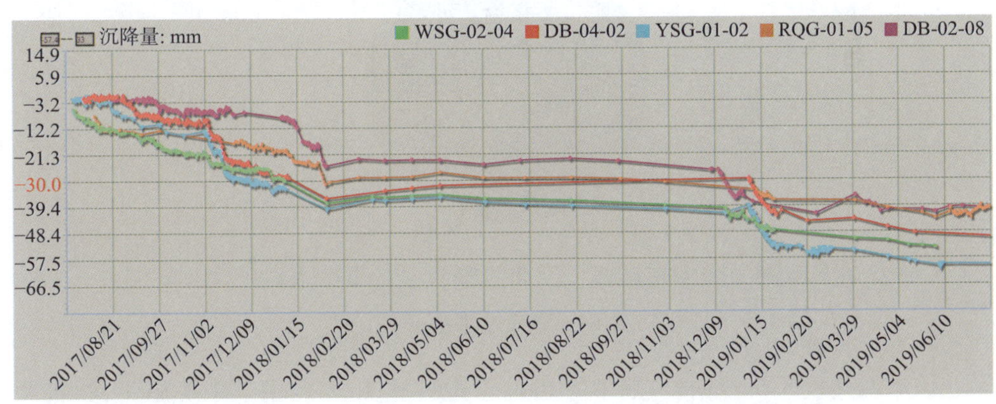

图 5.2-62　该车站主体导洞上方典型测点历史曲线图

(2)成桩工效

边桩采用直径 1000@1600 mm 钢筋混凝土桩,共计 333 根,其中桩长为 30.94 m 的边桩有 294 根,桩长为 32.72 m 的边桩有 39 根。边桩施工从开始钻进至成孔时间平均为13 h,钢筋笼分节连接,节长1.8~2.7 m不等,下放及安装钢筋笼时间约为5 h,水下灌注时间约为2 h,一般每台钻机成桩效率为1根/d(图5.2-63)。

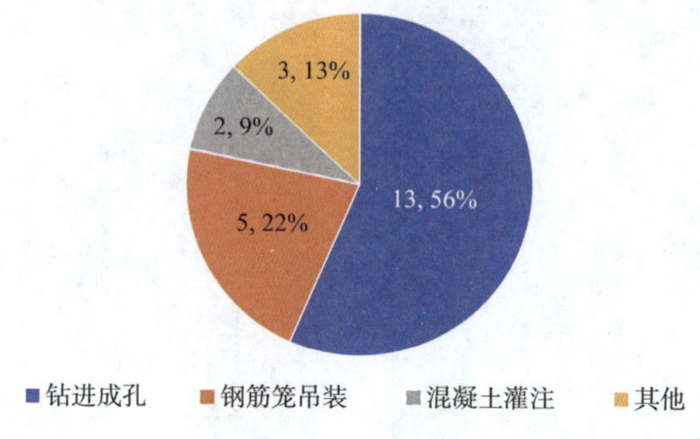

图5.2-63　该车站边桩施工工效

边桩于2018年3月24日开始施工,并于2018年10月20日全部完成。

该车站中柱为直径1000@7000 mm壁厚20 mm钢管柱;钢管柱下设置直径1 800 mm桩基,长12.5 m,中桩桩型共计4种,桩长30.94~35.47 m不等,共计66根。中桩施工从开始钻进至成孔时间平均约为20 h,钢筋笼分节连接,节长2~3 m不等,采用钢管柱调垂机吊放,钢筋笼安装及下放时间约为2 h,钢管柱安装及下放时间约为7~8 h,水下灌注时间约为3 h,一般每台钻机成桩效率为1根/3 d(图5.2-64)。

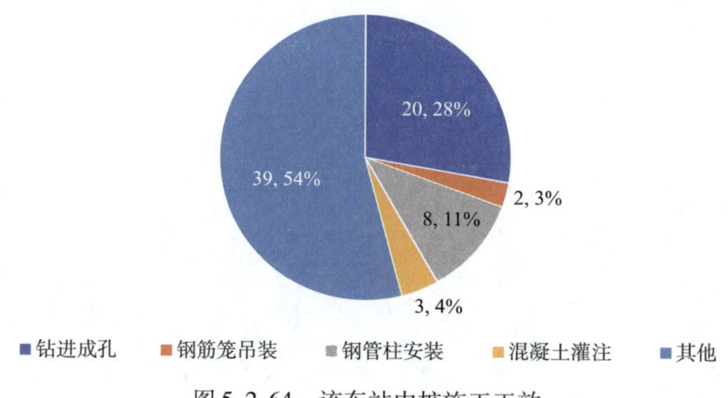

图5.2-64　该车站中桩施工工效

该车站共投入5台钻机,其中3台用于边桩施工,2台用于中桩施工,边桩共计333根,中桩共计66根。边桩施工于2018年3月24日开始施工,并于2018年10月20日全部完成;中桩施工于2018年5月5日开始施工,并于2018年11月2日全部完成。

5. 经验总结

钻机成孔垂直度管控措施:

(1)定位:加强钻机对位管理,采用水平尺和激光水平仪实时观测机身水平,钻进过程中技术员全程跟进;(2)成孔:对钻机操作人员重新交底,控制钻进速度,杜绝盲目加压;(3)垂直度测量:钻进过程中,利用更换钻杆间隙,测量钻杆自身垂直度,并加密扶正钻杆(前 10 m 增加 3 道),提前预测成孔垂直度;(4)重新钻孔:钻至设计高程后,使用智能超声波成孔质量检测仪检测垂直度,如偏差超过 8‰,回填重新钻进(图 5.2-65)。

图 5.2-65　钻机定位与垂直度控制

6. 总结

我们类比了 5 个机械成桩的车站施工期间车站沉降量详见表 5.2-7,导洞法机械成桩车站在主体导洞开挖和扣拱期间车站沉降较大,主体导洞开挖阶段沉降量占 15%~50%,机械成桩沉降量占 3%~8%,扣拱施工阶段沉降量占 40%~75%,结构施工阶段沉降量占 0~8%。

表 5.2-7　不同地层车站沉降统计

车　　站	车站一	车站二	车站三	车站四	车站五
地层情况	卵石	卵石、粉细砂	卵石、粉细砂	粉质黏土、粉细砂	粉质黏土、细中砂
车站结构	PBA4	PBA4	PBA4	PBA2	PBA4
主体导洞开挖	-9 mm	-22 mm	-28 mm	-15 mm	-35 mm
机械成桩	-2 mm	-8 mm	-5 mm	-7 mm	-5 mm
扣拱施工	-45 mm	—	-25 mm	—	—

将以上 5 个车站的边桩和中桩钢管柱成桩进行对比详见表 5.2-8,可以看出,粉质黏土、粉细砂地层相对卵石地层,成孔工效较高,中桩成桩工序复杂,相对边桩成孔效率低,黏土、砂层地质边桩成孔工效约为 2 根/3 d,卵石地层边桩成孔效率约为 1 根/1 d,卵石地层中桩钢管柱成孔效率 1 根/(2~3)d。

表 5.2-8　成桩工效统计

车站	车站一	车站二	车站三	车站四	车站五
地层情况	卵石	卵石、粉细砂	卵石、粉细砂	粉质黏土、粉细砂	粉质黏土、细中砂
边桩参数	桩径 1 m,桩长 26.91 ~ 33.04 m	咬合桩 0.9 m;桩长 19 m(素) 28 m(混凝土)	桩径 1 m 桩;长 30 ~ 32 m	桩径 1 m;桩长 26.7 ~ 29.1 m	桩径 1 m;桩长 25 ~ 30 m
边桩	23 h	混凝土桩 19 h、混凝土桩 24 h	24 h	16 h	16 h
中桩参数	桩径 1.8 m,深度为 29.81 ~ 33.06 m	桩径 1.8 m,深度为 20 m	桩径 1.8 m,深度为 20 m ~ 23 m	—	—
中桩(钢管柱)	57 h	72 h	72 h	—	—

5.2.5　经验总结及展望

1. 机械成桩难点总结

(1)钻头选择

针对不同地层选择不同形状的钻头,钻头的选择影响着成孔质量和效率,不同地层的钻头选择可参考图 5.2-66 ~ 图 5.2-71,卵石地层宜选择筒钻,黏土及砂层宜选择三翼钻。

图 5.2-66　卵石粒径小(含量低)

图 5.2-67　卵石粒径大(含量低)

(2)钻孔垂直度控制

施工机械安装就位时,应确保施工机械平稳,吊杆钩、转盘中心和桩位中心三点成一线,并且在钻孔过程中使用电子水平尺检查钻杆的垂直度,始终保持钻杆垂直钻进。选择与地层匹配的钻头，同时应加重钻杆和钻机重量，使钻机设备在钻进过程中更加稳定。

图5.2-68　漂石地层

图5.2-69　卵石含量高、胶结程度高

图5.2-70　卵石胶结严重

图5.2-71　砂层、黏土层

(3)沉渣处理措施

沉渣量过多将会导致桩基承载力不足，造成原因主要有：清孔不干净或未进行二次清孔；泥浆密度过小或泥浆注入量不足而难于将沉渣浮起；钢筋笼吊放过程中，未对准孔位而碰撞孔壁使泥土坍落桩底；清孔后，待灌时间过长，致使泥浆沉积。

处理措施：成孔后，钻头提高孔底10～20 cm，保持慢速空转，维持循环清孔时间不少于30 min。采用性能较好的泥浆，控制泥浆的比重和黏度，不要用清水进行置换。钢筋笼吊放时，使钢筋笼的中心与桩中心保持一致，避免碰撞孔壁。加快对接钢筋笼速度，减少空孔时间，从而减少沉渣。下完钢筋笼后，检查沉渣量，如沉渣量超过规范要求，则应利用导管进行二次清孔，直至孔口返浆比重及沉渣厚度均符合规范要求。开始灌注混凝土时，导管底部至孔底的距离宜为30～50 cm，应有足够的混凝土储备量，使导管一次埋入混凝土面以下1.0 m以上，以利用混凝土的巨大冲击力溅出孔底沉渣，达到清除孔底沉渣的目的。

若沉渣厚度较少可采取气举的方式来进行清渣,使用高压风吹导管,使得沉渣漂浮在水中,然后迅速浇筑混凝土。

(4)防止坍孔措施

坍孔的特征是孔内水位突然下降,孔口冒细密的水泡,出渣量显著增加而不见进尺,钻机负荷显著增加等。坍孔的预防和处理如下:

①做好洞孔加固措施,孔口周边进行深孔注浆加固,确保周边地层稳定。

②应根据地层制备不同比重的泥浆,与砂层和卵石地层应适当加大泥浆比重和黏度,钻孔过程中并进行泥浆比重检测。施工期间护筒内的泥浆面要高出地下水位 1.0 m 以上,在受水位涨落影响时,泥浆面要高出最高水位 1.5 m 以上。

③钻头进尺速度不得过快,禁止空转时间过长。

④清孔时应指定专人补浆(或水),保证孔内必要的水头高度。供水管最好不要直接插入钻孔中,应通过水槽或水池使水减速后流入钻中,可免冲刷孔壁。应扶正吸泥机,防止触动孔壁。不宜使用过大的风压,不宜超过 1.5~1.6 倍钻孔中水柱压力。

⑤成孔完成后在条件允许情况下尽快下放钢筋笼,并及时浇筑混凝土,入钢筋骨架时应对准钻孔中心竖直插入,严防触及孔壁。

⑥轻度坍孔,加大泥浆密度和提高水位;严重坍孔,用黏土及锯末等填充物进行回填,回填完成后进行注浆,待浆液达到设计强度后再次进行钻孔。

2. 机械成桩施工建议

(1)优化导洞设计参数

机械成桩工艺,应优化竖井、横通道、小导洞尺寸以及桩孔径中心至导洞侧壁的距离,便于钻机设备运输、架设和稳定,钻机设备距导洞侧壁距离以 0.3 m 距离为宜。以 12 号线苏州桥站边桩施工为例,边桩直径为 1.0 m,边桩中心距导洞侧壁距离为 1.2 m,钻机设备宽 2.2 m,钻机设备就位对中后,距离导洞侧壁只有 0.1 m 的距离,距离较小不便于设备的固定和移动。

(2)控制钻孔垂直度

控制钻孔垂直度,应根据不同地层选择不同类型的钻头,同时可以增加钻机设备的重量来增强设备稳定性,增加加重钻杆和扶正钻杆,减少钻杆摆动,避免钻孔过程中钻头偏离竖直中心线,提高钻孔垂直度。增加孔位中心垂直度控制设备,钻进过程中能够进行实时纠偏。

(3)成孔质量检测

钻机成孔后应加强对成孔质量的检测,包括孔径、孔深和垂直度,使用智能超声波成孔质量检测仪可以对孔壁进行三维立体扫描测试,能全面反映成孔质量,成孔质量较差的,应重新回填钻孔,为钢筋笼吊装和钢管柱吊装垂直度提供了条件保障。

(4)加强钢管柱质量控制

①钢管柱加工应使用优质的钢柱卷材,首先应保证单节钢管柱的直线度,其次

应保证钢管柱接口处的平整度,钢管柱对接应紧密和顺直。

②可在最底节增加倾斜传感器,通过上下两端传感器调整整体倾斜度。

③确保钢管柱就位后不接触钢管柱,避免桩柱搭接偏位;混凝土浇筑过程中应避免混凝土的动荷载导致钢管柱倾斜。

④在混凝土浇筑过程中增加倾斜传感器进行实时监测,并进行实时纠偏,避免纠偏滞后。

⑤根据地下水位情况比选有定位装置的导向套管法和调垂机调垂的机械调垂法,研究适合洞桩法桩柱一体化的气囊钢管柱调垂方法。

(5)提高文明施工

合理布设洞内沉渣池和泥浆池的位置,增加泥浆分离设备,有效将成桩过程中的泥水进行分离,避免污染环境,提高现场文明施工环境。

(6)完善安全和技术交底

洞桩法机械成孔工序较多,尤其中桩钢管柱施工,应进行完善的安全和技术交底,增强工人对作业管控环节的认识程度,同时应严格控制钻进速度,杜绝盲目加压,做好施工组织筹划,以提高作业质量和工作效率。

3. 展望

洞桩法机械成桩施工工艺有效减少了降水量,缩短了降水周期,节约了减税费用;机械成桩相对人工挖孔施工,有效减少了群洞效应,降低了车站结构及周边建筑物的沉降量,保障了车站施工的安全性;同时机械成桩提高了施工机械化程度,同时增加了工程的安全度和可靠度,有效保障了工人作业环境。

机械成桩工序复杂,施工空间和环境受限,交叉作业。首先,合理有效的施工组织安排是提高成桩工效的首要条件;其次,应对钻机设备、钻杆和钻头进行不断改良,提高钻孔垂直度,并能适应不同地层;研发钻进成孔、钢筋笼吊装、钢管柱吊装、混凝土浇筑过程中对垂直度实时检测和动态调整的自动化和智能化设备;合理布设场地泥浆循环系统,增加泥水分析设备,提高文明施工。

5.3 北京地铁施工对环境影响分析

5.3.1 引言

随着我国经济社会的发展,城市化进程的不断加快,很多城市出现了交通堵塞、环境污染、生态恶化等现象。为了缓解城市发展带来的诸多问题,发展城市轨道交通,建造城市地下网络,已成为解决上述问题的主要方法。城市地铁因其运量大、快速、准时、污染少及乘坐方便等优点,正在被更多的城市所采用。截至2022年底,北京地铁已开通运营27条线路,覆盖北京市12个市辖区,运营总里程达783 km,车站数量达463座,换乘站73座。北京地铁线路示意图如图5.3-1所示。

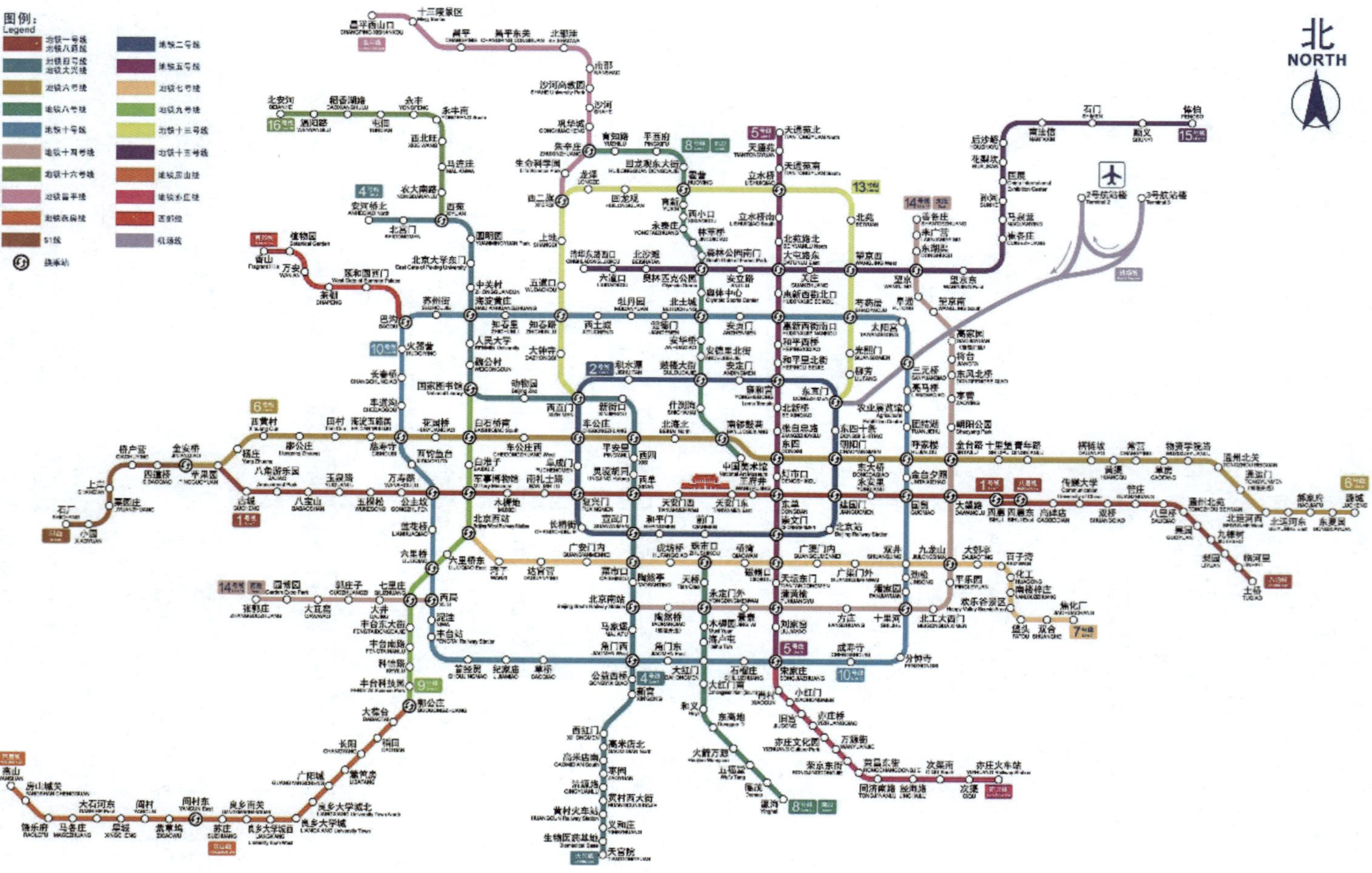

图 5.3-1 北京地铁线路示意

为了进一步提升轨道交通服务能力，解决大城市交通拥挤的问题，加密重点功能区轨道线网，增强线网整体性和灵活性，建成功能层次明确、级配结构合理的城市轨道网，北京市在建地铁线路有17号线、19号线1期、3号线1期、12号线、昌平南延线、28号线、22号线等。

北京地铁多修建在人流量集中、建筑物多、交通压力大的地段，周围管网纵横交错，城市桥梁，城市轨道交通既有线、既有铁路线数量多，多种因素相互影响和制约。北京地铁的诸多特点为地铁的设计、施工带来了很大的挑战。设计参数不准确、施工不合理，都会增加地铁修建的风险。一旦发生安全风险事故，影响面广、损失巨大。因此，加强北京地铁建设安全风险管控，已经成为政府、建设单位和其他相关参见各方的共同需求。为此，我们对北京地铁建设的特点进行深入分析与总结。

结合近年来北京地铁施工的相关参数及监测数据，总结北京地铁施工对环境影响的规律，以期为地铁设计、施工及风险管控方面，提供具有应用价值的参考依据。

5.3.2　北京市地质水文特点及环境特点

1. 北京市地质水文特点

(1)北京地区地质构造

北京市大地构造处于华北地台中部至燕山沉降带的西段。在漫长的地质历史中既经历过大幅度地下降、接受巨厚的沉积，又产生过剧烈的造山运动。特别是在中生代以燕山运动为主的构造变动，奠定了北京地区地质构造的基础骨架以及地貌发育的雏形。再加上新生代自第三纪以来的新构造运动的影响，使北京市的地质发展历史和地貌类型更加复杂化和多样化。

北京市除去最北端(指怀柔区长哨营以北地区)外，广大地区都位于燕山沉降带范围之内。在此区间，中、上元古界特别发育，是一套基本上没有变质的沉积岩系，呈明显不整合关系覆盖在变质岩系之上，成为古老变质岩系之上的第一个盖层，属于华北地台上一个狭长下陷地带。再根据地质构造和岩浆活动等特点，可划分为以下三个大的地质构造区：

①西山凹陷。根据地质构造变动的差异又可划分为三个地质构造单元，北京西山褶皱隆起区、北京向斜区和大兴隆起区。

②北山隆起。自西向东依次分为青白口穹窿区、延庆昌平活动断裂区和密怀升起断裂区。

③蓟州凹陷。是一个以蓟州、兴隆、平谷为中心的沉降区。

(2)北京地质分布规律

①北京地质平面分布规律

北京市区第四纪沉积地层的厚度由西向东逐渐增大，岩相分布由山地向平原具有明显过渡的特征，即市区西部的第四纪古河流形成的冲洪积扇顶部、中上部的地层以厚层砂土、卵砾石土层为主，向东过渡为冲洪积扇的中部和中下部，第四纪地层为黏性土、粉土与砂土、卵砾石土交互沉积层。

a. 西部地层分布规律

岩性主要以砂砾石、砂卵石、粗中砂为主，黏性土多以夹层或透镜体状态分布，北部含砂层颗粒粗，南部含砂层颗料细(图 5. 3-2)。

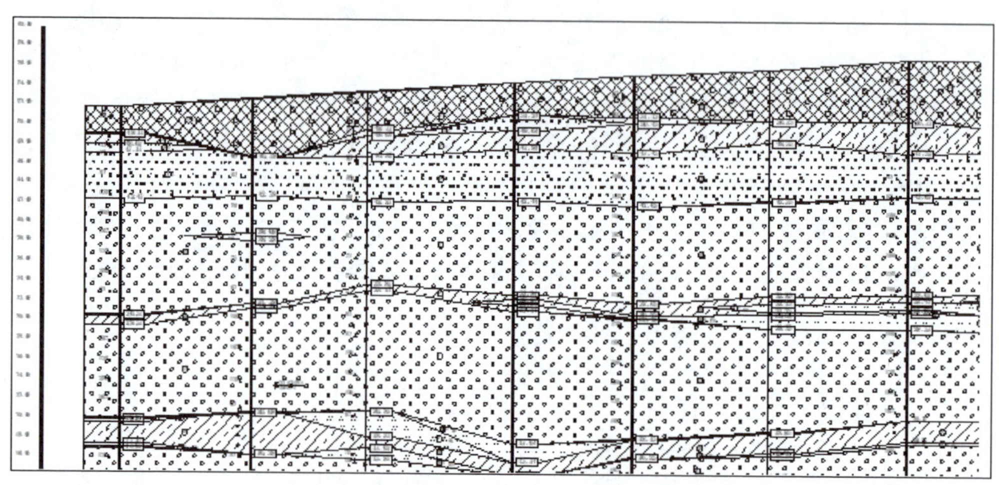

图 5. 3-2　西部地区某地铁车站地质剖面图

b. 中间地段地层分布规律

地层分布主要以圆砾、砂砾卵石为主，一般有厚层的黏性土分布其间。表现出明显的分层性，地层颗粒由北向南略有变细的趋势(图 5. 3-3)。

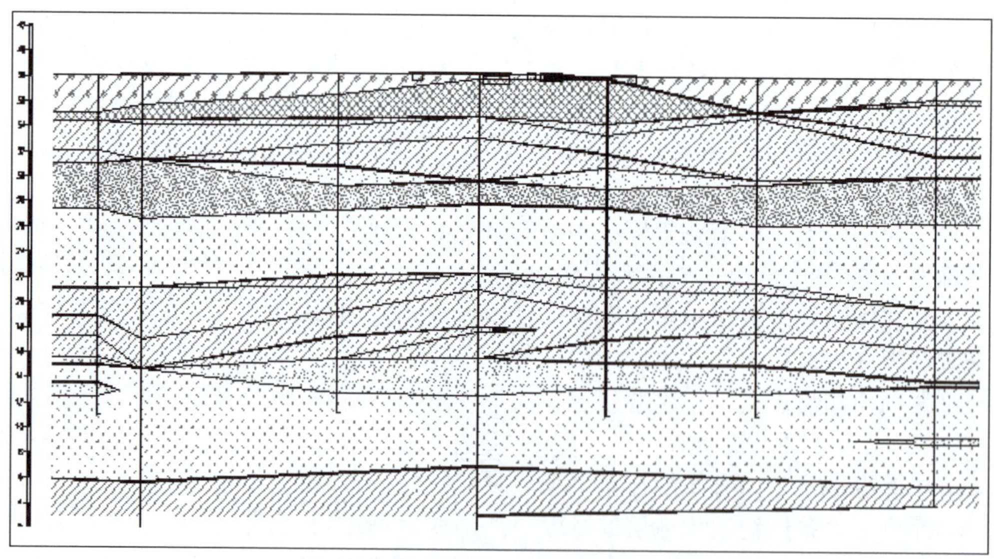

图 5. 3-3　中部地区某地铁车站地质剖面图

c. 东部地层分布规律

地层主要以砂质黏土、粉质黏土等黏性土为主，在黏性土之间夹部分中细砂或粉细砂，或为砂、砂砾与黏性土互层（图5.3-4）。

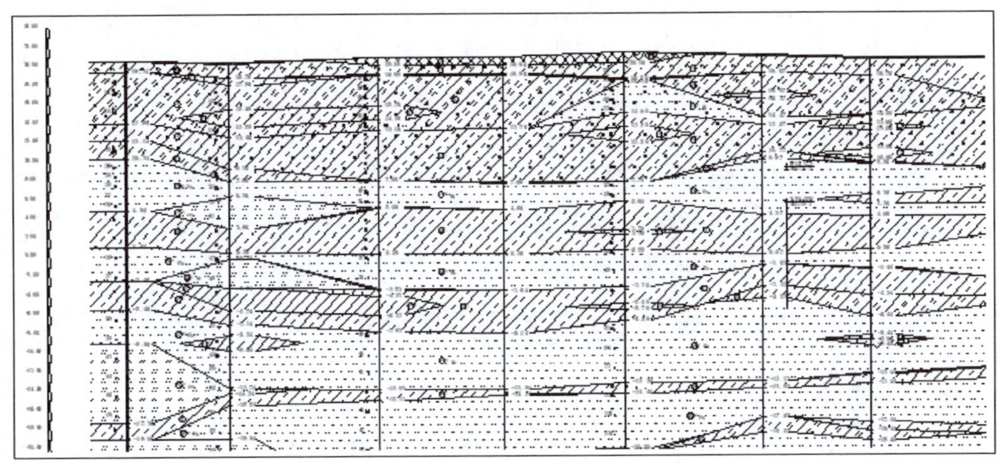

图5.3-4　东部地区某地铁车站地质剖面图

② 北京地层纵向分段

根据钻探资料按地层沉积年代、成因类型，北京六环以内地铁工程地质一般划分为人工填土层、新近沉积层及第四纪沉积层三大类。按地层岩性及其物理力学性质进一步分为11个大层，具体如下：

a. 人工填土层

北京地区人工填土的厚度和岩性很不均匀，一般厚度3～6 m，在没河湖沟坑地区，人工填土层厚度可达10 m左右。地铁工程开挖范围内揭露的地层主要为粉土填土①层、杂填土$①_1$层等。

b. 全新统中上部新近沉积层

北京地区的新近代土层包括流水沉积、沼泽沉积和风积，一般厚度为2～8 m，地铁工程开挖范围内揭露的主要地层为砂质粉土黏质粉土②层、粉质黏土$②_1$层、粉细砂$②_3$层、圆砾卵石$②_5$层、泥炭质粉质黏土$②_6$层。

c. 全新统下部和上更新冲洪积层

人工填土层和新近沉积层以下主要全新统下部和上更新冲洪积地层，其岩性及厚度情况因地貌单元及其所处位置的不同而各异，主要为砂质粉土粉质黏土③层、粉质黏土$③_1$层、粉细砂$③_3$层、粉质黏土④层、黏质粉土、砂质粉土$④_2$层、粉细砂$④_3$层、卵石⑤层、中粗砂$⑤_1$层、粉质黏土$⑤_4$层、粉质黏土⑥层、黏土$⑥_1$层、黏质粉土、砂质粉土$⑥_2$层、细中砂$⑥_3$层、卵石⑦层、中粗砂$⑦_1$层、粉质黏土$⑦_4$层、粉质黏土⑧层、黏土$⑧_1$层、黏质粉土砂质粉土$⑧_2$层、细中砂$⑧_3$层、卵石⑨

层、中粗砂⑨$_1$ 层、粉质黏土⑨$_4$ 层、粉质黏土⑩层、黏质粉土砂质粉土⑩$_2$ 层、细中砂⑩$_3$ 层、卵石⑪层、中粗砂⑪$_1$ 层。

(3)北京地区地下水情况

北京市区域内有五大河流:大清河、永定河、北运河、潮白河、沟错河,地下水流动方向总体上呈自西向东方向。北京平原地区地下水类型按地下水的赋存条件主要分为基岩裂隙水和第四纪松散岩类孔隙水。第四纪松散岩类孔隙水又分为上层滞水、潜水和承压水,主要赋存于第四纪砂卵石和砂层孔隙中。

按地层、岩性以及其他水理特性,可将北京市对地铁工程建设有较大影响的 40 m 深度范围内地下水大致划分为三个大区Ⅰ、Ⅱ、Ⅲ,进一步细分为以下七区Ⅰa、Ⅰb、Ⅰc、Ⅱa、Ⅱb、Ⅲa、Ⅲb,各区地下水特征见表 5. 3-1。

表 5. 3-1　北京地区各区地下水特征表

大区	Ⅰ区			Ⅱ区		Ⅲ区	
亚区	Ⅰa 区	Ⅰb 区	Ⅰc 区	Ⅱa 区	Ⅱb 区	Ⅲa 区	Ⅲb 区
位置	东北郊	东郊	东南郊	老城区北部	老城区大部	清河流域	西郊和西南郊
地下水分布特征	30 m 之内有 2~4 个含水层。上部为台地潜水层;中部 1~2 个层间水含水层;下部潜水或承压水含水层	基本同Ⅰa 区。由于地处古金沟河下游的网状河流区域,台地潜水分布不连续,又因古河道岩性颗粒较粗,成为本地区地下水汇流通道	基本同Ⅰa 区。受Ⅰb 古河道影响地下水流向由 EW 流向 NE,区别于其他区域	围绕王府井一带分布有丰富的上层滞水;中部为层间水;下部为潜水或承压水	基本同Ⅱa 区。区别在于上层滞水较少	潜水类型分布特征受现代河流控制,河流一级阶地下分布有承压水	潜水,一般埋藏较深,受人为因素影响,水位变幅较大

(4)北京地区常见不良地质条件与地质风险

①通过对北京地铁已经揭露的地质资料,结合北京地铁工程勘察、水文地质勘察、区域地面沉降、地裂缝、砂土液化等区域不良地质条件资料,对岩土层物理力学参数、地下水类型、分布及补给条件等进行了统计和分析,北京地铁建设常见不良地质条件与地质风险如下:

a. 北京地区的地层从黏土到卵石到基岩,地层分布差异性大。

b. 岩土参数变异性较大。

c. 地下水分布(类型、水位、水量等)不均匀,上层滞水分布不确定。

d. 地层空洞分布、充填等特征具不确定性,对地铁施工影响大。

e. 填土、新近沉积层、漂石地层、滞水与承压水、污染土、含水粉土透镜体、地层空洞、二元结构地层、膨胀岩、软弱夹层等为北京地铁建设主要特殊岩土条件和地质风险因素。

f. 土层破坏具突发性和滞后性。

g. 大面积地面沉降、地裂、地震断裂、砂土液化、地面塌陷等不良地质作用对北京地铁建设具有较大影响。

h. 工程勘察因城市环境条件所限导致精度、深度不足等带来地质风险。

②环境特点：

城市轨道交通建设大部分处于建筑物密集、人口密集的城区，周边高楼林立，地下管网密集，桥梁、道路、既有铁路等纵横交错，沿线地面交通流量大，工程周边环境条件复杂。北京地区轨道交通工程建设周边环境特点如下：

a. 多样性、重要性和高度敏感性：包括既有轨道交通设施（含铁路）、房屋建筑、桥涵、地表水体、地上地下管线、地下构筑物及文物、军事管理区、国家保密单位、使馆区、古树等。

表 5.3-2　轨道交通施工周边环境常见风险

环境风险工程	风险关系	常见风险
既有地铁	邻近、下穿、上跨	既有结构开裂、剥落、渗水，道床结构开裂，变形缝开合及错台
既有铁路	下穿、邻近	道床结构开裂、坍塌、沉陷
南水北调	下穿、邻近、上跨	南水北调结构开裂、渗漏
桥梁	下穿、邻近	墩台或梁体开裂、剥落、倾斜
建构筑物	下穿、邻近	建构筑物开裂、剥落、倾斜
道路	下穿、邻近	地面开裂、沉陷、隆起，地面冒浆/泡沫
河湖	下穿、邻近	河底渗漏，堤坡开裂
地下管线	下穿、邻近	管线破损、开裂，检查井等附属设施开裂、进水

b. 复杂性：建筑物地基基础类型多、基础埋深大小不一，桥梁一般采用 20 ~ 35 m 的摩擦端承桩，地下管线类型多、埋置深度变化大、敷设形式多、主干道下管线密集、城区部分雨污水管线年久失修、老化渗漏严重。

c. 环境对象与工程建设互为影响大：环境对工程影响主要体现在对地铁线路路由、站位及出入口等方案的确定、对隧道埋置深度度的确定、对施工工法、工艺的选择，对工程措施、环境保护措施等方面；工程建设对环境的影响主要体现在影响环境对象的使用功能，影响环境对象的外观，影响环境对象的使用寿命（耐久性），对环境对象直接破坏等方面。

d. 环境调查的困难性：年代不同，部分年代久远的资料不全；环境类型多，多头管理；部分产权单位配合困难；涉密文物、军事管理区、使馆区等涉密环境多，调查难度大等。

e. 周边环境具有双重性；地铁建设既是风险源，又是承险体和保护对象。

5.3.3 北京地铁矿山法施工的主要工法及辅助工法

目前北京地铁矿山法地铁车站主要施工方法有洞桩法、中洞法、侧洞法等;区间工法主要有 CD 法、CRD 法、台阶法及双侧壁导坑法等;同时伴随上述工法所采用的超前支护工法,如:深孔注浆、超前小导管注浆及管棚支护等。本小节主要简述上述几种工法的施工步序。

1. 车站工法

经过多年的实践与探索,洞桩法已成为背景地铁矿山法施工的主流工法,占比 90% 以上。

洞桩法(PBA)的原理就是将传统的地面框架结构施工方法和矿山法进行有机结合,即在地面上不具备施工基坑围护结构条件时,改在地下提前矿山法好的导洞内施作围护边桩、中柱、底梁和顶梁、顶拱,共同构成桩、梁、拱支撑框架体系,承受施工过程的外部荷载,然后在顶拱和边桩的保护下,逐层向下开挖土体,施工内部结构最终形成由外层边桩及顶拱初期支护和内层二次衬砌组合而成的永久承载体系。洞桩法的施工步序是先施工小导洞,在小导洞内施作梁柱体系,然后再施作顶部结构,并在其保护下进行后期的土方开挖及二衬施工。

(1)洞桩法施工步序

施工步序如图 5.3-5 ~ 图 5.3-9 所示。

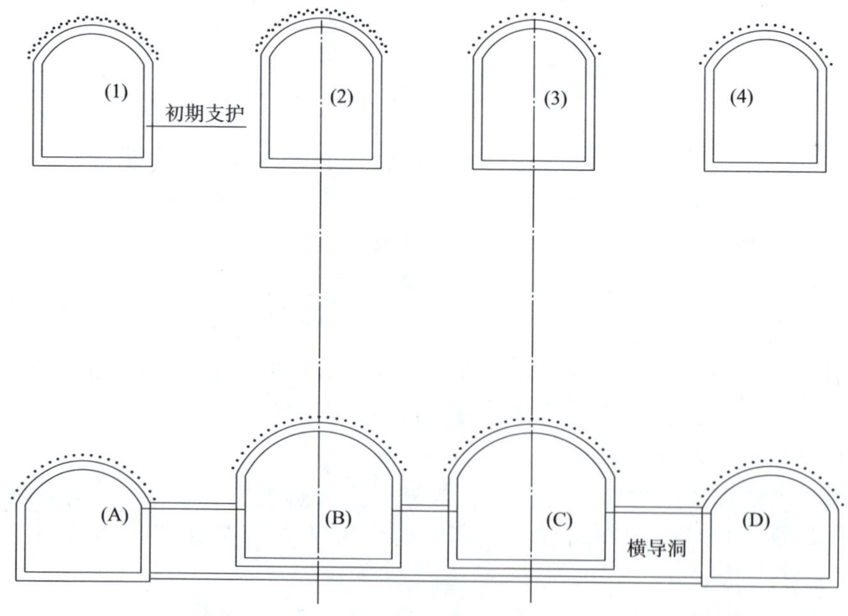

图 5.3-5 开挖小导洞

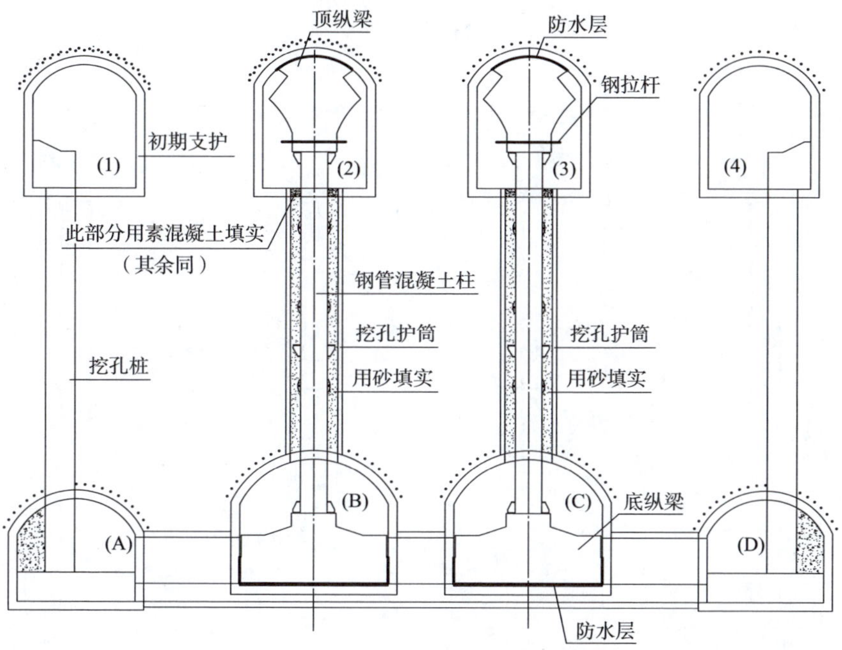

图 5.3-6　施作梁柱体系

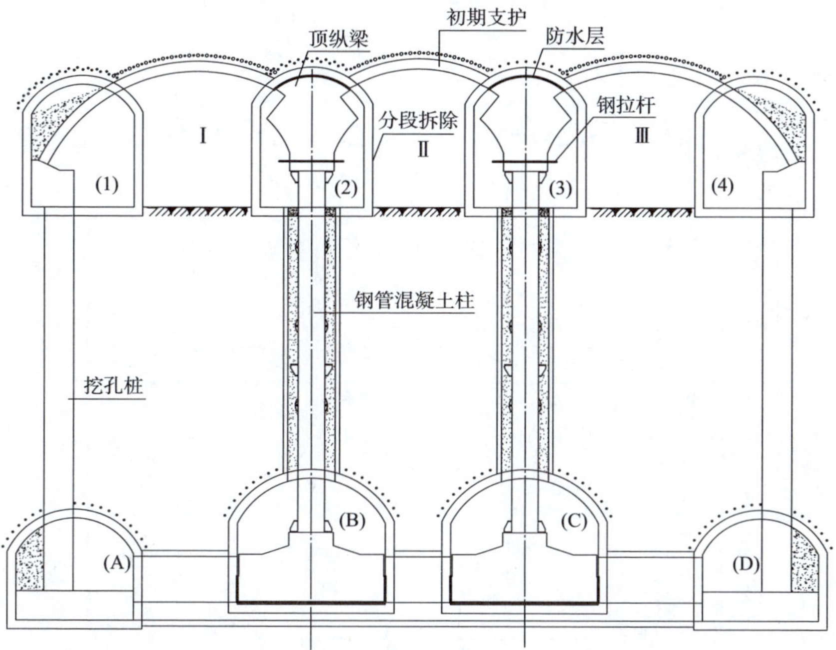

图 5.3-7　扣拱施工

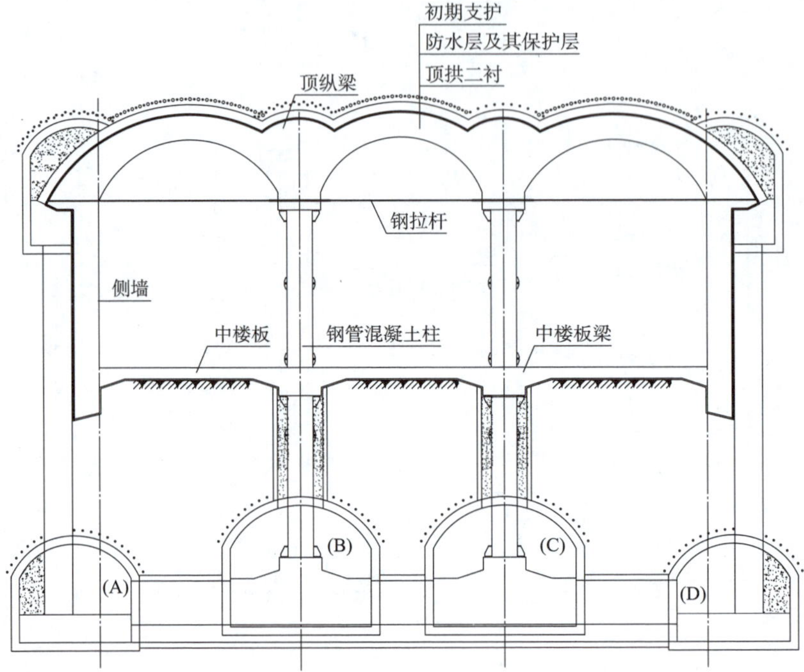

图 5. 3-8　中板施工、开挖剩余土体

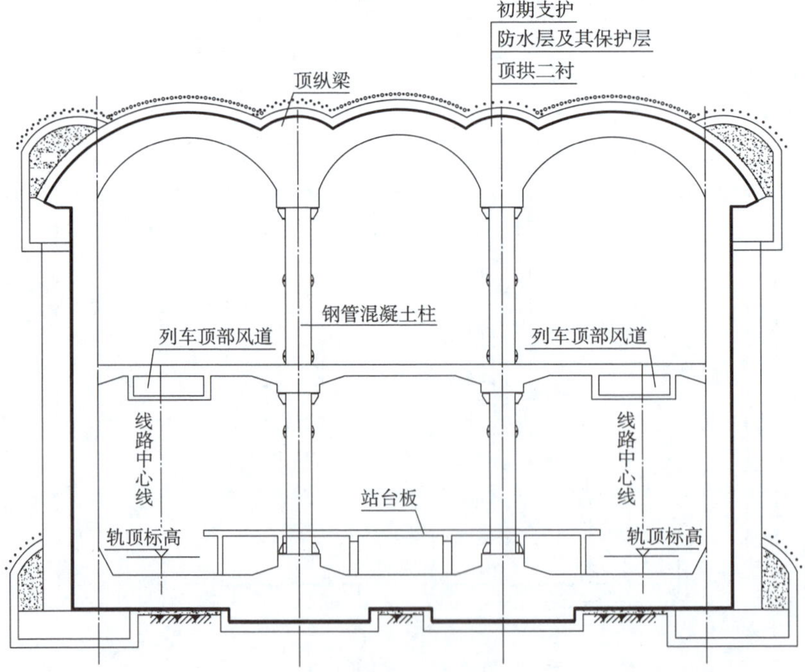

图 5. 3-9　完成剩余车站结构

(2)洞桩法变形控制措施

洞桩法车站施工应合理安排导洞及扣拱开挖顺序,减小群洞施工效应。在同种地层情况下,导洞尺寸及扣拱跨度相近的情况下,双拱单柱车站因开挖跨度小及导洞数量少,其沉降明显小于三拱两柱车站。但随着导洞间距增大,虽然导洞间相互影响变小,但扣拱跨度变大,扣拱阶段引起的地表沉降急剧增大,所以在设计时,应根据车站宽度,合理安排导洞间间距。

2. 区间工法

(1)台阶法

台阶法是指先开挖隧道上部断面(上台阶),上台阶超前一定距离后开始开挖下部断面(下台阶),上下台阶同时并进的施工方法。根据台阶长度,可分为短台阶、长台阶、超短台阶(微台阶)法等(图5.3-10)。

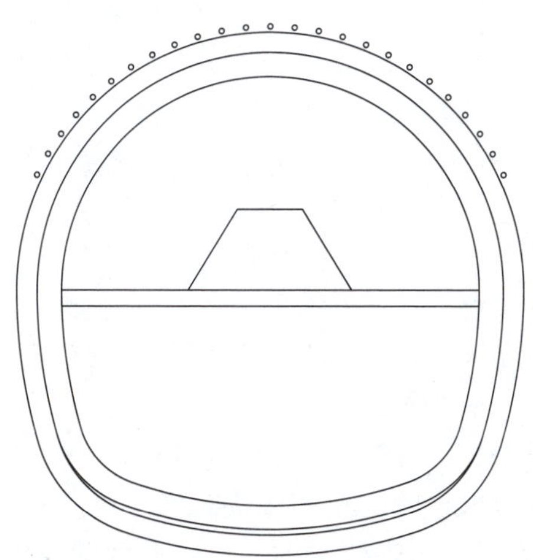

图5.3-10　台阶法施工示意图

台阶法施工控制要点:

①根据围岩条件和施工机械设备情况合理确定台阶长度、台阶高度及台阶数量,其各部分形状应有利于保护围岩稳定的前提下尽量便于机械作业。

②当围岩自稳能力较好,隧道开挖跨度不大时,为方便作业台阶长度宜控制在10~50 m以内。围岩稳定性较差时,台阶长度宜控制在3~10 m。

③上部断面使用钢架时,可采用扩大拱脚和施作锁脚锚杆(管)等措施,防止拱部下沉变形。上下端面初期支护刚架链接应平顺,螺栓连接应牢固。

④围岩整体性较差时,施工中应采取措施减少下部开挖时对上部围岩和支护的扰动,下部断面开挖应两侧交错进行,下部断面应在上部断面喷混凝土达到一定强度后开挖。

⑤当围岩不稳定时进尺应为 1 ~ 1.5 m,落地后应立即施作初期支护。

⑥仰拱应及时施作,使支护及早闭合成环。

(2)CD 法

CD 法(中隔壁法)是以台阶法为基础,将隧道断面从中间分成左右部分,使上、下台阶左右各分成两部分或多部分,每一部分开挖并支护后形成独立的闭合单元(图 5.3-11)。

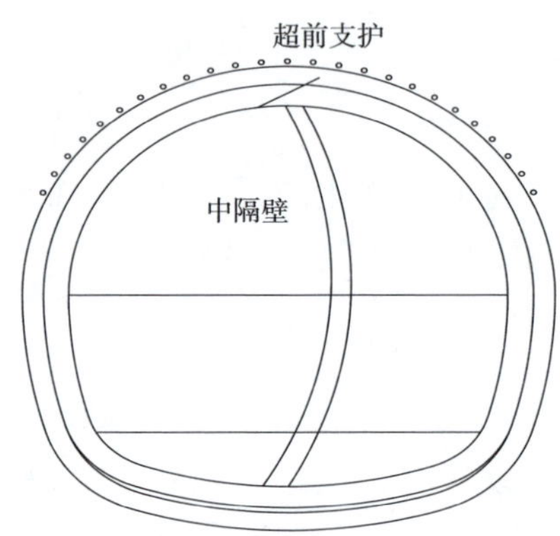

图 5.3-11　CD 法施工示意图

中隔壁法施工控制要点:

①上部导坑的开挖循环进尺控制为 1 榀钢架间距(0.5 m 左右),下部导坑的开挖进尺可依据地质情况适当加大。

②中隔壁法施工时,初期支护完成后方可进行下一分部开挖,地质较差时,每个台阶底部均应按设计要求设临时钢架或临时仰拱;各部开挖时,周边轮廓应尽量圆顺,应在先开挖侧喷射混凝土强度达到设计要求后再进行另一侧开挖;左右两侧导坑开挖工作面的纵向间距不宜小于 1 倍洞径;当开挖形成全断面时,应及时完成全断面初期支护闭合。

③导坑开挖孔径及台阶高度可根据施工机具、人员等安排进行适当调整。应配备适合导坑开挖的小型机械设备,提高导坑开挖效率。

④中隔壁的拆除应滞后于仰拱,并应于围岩变形稳定后才能进行,一次拆除长度应根据量测数据慎重确定,拆除后应立即施作二次衬砌。

(3)交叉中隔壁法

交叉中隔墙法也称 CRD 工法。当 CD 工法仍不能保证围岩稳定和隧道施工安全要求时,可在 CD 工法的基础上对各分部加设临时仰拱,将原 CD 工法先开挖中壁一侧改为两侧交叉开挖、步步封闭成环而改进发展的一种工法(图 5.3-12)。

交叉中隔壁法施工控制要点:

①根据地质条件,隧道断面的分部应以初期支护受力均匀,便于发挥人力,机

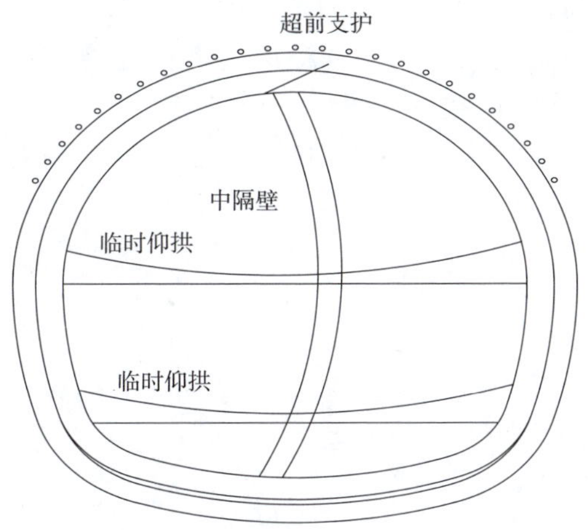

图 5. 3-12　交叉中隔壁法施工示意图

械效率为原则，一般水平方向分两部、上下分二至三层开挖。

②先行施工部位的临时支撑（中隔壁、临时仰拱），均应右向外（下）鼓的弧度。

③各部分开挖及支护应自上而下，开挖后及时施作初期支护、中隔壁、临时仰拱、步步成环。

④同一层左右两部开挖工作面相距不大于 15 m，上下层开挖工作面相距宜保持 3 ~ 4 m，且待喷混凝土强度达到设计强度的 70% 后开挖相邻部位。

⑤宜缩短各部开挖工作面的间距，使初期支护尽早封闭成环。

⑥根据监控量测结果，中隔壁及临时仰拱在仰拱浇筑前逐段拆除，每段拆除长度宜部大于 15 m。

（4）双侧壁导坑法

双侧壁导坑法也称眼镜法，为大断面矿山法施工方法的一种。各分块在开挖后立即各自闭合，结构相对简单，很好地解决了大断面隧道开挖的安全性问题（图 5. 3-13）。

（a）第一步：拱顶小导管注浆，台阶法开挖导洞 1，施作初期支护、临时隔壁、临时仰拱；（b）第二步：1 号导洞超前 2 号导洞 5 m，开挖导洞 2 土体，施作边墙、仰拱支护及临时隔壁；（c）第三步：台阶法开挖导洞 3 土体，施作拱部支护及临时隔壁、临时仰拱，2 号导洞超前 3 号导洞 10 m；（d）第四步：3 号导洞超前 4 号导洞 5 m，开挖导洞 4 土体，施作边墙、仰拱支护；（e）第五步：4 号导洞超前 5 号导洞 10 m 后，台阶法开挖 5 号导洞土体，施作拱部支护及临时仰拱；（f）第六步：5 号导洞超前 6 号导洞 5 m 后，开挖 6 号导洞土体，施作边墙、仰拱支护；（g）第七步：分段局部截断竖向临时支撑（步长 4 ~ 6 m），敷设防水层、绑扎钢筋、支模浇筑底板二衬，达到设计强度 80% 后，顶紧竖向临时支撑与二衬结构；（h）第八步：敷设防水层、绑扎钢筋、支模浇筑两侧墙二衬,架设临时型钢支撑(步长 4 ~ 6 m),待侧墙达到设计强度 80% 后,顶紧临时支撑与二衬结构;(i)第九步:分段破除临时中隔壁并架设临时型钢支撑(步长 4 ~ 6 m),敷设防水层、绑扎钢筋、支模浇筑拱顶二衬;(i)第十步:待二衬强度达到 80% 以上后,拆除临时型钢支撑及中隔板、中隔壁,封闭成环。

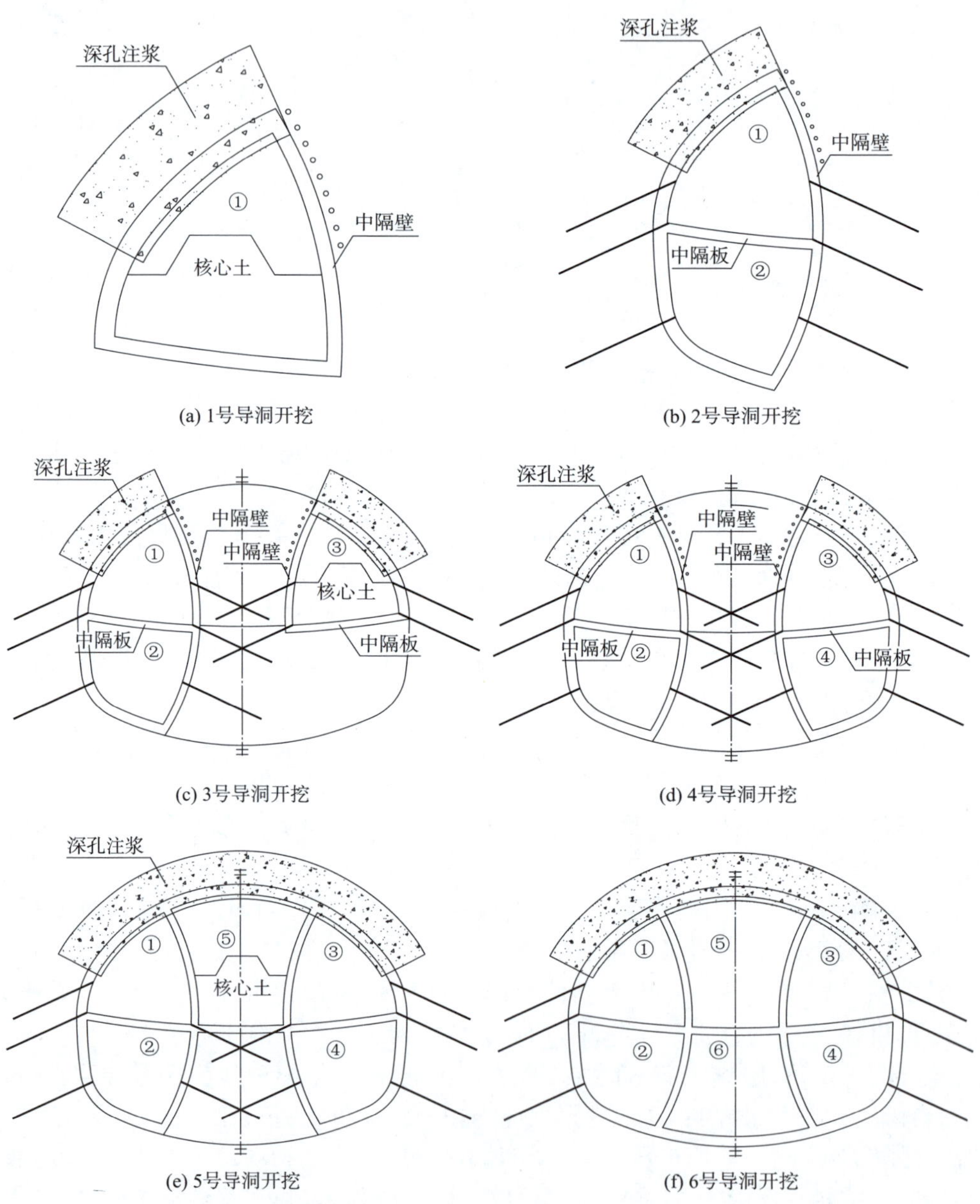

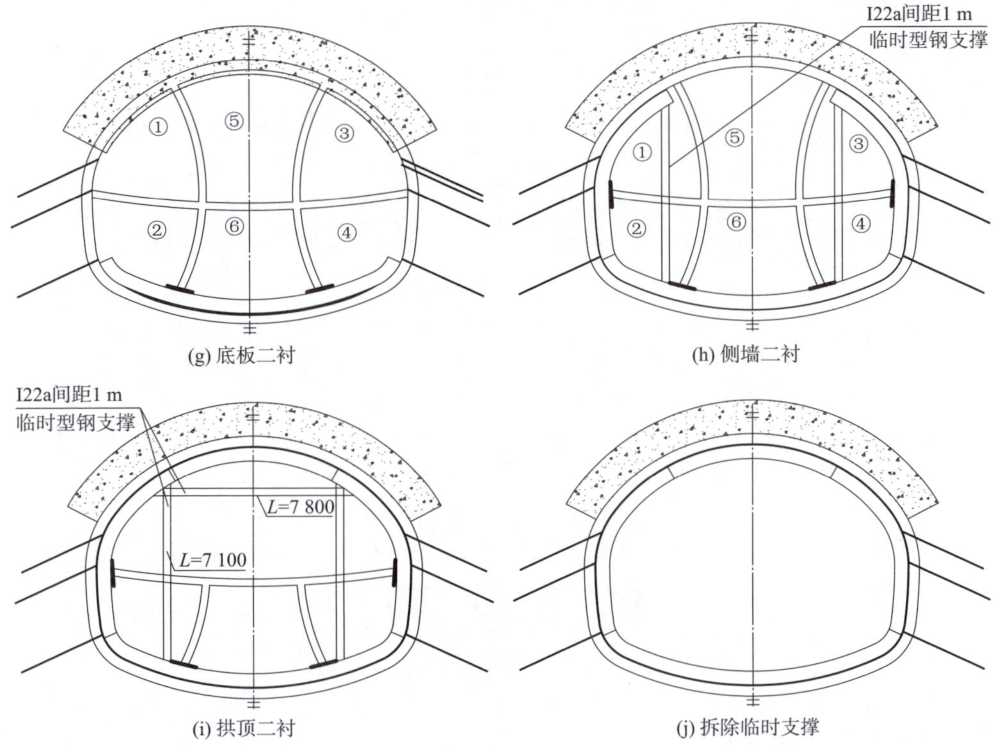

图 5.3-13　施工顺序

双侧壁导坑法施工控制要点：

①侧壁导坑形状应近似椭圆形，导坑断面宽度一般为整个断面的 1/3。

②两侧侧壁导坑超前中部 10～20 m，可独立同步开挖支护，中部采用台阶法开挖，保持平行作业。

③导坑开挖后应及时进行初期支护及临时支护，设置锁脚锚杆，并尽早封闭成环。

④根据监控量测信息，初期支护稳定后拆除临时支护，一次拆除长度不超过 15 m，并加强监控量测。

⑤临时支护拆除完成后，及时施作仰拱并进行二次衬砌。

3. 辅助措施

(1)超前小导管加固

超前小导管注浆加固地层技术，是通过沿主洞开挖轮廓线外纵向向前倾斜钻孔安设注浆管并注入浆液，达到超前加固地层和止水的目的，同时小导管还可以起到超前管棚预支护作用。该工法是软弱、松散围岩施工中采取的主要辅助技术措施。

超前小导管施工工艺流程如图 5. 3-14 所示。

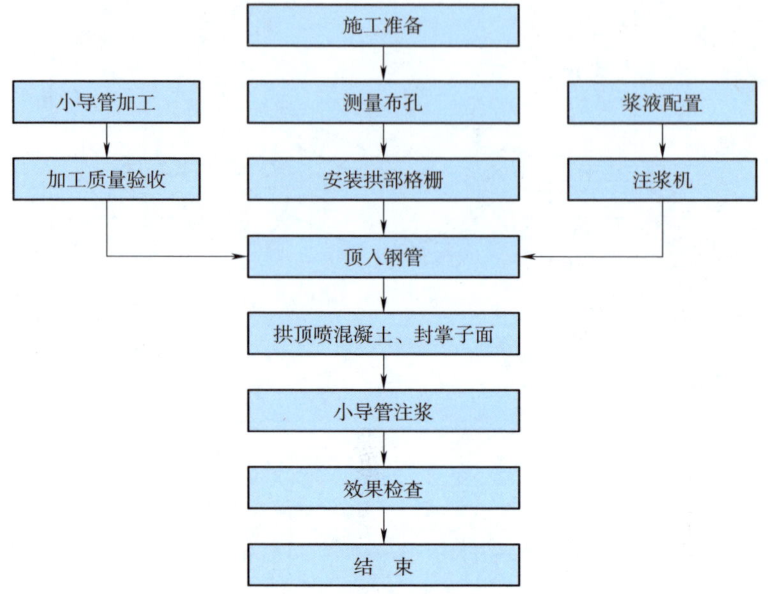

图 5. 3-14　超前小导管施工流程

超前小导管控制要点:

①钻孔时要控制好外插角、钻孔深度及小导管顶入长度,且小导管的纵向搭接长度不小于设计要求。

②钢管安装完毕后,用塑料布将导管孔口封堵,然后喷射拱顶混凝土,必须保证孔口部位的混凝土喷射密实,以防浆液从工作面外冒。

③注浆过程中随时观察注浆压力及排浆量情况的变化,分析注浆情况。注浆中途停止超过 30 min 应清洗注浆管路,防止堵管;发生串孔跑浆时应先将跑浆孔堵塞,等轮到该孔注浆时拔出堵塞物,将孔内清洗干净后再重新注浆,发生漏浆时应将漏浆部位的裂缝封堵,再喷射混凝土封堵牢固后再继续注浆。

④严格控制配合比与凝胶时间,初选配合比后,用凝胶时间控制调节配合比,并测定注浆固结体的强度,选定最佳配合比。

⑤注浆过程中,严格控制注浆压力,注浆终压必须达到设计要求并稳压。保证浆液的渗透范围,且在注浆过程中应加强对初支结构及周边环境进行监测,并防止注浆压力过大造成初支结构、管线或周边建(构)筑物变形过大而被破坏。

⑥注浆的次序由两侧对称向中间进行,自下而上跳孔注浆。

⑦当注浆量和注浆压力达到设计要求时结束注浆。

⑧注浆过程派专人记录,开挖时要检验注浆效果。

(2)深孔注浆

深孔注浆加固方法常用于无黏结性砂及砂卵石、亚黏性地层,这种方法对地面沉降要求严格,是一种适合于采用台阶法的大跨度结构物施工方法。当遇到围岩特别破碎或有地下水时,也可辅之以周边小导管在初支背后注浆,以控制地面沉降。

深孔注浆工艺原理:

深孔注浆主要采用水钻的形式对前方土体最小的扰动进行钻孔,并采用高压后退式劈裂注浆的形式进行地层土体和加固,以保证地层的空洞填充及地层土体加固和驱逐地下水的效果。

注浆加固就是要让浆液在周围围岩、土体中通过渗透、充填、压密扩展形成浆脉。由于地层中岩层的不均匀性,通过钻孔向岩层中加压灌入一定水灰比的浆液,一方面灌浆孔向外扩张形成圆柱状浆体,钻孔周围岩层被挤压充填;另一方面随着灌浆液的进行,岩层裂缝的发展和浆液的渗透,浆液在地层中形成方向各异、纵横交错、厚薄不一的片状、条状、团块状浆脉,浆脉随着其凝结硬化,起到控制沉降、提高承载力的作用。

深孔注浆适用条件:

①隧道下穿及测穿既有建筑物、重要城市管线及河流。

②隧道开挖土体稳定性较差,普通的超前注浆无法满足正常开挖要求。

③隧道开挖中土体含水量较大,极易引发流砂及泥浆现象的地质。

④隧道开挖中突遇涌水及大面积塌方,可能导致前方土体疏松及存在空洞。

(3)管棚支护

管棚超前支护作为地下工程的辅助施工方法,是为了在恶劣和特殊条件下安全开挖,预先提供增强地层承载力的临时支护方法,对控制塌方和抑制地面沉降有明显的效果。管棚支护加固地层主要适用于软弱、砂砾地层或软岩、岩堆、破碎带地层。在北京地区地铁施工中,通常用于下穿既有线或重要建筑物施工、复合大断面施工或通过特殊地层的超前支护等。

超前大管棚施工工艺流程如图5.3-15所示。

管棚支护控制要点:

①钻孔前,精确测定孔的平面位置、倾角、外插角,并对每个孔进行编号。

②钻孔外插角1°~3°为宜,工点应根据实际情况做调整。钻孔仰角的确定应视钻孔深度及钻杆强度而定,一般控制在1°~1.5°。施工中应严格控制钻机下沉量及左右偏移量。

③严格控制钻孔平面位置,管棚不得侵入隧道开挖线内,相邻的钢管不得相撞和立交。

④经常量测孔的斜度,发现误差超限及时纠正,至终孔仍超限者应封孔,原位重钻。

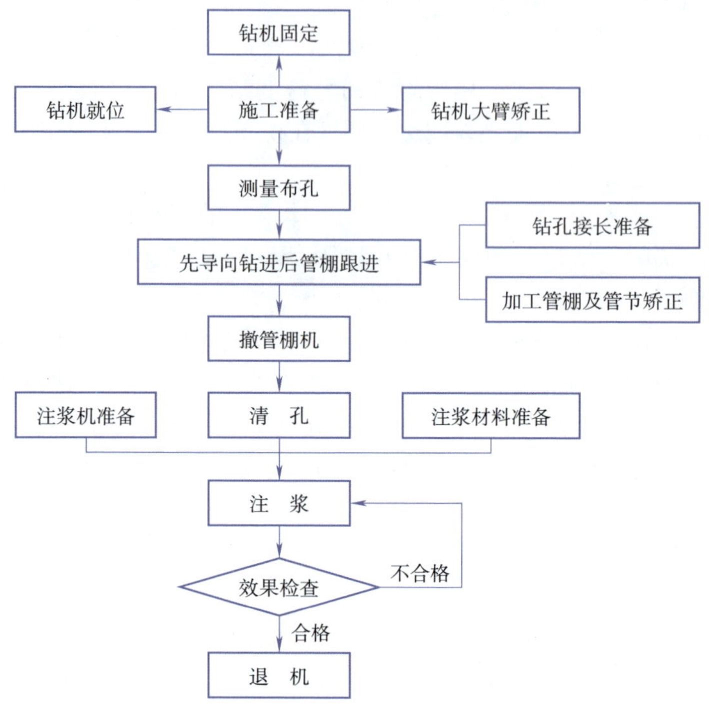

图 5.3-15　超前大管棚施工工艺流程

⑤掌握好开钻与正常钻进的压力和速度,防止断杆。

5.3.4　地铁施工对环境影响的评价指标

监控量测是施工决策与管理的信息源与控制对象,它对于城市地铁安全施工是极为重要的,整个监控量测围绕着安全、经济、快速这个中心来运行,其运行的状态与质量直接关系着工程的安全与质量。监控量测也是评价地铁施工对环境影响的重要指标,由施工原因引起的地铁结构自身及周边环境的扰动,均可通过监控量测的数据得以体现。

1. 监控量测的目的

为确保施工安全和周围环境的稳定,在城市地铁施工中建立全面、严密的监测体系。对内部自身结构及周边环境进行综合、系统的监测,以确保施工安全,并将施工对周围环境的影响降到最低程度。实施监控量测的目的具体包括:

(1)通过监控量测了解各施工阶段地层与支护结构的动态变化,掌握施工过程中结构所处的安全状态。

(2)通过对监测数据的处理、分析,采取工程措施来控制地表下沉,确保地面交通顺畅和地面建筑物的正常使用。

(3)用现场实测的结果弥补理论分析过程中存在的不足,并把监测结果反馈设计、指导施工。

(4)通过监控量测对工程施工可能产生的环境影响进行全面的监控。

(5)通过监控量测了解该工程条件下所表现、反映出来的一些地下工程规律和特点,为今后类似工程或该工法本身的发展提供借鉴、依据和指导作用。

2. 监控量测范围及项目

地铁区间的监测范围一般为地铁结构外延两侧各 30 m 范围内。地铁车站施工地段,监测应视车站周边环境和建(构)筑物的情况予以扩大。

监测项目一般分为应测项目和选测项目,结合《地铁工程监控量测技术规程》(DB11/490—2007)中的规定,应测项目和选测项目的要求见表 5.3-3。

表 5.3-3　矿山法施工监控量测应测项目

监测项目	监测仪器及元件	测点布置	监测频次
洞内及洞外观察	地质预探、观察和描述	每一开挖环一个断面	开挖后立即进行
地表沉降	水准仪	在工法变化的部位、车站与区间、车站与风道以及马头门处等部位均应设置监测断面	开挖断面距监测断面 ≤ $2B$ 时,1 ~ 2 次/d;开挖断面距监测断面 ≤ $5B$ 时,1 次/2 d;开挖断面距监测断面 > $5B$ 时,1 次/周;基本稳定后,1 次/月
临近建(构)筑物	水准仪、经纬仪、全站仪或裂缝观测仪	根据建(构)筑物的沉降、倾斜、裂缝等不同内容分别布置	按设计要求
地下管线沉降	水准仪	地下管线每 5 ~ 15 m 一个测点,管线接头处,位移变化敏感部位	按设计要求
初期支护结构拱顶沉降	水准仪或全站仪	每 10 ~ 30 m 一个断面,每断面 1 ~ 3 个测点,对于浅埋矿山法车站,每个导洞均应布置断面	由开挖面与监测断面的间距和沉降速率综合决定
初期支护结构净空收敛	收敛计或全站仪	每 10 ~ 30 m 一个断面,每断面 1 ~ 3 个测点,对于浅埋矿山法车站,每个导洞均应布置断面	由开挖面与监测断面的间距和沉降速率综合决定
地下水位	电测水位计、PVC 塑料管、可利用降水井	取代表性地段设置	1 次/2 d

表 5.3-4 矿山法施工监控量测选测项目

监测项目	监测仪器及元件	测点布置	监测频次
围岩压力及支护间接触压力	土压力盒、频率接收仪	取代表性地段设置 1~2 个主测断面,每个断面 5~11 个测点	开挖断面距监测断面 ≤2B 时,1~2 次/d;开挖断面距监测断面≤5B 时,1 次/2 d;开挖断面距监测断面 >5B 时,1 次/周;基本稳定后,1 次/月
土体分层沉降及水平位移	分层沉降仪、测斜仪、多点位移计	与上述主测断面相对应设置 1~2 个断面,每个断面 2~3 个孔	与围岩压力及支护间接触压力相同
钢筋格栅应力	钢筋计、测力计、频率接收仪	与上述主测断面相对应设置 1~2 个断面,每个断面测点数量按照工程情况确定	与围岩压力及支护间接触压力相同
喷射混凝土、二次衬砌内应力	应变计	取代表性地段设置 1~2 个主测断面,每个断面 5~11 个测点	与围岩压力及支护间接触压力相同
钢管柱受力	应力计、表面应变计、频率接收仪	选择具有代表性的钢管柱进行监测,每个车站应不少于 4 个钢管柱,每柱 4 个测点	与围岩压力及支护间接触压力相同

3. 监控量测等级划分

工程监测等级依据隧道工程的自身风险等级和周边环境风险划分。

隧道工程的自身风险等级宜根据支护结构发生变形或破坏、岩土体失稳的可能性和后果的严重程度,采用工程风险评估的方法确定(表 5.3-5)。

表 5.3-5 隧道工程自身风险等级

工程自身风险等级	等级划分标准
一级	超浅埋隧道;超大断面隧道
二级	浅埋隧道;近距离并行或交叠的隧道;大断面隧道
三级	深埋隧道;一般断面隧道

注:1 超大断面隧道是指断面尺寸大于 100 m^2 的隧道;大断面隧道是指断面尺寸在 50~100 m^2 的隧道;一般断面隧道是指断面尺寸在 10~50 m^2 的隧道。

2 近距离隧道是指两隧道间距在一倍开挖宽度(或直径)范围以内。

3 隧道深埋、浅埋和超浅埋的划分根据施工工法、围岩等级、隧道覆土厚度与开挖宽度(或直径),结合当地经验综合确定。

周边环境风险等级宜根据周边环境发生变形或破坏的可能性和后果的严重程度,采用工程风险评估的方法确定,也可根据周边环境的类型、重要性、与工程的空间位置关系和对工程的危害性划分(表 5.3-6)。

表 5.3-6　周边环境风险等级

周边环境风险等级	等级划分标准
一级	主要影响区内存在既有轨道交通设施、重要建(构)筑物、重要桥梁与隧道、河流或湖泊
二级	主要影响区内存在一般建(构)筑物、一般桥梁与隧道、高速公路或者重要地下管线;次要影响区内存在既有轨道交通设施重要建(构)筑物、重要桥梁与隧道、河流或湖泊
三级	主要影响区内存在城市重要道路、一般地下管线或一般市政设施; 次要影响区内存在一般建(构)筑物、一般桥梁与隧道、高速公路或者重要地下管线
四级	次要影响区内存在城市重要道路、一般地下管线或一般市政设施

5.3.5　施工各阶段对环境的影响分析

为探究施工各阶段对环境的影响,本章将地铁车站及区间施工的各个阶段进行分解,统计各阶段监控量测变形情况,进而得到相关变形影响规律,为设计、施工及风险管控工作提供参考。

1. 车站施工

(1)矿山法车站施工工法介绍及施工步骤

北京地铁矿山法车站施工的常见工法为 PBA 工法。该工法由于具有占地小、拆迁量小、不影响城市交通、不扰民、不污染城市环境,且对地层有较强适应性和高度灵活性,能够适合于各种尺寸与断面形式等优点,现已广泛应用于城市地铁车站施工。

PBA 工法由边桩、中桩(柱)、顶底梁、顶拱共同构成初期受力体系,承受施工过程的荷载。其主要思想是将盖挖及分布矿山法有机结合起来,发挥各自优势,在顶盖的保护下逐层向下开挖土体,施作二次衬砌,最终形成由初期支护二次衬砌组合而成的永久承载体系。该工法施工车站的结构形式为直墙多层多跨拱形结构,采用复合式衬砌型式。拱部初期支护为格栅 + 喷射混凝土结构,利用大管棚、超前小导管及注浆等辅助措施对前方土体进行预加固,侧墙初期支护为灌注桩,中柱多采用钢管柱型式。

在采用 PBA 工法施工车站时,桩、梁、拱、柱先期施作,形成了主受力的空间框架体系,后面的开挖都是在顶盖的保护下进行,支护转换单一,大大减少了施工对地面沉降的影响。PBA 工法施工地铁车站的步骤,如图 5.3-16 所示。

通过对矿山法车站施工各个阶段的变形情况进行分析,总结施工各个阶段对环境的影响规律,为设计、施工及风险管控工作提供具有价值的参考。

(a) 导洞施工

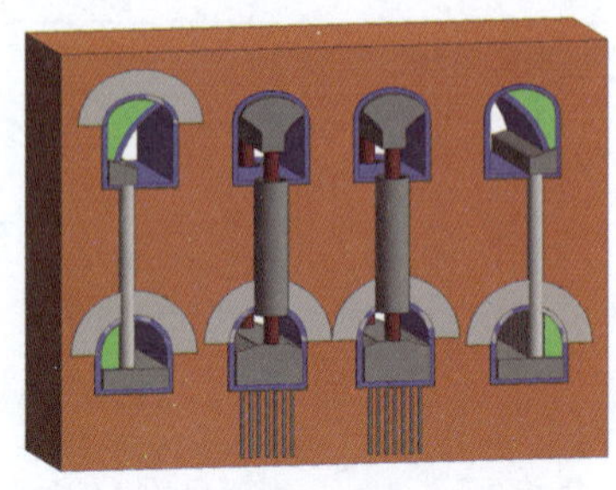
(b) 梁柱体系施工

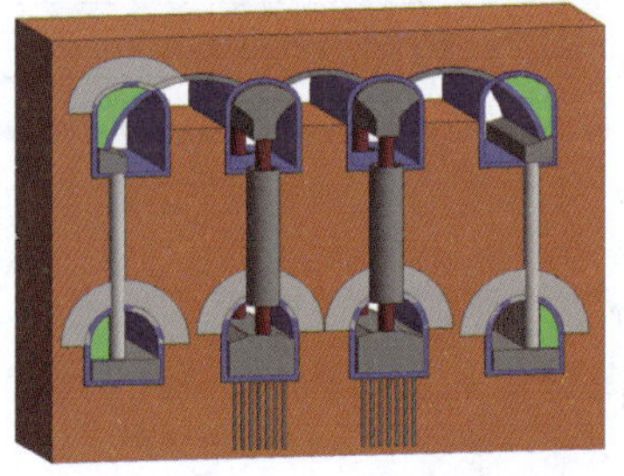
(c) 初支扣拱

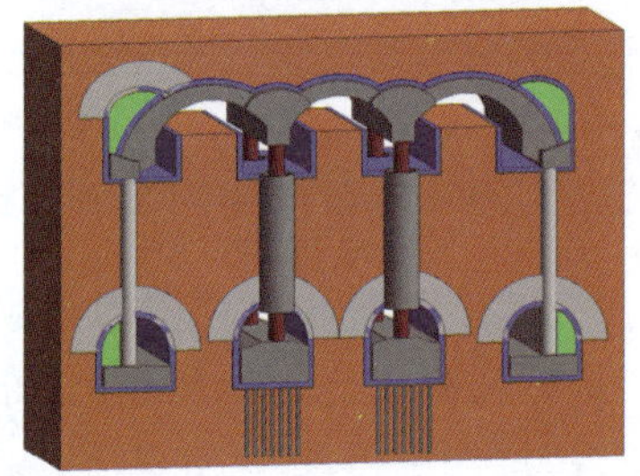
(d) 二衬扣拱

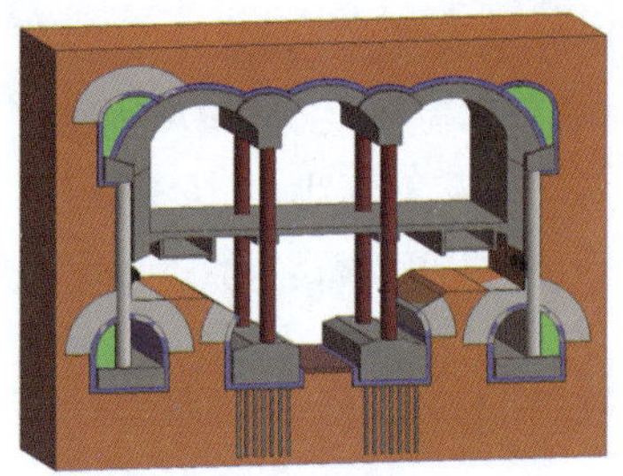
(e) 土方开挖

图 5.3-16　PBA 工法车站施工步骤

2. 矿山法车站施工监测数据情况

为准确掌握矿山法车站的监测变形情况,以下搜集了多组 PBA 工法施工车站的典型测点监测时程曲线。

(1)案例一

某车站采用 PBA 工法进行施工,对各施工阶段的变形情况进行监测,如图 5.3-17 所示。

根据某车站典型测点时程曲线进行统计分析(图 5.3-18),典型测点总体变形处于 -90.8 ~ -70.2 mm。其中,主体导洞开挖阶段变形约为 -40.2 ~ -26.1 mm,梁柱体系施工阶段变形约为 -5.2 ~ -2.1 mm,初支扣拱阶段变形约为 -39.3 ~

−15.2 mm，二衬扣拱阶段变形约为 −19.3 ～ −3.5 mm，土方开挖阶段变形约为 −3.9 ～ −1.1 mm。

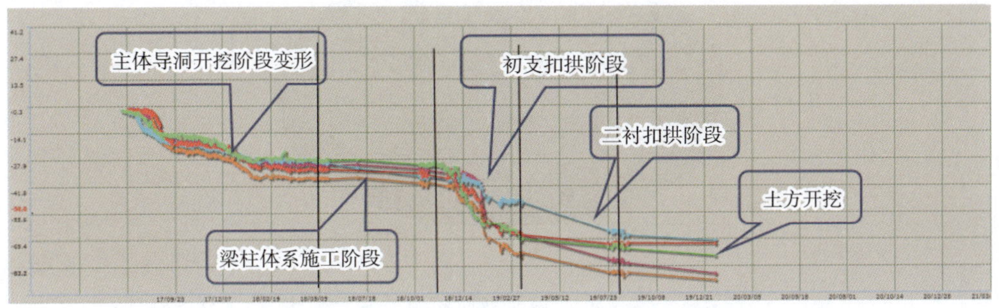

图 5.3-17　某车站典型测点时程曲线

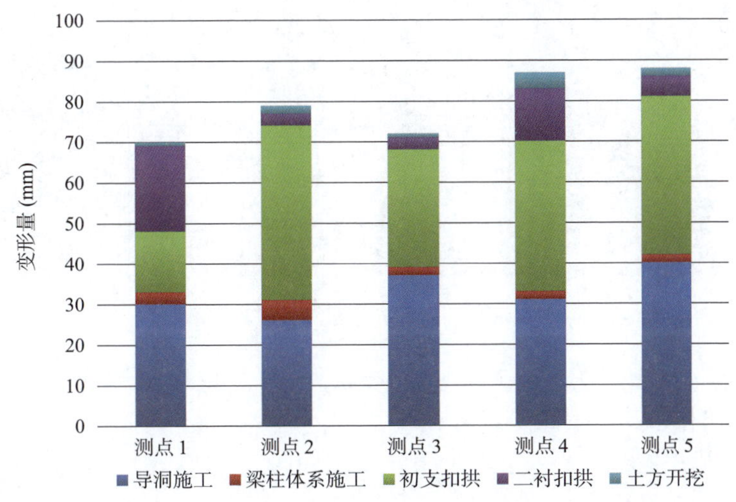

图 5.3-18　某车站典型测点施工各阶段监测变形构成图

根据某车站监测数据情况可知，该 PBA 工法施工车站主体导洞开挖阶段变形约占总体变形的 42%，梁柱体系施工阶段变形约占总体变形的 4%，初支扣拱阶段变形约占总体变形的 40%，二衬扣拱阶段变形约占总体变形的 12%，土方开挖阶段变形约占总体变形的 2%。

(2) 案例二

某车站采用 PBA 工法进行施工，对各施工阶段的变形情况进行监测，如图 5.3-19、图 5.3-20 所示。

根据某车站典型测点时程曲线可以发现，典型测点总体变形处于 −109.8 ～ −79.2 mm 之间。其中，主体导洞开挖阶段变形约为 −62.2 ～ −20.1 mm，梁柱体系施工阶段变形约为 −26.1 ～ −6.3 mm，初支扣拱阶段变形约为 −14.3 ～ −6.8 mm，

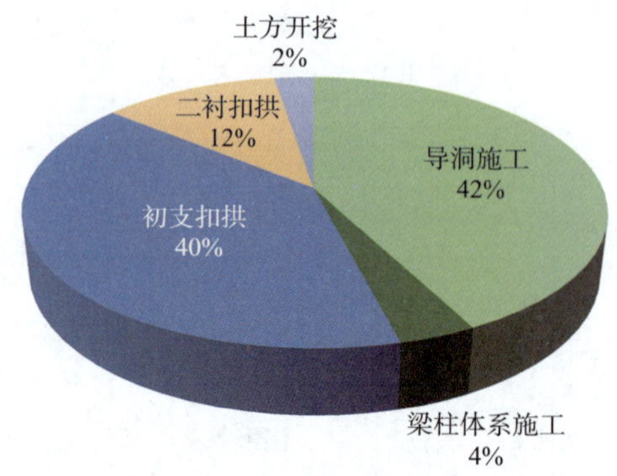

图 5. 3-19　某车站施工各阶段监测变形占比图

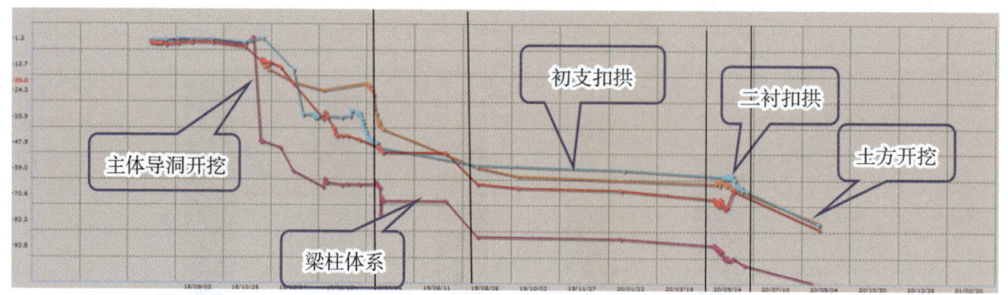

图 5. 3-20　某车站典型测点时程曲线

二衬扣拱阶段变形约为 -9. 3 ~ -0. 5 mm，土方开挖阶段变形约为 -13. 9 ~ -11. 1 mm(图 5. 3-21、图 5. 3-22)。

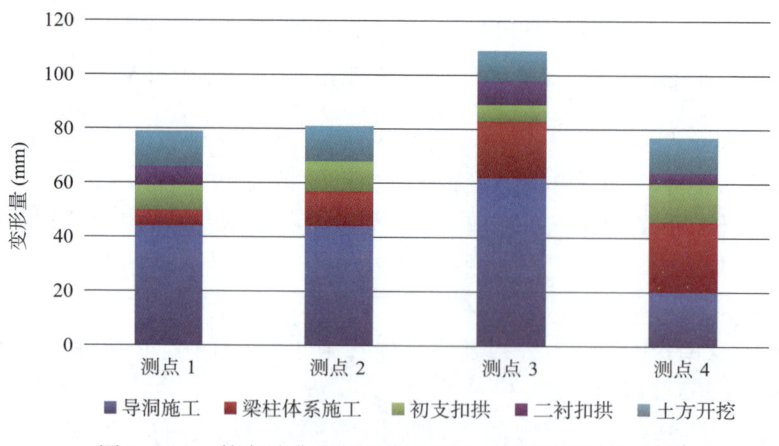

图 5. 3-21　某车站典型测点各施工阶段监测变形构成图

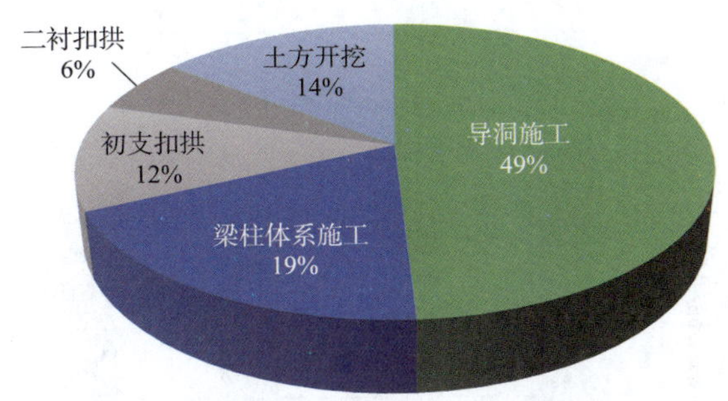

图 5. 3-22　某车站各施工阶段监测变形占比图

根据某车站监测数据情况可知，该 PBA 工法施工车站主体导洞开挖阶段变形约占总体变形的 49%，梁柱体系施工阶段变形约占总体变形的 19%，初支扣拱阶段变形约占总体变形的 12%，二衬扣拱阶段变形约占总体变形的 6%，土方开挖阶段变形约占总体变形的 14%。

(3) 案例三

某车站采用 PBA 工法进行施工，对各施工阶段的变形情况进行监测，如图 5. 3-23 所示。

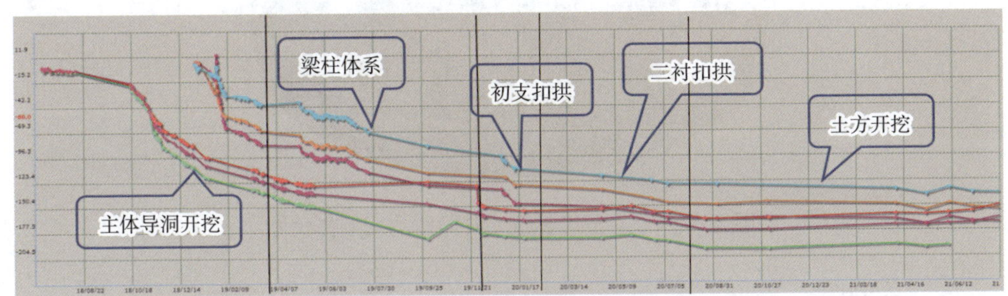

图 5. 3-23　某车站典型测点时程曲线

根据某车站典型测点时程曲线可以发现，典型测点总体变形处于 -195. 8 ~ -137. 2 mm 之间。其中，主体导洞开挖阶段变形约为 -137. 5 ~ -49. 2 mm，梁柱体系施工阶段变形约为 -54. 2 ~ -10. 3 mm，初支扣拱阶段变形约为 -15. 3 ~ -3. 2 mm，二衬扣拱阶段变形约为 -19. 3 ~ -2. 5 mm，土方开挖阶段变形约为 -10. 1 ~ -0. 5 mm(图 5. 3-24、图 5. 3-25)。

根据某车站监测数据情况可知，该 PBA 工法施工车站主体导洞开挖阶段变形约占总体变形的 59%，梁柱体系施工阶段变形约占总体变形的 23%，初支扣拱阶段变形约占总体变形的 9%，二衬扣拱阶段变形约占总体变形的 6%，土方开挖阶段变形约占总体变形的 3%。

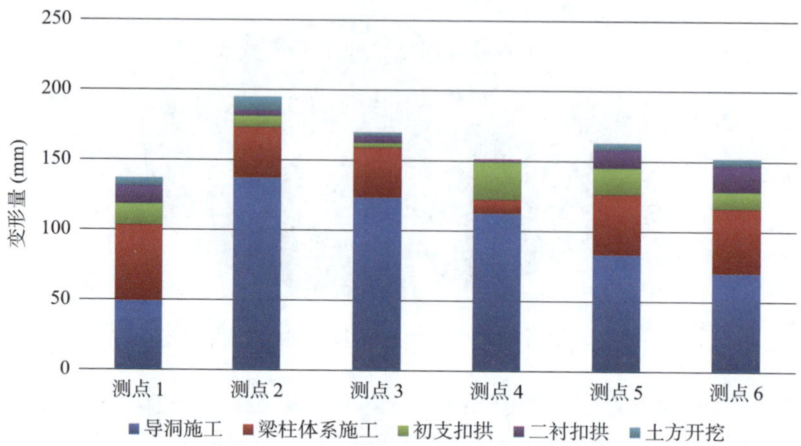

图 5.3-24　某车站典型测点各施工阶段监测变形构成图

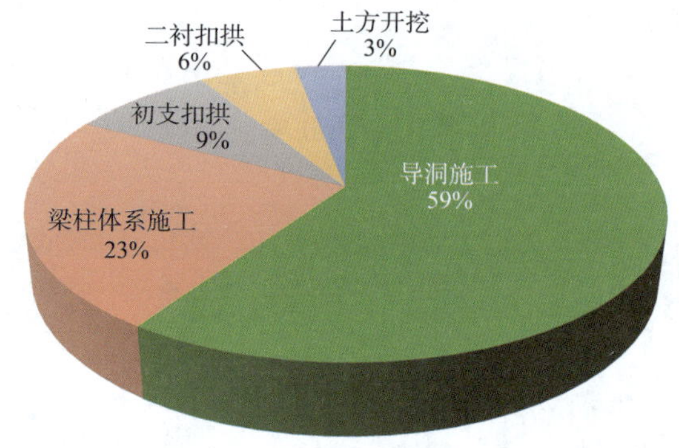

图 5.3-25　某车站各施工阶段监测变形占比图

（4）案例四

某车站采用 PBA 工法进行施工，对各施工阶段的变形情况进行监测，如图 5.3-26 所示。

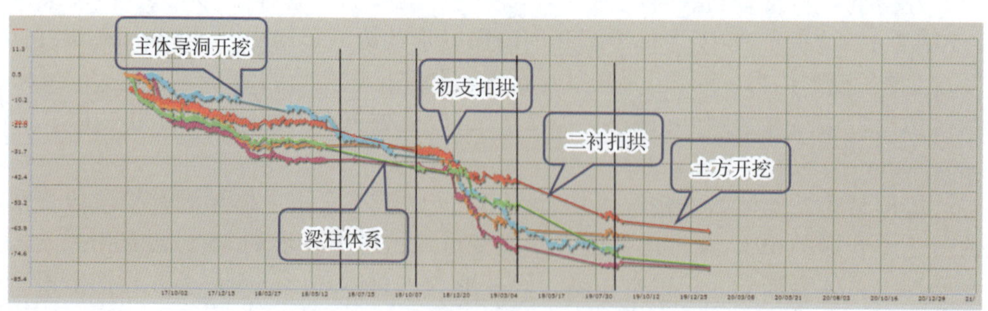

图 5.3-26　某车站典型测点时程曲线

根据某车站典型测点时程曲线可以发现，典型测点总体变形处于 -76.8 ~ -53.2 mm。其中，主体导洞开挖阶段变形约为 -31.2 ~ -19.1 mm，梁柱体系施工阶段变形约为 ~ -9.2 -1.1 mm，初支扣拱阶段变形约为 -36.3 ~ -11.2 mm，二衬扣拱阶段变形约为 -21.3 ~ -2.5 mm，土方开挖阶段变形约为 -3.2 ~ -1.1 mm（图 5.3-27、图 5.3-28）。

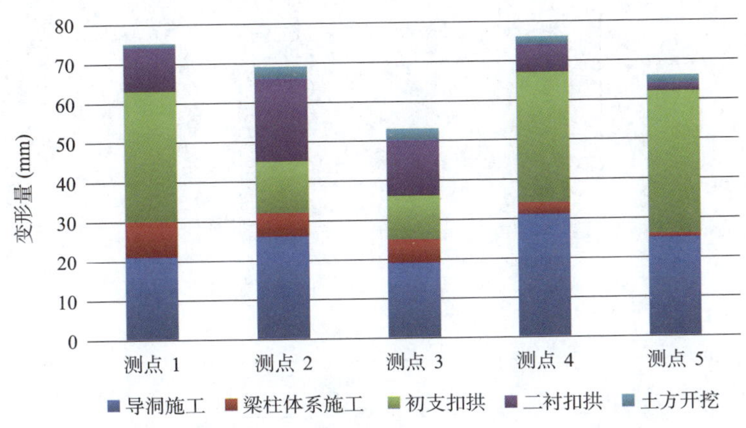

图 5.3-27　某车站典型测点各施工阶段监测变形构成图

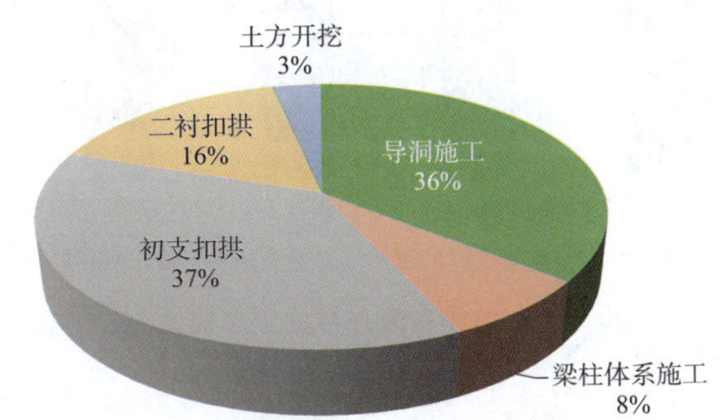

图 5.3-28　某车站各施工阶段监测变形占比图

根据某车站监测数据情况可知，该 PBA 工法施工车站主体导洞开挖阶段变形约占总体变形的 36%，梁柱体系施工阶段变形约占总体变形的 8%，初支扣拱阶段变形约占总体变形的 37%，二衬扣拱阶段变形约占总体变形的 16%，土方开挖阶段变形约占总体变形的 3%。

（5）案例五

某车站采用 PBA 工法施工，对各阶段的变形情况进行了监测，如图 5.3-29 所示。

根据某车站典型测点时程曲线可以发现，典型测点总体变形处于 -45.8 ~

-25. 2 mm 之间。其中,主体导洞开挖阶段变形约为 -22. 2 ~ -2. 1 mm,梁柱体系施工阶段变形约为 -21. 2 ~ -1. 1 mm,初支扣拱阶段变形约为 -20. 3 ~ -7. 2 mm,二衬扣拱阶段变形约为 -4. 3 ~ -1. 5 mm,土方开挖阶段变形约为 -1. 3 ~ -0. 2 mm(图 5. 3-30、图 5. 3-31)。

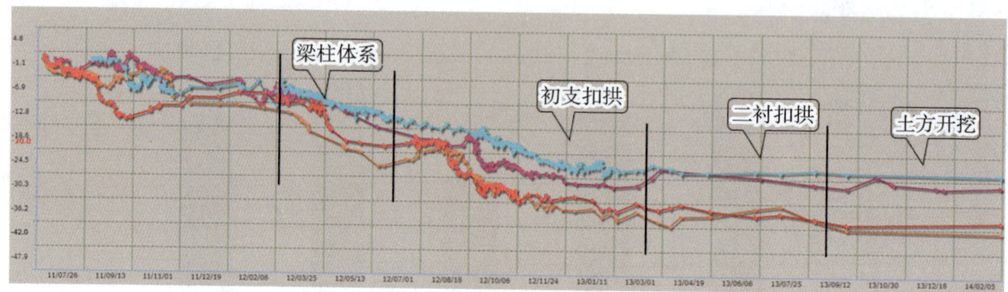

图 5. 3-29　某车站典型测点时程曲线

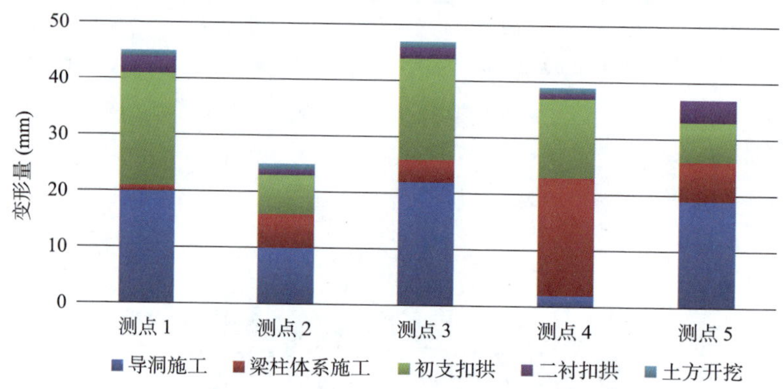

图 5. 3-30　某车站典型测点各施工阶段监测变形构成图

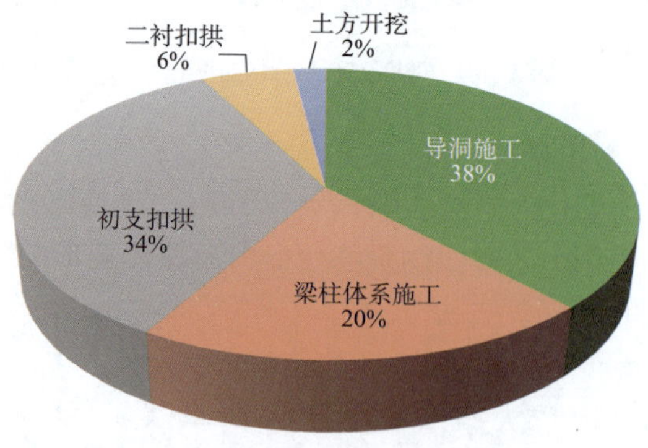

图 5. 3-31　某车站各施工阶段监测变形占比图

根据某车站监测数据情况可知，该 PBA 工法施工车站主体导洞开挖阶段变形约占总体变形的 38%，梁柱体系施工阶段变形约占总体变形的 20%，初支扣拱阶段变形约占总体变形的 38%，二衬扣拱阶段变形约占总体变形的 6%，土方开挖阶段变形约占总体变形的 2%。

(6)案例六

某车站采用 PBA 工法进行施工，对各施工阶段的变形情况进行了监测，如图 5. 3-32 所示。

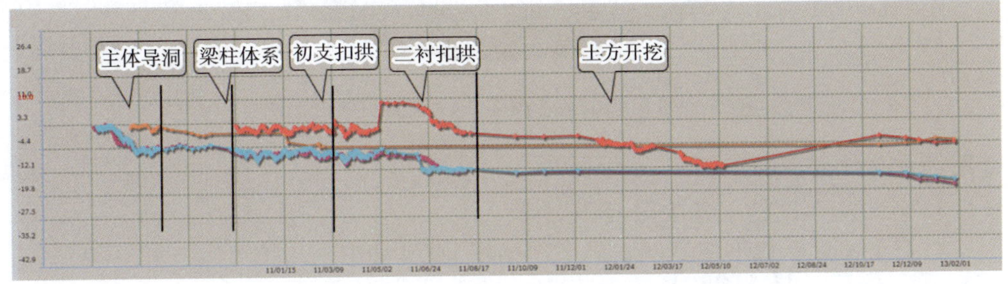

图 5. 3-32　某车站典型测点时程曲线

根据某车站典型测点时程曲线可以发现，典型测点总体变形处于 −63. 8 ~ −31. 2 mm。其中，主体导洞开挖阶段变形约为 −24. 3 ~ −12. 1 mm，梁柱体系施工阶段变形约为 −19. 2 ~ −4. 1 mm，初支扣拱阶段变形约为 −20. 3 ~ −1. 2 mm，二衬扣拱阶段变形约为 −10. 3 ~ −0. 5 mm，土方开挖阶段变形约为 −4. 5 ~ −0. 3 mm(图 5. 3-33、图 5. 3-34)。

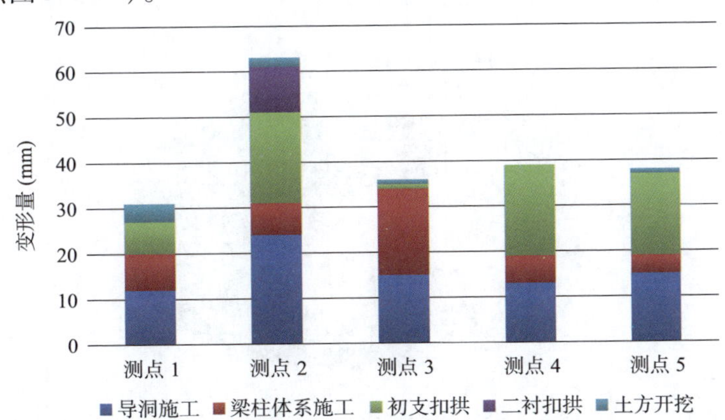

图 5. 3-33　某车站典型测点各施工阶段监测变形构成图

根据某车站监测数据情况可知，该 PBA 工法施工车站主体导洞开挖阶段变形约占总体变形的 38%，梁柱体系施工阶段变形约占总体变形的 21%，初支扣拱阶段变形约占总体变形的 32%，二衬扣拱阶段变形约占总体变形的 5%，土方开挖阶段

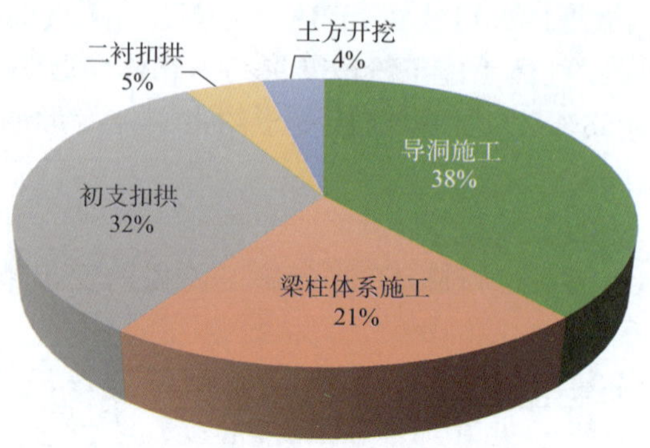

图 5. 3-34　某车站各施工阶段监测变形占比图

变形约占总体变形的 4%。

3. 矿山法车站施工各阶段变形规律

结合上述多个典型车站测点的监测情况,总结如下:

采用 PBA 工法施工地铁车站,主体导洞开挖阶段变形占总体变形的 32% ~ 59%,梁柱体系施工阶段变形占总体变形的 4% ~ 32%,初支扣拱阶段变形占总体变形的 9% ~ 40%,二衬扣拱阶段变形占总体变形的 5% ~ 12%,土方开挖阶段变形占总体变形的 0% ~ 14%。

取均值后,主体导洞开挖阶段变形占总体变形的 42. 5%。梁柱体系施工阶段变形占总体变形的 19. 8%。初支扣拱阶段变形占总体变形的 26%,二衬扣拱阶段变形占总体变形的 8. 1%,土方开挖阶段变形占总体变形的 3. 6% (图 5. 3-35)。

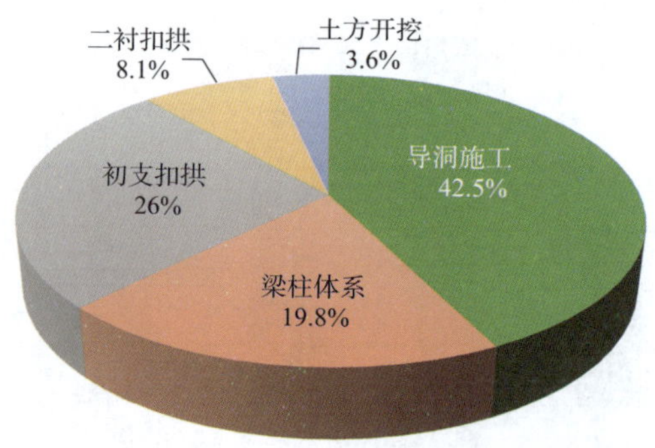

图 5. 3-35　各施工阶段监测变形占比图

根据车站施工的监测数据可知,PBA 工法车站施工过程中,导洞施工、梁柱体系施工及初支扣拱,变形值占总变形值约为 90%,二衬扣拱及土方开挖变形值占总变形值约为 10%。其中,导洞施工期间变形占总变形的比例最高,初支口拱次之,土方开挖最小。

鉴于导洞施工及初支扣拱阶段施工对周边环境影响较大，应在设计、施工时，合理安排导洞开挖顺序及扣拱施工顺序，避免群洞施工效应，降低此阶段施工对周边环境的影响。

4. 区间施工

为掌握矿山法区间的监测变形情况，以下搜集多组矿山法施工区间典型测点监测时程曲线。结合区间施工监控量测数据，统计区间施工各阶段（初支施工及二衬施工）的监测变形值占总变形值的百分比，反映各阶段区间施工对环境的影响程度。

(1)案例一：某区间（双侧壁导坑法施工段）

某区间采用双侧壁导坑法进行施工，对各施工阶段的变形情况进行了监测，如图5.3-36所示。

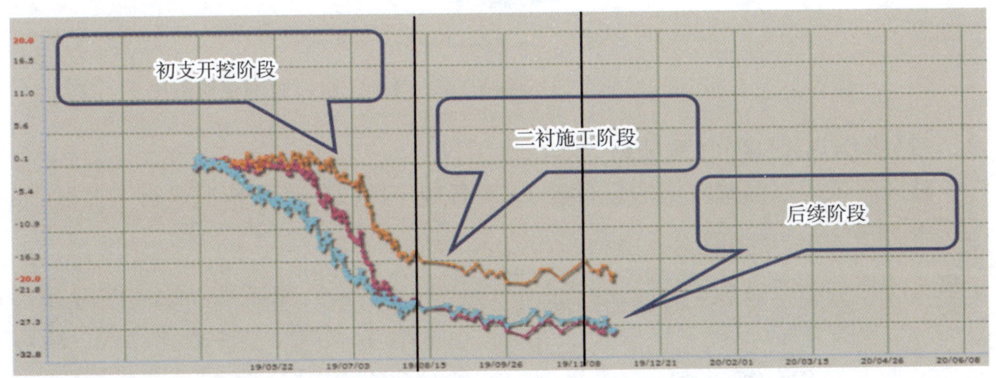

图5.3-36　（双侧壁导坑法施工段）典型测点时程曲线

根据某区间（双侧壁导坑法施工段）典型测点时程曲线可以发现，典型测点总体变形处于-30.8～-17.2 mm之间。其中，初支开挖阶段变形约为-23.2～-16.1 mm，二衬施工阶段变形约为-5.2～-0.5 mm，后续阶段变形约为-2.3～-0.6 mm（图5.3-37）。

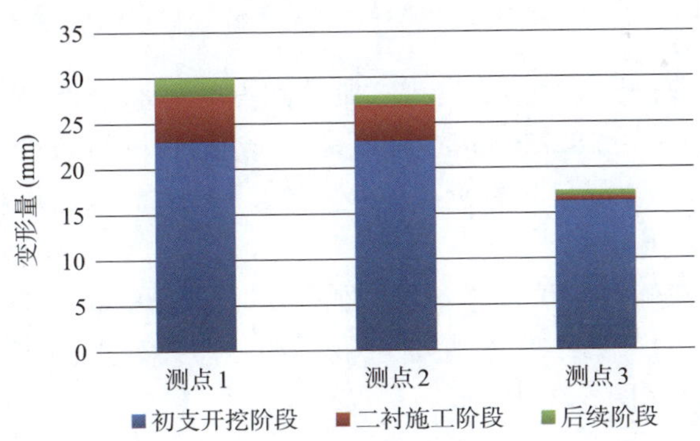

图5.3-37　某区间（双侧壁导坑法施工段）典型测点各施工阶段监测变形构成图

根据某区间(双侧壁导坑法施工段)监测数据情况可知,该区间初支开挖阶段变形约占总体变形的83%,二衬施工阶段变形约占总体变形的12%,后续阶段变形约占总体变形的5%(图5.3-38)。

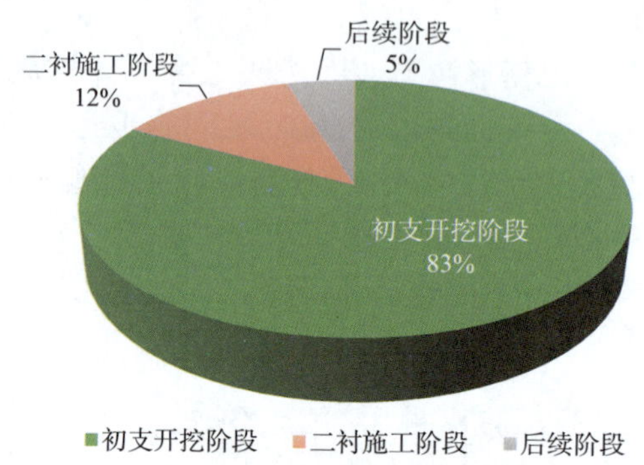

图5.3-38　某区间(双侧壁导坑法施工段)各施工阶段监测变形占比

(2)案例二:某区间(双侧壁导坑法施工段)

某区间采用双侧壁导坑法进行施工,对各施工阶段的变形情况进行了监测,如图5.3-39所示。

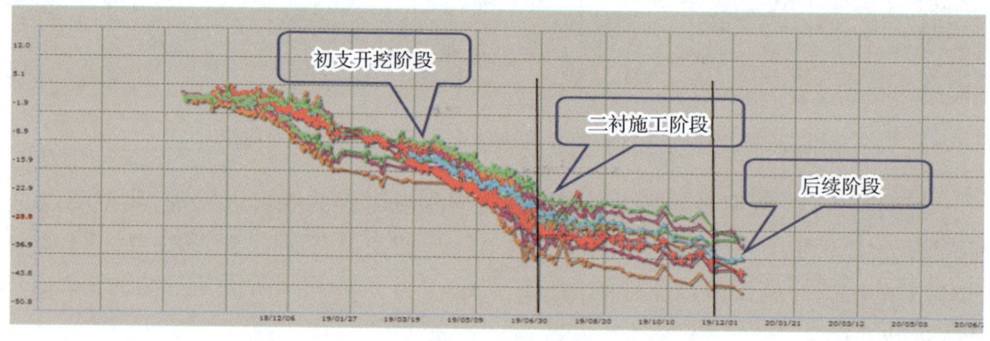

图5.3-39　某区间(双侧壁导坑法施工段)典型测点时程曲线

根据某区间(双侧壁导坑法施工段)典型测点时程曲线可以发现,典型测点总体变形处于-45.8～-28.2 mm之间。其中,初支开挖阶段变形约为-36.2～-20.1 mm,二衬施工阶段变形约为-10.2～-7.5 mm,后续阶段变形约为-2.8～-0.5 mm(图5.3-40)。

根据某区间(双侧壁导坑法施工段)监测数据情况可知,该区间初支开挖阶段变形约占总体变形的73%,二衬施工阶段变形约占总体变形的22%,后续阶段变形约占总体变形的5%(图5.3-41)。

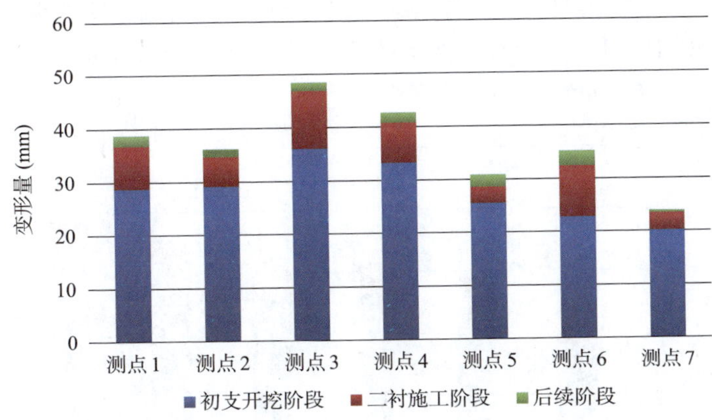

图5.3-40　某区间(双侧壁导坑法施工段)典型测点各施工阶段监测变形构成图

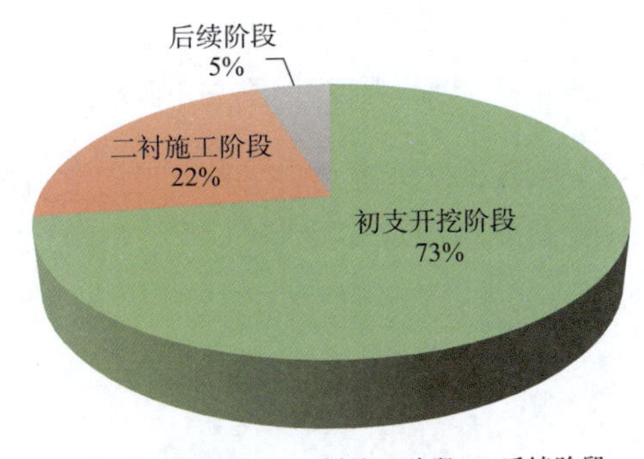

图5.3-41　某区间(双侧壁导坑法施工段)各施工阶段监测变形占比图

(3)案例三:某区间(标准段)

某区间采用双侧壁导坑法进行施工,对各施工阶段的变形情况进行了监测,如图5.3-42所示。

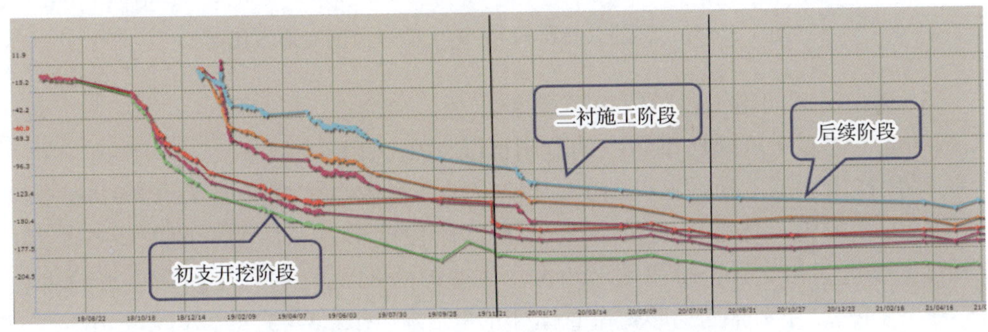

图5.3-42　某区间(标准段)典型测点时程曲线

某区间(标准段)典型测点时程曲线可以发现,典型测点总体变形处于 -53.8 ~ -43.2 mm。其中,初支开挖阶段变形约为 -53.2 ~ -43.1 mm,二衬施工阶段变形约为 -3.3 ~ -0.5 mm,后续阶段变形约为 -1.1 ~ -0.2 mm(图 5.3-43)。

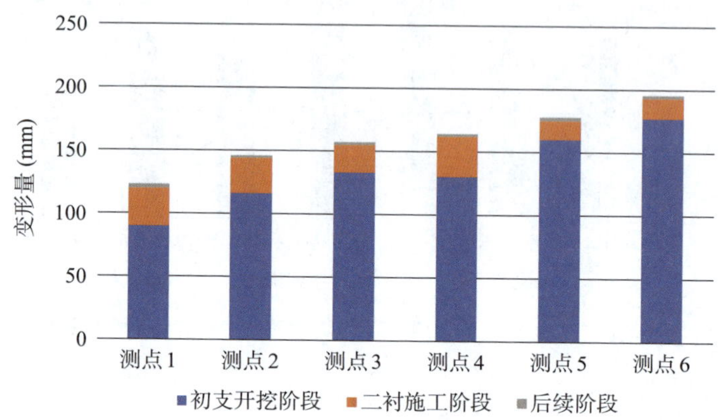

图 5.3-43　某区间(标准段)典型测点各施工阶段监测变形构成图

根据某区间(标准段)监测数据情况可知,该区间初支开挖阶段变形约占总体变形的 84%,二衬施工阶段变形约占总体变形的 15%,后续阶段变形约占总体变形的 1%(图 5.3-44)。

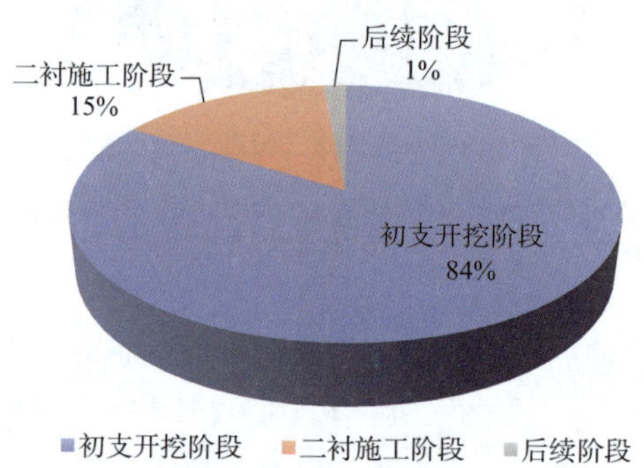

图 5.3-44　某区间(标准段)各施工阶段监测变形占比图

5. 矿山法区间施工各阶段变形规律

结合上述多个区间典型测点的监测情况,总结如下:

采用矿山法施工地铁区间,初支开挖阶段变形占总体变形的 73% ~ 97%,二衬施工阶段变形占总体变形的 2% ~ 22%,后续阶段变形占总体变形的 1% ~ 5%。取均值后,该区间初支开挖阶段变形约占总体变形的 84%,二衬施工阶段变形约占总体变形的 13%,后续阶段变形约占总体变形的 3%(图 5.3-45)。

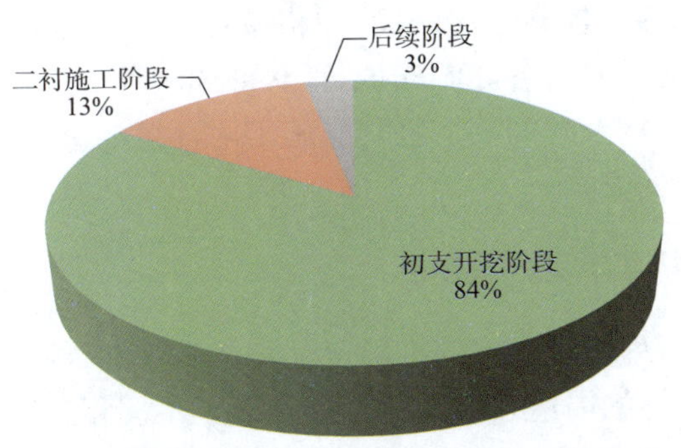

图 5.3-45　各施工阶段监测变形占比图

根据区间施工的监测数据可知，初支开挖阶段变形占总变形的比例最高，超过总变形值的 80%，二衬施工阶段次之，后续阶段最小。因此，加强初支开挖阶段的变形控制对于安全施工具有重要意义。建议加强以下措施，控制地铁区间初支开挖对环境的影响。

(1)强化超前支护的施工效果。严格按照设计要求施工超前小导管和管棚施工中，并控制好注浆参数，保证注浆效果。

(2)控制开挖进尺，严格按照设计要求进行开挖，不得擅自加大步距。

(3)对于 CRD 法及双侧壁导坑法等多导洞施工区间，应及时将各导洞支护封闭，形成闭环，将施工对环境的影响降到最低。

6. 分析总结

将地铁车站及区间施工的各个阶段进行分解，统计各阶段监控量测变形情况，得到以下结论。

根据监控量测的总体情况可知，地铁车站施工对环境的影响大于地铁区间施工的影响。由于车站施工断面尺寸大、结构形式相对复杂、周边土体受到施工扰动次数多等因素的影响，车站施工对周边环境的影响范围及影响程度明显大于区间施工。因此，在满足使用功能的前提下，应尽量化整为零，简化结构形式，加强施工组织的步序及安排，减少周边土体受到施工扰动的次数，最大限度降低车站施工对环境的影响。

在地铁车站施工中，导洞施工及初支扣拱阶段的变形占总变形的比例高，对周边环境影响大。因此，应在设计、施工时加强导洞施工的规范性，合理安排导洞开挖顺序及扣拱施工顺序，避免群洞施工效应，降低导洞施工及初支扣拱阶段施工对周边环境的影响。

在地铁区间施工中，初支开挖阶段变形占总变形的比例最高，加强初支开挖阶段的变形控制对于安全施工具有重要意义。因此，应在设计、施工时加强超前支护,并保证预支护的效果,控制开挖进尺,严格按照设计要求进行开挖。对于大断面多导洞施工区间,应及时将各导洞支护封闭,形成闭环,且严格按照设计要求,把握拆除支撑的顺序、长度及时间等。将初支施工对环境的影响降到最低,确保结构自身结构及周边环境的安全。

5.3.6 施工要素差异对环境影响分析

众所周知,地铁工程涉及众多的不确定性和不确知性,施工过程中存在很大的风险。地铁车站与区间的周边环境难免会受到施工不同程度影响。在众多可对环境造成影响的施工要素中,施工区域的水文地质情况、施工工法、覆土埋深、施工跨度及超前支护形式等因素对环境影响较大。本章采用 Mapinfo 软件,绘制典型车站、典型区间的沉降云图,直观地反映出各区域的沉降分布,为进一步分析施工要素对周边环境的影响提供依据。

1. 典型工点施工对环境影响云图分析

(1)案例一

某车站为双层三跨三连拱断面(南端为三层三跨三连拱断面)全暗挖岛式车站,PBA 工法施工。与 10 号线换乘节点采用三层三跨三连拱断面相连。车站总长(包含换乘结点)左线长 251.521 m,右线长 296.002 m,站台宽度 14 m,标准段宽 23.1 m。标准段覆土约为 8.19 m,三层段覆土 4.52 m。与 10 号线换乘节点采用三层三跨三连拱断面相连。车站共设 2 个出入口、2 组风亭和 2 个疏散口。其中,E 出入口及 2 号安全疏散口位于车站主体的西侧,1 号风亭和 F 出入口位于车站主体的东侧,1 号安全疏散口位于车站主体的东北侧;2 号风亭位于车站主体东北角,此处与区间盾构吊出井合并考虑,同时设置竖井方便风井及区间施工。车站设 3 处临时竖井及横通道,分别位于车站两端及中部,施工车站主体结构。待车站施工完成后将车站主体结构外部分三个临时通道全部回填。车站南端既有线某车站预留换乘节点,车站北端左线接暗挖区间,右线接盾构区间。

车站主体上层穿越粉细砂、砂卵石地层,潜水(二)影响,潜水位高程位于下层小导洞底板以上 0.78 m。车站下穿重要管线,A1050 污水、车站主体三层段下穿 10 kV 电力管 1 600 mm × 1 400 mm 雨水箱涵、两层段下穿迁改后 ϕ1050 污水管、三层段下穿 1 600 mm × 1 400 mm 雨水箱涵、两层段下穿 1 600 mm × 1 400 mm 雨水箱涵、车站主体两层段(四跨)侧穿万芳园一区 16 号楼、车站主体两层段(三跨)侧穿万芳园一区 5 号楼、车站主体两层段(三跨)侧穿万芳园一区幼儿园。根据该车站施工监控量测数据绘制云图,如图 5.3-46 所示。

根据该车站沉降云图可知,变形最大的区域位于车站主体的中部及北部(右向为北),靠近既有线的南侧区域次之,附属结构所在区域变形最小。地铁车站各区域施工要素的差异对环境产生了的不同影响,具体如下:

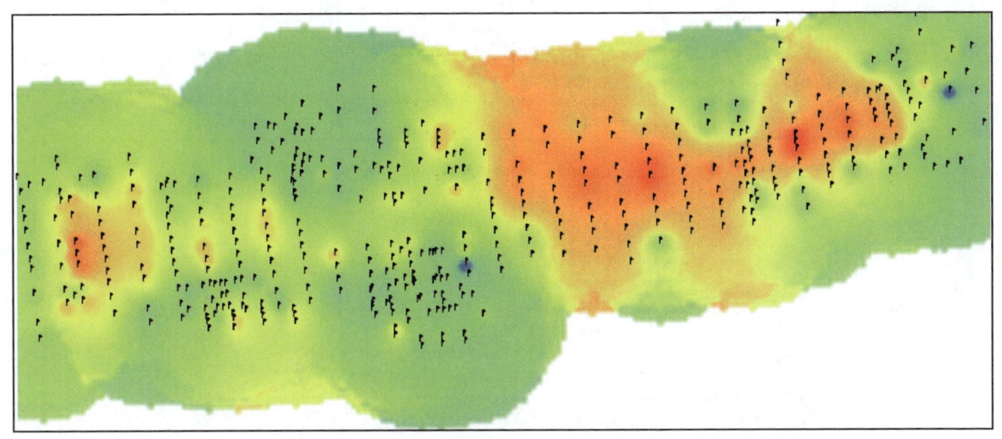

图5.3-46 该车站沉降云图

该车站为地下两层(局部三层)全暗挖岛式车站,采用PBA工法施工,从南到北车站结构形式分别为三层三跨拱形断面、两层四跨拱形断面(边跨为1号风道范围)、两层三跨拱形断面,车站北部为三层段覆土4.52 m,车站南部两层段覆土8.19 m。根据云图可知,南部区域沉降较大,且分布区域广。而北部区域整体沉降较小,且分布区域亦小。由此可见,不同覆土厚度下施工对环境影响的差异并不明显。无论覆土较深(8.19 m)还是较浅(4.52 m),结构上方土体很难具备自稳能力,需要由支护结构承担上方土体荷载。

车站附属结构所在区域变形最小。该区域马头门部位施工多,覆土浅,为保施工安全,该区域支护强度高,深孔注浆及超前小导管密集施作,有效控制了施工对环境的影响。

车站北部主体上方穿越地层以粉细砂为主,南部主体上方穿越地层砂卵石地层。两种地层的稳定性均属于稳定性较差地层。而图5.3-48分布表明,粉细砂层施工的沉降影响小于砂卵石地层。分析其主要原因是两者超前支护效果存在差异。砂卵石地层超前小导管打设难度大,注浆效果差是造成其支护效果差的主要原因,也是砂卵石地层施工对环境影响大的主要原因之一。

在超前支护方面,三层段超前支护措施为超前小导管+深孔注浆,二层段为超前小导管。在图5.3-48中,三层段的沉降范围及沉降值明显小于两层段。这表明了深孔注浆有效减少了周边区域的沉降,它是减少施工对环境影响的重要措施。

(2)案例二

某车站结构形式为分离岛式站台,中间采用三层单跨无柱钢筋混凝土结构,两端采用单层单拱钢筋混凝土结构。车站总长195 m,其中车站主体北侧明挖段长度为113.6 m,南侧明挖段长度为124.1 m,车站总建筑面积24 611.5 m^2。车站共设6个出入口通道及2个风井，车站主体中部采用明挖法施工，两端主体采用暗挖法施工。其余除风亭、出入口出地面部分和换乘厅采用明挖法施工外均采用暗挖法施工(图5.3-47、图5.3-48)。

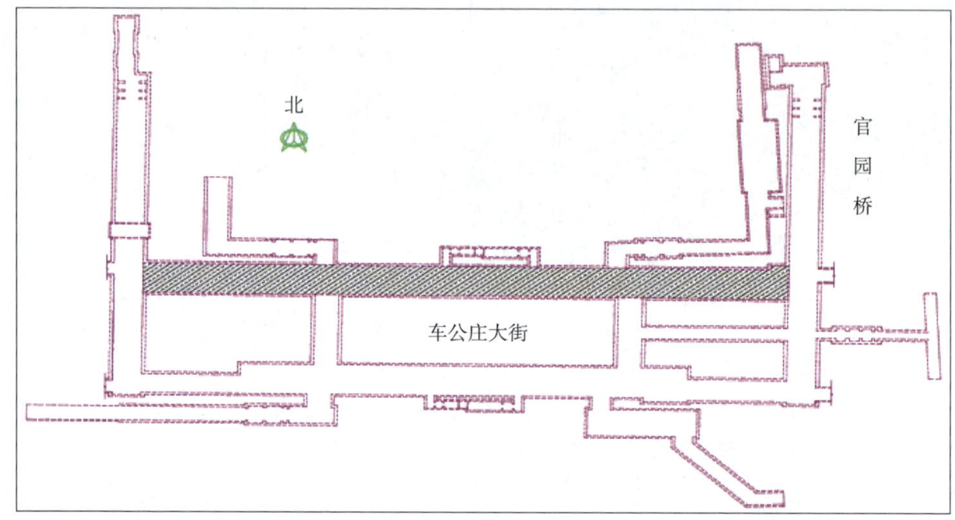

图5.3-47　该车站平面图

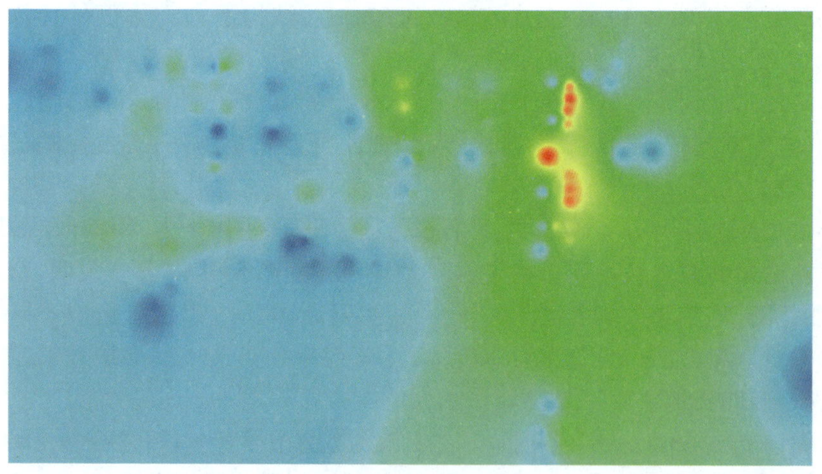

图5.3-48　该车站沉降云图

根据该车站沉降云图可以发现，变形较大的区域位于车站主体的东侧，车站主体的西侧所在区域变形较小。地铁车站各区域施工要素的差异对环境产生了的不同影响，具体如下：

①车站主体结构上方以细沙粉砂为主,地层差异性较小,且各区域施工跨度及超前支护形式无明显差异。这表明上述施工要素并非该站产生沉降云图的主要原因,而是其他施工要素。

②该车站为分离岛式站台,中部以明挖法施工为主,两端以暗挖法施工为主。云图分布特征显示,在其他施工要素相近的情况下,明挖段施工对环境影响相对较小,暗挖法则相对较大。

③根据东、西两侧的沉降云图分布可知,东侧区域受施工影响较小,而西侧受施工影响较大。分析其原因为西侧暗挖结构形式简单,附属结构小,施工对周围土体的扰动次数少。而东侧暗挖结构于既有车站相接,结构复杂,附属结构多,且各通道间距较近,施工时存在相互影响,区域土体将受到施工的多次扰动,造成变形较大。

(3)案例三

某车站总长 188 m,车站有效站台中心处轨面高程 16. 2 m,轨面埋深 26. 2 m。为地下二层岛式车站,双柱三跨直墙圆拱形框架结构,采用 PBA 工法暗挖施工。主体采用暗挖法施工,西端为矿山法区间,东端为盾构区间。设 4 个出入口、2 个换乘厅、2 个出入口兼换乘通道、3 个换乘通道、1 个紧急疏散出口、1 个无障碍出入口及 2 个风道(图 5. 3-49、图 5. 3-50)。

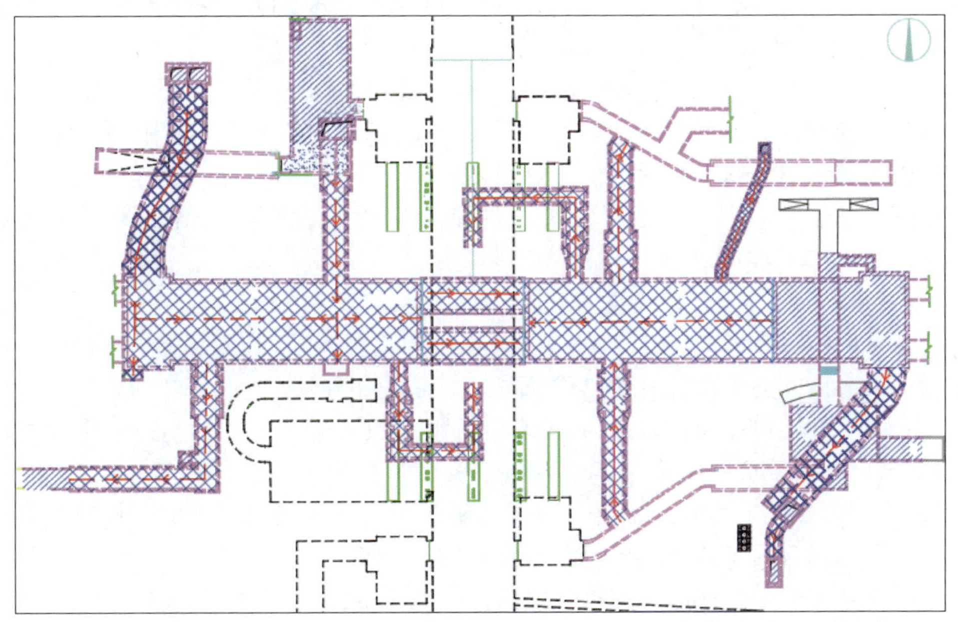

图 5. 3-49　该车站平面图

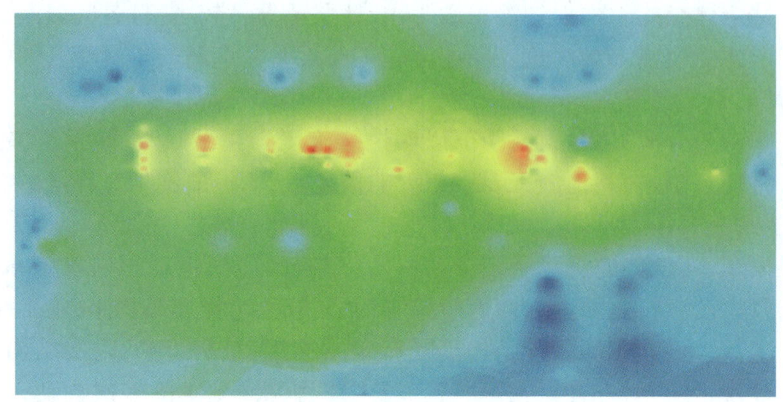

图 5. 3-50 该车站沉降云图

根据该车站沉降云图可以发现,变形较大的区域位于车站主体结构上方,附属结构所在区域变形较小。地铁车站各区域施工要素的差异对环境产生了的不同影响,具体如下:

①主体结构上方沉降区域及沉降值明显大于附属结构区域上方。这表明施工跨度及施工断面等施工要素的差异,是施工对环境影响的重要因素。为避免施工对环境造成过大影响,应在满足必要的使用功能前提下,控制施工跨度及施工断面,保证施工环境处于安全稳定的状态。

②车站南部存在较大区域变形区,其变形值与主体结构上方沉降相比相对较小,但其分布范围较大。分析其原因为该区域附属结构与既有车站附属结构空间位置较近,相互影响较大,周边土体受到多次扰动,形成区域性较大变形。

③车站主体结构上方地层无明显差异。因此,该站沉降差异非地层原因引起的。

(4)案例四

某区间隧道在右 K1 +597. 000 处下穿过街人行天桥,在右 K1 +645. 8087 处下穿某桥。区间隧道设计有单线断面、双线断面结构形式,采用矿山法施工。其中,右 K1 +513. 403 ~ 右 K1 +547. 602 范围区间正线断面,施工方法主要为中洞法;右 K1 +547. 602 ~ 右 K2 +006. 700 范围区间正线断面,施工方法主要为上下台阶法,采用留核心土的施工措施。区间隧道基本位于某道路下方,某街道为主干道,地面交通繁忙,车流量较大(图 5. 3-51、图 5. 3-52)。

根据某沉降云图可以发现以下规律,具体如下:

①西侧区间起点段为中洞法施工的双联拱隧道,断面跨度 12. 6 m。区间中部及东测终点段为台阶法施工的标准马蹄形断面,断面跨度为 6. 2 m。根据沉降云图可以发现,西侧区间起点段区域的沉降变形明显高于中部及东测终点段。这表

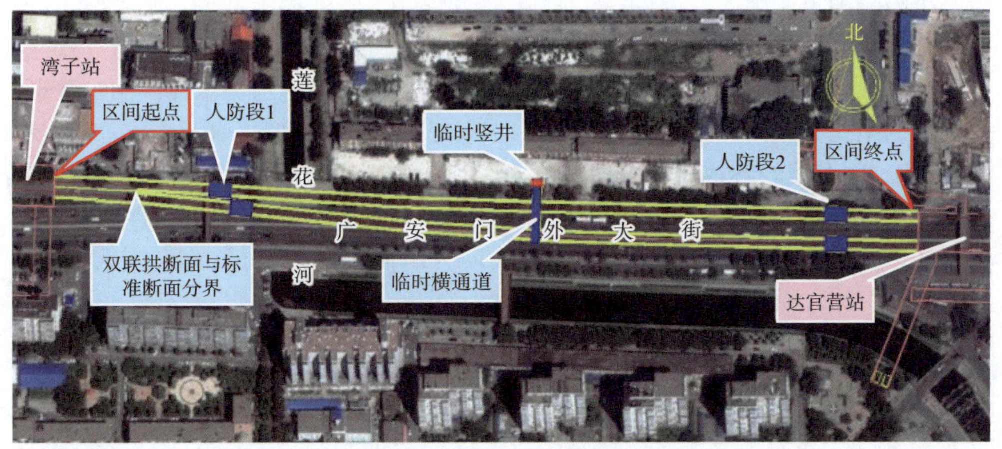

图5.3-51　该区间平面图

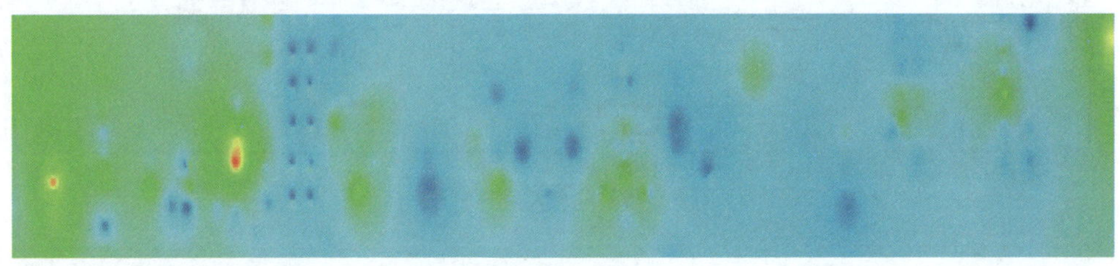

图5.3-52　某区间沉降云图

明了区间施工断面跨度差异是环境变形的重要因素，即跨度越大，施工对环境的影响越大。

②根据沉降云图发现，整体区间变形最大区域发生在双联拱断面向标准马蹄形断面过渡段。该区域施工工法变化，叠加断面形式变化，造成了该段为全区间受施工影响最大的区段。进一步表明了施工工法及断面形式变化是施工中进行风险控制的重点。

③过渡段以东、人防段1以西，出现了一段极为显著的低沉降区域。该区域上方为人行天桥。施工期间，为了避免施工对人行天桥产生影响，施工方通过压力注浆的方式使得人行天桥基础得到充分填充和密实，因而有效控制了该区域的沉降变形，最大限度地减少了施工对人行天桥的影响。

④区间施工主要受卵石层影响，区间地层无明显差异。因此，沉降差异主要由地层以外的其他因素引起的。

⑤人防段1、临时横通道、人防段2及东侧区间终点段呈现出“点缀式”小范围的较大沉降。以上各区域存在破除马头门施工、断面变化及施工工法变化等特点。这进一步表明了破除马头门施工、断面变化及施工工法变化等施工要素都是对环

境产生影响的重要因素。

(5)案例五

某区间分为单线隧道段和停车线两个区间,区间正线隧道为单线单洞马蹄形、复合衬砌结构。区间隧道顶板覆土 20 ~ 24 m。区间长 1 216.596 m,区间采用矿山法施工,停车线段隧道设置两处临时施工通道完成停车线隧道的施工。竖井倒挂施工、喷锚构筑,单线标准段、联络通道采取环形开挖预留核心土法,停车线段采取双侧壁导坑法施工。区间渡线由小断面向大断面过渡,采用台阶法、中隔壁法、双侧洞导坑法开挖(图 5.3-53、图 5.3-54)。

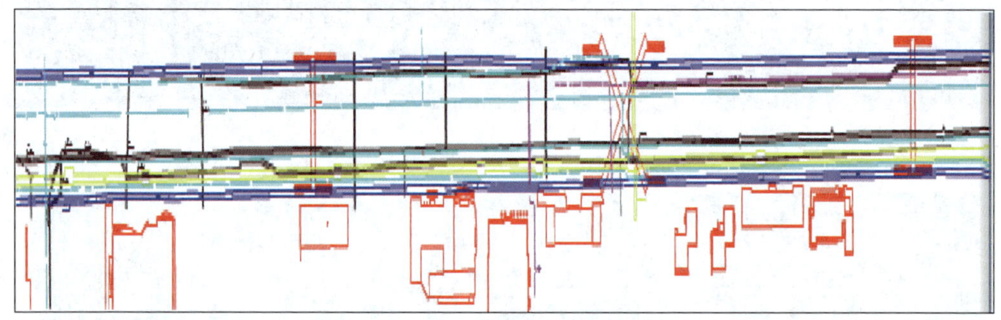

图 5.3-53　该区间平面图

图 5.3-54　该区间沉降云图

根据某区间沉降云图可以发现以下规律,具体如下:

①区间东侧区域变形明显大于区间西侧及中测。其原因为东侧设置停放故障车的停车线,停车线段采取双侧壁导坑法施工。施工跨度大于西侧及中部的台阶法施工区域。这表明了区间施工断面跨度差异是环境变形的重要因素。

②区间穿过三座人行天桥。根据云图可以发现,三座人行天桥所在区域变形很小,施工对其环境影响最小。施工期间,施工单位采用注浆加固的方式对人行天桥基础进行了加固,是其周边土体得到充分填充和密实,因而有效控制了该区域的沉降变形,最大限度地减少了施工对人行天桥的影响。

③区间施工主要受砂层影响,区间地层特征无明显差异。因此,沉降差异主要由地层以外的其他因素引起的。

(6)案例六

该段区间线路主要沿现状道路布置,呈东西走向,区间隧道覆土 11.3 ~23.2 m,隧道洞身主要穿过的土层有圆砾卵石、中粗砂、粉质黏土层、粉土层、中粗砂。沿线部分结构位于地下潜水水位下,区间采用矿山法施工(图 5.3-55、图 5.3-56)。

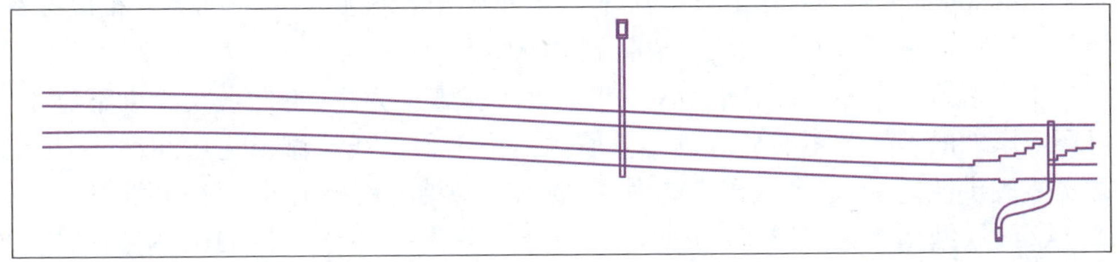

图 5.3-55　该区间平面图

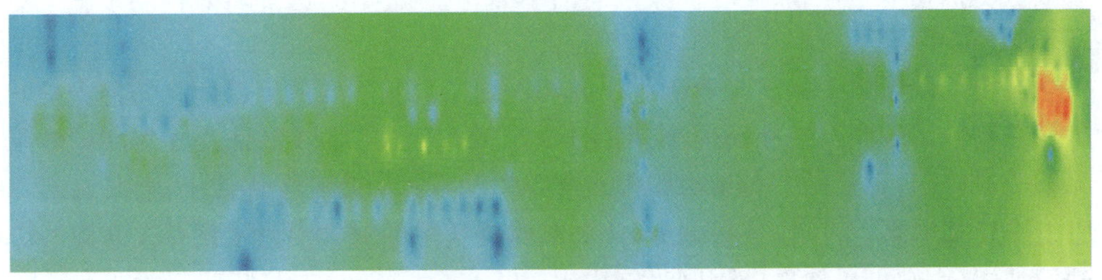

图 5.3-56　该区间沉降云图

根据该区间沉降云图可以发现以下规律,具体如下:

①区间最大变形区域发生在东侧。该区域为渡线段,区间从东到西,由标准断面逐渐过渡为大断面。施工跨度由 6.2 m 逐渐过渡到 15.2 m。施工工法由标准断面到大断面分别采用了台阶法、CRD 法、双侧洞导坑法及中洞法 + CRD 法开挖。这说明区间施工断面跨度差异和施工工法的变更引起环境较大的变形,进一步表明了断面跨度和施工工法的差异是施工对环境影响的重要因素。

②区间地层特征无明显差异。因此,沉降差异主要由地层以外的其他因素引起的。

③区间中西部北侧的变形值虽然不大,但其分布区域较广。分析其原因为该区域北侧与生活小区距离过近。区间隧道施工至此时,外部荷载明显加大,引起相对较大变形。因此,对于近接施工或周围存在建(构)筑物时,应对周边土体进行加固,保证加固效果,最大限度减小施工对周边建(构)筑物的影响。

④区间渡线段以西为一座人行天桥。根据云图可以发现,该区域变形很小,施工对其环境影响最小。施工期间,施工单位采用注浆加固的方式对人行天桥基础进行了加固,是其周边土体得到充分填充和密实,因而有效控制了该区域的沉降变

形,最大限度地减少了施工对人行天桥的影响。

(7)分析

地铁车站、区间施工对环境影响的因素众多。其中,施工影响区域的水文地质情况、施工工法、覆土埋深、施工跨度及超前支护形式等因素对环境影响较大。本章采用 Mapinfo 软件,绘制沉降云图,直观地反映出各典型工点的沉降分布情况及特征。通过对典型车站、典型区间的分析得到以下结论。

①北京地铁车站、区间施工以浅埋及超浅埋施工为主,不同覆土厚度下施工,对环境影响的差异并不明显。其主要原因是由于覆土浅及城市地层原因,结构上方土体成拱性差,很难具备自稳能力,需要由支护结构承担上方土体荷载。

②附属结构所在区域变形最小。其主要原因是与主体结构相比,附属结构尺寸断面小,施工影响范围小。附属结构马头门部位施工多、覆土浅,为保施工安全,该区域支护强度往往高,深孔注浆及超前小导管密集施作,因此有效控制了施工对环境的影响。

③粉细砂层施工的沉降影响小于砂卵石地层。其主要原因是两者超前支护效果存在差异。砂卵石地层超前小导管打设难度大,注浆效果差是造成其支护效果差的主要原因,也是砂卵石地层施工对环境影响较大的主要原因之一。

④在超前支护方面,深孔注浆可有效减少了周边区域既有建(构)筑物的沉降,它是减少施工对环境影响的重要措施。

⑤若暗挖结构形式简单,附属结构尺寸小,施工对周围土体的扰动次数少,则施工对环境影响小。若结构复杂,附属结构多,且各通道间距近,施工时相互影响,土体受到施工的多次扰动,则施工对环境影响大。

⑥施工跨度及施工断面等施工要素的差异,是施工对环境影响的重要因素。为避免施工对环境造成过大影响,应在满足必要的使用功能前提下,控制施工跨度及施工断面,保证施工环境处于安全稳定的状态。

⑦施工工法变化及断面形式变化的过渡区域,往往会成为受施工影响较大的区域,表明了施工工法及断面形式变化是施工中进行风险控制的重点。

5.3.7 总结

结合近年来北京地铁施工的相关参数及监测数据,总结分析了北京地铁施工对环境影响的规律。首先,论述了地铁车站及地铁区间在施工各个阶段的变形占总体变形的百分比。通过占比特征,探析地铁施工各阶段对环境影响情况。其次,研究了水文地质情况、施工工法、覆土埋深、施工跨度及超前支护形式等施工要素差异对地铁车站及区间的影响,通过沉降云图的方式揭示了各施工要素的差异对环境影响的规律。

主要研究成果如下:

1. 地铁车站及区间施工各阶段对环境影响规律

(1)地铁车站施工对环境的影响大于地铁区间施工的影响。由于车站施工断面尺寸大、结构形式相对复杂、周边土体受到施工扰动次数多等因素的影响,车站施工对周边环境的影响范围及影响程度均明显大于区间施工。因此,在满足使用功能的前提下,应尽量化整为零,简化结构形式,优化施工步序,减少周边土体受到施工扰动的次数,最大限度降低车站施工对环境的影响。

(2)在地铁车站施工中,导洞施工及初支扣拱阶段的变形占总变形的比例高,对周边环境影响大。因此,应加强导洞施工的规范性,合理安排导洞开挖顺序及扣拱施工顺序,避免群洞施工效应,降低导洞施工及初支扣拱阶段施工对周边环境的影响。

(3)在地铁区间施工中,初支开挖阶段变形占总变形的比例最高,加强初支开挖阶段的变形控制对于安全施工具有重要意义。因此,应在设计、施工时加强超前支护,并保证预支护的效果,控制开挖进尺,严格按照设计要求进行开挖。对于大断面多导洞施工区间,应及时将各导洞支护封闭,形成闭环,且严格按照设计要求,把握拆除支撑的顺序、长度及时间等。将初支施工对环境的影响降到最低,确保结构自身结构及周边环境的安全。

2. 施工要素差异对环境影响规律

(1) 北京地铁车站、区间施工以浅埋及超浅埋施工为主,不同覆土厚度下施工,对环境影响的差异并不明显。其主要原因是:一,覆土浅;二,与山岭隧道相比,城市地铁地层更加破碎松散,结构上方土体成拱性差,土体自承载性低,很难具备自稳能力,均需由支护体系承担结构上方土体荷载。因此,覆土埋深差异对环境影响的差异不显著。

(2)附属结构所在区域变形最小。其主要原因是与主体结构相比,附属结构尺寸断面小,施工影响范围小。附属结构马头门部位施工多、覆土浅,为保施工安全,该区域支护强度往往高,深孔注浆及超前小导管密集施作,因此有效控制了施工对环境的影响。

(3)粉细砂层施工的沉降影响小于砂卵石地层。其主要原因是砂卵石地层超前小导管打设难度大,注浆效果往往比粉细砂层差,进而造成砂卵石地层超前支护效果相对较差。

(4)在超前支护方面,深孔注浆可有效减少了周边区域既有建(构)筑物的沉降,它是减少地铁施工对环境影响的重要措施。

(5)暗挖结构形式简单,附属结构尺寸小,施工对周围土体的扰动次数少,则施工对环境影响小。结构复杂,附属结构多且各通道间距近,施工时相互影响,土体受到施工的扰动多,则地铁施工对环境影响大。

(6)施工跨度及断面等施工要素的差异,是地铁施工对环境影响的重要因素。

为避免施工对环境造成过大影响,设计时应在满足必要的使用功能前提下,控制施工跨度及施工断面,从源头上避免过大的施工风险。

(7)施工工法及断面形式变化的过渡区域,往往会成为受施工影响较大的区域,因此,施工工法及断面形式变化是施工中进行风险控制的重点。

3. 结论

综上所述,结合近年来北京地铁施工的相关参数及监测数据,从地铁施工各阶段对环境影响、施工要素差异对环境影响和施工要素重要性排序等三个方面,总结了北京地铁施工对环境影响的规律,并取得了预期的成果。依托相关成果,进一步优化了地铁车站与区间的施工风险管控工作。适当搭配相关风险管控资源,协调地在项目中发挥作用,提高风险管控效率,减少风险管控资源的低效使用。

地铁施工对环境影响规律的探究尚处于初期阶段,仍有很多施工影响规律及作用机理尚不明确,但是随着地铁工程建设的高速发展,国内外相关研究机构和学者的重视,以及大量工程实践经验的积累,相信未来将揭示出更多富有价值的规律,地铁工程建设也将更加高效、安全。

第 6 章　思考与展望

6.1　机械智能化施工

目前地铁隧道暗挖施工主要依靠大量人力施工,安全性差、效率低、施工作业环境恶劣。因此,我们引进机械(如徐工集团推出的 TWZ 系列)暗挖施工,以暗挖机械台车施工为主,人工配合为辅,大大降低施工人员劳动强度,加快施工进度,更加有效地保障暗挖隧道施工安全。

6.1.1　暗挖机械台车施工

轨道交通是典型的劳动密集型产业,随着经济和社会发展,人们对轨道交通的建设水平和服务品质要求也不断提高。与此同时,劳动用工成本不断上升,传统的生产模式已难以为继。为提高地铁暗挖法施工效率、提高安全性、降低意外事故造成的损失,解决工人老龄化、劳动力资源紧缺等问题,加快地铁暗挖法施工的机械化研究是当前亟须解决的重大课题。由徐工集团推出的 TWZ 系列机械暗挖施工台车可适用于软土、砂卵石、风化岩等地层作业。其主要施工流程:土方开挖、辅助支护、打导管、挖掘、出渣、喷混凝土。该设备采用外接动力电源,由输料装置、右臂、左臂、履带行走总成、机架总成及液压操作系统等构成。该设备高效环保,结构紧凑,机动灵活,能够有效代替人工作业,大幅提高作业效率。

(1)左臂主要起到对隧道内土方开挖、扒土以及辅助支护等作用。具有多关节越障开挖功能,能有效绕过核心土,可实现隧道的全断面土方开挖。它与市场上成型的挖机不同,更多的油缸设置令它可以做出更复杂的机械动作,配合区间隧道的曲线轮廓直接开挖成槽的能力是一般的挖机无法比拟的。在实际使用中左臂的应用效果也是最为直接影响开挖效率的关键。

(2)右臂主要用于打设超前小导管及铣刨顶槽,该臂采用两组倒三角悬浮支撑,可实现精确的液压全方位平行保持功能,运动过程平稳,提高了工作的定位精度,并实现了越障打管,右臂根本上定义了机械化开挖的诸多能力,最大程度上实现了机械化施工。在砂卵石地层中,暗挖机械台车颠覆了原始超前注浆主要采用人工配合风镐冲击成孔效率低且质量差的弱点。使用暗挖机械台车施工,普通的小导管刚度不足,在遇到卵石的情况下易弯折,因此采用刚度较大的中空锚杆。打入方法在试验了静压、振动、旋转、吹风等方式后,最终确定振动加旋转的方式最为理想,并将中空锚杆前段切成45°斜角,在旋转过程中起到切削土体的作用。

(3)输料机构主要由左推板、右推板、推板油缸、运输槽、主传动部分、刮板链、主动链轮和输送液压马达等部件组成。控制推板油缸可使左右推板打开或合龙,推板打开可增加铲取宽度,推板合龙可方便行走。控制举升油缸伸缩可使运输槽升降,以分别满足工作和行走时的需要。启动液压双马达驱动刮板链可把料石运送到运输尾部卸载。台车引入矿山隧道施工的集料理念,由机械集中输料,只需要装料车在台车尾部等待接料即可,大幅度地降低人工劳动强度和提高装车效率。

(4)履带行走总成主要由履带架体、驱动链轮、导向轮、支重轮、托板链轨节、履带板、缓冲弹簧、张紧油缸、行走减速箱和行走液压马达等零部件组成。机架总成主要由上机架、下机架、油箱总成、电机油泵总成等部件组成。液压操作系统主要由行走液压系统、左臂液压系统、右臂液压系统、输料液压系统、先导液压系统、吸油滤油器、回油滤油器、液压油冷却装置和测压装置等组成。

暗挖机械台车,可以代替传统人工,实现挖、装、铣、锚、湿喷以及辅助支护等多种功能,应用于地铁车站、导洞和区间施工,适用于软土、砂卵石和风化岩等地层作业。

6.1.2 皮带运输

为了解决传统出渣不连续作业带来的诸多问题,实现连续不间断作业,提高渣土运输效率,采用连续输送机随暗挖、盾构机掘进不断延伸,掘进时渣土通过连续输送机运输至竖井、盾构始发井,转载至立式提升输送机机尾,通过立式提升输送机运输至地面渣土坑中。设备的运转情况在监控显示屏上实时显示,可以随时查看设备运转的参数;当发生故障时可查看故障部位及故障情况。

1. 连续皮带机工作原理

由洞内水平连续皮带输送机、转载输送机与立式提升输送机等组成。暗挖、盾构掘进过程中渣土经装载或经盾构拖车上连续皮带输送至洞内水平皮带上,由洞内水平皮带将渣土运至竖井转载皮带机,经转载皮带机输送至立式输送设备,由立式输送设备将渣土提升至地面渣土坑。连续皮带机机身及储带部分安装于隧道内,同管片螺栓固定,立式提升皮带机机身固定于竖井或始发井侧壁上,在侧壁上预埋钢板。

立式提升输送机是一种应用于隧道渣土运输的新设备,该设备采用90°立式提升,将连续皮带机运出的渣土顺落在立式提升输送机机尾上,由此提升至地面进行渣土输送。

洞内水平出渣皮带与机架安装于隧道前进方向右侧管片上,洞口区域设置有驱动装置、卷带机和硫化平台,以及储带装置和张紧装置。并在洞口搭建转载皮带机,实现洞内水平运输至渣土立式提升设备。皮带采用钢丝绳芯胶带实现连接和运输。

连续皮带运输应用于矿山法和盾构掘进隧道,它具有安全、方便、快捷等特点。

2. 驱动系统及监控系统

采用操作台和PLC控制柜,安放于控制室内。PLC采用技术先进、性能可靠的西门子公司的S7系列可编程控制器,配以多种检测、控制组件完成输送机运行过程中应有的设备闭锁控制、速度闭环控制、各种保护工作和故障状态显示。

3. 传统出渣与连续皮带机出渣的优缺点

暗挖、盾构掘进施工出渣,传统采用电动三轮运输至竖井或电瓶车加吊斗洞内水平运输,电瓶车运输至盾构进口,采用龙门吊垂直运输至地面渣土池。

传统出渣存在的缺点:

(1)电动三轮车、电瓶车运输存在溜车、翻车、施工不安全。

(2)吊斗运输渣土容易洒落污染地面,影响文明施工。

(3)出渣效率慢,对施工进度要求高的项目达不到施工要求。

(4)人力、物力投入大,施工成本高。

(5)占用场地大。

皮带机出渣采用连续输送机随暗挖、盾构机掘进不断延伸,掘进时渣土通过连续输送机运输至竖井、盾构始发井,转载至立式提升输送机机尾,通过立式提升输送机运输至地面渣土坑中。

皮带机出渣优点:

(1)针对垂直提升的洒落料问题,在立式提升机转弯处增加防洒料装置,解决了渣土运输过程中载运效率的问题。

(2)对立式提升机垂直段实行全封闭,防止渣土在运输中飞溅,垂直提升段所有洒落渣土落入尾部附带装置,通过附带装置返回立式提升落料段。

(3)立式提升机尾部增加裙边压带式导料槽,保证在落料时渣土完全落入立式提升机尾部。

(4)在传动滚筒下方加装高压水清洗装置,采用全自动控制,间歇式使用。立式提升机头部水平段下方增加15°斜溜板,高压水清洗后渣土和水通过斜溜板集中流至渣土坑。

(5)在立式提升机头部安装检修平台,立式提升机垂直段采用全封闭结构,在垂直提升段后侧,安装检修爬梯并增加相应的护栏,方便设备维护。

(6)在连续输送机储带装置中设置螺旋托辊,适应胶带的自清理,避免胶带上长期积累渣土造成胶带跑偏,并通过螺旋线的对中性对胶带产生一个居中力,防止胶带跑偏。螺旋托辊在储带装置及机尾处均匀布置。

(7)皮带机出渣系统属于动力传输系统,节省人工,节能环保,占用场地最小,效率高。

城市地铁垂直提升运输减少龙门吊垂直运输作业,在暗挖、盾构掘进出渣施工广泛应用。通过对连续皮带机设计进行优化和改良,大大提高了实用性和安全性,占用场地面积少,使用方便且适应性好。简易、环保、可重复利用,搭设、拆除方便等优点,从而具有较强的实用性和安全可靠性,最大限度地节约工序施工和人员施工管理成本,能满足短工期和高效率项目的施工要求。

4. 效率对比

(1)提升效率的对比

现有龙门吊抓斗机速度:平均每 5 min 往返 1 次,每次最大容量是 2 m^3,1 h 可以提升 12 次,最大运输量为 24 m^3/h。合计重量为每小时运载 29 t。

输送机提升系统:每小时最大运送量按设计要求可达到 190 t,一般输送量在 160 t 以上,按 1. 2 比重更换后合 133 m^3/h,是原龙门吊抓斗输送量的 5. 5 倍,完全超过现有模式实际输送量。

因此采用立式提升运输系统后,对于隧道出渣能力方面有很大程度上提升,对于满足现场工期条件,施工进度要求等方面,渣土运输系统不会形成制约因素,为其他开挖、支护、喷锚工序赢得了时间。

(2)工期的对比

按现在的工作速度与原相比,提升速比为 1∶5. 5,如果其他方面不影响的话,基本上开挖出渣土量随即装载运输,形成随挖随运状态,施工现场无渣土存量。相对于原龙门吊抓斗运渣所占用的运渣工期可提前 4 ~5 倍。

(3)人工数量的对比

目前施工过程中,人工费用所占工程费用中较大比例,由于运输量和运输方式的改变,工期的缩短,节约大量人工费用,该立式提升机正常运转仅需 1 ~2 人进行现场监测、清理掉渣,而原有的渣土运载方式,特别是随着开挖里程加长,两条隧道投入至少 12 辆电动三轮车,人工费用要节约四分之三成本。

(4)设备投入对比

目前带式输送机设备总造价还在根据方案不断调整中,但初步报价约为 160 万元左右,而原电动三轮车每台为 3 万元,渣土运输需要 10 台即 30 万元。

(5)其他因素对比

采用该立式提升机渣土运输系统,对于洞内施工环境,设备使用安全性,各个施工工序衔接,文明施工程度,隧道施工机械化程度,施工效率等各个方面都有较大程度提升,这些方面经济性优势难以数值上加以衡量。

它还能避免用三轮车、电瓶车等运输设备的错车、噪声、飞尘、废气等带来的多项问题,还可以连续作业不间断工作,使作业现场秩序井然,互不干扰,并且最重要的是环保,价格比进口低的多。

6.2 信息化施工

6.2.1 物联网信息化智能施工

物联网是在互联网基础上的延伸和扩展,是以互联网为基础发展起来的新一代信息网络,但它们在使用方式上还是有一定差别的。

1. 物联网的覆盖范围远大于互联网

互联网的产生是为了人通过网络交换信息,其服务的主体是人。而物联网是为物而生,主要为了管理物,让物自主的交换信息,间接服务于人类。物联网比互联网技术更复杂、产业辐射面更宽、应用范围更广,对经济社会发展的带动力和影响力更强。但是没有互联网作为物联网的基础,那么物联网将只是一个概念而已。

2. 互联网设计的技术范围更广

物联网运用的技术主要包括无线技术、互联网、智能芯片技术、软件技术,几乎涵盖了信息通信技术的所有领域。而互联网只是物联网的一个技术方向。互联网只能是一种虚拟的交流,而物联网实现的就是实物之间的交流。所以技术导致物联网未来发展的前景是互联网的好十几倍都不止。

3. 物联网在施工管理中的应用

随着建筑业的高速发展,施工事故也频繁发生,不仅夺去了无数建设者的生命,也为国家和企业造成了重大的经济损失。安全问题始终贯穿于工程建设始终,但是影响施工安全的因素错综复杂,管理的不规范和技术的不成熟都有可能导致施工的安全问题。物联网在施工管理中的应用,可以一定程度上避免安全事故的发生,保证施工安全。

(1)生产管理系统化

通过射频识别技术对人员和车辆的出入进行控制,保证人员和车辆出入的安全。通过对人员和机械的网络管理,使之各就其位、各尽其用,防止安全事故的发生。

(2)安防监控和自动报警

无线传感网络中节点内置的不同传感器,能够对当前状态进行识别,并把非电量信号转变成电信号,向外传递。

(3)识别监控即把感应器嵌入到塔吊、电梯、脚手架等机械设备中,通过对其内部应力、振动频率、温度、变形等参量变化的测量和传导,从而对设备进行实时监控,以保证操作人员以及其他相关人员的安全。

6.2.2 注浆效果可视化检测

注浆效果可视化检测应用于市政工程,隧道与地下工程。主要是采用探地雷达方法,研究雷达电磁波在暗挖隧道壁后以及管片和注浆层中的传播规律,掌握注浆分布形态对探地雷达电磁波脉冲信号的影响,建立探测暗挖隧道壁后、盾构隧道管片壁后注浆分布结果解释标准,开发了计算机智能解释系统专业软件,现场快速得出测定结论,解决了暗挖隧道、盾构隧道壁后注浆质量控制的关键技术。在我国大规模城市地铁隧道及大型越江跨海隧道工程的建设中,暗挖及盾构隧道壁后注浆是控制隧道沉降及地表塌陷的重要措施,如果控制不当,在施工期间将导致地表下沉,甚至塌方,施工安全无法保证。在运营阶段,将引起隧道渗水漏泥,结构局部破坏,影响隧道的正常运营;对隧道结构,地铁列车运营安全造成威胁,甚至影响周围及地表各类构筑物的安全,造成巨大的经济损失和社会影响。注浆效果可视化检测的实施,可以实现中国隧道工程界壁后注浆无损检测技术,确保隧道壁后注浆饱满,减少地表下沉,降低工程施工风险,提高隧道的使用寿命、结构的耐久性和安全性。注浆效果可视化检测的实施对推动我国城市隧道安全质量控制具有最大意义,具有广阔的推广应用前景。